KB266789

滿鮮史 研究
만선사 연구
2

## 일러두기

1) 이 책은 池內宏, 『滿鮮史研究』 上世 第2冊(吉川弘文館, 1979)을 모두 옮긴 것이다. 원서의 차례는 이 책 맨 뒤에 실었다.

2) 원서의 거리 단위에서 里는 한국·일본·중국 단위로 나뉘어 표기돼 있다(그렇지 않은 것은 문맥에 따라 판단했다). 일본의 1리는 한국의 10리(3.9킬로미터)와 거의 같고 1정은 109미터로 볼 수 있어 한국의 리 단위로 바꾸고 킬로미터로 환산해 괄호 안에 표기했다. 중국의 1리는 500미터와 거의 같아 역시 그렇게 환산해 괄호 안에 표기했다.

3) 본문에서 사료가 인용될 경우 번역문과 한자를 함께 넣었으나, 같은 내용이 다시 나올 때는 번역문만 제시하고 한자는 생략했다(인용에서 일부만 중복될 경우 한자 원문도 일부만 생략했다. 이런 경우는 번역문과 원문이 일치하지 않는다).

4) 각주는 옮긴이가 붙인 것이다.

2
삼국시대

이케우치 히로시 지음
김범 옮김

글항아리

# 滿鮮史硏究

만선사연구

# 2 삼국시대

# 1 고조선~삼국초기

# 3 발해·고려

# 머리말을 대신하여

여러 권으로 나올 『만선사 연구』의 하나인 이 책은 교토의 소코쿠샤祖國社에서 출판된 1권(고조선~삼국 초기)의 속편이다. 수록된 논문은 길고 짧은 것 8편으로 모두 이미 연구보고서와 학술지에 발표됐으며, 그 뒤 약간 수정했다.

이 2권이 1권과 함께 출판되리라고는 기대하지 않았다. 「신라의 동북 경계」와 「백제 멸망 뒤의 동란」에는 컬러 참조도를 꼭 실어야 했는데 출판 여건이 되지 않았다. 지금 매우 어려운 출판계의 상황으로는 옛 도판을 복제하기 어렵기 때문에 그럴 수 있는 때가 오기를 기다릴 수밖에 없다.

1949년 5월

이케우치 히로시

## 1편
## 진흥왕의 무자 순수비와 신라의 동북 경계

## 글을 시작하며

지난 1919년 나는 조선총독부의 위촉으로 같은 해 가을 함경남도 함흥군과 그 부근의 군들에 남아 있는 옛 성터를 조사했고 1922년 2월 그 결과를 발표했다. 「함경남도 함흥군의 고려시대 옛 성터咸鏡南道咸興郡に於ける高麗時代の古城址 — 부 정평군의 장성附 定平郡の長城」이라는 논문(『조선총독부 1919년도 고적조사보고』 제1책)이 그것으로 지금의 함흥군과 예전 그 군의 일부였던 신흥군新興郡에 걸쳐 뚜렷이 남아 있는 옛 성터 9곳의 현재 상태를 설명하고, 그것들은 고려의 장군 윤관尹瓘이 함흥 지방의 여진 부락들을 경략하고 쌓은 5주州 4진鎭 — 이른바 윤관 9성 — 임을 고찰한 것이다. 그러나 나는 조사하다가 가벼운 병에 걸렸고 비가 내려 실측에 어려움을 겪어 기일에 쫓겼기 때문에 자연히 그 보고서에서는 옛 성의 현재 상태를 충분히 설명하지 못한 부분도 있었다. 그래서 나는 누락된 부분을 보충할 목적으로 1922년 가

을 다시 함흥군과 정평군의 옛 성터를 조사했다. 신라 진흥왕의 무자 순수비를 본 것은 이 두 번째 조사 때였다.

현재 진흥왕 무자 순수비는 함흥군 하기천면下岐川面 진흥리眞興里에 있다. 조선 중기 비석이 처음 세상에 알려졌을 때는 함흥군 북쪽 경계를 구획하는 황초령 부근에 있었지만, 원래 그곳에 세워졌는지는 의문이 있고 그것은 한국 고대사의 매우 중요한 문제기도 하다. 나는 1919년 조사로 윤관 9성 터를 함흥군 안에서 찾아 윤관의 경략 지역이 멀리 두만강 방면까지 이르렀다는 오래된 망설妄說을 타파할 수 있었다. 다음 조사 때는 진흥왕비를 한번밖에 보지 못해 비석에 관련된 문제는 살펴볼 수 없었지만, 그 뒤 주로 기록을 바탕으로 전부터 생각해온 이 문제를 연구하고 그것을 내가 밝혀낸 윤관의 경략 사실과 결합시켜 상당히 자신 있는 새 해석을 내릴 수 있었다. 이제 발표하는 논문은 그렇게 해서 작성한 것으로 그것을 내 두 번째 「고적조사보고서」라고 한 까닭도 거기 있다. 원고를 완성한 것은 작년 봄이지만 심장병을 앓아 모든 일을 완전히 놓았고 해를 넘겨도 아직 낫지 않아 올해도 봄이 올 때까지 인쇄를 시작할 힘을 내지 못한 것은 스스로 매우 아쉽다.

진흥왕의 순수비에는 보통 황초령비로 불리는 무자 순수비 외에 북한산비와 창녕비가 있다. 황초령비의 현재 상태를 보여주는 7장의 사진(도판 1~4)은 내가 직접 조사했을 때 총독부 촉탁 사와 슌이치澤俊一 씨가 촬영한 것이다. 그 다음에 나오는 탁본(도판 5)은 총독부 박물관에 소장된 것이다. 다른 두 비는 내가 아직 보지 못했지만 이 논문에서 언급했기 때문에 이런 사진과 함께 탁본을 실었다. 북한산비의 사진과 탁본은 모두 4장(도판 6~9)으로 이 목적을 위해 이 보고서를 인

쇄하기 전 조선총독부에서 특별히 박물관 직원을 보내 제작한 것이
고, 창녕비의 사진과 탁본 각 1장(도판 9~10)은 1914년 총독부 고적조
사위원 도리이 류조鳥居龍藏 씨가 조사한 것이다. 앞의 것과 관련해서
는 그것을 만드는데 큰 수고를 한 박물관 주임 후지타 료사쿠藤田亮策
씨와 그곳 직원 간다 소죠神田惣藏 씨·고이즈미 아키오小泉顯夫 씨·사와
순이치 씨 등에게 깊이 감사하지 않을 수 없다(1929년 4월).

진흥왕 무자 순수비가 있는 곳에서 바라본 황초령(도판 1)

함흥군 진흥리의 진흥왕 무자 순수비(위. 도판 2-1)와 비각(아래. 도판2-2)

무자 순수비 정면 모습(왼쪽. 도판 3-1)과
윤정현尹定鉉이 세운 비석 이치기移置記(도판 3-2)

무자 순수비 정면과 왼쪽 측면(왼쪽. 도판 4-1), 무자 순수비 정면 윗부분(도판 4-2)

진흥왕 무자 순수비 탁본(도판 5)

북한산 비봉의 진흥왕 순수비(도판 6)

북한산비 정면(왼쪽. 도판 7-1), 북한산비 동쪽 측면(도판 7-2)

북한산비 탁본(도판 8)

창녕군 창녕읍의 진흥왕 순수비(도판 9)

창녕비 탁본(도판 10)

## 1. 머리말

나는 신라 진흥왕의 무자 순수비, 곧 이른바 황초령비라고 세상에 알려진 신라의 옛 비석에 대해 오랫동안 쉽게 이해하기 어려웠으며 역사와 관련해 매우 중대한 의문을 품었다. 1922년 10월 함경남도 함흥군과 정평군의 옛 성터를 조사했을 때 특별히 하루 일정을 이 비에 바친 것도 그런 의문 때문이었다. 그러나 조사 결과는 처음부터 많이 기대하지 않았다. 의문은 옛 비 자체에 있던 것이 아니었기 때문이다.[1]

진흥왕의 무자 순수비는 함경남도 함흥읍 서북쪽 120~130리 (47.1~51.1킬로미터) 함흥군 하기천면 진흥리의 도로 왼쪽에 있는 조금 높은 언덕 위의 비각에 모셔져 있다(도판 2). 본래는 거기서 20~30리 (7.9~11.8킬로미터) 깊은 황초령의 고개 부근에 있던 것을 지금부터 70여 년 전인 조선 철종 3년(1852) 당시 함경도 관찰사 윤정현이 비석을 보호하는데 편리하도록 이곳으로 옮긴 것이다.[2] 지금 세워진 곳은 중령진中嶺鎭 터에 가까워 중령진비라고도 불린다. 이 비가 학자들의 관심을 끈 것은 상당히 오래됐다. 선조 때 함경도 남南병마절도사 신립申砬에게서 비석의 탁본을 얻은 차천로車天輅(호는 오산五山)은 그것을 보고 다음과 같이 잘못된 견해를 서술했다.[3] 그 무렵 처음 세상에 알려진 것으로 생각된다.

글자는 「필진도」*와 같지만 작고 대부분 결락돼 있었다. 거기서 황제라고 말한 것은 고구려왕이다. 字如筆陣圖而小, 大半缺落. 其曰皇帝者, 高句

---

* 동진 때 서예가 위삭衛鑠(272~349, 위부인衛夫人이라고도 한다)의 유명한 서예 이론서로 해서의 핵심 요소인 학서론學書論·필획론筆劃論·필법론筆法論 등을 담았다.

麗王也.

    함흥평야를 관통해 흐르는 성천강의 한 지류에 흑림천이 있다. 황초령은 이 하천 상류의 계곡에서 장진의 고원을 넘어 들어가는 고갯길이며, 함흥 지방과 압록강 중류 유역을 연결하는 교통로를 끼고 고개 좌우에 이어진 중심산맥은 함흥평야의 서북쪽에서 천연의 장벽을 이루고 있다. 이런 지점에 신라의 옛 비가 세워져 있기 때문에 조선의 유명한 금석학자인 김정희金正喜(호는 추사秋史)가 이 비의 역사적 가치를 다음과 같이 평가한 것은 상당히 타당하다.

이 비는 우리나라 금석문의 조상일 뿐 아니라 신라의 영토도 우리 역사서로 연구하면 겨우 이 비열(안변安邊)에 이를 뿐이니, 이 비가 없었다면 그것이 멀리 황초령까지 이르렀다는 것을 어떻게 알 수 있었겠는가? 옛사람은 이 때문에 금석문을 보물처럼 중시했으니 어찌 하나의 옛 물건에 지나지 않겠는가? 大槪此碑, 非徒爲我東金石之祖, 新羅封疆, 以國乘攷之, 纔及於此列忽, 不因此碑, 何以更知其遠及於黃草領耶. 金石之有勝於史乘如此, 古人所以寶重金石, 豈止於一古物而已耶.

    그러나 『삼국사기』의 기사를 전체적으로 살펴보면 신라의 동북 경계는 그 나라의 어떤 시대에도 황초령에는 이르지 않은 것 같다. 그리고 거기에 상당한 가치를 두지 않을 수 없음을 생각하면 김정희의 말처럼 간단히 정리해 버릴 수는 없다. 내가 앞서 제기한 황초령비에 관련된 의문은 이것을 뜻한다.

    그렇다면 진흥왕 때 신라의 동북 경계는 어디였는가? 이것도 그동안의 연구에서는 확정되지 않았다. 쓰다 소키치津田左右吉 박사는 진흥왕이 설치한 비열홀주比列忽州가 철령관 바깥의 안변처럼 먼 곳이 아니라고 역설한 반면5 그와 완전히 반대로 이마니시 류今西龍 박사는 진흥왕이 신라의 발흥하는 기운을 타고 바다에서 함흥평야까지 경략해 황초령을 경계로 삼은 것으로 보인다고 말했다.6 요컨대 진흥왕 때 신라의 강역, 특히 그 동북 경계는 그의 순수비인 황초령비와 떼어놓고 생각할 수 없는 매우 중요한 문제다. 그렇다면 이것을 어떻게 해결해야 할까? 현존하는 기록에서 신라 세력의 융성과 쇠퇴를 잘 고찰해 비석에 유리한 증거를 들 수 있으면 좋지만, 그렇지 않은 경우에는 어떻게 그런 곳에 비석이 세워졌을지 다시 그 이유를 설명해야 한다. 내가 이 논문을 쓴 것은 그것에 관련된 비견卑見을 서술하고 아울러 많은 분의 가르침을 받으려는 생각에서다.

## 2. 진흥왕의 세 비

황초령비는 지금 비신 오른쪽 윗부분과 왼쪽 아랫부분이 없어졌다. 남아 있는 부분에도 마멸돼 전혀 읽을 수 없는 글자가 꽤 많지만 첫 행은 다음과 같다.

□□□□□□八月二一日癸未, 眞興太王巡狩管境, 刊石銘記也.

2~7행은 다음과 같다.

□□世道乖眞, 玄化不敷, 則耶爲交競. 是以帝王建號, 莫不修己以安百姓. 然朕□紹太祖之基, 纂承王位, 兢身自愼, 恐違□□. 又蒙天恩開示運記, 冥感神祇, 應□四方託境, 廣獲民土, 隣國誓信, 和使交通, 府□□□□□, 新古黎土□謂道化未有. 於是歲次戊子秋八月, 巡狩管境, 訪探民心, 以欲勞□□, 有忠信精誠□□□□□國盡節有功之徒, 可加賞爵物以章勳効, 廻駕顧行, □□□□□□□□□□□□□□□者矣.

다음으로 7행 중간부터 12행(마지막 행)까지는 행차를 따라간 사람들의 이름과 그 부部 이름·관직 등을 기록했다.7 곧 이 비는 무자년 가을 8월 진흥왕이 영토를 두루 살펴보고 그 기념을 위해 세운 것이다. 『삼국사기』에 따르면 무자년은 진흥왕 29년(568)이다.

진흥왕의 순수비는 이것 하나만이 아니라 경기도 북한산과 경상남도 창녕에도 있기 때문에 그것들도 언급하지 않으면 안 된다. 북한산 비는 경성(서울) 북쪽에 솟아 있는 북한산의 한 봉우리 ― 그 비가 있기 때문에 비봉碑峰이라고 불린다(해발 556미터) ― 의 깎아지른 절벽의 반석 위에 세워져 있다. 그 비는 조선 순조 16년(1816) 김정희 등이 조사하고 이듬해 다시 살펴 남아 있는 68자를 해독함으로써 세상에 처음 알려졌다. 첫 행에서

□□□□□□□眞興太王及衆臣等巡狩管境之時記.

라고 했고 5행에서

是巡狩管境, 訪採民心, 以欲勞□, 如有忠信精誠□.

라고 한 것은 황초령비의 문장과 동일하고, 8행 이하에서는 수행한 사람들의 이름과 관직을 열거했다. 모두 12행이고 행마다 32자가 새겨져 있지만 마멸돼 읽을 수 없는 글자가 매우 많다. 순수한 날짜는 1행 첫 부분에 기록돼 있던 것으로 생각되지만 모두 마멸돼 알 수 없다.[8]

세 번째 창녕비는 경남남도 북쪽 경계 가까이에 솟은 화왕산火旺山 서쪽 기슭, 창녕읍 평지 동쪽 끝에 있다. 지난 1914년 문학박사 도리이 류조 씨의 조사로 세상에 알려졌다. 마멸된 글자가 적지 않다.

辛巳年二月一日立. 寡人幼年承基, 政委輔弼. 寡人幼年承基政(이하는 결락).

이렇게 씌어진 첫 행부터 10행까지가 본문이고, 그 다음 27행까지 17행에 걸쳐 순수에 관여한 사람들의 이름과 관직을 열거했다.[9] 비를 세운 해인 신사년은 황초령비의 무자년보다 7년 전으로 진흥왕 22년 (561)이다.

## 3. 진흥왕의 북부 경략

진흥왕의 즉위년은 일본 긴메이欽明 천황 원년(540)으로 고구려 장수왕이 세상을 떠난 지 49년, 백제 성명왕이 웅진(충청남도 공주)에서 사비(충청남도 부여)로 수도를 물린 2년 뒤다. 신라는 그 4년 전(법흥왕 23년, 536) 처음으로 독자적 연호를 사용해 건원 원년으로 불렀고 진흥왕 12년(551) 개국으로 연호를 고쳤다. 신라의 건국은 훨씬 오래 전인데, 특별히 그런 연호를 사용한 데는 상당한 이유가 있는 것으로 그해 신라는 북쪽으로 영토를 뚜렷이 확장했다.[10]

- 『삼국사기』「신라본기」진흥왕 12년: 거칠부 등에게 고구려를 침략케 하니 승세를 타고 10군을 빼앗았다. 命居柒夫等侵高句麗, 乘勝取十郡.
- 『삼국사기』「거칠부열전」: 진흥대왕 12년 신미년 왕이 거칠부와 대각찬 구진·각찬 비태·잡찬 탐지·잡찬 비서·파진찬 노부·파진찬 서력부·대아찬 비차부·아찬 미진부 등 여덟 장군에게 백제와 함께 고구려를 침공하게 했는데, 백제가 먼저 평양을 격파했다. 거칠부 등은 승세를 타고 죽령 바깥, 고현 안쪽 10군을 차지했다. 眞興大王十二年辛未, 王命居柒夫及仇珍大角湌·比台角湌·耽知迊湌·非西迊湌·奴夫波珍湌·西力夫波珍湌·比次夫大阿湌·未珍夫阿湌等八將軍, 與百濟侵高句麗, 百濟人先攻破平壤. 居柒夫等乘勝, 取竹嶺以外高峴以內十郡.

『일본서기』의 다음 기사도 이것과 호응하는 중요한 기사다.

긴메이 12년(551): 이해에 백제 성명왕이 직접 무리와 두 나라(신라와 임나) 군사를 이끌고 고구려를 정벌해 한성 지역을 차지하고 다시 진군해 평양을 토벌해 6군 지역을 모두 회복했다. 是歲百濟聖明王親率衆及二國兵, 往伐高麗, 獲漢城之地, 又進軍討平壤, 凡六郡之地復古.

한성은 당시 고구려의 영토가 된 백제의 옛 수도로 한강 남안에 가까운 남한산성(지금의 광주)이다. 평양은 고구려의 수도인 평양이 아니라 그 3경 가운데 하나인 한성, 곧 북한산성의 다른 이름인 남평양(지금의 경성[서울])이 분명하다. 이처럼 신라와 백제는 힘을 합쳐 출병해 죽령 이북, 북한산 이남의 넓은 지방을 고구려에게서 탈취했지만, 이르면 그 이듬해(진흥왕 13년, 552) 백제의 점령지는 신라의 소유가 되고 말았다.

『일본서기』 긴메이 14년(553): 이해에 백제가 한성(남한산성)과 평양(북한산성)을 포기하자 신라는 그것을 이용해 한성에 입거했다. 是歲百濟棄漢城與平壤, 新羅因此入居漢城.

그리고 신라는 다시 그 이듬해(진흥왕 14) 남한산성에 주州를 설치해 신주新州라고 불렀다. 사료가 적기 때문에 이 사이의 경위를 자세히 알 수 없지만 신라와 백제가 협력해 출병한 효과를 신라가 독점한 것은 분명하다. 그런데 신라와 백제는 협력해 출병할 때 같은 방면에 군사를 보낸 것일까? 신라 쪽 기사인 「거칠부열전」에 따르면 신라군은 "죽령 바깥, 고현 안쪽의 10군"을 탈취했다고 했고, 백제 쪽의 어떤 기록에 따른 것으로 보이는 『일본서기』에 따르면 백제군은 한성(남한산)·평양(북한산)을 공격해 6군을 회복했다고 했기 때문에 한 쪽은 10군, 다른 쪽은 6군, 합쳐서 16군을 점령한 것처럼 생각된다. 여기서 신라가 점령한 북쪽 경계인 고현의 위치가 문제로 떠오른다.

진흥왕 15년(554) 백제 성명왕은 친히 군사를 이끌고 임나일본부군과 함께 신라의 서쪽 경계에 있는 관산성管山城(충청북도 옥천沃川)을 공격했다가 대패해 전사했다. 그리고 이듬해 신라는 비사벌比斯伐에 완산주를 설치했다. 비사벌(『일본서기』 진구황후기의 비자발比自㶱)은 임나 여러 나라의 하나로 지금의 창녕읍이 그 중심이고, 창녕읍에는 앞서 서술한 진흥왕의 순수비가 있다. 진흥왕은 임나일본부를 후원한 백제를 격파한 기세를 타고 일본부가 관할하던 비사벌을 점령하고 재위 22년 (신사년, 561) 그곳을 순행한 것으로 생각된다. 그곳에 완산주를 설치한 재위 16년(555) 겨울 진흥왕은 북한산을 순행했다.

「신라본기」: 겨울 10월 북한산을 순행하고 국경을 정했다. 巡幸北漢山, 拓定封疆.


이것을 북한산비와 연결하면 건립 연월을 알 수 없는 그 비는 재위 16년 순행할 때 세웠다고 생각할 수 있지만 비문의 '남천군주南川軍主' — 남천주의 장관 — 의 이름이 보이고 남천주는 뒤에서 서술하듯 진흥왕 29년(568)에 설치됐으므로 그렇게 볼 수는 없다. 재위 29년 이후에도 이 방면을 순수했고 그때 세워진 것으로 여겨진다(이것은 이마니시 박사가 지적했다).[11] 그러나 진흥왕이 언제 북한산을 순수했든 순수비가 그 산에 세워진 것은 그가 개척한 새 영토의 북쪽 경계가 그 부근이었음을 말하는 것일 수밖에 없다. 그렇다면 무자 순수비도 새 영토의 동북 경계 가까이 세워졌고, 그 방면의 어떤 두드러진 산이 문제의 고현이라고 여겨진다. 이것은 자연스런 추측이지만 진흥왕 12년 (551) 전쟁에서 백제군이 점령한 지역의 북쪽 끝은 북한산이나 그 부근이었고, 신라군이 단독으로 진격했다고 해도 강원도 북쪽 경계에 있는 험준한 철령이나 삼방三防을 넘어 멀리 황초령 아래의 함흥평야를 점령했다고는 아무래도 생각되지 않는다. 따라서 황초령을 문제의 고현에 비정할 수는 없다고 판단된다.

경상북도에서 조령·계립령과 함께 유명한 죽령을 넘으면 충주에서 길은 둘로 나뉜다. 물론 대로를 말하는 것이다. 하나는 남한강을 따라 그 하류 지역인 북한산 방면으로 나아가는데, 충주와 북한산의 중간쯤에 위치한 이천利川은 강원도 원주에서 여주를 거쳐 오는 도로와 만나는 곳에 있어 매우 중요한 곳이다. 「신라본기」 진흥왕 29년(568) "겨울 10월 북한산주를 폐지하고 남천주를 설치했다冬十月, 廢北漢山州, 置南川州"고 한 남천주가 그곳이다(29년은 무자년 순수한 해다).

또 북한산(경성[서울])에서 북진해 임진강 앞의 문산汶山에서 가로로 뻗은 길로 들어가 강을 따라 동북쪽으로 50리(19.6킬로미터)쯤 가면 적성읍積城邑이 나온다. 지금은 간선도로가 지나는데, 여기도 이 방면의 한 요충지다. 평안도 평양(고구려의 도성)에서 황해도 신계新溪·삭녕朔寧 등을 거쳐 임진강 중류로 나오는 대로와 함경도 남쪽 끝인 삼방에서 평강·철원鐵原을 거쳐 오는 길은 연천漣川(적성 동북쪽 50~60리) 부근에서 교차하는데, 적성은 그곳과 문산의 중간에서 서로 연결하는 지점이기 때문이다. 신라시대의 중성현重城縣(일명 칠중성七重城)이 이곳으로 지금의 적성읍 옆에 그 산성 터로 생각되는 유적이 남아 있다. 임진강은 적성읍 부근에서 뚜렷이 북쪽으로 굽어져 칠중성을 남쪽에서 멀리 휘감아 흐른다. 그리고 칠중성에서 10리(3.9킬로미터)쯤 떨어져 굽어지는 안쪽에는 육계토성六溪土城으로 불리는 큰 옛 성터가 있다.[12]

• 「신라본기」 선덕왕 7년(638): 겨울 10월 고구려가 북쪽 변경의 칠중성을 침략하자 백성들이 놀라 산골짜기로 도망쳤다. 왕이 대장군 알천에게 명령해 그들을 안정시키게 했다, 11월 알천이 고구려군과 칠중성 밖에서 싸워 이겨 매우 많이 죽이고 사로잡았다. 冬十月, 高句麗侵北邊

七重城, 百姓驚擾入山谷. 王命大將軍閼川安集之. 十一月, 閼川與高句麗兵
戰於七重城外, 克之, 殺虜甚衆.

- **태종 무열왕 7년(660)**: 고구려가 칠중성을 침공해 군주 필부가 전사했
  다. 高句麗侵攻七重城, 軍主匹夫死之.


이런 기록들은 칠중성이 신라 북쪽 변경의 요충임을 증명하는 것으
로 이른바 육계토성이 그 외성外城이었음을 자연히 추측할 수 있다.[13]

『삼국사기』(권42) 「김유신열전」 중中: 용삭 원년(661) 12월 10일 부장군
김인문·진복·양도 등 아홉 장수와 함께 군사를 이끌고 군량을 싣고 고
구려의 경계 안으로 들어갔다. 임술년(용삭 2년, 662) 정월 23일 칠중하
에 이르렀다. (…) 장수들과 군사들이 뒤이어 칠중하를 건너 고구려의
경계로 들어갔는데, 고구려군이 큰 길에서 기다렸다가 공격할 것을 염
려해 험하고 좁은 길로 갔다. 龍朔元年十二月十日, 與副將軍仁問·眞服·良
圖等九將軍, 率兵載粮, 入高句麗之界. 壬戌正月二十三日, 至七重河. (…) 諸將
卒相隨渡河, 入高句麗之境. 慮麗人要於大路, 遂自險隘以行.


이 기사에 따르면 당시 적성이 있던 임진강은 칠중하로 불렸고 그
북쪽은 고구려의 영토였다.

충주에서 둘로 나뉜 대로의 다른 하나는 정북쪽으로 나아가 강원
도를 종단縱斷하면서 원주·춘천·회양淮陽 등을 통과한다. 회양에서 험
준한 철령을 넘으면 안변인데, 철령과 삼방은 강원도에서 함경도 남쪽
변방을 넘어 들어가는 자연적 관문이고 그런 두 관문을 통과하는 도
로는 안변에서 하나로 모아지므로 안변이 이 방면의 요충임은 말할 것

도 없다. 강원도와 함경도의 경계를 구획하는 높고 험준한 산맥은 가장 넘기 쉬운 철령과 삼방 두 관문 부근에서 높이가 700미터 정도 되고, 북쪽으로 나아가 1268미터의 황룡산을 이룬 뒤 겨우 40~50리(15.7~19.6킬로미터) 사이에 39미터까지 급격히 낮아져 안변의 남대천南大川 입구에서 바다로 이어진다. 그래서 함경도 함흥 방면에서 안변으로 간 뒤 동쪽으로 방향을 바꿔 산맥의 이 낮은 부분을 지나 해안을 따라 강원도 안쪽의 띠처럼 가늘고 긴 지방으로 나오기는 매우 쉽다. 여기서 다시 안변은 이 해안도로가 지나는 지점에서 특히 중요한 위치를 차지한다. 신라 진흥왕은 백제와 협력해 죽령 바깥의 고구려 영토를 빼앗고 5년 뒤 그곳에 새로 주를 설치했다. 등주는 고려시대 안변의 이름이다.

- 「신라본기」 진흥왕 17년(556): 비열홀주를 설치하고 사찬 성종을 군주로 삼았다. 置比列忽州, 以沙飡成宗爲軍主.
- 「지리지」: 삭정군은 본래 고구려 비열홀군이다. 진흥왕 17년이자 양 대평 원년 비열주로 삼고 군주를 뒀다. (…) 경덕왕이 이름을 고쳤다. 지금의 등주다. 朔庭郡, 本高句麗比列忽郡. 眞興王十七年, 梁大平元年, 爲比列州, 置軍主. (…) 景德王改名. 今登州.

앞서 서술한 대로 지리를 살펴보고 특히 임진강 가의 적성이 신라 칠중성의 소재지였다는 것과 삼방·철령 두 관문 밖의 안변이 비열홀주였다는 것에 유의하면 진흥왕 때 신라가 고구려에서 빼앗은 지역의 북쪽 경계는 상당히 뚜렷하게 지도 위에 나타난다. 백제의 성명왕은 친히 군대를 이끌고 고구려의 남한산성(한성)과 북한산성(남평양)을 공격해 점령하고 6군을 회복했다고 했으므로 북한산성에서 멀지 않은 동일한 방면의 칠중성도 백제군이 차지했을 것으로 여겨진다. 곧 칠중성은 그 전투에서 백제가 점령한 가장 북쪽 지점이었다고 생각된다.

이것에 대해 신라군은 어느 방면을 점령했을까? 신라의 위치와 죽령을 넘은 뒤의 도로를 생각하면 그것은 강원도 지방이었음을 쉽게 추측할 수 있다. 그런데 북한산에서 칠중성을 거쳐 북쪽으로 가는 도로는 삼방관을 거쳐 안변으로 연결되고, 안변에 비열홀주를 설치한 것은 이 경략이 이뤄진 5년 뒤이므로 신라가 점령한 지역의 북쪽 경계라고 한 문제의 고현은 철령에 비정할 수 있다고 생각된다. 고현이라는 이름이 그 고개에 어울리는 것은 말할 것도 없다.[14] 곧 진흥왕 12년(551) 신라가 백제와 협력해 점령한 지역의 북쪽 경계는 철령·삼방·평강·철원·연천·적성·문산을 잇는 선이었다고 말할 수 있다.

또 앞서 서술한 것에 따라 비열홀주를 설치한 까닭도 설명된다. 점령지의 경계를 삼방·철령의 산맥으로 국한하면 함경도 지방을 소유한 고구려군은 평탄한 해안도로를 지나 동남쪽으로 내려와 강원도 해안 쪽의 통천通川·고성高城·양양襄陽·강릉·삼척三陟·울진 등을 쉽게 점령할 수 있었다. 그러므로 진흥왕은 고현 이남을 손에 넣은 뒤 한 걸음 나아가 안변의 남대천 유역을 점령하고 그곳에 비열홀주를 설치해 고구려의 침입에 대비한 것으로 생각된다.

이처럼 백제 성명왕과 함께 출병해 고현(철령) 이남 지역을 고구려에게서 빼앗은 진흥왕은 따로 백제가 소유했던 남한산성을 탈취해 신주를 설치했다. 그리고 비열홀주를 지금의 안변에 둔 이듬해(진흥왕 18년, 557)에는 그 신주를 폐지하고 북한산주를 북한산성에 설치했는데, 그 것은 이 방면의 행정 중심을 한 걸음 북쪽으로 전진시킨 것으로 볼 수 있다. 또 재위 29년(568) 11월에는 북한산주를 폐지하고 남천주를 설치하는 동시에 비열홀주를 폐지하고 달홀주達忽州를 설치했다. 남천주는 앞서 서술한 대로 지금의 이천이고, 달홀주는 강원도의 금강산에 가까운 지금의 고성이다.

이렇게 북부의 주 치소를 남쪽으로 옮긴 까닭은 무엇일까? 당시는 고구려가 보복하려고 침략할 조짐은 없었기 때문에 이것을 영토의 축소로 해석할 수는 없다. 충주에는 지난 재위 18년(557) — 신주를 폐지하고 북한산주를 설치한 해 — 소경小京을 설치해 국원경國原京이라고 했는데, 이천은 북한산과 충주의 중간에 위치해 지금의 경기도에서 충청북도에 걸쳐 남한강 유역을 관할하는데 매우 좋은 곳이었기 때문에 주를 설치해 행정과 군정의 중심으로 삼았다고 생각된다. 고성에 달홀주를 설치한 것도 같은 의도였던 것 같고, 그 관할 아래 있던 지역은 비열홀 이남의 강원도 동해안으로 여겨진다.

그렇다면 강원도 줄기산맥 서쪽의 넓은 지방은 행정적으로 어떻게 조처하려던 것일까? 이 방면에서 충주(국원경)과 철령(고현)의 중간에 있고, 서쪽은 북한강을 따라 남한산과 북한산 지역에 연결되며, 넓은 평지가 있어 특히 중요한 곳은 말할 것도 없이 춘천이다.[15]

『삼국사기』(권35) 「지리지」: 선덕여왕 6년(당 정관 11년, 637) 중수주(우수주?)로 삼고[16] 군주를 됐다(문무왕 13년[당 함형 4년, 673] 수약주를 설치했다고도 한다). 善德王六年, 唐貞觀十一年, 爲中(牛?)首州, 置軍主(一云, 文武王十三年, 唐咸亨四年, 置首若州).

위의 기사에서는 신라 때 우수주 또는 우두주로 불린 그곳과 관련해 선덕여왕 이전의 일을 서술하지 않았는데, 그것은 이상하다. 진흥왕이 남·북한강 유역을 점유한 때부터 선덕여왕 6년(637)까지는 86년이 흘렀는데, 그렇게 오랫동안 이 중요한 곳에 주 치소가 설치되지 않았다는 것은 아무래도 이해하기 어렵기 때문이다.

『삼국사기』(권40) 「직관지」 6정停 3항: 세 번째 한산정은 본래 신주정이다. 진흥왕 29년(568) 신주정을 폐지하고 남천정을 설치했다. 三曰漢山停, 本新州停. 眞興王二十九年, 罷新州停, 置南川停.

이것은 「신라본기」 진흥왕 29년 "북한산주를 폐지하고 남천주를 설치했다"는 것과 상응하는 기사인데, 남한산의 신주정은 곧바로 이천의 남천정으로 옮겨진 것이 아니고 그 중간에 북한산정이 있던 것이다. 또 앞서 서술한 대로 「신라본기」의 같은 조에서 "비열홀주를 폐지하고 달홀주를 설치했다"고 한 것에 대해 6정의 4항에서는 다음과 같이 말했다.

넷째는 우수정인데 본래 비열홀정이다. 문무왕 13년(673) 비열홀정을 폐지하고 우수정을 설치했다. 四曰牛首停, 本比烈忽停. 文武王十三年, 罷比烈忽停, 置牛首停.

그러나 우수정(춘천)이 본래 비열홀정(안변)이었다고 한 '본래本'를 글자 그대로 해석하면 지리적으로 매우 이상하다. 뿐만 아니라 '문무왕 13년'이라고 한 것도 잘못으로 실제로는 문무왕 8년(668)이고, 선덕여왕 7년(638) 이후 30년 동안 고구려에 빼앗겼던 비열홀주를 되찾았고

(다음 장에서 자세히 서술) 문무왕 13년(673)에는 앞서 인용한 「지리지」의 주석에 보이는 것처럼 수약주를 춘주에 설치했다.

**6정 5항**: 다섯째는 하서정인데 본래 실직정이다. 태종왕 5년(658) 실직정을 폐지하고 하서정을 설치했다. 五日河西停, 本悉直停. 太宗王五年, 罷悉直停, 置河西停.

하서는 지금의 강릉으로 하서량河西良 또는 하슬라라고 했고 실직은 지금의 삼척이다.

**「신라본기」 태종 무열왕 5년**: 왕은 하슬라 지역이 말갈과 맞닿아 사람들이 불안해하자 경을 폐지하고 주로 만들었으며(선덕여왕 8년[639] 이후 조정 관원이 장관으로 파견되는 소경小京이 됐다) 도독을 둬 지키게 했다. 또 실직을 북진으로 삼았다. 何瑟羅地連靺鞨, 人不能安, 罷京爲州, 置都督以鎮之. 又以悉直爲北鎮.

이 기록을 참조하면 「직관지」의 6정에 관련된 기사가 애매하다는 것이 더욱 분명해진다. 그러나 한산정 조와 하서정 조 모두 잘못된 기록 뒤에 올바른 사실이 숨겨져 있기 때문에 우수정 조도 완전히 버릴 수는 없다고 생각된다. 앞서 서술한 대로 문무왕이 비열홀정을 폐지하고 우수정을 설치했다는 것은 받아들이기 어려운 기사다. 아울러 "우수정은 본래 비열홀정"이라고 한 것은 이것을 의미하는 것이 아니라 진흥왕이 비열홀주를 혁파하고 달홀주를 설치했을 때 우수주를 춘천에 설치한 것을 그렇게 서술한 것은 아니었을까? 만약 그렇다면 재위

29년(568) 진흥왕은 북한주와 비열홀주를 혁파하고 남천주(이천)와 달홀주(고성)를 설치했을 뿐 아니라 우수주를 신설해 강원도의 줄기산맥 서쪽 부분을 그 관할 아래 둔 것으로 여겨진다. 그리고 이런 변화에 따라 남·북한산성과 칠중성은 남천주 관내에 들어가고 비열홀은 달홀주 관내에 들어가게 된 것으로 생각된다.

그런데 문제의 무자 순수비에서 "가을 8월 영토를 두루 살펴보고 민심을 들었다秋八月, 巡狩管境, 採訪民心"고 한 시점은 비열홀주 등을 치폐하기 두 달 전이다. 그런데 진흥왕이 순수할 당시 신라의 동북 경계가 황초령에 이르렀다면 이 방면에서 역사·지리적으로 특히 중요한 함흥에는 반드시 어떤 시설이 있어야 한다. 그러나 그런 모습은 보이지 않고 진흥왕의 순수와 밀접한 관계가 없는 비열홀주를 폐지한 것은 안변 이북에 신라의 주·현이 없었다고 생각하기에 충분하다. 달리 말하면 비열홀주가 설치된 진흥왕 17년(556)부터 무자 순수 때까지 신라의 동북 경계는 안변의 남대천 유역에 고정돼 있었다는 것이다. 따라서 진흥왕의 순수를 기념하기 위해 세워진 비석이 안변에서 멀리 떨어진 황초령에 있다는 것은 아무래도 이상하다.

이처럼 진흥왕의 무자(재위 29년, 568) 순수 당시 철령 바깥의 안변 지역은 신라 영토의 동북쪽 한계였다. 그런데 그해나 그 뒤 실시된 순수 때의 기념비, 곧 무자 순수비와 형제 관계에 있는 것이 분명한 비가 북한산에 있는데, 북한산은 신라의 서북 경계와 가까운 곳에 있는 가장 대표적인 산이다. 그 때문에 나는 「거칠부열전」의 고현에 비정되는 철령이나 그 부근의 산에 진흥왕이 무자 순수비를 세웠을 것으로 추정한다.

그렇다면 이 순수비는 어째서 후대에 철령 부근에서 발견된 것일까? 이제 그것을 주요 문제로 삼아 해석하려고 하는데, 많이 돌아가는 것 같지만 진흥왕 이후 신라의 나머지 시대 ― 삼국 정립과 통일 ― 와 고려 전기의 동북 경계를 차례대로 살펴보겠다.

## 4. 고구려 멸망 이전 신라 동북 경계의 변천

남·북한강 유역을 고구려에서 탈취한 진흥왕의 경략은 당연히 신라에 대한 고구려의 원한을 깊게 했다. 『삼국사기』(권45) 「온달열전」에서 고구려 장군 온달이 신라로 출정하면서 "계립현과 죽령 서쪽을 되찾지 못하면 돌아오지 않겠다"고 맹세한 것이나 「신라본기」 선덕여왕 11년(642) 고구려의 보장왕은 백제를 정벌하려고 원병을 요청하러 온 신라의 사신 김춘추에게 "죽령은 본래 우리 땅이니 죽령 서북 땅을 돌려준다면 군사를 낼 수 있다"고 대답한 것은 그런 관계를 보여준다. 그런 모습은 『구당서』(권199, 상) 「고려열전」에서도 볼 수 있다.

정관 17년(643) 왕위를 이은 장(보장왕)을 요동군왕·고려왕에 책봉하고 사농승상 상리현장을 보내 옥새가 찍힌 서신을 갖고 가 고구려를 설득해 신라를 공격하지 말게 했다. [천]개소문은 현장에게 말했다. "고구려와 신라는 원한이 깊은 지 오래 됐습니다. 전에 수가 침략했을 때 신라는 그 틈을 타 우리 땅 500리를 탈취해 그 성읍도 모두 차지했습니다. 그 땅과 성을 돌려주지 않으면 이 전쟁을 멈출 수 없을 것입니다." 현장은 "지난 일을 어찌 소급해 논란할 수 있겠습니까?"라고 말했지만 개소문은 끝내 따르지 않았다. 貞觀十七年, 封其嗣王藏爲遼東郡王·高麗王. 又

遣司農丞相里玄奬, 齎璽書往說諭高麗, 令勿攻新羅. [泉]蓋蘇文謂玄奬曰, 高麗·新羅, 怨隙已久. 往者隋室相侵, 新羅乘釁, 奪高麗五百里之地, 城邑新羅皆據有之. 自非反地還城, 此兵恐未能已. 玄奬曰, 旣往之事, 焉可追論. 蘇文竟不從.

여기서 "신라는 그 틈을 타"라고 말한 것은 90여 년 전 진흥왕의 경략을 가리킨 것이며 "수가 침략했을 때"는 시대가 어긋나 믿기 어려운 문장이다. 「온달열전」의 계립현은 지금도 그 이름이 남아 있는데, 죽령 서쪽 직선거리로 90리(35.3킬로미터)쯤에서 조령과 함께 경상북도와 충청북도를 연결하는 중요한 고갯길이다. 고구려의 보장왕이 신라의 김춘추에게 한 것과 동일한 말은 『삼국사기』(권41) 「김유신열전」(상)에도 나온다.

마목현과 죽령은 본래 우리나라 땅이니 우리(고구려)에게 돌려주지 않으면 돌아갈 수 없다. 麻木峴與竹嶺, 本我國地, 若不我還, 則不得歸.

여기서 마목현은 계립현의 다른 이름이거나 그 의미를 번역한 것이다. 아래 자료를 보면 계립은 '마각麻殼'을 뜻하는 한국어 '겨름'의 발음을 한자로 옮긴 것이기 때문이다.

• 『동국여지승람』(권29) 문경현 산천 조: 계립령은 민간에서 마골산이라고도 하는데 방언으로는 비슷하다. 문경현 북쪽 20리(7.9킬로미터)에 있는데 신라 때의 옛 길이다. 鷄立嶺, 俗號麻骨山, 以方言相似也. 在縣北二十八里, 乃新羅時舊路.[17]

•윤정기尹廷琦(조선 철종 때 사람)의 『동환록東寰錄』(권4): 마골을 방언으로 하면 계립이다. 麻骨以方言稱之則鷄立.


이런 관계에서 고구려는 당에 멸망되기까지 약 1세기 동안 여러 번 신라와 충돌했다. 이 기간 신라의 북쪽 또는 동북쪽 경계는 주로 그 충돌 사실에서 파악할 수밖에 없다.

진평왕은 재위 26년(604) 앞서 진흥왕이 설치한 남천주를 폐지하고 원래대로 주 치소를 북한산으로 되돌렸다.


•「신라본기」 진평왕 26년: 남천주를 폐지하고 다시 북한산주를 설치했다. 廢南川州, 還置北漢山州.
•「직관지」 6정 3항: 진평왕 26년 남천정을 혁파하고 한산정을 설치했다. 眞平王二十六年, 罷南川停, 置漢山停.


이것은 「신라본기」와 「고구려본기」에 각각 다음과 같이 서술돼 있는 전투로 고구려의 남침에 대해 북한산성의 수비를 충실히 할 필요를 느끼게 됐기 때문으로 생각된다.


•진평왕 25년(603): 고구려가 북한산성을 침략하자 왕은 친히 군사 1만을 이끌고 막았다. 高句麗侵北漢山城, 王親率兵一萬以拒之.
•「고구려본기」: 영양왕 14년(603) 장군 고승을 보내 신라의 북한산성을 공격했다. 신라 국왕이 군사를 이끌고 한수(한강)를 건너오자 성 안에서 북을 울리면서 호응했다. 고승은 저들은 많고 우리는 적어 이기지 못할 것을 두려워해 퇴각했다. 王遣將軍高勝, 攻新羅北漢山城. 羅王率兵

過漢水, 城中鼓噪相應. 勝以彼衆我寡, 恐不克而退.

다음 기사도 이 전투에 관련된 것으로 생각된다.

『삼국사기』(권45) 「온달열전」: 온달은 고구려 평강왕(평원왕) 때 사람이다. (…) 양강왕(영양왕의 다른 이름으로 생각된다)이 즉위하자 온달이 아뢨다. "신라가 우리 한북 지역을 빼앗아 군·현으로 삼으니 백성들은 원통해하며 지금까지 부모의 나라를 잊지 않고 있습니다. 대왕께서 저를 어리석다고 생각하지 않고 군대를 주시면 한 번 가서 반드시 우리 땅을 되찾아 오겠습니다." 양강왕은 허락했다. [온달은] 출정하면서 맹세했다. "계립현과 죽령 서쪽을 되찾지 못하면 돌아오지 않겠다." 마침내 가서 아단성 아래서 신라군과 싸웠는데 흐르는 화살에 맞아 전사했다. 溫達, 高句麗平岡王時人也. (…) 及陽岡王卽位, 溫達奏曰, 惟新羅割我漢北之地爲郡縣, 百姓痛恨, 未嘗忘父母之國. 願大王不以愚不肖, 授之以兵, 一往必還吾地. 王許焉. 臨行誓曰, 鷄立峴·竹嶺已西不歸於我, 則不返也. 遂行, 與羅軍戰於阿旦城之下, 爲流矢所中, 路而死.

고구려의 영양왕은 진흥왕에게 빼앗긴 영토를 회복하기 위해 북한산성을 공격했다. 온달이 전사한 아단성은 『삼국사기』 「백제본기」 개로왕 21년(고구려 장수왕 63년, 475) 고구려군이 북성北城(북한산성)을 공격해 7일 만에 함락하고 다시 남성(남한산성. 당시 백제의 도성)을 함락시켜 개로왕을 생포해 "그 죄를 꾸짖고 묶어 아단성 아래로 보내 죽였다 乃數其罪, 縛送於阿旦城下, 伐之"고 한 아단성과 같은 성으로 광개토왕 비문에도 그 이름이 보인다. 최근 조선에서 마쓰시마 준松島惇 씨는 경성(서울)과 광주산성廣州山城(남한산) 사이에 있는 백제 유적을 조사해 왕십리 동쪽 20리(7.9킬로미터)쯤에 동쪽으로 한강을 끼고 북쪽에 아차산峨嵯山이 있는 광진리廣津里의 옛 성을 아단성 터라고 했는데, 정확한 견해라고 생각된다.**18** 다만 진평왕 25년(603)의 전쟁을 살펴보면 고구려군은 북한산성을 공격하면서 먼저 임진강 가의 칠중성을 침략했을 것인데, 그런 증거가 될 수 있는 기사는 『삼국사기』에 보이지 않는다. 이것은 기록의 누락으로 생각된다.

그 뒤 진평왕 30년(608)에도 고구려는 신라의 북쪽 경계를 침략했다.

「**신라본기**」 **진평왕 30년**: 왕은 고구려가 자주 영토를 침범하는 것을 걱정해 수에 군사를 요청해 고구려를 정벌하려고 했다. 원광에게 군사를 요청하는 표문을 짓게 하니 (…) [원광이] 지어 바쳤다. 2월 고구려가 북쪽 경계를 침범해 8000명을 포로로 잡았다. 4월 고구려가 우명산성을 함락시켰다. 王患高句麗屢侵封場, 欲請隋兵以征高句麗. 命圓光修乞師表, (…) [光]乃述以聞. 二月, 高句麗侵北境, 虜獲八千人. 四月, 高句麗拔牛鳴山城.

그러나 우명산성의 위치는 관련된 기록이 없어 전혀 알 수 없다. 진평왕이 수에 군사를 요청하는 표문을 원광법사에게 짓게 한 것은 『삼국유사』(권4)에 인용된 고본古本 『수이전殊異傳』의 「원광전」에도 보이지만, 군사를 요청한 일은 「신라본기」 진평왕 33년(611) "왕이 수에 사신을 보내 표문을 바치고 군사를 요청했다王遣使隋, 奉表請師"고 했으므로 원광이 표문을 지은 것은 33년이고 30년은 아니다. 그렇다면 그 전에 신라의 영토가 여러 번 고구려의 침략을 받았다는 것은 앞서 서술한 진평왕 25년(603)의 전쟁을 가리키는 것으로 생각된다.

마침내 수가 멸망하자 신라는 진평왕 47년(당 고조 무덕 8년, 625) 당에 사신을 보내 고구려가 조공로를 막았다고 알렸다. 그리고 진평왕 51년(당 태종 정관 3년, 629) 고구려를 침략하는데 매우 좋은 기회라고 판단해 전쟁을 일으켰다.

- •「신라본기」 같은 해: 가을 8월 진평왕은 대장군 용춘·서현(김유신의 아버지), 부장군 유신을 보내 고구려의 낭비성을 침략했다. (…) 군사들이 승세를 타고 북을 울리며 진격해 5000여 명을 죽이니 그 성이 항복했다. 秋八月, 王遣大將軍龍春·舒玄·副將軍庾信, 侵高句麗娘臂城. (…) 諸軍乘勝, 鼓噪進擊, 斬殺五千餘級, 其城乃降.
- •「고구려본기」 영류왕榮留王 12년(629): 신라 장군 김유신이 동쪽 변방을 침략해 낭비성을 함락시켰다. 新羅將軍金庾信來侵東邊, 破娘臂城.

‘동쪽 변방’이라는 표현에 따라 추측하면 신라는 강원도 방면에서 진군한 것 같으므로 그들이 격파한 낭비성은 철령 바깥의 비열홀과 멀지 않은 곳(덕원德源 쪽?)에 있지 않았을까 싶다.

그 뒤 선덕여왕 때는 칠중성 바깥 지역이 고구려의 침략을 받았다.

「신라본기」 선덕여왕 7년(당 태종 정관 12년, 638): 겨울 10월 고구려가 북쪽 변경의 칠중성을 침략하자 백성들이 놀라 산골짜기로 도망쳤다. 왕이 대장군 알천에게 명령해 그들을 안정시키게 했다, 11월 알천이 고구려군과 칠중성 밖에서 싸워 이겨 매우 많이 죽이고 사로잡았다.

이것은 앞서도 서술한 대로 진흥왕의 영토 확장 뒤 신라의 북쪽 경계가 임진강 가에 이르렀다고 생각하게 하는 기사지만, 다시 다른 사실을 참조해 선덕여왕 7년의 사건으로 돼 있는 이 전쟁과 그 뒤 신라와 고구려의 관계를 살펴보려고 한다(아래 서술은 특히 이 논문 끝의 연대표 참조).

먼저 주목되는 것은 「신라본기」 문무왕 8년(당 총장 원년, 668)의 기사다.

3월 비열홀주를 설치하고 파진찬 용문을 총관으로 임명했다. 三月, 置比列忽州, 仍命波珍湌龍文爲摠管.

이것은 신라의 동북 경계와 관련해 무엇을 말하는 것일까? 이해부터 꼭 100년 전인 진흥왕 29년(568) 지금의 고성에 달홀주를 설치하고 안변의 비열홀주를 폐지했음을 생각하면 이때의 비열홀주 설치는 그것을 복립한 것으로도 보인다. 그러나 비열홀주는 지난 100년 동안 늘 신라의 소유가 아니었다. 「신라본기」 문무왕 11년(671) 당의 장수 설인귀에게 보낸 답서에는 다음과 같은 부분이 있다.

비열성은 본디 신라의 소유였습니다. 고구려가 공격해 차지한 지 30여 년 만에 신라는 그 성을 다시 차지해 백성을 이주시키고 관원을 둬 수비했지만, 당은 다시 이 성을 빼앗아 고구려에 돌려줬습니다. 卑列之城, 本是新羅. 高句麗打得三十餘年, 新羅還得此城, 移配百姓, 置官守捉, 又取此城, 還與高麗.

여기서 말한 비열성은 「문무왕본기」에 보이는 비열성주卑列城州와 함게 비열홀주를 다르게 표기한 것임은 일찍이 쓰다 박사가 지적했다.[19] 이 기사에 따르면 비열홀은 본래 신라의 영토였지만 고구려에 빼앗겼다가 30여 년 뒤 탈환해 수비를 정돈한 것이다. 그런데 당이 다시 그것을 고구려에 돌려줬다고 했으므로 문무왕 8년(668) 3월 비열홀주를 설치한 것은 이 탈환 사실에 따라 설명할 수 있다고 생각된다. 그런데 선덕여왕 7년(당 정관 12년, 638)은 문무왕 8년부터 꼭 30년 전이고, 그 해에 고구려군은 칠중성 바깥에 침입했다가 신라 장군 알천에게 격파됐다고 했으므로 비열홀이 고구려에 편입된 것도 이것과 같은 때의 일로 추정된다.

곧 지난 정관 3년(고구려 영류왕 12년, 신라 진평왕 51년, 629) 신라에게 동쪽 변방의 낭비성을 침략당한 고구려는 9년 뒤인 이해(영류왕 21년) 복수에 나서 낭비성과 마주한 비열홀을 함락시키고 칠중성도 침입한 것으로 생각된다. 다만 비열홀을 무너뜨린 군대는 험준한 철령이나 삼방을 넘어 칠중성 밖으로 진격했을까? 아니면 지원군이 따로 칠중성의 서북쪽에서 임진강을 넘어온 것일까? 억측의 가능성은 둘 다 있어 갑자기 판단할 수는 없다.

진흥왕이 철령(고현) 이남을 고구려에게서 빼앗은 뒤 철령 바깥의 안변에 비열홀주를 설치한 것은 강원도 동쪽 지역을 고구려의 침략에서 보호하기 위한 것이 틀림없다(앞 장에서 서술). 그런데 80여 년 뒤인 선덕여왕 7년(638) 그 중요한 지역이 다시 고구려의 소유로 돌아갔으므로 그때나 그 뒤 신라 동북 경계의 변동은 이 정도로 그치지 않았던 것은 아닐까? 이렇게 생각하고 다음 기사를 보면 그것은 이 의문에 대답하는 것으로 지난해 비열홀과 함께 하슬라 서북쪽의 달홀(고성)을 중심으로 하는 지방이 고구려의 영토가 됐음을 암시하는 것으로 판단된다.

「고구려본기」 선덕여왕 8년(639): 봄 2월 하슬라(강원도 강릉)를 북소경으로 삼고 사찬 진주에게 지키게 했다. 春二月, 以何瑟羅爲北小京, 命沙飡眞珠鎭之.

그리고 이 추측에 대해서는 다음 기사도 유력한 방증이다.

「신라본기」 태종 무열왕 5년(당 태종 현경 3년, 658): 3월 왕은 하슬라 지역이 말갈과 맞닿아 사람들이 불안해 하니 경을 폐지하고 주로 만들었으며 도독을 둬 지키게 했다.[20] 또 실직(강원도 삼척)을 북진으로 삼았다. 三月, 王何瑟羅地連靺鞨, 人不能安, 罷京爲州, 置都督以鎭之. 又以悉直爲北鎭.

하슬라와 맞닿은 말갈이라고 한 것은 고구려 영토 안의 말갈을 가리키는 것일 수밖에 없는데, 그들의 침략에 시달렸기 때문에 북소경을 폐지하고 주로 만들었으며 실직(삼척)을 북진으로 삼았으므로 이보다 앞서 신라의 국경은 강릉과 멀지 않은 곳까지 물러났을 것이기 때문이다. 그러므로 나는 선덕여왕 7년(고구려 영류왕 21년, 638) 이후 안변·통천·고성·간성杆城·양양 등은 고구려에 소속됐고 양양과 강릉을 잇는 오대산의 한 줄기가 이 방면에서 신라의 북부 영역이었다고 추정한다.

이렇게 생각하면 다시 한 가지 의문이 일어난다. 철령 이남의 강원도 서쪽은 어땠는가 하는 의문인데, 그것에 대해서는 다음 기록을 주목해야 한다.

「신라본기」 무열왕 2년(당 고종 영휘 6년, 655): 봄 정월 고구려가 백제·말갈과 연합해 우리 북쪽 경계를 번갈아 침략해 33성을 빼앗았다. 왕이 사신을 당으로 보내 도움을 요청했다. 春正月, 高句麗與百濟靺鞨連兵侵軼我北境, 取三十三城. 王遣使, 入唐求援.

「신라본기」의 이 기록은 신라의 사료에 의거한 것이 아니라 『자치통감』(권199, 당기唐紀 15)의 기사를 가져온 것이다. 『구당서』(권199, 상) 「신라열전」의 기록도 똑같지만 『통감』과 『구당서』가 바탕한 것은 무열왕이 올린 표문이다.

- 『구당서』(권199, 상) 「백제열전」: 영휘 6년(655) 신라왕 김춘추(무열왕)가 다시 표문을 올려 백제가 고구려·말갈과 함께 신라의 북쪽 경계를 침범해 이미 30여 성을 함락시켰다고 알렸다. 永徽六年, 新羅王金春秋又表稱百濟與高麗·靺鞨侵其北界, 已沒三十餘城.
- 『당서』(권220) 「백제열전」: 영휘 6년 신라는 백제·고구려·말갈이 북쪽 경계의 30성을 빼앗았다고 호소했다. 永徽六年, 新羅訴百濟·高麗·靺鞨取北境三十城.

그러므로 신라의 30여 성이 백제·고구려·말갈(말갈은 고구려 영토 안의 주민)에게 함락된 것은 무열왕 2년(영휘 6년)이 아니라 그 전 해에 일어난 사건으로 생각된다. 그런데 『삼국사기』(권47) 「김흠운金歆運열전」에는 「신라본기」의 누락을 보충할 수 있는 기록이 있다.

영휘 6년 태종대왕은 백제와 고구려가 변방을 막자 분노해 정벌하려고 계획했다. 출정하면서 김흠운을 낭당대감으로 삼으니 그는 집에서 자지 않고 비바람을 맞으며 군사들과 고락을 함께 했다. 백제 땅에 이르러 양산 아래 군영을 설치하고 조천성을 공격하려고 했다. 백제군이 밤을 틈타 급습해 새벽녘에 성루를 타고 침입하니 우리 군은 크게 놀라 혼란에 빠져 안정시킬 수 없었다. 적은 혼란을 틈타 맹렬히 공격해 화살이 비 오듯 쏟아졌다. (…) 김흠운은 칼을 뽑아 휘두르며 적과 싸워 몇 사람을 죽이고 자신도 죽었다. 永徽六年, 太宗大王憤百濟與高句麗梗邊, 謀伐之. 及出師, 以歆運爲郎幢大監, 於是不宿於家, 風梳雨沐, 與士卒同甘苦. 抵百濟之地, 營陽山下, 欲進攻助川城. 百濟人乘夜疾驅, 黎明緣壘而入, 我軍驚駭顚沛, 不能定. 賊因亂急擊, 飛矢雨集. (…) 歆運拔劍揮之, 與賊鬪殺數人而死.

이것에 따르면 신라는 백제에 복수하는 군사를 보냈음을 알 수 있다. "백제와 고구려가 변방을 막았다"는 것은 33성의 상실을 뜻하는 것으로 생각되기 때문이다.

- 「김유신열전」(『삼국사기』[권24]): 영휘 6년 을묘년 가을 9월 김유신은 백제의 도비천성을 공격해 함락시켰다. 永徽六年乙卯秋九月, 庾信入百濟, 攻刀比川城, 克之.
- 「취도열전」(『삼국사기』[권47]): 취도는 사량 사람이다. (…) 일찍이 출가해 법명을 도옥이라고 하고 실제사에서 거처했다. 태종대왕 때 백제가 조천성을 공격하니 대왕은 군사를 일으켜 싸웠지만 승패를 가리지 못했다. 그러자 도옥은 (…) 이름을 취도라고 바꿨는데 '달려가 군사가 된다'는 뜻이다. 그리고 병부로 나아가 삼천당에 소속되기를 요청하고

마침내 군대를 따라 적지로 갔다. 깃발과 북소리의 명령에 따라 창과 칼을 들고 적진으로 돌격해 힘써 싸워 적 몇 사람을 죽이고 자신도 죽었다. 驟徒沙梁人. 嘗出家, 名道玉, 居實際走. 太宗大王時, 百濟來伐助川城, 大王興師出戰, 未決. 於是道玉 (…) 改名曰驟徒. 意謂馳驟而爲徒也. 乃詣兵部, 請屬三千幢, 遂随軍赴敵場. 及旗鼓相當, 持槍劍, 突陣力鬪, 殺賊數人而死.

이것도 같은 전투에 관련된 기사로 생각된다. 이 영휘 6년 전투에서 신라군은 양산 아래 군영을 설치하고 백제의 조천성을 공격해 차지했다고 했다. 지금의 충청북도 영동군永同郡 양산면에 최근까지 양산장陽山場이라고 불린 송호리松湖里라는 마을이 있다. 동남쪽에 대왕산大王山(높이 303미터)이, 서남쪽에 비봉산飛鳳山(높이 481미터)이 있어 상당히 풍경이 뛰어난 곳이다. 그리고 금강 남안을 따라 올라가는 도로는 이 두 산의 북쪽 기슭을 지난다. 「대동여지도」를 보면 송호리에 해당하는 위치에 양산이라는 옛 현의 이름을 표시했는데, 그것은 『삼국사기』(권34) 「지리지」 영동군 조에서 그 군의 두 속현 가운데 하나로 "양산현은 본래 조비천현陽山縣本助比川縣"이라고 한 것이 틀림없으므로(다른 하나는 황간현黃澗縣, 곧 지금의 황간이다) 지금의 송호리는 신라의 삼국통일 뒤 양산현의 옛터고 그곳에 있던 백제 때 성이 「김흠운열전」과 「취도열전」의 조천성, 「김유신열전」의 도비천성(「지리지」의 조비천현)임은 거의 분명하다. 또 「김흠운열전」에서 "백제 땅에 이르러 양산 아래 군영을 설치하고 조천성을 공격하려고 했다"고 한 양산은 양산현의 이름이 유래한 산이 분명하며, 이 기사에 따라 미뤄보면 지금의 대왕산이 그것으로 생각된다.

영휘 6년(655) 신라가 백제의 조천성에서 이겼다는 전투가 있었고 그것이 우리의 문제가 된 전 해의 전투 — 33성 상실 — 에 보복한 것이라면 그때 신라가 잃은 몇 성(33성 가운데)도 동일한 방면의 성으로 추정해도 문제는 없다. 아울러 남한강 유역 일대의 지방이 신라의 영토였던 당시 고구려와 말갈군이 멀리 백제의 동쪽 경계(신라의 서쪽 경계)를 공격했다고는 생각되지 않으므로 그때 함락된 성들은 다른 방면에서 찾아야 한다.

고구려는 의문의 성들을 함락시킨 6년 뒤 다시 신라의 칠중성을 침략했다.

**「신라본기」 무열왕 7년(당 현경 5년, 660) 11월 1일:** 고구려가 칠중성을 침공해 군주 필부가 전사했다. 高句麗侵攻七重城, 軍主匹夫死之.

**「필부열전」**(『삼국사기』, 권47)의 내용은 좀더 자세하다.

태종대왕(무열왕)은 백제·고구려·말갈이 입술과 이처럼 서로 가까워져 침탈할 것을 함께 모의하자 그 침입을 막을 수 있는 충성스럽고 용맹한 사람을 찾았는데, 필부를 칠중성 아래의 현령으로 삼았다. 그 이듬해 경신년(무열왕 7년) 왕은 당군과 함께 백제를 멸망시켰다. 그러자 고구려는 우리를 미워해 겨울 10월에 군사를 보내 칠중성을 포위했다. 필부는 20여 일 동안 성을 지키면서 싸웠다. (…) 그러나 군사들이 지쳐 절반 넘게 죽거나 다쳤다. 적이 바람을 타고 불을 놓아 성을 갑자기 공격하자 필부는 상간 본숙·모지·미제 등과 함께 적에게 활을 쏘니 화살이 비오듯 날았다. 팔다리와 몸이 화살에 맞아 부서져 피가 뒤꿈치까지 흐르니

쓰러져 죽었다. 대왕은 그 소식을 듣고 매우 슬피 통곡하고 급찬에 추
증했다. 太宗大王以百濟·高句麗·靺鞨, 轉相親比爲脣齒, 同謀侵奪, 求忠勇
材堪綏禦者, 以匹夫爲七重城下縣令. 其明年庚申秋七月, 王與唐師滅百濟. 於
是高句麗疾我, 以多十月發兵, 來圍七重城. 匹夫守且戰二十餘日. (…) 而士氣
疲乏, 死傷過半. 賊乘風縱火, 攻城突入, 匹夫與上干本宿·謀支·美齊等, 向賊
對射, 飛矢如雨. 支體穿破, 血流至踵, 乃仆而死. 大王聞之, 哭甚痛, 追贈級飡,

무열왕은 칠중성이 고구려의 공격을 받기 1년 전(재위 6년) 충성스럽
고 용맹해 침략을 막을 수 있는 인물을 이 성의 장수에 임명해야겠다
고 판단해 필부를 발탁했다. 그리고 그가 그렇게 조처한 것은 그보다
앞서 백제·고구려·말갈이 서로 연합해 신라의 영토를 침탈했기 때문
이었는데, "침탈할 것을 함께 모의했다"는 것은 무열왕 원년(654) 33성
의 상실을 뜻하는 말이 분명하다. 또 「신라본기」에는 무열왕 8년(661)
고구려와 말갈군의 침략에 관련된 다음 기사가 있다.

무열왕 8년(당 용삭 원년) 5월 9일(11일이라고도 한다) 고구려 장군 뇌음
신이 말갈 장군 생해와 군사를 합쳐 술천성을 공격했지만 이기지 못하
자 목표를 바꿔 북한산성을 공격했다. 포차를 늘어놓고 돌을 날리니 맞
은 성벽과 집이 모두 부서졌다. (…) 그때 성안에는 남녀 2800명밖에 없
었지만, 성주 동타천은 어리고 약한 사람들을 격려해 강하고 많은 적에
20여 일 동안 맞설 수 있었다. 식량이 떨어지고 지쳤을 때 지극한 정성
으로 하늘에 아뢰니 갑자기 큰 별이 적진에 떨어졌다. 또 천둥과 벼락이
치고 비가 내리니 적은 이상해하고 두려워하면서 포위를 풀고 물러갔
다. 五月九日(一云十一日), 高句麗將軍惱音信與靺鞨將軍生偕合軍來攻述川城,

不克, 移攻北漢山城. 列抛車飛石, 所當陴屋輒壞. 時城內只有男女二千八百人, 城主冬陁川能激勵少弱, 以敵强大之賊, 凡二十餘日. 然糧盡力疲, 至誠告天, 忽有大星落於賊營, 又雷雨以震, 賊疑懼, 解圍而去.

술천성은 다음 기록에 나온다.

- 『삼국사기』(권35) 「지리지」: 소천군(기천군이라고도 한다)은 본래 고구려 술천군인데 경덕왕이 이름을 고쳤다. 지금(고려)의 천녕군이다. 泝(一作沂)川郡, 本高句麗述川郡, 景德王改名. 今川寧郡.
- 『동국여지승람』(권7) 경기도 여주 고적 조: 폐지된 천녕현은 본래 고구려 술천군으로 성지매라고도 했다. 신라 때 기천으로 고쳤고 고려 때 지금 이름으로 고쳤다. (…) 우리 조정 태종 때 현감을 뒀다가 예종 때 폐지했다. (…) 여주 서쪽 25리에 있다. 川寧廢縣, 本高句麗述川郡, 一名省知買. 新羅改沂川, 高麗改今名. (…) 在州西二十五里.

「대동여지도」를 참조하면 여주 서북쪽 25리(9.8킬로미터)쯤에 오른쪽으로 남한강을 끼고 있는 지금의 교곡橋谷이 있는데 그 옛터로 생각된다. 무엇보다 「대동여지도」에 보이는 천녕현의 위치는 남한강과는 조금 떨어져 있고, 그 지도에서는 오늘날 교곡 부근의 구릉지를 끼고 따로 남한강으로 흘러들어가는 양화천楊花川(대교천大橋川)과 복하천福河川이 천녕현 가까이서 합류하고 있는데 예전과 지금의 지형 변화, 곧 남한강의 바닥河床이 북쪽에서 남쪽으로 이동했음을 알려주는 것으로 생각된다. 요컨대 고구려와 말갈의 연합군이 북한산성을 침략하기에 앞서 공격한 술천성은 여주에 가까운 곳이었다. 그리고 여주는 이천(신

라의 남천주)과 원주의 중간에 위치했고 충주(신라의 국원경)와 북한산
성을 연결하는 중요한 지점이었다.

이 무열왕 8년(661) 고구려의 침략 사실을 33성 문제와 연결해 생각
해보면 당시 춘천·원주 등의 요지를 포함한 철령 남쪽 지방(강원도의
서쪽)이 계속 신라의 소유였다면 고구려군은 갑자기 여주에 가까운 술
천성을 침입해 그곳에서 북한상성으로 진격했을 수 없다. 그리고 「필
부열전」에는 칠중성이 고구려의 침략을 받기 전 그 성의 수비와 관련
해 앞서 설명한 것과 같은 기록이 있으므로 그것을 다시 한번 생각해
보면 무열왕 원년(654) 고구려가 신라에서 빼앗은 성들은 철령 이남,
원주 이북의 북한강 유역에 있었고 그것은 33성의 대부분을 차지한
것으로 판단된다.

이처럼 신라는 선덕여왕 7년(638) 철령 밖의 비열홀과 양양 북쪽의
강원도 동쪽을 고구려·말갈에게 빼앗겼고, 다시 16년 뒤인 무열왕 원
년(654) 그 서쪽 지방도 잃었다. 곧 진흥왕의 경략으로 확장됐던 신라
의 영토는 이때 이르러 그 절반을 상실한 것이다.

신라 선덕여왕 11년(642) ─ 비열홀 등이 고구려의 소유가 된 4년
뒤 ─ 에 즉위한 고구려의 보장왕은 백제를 정벌하려고 원병을 요청
하러 온 선덕여왕의 사신 김춘추(뒤의 무열왕)에게 "죽령은 본래 우리
땅이니 죽령 서북 땅을 돌려준다면 군사를 보내줄 수 있다"면서 옛 영
토를 회복하려는 의지를 직설적으로 보였다.

『구당서』(권199, 상) 「백제열전」: 정관 16년(642) 의자왕은 군사를 일으켜
  신라의 40여 성을 빼앗은 뒤 군사를 보내 지켰다. 그는 고구려와 화친하
  고 당항성을 차지해 신라가 당에 조공하는 길을 끊으려고 했다. 신라는

사신을 보내 위급함을 알리고 도움을 요청했다. 貞觀十六年, 義慈興兵, 伐新羅四十餘城, 又發兵以守之. 與高麗和親通好, 謀欲取黨項城, 以絶新羅入朝之路. 新羅遣使, 告急請救.

이것도 같은 해의 일로 신라에 맞서 고구려와 백제가 연합한 것은 이것이 처음이었다. 당항성[21]을 빼앗지는 못했지만 고구려는 백제와 연합해 옛 영토의 회복하려던 것이 틀림없다. 그 결과 보장왕 13년(신라 무열왕 원년, 654)에 이르러 강원도 서쪽 일대를 점령함으로써 그 목적은 절반 정도 달성했다. 그리고 다시 6년 뒤(보장왕 19년, 무열왕 7년, 당 현경 5년, 660) 신라의 칠중성을 침략하고 이듬해 다시 술천성과 북한산성을 공격함으로써 옛 영토의 나머지 절반을 수복하려고 했다.

무열왕 7년(660) 신라의 적국 하나가 무너졌다. 그보다 앞서 고구려와 백제가 함께 자신을 압박하자 신라는 당에 자주 구원을 요청했는데, 이해 당은 소정방이 이끄는 수군을 백제로 보내 신라와 힘을 합쳐 멸망시킨 것이다. 몇 년 뒤 신라는 백제의 남은 세력의 반란을 평정하고 다시 고구려를 멸망시키기 위해 당에 군사를 요청했다. 그리고 당의 명령에 따라 원정군을 보내 문무왕 8년(당 총장 원년, 668) 요동에서 내려온 당군과 함께 평양성을 함락시켰다.

평양성이 함락돼 고구려가 멸망한 것은 문무왕 8년 가을 8월이지만, 신라는 그보다 앞서 선덕여왕 7년(638)부터 30년 동안 고구려의 영토였던 비열홀을 수복했다.

「신라본기」 문무왕 8년 3월: 비열홀주를 설치하고 파진찬 용문을 총관으로 임명했다.

그리고 이런 사실은 앞서 서술한 대로 몇 년 뒤 문무왕이 당의 장수 설인귀에게 보낸 서신에서 언급돼 있다.

비열성은 본디 신라의 소유였습니다. 고구려가 빼앗은 지 30여 년 만에 신라는 그 성을 다시 차지해 백성을 이주시키고 관원을 둬 수비했습니다.

고구려는 당의 대군이 쳐들어오자 희생을 감수하고 나라 남쪽 성들의 수비를 철수한 뒤 그것을 서북쪽에 집중시켰기 때문에 신라는 그 빈틈을 타 오랜 쟁탈지인 강원도 줄기산맥 안팎 지역을 탈취하고 비열홀주를 다시 설치한 것으로 생각된다.

무엇보다 철령 남쪽 지방의 성들 가운데는 이것과는 다른 사정에 따라 신라의 소유가 된 것이 있었다고 판단된다. 문무왕이 재위 6년(당 건봉 원년, 666) 고구려를 멸망시키기 위해 당에 군사를 요청한 것과 같은 해 고구려에서는 권신 연개소문淵蓋蘇文이 죽고 그 일족의 분쟁이 일어나 나라가 혼란에 빠졌다.

『신당서』(권220) 「고려열전」: 건봉 원년 장(보장왕)이 아들 남복을 보내 천자를 따라 태산의 봉선에 참석하고 돌아오게 했다. 그때 연개소문이 죽고 아들 남생이 그를 대신해 막리지가 됐는데 동생인 남건·남산과 사이가 나빴다. 남생은 국내성을 거점으로 삼고 아들 헌성을 당에 보내 도움을 요청했다. 연개소문의 동생 연정토도 땅을 바쳐 항복하기를 요청했다. 乾封元年, 藏遣子男福, 從天子封泰山還. 而蓋蘇文死, 子男生代爲莫離

支, 有弟男建·男産相怨. 男生據國內城, 遣子獻誠入朝求救. 蓋蘇文弟淨土亦
請割地降.


그런데 당에 영토를 바치겠다고 한 개소문의 동생 정토는 당에 항
복하지 않고 신라에 투항했다.

「신라본기」 문무왕 6년: 고구려의 높은 신하 연정토가 12성 763호
3543명을 이끌고 와서 항복했다. 연정토와 그를 따라온 신하 24명에게
옷과 식량과 집을 주고 수도(경주)와 주·부에 안치시켰다. 그 성들 가운
데 8곳은 온전했는데, 모두 군사를 보내 지켰다. 高句麗貴臣淵淨土以城
十二·戶七百六十三·口三千五百四十三來投. 淨土及從官二十四人, 給衣物·糧
料·家舍, 安置王都及州府. 其八城完, 並遣士卒鎭守.[22]


연정토가 이끌고 와서 항복한 12성은 그가 다스렸던 곳으로 생각된
다.[23] 그것을 손에 넣은 신라는 곧바로 군사를 보내 그 가운데 온전한
8성을 수비했다고 했으므로 당시 남한강 유역은 신라의 영역이었으므
로 12성은 서로 인접한 철령 남쪽 지방이었음이 거의 분명하다. 이렇
게 해서 고구려가 멸망할 무렵 신라의 동북 경계는 선덕왕이 비열홀
주를 잃기 전의 상태, 곧 진흥왕이 재위 17년(556) 처음 그 주를 설치
한 때와 완전히 같아졌다.

## 5. 통일신라시대의 동북 경계

문무왕 15년(당 고종 상원上元 2년, 675)은 비열홀주를 다시 설치한 7년 뒤이자 고구려가 멸망한 5년 뒤인데, 「신라본기」에서는 그해 "안북하를 따라 관성을 건설하고 철관성을 쌓았다緣安北河設關城, 又築鐵關城"고 했다. 조선 후기의 역사가 안정복安鼎福은 안북하는 어디인지 모르고 철관성은 "철령은 철관이라고도 한다鐵嶺亦稱鐵關"이라고 주석했다.[24] 이것은 『동국여지승람』(권49) 안변부 조에서 "철령은 안변부 남쪽 83리(32.6킬로미터)에 있다. 고려 때 철관이라는 관문을 설치했다鐵嶺在府南八十三里. 高麗置關門, 號鐵關"고 한 것에 따르면 신라의 철관성을 고려 때 철령관에 비정한 것이다. 그러나 철관성은 늘 군사 수천 명을 주둔시켰다고 했으므로 높고 험준해 평지가 전혀 아닌 철령의 정상에 있었다고는 생각되지 않는다.

> 『신당서』(권220) 「신라열전」: 그 나라는 산이 수십 리에 걸쳐 있는데, 골짜기를 쇠문으로 막고 관문이라고 불렀다. 신라에서는 쇠뇌를 쏘는 군사 수천 명을 늘 주둔시켜 지켰다. 其國連山數十里, 有峽, 固以鐵闔, 號關門, 新羅常屯弩士數千守之.

또 고려 때의 철령관, 곧 철령의 관문은 『여지승람』(권47) 회양부淮陽府 조에서 "철령은 회양부 북쪽 39리(15.3킬로미터)에 있는데 석성 터가 있다鐵嶺在府北三十九里, 有石城遺基"고 한 것에 따르면 고개 위에 설치된 석축의 장성에 대한 이름으로 볼 수밖에 없다.[25] 그러므로 나는 안정복의 비정에 찬성할 수 없다.

고려 말에는 있었지만 철령관이 될 수 없는 철관의 이름은 따로 역사에 보인다.

- 『고려사』(권40) 공민왕 세가 13년(1364) 정월: 여진의 삼선·삼개 등이 홀면(홍원洪原)·삼살(청북靑北)을 침략했다. (…) 적이 함주(함흥)를 함락시키자 그곳을 지키던 장수 전이도와 이희는 군사를 버리고 도망쳐 돌아왔다. 도지휘사 한방신·병마사 김귀는 화주(영흥)로 진군했지만 역시 패배해 철관으로 물러나 지켰다. 화주 이북은 모두 함락됐다. 女眞三善·三介等寇忽面·三撒. (…) 賊陷咸州, 守將全以道·李熙棄軍走還. 都指揮使韓方信·兵馬使金貴進兵和州, 亦潰, 退保鐵關. 和州以北皆沒.
- 2월: 우리 태조(이성계)는 서북면에서 군사를 이끌고 철관으로 와서 한방신·김구와 함께 세 방면에서 삼선 등을 공격해 크게 무찌르고 화주·함주 등을 모두 회복했다. 我太祖自西北面引軍至鐵關, 與韓方信·金貴, 三面進攻三善等, 大敗之, 悉復和·咸等州.

이것과 동일한 사실을 서술한 『용비어천가』(38장)에서는 "철관은 덕원부 북쪽 10리(3.9킬로미터)쯤에 있다鐵關在德源府北十里許"고 주석을 달았다. 그리고 이 철관은 덕원과 가까운 그 북쪽의 요충지에 위치한 석성이었음은 『세종실록』(권155) 「지리지」에서 의천군宜川郡(지금의 덕원)의 요충지로 군 북쪽의 철관산을 들었고 『고려사』「지리지」의주宜州(덕원) 조에서 "요해처로 철관이 있다要害處有鐵關"고 했으며, 『여지승람』(권49) 덕원부 고적 조에서 "철관은 부 북쪽 15리(5.9킬로미터)에 있고 돌로 쌓아졌으며 둘레는 1403척(425미터)鐵關在府北十五里, 石築周一千四百三尺"이라고 한 데서 알 수 있다.

정확한 지도를 살펴보면 덕원읍 북쪽 15리(5.9킬로미터)쯤에 해안을 따라 문천文川에 이르는 도로(안변·회령 가도) 왼쪽에 망덕산望德山이라는 뚜렷한 산(높이 346미터)이 이 도로를 끼고 있다. 이것은 『세종실록』「지리지」의 철관산이 분명하며, 철관에 비정할 수 있는 산 위의 옛 성터는 『조선철도 여행안내』에서 덕원역의 관광지 가운데 하나로 다음과 같이 서술했다.[26] 기차가 지나갈 때 차창 안에서 올려다 볼 수 있다(내가 여행했을 때 실제로 봤다).

망덕산의 옛 성터는 역 동북쪽 10리(3.9킬로미터)에 있는데, 단단한 지형으로 동북쪽이 높고 서남쪽은 낮으며 앞으로는 문천 평야가 펼쳐져 있고 동남쪽으로는 바다와 맞닿아 있어 전망이 탁 트인 요충지다. 고려 공민왕 때 여진의 삼선·삼개가 북쪽 변경을 침략해 지극히 창궐하자 이성계가 군사를 이끌고 이 성으로 들어가 뛰어난 공훈을 세운 곳이다. 그 뒤 가토 기요마사加藤淸正 군이 임진왜란 때 다시 이 성에 주둔했음을 알려주는 일본식 성벽이 남아 있다.

다시 『고려사』를 살펴보면 철관의 이름은 공민왕 이전에도 보인다.

• 「최이열전」(『고려사』 권129) 고종 8년(1221): 최이는 재추를 자신의 집에 모아 논의해 남도 주군의 정용군과 보승군을 징발해 의주(덕원)·화주(영흥)·철관 등의 요지에 성을 쌓아 몽골에 대비하게 했다. 怡會宰樞其第, 議發南道州郡精勇·保勝軍, 城宜州·和州·鐵關等要害處, 以備蒙古.

• 「병지」(『고려사』 권82) 성보城堡: 고종 9년(1222) 의주·화주·철관에 성

을 쌓았는데 40일 만에 마쳤다. 高宗九年 城宜州·和州·鐵關, 凡四旬而
畢.


이 철관이 「공민왕세가」의 철관과 같은 성임은 의주·화주와의 지리
적 관계에서 쉽게 추측할 수 있다. 그렇다면 망덕산의 철관성은 고종
9년 몽골의 침입을 막기 위해 쌓기 시작한 것이었을까? 의주·화주의
축성에서 유추하면 그렇게 보기 어렵다. 다음 기록을 보면 두 주의 성
은 고려 초기에 처음 축조된 것에 대해 고종 9년의 축성은 수축이 분
명하기 때문이다(「병지」의 이 부분에서 수축을 "성을 쌓았다"고만 한 사례
는 그밖에도 많다).


- 「병지」 성보: 광종 24년(973) 화주에 성을 쌓았는데 1014간이고 문
  은 6개, 수구水口는 3개, 중성은 180간이었다. 光宗二十四年, 城和州,
  一千十四間, 門六, 水口三, 重城一百八十間.
- 현종 7년(1016) 의주에 성을 쌓았는데 652칸이고 문은 5개였다. 顯宗
  七年, 城宜州, 六百五十二間, 門五.


또 철관은 고려시대의 역 이름으로 『고려사』(권82) 「병지」 역참 장
에도 삭방도朔方道의 고주高州에 소속된 두 역 가운데 하나로 나오는데,
고주는 지금의 고원이므로 이 역 이름이 망덕산의 철관성에서 온 것
임은 말할 필요도 없다(이 지점은 『여지승람』[권49] 덕원부 역원 조에 "부
북쪽 7리[2.7킬로미터]에 있다"고 기록된 조선시대의 철관역과 동일하고 지금
의 관평리關坪里로 생각된다). 그런데 「병지」 역참 장의 기록은 그 도道·
주州·역 이름 등에 따라 생각하면 주로 고려 중엽의 상태를 말한 것

같다. 따라서 철관역의 이름을 볼 때 철관이 성보로 존재한 것은 그 시대까지 거슬러 올라갈 수 있다. 그리고 한편으로 「병지」 성보 장에서 고려 초기에 의주·화주 등처럼 당시 동북 경계의 성들과 함께 철관성이 축성됐다고 서술한 기사는 없다. 그러므로 나는 이 성이 신라 때부터 존재한 것으로 생각하고 그것을 「신라본기」에 나오는 같은 이름의 성으로 비정하려고 한다.

덕원 북쪽 15리(5.9킬로미터)쯤에 있는 망덕산은 안변·문천 사이의 해안로를 끼고 있는 천연의 요해처며 덕원도 이 방면의 요충지다. 덕원에서 북쪽으로 가다가 서쪽으로 갈라지는 길을 따라 덕원군 중앙에 솟은 마식령馬息嶺을 넘어 다시 덕원군과 평안남도 양덕군陽德郡을 구획하는 아호비령阿虎飛嶺을 넘으면 양덕·성천·강동을 거쳐 평양에 이르기 때문이다. 덕원을 분기점으로 한 이 길은 한반도 북부의 동·서를 연결하는 주요한 교통로의 하나다. 마식령 부근의 산에서 발원해 망덕산 남쪽의 분지(관평리와 부산리浮山里 지역)을 지나 동해로 흘러들어가는 하천을 북면천北面川이라고 한다. 북면천 남쪽에도 망덕산이라는 작은 산(191미터)이 있어 철관의 망덕산과 남·북으로 마주하고 있다.

덕원읍은 이 소小망덕산의 동남쪽 기슭에 있으며, 동쪽 기슭의 마을을 성북리城北里라고 한다. 그리고 서쪽 기슭에는 덕원의 고려 때 이름으로 알려진 의주리宜州里라는 마을도 있다. 앞서 인용한 『고려사』 「병지」에서 "현종 7년(1016) 의주에 성을 쌓았는데 652칸이고 문은 다섯"이라고 한 의주성은 소망덕산에 의지해 조성된 것으로 보인다. 이처럼 철관성 터가 있는 망덕산과 덕원 북면천 가의 망덕산은 서로 호응하는 요충지이므로 「신라본기」 문무왕 15년(675) "안북하를 따라 관성을 건설하고 철관성을 쌓았다"는 것은 두 망덕산에 같은 때 성을 쌓았다는 뜻으로 봐도 괜찮을 것이다(안북하에 비정할 수 있는 하천은 북면천이라고 생각된다). 또 고려의 의주성은 신라 때부터 있던 옛 성을 개축한 것으로 여겨진다.

비열홀주를 다시 설치한 7년 뒤 신라는 그 주와 멀지 않은 덕원에 이 같은 방어적 설비를 뒀다. 그 목적은 말갈이 침입하는 통로를 막으려는 데 있었다.

「신라본기」 문무왕 15년(675): 말갈이 아달성에 들어와 약탈하자 성주 소나가 싸우다가 전사했다. (…) 다시 말갈이 적목성을 포위해 함락시켰다. 현령 탈기가 백성을 이끌고 막았지만 힘이 다해 모두 죽었다. 靺鞨入阿達城劫掠, 城主素那逆戰死之. (…) 靺鞨又圍赤木城, 滅之. 縣令脫起率百姓拒之, 力竭俱死.

이것은 그 증거가 되는 기사라고 생각된다. 이 문제는 다른 논문에서 상세히 서술했으므로 여기서는 생략한다.[27]

철관성과 안북하의 관성을 설치한 뒤 주목되는 사실은 다음이다.

- 「신라본기」 문무왕 21년(681) 정월: 사찬 무선이 정예병 3000명을 이끌고 비열홀을 지켰다. 沙湌武仙率精兵三千, 以戍比列忽.
- 『삼국사기』(권35) 「지리지」: 정천군은 본래 고구려 천정군인데 문무왕 21년 신라가 차지했다. 경덕왕이 이름을 고치고 탄항관문을 쌓았다. 지금의 용주다. 井泉郡, 本高句麗泉井郡, 文武王二十一年取之. 景德王改名, 築炭項關門. 今湧州.

문무왕 21년(치세 마지막 해)은 당 고종 개요開耀 원년으로 당이 평양의 안동도호부를 요동으로 옮겨 요동 이외의 고구려 옛 영토를 포기한 5년 뒤다. 안정복은 이런 기사들을 결합해 다음과 같이 말했다.

사찬 무선을 보내 정예병 3000명을 이끌고 천정군을 차지하게 한 뒤 정천군(지금의 덕원부)으로 이름을 바꾸고 군사를 둬 비열홀을 지키게 했다.[28] (…) 신라의 북쪽 경계는 정천군에 머물렀는데 경덕왕이 탄항관문을 쌓게 했다. 지금의 덕원부 철관이 아닌가 싶다.[29] 遣沙飡武仙, 率精兵三千, 取泉井郡, 改稱井泉(今德源府), 因以兵戍比列忽. (…) 新羅北界止於井泉郡, 景德王築炭項關門. 疑今德源府鐵關之地也.

아래 기사는 이 견해를 이어받은 것으로 생각된다.

『증보문헌비고』(권18, 「여지고」 6, 군현 연혁 4): 정천군은 경덕왕이 탄항관문을 쌓은 곳이다. 지금 덕원부 북쪽 15리(5.9킬로미터)에 옛 철관 터가 있는데, 그것인 것 같다. 井泉郡, 景德王築炭項關門, 今德源府北十五里, 有古鐵關基, 疑是.

그러나 탄항관문이 건설된 것은 문무왕 21년(681) 고구려의 천정군이 새로 신라의 영토가 된 무렵으로 경덕왕 때는 천정군의 이름만 정천군으로 바꾼 것으로 여겨진다. 신라의 군현 이름은 경덕왕 때 한꺼번에 바뀌었으므로 「지리지」의 앞 기사는 그렇게 해석할 수 있고, 글의 표면에서만 본 안정복의 설명은 잘못으로 생각된다. 뿐만 아니라 탄항관문이 설치된 천정군이 지금의 덕원 부근인지는 의문이다.

『삼국사기』를 편찬한 김부식은 고구려 때 천정군이라고 불린 신라의 정천군을 『삼국사기』 편찬 당시(고려 인종 때)의 용주湧州라고 했다. 그것에 대해 그 뒤의 연혁을 덧붙인 것은 『고려사』(권58) 「지리지」의 주 조, 『세종실록』(권155) 「지리지」 의천군 조, 『동국여지승람』(권49) 덕원도호부 건치연혁建置沿革 등이 있는데,[30] 이런 기사들에 따르면 고려 전기의 용주는 조선 세종 19년(1437) 이후의 덕원임이 분명하다.

- 『여지승람』 덕원부 고적 조: 옛 정천성은 부 북쪽 15리(5.9킬로미터)에 있는데 석축의 둘레는 4322척(1310미터)이고 지금은 없어졌다. 古井泉城, 在府北十五里, 石築周四千三百二十二尺, 今廢.
- 같은 조: 철관은 부 북쪽 15리에 있다.

이것들은 동일한 옛 성을 가리키는 것이 틀림없으므로 『여지승람』 편찬 당시 망덕산의 철관성은 신라 정천군 치소(고구려 천정군 치소)의 옛터로 생각된 것이다. 그러나 이미 설명한 대로 문무왕 15년(675) 축조된 철관성은 고려부터 조선 때까지 철관으로 불린 성과 동일하고, 철관성과 같은 때 축조된 안북하의 관성은 덕원에 비정할 수 있으므로 몇 년 뒤인 문무왕 21년(681) 새로 신라의 영토가 된 정천군은 망덕산산성이 아니면 덕원도 아니라고 볼 수밖에 없다. 그러므로 나는 탄항관문이 설치된 신라의 정천군이 고려시대의 용주라고 한 『삼국사기』 「지리지」의 기사를 의심하는 동시에 탄항관문이 덕원의 철관 부근에 있다고 본 안정복의 견해에도 동의할 수 없다. 그 결과 정천군과 탄항관문의 위치는 「지리지」의 기록에서 벗어나 다른 방면에서 고찰해야 한다.

문제의 정천군은 『삼국사기』 「지리지」에 삭정군과 함께 삭주(강원도 춘주) 관하의 군들의 끝에 실려 있다. 삭정군은 신라 경덕왕이 고구려 때의 이름인 비열홀주를 고친 것으로 고려 때의 등주, 곧 지금의 안변이며 그것과 이웃한 정천군은 발해국과 경계를 맞댄 신라의 가장 북쪽 지역이었다.

「지리지」(『삼국사기』 권37)에 인용된 당 가탐의 『고금군국지』: 발해국의 남해부(함경남도 함흥)·압록부(압록강 상류 모아산)·부여부(만주 길장도吉長道의 농안)·책성부(만주 연길도의 연길[국자가])등 4부는 모두 고구려의 옛 땅이다. 신라 천정군부터 책성부까지 39역이 있다.[31]

여기서 다시 문제가 되는 것은 이 방면에서 신라와 발해의 경계다. 속말말갈의 추장 대조영은 당 측천무후 구시久視 원년(700) 장백산 북쪽인 호이객하 상류 지역을 거점으로 진국振國을 세웠다. 진국은 발해국인데, 당 예종 선천 2년(개원 원년, 713) 대조영이 발해군왕에 책봉됐기 때문에 붙여진 이름이다. 대조영의 아들 대무예는 현종 개원 7년부터 26년까지 재위했다(719~738).

「신라본기」 성덕왕 20년(721): 가을 7월 하슬라도의 장정 2000명을 징발해 북쪽 경계에 장성을 쌓았다. 秋七月, 徵何瑟羅道丁夫二千, 築長城於北境.

신라 성덕왕 20년은 개원 9년에 해당해 대무예 3년인데 『신당서』(권219) 「발해열전」에서 "아들 대무예가 즉위해 영토를 크게 개척하니 동북쪽의 오랑캐들이 두려워하며 그를 섬겼다"고 했으므로 신라의 이 축성은 발해의 남침에 대한 방어적 설비로 볼 수 있다(하슬라는 강원도 강릉).

또 발해의 남쪽 경계와 관련해 「발해열전」에서는 "남쪽으로 신라와 니하를 경계로 삼았다南與新羅以泥河爲境"고 하고 이 나라의 5경 가운데 하나인 남경 남해부를 '신라도'(신라와 교통하는 길)라고 했다. 정천군의 탄항관문을 덕원의 철관으로 생각한 안정복은 이 니하에 대해서도 "덕원 경계 안에 있는 것 같다疑亦在德源界內"고 했다.[32] 아울러 덕원의 관내뿐 아니라 그보다 북쪽의 문천·고원에도 나라 사이의 경계가 될 만한 뚜렷한 하천은 없다. 그리고 발해의 남경 남해부는 이 방면의 가장 중요한 곳으로 지금도 함경남도의 중심인 함흥임은 거의 의심할 바 없다.[33] 그렇다면 니하라고 부를 수 있는 하천은 고원 이북, 함흥 이남의 상당히 큰 하천이어야 한다. 그리고 신라의 성덕왕이 북쪽 경계의 장성을 쌓은 곳도 그 부근이 아니었을까 생각된다.[34]

1913년 함흥 헌병대 본부와 함경남도 경무부警務部에서 편집해 발행하고 2년 뒤 수정해 다시 펴낸 『함남지咸南誌 자료』를 보면 영흥군 안에 있는 옛 장성에 대해 다음과 같이 서술했다.

평안남도 맹산군孟山郡 경계에서 시작돼 영흥군 호도면虎島面 해안에서 끝나는 성벽이 부분적으로 남아 있는 것으로 영흥군·정평군의 경계를 이루는 고개와 선흥면宣興面·요덕면耀德面의 고개들 동남쪽으로 축성된 흔적이 있다. 대체로 석벽이고 작은 돌에 진흙을 섞어 쌓았다. 대체로 건축 방법은 매우 조잡해 지금 석벽은 무너지고 지난날의 흔적만 남아 있다.

『조선철도 여행안내』의 함경선 영흥역 부분에도 다음과 같이 씌어 있다.

장성은 고려 때 여진의 남침에 대비한 성터로 지금 성벽은 무너져 자취만 남았지만 영흥만 입구의 호도虎島에서 시작돼 정평군 경계인 금파령金坡嶺 일대의 봉우리들을 지나 중앙의 태백산맥에 이르러서도 꿈틀거리며 끝날 곳을 모르는 것 같다.

이 영흥군 장성은 아직 학술적 조사가 이뤄지지 않았기 때문에 지금 그 통과하는 지점을 정밀하게 가리킬 수는 없지만, 앞의 『함남지자료』의 기사를 같은 책에 부록으로 실린 간단한 「고적도古蹟圖」에 비춰보고 지형에 따라 살펴보면 대체로 영흥의 용흥강과 정평의 금진강金津江 사이를 가르는 산맥을 이용해 축조한 것으로 영흥만 북안에 가까운 고령면古寧面 명장리明場里의 한 옛 성(법인성法仁城이라고 한다) 부근에서 일어나 고령면의 바닷가에 인접한 산맥의 움푹 들어간 곳을 북쪽으로 올라간 뒤 서쪽으로 돌아 영흥군·정평군의 경계를 이루는 덕화령德化嶺·광성령光城嶺·정암산靜菴山·금파령 등을 거쳐 다시 서쪽으로 영흥군 영흥면과 요덕면의 산지를 가로지르는 것으로 보인다. 금파령은 영흥·정평 언덕의 통로를 끼고 있는 고개다. 선흥면 자산리(용흥강 상류의 한 지류인 단속천端屬川 계곡)와 요덕면 성리城里(용흥강 상류의 다른 지류인 입석천立石川 계곡)에 각각 뚜렷한 옛 성터가 있는 것은 정확한 실측도에 따라 알 수 있다.

『동국여지승람』(권48) 영흥부 고적 조: 정변진은 부 동쪽(?) 60리(23.6킬로미터)에 있는데 옛 석성 터가 있다. 요덕진은 부 서쪽 120리(47.1킬로미터)에 있다. 靜邊鎭在府東六十里, 有石城舊基. 耀德鎭在府西一百二十里.

이것을 「대동여지도」에 표시된 정변진과 요덕진의 위치에 비춰보면 자산리의 옛 성 ― 오늘날 화주성化州城(禾州城) ― 은 정변진에, 성리의 옛 성은 요덕진에 비정할 수 있다(『여지승람』에서 정변진을 '부 동쪽 60리'라고 한 것은 '부 서쪽 60리'의 오기다). 정변진의 건설은 다음 기사에 보인다.

- 『고려사』(권58) 「지리지」: 정변진은 현종 22년(1031) 설치했다. 靜邊鎭, 顯宗二十二年置.
- 같은 책(권82) 「병지」 성보 부분: 정종 5년(1039) 도병마부사 박성걸이 아뢨다. "동로의 정변진은 변방의 오랑캐가 노리는 곳이니 성을 쌓으소서." 그 건의에 따랐다. 靖宗五年, 都兵馬副使朴成傑奏, 東路靜邊鎭蕃賊窺覦之處, 請城之. 從之.

두 번째 기사는 개축이나 증축에 관련된 것으로 생각된다(창설한 것이라면 상소 안에 정변진의 이름을 들 수 없기 때문이다).[35]
요덕진은 다음 기사에 보인다.

- 「지리지」: 요덕진(현덕진이라고도 한다)은 현종 3년(1012) 처음 성보를 쌓았다. 耀德鎭(一名顯德鎭), 顯宗三年, 始築城堡.
- 「병지」 성보 부분: 현종 14년(1023) 요덕진에 성을 쌓았는데 634칸이고 문은 6개다. (…) 현종 18년(1027) 동북계의 현덕진에 성을 쌓았다.

顯宗十四年, 城耀德鎭, 六百三十四間, 門六. (…) 顯宗十八年, 城東北界顯德
鎭.

여기서도 「병지」의 기사는 중축을 뜻하는 것으로 생각된다. 이처럼
용흥강 상류, 영흥군 서북 방면의 정변진과 요덕진은 고려 현종 때 처
음 건설된 성이다. 그렇다면 이런 두 성과 영흥군 장성의 관계는 어떤
가?

『**함남지 자료**』: 자산리·평천리 부근 일대에 장성의 일부가 있다. (…) 성
리城里·인상리仁上里·중신리重新里에 둥근 성圓城과 장성이 있는데 이것
들은 모두 장성의 일부로 보인다.

그러므로 영흥군의 장성 가운데 선흥면과 요덕면에 소속된 부분
은 정변진 터인 자산리 옛 성과 요덕진 터인 성리 옛 성 부근을 지나
는 것으로 여겨진다. 곧 정변진과 요덕진은 그 방면의 장성의 중심으
로 생각된다. 또 「병지」 성보 부분에서는 압록강 입구 부근에서 일어
나 평안도와 함경도를 동남으로 횡단해 동해에 이르는 고려의 북쪽 경
계인 장성을 다음과 같이 설명했다.

덕종 2년(1033) 평장사 유소에게 북쪽 국경에 방어 시설을 만들게 했는
데, 서해안의 옛 국내성 지역부터 시작해 압록강이 바다로 들어가는 곳
에 세웠다. 동쪽으로 위원·흥화·정주·영해·영덕·영삭·운주·안수·
청새·평로·영원·정융·맹주·삭주 등 13성을 넘어 요덕·정변·화주 등
3성에 이르러 동쪽으로 바다에 닿았는데 길이가 1000여 리였다. 돌로

성을 쌓았으며, 높이와 두께가 각각 25척(7.6미터)이었다. 命平章事柳韶創置北境關防, 起自西海濱古國內城界鴨綠江入海處. 東跨威遠·興化·靜州·寧海·寧德·寧朔·雲州·安水·淸塞·平虜·寧遠·定戎·孟州·朔州等十三城, 抵耀德·靜邊·和州等三城. 東傳于海, 延袤千餘里. 以石爲城, 高厚各二十五尺.**36**

함경도를 지나는 부분을 대표하는 세 성으로 요덕진·정변진·화주(지금의 영흥)를 들었다. 그러나 "길이가 1000여 리"라고 한 대규모의 장성은 그처럼 일시에 만들 수 있는 것이 아니다. 내가 연구한 바에 따르면 덕종 2년 유소가 감독해 건설했을 때는 압록강 하류에 가까운 부분에서 머물고 그 동남쪽 일부는 2년 뒤인 정종 원년(1035)에, 평안도 경내에 있는 나머지 부분은 다시 6년 뒤인 정종 7년(1041)에 건설됐다.**37** 그렇다면 현종 때 정변진과 요덕진의 설치는 그것을 중심으로 한 영흥군 서북부 장성의 축조를 포함한 것이라고 추정해도 문제는 없을 것이다. 곧 이런 진성鎭城과 그 좌우의 장성은 거의 같은 때 만들어진 것으로 판단된다.

이처럼 영흥군의 장성 가운데 그 서북 부분은 고려 현종 때 처음 축조된 것으로 생각되는데, 금진천金津川의 이쪽 편에 있는 영흥(고려 때의 화주) 앞쪽의 장벽도 마찬가지로 봐야 할까? 아니면 현종 이전부터 있던 것으로 신라 성덕왕이 쌓았다고 한 "북쪽 경계의 장성"에 비정해야 할까? 이 문제를 해결하려면 고려 현종 때부터 신라시대로 거슬러 올라가 그 사이에 영흥 이남의 형세를 살펴봐야 한다.

신라 경덕왕이 나라를 9주로 나누고 전국 군현의 이름을 개정할 때 ─ 성덕왕의 장성 축조 36년 뒤 ─ 삭정군(이전의 비열홀주)과 정천군(이전의 천정군)은 모두 철령 바깥 지역에 있었다는 것은 「지리지」의 기록에 따라 분명하지만, 그 뒤 신라가 멸망할 때까지 160~170년의 오랜 기간 이런 두 군의 이름은 역사에서 사라져 보이지 않는다. 그만큼 이 방면에 관련된 사료는 부족하다. 그러나 「신라본기」 헌강왕憲康王 12년(886) 조에는 다음과 같은 기사가 있다.

> 북진에서 "적국狄國 사람들이 진에 들어와 판자 조각을 나무에 걸고 돌아갔다"고 보고하고 그 조각을 바쳤다. 나무 조각에는 15개 글자가 씌어 있었는데 "보로국과 흑수국 사람이 모두 신라와 화친하고 있다"고 했다. 北鎭奏, 狄國人入鎭, 以片木掛樹而歸, 遂取以獻. 其木書十五字云, 寶露國與黑水國人共向新羅國和通.

이것에 따르면 신라 말인 헌강왕 때는 발해국과 경계를 맞댄 정천군은 물론 철령 아래의 삭정군도 거의 말갈족이 지배한 것으로 보인다. 『고려사』(권82) 「병지」 참역站驛 부분에서는 삭방도에 소속된 42역 가운데 하나로 문주文州(지금의 문천) 남산역嵐山驛과 등주(지금의 안변) 삭안역朔安驛 사이에 서곡瑞谷 보룡역寶龍驛을 들었다. 『여지승람』(권49)에서는 폐지된 서곡현은 안변부 서쪽 35리(13.7킬로미터)에 있고 봉룡역奉龍驛도 서쪽 30리(11.8킬로미터)에 있다고 했는데 봉룡은 보룡에, 보룡은 보로寶露에 비정된다. 그리고 이른바 보로국은 흑수국과 함께 안변 지방(삭정군)에 할거한 말갈 부족을 가리키는 것으로 생각되기 때문이다.

- 『고려사』 「태조 세가」 원년(신라 경명왕景明王 2년, 918) 8월: 삭방 골암성의 장수 윤선이 귀의했다. 朔方鶻巖城帥尹瑄來歸.

• 『고려사』(권92) 「윤선열전」: 윤선은 염주(황해도 연안延安) 사람이다. 사람됨이 침착하고 용감했으며 군사를 잘 지휘했다. 앞서 궁예가 끊임없이 사람을 죽이니 자신도 피해를 입을까 두려워했다. 마침내 그 무리를 이끌고 북쪽 변경으로 달아나 사람들을 모으니 2000명에 이르렀다. 골암성에 거처하면서 흑수번의 무리를 모아 오랫동안 변방에 해악을 끼쳤다. 태조가 즉위하자 무리를 이끌고 귀의하니 북쪽 변경이 평안해졌다. 尹瑄, 塩州人. 爲人沈勇, 善韜鈐. 初以弓裔誅殺無厭, 慮禍及己. 遂率其黨, 走北邊聚衆, 至二千餘人. 居鶻巖城, 召黑水蕃衆, 久爲邊郡害. 及太祖即位, 率衆來附, 北邊以安.

곧 송악성주松嶽城主 왕건이 태봉왕泰封王 궁예弓裔를 대신해 고려를 개창했을 때 북쪽 변경의 한 성인 골암성 부근은 흑수로 불린 부족의 거주지였던 것이다. 윤선이 귀의한 뒤 고려의 진장鎭將으로 그 성에 배속된 인물은 태조의 개국공신인 유금필庾黔弼이었다.

• 『고려사』(권82) 「병지」 진수鎭成: 태조 3년(920) 3월 북계의 골암성이 북쪽 오랑캐에게 자주 침략받자 유금필에게 개정군 3000명을 이끌고 골암성에 가서 동쪽 산에 큰 성을 쌓고 주둔케 하니 북방이 평안해졌다. 太祖三年三月, 以北界鶻巖城, 數爲北狄所侵, 命庾黔弼, 率開定軍三千, 至鶻巖, 於東山築一大城以居, 由是北方晏然.

• 『고려사』(권92) 「유금필열전」: 태조는 북계의 골암진이 자주 북적北狄의 침입을 받자 장수들을 모아 의논했다. "지금 남쪽의 흉적(후백제 왕 견훤甄萱)도 아직 멸망하지 않았는데 북적도 근심스러우니 짐은 자나 깨나 걱정되고 두렵다. 유금필을 보내 지키게 하는 것이 어떤가?"

모두 찬성하니 가도록 명령했다. 유금필은 그날 바로 개정군 3000명을 거느리고 떠났다. 골암진에 이르러 동쪽 산에 큰 성을 쌓고 웅거했는데, 북번北蕃의 추장 300여 명을 불러 술과 음식을 성대하게 차려놓고 잔치를 열었다. 그들이 취한 틈을 타서 위엄으로 협박하니 추장들이 모두 복종했다. 마침내 여러 부部에 사신을 보내 말했다. "이미 너희들의 추장을 잡았으니 너희들도 와서 복종하라." 그러자 여러 부에서 1500명이 서로 이끌고 와서 귀의했다. 또 포로로 잡힌 3000여 명을 돌려보냈다. 이로써 북방이 편안해지니 태조가 특별히 포상하고 격려했다. 太祖以北界鶻岩鎭, 數爲北狄所侵, 會諸將議曰, 今南兇未滅, 北狄可憂, 朕寤寐憂懼. 欲遣黔弼, 鎭之如何. 僉曰可, 乃命之. 黔弼卽日率開定軍三千以行. 至鶻岩, 於東山築大城以居, 招集北蕃酋長三百餘人, 盛設酒食饗之. 乘其醉, 脅以威, 酋長皆服. 遂遣使諸部曰, 旣得爾酋長, 爾等亦宜來服. 於是諸部相率來附者千五百人. 又歸被虜三千餘人. 由是北方晏然, 太祖特加褒獎.

그리고 여기서 북번의 여러 부가 서로 이끌고 귀의했다고 한 것은 다음 기사에 해당한다.

- **「태조 세가」 4년(921) 2월**: 흑수 추장 고자라가 170명을 이끌고 투항했다. 黑水酋長高子羅率百七十人來投.
- **같은 해 4월**: 흑수 부족의 아어간이 200명을 이끌고 투항했다. 黑水阿於間率二百人來投.

지금 경원京元 철도선의 고산역高山驛(신新고산) 부근은 삼방에서 발원한 삼방천(안변의 남대천 상류) 계곡이 점차 넓어지는 요충지인데, 역 서쪽 16정町(1.7킬로미터) 쯤 위익면衛益面 신대리新垈里의 작은 산 위에 연혁을 알 수 없는 옛 성터가 있다. 『조선고적도보』의 편자는 신대리 동쪽에 인접한 부락 이름에 따라 세포동細浦洞산성으로 이름 붙이고 해설(제3)에서 다음과 같이 설명했다.

함경남도 안변 위익면 세포동에 있으며 철도 경원선 고산역 서쪽에 있는 산 정상을 둘러싼 석성이다. 성안에는 우물터가 있는데, 옥저의 유적으로 생각된다. 성안에서 암키와가 많이 나왔는데 역시 당시의 것으로 여겨진다.

또 『함남지 자료』에 따르면 고산역 동쪽 10리 20정(6.1킬로미터)쯤 떨어진 철령 산 아래의 고산동(옛 고산동)에도 산성이 하나 있는데 철령로를 끼고 있다고 했다. 신대리 산성은 나도 특별히 조사했는데 석벽의 구조나 성안에서 발견된 기와 조각 등으로 보면 한·위대에 수준 낮은 문화를 지녔던 옥저족의 유적으로는 생각되지 않는다. 그리고 그 기와의 특수한 문양은 강원도 철원군 월정리月井里에서 가까운 궁예의 도성터에서 발견된 기와 조각과 매우 비슷하다. 그래서 나는 이 옛 성을 신라 말의 유적으로 봐 골암성으로 비정하고, 철령산 아래의 옛 고산역(지금의 고산리) 산성을 유금필이 쌓았다고 한 "동산의 큰 성"으로 보려고 한다.[38] 골암성의 위치를 이렇게 생각하면 그것과 경계를 맞댄 흑수번의 거주지는 안변의 남대천 하류 유역이었음을 거의 의심할 수 없다.

또 달고達姑라고 불린 말갈의 한 부족에 대해서는 『고려사』「태조

세가」 4년(921) 2월 앞서 인용한 흑수 추장 고자라 등의 귀의 기사에
이어 다음과 같이 서술했다.

- 달고적 171명이 신라를 침략하면서 등주를 거쳐 갔는데 장군 견권이
기다렸다가 공격해 크게 무찌르니 말 한 필도 돌아가지 못했다. 공로
를 세운 사람들에게 곡식 50석씩 하사했다. 신라왕은 그것을 듣고 기
뻐하며 사신을 보내 감사했다. 達姑狄百七十一人侵新羅, 道由登州, 將軍
堅權邀擊大敗之, 匹馬無還者. 命賜有功者, 穀人五十石. 新羅王聞之, 喜遣
使來謝.
- 「신라본기」 경명왕 5년(고려 태조 4년): 말갈의 다른 부족인 달고 무리
가 북쪽 변경을 약탈했다. 이때 태조의 장수인 견권이 삭주를 지키다
가 기병을 이끌고 공격해 크게 무찌르니 말 한 필도 돌아가지 못했다.
왕은 기뻐하며 사신에게 서신을 보내 태조에게 감사했다. 靺鞨別部達
姑衆來寇北邊. 時太祖將堅權鎭朔州, 率騎擊大破之, 匹馬不還. 王喜, 遣使
移書, 謝於太祖.

곧 달고는 등주(안변)를 거쳐 삭주(강원도 춘천)를 침입했는데, 당시
안변 부근의 흑수번이 점차 유금필의 명령에 따르는 것처럼 된 것은
달고가 조금 떨어진 지역에 있어(덕원 부근?) 아직 귀의하지 않았음을
알려준다. 또 고려 태조는 10여 년 뒤인 재위 19년(936) 그동안 계속
싸워온 후백제를 무너뜨리기 위해 대군을 이끌고 일선군一善郡(경상북
도 선산)으로 가서 후백제왕 신검神劍 군과 일리천一利川(낙동강)을 사이
에 두고 대치했다. 이 전투와 관련해 고려군의 편성을 서술한 기사에
다시 고려 동북 경계의 번족蕃族의 이름이 보인다.

- •『고려사』「태조세가」: 대상 유금필과 원윤 관무·관헌 등은 흑수·달고·철륵 등 여러 번의 정예 기병 9500명을 지휘했다. 大相庾黔弼·元尹官茂·官憲等, 領黑水·達姑·鐵勒諸蕃勁騎九千五百.
- •『삼국사기』(권50)「견훤열전」: 대광 순식, 대상 경준·왕겸·왕예·금필, 장군 정순·종희 등은 철기 2만 명과 보병 3000명, 흑수·철리 등 여러 도의 정예 기병 9500명을 중군으로 편성했다. 大匡順式·大相兢俊·王謙·王乂·黔弼·將軍貞順·宗熙等, 以鐵騎二萬·步卒三千及黑水·鐵利諸道勁騎九千五百爲中軍.

「유금필열전」에 따르면 태조 3~4년 변경의 진장으로 흑수번의 발호를 진압한 유금필은 그 임무를 오래 맡은 것 같지 않고, 태조 8년(925) 정서征西대장군이 된 뒤 주로 후백제 경략에 종사했다. 그리고 그를 대신해 진장이 누가 됐는지는 알 수 없지만 변경 개척은 계속 이뤄진 것이 틀림없다. 일리천 전투에 참가한 번족에 흑수·달고 외에 철리(철륵)가 있는 데서 그렇게 충분히 추측할 수 있다. 철리의 거주지는 흑수와 달고의 그것에서 추측하면 덕원이나 그 북쪽으로 생각된다.

흑수·달고·철리 같은 번족의 이름은 당의 사서에 보이는 같은 이름의 말갈족을 연상시킨다. 아울러 당과 교섭한 말갈족은 모두 만주 송화강 유역에 거주했으므로 한반도 철령 바깥의 번족은 비슷한 말갈족이라고 해도 그들과 완전히 무관함은 말할 것도 없다. 따라서 두 이름이 일치하는 것은 나말여초의 일을 서술하는데 당의 변방 밖 말갈족의 이름을 한반도 동북 경계의 번족에 적용한 것으로 해석된다.

『고려사』(권58)「지리지」를 보면 등주(지금의 안변)와 용주(지금의 덕원)는 모두 고려 때 처음 설치됐다고 했다.

- **안변도호부 등주 조**: 고려 초에 등주라고 불렸다. 성종 14년(995) 단
  련사를 뒀다. 현종 9년(1018) 지금 이름으로 고쳤다. 高麗初稱登州. 成
  宗十四年, 置團練使. 顯宗九年, 更今名.

- **의주 조**: 고려 초에 용주라고 불렸다. 성종 14년 방어사를 뒀으며 그
  뒤 지금 이름으로 고쳤다. 高麗初稱湧州. 成宗十四年, 置防禦使, 後更今名.


그 시기를 밝히지는 않았지만 앞서 서술한 대로 태조 4년(921) 2월
달고의 침입과 관련해 등주의 이름이 「태조세가」에 보이는 것은 그전
에 이 주가 있었음을 알려준다. 앞서 북계의 진장이 된 유금필은 흑
수 등의 부족을 경략하는 거점으로 먼저 이 주를 설치한 것으로 생각
된다. 용주는 어떤가? 덕원에서 서쪽으로 마식령을 넘고 다시 아호피
령阿虎皮嶺에서 중추 산맥을 넘는 도로는 양덕·성천을 거쳐 평양에 이
른다. 이것은 한반도 북부를 가로지르는 중요한 교통로로서 지금은 평
양·원산 가도라고 불린다. 고려 태조는 즉위 원년(918) 신하들에게 하
유했다.


옛 도읍인 평양은 오랫동안 황폐했지만 그 터는 아직 남아 있다. 그러나
가시덤불이 무성해 번인들이 그 사이에서 사냥하고 변경 고을을 침략
하니 그 피해가 크다. 백성을 옮겨 살게 해 변방을 튼튼히 하면 백세의
이익이 될 것이다. 平壤古都, 荒廢雖久, 基址尚存. 而荊棘滋茂, 番人遊獵於
其間, 因而侵掠邊邑, 爲害大矣. 宜徙民實之, 以固藩屏, 爲百世之利.


그런 뒤 염주(황해도 연안)·백주(황해도 배천白川)·황주(황해도 황주)·
해주(황해도 해주)·봉주(황해도 봉산) 등의 백성을 그렇게 황폐해진 평

양성으로 옮기고 대도호부를 설치해 사촌동생 왕식렴王式廉을 진장으로 삼았다. 고려 초 서북 방면의 경략은 이때부터 시작된 뒤 차츰 진척돼 10여 년 동안 청천강 가에 이르렀는데, 태조 2년(919) 황룡성黃龍城이 용강龍岡에, 3년 아선성牙善城이 함종咸從에, 8년(925) 강덕진剛德鎭이 성천에, 11년(928) 통덕진通德鎭이 숙천肅川에, 12년 안정진安定鎭·안영진安永鎭·흥덕진興德鎭이 각각 순안順安·개천价川·은산殷山에, 13년 안북부성安北府城이 청천강 가의 안주에 건설된 것에서 알 수 있다. 그리고 태조 21년(938)에는 양암진陽嵒鎭이 양덕의 서서선리西西鮮里에 건설됐는데, 성천의 강덕진과 함께 태조 즉위 이후 동북 방면에서 경략한 곳으로 평양 지방과 연락한 거점으로 생각된다. 그렇다면 덕원에 용주를 설치한 것은 태조 21년 이전으로 추정해도 될 것이다.

다음으로 문천·고원·영흥이 고려 영토가 된 것은 언제일까? 문천과 고원은 일단 제쳐두고 영흥, 곧 고려 때의 화주는 다음과 같이 기록돼 있다.

『고려사』「지리지」: 화주는 본래 고구려 땅으로 장령진·당문·박평군으로도 불렸는데, 고려 초에 화주가 됐다. 성종 14년(995) 화주 안변도호부로 고쳤다. 和州本高句麗之地, 或稱長嶺鎭, 或稱唐文, 或稱博平郡, 高麗初爲和州. 成宗十四年, 改和州安邊都護府.

박평군은 「지리지」 기록의 다른 사례에서 미뤄보면 화주의 이전 이름인 박평진博平鎭을 그렇게 부른 것으로 생각되는데, 「병지」 성보 부분에 따르면 박평진은 광종 24년(973) 축성됐다. 그렇다면 이 축성은 영흥에 진성을 만들었다는 뜻일까? 그것은 아닌 것 같다.

『고려사』 「지리지」: 맹주('猛州'라고도 한다)는 본래 고려의 철분현이다. 현종 10년(1019) 맹주 방어사라고 불렀다. 孟州, 本高麗鐵瓮縣. 顯宗十年, 稱孟州防禦使.

이 기사의 철분현(현은 진鎭의 오기)은 「병지」 성보 부분에서 "정종 2년(947) 철옹성鐵瓮城 등을 쌓았다"고 한 것으로 이 성의 위치를 보여 주는 『여지승람』의 기사와 「대동여지도」를 참조하면 그 터는 영흥군 서북쪽 귀퉁이, 평안남도 맹산군과의 경계에 솟아 있는 철분산鐵瓮山 동쪽 20리(7.8킬로미터)쯤에 있는 산성리 옛 성이 분명하다(정종 2년은 태조가 붕어한[943] 4년 뒤다).

- **「병지」 성보 부분**: 태조 20년 순주에 성을 쌓았다. 太祖二十年, 城順州.
- **「지리지」**: 순주는 본래 고려 정융군이다. 성종 2년(983) 순주 방어사 로 불렀다. 順州, 本高麗靜戎郡. 成宗二年, 稱順州防禦使.

순주와 관련해 「병지」의 이 기사는 「지리지」에서 말한 정융군(군은 진鎭의 오기)의 건설을 성종 2년 이후의 주 이름에 따라 서술한 것이 틀림없는데(그런 사례는 「병지」에 많다) 『여지승람』에서 순주군의 옛 읍 성(순주)이 "군 동쪽 105리(41.2킬로미터)에 있다"고 한 것을 「대동여지 도」와 현재의 지도에 맞춰보면 정융진의 위치는 맹산(철분산 서쪽 기슭) 과 은산의 중간쯤인 지금의 가창리假倉里에 해당한다. 그리고 영흥에서 철분산을 넘어 숙천·안주로 가는 도로 ― 이것도 한반도 북부의 동· 서를 연결하는 중요한 교통로다 ― 는 앞의 산성리와 이 가창리를 통 과한다.

이렇게 보면 정종 2년(947) 영흥군 서북쪽 귀퉁이(산성리)에 철옹진鐵瓮鎭을 설치한 것은 10년 전인 태조 20년(937) 설치한 정융진과 함께 영흥 지방과 은산(홍덕진)·숙천(통덕진)·안주(안북부) 등을 연락하려는 목적이 분명하다. 따라서 영흥 지방은 늦어도 태조 말년이나 정종에 앞서 2년 동안 재위한 혜종惠宗 때 이미 고려의 영토가 돼 그 때 그곳에 어떤 진성鎭城이 건설됐다고 생각할 수 없는 것은 아니다. 그렇다면 「병지」에서 말한 광종 24년(973) 박평진의 축성은 진성 창설을 뜻하는 것이 아니라 앞서 인용한 「지리지」에서 "장령진이나 당문으로도 불렸다"고 한 장령진을 창설한 때의 진 이름으로 생각된다(당문唐文·堂文은 어떤 특별한 뜻이 아니라 지명으로 여겨진다).

또 「병지」 광종 24년(973) 조에서는 박평진의 축성 기사와 나란히 "화주에 성을 쌓았는데 1014칸이고 문은 6개, 수구水口는 3개, 중성重城은 180칸"이라고 따로 서술했는데, 두 개의 다른 사료를 함께 사용한 것이 틀림없다. 그리고 박평진의 축성은 장령진의 이름을 그렇게 바꿀 무렵 다시 이뤄졌고, 화주는 성종 14년(995) 이후의 이름으로 여겨진다. 이처럼 용주의 설치는 태조 21년(938) 이전이었지만 영흥 지방의 경략은 늦어도 혜종 때 이뤄져 그곳에 장령진이 설치됐으므로 두 곳을 연락한 고원·문천 등에 특별한 방어 설비가 없었을 리 없다. 따라서 다음 기사에 나오는 고원 부근의 덕령진과 문주 부근의 매성은 모두 태조 재위 동안 설치된 진성으로 생각된다.

• 「지리지」: 고주는 옛 덕령진이다(원주原註에서 "홍원군이라고도 한다—云洪源郡"고 한 것은 오류이므로 생략). 성종 14년(995) 고주 방어사가 됐다.

高州古德寧鎭. 成宗十四年, 爲高州防禦使.

• 문주는 예전에 매성이라고 불렸다. 성종 8년(989) 문주 방어사가 됐
다. 文州古稱妹城. 成宗八年, 爲文州防禦使.

그러나 「병지」 성보 부분에는 이 추측을 확증할 수 있는 기사가 없
다. 그리고 광종 20년(969) "장평진에 성을 쌓았는데 535칸이고 문이
4개城長平鎭, 五百三十五間, 門四"라고 했으며 광종 24년(973) "고주에 성을
쌓았는데 1016칸이고 문은 6개城高州, 一千十六間, 門六"라고 했다. 이 두
기사 외에 "장평진·박평진·고주에 성을 쌓았다城長平·博平二鎭及高州"고
하고 성종 3년(984) "문주에 성을 쌓았는데 578칸이고 문은 6개城文州,
五百七十八間, 門六"라고 했다. 그러나 고원(고주)·문천(문주) 등을 성이 없
는 상태로 두면서 먼저 장평진을 축조했다면 이치에 반대된다.

왜 그런가? 영흥 동남쪽 40리(15.7킬로미터)쯤 용흥강 하류의 한 지
류에 가까운 홍성리興城里의 진수봉鎭戌峰에 산성 터가 지금도 남아 있
다. 그것은 『여지승람』 영흥부 산천 조에서 "진수산은 부 동쪽 45리
(17.7킬로미터)에 있는데 옛 석성 터가 있다鎭戌山在府東四十五里, 有石城古基"
고 한 것에 해당하며, 고적 조에서 "장평진은 부 동쪽 45리에 있다長平
鎭在府東四十五里"고 한 것을 「대동여지도」에 비춰보면 둘은 완전히 같은
것임을 알 수 있다. 곧 진수봉의 산성터는 옛 장평진인 것이다. 이처럼
장평진의 위치는 덕원과 영흥을 직접 연결하는 도로의 동쪽에 치우쳐
있기 때문에 덕원 북쪽의 경략은 이 진성을 설치함으로써 영흥에 도
달했다고는 생각되지 않는다. 말하자면 광종 20년(969)이나 24년 장평
진의 축조는 그 이전에 영흥 지방이 고려의 영토에 들어왔고 영흥은
물론 문천·고원에도 진성이 있었음을 암시하는 것으로 판단된다.

그렇다면 그런 성을 축조한 사실이 「병지」에 보이지 않는 것은 기

록의 탈루로 광종 24년(973) 장평진·박평진·고주에 성이 있었다고 한 것은 영흥 이남 지방의 방어를 완비하려는 것이고, 새로 장평진을 쌓은 무렵 이미 태조 때부터 있던 장령진(영흥)과 덕령진(고원)이 개축됐다는 뜻으로 해석할 수 있다. 성종 2년(983) 문주의 축성도 당시 매성이라고 불린 진성을 다시 쌓은 것으로 생각된다. 요컨대 태조 때의 동북면 경략은 안변에서 출발해 영흥에 이르렀고, 그 결과 등주·용주와 매성진·덕령진·장령진이 설치된 것으로 보인다.

통일신라시대 내내 만주와 한반도 북부의 말갈족이 발해국의 치하에 있었음은 말할 것도 없지만, 호이객하 상류를 본거지로 한 그 나라는 고려 태조 9년(926) 거란(요)의 태조 야율아보기耶律阿保機에게 멸망됐다. 수도를 함락시킨 야율아보기는 곧 나라 이름을 동란東丹 — 동쪽의 거란국이라는 뜻 — 으로 고치고 황태자 야율돌욕耶律突欲을 국왕으로 삼아 옛 영토를 다스리게 했다.

그러나 발해의 남은 백성은 쉽게 거란의 주권에 복종하지 않고 각지에서 봉기했으며, 반란을 평정하는 동안 야율아보기는 세상을 떠나 통치를 실시하기는 매우 어려웠기 때문에 야율아보기를 이어 즉위한 태종 야율덕광耶律德光은 동란국의 재상 야율우지耶律羽之의 건의를 받아들여 고려 태조 11년(928) 동란국을 요양으로 옮겼다. 그 결과 발해의 옛 땅은 거의 모두 거란의 통제 밖에 놓였고 많은 유민이 고려 영토로 투항했으며, 발해의 유력한 지도자들은 예전의 부·주를 거점으로 삼았고 오랫동안 발해 아래 있던 말갈은 해방돼 군소 세력이 할거함으로써 정치적 통일은 이뤄지지 않았다. 그리고 이 무렵부터 말갈의 이름은 사라지고 거란인이 사용한 여진이라는 이름이 그것을 대신했다.

고려에서는 여진을 동·서로 구별해 한반도 동북면과 교섭한 것을 동여진, 서북면과 교섭한 것을 서여진이라고 불렀다. 앞서 서술한 2주 3진의 설치는 발해가 멸망할 무렵 그런 지방들을 점유한 여진 부족들 ─ 흑수·달고·철리 등으로 불린 ─ 을 경략한 결과가 틀림없지만 그 뒤 여진과의 관계는 어땠는가? 현종 이전의 여섯 국왕(혜종·정종·광종·경종·성종·목종)에 걸친 60여 년 동안(944~1009)은 그것을 명확히 알 수 있는 기록이 없고 겨우 다음이 있을 뿐이다.

- 『고려사』 세가 정종 3년(948) 9월: 동여진의 대광(고려에서 내린 관직) 소무개 등이 와서 말 700필과 특산물을 바쳤다. 東女眞大匡蘇無蓋等來獻馬七百匹及方物.
- 목종 8년(1005) 정월: 동여진이 등주(안변)를 침략해 주·진의 30여 부락을 불태우자 장수를 보내 막았다. 東女眞寇登州, 燒州鎭部落三十餘所, 遣將禦之(이 여진은 바다에서 침략한 것 같다).

그런데 현종 때가 되면 여진의 방문과 조공을 기록한 기사는 매우 많아져 하나하나 들기 어려워진다. 이런 상황은 다른 측면의 기사에서도 비슷한데, 그 까닭은 다음과 같다.

『고려사』(권95) 「황주량黃周亮열전」: 거란군이 수도를 함락시키고 궁궐을 불태워 서적이 모두 잿더미가 됐다. 황주량은 왕명을 받들어 각지를 찾아다니며 자료를 모아 태조부터 목종까지 7대의 사적을 모아 36권으로 편찬해 바쳤다. 契丹兵陷京城, 燒宮闕, 書籍盡爲煨燼. 周亮奉詔, 訪問採掇, 撰集太祖至穆宗七代事跡共三十六卷以進.

곧 현종 이전 7대의 사적이 뚜렷이 빈약한 것은 현종 2년(1011) 정월 거란 성종聖宗이 고려를 침입해 개경을 함락시켰을 때 궁궐 서고의 기록이 불탔기 때문이다. 영흥의 박평진을 화주 안변도호부로 개명한 것은 성종 14년(995)이다.

- 『고려사』「현종세가」 원년(1010) 5월: 상서좌사낭중 하공진과 화주 방어낭중 유종을 먼 섬으로 유배 보냈다. 하공진은 일찍이 동여진을 공격했다가 패배했는데, 유종은 그것을 한스럽게 여겼다. 마침 여진인 95명이 내조해 화주의 관사에 오자 유종은 그들을 모두 죽였는데, 그 때문에 함께 연좌돼 유배됐다. 流尙書左司郎中河拱辰·和州防禦郎中柳宗于遠島. 拱辰嘗擊東女眞見敗, 宗恨之. 會女眞九十五人來朝至和州館, 宗盡殺之, 故並坐流.

- 현종 2년(1011) 5월: 동여진 추장 조을두가 자신의 족속 70명을 이끌고 와 특산물을 바치니 각각 의복과 은그릇을 하사했다. 東女眞酋長鉏乙豆率其屬七十人來, 獻方物, 各賜衣服·銀皿.

- 현종 3년(1012) 2월: 여진 추장 마시저가 30성姓 부락의 자제들을 이끌고 와서 토종말을 바쳤다. 女眞酋長麻尸底率三十姓部落子弟, 來獻土馬 (그뒤 30성의 이름을 들었다).

- 같은 해 윤10월: 여진의 모일라와 조을두가 30성 부락을 이끌고 화주에 와서 맹약을 간청하니 허락했다. 女眞毛逸羅·鉏乙豆率部落三十姓, 詣和州乞盟, 許之.

이런 기사들에 따르면 화주 안변도호부는 그 이름대로 변경의 중요한 진으로 동여진의 조공을 관리했고, 고려가 처음 안변 이북의 여진 부족을 경략해 장령진을 설치한 영흥은 60~70년 뒤인 현종 때도 같은 부족과 경계를 맞댔음은 하공진이 동여진을 격퇴시켰다는 데서도 알 수 있다.

『고려사』(권78) 「식화지」 조세: 동로의 고주(고원)·화주(영흥) 등은 오랑캐의 국경과 가까워 방어하는 일이 많아 세금을 걷지 않았다. 東路高·和等州, 隣於狄境, 防禦事殷, 未嘗徵稅.

이렇게 서술한 뒤 정종 7년(1041) 4월 문하성의 상주를 실었는데, 이것도 그런 추측을 확실케 한다. 정종은 현종 뒤를 이은 덕종의 다음 국왕이다. 또 앞 기록의 여진 추장 모일라는 현종 때부터 정종 초까지 자주 조공했고 회화懷化장군이라는 칭호를 받았다. 다음 기록을 볼 때 모일라의 거주지는 화주와 인접했음이 분명하다.

「현종 세가」 16년(1025): 여진 추장 모일라가 내조했는데, 변방에서 공로가 있었기 때문에 대광을 더 내리고 의복을 많이 하사했다. 女眞酋長毛逸羅來朝, 以有功邊圉, 加授大匡, 優賜衣物.

처음의 문제로 돌아가 영흥 앞에 장성이 축조된 시대를 살펴보면 그것은 정종 10년(1044) 김영기金令器 등이 축조한 정평의 장성과 대비해 옛 장성으로 불린 것으로 생각된다. 정평의 장성은 아래 기록처럼 정평읍의 비백산을 중심으로 동·서에 걸쳐 있는 것으로 그 터는 지금도 뚜렷이 남아 있다.

- 『여지승람』 정평부 고적 조: 옛 장성은 고려 때 쌓은 것이다. 서쪽으로 큰 고개를 넘어 동쪽으로 도련포(지금의 광포廣浦)와 맞닿았다. 해자를 세 겹으로 만들어 여진을 방어했으니 이것이 삼관의 땅이다. 古長城, 高麗時所築. 西踰大嶺, 東接都連浦, 三周其隍, 以禦女眞, 此乃三關之地.

- 『관북지』 정평현 고적 조: 옛 장성은 현 북쪽 비백산 위에 있는데 고려 때 쌓은 것이다. 서쪽으로 큰 고개를 넘고 동쪽으로 함흥 선덕 해안과 맞닿았다. 古長城在縣北鼻白山上, 高麗時所築. 西踰大嶺, 東接咸興宣德海濱.

다음 기록은 이 장성의 축조에 관련된 것이 분명하다.

『고려사』「병지」 성보 부분. 정종 10년(1044): 김영기와 왕총지에게 장주·정주·원흥진에 성을 쌓게 했다. 장주성(정평 서쪽 35리[13.7킬로미터]쯤, 금진천 좌안에 있는 풍양리豊陽里 옛 성)은 575칸이고 수소戍所가 6곳인데 정북·고령·소흥·소번·압천·정원이다. 정주성(지금의 정평읍)은 809칸이고 수소가 5곳인데 방수·압호·홍화·대화·안륙이다. 원흥진성(금진천 입구 좌안 가까운 곳에 남아 있는 도흥리道興里 옛 성)은 683칸이고 수소가 4곳인데 내항·압로·해문·도안이다. 命金令器·王寵之, 城長州·定州及元興鎭. 長州城, 五百七十五間, 戍六所, 曰靜北·高嶺·掃兇·掃蕃·壓川·定遠. 定州城, 八百九間, 戍五所, 曰防戍·押胡·弘化·大化·安陸. 元興鎭城, 六百八十三間, 戍四所, 曰來降·壓虜·海門·道安.

곧 정종 10년까지 화주(영흥) 앞의 장성에 국한됐던 고려의 동북쪽 경계는 정주(정평)을 중심으로 한 새 장성의 축조에 따라 이곳까지 나아간 것이다. 그런데 옛 장성과 관련해 「병지」에는 그 축조 사실을 담은 기사가 없다. 그리고 앞서 서술한 대로 고려의 동북면 경략은 태조가 재위한 때부터 이미 영흥에 이르렀으므로 그보다 60~70년 뒤인 현종 때가 돼서 처음 이곳에 장성이 축조됐다고는 생각되지 않는다. 이렇게 보면 이 장성은 현종 이전이나 고려 개국 전부터 있던 것으로 성덕왕 20년(721) 신라가 발해국의 남침에 대비하기 위해 축조한 것으로 보이는 북쪽 경계의 장성이 그것이라고 추측된다. 『신당서』「발해열전」에서 "남쪽으로 신라와 니하를 경계로 삼았다"고 한 니하는 앞서 지적한 대로 고원 이북, 함흥 이남의 어느 뚜렷한 하천으로 생각되는데, 그 조건에 적합한 강으로 장성이 지나가는 분수산맥 북쪽의 금진천을 비정할 수 있다는 것도 이 추측을 뒷받침한다. 요컨대 고려 태조부터 정종 때까지 그 동북면의 한계에 있던 영흥 앞의 옛 장성은 신라 성덕왕 때 축조된 것으로 이것이 신라와 발해의 경계선이었다.

나는 문무왕 21년(681) 신라의 영토로 들어오고 그 뒤 발해가 흥기하자 그 나라와 맞닿게 된 신라의 정천군이 고려시대의 용주(지금의 덕원)라고 한 『삼국사기』「지리지」의 기록을 부정하고 적합한 다른 곳에서 그 군의 위치를 찾기 위해 신라와 발해의 경계를 고찰했는데, 앞서 서술한 대로 그것은 용흥강과 금진천 사이의 분수산맥에 있었으므로 문제의 정천군은 용흥강 가의 영흥에 비정할 수 있지 않을까? 영흥은 발해의 남경 남해부가 있던 함흥에 버금가는 이 방면의 요지였고, 철령 밖에 있던 신라의 두 군 가운데 하나인 삭정군이 철령에 가까운 지금의 안변에 위치했다는 것 등을 함께 생각하면 이런 비정은 결코 부당하지 않다. 나는 「지리지」에서 정천군을 용주라고 한 것은 화주의 오류라고 믿는다.

또 위의 분수산맥에는 금파령이라는 고개가 영흥과 정평 사이의 도로 사이에 있는데, 문무왕이 정천군을 차지했을 때 설치한 탄항관문은 군 북쪽 경계의 요지가 틀림없으므로 금파령을 이 관문이 있던 곳으로 비정할 수 있다. 「신라본기」 문무왕 21년(681) 정월 "사찬 무선이 정예병 3000명을 이끌고 비열홀을 지켰다"고 한 것은 비열홀을 근거로 삼아 정천군을 차지했을 때의 출병 사실을 기록한 것으로 생각된다. 그리고 꼭 40년 뒤인 성덕왕 20년(721)에 이르러 축조된 저 장성은 탄항관문을 중심으로 한 방어 시설을 동·서로 연장한 것으로 생각된다.

신라의 동북면에서 발해와의 경계는 영흥 앞의 장성이었지만, 두 나라가 대립하는 기간 내내 그랬던 것은 아니다. 앞서 서술한 대로 신라 헌강왕 12년(886) 보로국과 흑수국 사람이 모두 신라와 화친하고 있다는 기록에 따라 생각하면 철령 밖의 두 군郡 지역은 그 무렵 이미 말갈 부족들이 장악한 것으로 보인다. 헌강왕 12년은 고려 태조가 즉위(918)하기 32년 전이며, 발해가 멸망한 것은 태조 9년(926)이다. 따라서 태조가 재위하는 동안 이뤄진 안변 이북과 영흥 이남의 경략은 이처럼 헌강왕 이전부터 말갈족이 차지한 것이 됐던 신라의 옛 영토를 회복한 것이었다.

다시 『삼국사기』 「지리지」를 보자.

• **삭정군 조**: 5현을 거느린다. 서곡현은 본래 고구려 경곡현인데, 경덕왕이 이름을 고쳤다. 지금도 그대로 따른다. 난산현은 본래 고구려 석달현인데, 경덕왕이 이름을 고쳤다. 지금은 어디인지 알 수 없다. 상음현

은 본래 고구려 살한현인데, 경덕왕이 이름을 고쳤다. 지금도 그대로 따른다. 청산현은 본래 고구려 가지달현인데, 경덕왕이 이름을 고쳤다. 지금의 문산현이다. 익계현은 고구려 익곡현인데, 경덕왕이 이름을 고쳤다. 지금도 그대로 따른다. 領縣五. 瑞谷縣, 本高句麗 谷縣, 景德王改名. 今因之. 蘭山縣, 本高句麗昔達縣, 景德王改名. 今未詳. 霜陰縣, 本高句麗薩寒縣, 景德王改名. 今因之. 菁山縣, 本高句麗加支達縣, 景德王改名. 今汶山縣. 翊谿縣, 本高句麗翼谷縣, 景德王改名. 今因之.

- **정천군 조**: 3현을 거느린다. 산산현은 본래 고구려 매시달현인데, 경덕왕이 이름을 고쳤다. 지금은 어디인지 알 수 없다. 송산현은 본래 고구려 부사달현인데, 경덕왕이 이름을 고쳤다. 지금은 어디인지 알 수 없다. 유거현은 본래 고구려 동허현인데, 경덕왕이 이름을 고쳤다. 지금은 어디인지 알 수 없다. 領縣三. 蒜山縣, 本高句麗買尸達縣, 景德王改名. 今未詳. 松山縣, 本高句麗夫斯達縣, 景德王改名. 今未詳. 幽居縣, 本高句麗東墟縣, 景德王改名. 今未詳.

속현들의 위치는 모두 명확하지 않다. 곧 『삼국사기』의 편자는 옛 정천군의 치소를 당시의 용주에 비정했음에도 속현의 소재는 모두 알 수 없다고 한 것이다. 그런데 이런 사례는 「지리지」의 다른 부분에는 없으므로 그렇게 된 데는 특별한 사정이 없을 수 없다. 정천군과 삭정군 지역에서 말갈 부족들이 발호한 것은 헌강왕 12년(886) 이전의 일이지만 경덕왕이 군현의 이름을 바꾼 뒤 130년 동안 언제 어째서 그렇게 됐는지는 신라와 발해의 관계를 엿볼 수 있는 사료가 전혀 없기 때문에[39] 도저히 알 수 없지만 정천군의 위치는 덕원이 아니라 영흥이 었으므로 두 군이 각각 말갈에 점령된 시기에는 상당한 간격이 있었다고 봐도 좋다. 곧 정천군은 삭정군보다 상당히 오랫동안 말갈에 복속됐던 것이 아닐까?

정천군 속현의 위치를 모두 알 수 없다고 한 「지리지」의 기록은 이 사이의 소식을 말하는 것으로 경덕왕의 개명 사실을 담은 신라의 옛 기록에 따라 그 이름을 알 수 있는 정천군의 속현은 오랫동안 말갈에 복속됐기 때문에 군의 옛 땅이 수복된 고려 초에는 이미 위치를 알 수 없게 된 것으로 생각된다. 그리고 군 치소도 그랬지만, 「지리지」의 편자는 그것이 삭정군에 이웃했다고 말했으므로 막연히 등주의 다음 주인 용주에 비정한 것으로 추측된다.

지금까지 이 장에서 연구한 것을 종합하면 신라는 문무왕 15년 (675) 지금의 덕원에 가까운 망덕산에 철관성을 쌓고 덕원읍에도 관성(안북하의 관성)을 설치해 비열홀의 수비를 견고하게 했으며, 문무왕 21년(681) 다시 나아가 지금의 영흥을 중심으로 한 고구려 때의 천정군 지역을 차지해(경덕왕 때 정천군으로 고쳤다) 그 앞의 분수령에 탄항 관문이라는 관성을 설치했다. 그리고 대조영이 발해를 건국한 20여 년 뒤인 성덕왕 20년(721)에 이르러 그 관문을 확장하고 장성을 쌓았다. 그때부터 신라는 장성 북쪽을 흐르는 금진천(니하)에서 발해와 경계를 맞댔으며, 성천강 가의 함흥은 발해 5경의 하나인 남경 남해부가 있던 곳으로 그 남쪽 변경의 요지였다.

그 뒤 신라는 국력이 쇠퇴한 이른바 '하대下代'(선덕왕 이후)에 들어오면서[40] 장성 남쪽의 철령 바깥 지역(정천군과 삭정군)을 말갈족에게 빼앗겼고 그 상태로 멸망했다. 그 때문에 고려 태조는 건국 초부터 이 방면을 경략하는데 힘을 기울였고 26년(918~943) 동안 재위하면서 신라의 옛 영토를 회복했다. 그 결과 영흥 앞쪽의 장성은 발해가 멸망한 뒤 여진에 대한 동북면의 경계선이 됐다. 이 경계선은 그 뒤 약 100년 동안 고정됐지만 정종 10년(1044) 정평의 비백산을 중심으로 새 장성을 건설하면서 거기까지 나아갔고, 그 결과 함흥 지방의 여진 부족과 직접 경계를 맞대게 됐다.

## 6. 윤관의 9성 개척과 황초령비 — 결론

정종 10년(1044) 정평에 새 장성을 축조함으로써 그곳까지 나아간 고려의 동북 경계는 214년 뒤인 고종 45년(1258) 몽골이 쌍성총관부를 영흥에 설치할 때까지 변하지 않았다. 그러나 이 긴 기간 겨우 1~2년밖에 되지 않지만 고려가 확실히 함흥 지방을 점유한 일이 있다. 윤관의 9성 개척이라는 유명한 예종 때의 여진 정벌이 그것이다.

예종 2년(1107) 12월 고려의 장군 윤관은 17만 대군을 이끌고 정평의 장성 바깥으로 진격해 함흥평야에 산재한 여진의 135촌을 평정했다. 그리고 그 점령을 확실하게 하기 위해 함주咸州·영주英州·복주福州·웅주雄州·길주吉州 등 5주와 공험진公嶮鎭·통태진通泰鎭·진양진眞陽鎭·숭녕진崇寧鎭 등 4진에 성을 쌓았다. 이런 9성은 800여 년 뒤인 지금 뚜렷이 그 터가 남아 다음과 같이 비정할 수 있다.

1. **함주** 함흥읍
2. **영주** 신흥군 가평면 동흥리東興里산성(오로리五老里 북쪽 약 25리[9.8킬로미터])
3. **복주** 함흥군 상조양면上朝陽面 탑동리塔洞里산성(함흥읍 서북쪽 약 30리

[11.8킬로미터])

4. **옹주** 함흥군 서퇴조면西退潮面 성동리城洞里산성(퇴조면 서북쪽 약 20정
[2.2킬로미터])

5. **길주** 함흥군 덕산면 상대리上垈里산성(함흥읍 동북쪽 약 55리[21.6킬로
미터], 함관령 서쪽 약 20리[7.9킬로미터])

6. **공험진** 함흥군 덕산면 대덕리大德里산성(길주성 터 서남쪽 약 20정
[22.2킬로미터])

7. **통태진** 함흥군 운전면雲田面 운성리雲洞里산성(정평과 옹주성 터 중간, 호
련천瑚璉川 입구)

8. **진양진** 함흥군 상기천면上岐川面 오로리산성(오로리의 금반산金盤山)

9. **숭녕진** 함흥군 천서면川西面 상운흥리上雲興里 중봉中峰산성(정평과 복
주성 터의 중간)


처음 고려는 정평에 새 장성을 쌓고 함흥 지방의 여진과 경계를 맞
댄 뒤 그 부락들에 주州의 이름을 내리고 그 추장에게 관작을 하사해
통제함으로써 장성 밖의 이 지방을 거의 자국의 영토처럼 생각했다.
그런데 예종의 전왕인 숙종 때 이르러 북만주의 아륵초객을 본거지로
한 생여진부部의 추장 완안영가完顏盈歌(금 태조 아골타의 숙부. 시호는
목종穆宗)는 주위의 부족들을 통일한 뒤 나아가 포이합도하·해란하 유
역(지금의 간도 지방)의 여진을 토벌하고 다시 남쪽으로 내려가 당시 갈
라전曷懶甸으로 불린 지방 — 남쪽은 정평의 장성과 맞닿고 동쪽은 함
관령의 산맥으로 막힌 넓은 의미의 함흥평야 — 의 여진을 복속시켰
는데, 과업을 절반 정도 이루고 죽었다.

완안영가를 이어 생여진의 추장이 된 오아속烏雅束(영가의 조카이자

아골타의 형. 시호는 강종康宗)은 그 정벌을 이어받아 수행했다. 고려는 자국에 복속된 여진을 그들에게 빼앗기는 것을 참을 수 없었고, 예종은 즉위한 뒤 윤관을 주장으로 하는 대군을 일으켜 앞서 말한 9성 지역을 매우 빠르게 점령했다. 그 전쟁은 처음엔 급속히 진행됐지만 뒤에는 아쉽게 끝났다. 오아속이 보낸 생여진군이 9성을 포위해 공격하자 고려는 거듭 패배했고 결국 완안씨의 강화 제의를 받아들여 예종 4년(1109) 9성을 포기하고 장성 북쪽, 함관령 서쪽 지역을 모두 완안씨에게 돌려준 것이다.[41]

윤관의 9성 가운데 점령지의 서쪽 경계에 쌓은 것은 신흥군[42] 가평면의 동흥리산성에 비정되는 영주성이다. 둘레 10리(3.9킬로미터) 정도의 큰 산성으로 성안의 평지는 지금도 영주동으로 불린다. 윤관은 축성과 함께 호국인왕사護國仁王寺와 진동보제사鎭東普濟寺라는 두 절을 세우고, 정복지를 점령하는 동안 이 성에 거처했다. 그리고 문사 임언林彦에게 정복의 경과를 영주 관청 벽에 기록하게 했는데 그 한 부분은 다음과 같다.

아, 여진이 악하고 어리석어 강하고 약함과 많고 적음의 형세를 헤아리지 않고 이처럼 스스로 멸망에 빠졌다. 그 땅의 둘레는 300리(117.8킬로미터)로 동쪽으로 큰 바다에 이르렀고 서북쪽은 개마산으로 막혔으며 남쪽은 장주와 정주에 맞닿았다. 산천은 아름답고 땅은 기름져 우리 백성을 살게 할만 했다. 본래 고구려의 소유여서 그 옛 비의 유적이 아직도 남아 있다. 앞서 고구려가 잃었지만 지금 주상(예종)께서 나중에 되찾았으니 어찌 하늘의 뜻이 아니겠는가? 嗚呼, 女眞之頑愚, 不量其强弱衆寡之勢, 而自取於滅亡如是. 其地方三百里, 東至于大海, 西北介于蓋馬山, 南接

于長·定二州, 山川之秀麗, 土地之膏腴, 可以居吾民. 而本句高麗之所有也, 其
古碑遺跡尙有存焉. 夫句高麗失之於前, 今上得之於後, 豈非天歟.[43]

윤관은 동쪽은 큰 바다, 서북쪽은 개마산, 남쪽은 장주·정주라고
둘레 300리에 걸친 정복지의 영역과 경계를 밝혔다. 큰 바다는 성천
강과 호련천이 흘러 들어가는 함흥군 동남쪽의 바다, 개마산은 장백
산의 남쪽 지맥을 한·위대의 칭호에 따라 황초령 좌우에 걸친 산맥
을 가리키며 장주와 정주는 장주(정평읍 서쪽 35리[13.7킬로미터]의 금진
천 좌안에 있는 풍양리 고성)와 정주(정평읍) 부근을 지나는 장성을 뜻하
는 것이니 곧 '둘레 300리'는 동해·함관령·황초령·정평 장성을 네 방
위로 한 넓은 의미의 함흥평야가 분명하다. 그런데 특히 주의를 끄는
것은 이 정복 지역 안에 고구려의 어떤 옛 비가 있다고 한 것이지만,
그런 것은 함흥 지방에서 아직 발견되지 않았다. 그리고 조선 선조 때
처음 세상에 나타난 진흥왕의 무자 순수비, 곧 황초령비는 함흥군 안
에서 발견된 유일한 옛 비다. 또 『고려사』에 따르면 윤관은 공험진에
비를 세워 정복지의 경계를 표시했다.

- **「윤관열전」**: 또 윤관은 영주·복주·웅주·길주·함주에 성을 쌓고 마
  침내 공험진에 비를 세워 경계로 삼았다. 瓘又城英·福·雄·吉·咸州及公
  鎭, 遂立碑于公 , 以爲界.
- **「예종세가」**: 윤관은 여진을 평정하고 6성을 새로 쌓은 뒤 글을 올려
  하례하고 공험진에 비를 세워 경계로 삼았다. 尹瓘以平定女眞, 新築六
  城, 奉表稱賀, 立碑于公 鎭, 以爲界至.

9성 가운데서도 공험진이 후세에 특히 유명하고 고려 말부터 조선 초에 걸쳐 윤관의 정복지를 지나치게 과장하려는 특별한 의도에서 진성과 그 비의 위치를 두만강 바깥 지역으로 보는 가공의 이야기를 만든 것은 이런 기사가 있기 때문이었다.[44] 그러나 내가 실제로 조사한 바에 따르면 공험진은 길주(상대리산성)과 함주(함흥읍) 사이에 건설된 아주 작은 발권식鉢卷式 산성(대덕리산성)이며[**] 윤관 점령지의 한계가 아니다. 그리고 「윤관열전」과 「예종 세가」에서 비를 세운 기사는 『동문선東文選』(권44)에 실린 윤관의 「헌공표獻功表」와 비교하면 출처가 의심스러운 것으로 그 사실을 부인할 수 있다.[45] 그러므로 윤관이 공험진에 비를 세워 경계로 삼았다고 한 기록은 그 점령지가 완안씨에게 돌아가면서 고려인은 자연히 공험진의 정확한 위치를 알 수 없었을 것이므로 그들 사이에 전해진 이야기로 생각된다.[46] 아울러 윤관이 비를 세웠다는 것조차 사실이 아니라면 어떻게 해서 그런 이야기가 만들어졌을까 하는 문제는 다시 설명이 필요하다.

진흥왕의 무자 순수비는 진흥왕이 재위 29년(무자년, 568) 국경을 순수할 때 세운 기념비인데, 당시 신라의 동북 경계는 재위 17년(556) 비열홀주가 설치된 안변 남대천 유역이었다. 따라서 진흥왕의 순수비가 황초령에 있는 것은 아무래도 이상하다. 그러므로 나는 진흥왕이 그 비를 세운 곳은 당시의 동북 경계에 가까운 철령의 고개(고현高峴)나 부근의 산으로 추정한다. 아울러 그 뒤 황초령에서 비석이 발견된 것은 정확한 사실이므로 그것을 어떻게 봐야 할 것인가 하는 것이 문제인데, 진흥왕 이후 신라 동북 경계의 변천은 앞의 두 장에서 설명한

---

[**]　테뫼식 산성이라고도 한다. 산봉우리(사발鉢)를 중심으로 성벽을 두른 산성을 말한다.

것과 같고 고구려가 멸망하기 전은 물론 신라가 영토를 확장해 한반도를 통일한 시대에도 정평의 금진천(니하) 이북까지 이르지 못한 것은 분명하므로 그 사이의 어떤 기회에 비석이 황초령으로 옮겨졌다고 생각되지도 않는다. 그리고 이것은 비석이 본래 철령 부근에 세워졌다는 내 추정을 뒷받침하는 것이라고 해도 좋다.

그런데 진흥왕이 그런 순수비를 세운 무자년부터 540년이 지난 예종 초에 이르러 고려는 윤관에게 9성을 정벌케 해 황초령을 북방의 한계로 삼고 함흥평야를 완전히 차지했다. 특히 거듭 말하지만 통일신라를 계승한 고려의 영토가 이 지방에 이른 것은 이때가 처음이었다. 그리고 윤관 스스로 점령지 안에 있다고 한 고구려의 옛 비가 지금까지 세상에 나타나지 않은 것은 의문이며, 윤관이 정계비定界碑를 공험진에 세웠다는 사실 같지 않은 기록도 있어 비에 관련된 것은 모두 이상하다고 말하지 않을 수 없다. 그렇다면 황초령에서 발견된 무자 순수비의 비밀을 풀 수 있는 열쇠는 어쩌면 여기에 감춰져 있는 것이 아닐까?

앞서 말한 대로 윤관의 여진 정벌이 이뤄지기 전 고려는 정평의 장성 바깥인 함흥 지방을 자기 영토의 특별구역처럼 생각했지만, 여기서 언급해야 하는 것은 그 지방에서 전개된 여진과 요의 관계다. 요 성종 통화 13년(고려 성종 4년, 995) 요의 장수 화삭노和朔奴는 발해의 옛 수도(홀한성, 일명 올야성. 영고탑 서남쪽 60리[중국 단위, 30킬로미터]에 있는 지금의 동경성)를 차지한 올야부의 여진을 정벌하는데 실패한 뒤 그 것을 만회하기 위해 멀리 동남쪽으로 내려와 포로모타부를 정벌해 고려의 변경 바깥 지역을 거쳐 서쪽으로 돌아왔다. 포로모타부는 30성姓 여진으로도 불린 함흥 지방 여진 부락들의 총칭으로 요의 군대가 그곳을 침략한 것은 이때가 처음이다. 몇 년 뒤 야율오불려耶律烏不呂는 포로모타부를 정벌했다.

『요사』(권88) 「대강예열전」: 대강예는 발해 사람이다. 개태 연간(고려 현종 3~11년, 1012~1029) 남부南府의 재상을 여러 번 지냈으며 나가서 황룡부를 잘 다스리니 동부東部가 귀의했다. 유리저내부의 수장 백음과 유열비가 귀의하자 조정으로 보냈다. 또 포로모타 근처에 발해인이 많이 살았는데 그들을 복속시키자고 주청하자 황제가 허락했다. 대강예는 군사를 이끌고 대석하의 타준성으로 가서 수백 호를 약탈하고 돌아왔다. 大康乂, 渤海人. 開泰間, 累官南府宰相, 出知黃龍府, 善綏撫, 東部懷服. 楡里底乃部長伯陰與楡烈比來附, 送于朝. 且言蒲盧毛朶界多渤海人, 乞取之, 詔從其請. 康乂領兵至大石河馳準城, 掠數百戶以歸.

그리고 개태 이후 요와 포로모타부의 관계는 『요사』 본기에 다음과 같은 기사가 있다.

• **태평**太平 6년(고려 현종 17년, 1026): 포로모타부에 올야의 민호가 많자 조서를 내려 찾게 했다. 蒲盧毛朶部多兀惹戶, 詔索之.
• **태평** 7년(고려 현종 18년, 1027): 포로모타부에서 사신을 보내 조공했다. 蒲盧毛朶部遣使來貢.
• **중희**重熙 10년(고려 정종 7년, 1041): 포로모타부에 조서를 내려 그들이 편입시킨 갈소관의 가호를 돌려보내 다시 본업에 종사하게 했다. 詔蒲盧毛朶部, 歸曷蘇館戶之沒入者, 使復業(갈소관은 요동반도의 여진).
• **중희** 12년(고려 정종 9년, 1043): 알로부와 포로모타부의 두 사신이 조

공하는 시기를 놓쳤지만 용서하고 돌려보냈다. 斡魯·蒲盧毛朶部二使, 來貢失期, 有而遣還.

- **중희 13년**(고려 정종 10년, 1044): 동경유수 야율후서와 지황룡부사 야율구리사를 보내 군사를 이끌고 포로모타부를 공격하게 했다. 遣東京留守耶律侯晒·知黃龍府事耶律歐里斯, 將兵攻蒲盧毛朶部(동경은 요양, 황룡부는 농안).

- **중희 15년**(고려 정종 12년, 1046): 포로모타 경계의 갈라하에 있는 부족이 귀의하니 조서를 내려 위무했다. 蒲盧毛朶界曷懶河來附, 詔撫之(갈라하는 함흥의 성천강).

- **중희 17년**(고려 문종 2년, 1048): 포로모타부 대왕 포련이 배 만드는 장인을 보냈다. 蒲盧毛朶部大王蒲輦以造舟人來獻(대왕은 요에서 속부屬部의 세력이 큰 추장에게 내린 칭호).


포로모타부에 관련된 『요사』의 이런 기사들은 매우 소략하지만 요의 세력이 함흥 지방의 여진에게 미쳤음을 충분히 알 수 있다.[47] 이처럼 함흥 지방의 여진은 요에 통제됐기 때문에 고려는 9성 정벌을 수행할 때 이 관계를 고려하지 않을 수 없었다.


『고려사』(권96) 「김인존金仁存열전」: 김인존이 말했다. "나라에서 처음 9성을 쌓으면서 거란에 사신을 보내 표문을 올려 말했습니다. '여진의 궁한리(길주성을 쌓은 곳)는 우리의 옛 땅이므로 그곳에 거주하는 백성도 우리의 백성입니다. 요즘 끊임없이 변방을 노략질하기 때문에 그 지역을 수복해 성을 쌓았습니다.' 표문에서는 이렇게 말했지만 궁한리 추장에는 거란의 관직을 받은 사람이 많기 때문에 거란은 우리가 거짓말을 한다고 여겨 회답하는 조서를 내려 말했습니다. '멀리서 글을 올려 상황을 대략 말했지만 그동안 토지의 소속과 호구의 귀속은 이미 담당 관원에게 자세히 조사하도록 명령했으니, 순서대로 지휘를 내릴 것이다.' 이것으로 생각건대 우리가 9성을 돌려주지 않으면 거란은 반드시 우리를 책망할 것입니다." 國家初築九城, 使告契丹, 表稱女眞弓漢里乃我舊地, 其居民亦我編氓. 近來寇邊不已, 故收復而築其城. 表辭如是, 而弓漢里酋長多受契丹官職者, 故契丹以我爲妄言, 其回詔云, 遠貢封章, 粗陳事勢, 其間土地之所屬, 戶口之攸歸, 已勑有司, 俱行檢勘, 相次別降指揮. 以此思之, 國家不還九城, 契丹必加責讓.

이 기사는 그 사이의 소식을 잘 알려준다. 또 시대는 다르지만 고려 성종 12년(요 성종 통화 11년, 993) 요의 장군 소손녕(소항덕)이 대군을 이끌고 고려의 서북쪽 경계 — 청천강 서쪽에 있는 대령강大寧江 하류 — 를 침입했을 때 성종의 명령을 받아 강화 담판에 나선 서희徐熙는 대화를 나누면서 고구려의 옛 영토는 자국의 소유가 돼야 한다고 주장했다.

『고려사』(권94) 「서희열전」: 소손녕이 서희에게 말했다. "너희 나라는 신라 땅에서 일어났다. 고구려 땅은 우리 것인데 너희가 침략했다. 또 우리와 국경이 이어져 있는데도 바다를 건너 송을 섬겼기 때문에 오늘의 출병이 있게 된 것이다. 땅을 떼어 바치고 조빙하면 아무 일 없을 것이다." 서희가 말했다. "그렇지 않다. 우리나라는 고구려의 옛 땅이다. 그 때문에 고려라고 부르고 평양(고려의 서경)에 도읍한 것이다. 국경을 말하면 상국의 동경(요양)은 모두 우리 땅에 있으니 어찌 침식했다고 말할

수 있겠는가?" 遜寧語熙曰, 汝國興新羅地. 高句麗之地, 我所有也, 而汝侵蝕
之. 又與我連壤, 而越海事宋, 故有今日之師. 若割地以獻, 而修朝聘, 可無事
矣. 熙曰, 非也. 我國卽高句麗之舊也. 故號高麗, 都平壤. 若論地界, 上國之東
京, 皆在我境, 何得謂之侵蝕乎.

서희의 요구는 받아들여져 그때부터 압록강 동쪽의 여진 땅은 고려
의 소유가 됐다.[48] 그 때문에 나는 윤관이 요의 세력이 미친 함흥평야
의 여진을 정복해 영주 등 9성을 쌓으면서 그 점유를 역사적 이유가
있는 수단으로 삼기 위해 그동안 철령 부근에 있던 진흥왕의 무자 순
수비를 일부러 점령지 북쪽 경계의 요충지인 황초령으로 옮겨 세웠다
고 생각한다. 그가 영주 청사 벽에 "산천은 아름답고 땅은 기름져 우리
백성을 살게 할 만했다. 본래 고구려의 소유여서 그 옛 비의 유적이
아직도 남아 있다"고 쓴 고구려의 옛 비도 사실은 자신이 옮긴 순수비
를 가리킨 것으로 생각된다.

다만 그것을 사실대로 신라의 옛 비라고 하면 더 좋았겠지만 그러
지 못한 것은 당시 이미 상당히 마모된 비의 표면을 정밀하게 조사한
것도 아니어서 그것을 고구려의 비로 속단했기 때문으로 생각된다. 그
러므로 윤관이 정계비를 공험진에 세웠다고 말한 기록의 유래도 이
비에 있다고 볼 수 있다. 왜 그런가? 공험진은 윤관이 정복한 지역의
한계에 쌓은 성은 아니었지만, 『주역』「상단전上象傳」에서 이름을 딴 것
으로 보인다.

하늘의 험함은 올라갈 수 없고 땅의 험함은 산과 강과 언덕이다. 임금이
험한 지형을 이용해 그 나라를 지키니 때맞춰 험함을 사용하는 것이 크

다. 天險不可升也, 地險山川丘陵也. 王公設險以守其國, 險之時用大矣哉.

그 이름은 함주·영주·복주·웅주·길주 등 5주와 4진 가운데 통태진·진양진·숭녕진에 견줘 독특하게 들린다. 그 때문에 9성은 완안씨의 소유가 되고 ― 얼마 뒤 금 제국의 영토가 됐다 ― 해를 거치면서 정확한 위치는 고려인의 기억에서 사라졌지만, 그 뒤에도 공험진은 오직 그 이름 때문에 윤관이 정복한 지역의 한계를 구획한 험준하고 중요한 곳에 건설된 성처럼 생각된 것으로 여겨진다. 그리고 한편으로는 윤관이 정계비를 세웠다고 한 기록, 곧 황초령 위로 옮겨 세운 정계비인 무자 순수비에 관련된 기록도 있어 그것과 이것이 결합돼 가공의 공험진비를 만들어낸 것으로 생각된다. 불 피우지 않은 곳에 연기는 나지 않는다.

요컨대 윤관이 말한 고구려 옛 비의 정체는 북한산의 진흥왕 순수비와 동·서쪽에서 마주 보면서 본래 철령 부근에 있던 다른 순수비(무자 순수비)를 그가 9성을 정벌할 때 특별히 황초령 위에 세운 그 비였으며, 아울러 공험진비의 정체도 바로 그것이 분명하다.

〈연대표〉

| 연도 | 간지 | 신라 | | 고구려 | | 백제 | | 중국 연호 |
|---|---|---|---|---|---|---|---|---|
| 551 | 신미 | 진흥왕 12 | ○ 개국으로 연호를 고쳤다. ○ 이 해 거칠부 등에게 명령해 백제와 함께 고구려를 공격했다. 신라는 죽령 바깥, 고현 안쪽의 10군을 차지하고 백제는 한성(남한산성)·남평양(북한산성) 등 6군을 얻었다(「신라본기」,『일본서기』). | 양원왕 7 | | 성명왕 29 | | 양梁 간문제簡文帝 태보太寶 2 |
| 552 | 임신 | 진흥왕 13 | | 양원왕 8 | ○ 남한산과 북한산이 신라의 소유가 됐다(『일본서기』). | 성명왕 30 | | 양 원제元帝 승성承聖 1 |
| 553 | 계유 | 진흥왕 14 | ○ 남한산성에 신주를 설치했다(「신라본기」). | 양원왕 9 | | 성명왕 31 | | 승성 2 |
| 554 | 갑술 | 진흥왕 15 | | 양원왕 10 | | 성명왕 32 | ○ 왕이 직접 신라의 관산성을 공격했지만 복병을 만나 전사했다(「신라본기」,「백제본기」). | 승성 3 |
| 555 | 을해 | 진흥왕 16 | ○ 완산주를 비사벌(성녕比斯伐)에 설치했다(「신라본기」). ○ 북한산을 순행해 영토를 확정했다(「신라본기」). | 양원왕 11 | | 위덕왕 3 | | 양 경제敬帝 소태紹泰 1 |

| 556 | 병자 | 진흥왕 17 | ○ 비열홀주(안변)를 설치했다(「신라본기」, 「지리지」). | 양원왕 12 | | 위덕왕 3 | | 양 경제 태평太平 1 |
|---|---|---|---|---|---|---|---|---|
| 557 | 정축 | 진흥왕 18 | ○ 국원(충주)을 소경으로 삼았다. 신주를 폐지하고 북한산주를 설치했다(「신라본기」). | 양원왕 13 | | 위덕왕 4 | | 진 무제 영정永定 1 |
| 561 | 신사 | 진흥왕 22 | ○ 순수비를 창녕에 세웠다(창녕비). | 평원왕 3 | | 위덕왕 8 | | 진 문제 천가天嘉 2 |
| 568 | 무자 | 진흥왕 29 | ○ 순수비를 철령(?)에 세웠다(황초령비). ○ 북한산주를 폐지하고 남천주(이천)을 설치했다. 또 비열홀주를 폐지하고 달홀주(고성)를 설치했다(「신라본기」, 「지리지」). | 평원왕 10 | | 위덕왕 15 | | 진 폐제 광대光大 2 |
| 603 | 계해 | 진평왕 25 | | 영양왕 14 | ○ 장군 고승高勝이 신라의 북한산성을 공격했지만 이기지 못했다(「고구려본기」, 「신라본기」, 「온달열전」). | 무왕 4 | | 수 문제 인수仁壽 3 |
| 604 | 갑자 | 진평왕 26 | ○ 남천주를 폐지하고 북한산주를 다시 설치했다(「신라본기」). | 영양왕 15 | | 무왕 5 | | 수 문제 인수 4 |

| 608 | 무진 | 진평왕 30 |  | 영양왕 19 | ○ 신라의 북쪽 경계를 침입해 8000명을 포로로 잡았으며 우명산성을 함락시켰다(「신라본기」, 「고구려본기」). | 무왕 9 |  | 수 양제 대업 4 |
|---|---|---|---|---|---|---|---|---|
| 611 | 신미 | 진평왕 33 | ○ 여러 번 고구려의 침략을 받자 수에 군사를 요청했다(「신라본기」). | 영양왕 22 |  | 무왕 12 |  | 수 양제 대업 7 |
| 625 | 을유 | 진평왕 47 | ○ 당에서 사신을 보내 고구려의 길을 막아달라고 요청했다(「신라본기」). | 영류왕 8 |  | 무왕 26 |  | 당 고조 무덕 8 |
| 629 | 기축 | 진평왕 51 | ○ 대장군 용춘을 보내 고구려의 동쪽 변경에 있는 낭비성을 공격해 함락시켰다(「신라본기」, 「고구려본기」). | 영류왕 12 |  | 무왕 30 |  | 당 태종 정관 3 |
| 638 | 무술 | 선덕왕 7 |  | 영류왕 21 | ○ 신라의 비열홀(안변)·달홀(고성) 등을 침탈했다(지은이의 연구). 또 칠중성(적성)을 공격했지만 이기지 못했다(「신라본기」, 「고구려본기」). | 무왕 39 |  | 당 태종 정관 12 |

| 639 | 기해 | 선덕왕 8 | ○ 하슬라(강릉)을 북소경으로 삼았다(「신라본기」). | 영류왕 22 | | 무왕 40 | | 당 태종 정관 13 |
|---|---|---|---|---|---|---|---|---|
| 654 | 갑인 | 무열왕 1 | ○ 신라의 33성을 고구려와 백제에 빼앗겼다(『자치통감』, 『구당서』 「신라열전」, 『신·구당서』 「백제열전」). | 보장왕 13 | | 의자왕 14 | | 당 고종 영휘 5 |
| 655 | 을묘 | 무열왕 2 | ○ 백제의 조천성을 차지했다(「김흠운열전」, 「김유신열전」, 「취도열전」). | 보장왕 14 | | 의자왕 15 | | 당 고종 영휘 6 |
| 658 | 무오 | 무열왕 5 | ○ 하슬라가 말갈과 맞닿아 있기 때문에 북소경을 폐지하고 주州로 삼았다(「신라본기」, 「지리지」). | 보장왕 17 | | 의자왕 18 | | 당 고종 현경 3 |
| 659 | 기미 | 무열왕 6 | ○ 필부를 칠중성의 진장鎭將으로 삼았다(「필부열전」). | 보장왕 18 | | 의자왕 19 | | 당 고종 현경 4 |
| 660 | 경신 | 무열왕 7 | ○ 당을 도와 백제를 멸망시켰다. | 보장왕 19 | ○ 신라의 칠중성을 침략해 장수 필부를 전사시켰다(「신라본기」, 「필부열전」). | 의자왕 20 | ○ 7월 백제가 멸망했다. | 당 고종 현경 5 |
| 661 | 신유 | 무열왕 8 | ○ 고구려와 말갈군이 술천성을 공격해 이지기 못하자 목표를 바꿔 북한산성을 공격했지만 이기지 못하고 물러갔다(「신라본기」, 「고구려본기」). | 보장왕 20 | | | | 당 고종 용삭 1 |

|  |  |  |  |  |  |  |  |
|---|---|---|---|---|---|---|---|
| 666 | 병인 | 문무왕 6 |  | 보장왕 25 | ○ 연개소문의 동생 정토가 12성을 갖고 신라에 투항했다(「신라본기」). |  | 당 고종 건봉 1 |
| 668 | 무진 | 문무왕 8 | ○ 3월 비열홀주를 다시 설치했다(「신라본기」).<br>○ 9월 당을 도와 고구려를 멸망시켰다. | 보장왕 27 | ○ 9월 고구려가 멸망했다. |  | 당 고종 총장 1 |
| 통일신라시대 |  |  |  |  |  |  |  |
| 675 | 을해 | 문무왕 15 | ○ 안북하를 따라 관성을 설치하고 철관성을 쌓았다(「신라본기」). |  |  |  | 당 고종 상원 2 |
| 681 | 신사 | 문무왕 21 | ○ 고구려 천정군 옛 땅을 차지해 탄항관문을 설치했다(「신라본기」, 「지리지」). |  |  |  | 당 고종 개요 1 |
| 700 | 경자 | 효소왕 9 | ○ 발해국의 시조 대조영이 호이객하 상류를 거점으로 진국振國을 세웠다. |  |  |  | 당 무후 구시 1 |
| 721 | 신유 | 성덕왕 20 | ○ 하슬라도의 장정 2000명을 징발해 북쪽 경계에 장성을 쌓았다(「신라본기」). |  |  |  | 당 현종 개원 9 |
| 757 | 정유 | 경덕왕 16 | ○ 나라를 9주로 나누고 군·현의 이름을 고쳤다(「신라본기」, 「지리지」). |  |  |  | 당 숙종 지덕至德 2 |
| 886 | 병오 | 헌강왕 12 | ○ 적인狄人이 북진北鎭에 와서 보로국과 흑수국이 신라와 화친하고 있다고 알렸다(「신라본기」). |  |  |  | 당 희종僖宗 광계光啓 2 |
| 918 | 무인 | 경명왕 2 |  | 고려 태조 1 |  | ○ 골암성주 윤선이 귀의했다. | 요 태조 신책 3 |
| 920 | 경진 | 경명왕 4 |  | 고려 태조 3 |  | ○ 유금필을 골암성의 진장으로 임명했다. | 요 태조 신책 5 |
| 921 | 신사 | 경명왕 5 |  | 고려 태조 4 |  | ○ 흑수의 추장들이 유금필에게 항복했다.<br>○ 달고말갈이 등주를 거쳐 남침했지만 삭주의 수장守將 견권에게 격파됐다. | 요 태조 신책 6 |
| 926 | 병술 | 경애왕 3 |  | 고려 태조 9 |  | ○ 발해국이 멸망했다. | 요 태종 천현 1 |
| 935 | 을미 | 경순왕 9 | ○ 신라가 멸망했다. | 고려 태조 18 |  | ○ 신라 경순왕이 항복했다. | 요 태종 천현 10 |

| | | | 고려시대 | |
|---|---|---|---|---|
| 936 | 병신 | 태조 19 | ○ 후백제를 멸망시켰다. | 요 태종<br>천현 11 |
| 948 | 무신 | 정종 3 | ○ 동여진 추장 소무개 등이 조공했다. | 요 세종<br>천록天祿 2 |
| 1005 | 을사 | 목종 8 | ○ 동여진이 등주를 침략했다. | 요 성종<br>통화 23 |
| 1010 | 경술 | 현종 1 | ○ 화주 방어낭중 유종柳宗 등을 먼 섬으로 유배 보냈다. 그보다 앞서 화주 관청에 와서 조공한 여진을 죽였기 때문이다. | 요 성종<br>통화 28 |
| 1011 | 신해 | 현종 2 | ○ 동북 여진의 추장 조을두 등이 조공했다. | 요 성종<br>통화 29 |
| 1012 | 임자 | 현종 3 | ○ 여진 추장 마시저가 30성姓 부락의 자제들을 이끌고 조공했다. ○ 여진 추장 모일라·조을두 등이 30성 부락을 이끌고 화주에 와서 화친을 요청했다. | 요 성종<br>개태 1 |
| 1044 | 갑신 | 정종 10 | ○ 김영기·왕총지 등이 장주·정주 등을 중심으로 하는 장성을 축조했다. | 요 흥종<br>중희 13 |
| 1107 | 정해 | 예종 2 | ○ 12월 윤관이 대군을 이끌고 정평의 장성 바깥으로 진격했다. | 요 천조제<br>天祚帝<br>건통乾統 7 |
| 1108 | 무자 | 예종 3 | ○ 윤관이 함흥평야의 여진을 토벌하고 9성을 쌓았다. | 요 천조제<br>건통 8 |
| 1109 | 기축 | 예종 4 | ○ 7월 9성에서 철수해 장성 바깥 지역을 포기했다. | 요 천조제<br>건통 9 |

1928년 봄 탈고(『조선총독부 고적조사 특별보고』 제6책)

## [추기追記]

이 논문을 조선총독부의 『고적조사 특별보고』 제6책에 발표하고 도쿄에서 인쇄를 마친 것은 1929년 8월 29일이다. 그런데 우연히 뜻밖에도 겨우 10여 일 뒤인 9월 중순 진흥왕의 순수비가 분명한 비가 새로 발견돼 그동안 분명히 알려진 창녕·북한산·황초령의 세 비에 하나가 추가됐다.

새 비를 발견한 사람은 조선총독부 조선사편수회 위원 최남선崔南善 씨이고, 장소는 정말 뜻밖에도 함경남도 이원군利原郡 동면東面 용산리龍山里 산간, 곧 용산리 안의 복흥사福興寺에 가까운 마운령磨雲嶺의 한 봉우리인 운시산雲施山(일명 운무봉雲霧峰, 속칭 만덕산萬德山)이다. 나는 조선에 있는 친구의 편지로 먼저 이 사실을 안 뒤 조선사편수회에서 제공한 『조선사료 전관목록朝鮮史料展觀目錄』 — 전시회는 11월 30일과 12월 1일 — 에서 새 비의 사진을 처음 봤으며, 다시 이듬해 『조선』 176호(1930년 1월)를 입수해 거기 게재된 스에마쓰 야스카즈末松保和 씨의 「함남 이원군 만덕산에서 발견된 신라 진흥왕의 무자 순수비咸南利原郡萬德山に發見せられたる新羅眞興王の戊子巡狩碑」를 읽고 비석의 현재 상태, 겉모습, 비문의 내용 등을 매우 자세히 알 수 있었다.

스에마쓰 씨의 이 논문은 전 해 10월 말 그가 조사한 결과의 보고다. 그는 새 비에 대해 이렇게 말했다.

그동안 알려진 진흥왕의 세 비는 모두 잘려지거나 마모돼 읽을 수 있는 글자는 각 비석 모두 전체의 3분의 2도 되지 않았지만 이번에 발견된 비는 마모가 매우 적을 뿐 아니라 비신과 몇 정町 떨어진 계곡에 그 덮

개돌蓋石도 남아 있어 세 비의 결함을 보충해 준다. 아울러 그것이 이원군에 있다는 것 자체가 여러 문제를 제출하지만, 이 논문은 비석의 현재 상태의 주요 내용을 소개하는 것을 목표로 삼고 한두 가지 특별히 서술할 만한 점을 덧붙이는데 그쳤으며, 비문의 상세한 고증과 연구 등은 앞으로의 가르침을 기다릴 뿐이다.

새 비가 발견됨에 따라 생겨난 '여러 문제'는 다루지 않았지만 이처럼 이 비가 그동안의 세 비에 대해 네 번째 비임은 분명하며, 비문의 내용도 훨씬 완전하고 좋으므로 앞의 세 비 가운데 하나인 무자 순수비, 곧 이른바 황초령비가 옮겨졌다는 내 주장 —「진흥왕의 무자 순수비와 신라의 동북 경계」의 6장 윤관의 9성 개척과 황초령비 — 은 당연히 바꾸지 않으면 안 된다. 당시 나는 공개적으로 표명하지는 않았지만 그것을 솔직히 인정한다.

그러나 『삼국사기』의 기록을 바탕으로 연구한 신라의 동북 경계에 대해 나는 새 비가 발견됐다고 해서 내 학설을 수정 또는 폐기해야 한다고 생각하지 않으므로 앞서 『조선사료 전관도록』의 도판 해설에서 "진흥왕이 순수한 한계, 곧 당시 신라의 북쪽 경계를 보여주는 것으로 생각된다"라고 서술한 것은 조금 성급했다고 생각한다. 다음으로 새 비를 발견한 최남선 씨는 「신라 진흥왕의 기존 세 비와 새로 발견된 마운령비新羅眞興王の在來の三碑と新出現の磨雲嶺碑」라는 논문을 『청구학총靑丘學叢』 2호(1930년 11월)에 게재해 제목에 기재한 여러 비에 대해 자세히 서술한 뒤 결론에서 다음과 같이 말함으로써 윤관 9성터에 관련된 내 연구(「함경남도 함흥군의 고려시대 옛 성터」, 『조선총독부 1919년도 고적조사보고』 제1책)를 정면으로 비판했다.

진흥왕의 업적은 기록과 유물 사이에 큰 차이가 있고 그 차이를 합리적으로 해명하거나 조화시키는 것은 그리 쉬운 일이 아니므로 세밀한 비교와 명쾌한 논단은 먼 뒤에나 기대할 수 있다. 그렇기는 하지만 먼저 여기서 말할 수 있는 것은 최근 이케우치 씨가 제안한 관북關北에 관련된 두 가지 새로운 학설 가운데 황초령비의 원래 위치에 관련된 것은 다른 문제로 하더라도 윤관 9성을 함흥평야에 한정하려고 한 것은 마운령비의 출현에 따라 논리적 타당성이 스스로 무너졌으므로 공험진·선춘령과 그 비의 정체에 관련된 논의도 다시 검토해야 하게 됐다.

그러나 나는 현지를 답사한 결과를 이용해 윤관의 정복 지역을 파악하면서 진흥왕 순수비를 조금도 참고하지 않았으므로 이것은 논리를 전혀 이해할 수 없는 부당한 지적이다. 최남선 씨야말로 내 보고서를 숙독해 자신의 학설을 다시 검토해야 한다.

다음으로 1931년 8월 고 마에마 교사쿠前間恭作 씨의 「진흥비에 대해 ― 『청구학총』 2호 최남선 씨 진흥왕비 논문에 대해 그에게 부친 서신眞興碑について ― 靑丘學叢第二號崔南善氏眞興王碑論文につき同氏に寄せたる書翰」이 『동양학보』 19권 2호에 실렸다. 그 요지는 다음과 같다.

창녕비에 기록된 신라의 관명에서 추측하면 비자벌比自伐·한성漢城·비리碑利·감문甘文에 이른바 사방군주四方軍主가 주재한 4도독부가 있었다. 그리고 진흥왕은 신사년(재위 22년, 561) 비자벌(경남 창녕)을 순수해 "돌에 기록을 새겼고刊石銘記" 다시 7년 뒤인 무자년(재위 29년, 568) 한성·비리·감문(경북 개령開寧)을 순수해 각각 "돌에 기록을" 남긴 것으로 보이는데, 북한산비가 한성비고 황초령비가 비리비碑利碑임은 거의 분명하다.

비리는 곧 비열홀로 이른바 고현 이남 지역이며 한강 상류의 철원 남쪽 30리 고석정孤石亭 부근에 비정할 수 있는데, 고려 고종 때의 승려 천인 天因의 「고석정기孤石亭記」에 따르면 진흥왕의 비 하나가 거기 있다고 했다. 『삼국사기』「지리지」의 기록은 대체로 신용할 수 없기 때문에 그것에 따라 신라의 강역을 고찰해 비열홀을 고려 때의 등주(지금의 안변)로 볼 필요는 없다. 고석정 부근의 비리비는 조선 초에 이르러 관북으로 옮겨진 황초령비고 감문비는 전혀 아니므로 그것은 어느 곳엔가 존재할 것이다. 나는 10년쯤 동안 그렇게 생각해 왔지만 이번 최남선 씨의 논문을 읽고 궁금한 것이 모두 사라져 아무 의문도 남지 않게 됐다. 다만 지금까지의 추단을 조금 고쳐 새로 발견된 마운령비를 비리비에 비정하고 감문비를 황초령비로 보면 좋을 것이다.

나는 1910년대 초부터 마에마 씨와 알아 20년 동안 동양문고에서 이야기를 나눌 기회가 많았지만 그동안 그에게서 진흥왕비에 관련된 그런 견해를 들은 적이 없고 또 1929년 발표한 내 논문에 대해서도 별다른 비평을 받지 못했다. 그러나 그것은 그렇다고 해도 마에마 씨의 견해는 스스로 말한 대로 단호한 측면이 많고 "고증은 생략"했다는 점에서 추측이나 상상의 근거가 명확하지 않으며, 비리비와 감문비를 옮긴 것에 대해서도 그 사정과 까닭을 말하지 않았기 때문에 나는 그것을 하나의 학설로 인정하지 않고 충분한 학술적 가치를 두지 않는다. 이것은 마에마 씨의 논문을 읽은 처음부터 그랬고 지금도 변함없다.

그럼 나 자신은 어떤가? 마운령비가 발견됨에 따라 무자 순수비(이른바 황초령비)가 원래 위치에서 옮겨졌다는 내 주장을 바꿔야 한다고 인정했지만 그 뒤 마운령비도 포괄할 수 있는 적절한 해석을 얻지 못하고 지금에 이르렀다. 앞으로 여러분의 가르침을 기다리는 수밖에 없다(1943년 8월 4일에 씀).

# 2편
# 백제 멸망 뒤의 동란과 당·신라·일본의 관계

백제가 멸망한 직후 옛 장수 귀실복신 등이 일으킨 부흥운동은 고구려가 멸망한 뒤 검모잠鉗牟岑 등의 반란과 함께 신라 문무왕의 삼국 통일 위업과 뗄 수 없는 관계를 지닌 매우 중대한 사건이다. 그리고 앞의 사건은 일본의 역사와 직접 연결돼 있다. 내가 지난 1930년 발표한 「고구려 멸망 뒤 유민의 반란과 당·신라의 관계」[1]는 뒤의 문제에 대해 근본적인 연구를 시도한 것이지만 지금 다시 앞의 사건을 대상으로 한 이 논문을 작성했다. 이 논문은 옛 논문과 서로 자매 관계를 이룬다, 3장 가운데 2장 「동란 평정 뒤 당의 조처와 신라의 백제 영토 점령」은 옛 논문의 4장 「신라의 백제 영토 점령과 그것에 대한 당의 조처」의 앞부분과 대응하는 것이지만 새로운 연구에 따라 내용을 충실히 한 점은 크게 달라졌다.

## 1. 백제 멸망 뒤의 동란

### (1) 백제 멸망 뒤 당의 조처

당 고종 현경 5년(660)은 신라 태종 무열왕 7년이다. 이 논문 끝의 부설附說에서 덧붙인 대로 그해 7월 당은 신라와 협력해 백제의 수도 사비성(충청남도 부여)을 함락시키고 의자왕이 도망쳐 웅거한 옛 수도 웅진성(충청남도 공주)를 무너뜨려 그 나라를 멸망시켰다. 백제가 멸망한 뒤 당은 그 옛 땅을 어떻게 처리했을까?

『구당서』(권199, 상) 「백제열전」: 현경 5년 좌위대장군 소정방에게 군사를 거느리고 토벌케 하니 그 나라를 크게 무찌르고 의자왕과 태자 융, 소왕 효·연, 위장 58명을 포로로 잡아 도성으로 보냈다. 황제(고종)는 그들을 꾸짖고 용서했다. 그 나라는 예전에 5부로 나뉘어 37군, 200성, 76만 호를 거느렸다. 이때 그 땅을 나눠 웅진·마한·동명 등 5도독부를 뒤 각각 주·현을 다스리게 하고 그 지도자를 도독·자사·현령에 임명했다. 좌위 낭장 왕문도를 웅진도독으로 삼아 군사를 거느리고 다스리게 했다. (…) 왕문도는 바다를 건너가 죽었다. 顯慶五年, 命左衛大將軍蘇定方, 統兵討之, 大破其國, 虜義慈及太子隆·小王孝·演·僞將五十八人等送於京師. 上責而宥之. 其國舊分爲五部, 統郡三十七·城二百·戶七十六萬. 至是乃以其地分置熊津·馬韓·東明等五都督府, 各統州縣, 立其酋渠爲都督·刺史及縣令. 命右衛郎將王文度爲熊津都督, 總兵以鎭之. (…) 文度濟海而卒.

『자치통감』(권200, 당기唐紀 16)에서는 이듬해 용삭 원년(661) 3월 조에 백제의 옛 장수 복신 등의 반란을 서술했다.

앞서 소정방이 백제를 평정한 뒤 낭장 유인원을 남겨 백제의 부성府城을 지키게 하고 좌위 중랑장 왕문도를 웅진도독으로 삼아 그 남은 무리를 위무하게 했다. 왕문도는 바다를 건너가 죽었다. 初蘇定方旣平百濟, 留郎將劉仁願鎭守百濟府城, 又以左衛中郎將王文度爲熊津都督, 撫其餘衆. 文度濟海而卒.

이런 기사에 대응하는 신라 쪽 기사는 『삼국사기』(권5) 「신라본기」 무열왕 7년(현경 5년, 660)에 있다.

9월 3일 낭장 유인원이 군사 1만 명을 거느리고 사비성에 머무르며 지켰다. 왕자 인태는 사찬 일원·급찬 길나와 함께 군사 7000명을 이끌고 그를 보좌했다. 소정방은 백제왕(의자왕)과 왕족·신하 93명, 백성 1만 2000명을 이끌고 사비에서 배를 타고 당으로 돌아갔다. 김인문(무열왕의 아들)은 사찬 유돈·대나마 중지 등과 함께 갔다.

당 황제가 좌위 중랑장 왕문도를 보내 웅진도독으로 삼았다, 28일 삼년산성(충청북도 보은으로 무열왕이 그곳에 머물렀다)에서 조서를 전달했는데 왕문도는 동쪽을 보고 서고 대왕은 서쪽을 보고 섰다. 칙명을 전달한 뒤 문도는 황제의 예물을 왕에게 주려고 했는데 갑자기 병이 나 곧 죽으니 그를 따라온 사람이 대신해 일을 마쳤다. 九月三日, 郎將劉仁願以兵一萬人, 留鎭泗沘城. 王子仁泰與沙飡日原·級飡吉那, 以兵七千副之. 定方以百濟王及王族·臣寮九十三人·百姓一萬二千人, 自泗沘乘舡廻唐. 金仁問與沙飡儒敦·大奈麻中知等偕行. 唐皇帝遣左衛中郎將王文度爲熊津都督. 二十八日, 至三年山城傳詔, 文度面東立, 大王面西立. 錫命後, 文度欲以宣物授王, 忽疾作便死, 從者攝位畢事.

당의 장군 소정방이 본국으로 개선한 뒤 새 웅진도독으로 한반도에 파견된 낭장 왕문도가 부임해(9월 28일) 고종의 칙명을 무열왕에게 전달하다가 갑자기 병사한 당시의 상황을 알 수 있다. 소정방이 사비성을 떠난 날이 9월 3일로 명기된 것도 중국 사료의 결함을 보충한다.

당이 백제 옛 영토의 통치기관으로 설치한 5도독부는 앞의 『구당서』 「백제열전」에서는 "웅진·마한·동명東明 등"이라고 했지만 『신당서』(권220) 「백제열전」에서는 "웅진·마한·동명·금련金漣·덕안德安 등 5도독부"라고 해서 앞 자료에 보이지 않는 금련·덕안 두 도독부의 이름이 보충돼 있다. 생략되지 않은 근본 사료에 바탕한 것으로 생각된다. 멸망하기 전 백제에는 5방으로 불린 지방 행정구역이 있었다.

- •『주서』(권49) 「백제열전」: 치소는 고마성이다.[2] 그 바깥에는 다시 5방이 있었는데, 중방은 고사성(전라북도 고부 부근), 동방은 득안성(충청남도 은진 동남쪽 12리), 남방은 구지하성(위치는 미상), 서방은 도선성(위치는 미상), 북방은 웅진성(충청남도 공주)이다.
- •『한원』[3] 백제 장 주석에 인용된 『괄지지』: 또 5방이 있는데 중국의 도독과 같다. 방은 모두 건솔(달솔? 백제의 2품 관원)이 다스린다. 모든 방은 군을 관할하는데 많으면 10곳, 적으면 6~7곳이다. 군장郡將은 모두 은솔(4품 관원)이 맡는다. 군현에는 도사를 뒀는데 성주라고도 한다.

그런 뒤 도성 남쪽 260리의 고사성, 동남쪽 100리의 득안성, 남쪽 360리의 변성汴城(구지하성의 오기), 서쪽 350리의 역광성力光城(도선성의 오기), 동북쪽 60리의 웅진성을 들었는데 이 5방은 앞서 인용한 『구당서』 「백제열전」에서 "그 나라는 예전에 5부로 나뉘었다"고 한 5부와 동일하다는 것은 일찍이 내가 연구한 바 있다.[4] 그런데 문제의 5도독부 가운데 마한·동명·금련은 어디 있었는지 명확치 않지만, 웅진도독부는 5방의 웅진성과 같고 덕안은 득안과 상통하므로 5도독부는 5방(5부)의 각각에 설치된 것으로 생각된다. 그러나 이것은 그렇다고 해도 5도독부 설치는 왕문도를 보내기 전 탁상의 계획이었다. 그리고 왕문도가 죽으면서 마침내 실현된 것이다. 이것은 앞으로 서술할 사실에 따라 자연히 밝혀질 것이다.

### (2) 백제 유장遺將의 거병

현경 5년(660) 7월 사비성과 웅진성이 함락됐지만 백제가 완전히 평정된 것은 아니었다. 『삼국사기』 「신라본기」 무열왕 7년 8월 26일 조에서는 신라군이 임존성을 공격했지만 성공하지 못했다고 기록했다.

임존성의 큰 목책을 공격했지만 군사가 많고 지형이 험해 이기지 못하고 작은 목책만 공격해 무너뜨렸다. 攻任存大柵, 兵多地嶮, 不能克, 但攻破小柵.

임존성은 부여와 공주의 서북쪽에 위치한 지금의 대흥 부근이다.

『삼국사기』(권36) 「지리지」: 임성군은 백제 임존성으로 경덕왕이 이름을 고쳤다. 지금의 대흥이다. 任城郡, 百濟任存城, 景德王改名. 今大興.

이 사실과 관련해서는 『구당서』(권109) 「흑치상지열전」의 기사가 주목된다.

흑치상지는 백제 서부 사람이다. 키가 7척(2.1미터)이 넘고 용맹하며 지략이 있었다. 처음 백제에서 벼슬해 달솔이 됐으며 군장을 겸임했는데 중국의 자사와 같다. 현경 5년(660) 소정방이 백제를 평정하자 흑치상지는 자신의 부를 이끌고 항복했다. 이때 소정방이 연로한 왕과 태자 융 등을 가두고 군사를 풀어 노략질하니 젊은 남자들이 많이 죽었다. 흑치상지는 두려워하다가 마침내 측근 10여 명과 함께 자신의 부(서부)로 도망친 뒤 피신해 온 유민을 모아 함께 임존산을 지키며 목책을 쌓아 지키니 열흘 만에 3만여 명이 귀의했다. 소정방이 군사를 보내 공격하자 흑치상지는 결사대를 이끌고 항전하니 당군이 패배해 마침내 백제의 200여 성을 회복했다. 소정방은 토벌하지 못하고 돌아갔다. 용삭 3년(663) 고종이 사신을 보내 회유하니 흑치상지는 자신이 거느린 무리를 모두 이끌고 항복했다. 黑齒常之, 百濟西部人. 長七尺餘, 驍毅有謀略. 初在本蕃, 仕爲達率兼郡將, 猶中國之刺史也. 顯慶五年, 蘇定方討平百濟, 常之率所部隨例送降款. 時定方繫左(老?)王及太子隆等, 仍縱兵劫掠, 丁壯者多被戮. 常之恐懼, 遂與左右十餘人遁歸本部, 鳩集亡逸, 共保任存山, 築柵以自固, 旬日而歸附者三萬餘人. 定方遣兵攻之, 常之領敢死之士拒戰, 官軍敗績, 遂復本國二百餘城. 定方不能討而還. 龍朔三年, 高宗遣使招諭之, 常之盡率其衆降.[5]

소정방이 아직 사비성에 주둔했던 8월 26일 신라군의 공격을 받았지만 항복하지 않은 임존성의 장수가 흑치상지였다는 것은 설명하지 않아도 분명하다.

9월 초 소정방은 유인원이 이끈 당군 1만 명과 무열왕의 아들 김인태가 인솔한 신라군 7000명에게 백제 옛 수도를 지키게 하고 자신은 본국으로 돌아갔다. 그러나 곧 사비성의 수비군은 백제의 남은 세력에게 위협받았다.

「신라본기」: 9월 23일 백제의 남은 세력은 사비에 들어와 살아남아 항복한 사람들을 잡아가려고 계획을 꾸몄다. 그곳에 주둔하며 지키던 유인원은 당군과 신라군을 내보내 물리쳤다. 적군은 사비 남쪽 고개에 올라가 목책 4~5개를 세우고 주둔하면서 틈을 엿봐 성읍을 노략질했다. 백제의 성 가운데 20여 곳이 배반해 호응했다. 九月二十三日, 百濟餘賊入泗沘, 謀掠生降人, 留守仁願出唐·羅人, 擊走之. 賊退上泗沘南嶺, 竪四五柵, 屯聚伺隙, 抄掠城邑. 百濟人叛而應者二十餘城.

사비 남쪽 고개는 사비성 터 동남쪽 10정(1090미터)쯤에 있는 지금의 금성산錦城山으로 생각된다.[6] 무열왕은 앞서 서술한 대로 같은 달 28일 삼년산성에서 왕문도가 가져온 당 황제의 조서를 받고 다음 달 직접 출정했다.

「신라본기」: 10월 9일 왕은 태자(법민法敏)와 여러 군을 이끌고 이례성을 공격했다. 18일 그 성을 차지해 관원을 두니 백제의 20여 성이 두려워하며 모두 항복했다. 30일 사비 남쪽 고개의 목책을 공격해 1500명을 죽였다. 十月九日, 王率太子及諸軍攻爾禮城. 十八日, 取其城, 置官守, 百濟二十餘城震懼皆降. 三十日, 攻泗沘南嶺軍柵, 斬首一千五百人.

이례성의 위치는 알 수 없지만 사비성에 가까운 그 동쪽이나 동남쪽으로 생각된다. 사비성 터 동쪽 10리(3.9킬로미터)쯤에 있는 청마靑馬산성이라는 큰 옛 성터를 그것에 비정할 수 있지 않을까?[7] 무열왕의 그 뒤 행동은 다음과 같다.

「신라본기」: 11월 5일 왕은 계탄을 건너 왕흥사 잠성을 공격해 7일 만에 함락시키고 700명을 죽였다, 22일 왕은 백제에서 돌아와 전공을 논의했다. 十一月五日, 王行渡雞灘, 攻王興寺岑城, 七日乃克, 斬首七百人. 二十二日, 王來自百濟論功.

곧 무열왕은 11월 초에 귀국길에 올라 22일 도성에 도착한 것이다. 그리고 「신라본기」의 그해 기사는 여기서 끝난다. 계탄은 무열왕이 건너 공격했다는 성의 이름인 왕흥사 잠성에서 추측하면 사비성과 멀지 않은 금강의 나루渡津로 생각된다. 왕흥사는 의자왕 앞의 무왕이 세운 절이지만 정확한 위치는 절터를 조사해야 알 수 있다.

『삼국사기』「백제본기」 무왕 35년(634): 왕흥사가 완공됐다. 그 절은 강가에 있었는데 채색과 장식이 장려했다. 왕은 늘 배를 타고 절로 가서 향을 올렸다. 王興寺成. 其寺臨水, 彩飾壯麗. 王每乘舟, 入寺行香.

지금까지 서술한 것이 『삼국사기』「신라본기」의 기사에서 알 수 있는 사실이지만 특별히 주의를 끄는 것은 백제의 옛 장수 귀실복신 등의 거병에 관련된 『일본서기』(권26) 사이메이齊明 천황 6년(현경 5년, 660)의 다음 기사다.

9월 기해 초하루 계묘일(5일) 백제에서 달솔(이름은 빠져 있다)·승려 각종 등을 보내 말했다(어떤 책에는 도망쳐 와서 어려움을 알렸다고 했다). "올해 7월 신라가 힘을 믿고 세력을 이뤄 이웃 나라와 친하지 않고 당을 끌어들여 백제를 멸망시켰습니다. 임금과 신하가 모두 포로가 되고 백성들도 거의 없어지게 됐습니다. 그러자 서부 은솔 귀실복신은 크게 분노해 임사기산(어떤 책에서는 북임검리산이라고 했다)에, 달솔 여자신은 중부 구마노리성(어떤 책에서는 도도기류산이라고 했다)에 웅거해 흩어진 군사들을 불러 모았습니다. 그동안 싸우면서 무기가 다 없어졌기 때문에 막대기를 들고 싸워 신라군을 물리쳤습니다. 백제군이 신라군의 무기를 빼앗아 전력을 다시 강화하니 당이 감히 침입하지 못했습니다. 복신 등은 마침내 같은 나라 사람들을 모아 함께 왕성(사비성)을 지켰습니다. 나라 사람들은 그들을 '좌평 복신, 좌평 자진'이라고 높여 불렀습니다. 복신은 신기하고 용감한 계책을 내 망한 나라를 부흥시켰습니다." 九月己亥朔癸卯, 百濟遣達率·沙彌覺從等來奏曰(或本云逃來告難), 今年七月, 新羅恃力作勢, 不親於隣, 引構唐人, 傾覆百濟. 君臣總俘, 略無噍類. 於是西部恩率鬼室福信赫然發憤, 據任射岐山(或本云北任劍利山也), 達率餘自信據中部久麻怒利城(或本云都都岐留山), 各營一所, 誘聚散卒. 兵盡前役, 故以棓戰, 新羅軍破. 百濟奪其兵, 旣而百濟兵翻銳, 唐不敢入. 福信等遂鳩集同國, 共保王城, 國人尊曰, 佐平福信, 佐平自進. 唯福信起神武之權, 興旣亡之國.


문무왕(무열왕의 아들)이 재위 11년(671) 당의 장수 설인귀에게 보낸 서신에도[8] 복신의 거병에 관련된 기사가 있다.


두 나라(당과 신라)의 군대가 함께 왕도(사비성)에 이르러 한 나라를 평정했습니다. 그런 뒤 선왕(무열왕)께서는 마침내 대총관(소정방)과 의논해 당군 1만 명을 남겨뒀으며, 신라도 [문무왕의] 동생 인태를 보내 군사 7000명을 이끌고 함께 웅진을 지키게 했습니다. [소정방의] 대군이 돌아간 뒤 적신賊臣 복신이 강(웅진강) 서쪽에서 일어나 남은 무리들을 모아 부성府城을 포위하고 접근해 왔습니다. 그들은 먼저 바깥 성책을 깨뜨려서 군수품을 모두 빼앗았으며 다시 부성을 공격해 곧 함락될 지경에 이르렀습니다. 또 부성 옆 네 곳에 성을 쌓고 둘러싸 지키니 부성은 드나들 수 없게 됐습니다. 저(무열왕의 태자 법민, 곧 문무왕)는 군사를 이끌고 나아가 포위를 깨뜨리고 사면의 적을 모두 격파해 먼저 그 위기를 구한 뒤 다시 식량을 운송했습니다. 마침내 당군 1만 명이 호랑이에게 잡아먹힐 위기에서 벗어나게 했으며 주둔해 지키던 굶주린 군사들이 자식을 바꿔 서로 잡아먹는 일이 없게 했습니다. 兩軍俱到王都, 共平一國. 平定已後, 先王遂共蘇大摠管平章, 留漢兵一萬, 新羅亦遣弟仁泰, 領兵七千, 同鎭熊津. 大軍迴後, 賊臣福信起於江西, 取集餘燼, 圍逼府城. 先破外柵, 摠奪軍資, 復攻府城, 幾將陷沒. 又於府城側近四處, 作城圍守, 於此府城不得出入. 某領兵往赴解圍, 四面賊城, 並皆打破, 先救其危. 復運粮食. 遂使一萬漢兵, 免虎吻之危難, 留鎭餓軍, 無易子而相食(부성은 웅진도독부의 부성을 뜻하는 것으로 생각되지만 그것이 가리키는 성은 유인원이 남아 지키던 사비성이 돼야 한다).


그리고 이듬해(현경 6년이자 용삭 원년, 661)에 연결해서 그 경과를 서술했다.

사비성의 함락과 귀실복신 등의 거병 등에 관련된 정보들은 9월 5일 백제의 달솔(이름은 빠져있다)과 승려 각종 등이 일본에 가져온 것에 따르면 소정방이 본국으로 가면서 사비성을 떠난 무렵 도착한 것 같다. 따라서 복신의 거병은 8월이었던 것으로 생각된다. 그리고 복신이 웅거했다고 한 임사기산9은 8월 26일 신라군이 공격했지만 이기지 못했다고 한 임존의 큰 목책과 「흑치상지열전」의 임존산과 같은 지명으로 생각되므로 흑치상지와 복신은 같은 때 같은 성에 주둔해 군사를 일으킨 것으로 보인다.10

문무왕의 서신에서 "[소정방의] 대군이 돌아간 뒤 적신 복신이 강 서쪽에서 일어나 남은 무리들을 모아 부성을 포위하고 접근해 왔다"고 한 것을 「신라본기」 9월 23일 이후의 사실에 비춰보면 사비성을 침략했다가 남쪽 고개로 물러난 뒤 11월 초까지 부근의 성들에 웅거해 당·신라군을 괴롭힌 '백제의 남은 무리'는 복신 등의 군사가 틀림없다. 문무왕 서신의 '강 서쪽'은 주로 임존성을 가리키는 것으로 해석되지만, 앞서 서술한 대로 복신 등의 거병은 소정방이 귀국한 뒤는 아니다. 그리고 그 사비성 탈환 운동에는 흑치상지도 관계했다고 생각된다. 또 『일본서기』에서 "복신 등은 마침내 같은 나라 사람들을 모아 함께 왕성을 지켰다"고 한 것은 9월 5일에 도착한 정보의 일부로 보면 사실과 맞지 않는다. 각종 등은 일본 조정이 복신 등의 거병을 경시하지 않게 하려고 그들이 앞으로 행동할 일을 이미 이뤄진 것처럼 말한 것으로 생각된다.

또 『일본서기』를 보면 그해 겨울 10월 복신 등이 원군을 요청한 기사가 있다.

백제의 좌평 귀실복신이 좌평 귀지 등을 보내 당의 포로 100여 명을 바쳤다. (…) 또 원군을 요청하고 왕자 여풍장을 요청했다. "당인이 우리의 벌레 같은 적을 이끌고 우리 영토를 휩쓸어 우리 사직을 뒤엎고 우리 임금과 신하를 포로로 잡아갔습니다. 그러나 백제국은 멀리 천황의 보호에 힘입어 다시 모여 나라를 이뤘습니다. 이제 백제국이 천황의 조정에서 시위케 했던 왕자 풍장을 보내주면 맞이해 국왕으로 삼고자 합니다."

百濟佐平鬼室福信遣佐平貴智等, 來獻唐俘一百餘人. 又乞師請救, 幷乞王子餘豊璋曰, 唐人率我蚤賊, 來蕩搖我疆場, 覆我社稷, 俘我君臣. 而百濟國遙賴天皇護念, 更鳩集以成邦. 方今謹願迎百濟國遣侍天朝王子豊璋, 將爲國主.

앞서 거병을 알린 데 이어 복신이 직접 군사를 요청하는 사신이 다시 일본에 온 것이다. 도착한 달에서 추측하면 이것도 백제군이 사비성을 압박하기 전에 보낸 것이 틀림없다. 복신이 일본에서 맞이하려고 한 왕자 여풍장은 『구당서』「백제열전」에 "옛 왕자 부여풍故王子扶餘豊"으로 돼 있으므로 의자왕의 아들이다. 『일본서기』 고토쿠孝德 천황 하쿠치白雉 원년(의자왕 10년, 650) 조에 "백제군 풍장과 그 동생 새성·충승百濟君豊璋·其弟塞城·忠勝"이라고 돼 있어 이해보다 먼저 일본에 인질로 있었음을 알 수 있다. 그러나 다시 거슬러 올라가 조메이舒明 천황 3년(631) "백제왕 의자가 왕자 풍장을 인질로 보냈다百濟王義慈入王子豊璋爲質"고 한 것은 믿기에 충분치 않다. 조메이 천황 3년은 의자왕의 앞인 무왕 32년이기 때문이다.

### (3) 당의 장수 유인궤의 파견과 주류성 전투

다시 『구당서』「백제열전」을 보면 복신 등의 거병과 왕문도를 대신해 새로 파견된 유인궤의 행동이 다음과 같이 서술돼 있다.

왕문도는 바다를 건너갔다가 죽었다. 백제 승려 도침과 옛 장수 복신은 무리를 이끌고 주류성을 거점으로 반란을 일으킨 뒤 왜국에 사신을 보내 옛 왕자 부여풍을 맞이해 왕으로 세웠다. 그 서부와 북부가 모두 성을 들어 호응했다. 그때 낭장 유인원은 백제부성(사비성)에 주둔해 있었는데 도침 등은 군사를 이끌고 그를 포위했다. 대방주 자사 유인궤는 왕문도를 대신해 군사를 통솔하고 지름길로 신라군을 오게 해 합세한 뒤 유인원을 구원하고 계속 싸우며 전진해 가는 곳마다 모두 항복시켰다. 도침 등은 웅진강 입구에 목책 두 개를 세우고 관군에 저항했다. 유인궤가 신라군과 함께 사면에서 협공하니 적군은 패배해 목책 안으로 도망쳤지만 물에 막히고 다리는 좁아 물에 빠지거나 싸우다 죽은 사람이 1만여 명이었다. 그러자 도침 등은 유인원의 포위를 풀고 임촌성으로 물러나 지켰다. 신라군은 군량이 떨어져 돌아갔다. 이때가 용삭 원년 (661) 3월이었다. 도침은 영군장군, 복신은 상잠장군이라고 스스로 일컫고 배반해 도망친 무리를 회유해 모으니 그 세력이 더욱 커졌다. 文度濟海而卒. 百濟僧道琛·舊將福信率衆據周留城以叛, 遣使往倭國, 迎故王子扶餘豊立爲王. 其西部·北部並翻城應之. 時郎將劉仁願留鎮於百濟府城, 道琛等引兵圍之. 帶方州刺史劉仁軌代文度統衆, 便道發新羅兵合契以救仁願, [仁軌] 轉鬪而前, 所向皆下. 道琛等於熊津江口立兩柵以拒官軍. 仁軌與新羅兵四面夾擊之, 賊衆退走入柵, 阻水橋狹, 墮水及戰死萬餘人. 道琛等乃釋仁願之圍, 退保任存城. 新羅兵士以糧盡引還, 時龍朔元年三月也. 於是道琛自稱領軍將軍, 福信自稱霜岑將軍, 招誘叛亡, 其勢益張.


이 기사에 대해서는 먼저 한두 가지 오류를 수정해야 한다. 복신의 동료 장수로 승려 도침의 이름을 든 것은 한국 사료의 결함을 보완하는 것이지만 복신의 거병은 왕문도가 죽은 뒤가 아니다. 앞서 서술한 대로 복신은 현경 5년(660) 8월 26일 이전 소정방이 아직 사비성에 주둔했을 때 군사를 일으켰고, 소정방을 대신해 당에서 온 왕문도가 병사한 것은 9월 28일이다. 도침과 복신이 "주류성을 거점으로 반란을 일으켰다"고 한 것도 "임존성을 거점으로 반란을 일으켰다"는 것의 오류가 분명하다. 지금의 부여인 사비성 터에 남아 있는 유인원 기공비紀功碑의 다음 내용은 그 확실한 증거다.

가짜 승려 도침과 가짜 한솔 귀실복신은 저자 거리 출신으로 그 우두머리가 돼 사납고 교활한 무리를 모아 임존성을 거점으로 벌떼처럼 모여 고슴도치처럼 일어나 산과 골짜기를 가득 채웠다. 即有偽僧道琛·偽扞率鬼室福信, 出自閭巷, 爲其魁首, 招集狂狡, 堡據任存, 蜂屯蝟起, 彌山滿谷.

임존성이 아니라 주류성이 어떤 성인지는 뒤에서 자세히 서술하겠다. 복신 등의 거병에 호응했다고 한 '서부와 북부'는 백제국의 5부 ― 5방으로도 불린 5대 행정구역 ― 가운데 둘이 틀림없으므로 다음 세 글자 '並翻城'은 '城並翻'으로 고치지 않으면 뜻이 통하지 않는다. 또 "그때 낭장 유인원은 백제부성(사비성)에 주둔해 있었는데 도침 등은 군사를 이끌고 그를 포위했다"고 한 것은 「신라본기」 9월 23일 조에서 "백제의 남은 세력은 사비에 들어와 살아남아 항복한 사람들을 잡아가려고 계획을 꾸몄다. 그곳에 주둔하며 지키던 유인원은 당·신라군을 내보내 격퇴시켰다"고 한 것에 해당한다. 그러므로 이것도 왕문도가 병사한 뒤가 아니라 그전에 일어난 사건이다.

고종의 명령으로 왕문도를 대신해 파견된 당의 장수는 유인궤였다.

•『구당서』「백제열전」: 대방주 자사 유인궤는 왕문도를 대신해 군사를

통솔했다.

- **같은 책**(권84) 「유인궤열전」: 유인궤에게 조서를 내려 검교대방주자사에 임명하고 왕문도를 대신해 군사를 통솔케 했다. 詔仁軌, 檢校帶方州刺史, 代文度統衆.

유인궤가 한반도에 도착한 것은 현경 5년(660) 다음 해인 용삭 원년 초로 보인다. 이것은 뒤에서 서술하겠다. "지름길로 신라군을 오게 해 합세해 유인원을 구원"한 것은 「유인궤열전」의 기사를 참조해 알 수 있는 것처럼 유인궤의 파견과 함께 내려진 고종의 칙명이었다. 다음으로 "계속 싸우며 전진했다"는 구절 앞에는 「유인궤열전」과 마찬가지로 "인궤"라는 두 글자가 빠진 것이므로 보충해 읽어야 하지만 그것은 일단 제쳐두고, 고종의 이 칙명에 따라 신라군이 와서 구원한 사실을 담은 명백한 기록은 없고 뒷 문장에서 "신라군은 군량이 떨어져 돌아갔다"고 한 것은 조금 이상하다. 그런데 『통감』(권200, 당기 16)을 보면 이 「백제열전」의 기사와 거의 같은 문장이 이어진 뒤 다음과 같이 서술했다.

당에서 조서를 내려 신라의 출병을 요구하니 신라왕 김춘추는 조서를 받들어 장수 김흠에게 군사를 거느리고 유인궤 등을 구원하게 했다. 고사에 이르렀을 때 복신이 기다렸다가 공격해 승리했다. 김흠은 갈령도를 거쳐 도망해 돌아왔다. 上詔新羅出兵. 新羅王春秋奉詔, 遣其將金欽將兵救仁軌等. 至古泗, 福信邀擊敗之. 欽自葛嶺道遁還.

이것은 「백제열전」 기사의 결함을 채우는 동시에 다음의 「신라본기」 무열왕 8년(용삭 원년, 661) 기사에 대응하는 것이 틀림없다.

봄 2월 백제의 남은 적들이 사비성을 공격하자 왕은 이찬 품일을 대당 장군으로 삼고 잡찬 문왕·대아찬 양도·아찬 충상 등에게 그를 보좌하게 했다. 잡찬 문충을 상주장군(상주는 지금의 경상북도 상주)으로 삼고 아찬 진왕에게 그를 보좌하게 했다. 아찬 의복을 하주장군(하주는 지금의 경상남도 창녕)으로, 무훌·욱천 등을 남천대감으로, 문품을 서당장군으로, 의광을 낭당장군으로 삼아 가서 구원하게 했다, 3월 5일 가는 도중에 품일은 휘하의 군사를 나눠 먼저 두량윤성(두량이성이라고도 한다) 남쪽으로 가서 군영 설치할 곳을 살폈다. 우리 군의 진영이 정돈되지 않은 것을 보고 백제군이 갑자기 공격하니 우리 군은 놀라 흩어져 달아났다, 12일 대군이 고사비성 밖에 와서 주둔하고 두량윤성을 공격했지만 한 달 엿새가 되도록 이기지 못했다.

여름 4월 19일 군사를 돌렸는데, 대당·서당이 먼저 가고 하주군이 뒤에 갔다. 빈골양에 이르렀을 때 백제군을 만나 싸웠지만 패퇴했다. 죽은 사람은 적었지만 무기와 물품을 매우 많이 잃었다. 상주와 낭당은 각산에서 적을 만났으나 진격해 이기고 마침내 백제의 진영에 들어가 2000명을 죽였다. 왕은 패배했다는 소식을 듣고 크게 놀라 장군 김순·진흠·천존·죽지를 보내 구원하게 했다. 가시혜진에 이르렀을 때 백제군이 물러갔다는 소식을 듣고 가소천에서 돌아왔다. 왕은 장수들이 패배했기 때문에 차등 있게 처벌을 논의했다. 八年春二月, 百濟殘賊來攻泗沘城, 王命伊飡品日爲大幢將軍, 迊飡文王·大阿飡良圖·阿飡忠常等副之. 迊飡文忠爲上州將軍, 阿飡眞王副之. 阿飡義服爲下州將軍, 武欻·旭川等爲南川大監, 文品爲誓幢將軍, 義光爲郞幢將軍, 往救之. (…) 往救之. 三月五日, 至中路, 品日分

麾下軍, 先行往豆良尹(一作伊)城南, 相營地. 百濟人望陣不整, 猝出急擊不意,

我軍驚駭潰北. 十二日, 大軍來屯古沙比城外, 進攻豆良尹城, 一朔有六日, 不克.

夏四月十九日, 班師, 大幢·誓幢先行, 下州軍殿後. 至賓骨壤, 遇百濟軍, 相鬪敗

退. 死者雖小, 失亡兵械輜重甚多. 上州·郞幢遇賊於角山, 而進擊克之, 遂入百

濟屯堡, 斬獲二千級. 王聞軍敗大驚, 遣將軍金純·眞欽·天存·竹旨, 濟師救援.

至加尸兮津, 聞軍退, 至加召川, 乃還. 王以諸將敗績, 論罰有差.

앞서 말한 대로 『구당서』 「백제열전」에서 "백제 승려 도침과 옛 장수 복신이 무리를 이끌고 주류성을 거점으로 반란을 일으켰다"고 한 주류성은 임존성의 오기가 분명하다. 오류가 생겨난 까닭은 뒤에서 설명할 문제로 일단 미뤄두고, 주류성은 임존성보다 유명한 성이다. 용삭 3년(덴지 천황 2년, 663) 말까지 햇수로 4년에 걸친 백제 유민의 반란은 같은 해 9월 이 성이 함락되면서 사실상 평정됐기 때문이다. 아울러 그 정확한 위치는 알 수 없다. 그 때문에 두세 연구자는 그것에 대한 추정을 내놓았다. 주요한 것은 둘이다. 하나는 금강 하류 북쪽의 한산韓山 부근으로 보는 쓰다 소키치 씨의 견해고, 다른 하나는 그 아래의 만경강萬頃江과 동진강東津江을 사이에 두고 남쪽의 부안扶安으로 파악한 오다 쇼고 씨의 주장이다.

용삭 3년(반란을 평정한 해, 663) 주류성을 공격한 상황은 다음과 같이 기록돼 있다.

『구당서』 「백제열전」: 유인궤와 별수 두상·부여융은 수군과 군량선을 이끌고 웅진강에서 백강으로 가서 육군과 합세해 주류성으로 갔다. 유인궤는 부여풍의 군대를 백강 입구에서 만나 네 번 싸워 모두 이기고 그들의 배 400척을 불사르니 적군은 크게 무너지고 부여풍은 도망쳤다.

劉仁軌及別帥杜爽·扶餘隆帥水軍及粮船, 自熊津江往白江, 以會陸軍, 同趍周留城. 仁軌遇扶餘豊之衆於白江之口, 四戰皆捷, 焚其舟四百艘, 賊衆大潰, 扶餘豊脫身而走.

『통감』의 기사도 거의 같다. 곧 주류성은 '백강 입구'의 전투 결과 함락된 성이고 백강 입구에서 가까운 그 연안에 있었음을 알 수 있다. 백강은 『삼국사기』「백제본기」에서 "기벌포라고도 한다"고 했으므로 금강 하류에 비정된다. 또 같은 전투에 관련된 『일본서기』의 기사에는 추유성州柔城과 백촌강白村江의 이름이 보이는데 주유성은 주류성, 백촌강은 백강이므로 그 기사에서 엿볼 수 있는 성의 위치도 금강 하류다. 그리고 문무왕의 서신에서 "복신이 강 서쪽에서 일어났다"고 한 것을 볼 때 복신의 근거지였던 주류성은 강 서쪽에 있었다고 생각할 수 있다. 쓰다 씨는 이런 점들을 지적하고 주된 논거로 삼아 앞의 견해를 제시했다.[11]

오다 씨는 당·신라군이 주류성을 공격할 때 "유인궤 등이 이끈 수군은 웅진강에서 백강으로 가 육군과 합류했다"고 했으므로 웅진강과 백강은 서로 다른 강이 분명하고, 백강의 다른 이름은 기벌포인데 동진강 입구의 바다에 계화도界火島와 부여읍의 백제 때 이름인 개화皆火는 글자와 발음이 뚜렷이 비슷하므로 백강 입구는 동진강 입구로 여겨진다고 주장한 뒤 주류성을 금강, 곧 웅진강 북안이나 서안에서 찾는 견해를 비판하면서 백강과 함께 결정될 문제의 성은 지금의 부안읍이나 그 부근에 있었다고 생각된다는 결론을 도출했다.[12]

이런 두 견해를 보면 쓰다 씨는 "『통감』과 『구당서』에서 당군이 웅진강에서 백강으로 왔다는 것은 상류에서 하류로 내려왔다는 것이며 웅진 부근을 웅진강, 입구 부근을 백강으로 부른 것"이라고 설명한 것에 대해 오다 씨는 "당의 수군은 웅진강 입구를 나와 백강으로 간 것이 틀림없으므로 둘은 다른 곳이 돼야 한다"고 주장했다. 가장 크게 다른 견해는 여기 있다. 어느 것을 채택할 것인가? 나는 앞의 견해가 타당하다고 믿는다. 앞서 인용한 『구당서』 「백제열전」에서 "도침 등은 웅진강 입구에 목책 두 개를 세우고 관군에 저항했다"고 했으므로 이른바 웅진강은 금강 입구를 가리키는 것이 분명하다. 곧 웅진강이라는 이름은 금강 하류에도 적용된 것이다.

아울러 웅진강 하류에 대해 따로 백강이라는 이름이 있는 것은 용삭 3년(663) 주류성 공격과 관련해 「백제열전」에서는 "유인궤 (…) 는 웅진강에서 백강으로 가서 육군과 합세했다"고 했고 『통감』에서는 "유인궤는 (…) 웅진에서 백강으로 들어가 육군과 합세했다"고 한 것에서 알 수 있다. 「백제열전」의 '웅진강'은 『통감』에 따라 '웅진'으로 고쳐진 것으로 생각되기 때문이다(쓰다 씨는 『통감』에서 '웅진'이라고 한 것은 '강' 자가 빠진 것으로 봤지만 나는 없는 쪽이 옳다고 생각한다).

또 '웅진강 입구'는 사비성을 당·신라군의 작전 목표로 한 현경 5년 (660) 백제 토멸 전쟁에서 당의 장수 소정방이 이끈 수군이 도착한 곳이다.

• 『통감』 같은 해 8월: 소정방이 군사를 이끌고 성산(산둥반도 동쪽 끝)에서 바다를 건너가니 백제는 웅진강 입구를 거점으로 삼고 그를 막았다. 소정방이 전진해 격파하니 백제군은 수천 명이 죽었으며 나머지

는 모두 무너져 달아났다. 소정방은 수로와 육로로 모두 나아가 곧장 그 도성(사비성)으로 향했다. 蘇定方引兵, 自成山濟海, 百濟據熊津江口以拒之. 定方進擊破之, 百濟死者數千人, 餘皆潰走. 定方水陸齊進, 直趣其都城.

• 『삼국사기』「백제본기」 의자왕 16년(현경 원년, 656): [좌평 성충成忠의 말] "다른 나라의 군대가 침범하면 육로로는 침현을 통과하지 못하게 하고 수군은 기벌포 기슭으로 들어오지 못하게 해야 합니다. 그 험하고 좁은 지형을 이용해야 막을 수 있습니다." 若異國兵來, 陸路不使過沈峴, 水軍不使入伎伐浦之岸. 其險隘以禦之, 然後可也.

• 같은 왕 20년(현경 5년, 660): [좌평 흥수興首의 말] "백강(기벌포라고도 한다)과 탄현(침현이라고도 한다)은 우리나라의 중요한 길입니다. 한 사람이 창 하나를 들고 막아도 1만 명이 당해내지 못합니다. 용감한 군사를 뽑아 지켜 당군이 백강에 들어오지 못하게 하고 신라군이 탄현을 지나가지 못하게 해야 합니다." (…) 또 당군과 신라군이 이미 백강과 탄현을 지나갔다는 말을 들었다. 白江(或云伎伐浦)·炭峴(或云沈峴), 我國之要路也. 一夫單槍, 萬人莫當. 宜簡勇士往守之, 使唐兵不得入白江, 羅人未得過炭峴. (…) 又聞唐羅兵已過白江·炭峴.


사비성이 웅진강 가에 위치한 이상 이런 기록들은 웅진강 입구와 백강(일명 기벌포) 모두 같은 강의 흐름에 있음을 증명하는 것이 아니고 무엇이겠는가? 웅진강과 백강이 수맥을 달리하는 두 강의 이름이 아니므로 백강은 동진강의 옛 이름이 분명히 아니다(금강의 흐름에서 웅진강·백강·기벌포 등 각 이름의 범위는 이 논문의 「부설附說」에서 자세히 서술했다). 부안 바닷가의 계화(계불)도는 백제 때 부안의 이름인 개화

(개불)의 이름이 남은 것으로 여겨진다. 아울러 기벌포와 개화(개불)는 발음이 비슷할 뿐 지리적으로는 무관한 것이 분명하다. 그러므로 나는 주류성의 위치를 부안읍이나 그 부근으로 본 오다 씨의 주장을 부정하고 쓰다 씨의 견해에 따라 이 이름을 지닌 성의 옛터를 금강 하류의 우안에 가까운 곳에서 찾으려고 한다.[13] 특히 우안에서 찾으려고 하는 것은 도침·복신 등이 군사를 일으킨 임존성이 강 서쪽에 있었기 때문이다, 5만분의 1 조선 지도를 보면 서천군舒川郡 남부는 길산천吉山川 하류의 비옥한 평야를 끼고 있는 구릉지다. 이 구릉지를 답사하면 그런 산성 터가 발견되지 않을까?

당 고종은 백제 유민의 반란에 대한 조처로 부임 직후 갑자기 세상을 떠난 왕문도 대신 유인궤를 보내 군사를 통솔하게 하는 동시에 신라 무열왕에게 출병하도록 명령했다. 그렇다면 유인궤는 그 뒤 어떻게 행동했는가? 앞서 인용한 『구당서』 「백제열전」에는 다음과 같이 보인다.

대방주 자사 유인궤는 왕문도를 대신해 군사를 통솔하고 지름길로 신라군을 오게 해 합세한 뒤 유인원을 구원하고 계속 싸우며 전진해 가는 곳마다 모두 항복시켰다. 도침 등은 웅진강 입구에 목책 두 개를 세우고 관군에 저항했다. 유인궤가 신라군과 함께 사면에서 협공하니 적군은 패배해 목책 안으로 도망쳤지만 물에 막히고 다리는 좁아 물에 빠지거나 싸우다 죽은 사람이 1만여 명이었다. 그러자 도침 등은 유인원의 포위를 풀고 임존성으로 물러나 지켰다. 신라군은 군량이 떨어져 돌아갔다. 이때가 용삭 원년(661) 3월이었다.

같은 책의 「유인궤열전」은 「백제열전」보다 간략하다.

유인궤에게 조서를 내려 검교대방주자사에 임명하고 왕문도를 대신해 군사를 통솔케 했으며 지름길로 신라군을 오게 해 합세해 유인원을 구원하게 했다. [유인궤는] 계속 싸우며 전진했는데, 그 군대의 위용이 정숙해 가는 곳마다 모두 항복했다. 도침 등은 유인원에 대한 포위를 풀고 임존성으로 물러나 지켰다. 詔仁軌, 檢校帶方州刺史, 代文度統衆, 便道發新羅兵, 合勢以救仁願. [仁軌]轉鬪而前, 仁軌軍容整肅, 所向皆下. 道琛等乃釋仁願之圍, 退保任存城.

그런데 이런 기사들의 "계속 싸우며 전진했다轉鬪而前" 앞의 '인원仁願'은 문장으로 볼 때 그 구절의 주격으로 보이지만 그렇지 않다.

『통감』. 유인궤에게 조서를 내려 검교대방주자사에 임명하고 왕문도의 군사를 통솔케 했으며 지름길로 신라군을 오게 해 합세해 유인원을 구원하게 했다. (…) 유인궤는 군사를 엄정하게 통솔하고 계속 싸우며 전진하니 가는 곳마다 모두 항복했다. 백제는 웅진강 입구에 목책 두 개를 세웠다. 詔起劉仁軌, 檢校帶方州刺史, 將王文度之衆, 便道發新羅兵, 以救仁願. (…) 仁軌御軍嚴整, 轉鬪而前. 百濟立兩柵於熊津江口.

같은 사실을 기록한 『통감』을 보면 "계속 싸우며 전진"한 주격은 유인궤고 '유인원'은 유인궤의 파견에 관련된 고종의 조서 일부로 앞 구절에 이어진 것이다. 곧 '유인원' 뒤에는 따로 '유인궤'라는 글자가 있는 것처럼 해석해야 한다. 「백제열전」의 기사를 이렇게 해석하면 "도침 등은 웅진강 입구에 목책 두 개를 세우고 관군에 저항했다"는 것은 웅진강 입구에 유인궤의 수군이 도착하자 백제군이 맞서 싸운 것을 서술한 것이 틀림없다. 그리고 웅진강 입구는 이미 서술한 것처럼 백강의 다른 이름인 금강의 하류이므로 그곳에 세워진 목책 두 개 또한 앞서 서술한 주류성의 위치에서 추측할 때 그 성을 본성本城으로 한 강가의 외성으로 여겨진다. 곧 유인궤의 수군은 도착하자마자 도침 등이 웅거한 백강 가의 주류성을 공격한 것으로 보인다. 그렇다면 그보다 앞서 유인궤는 백제군과 싸우지 않았으며 "계속 싸우며 전진하니 가는 곳마다 모두 항복했다"는 것은 유인궤의 군사적 세력을 과장한 표현에 지나지 않는다고 생각된다.

이렇게 생각하면 「백제열전」에서 "백제 승려 도침과 옛 장수 복신은 무리를 이끌고 추류성을 거점으로 반란을 일으켰다"고 한 것은 도침·복신 등이 군사를 일으켰을 때의 본거지였던 임존성을 그 뒤 그들이 옮겨 웅거한 주류성에 부회한 것이 틀림없다. 현경 5년(660) 8월 군사를 일으킨 그들은 같은 해 11월 초 신라 무열왕이 귀국할 때까지 유인원과 무열왕의 아들 김인태가 남아서 지킨 강 동쪽 지역을 장악했는데, 그동안 그들의 본거지는 임존성이던 것으로 여겨진다. 한편 9월 말 왕문도의 죽음이 보고되자 당은 새로 유인궤를 파견했다. 이때 그 일을 알게 된 도침과 복신 등은 남쪽으로 내려와 주류성에 웅거한 것으로 보인다. 그리고 웅진강 입구(백강) 가에 목책 두 개를 세워 새로 온 유인궤의 수군이 강을 거슬러 올라가 사비성에 주둔한 유인원 군과 합류하는 것을 저지하려던 것이다. 그렇다면 유인궤의 수군은 언제 백강에 도착한 것일까? 그것은 용삭 원년(661) 초로 생각되는데, 다음에 설명하는 신라군의 주류성 공격 사실에서 자연히 알게 될 것이다.

『구당서』「백제열전」의 "유인궤가 신라군과 함께 사면에서 협공했다" 이하는 앞서 인용한 『통감』과 「신라본기」의 신라군이 구원하러 온 것에 관련된 기사에 따라 설명된다.

- •『통감』: 신라왕 김춘추(무열왕)는 조서를 받들어 장수 김흠에게 군사를 거느리고 유인궤 등을 구원하게 했다. 고사에 이르렀을 때 복신이 기다렸다가 공격해 승리했다. 김흠은 갈령도를 거쳐 도망해 돌아왔다. 신라는 감히 다시 출전하지 못했다.
- •「신라본기」: 3월 5일 가는 도중에 품일은 휘하의 군사를 나눠 먼저 두량윤성(두량이성이라고도 한다) 남쪽으로 가서 군영 설치할 곳을 살폈다. 우리 군의 진영이 정돈되지 않은 것을 보고 백제군이 갑자기 공격하니 우리 군은 놀라 흩어져 달아났다, 12일 대군이 고사비성 밖에 와서 주둔하고 두량윤성을 공격했지만 한 달 엿새가 되도록 이기지 못했다. 여름 4월 19일 군사를 돌렸다.

신라의 선봉군과 계속 고사비성 밖에 주둔했던 본군의 작전 목표였던 두량윤성(두량이성)은 의심할 바 없이 "웅진강 입구의 목책 두 개"의 본성인 주류성이다. 또 앞서 든 문무왕의 서신에서는 그해 초부터 있던 일을 다음과 같이 서술했다.

6년(무열왕 6년, 곧 용삭 원년, 661) 복신의 무리가 점차 많아져 강 동쪽 지역을 침범했습니다. 웅진의 당군 1000명이 적을 치러갔다가 패배해 한 사람도 돌아오지 못했습니다. 패전한 뒤부터 웅진에서는 밤낮으로 원군을 요청했습니다. 신라는 전염병이 많이 돌아 군사를 징발할 수 없었지만 그들의 애타는 요청을 거절하기 어려워 마침내 군사를 일으켜 주류성을 포위했습니다. 적은 우리 군사가 적은 것을 알고 공격했는데, 군사와 말을 많이 잃고 이득 없이 돌아왔습니다. 至六年, 福信徒黨漸多, 侵聚江東之地. 熊津漢兵一千往打賊徒, 被賊催破, 一人不歸. 自敗已來, 熊津請兵, 日夕相繼. 新羅多有疫病, 不可徵發兵馬, 苦請難違, 遂發兵衆, 往圍周留城. 賊知兵小, 遂卽來打, 大損兵馬, 失利而歸.

이것도 두량윤성이 주류성임을 증명한다.[14] 「신라본기」의 고사비성은 『통감』의 고사에 해당하고 『삼국사기』(권36) 「지리지」에서 "고부군古阜郡은 본래 백제의 고묘부리군古眇夫里郡"이라고 한 고묘부리군 — '부리'는 성읍을 뜻하는 백제어 — 은 부안 남쪽에 위치한 지금의 고부다. 「신라본기」에 따르면 신라군의 주류성 공격은 4월 19일 군사를 돌릴 무렵까지 한 달 넘게 이어졌는데, 유인궤가 이끈 당군과의 협동 작전이었음은 말할 것도 없다. 따라서 유인궤의 수군이 백강에 도착한 것은 용삭 원년(661) 초가 분명하다. 그리고 신라군이 도우러 온 것은 앞서 든 문무왕의 서신에서 "웅진에서는 밤낮으로 원군을 요청했다"고 한 대로 당 진장鎭將의 요청에 따른 것이었다.

그런데 주류성(두랑이성)에서 교전한 결과에 대해서는 당과 신라의 기록이 서로 상반된다.

- **문무왕의 서신**: 군사와 말을 많이 잃고 이득 없이 돌아왔습니다.
- **『삼국사기』**(권42) **「김유신열전」**(중): 용삭 원년(661) 봄 왕은 "백제의 남은 무리가 아직도 있으니 멸망시키지 않으면 안 된다"고 하고 이찬 품일·소판 문왕·대아찬 양도를 장군으로 삼아 정벌케 했지만 이기지 못했다. 龍朔元年春, 王謂百濟餘燼尙在, 不可不滅, 以伊湌品日·蘇判文王·大阿湌良圖等爲將軍, 往伐之, 不克.

이런 기록이 옳고 「백제열전」은 오래 교전하는 동안 어떤 기회에 승리한 것을 과장해 서술한 것이다.

앞서 든 「신라본기」에서는 두량윤성에서 퇴각한 신라군의 동정을 서술했다. 그들은 후퇴하다가 백제군을 만나 빈골양에서는 대패했지만 각산에서는 승리했다. 그리고 빈골양에서 패배했다는 소식이 신라의 도성에 이르자 무열왕은 크게 놀라 구원병을 보냈는데, 가시혜진에 도착했을 때 적군이 아무 일 없이 물러갔다는 소식을 듣고 가소천에서 돌아왔다. 앞서 인용한 『통감』에서는 주류성을 공격했다가 패배한 김흠이 갈령도를 거쳐 돌아왔다고 했다.

두량이성(주류성)을 공격한 신라군의 근거지는 지금의 고부에 비정되는 고사비성(고묘부리, 고사)이었으므로 귀국 길에 백제군과 싸운 곳은 그 방면에서 찾을 수 있다. 동진강 상류에 위치한 지금의 태인泰仁은 백제의 대시산군大尸山郡이며, 『동국여지승람』(권34)에서 "태인 서쪽 10리(3.9킬로미터)에 있다"고 기록한 없어진 인의현仁義廢縣, 곧 백제 때의 빈굴현賓屈縣은 대시산군이 거느린 현의 하나다. 빈골양은 이 빈굴현이 거의 분명하고 그 위치는 고부 동쪽이다. 그렇다면 각산도 비슷한 방면으로 생각된다. 다만 정확한 위치는 알 수 없다. 또 고부 동남쪽의 정읍井邑은 백제 때의 정촌井村으로 역시 대시산군이 거느린 현의 하나다. 「대동여지도」에 따르면 정읍 동남쪽 순창淳昌과 이어지는 고갯길 ─ 정읍군과 순창군의 경계에 있다 ─ 에 갈치葛峙라는 이름이 있는데, 『통감』의 갈령도에 비정할 수 있다. 빈골양과 각산에서 싸운 신라군은 이 고갯길을 지나 귀국한 것으로 보인다.

다음으로 신라 본국에서 파견된 구원군은 어디까지 왔을까? 가시혜진은 경상남도의 가야산에서 발원해 고령 남쪽에 이르러 대가천大

伽川과 만나는 가야천伽耶川으로 생각된다. 그것은 『삼국사기』(권34) 「지리지」에서 고령군의 속현으로 가시혜촌을 든 데서 알 수 있다. 그러나 그 현의 위치는 「지리지」에서 "지금은 정확하지 않다今未詳"고 했으므로 알 수 없다. 가소천은 「지리지」에서 거창군居昌郡이 거느린 현 가운데 하나로 가소현加召縣을 들었으므로 그 위치를 알아낼 수 있다. 고령에서 서쪽으로 가는 산길을 따라 앞서 말한 가야천 상류를 건너 다시 산길을 가로질러 가천加川이라는 하천의 상류를 건너면 곧 거창에 이른다.

- **『동국여지승람』**(권31) **거창군 건치연혁**: (가조현加祚縣 부분) 현(군?) 동쪽 15리(5.9킬로미터)에 있다. 본래 신라 가소현인데 방언이 서로 비슷해 '소'가 '조'로 바뀌었다. 在縣東十五里. 本新羅加召縣, 因方言相近, 變召爲祚.
- **산천 조**: 가조천은 가조현 서쪽 2리에 있다.

곧 거창 동쪽 가조(가소)현에 가까운 가조천은 지금의 가천이다. 따라서 문제의 가소천은 가천 상류에 비정할 수 있다. 신라의 구원군은 여기까지 왔다가 돌아간 것이다. 고령 방면에서 왔을 것은 말할 것도 없다.

다음으로 「백제열전」에서 "도침 등은 유인원의 포위를 풀고 임존성으로 물러나 지켰다"고 한 것은 유인원에 관련된 기사로 유인원은 사비성을 지키던 장수였다. 그 때문에 『통감』에는 "도침은 부성(사비성)의 포위를 풀고 임존성으로 물러나 지켰다"고 기록돼 있다. 아울러 지금까지 웅진강 입구의 두 목책에서 유인궤 군과 싸운 도침이 전혀 다른 방면의 사비성에서 물러났다고 한 것은 이해되지 않는다. 이것은 어떻게 해석해야 할까?

앞서 든 문무왕의 서신에 따르면 "복신의 무리"는 신라의 구원군이 주류성에 오기 전부터 "강 동쪽 지역"을 침략했다. 웅진(공주)의 당군 1000명이 가서 공격하자 적은 패배해 한 사람도 돌아가지 못했다고 한 전투는 사비성 부근에서 일어난 것으로 보인다. 그런데 한 달 넘게 이어진 주류성 공격이 성공하지 못하고 끝난 뒤 신라의 구원군은 본국으로 돌아갔지만 유인궤는 어떻게 행동했는가?『통감』에서「백제열전」과 마찬가지로 다음과 같이 서술한 것은 특히 주목된다.

신라군은 군량이 떨어져 돌아갔다. 도침은 영군장군, 복신은 상잠장군이라고 스스로 일컫고 배반해 도망친 무리를 회유해 모으니 그 세력이 더욱 커졌다. (…) 유인궤는 군사가 적었으며, 유인원과 군사를 합치고 쉬게 했다. 仁軌衆少, 與仁願合軍, 休息士卒.

주류성을 공격해 이기지 못한 유인궤는 신라군이 철수하자 자신도 군사를 물려 웅진강을 거슬러 올라가 곧장 사비성으로 간 것으로 보인다. 그리고 유인원과 군사를 합쳐 복신 세력이 공략하던 사비성을 구원한 것으로 여겨진다.「백제열전」에서 "도침 등은 유인원의 포위를 풀고 임존성으로 물러나 지켰다"고 한 것은 그 무렵의 일로 생각된다. 곧「백제열전」은 이 사이의 일을 서술하면서 다른 부분과 마찬가지로 자세히 서술하지 않은 것이다. 또 사비성에서 임존성으로 퇴각한 백제군의 장수도 도침은 아닌 것 같다. 도침은 주류성을 계속 지켰으므로 그동안 사비성 방면의 공략에 종사한 인물은 복신인 것이다. 따라서 임존성으로 퇴각한 사람은 복신으로 판단된다.

이처럼 백제의 반군과 당의 정벌군은 잠시 교착 상태에 들어갔다. 『통감』에서 말한 "유인궤는 군사가 적었으며, 유인원과 군사를 합치고 쉬게 했다"는 것이 그것이다. 그리고 그동안 일어난 사실의 일부는 앞서 든 「백제열전」의 기사에 이어진다.

[복신과 도침은] 사신을 보내 유인궤에게 말했다. "당은 백제 사람의 나이를 묻지 않고 모두 죽인 뒤 그 나라를 신라에 주겠다고 신라와 약속했다고 들었다. 죽음을 기다리기보다는 싸우다 죽는 것이 낫지 않겠는가? 그 때문에 단결해 지키고 있을 뿐이다." 유인궤는 서신을 써 화복을 자세히 설명하고 사신을 보내 설득했다. 도침 등은 군사가 많은 것을 믿고 교만해져 유인궤의 사신을 바깥 숙소에 머무르게 하고 말했다. "사신은 관직이 낮고 나는 한 나라의 대장이니 함께 논의할 수 없다." 답서를 주지 않고 돌려보냈다. 얼마 뒤 복신은 도침을 죽이고 그의 군사를 합쳤다. 부여풍은 제사만 주관했다. 使告仁軌曰, 聞大唐與新羅約誓, 百濟無問老少, 一切殺之, 然後以國付新羅. 與其受死, 豈若戰亡, 所以聚結自固守耳. 仁軌作書, 具陳禍福, 遣使諭之. 道琛等恃衆驕倨, 置仁軌之使於外館, 傳語謂曰, 使人官職小, 我是一國大將, 不合自參. 不答書遣之. 尋而福信殺道琛, 併其兵衆. 扶餘豊但主祭而已.

용삭 원년(661) 기사는 여기서 끝난다. 『통감』에서는 "얼마 뒤 복신이 도침을 죽이고 그 나라의 병사를 혼자 지휘했다福信尋殺道琛, 專總國

兵"고 하고 부여풍의 일은 언급하지 않았다. 뒤에서 서술하듯 용삭 원년 부여풍은 아직 일본에서 오지 않았으므로 이것은 『통감』 쪽을 따라야 한다.

### (4) 신라군의 평양 진격과 옹산성甕山城 전투

신라에서는 용삭 원년(661) 6월 무열왕이 훙거하고 원자 법민이 왕위를 이었다. 곧 문무왕이다. 이보다 먼저(4월) 당 고종은 고구려 정벌 대군을 일으켜 임아상任雅相·계필하력契苾何力과 소정방을 행군총관으로 삼아 35군을 수륙으로 함께 보냈는데, 마침 무열왕이 훙거한 달 당에서 돌아온 문무왕의 동생 김인문은 신라의 참전을 지시한 고종의 칙명을 전달했다. 그래서 7월 17일 문무왕은 대장군 김유신 이하 장수들이 이끄는 대군을 고구려의 수도 평양으로 보냈고 자신도 동행했다. 신라의 이 출병에 관련된 「신라본기」의 기사는 다음과 같다.

(A) 원년(문무왕 원년, 용삭 원년, 661) 6월 당에 들어가 숙위하던 김인문과 유돈 등이 와서 왕에게 아뢨다. "황제가 이미 소정방을 보내 수군·육군 35도의 군사를 이끌고 고구려를 정벌케 하고 왕께도 군사를 일으켜 호응하라고 하셨습니다." 元年六月, 入唐宿衛仁問·儒敦等至, 告王. 皇帝已遺蘇定方, 領水陸三十五道兵, 伐高句麗, 遂命王擧兵相應.

(B) [왕은] 상복을 입고 있었지만 황제의 칙명을 어기기 어려웠다. 가을 7월 17일 김유신을 대장군, 인문·진주·흠돌을 대당장군, 천존·죽지·천품을 귀당총관, 품일·충상·의복을 상주총관, 진흠·중신·자간을 하주총관, 군관·수세·고순을 남천주총관, 술실·달관·문영을 수약주총관, 문훈·진순을 하서주총관, 진복을 서당총관, 의광을 낭당총관, 위지

를 계금대감으로 삼았다. 雖在服, 重違皇帝勅命. 秋七月十七日, 以金庾信 爲大將軍, 仁問·眞珠·欽突爲大幢將軍, 天存·竹旨·天品爲貴幢摠管, 品日·忠 常·義服爲上州摠管, 眞欽·衆臣·自簡爲下州摠管, 軍官·藪世·高純爲南川州摠 管, 述實·達官·文穎爲首若州摠管, 文訓·眞純爲河西州摠管, 眞福爲誓幢摠管, 義光爲郎幢摠管, 慰知爲罽衿大監.

(C) 8월 대왕은 장수들을 거느리고 시이곡정에 이르러 머물렀다. 사신 이 와서 아뢨다. "백제의 남은 무리가 옹산성에 웅거해 길을 막고 있 어 나아갈 수 없습니다." 대왕은 먼저 사신을 보내 설득했지만 복종하 지 않았다, 9월 19일 대왕은 웅현정으로 나아가 머무르며 총관과 대감 들을 모으고 자신도 참석해 서약했다, 25일 진군해 옹산성을 포위했 다, 27일 먼저 큰 목책을 불태우고 수천 명을 죽이니 마침내 항복했다. 공훈을 논의했다. (…) 웅현성을 쌓았다. 상주총관 품일은 일모산군 태 수 대당, 사호산군 태수 철천 등과 함께 군사를 이끌고 우술성을 공격 해 1000명을 죽였다. 백제의 달솔 조복·은솔 파가는 무리들과 의논해 항복했다. 조복에게는 급찬의 관등을 내리고 고타야군 태수에 임명했 으며, 파가에게는 급찬의 관등을 내리고 토지와 집, 의복과 재물을 하사 했다. 八月, 大王領諸將, 至始飴谷停, 留(鎭?)使來告曰, 百濟殘賊, 據甕山城遮 路, 不可前. 大王先遣使諭之, 不服. 九月十九日, 大王進次熊峴停, 集諸摠管· 大監, 親臨誓之. 二十五日, 進軍圍甕山城. 至二十七日, 先燒大柵, 斬殺數千人, 遂降之. 論功. (…) 築熊峴城. 上州摠管品日與一牟山郡太守大幢·沙戸山郡太 守哲川等, 率兵攻雨述城, 斬首一千級. 百濟達率助服·恩率波伽與衆謀降. 賜 位助服級飡, 仍授古陁耶郡太守, 波伽級飡兼賜田宅·衣物.

(D) 겨울 10월 29일 대왕은 당 황제의 사신이 왔다는 소식을 듣고 마침 내 도성으로 돌아왔다. 당 사신은 조문하고 칙명으로 전왕에게 제사를

드렸으며 여러 빛깔의 비단 500단을 선물했다. 冬十月二十九日, 大王聞唐皇帝使者至, 遂還京. 唐使弔慰, 兼勅祭前王, 贈雜彩五百段.

(E) 김유신 등은 군사를 쉬게 하면서 다음 명령을 기다렸다. 庾信等休兵, 待後命.

(F) 함자도 총관 유덕민이 와서 평양으로 군량을 수송하라는 칙명을 전달했다. 含資道摠管劉德敏至, 傳勅旨, 輸平壤軍粮.


또 앞서 든 문무왕의 서신에서는 주류성을 포위했지만 성과를 거두지 못한 신라군이 그곳에서 돌아온 뒤 사비성이나 웅진 방면의 정세와 함께 앞의 「신라본기」 기사에 호응되는 출병 사실을 서술했다.


(1) 남쪽의 성들이 한꺼번에 모두 배반해 복신에게 소속됐습니다. 복신은 승세를 타고 다시 부성(웅진)을 포위하니 웅진은 길이 끊겨 소금과 간장이 떨어졌습니다. 곧 건장한 남자들을 모아 몰래 소금을 보내 어려움에서 구해줬습니다. 南方諸城, 一時摠叛, 並屬福信. 福信乘勝, 復圍府城, 因卽熊津道斷, 絶於鹽豉. 卽募健(健)兒, 偸道送鹽, 救其乏困.

(2) 6월 선왕(무열왕)께서 돌아가셨습니다. 장례는 겨우 마쳤지만 상복은 아직 벗지 못해 구원 요청에 호응해 달려갈 수 없었습니다. 至六月, 先王薨. 送葬纔訖, 喪服未除, 不能應赴.

(3) 군사를 일으켜 북쪽으로 보내라고 칙명을 내리셨습니다. 함자도 총관 유덕민 등이 오니 칙명을 받들어 신라군을 보내 평양에 군량을 수송했습니다. 勅旨發兵北歸. 含資道摠管劉德敏等至, 奉勅遣新羅供運平壤軍粮.

(4) 이때 웅진에서 사람을 보내 부성(웅진)이 고립되고 위태로운 상황을 자세히 알렸습니다. 유 총관(유덕민)은 나(문무왕)와 상의했는데 나는

다음과 같은 의견을 밝혔습니다. "먼저 평양으로 군량을 보내면 웅진으로 가는 길이 끊어질까 우려된다. 웅진으로 가는 길이 끊어지면 그곳을 지키던 당군은 금방 적의 손에 떨어질 것이다." 그러자 유 총관은 내 의견을 따라 먼저 옹산성을 쳐서 옹산을 차지하고 웅진(웅현?)에 성을 쌓아 웅진으로 가는 길을 열었습니다. 此時熊津使人來, 具陳府城孤危. 劉摠管與某平章, 自云若先送平壤軍粮, 卽恐熊津道斷. 熊津若其道斷, 留鎭漢兵卽入賊手. 劉摠管遂共某相隨, 先打兌(甕?)山城, 旣拔甕山, 仍於熊津(峴?)造城, 開通熊津道路.

(5) 12월이 되자 웅진의 군량이 떨어졌습니다. 먼저 웅진으로 군량을 운송하자니 칙명을 어길까 걱정됐고 평양으로 수송하자니 웅진의 양식이 떨어질까 염려됐습니다. 그 때문에 늙고 약한 사람들을 보내 웅진으로 양식을 수송하게 하고, 강건한 정예병은 평양으로 보냈습니다. 웅진으로 군량을 수송한 사람들은 도중에 눈을 만나 사람과 말이 모두 죽어 100명에 한 사람도 돌아오지 못했습니다. 至十二月, 熊津粮盡. 先運熊津, 恐違勅旨, 若送平壤, 卽恐熊津絶粮. 所以差遣老弱, 運送熊津, 强健精兵, 擬向平壤. 熊津送粮, 路上逢雪, 人馬死盡, 百不一歸.


문무왕의 서신에서 (1)과 (2)에 따르면 지난 4월 신라군은 주류성에서 돌아왔고, 6월 무열왕이 훙거한 때나 그 조금 전 웅진은 백제군에게 포위돼 고립되는 위기에 빠졌으며 양식이 떨어져 괴로움을 겪고 있었다. 이것은 「신라본기」와 당의 사료에 보이지 않는 사실로 그 빠진 부분을 보충해 준다. 용삭 원년(661) 중반 웅진이나 사비 방면의 상황은 이것으로 알 수 있다.

다음으로 (3)은 「신라본기」의 (A)에 대응하는 기사로 여겨진다. (3)

의 앞부분 "군사를 일으켜 북쪽으로 보내라고 칙명을 내렸다"는 것은 주류성에서 퇴각한 신라군에게 웅진 등의 당군을 구원하도록 다시 그 쪽으로 출동하라는 명령이고, 뒷부분 "함자도 총관 유덕민 등이 왔다"는 것은 군량을 고구려의 평양으로 수송하라는 별개의 명령으로 그런 칙명을 지닌 사신은 6월 (A)에서 말한 당에 있던 신라인 김인문·유돈 등과 함께 또는 서로 앞뒤로 신라의 도성에 왔다고 생각되기 때문이다. 「신라본기」에서 유덕민의 도착을 서술한 기사 (F)는 그해 말에 있지만, 문무왕 서신의 (3)에 바탕한 것이며 그 위치를 잘못 둔 것이 틀림없다. 곧 앞으로 옮겨 (A)와 합쳐야 한다. 유덕민은 고구려 정벌군의 한 장수다. 그것은 함자도 총관이라는 명칭에서 추측할 수 있다.

다음으로 얼마 뒤 웅진에서 파견된 사신이 와서 그 성의 고립된 상황을 알리자 유덕민과 문무왕은 우선 웅진으로 가는 길을 열기 위해 출병하자고 합의한 것 같다. 그것은 문무왕의 서신 (4)에서 알 수 있다. 웅진으로 가는 길을 여는 것은 주로 신라에서 웅진성과 사비성으로 양식을 공급하는 것과 관련된 문제인데, 다음 절의 끝에서 결론으로 서술하겠다. 여기서 「신라본기」의 (B)에서 말한 것은 김유신을 대장군으로 삼은 7월 17일의 출병이고, 문무왕의 서신 (4)에서 "유 총관은 마침내 내 의견을 따랐다"고 한 것처럼 유덕민과 문무왕도 함께 간 것이다. 그 결과 9월 하순 백제군이 웅거한 옹산瓮山(甕山)이라는 성을 함락시켰다. 곧 「신라본기」의 (C)에서 "9월 19일 대왕은 웅현정으로 나아가 머무르며 총관·대감들을 모으고 자신도 참석해 서약했다, 25일 진군해 옹산성을 포위했다, 27일 먼저 큰 목책을 불태우고 수천 명을 죽이니 마침내 항복했다. 공훈을 논의했다. (…) 웅현성을 쌓았다"고 했고 문무왕의 서신 (4)에서 "먼저 옹산성을 쳐서 옹산을 차지하고 웅진

(웅현?)에 성을 쌓아 웅진으로 가는 길을 열었다"고 한 것이다. 요컨대 웅산성의 함락은 웅진으로 가는 길을 여는 결과로 이어졌다.

웅현정과 웅산성은 일찍이 역사에 나타난 적이 없어 정확한 위치를 알 수 없는 지명이다. 아울러 신라군이 진격한 처음의 목적과 산성 함락의 결과가 "웅진으로 가는 길을 연 것"이므로 산성의 위치는 공주 남쪽의 웅진강 동쪽이 될 수밖에 없다. 그런데 이 문제와 관련해서는 따로 참고할 만한 자료가 있다. 『삼국사기』(권42) 「김유신열전」(중)의 기사가 그것이다.

(갑) 6월 당 고종황제가 장군 소정방 등을 보내 고구려를 정벌케 했다. 당에 들어가 숙위하던 김인문은 명령을 받고 돌아와 출병 기일을 알리고 신라도 출병해 정벌에 참여해야 한다고 설득했다. 六月, 唐高宗皇帝遣將軍蘇定方等, 征高句麗. 入唐宿衛金仁問受命來, 告兵期, 兼諭出兵會伐.

(을) 이때 문무대왕은 김유신·김인문·문훈 등을 이끌고 대군을 일으켜 고구려로 출병해 남천주에 이르렀다. [백제 옛 지역을] 지키던 유인원은 군사를 이끌고 사비에서 배를 타고 혜포에서 상륙해 역시 남천주에 주둔했다. 이때 담당 관원이 "앞에서 백제의 남은 무리가 웅산성에 주둔해 길을 막고 있어 곧바로 나아갈 수 없다"고 보고했다. 그러자 김유신은 군사를 전진시켜 성을 포위했다. (…) 9월 27일 성이 함락돼 적장을 잡아 처형하고 백성은 풀어줬다. 장수와 군사들에게 공로를 심사해 상을 줬다. 유인원도 비단을 차등 있게 나눠줬다. 於是文武大王率庚信·仁問·文訓等, 發大兵, 向高句麗, 行次南川州. 鎭守劉仁願以所領兵, 自泗 泛船, 至鞋浦下陸, 亦營於南川州. 時有司報, 前路有百濟殘賊, 屯聚瓮山城遮路, 不可直前. 於是庚信以兵進而圍城. (…) 九月二十七日, 城陷, 捉賊將戮之, 放其

民. 論功賞賚將士. 劉仁願亦分絹有差.

**(병)** 그런 뒤 군사들에게 잔치를 베풀고 말을 배불리 먹인 뒤 당군과 합류하려고 했다. 대왕은 앞서 태감 문천을 보내 소 장군에게 서신을 전달하게 했는데, 이때 돌아와 보고하고 소정방의 말을 전했다. "저는 명령을 받고 1만 리나 되는 푸른 바다를 건너 적을 토벌하려고 해안에 배를 댄 지 이미 한 달이 넘었습니다. 대왕의 군사가 오지 않아 군량을 전달하는 길이 이어지지 않아 매우 위태롭습니다. 왕께서는 대책을 세워주시기 바랍니다." 대왕이 신하들에게 대책을 물으니 적의 영토로 깊이 들어가 군량을 수송할 수는 없다고 모두 말했다. 대왕이 근심하며 탄식하자 김유신이 나아와 말했다. "신은 과분하게 은혜로운 대우를 받아 중책을 맡고 있으니 나라의 일은 죽더라도 피하지 않겠습니다. 오늘이 바로 늙은 신하가 충절을 다할 날이니 적국으로 가서 소 장군의 뜻에 부응하겠습니다." (…) 於是饗士秣馬, 欲往會唐兵. 大王前遣太監文泉, 移書蘇將軍, 至是復命, 遂傳定方之言曰, 我受命, 萬里涉滄海而討賊, 艤舟海岸, 旣踰月矣. 大王軍士不至, 粮道不繼, 其危殆甚矣. 王其圖之. 大王問群臣如之何而可, 皆言深入敵境輸粮, 勢不得達矣. 大王患之咨嗟, 庚信前對曰, 臣過叨恩遇, 忝辱重寄, 國家之事, 雖死不避. 今日是老臣盡節之日也. 當向敵國, 以副蘇將軍之意. (…)

**(정)** 김유신은 명령을 받은 뒤 현고잠의 절로 가서 재계하고 영실에 들어가 문을 닫고 홀로 앉아 향을 피우고 며칠 밤을 보낸 뒤 나왔다. (…) 12월 10일 부장군 인문·진복·양도 등 아홉 장군과 함께 군사를 거느리고 양식을 실은 뒤 고구려 영토 안으로 들어갔다. 임술년(문무왕 2년, 용삭 2년, 662) 정월 23일 칠중하에 이르렀다. 庚信旣受命, 至懸鼓岑之岫寺齋戒, 卽靈室閉戶, 獨坐焚香, 累日夜而後出. (…) 十二月十日, 與副將軍仁問·眞

服·良圖等九將軍, 率兵載粮, 入高句麗之界. 壬戌正月二十三日, 至七重河.

「김유신열전」의 이런 기사들 가운데 직접적인 문제는 (을)에 있다. 고구려로 진격한 신라군은 남천주에 도착했을 때 담당 관원의 보고에 따라 백제군이 옹산성을 거점으로 진로를 막고 있다는 것을 알고 그 성을 공격했다고 했는데, 그것은 앞서 든 「신라본기」의 (C)에서 "8월 대왕은 장수들을 거느리고 시이곡정에 이르러 머물렀다. 사신이 와서 아뢰었다. '백제의 남은 무리가 옹산성에 웅거해 길을 막고 있어 나아갈 수 없습니다'"고 한 것과 매우 비슷하고 '瓮山'과 '甕山'이 같은 지명임은 말할 것도 없다.

그러나 이것은 일단 미뤄두고 「김유신열전」의 기사에서 옹산성瓮山城이 남천주 앞쪽에 있다고 한 것은 매우 이상하다. 남천주는 약 1세기 전 신라 진흥왕이 고구려에서 남한산성(지금의 경기도 광주)을 빼앗은 뒤 신라의 영토가 된 남한강 유역의 요지 가운데 하나로『삼국사기』(권35) 「지리지」에 따르면 지금의 경기도 이천군 이천읍이다. 따라서 신라의 영토 안인 그 방면의 지역에 백제의 남은 세력이 웅거했다고는 생각되지 않기 때문이다.

또 「김유신열전」에서는 신라군이 남천주에 도착했을 때 사비성의 진장 유인원이 직접 군사를 이끌고 와서 합류했다고 기록했다. 곧 유인원은 사비성에서 배를 타고 혜포에 상륙해 남천주로 왔다는 것이다. 유인원은 사비성에서 웅천강을 내려와 바닷길로 북상한 뒤 다시 육로를 이용해 남천주에 도착했는데, 혜포는 지금의 남양만南陽灣으로 생각된다. 아울러 이것은 신라군이 옹산성을 함락시키기 전의 일이므로 매우 이상하다. 앞서 서술한 대로 문무왕의 서신에 따르면 당시 웅진이나 사비성의 당군은 고립돼 위험한 상황에 있었다. 그러므로 그 진 장은 수로를 이용해도 스스로 출동해 고구려 정벌에 참가한 상황은 아니었다고 추측되기 때문이다. 그러므로 신라군의 공산성 함락에 관련된 「김유신열전」의 기록은 그대로 믿을 수 없다.

다시 앞서 든 「신라본기」의 기사를 보면 신라군은 옹산성을 함락시킨 뒤 다시 백제군이 웅거한 우술성을 공격해 함락시켰다고 했다(C).

『삼국사기』(권36) 「지리지」: 비풍군은 본래 백제 우술군인데 경덕왕이 이름을 고쳤다. 지금의 회덕군이다. 比豊郡, 本百濟雨述郡, 景德王改名. 今懷德郡.

우술성은 오늘날 대전군 회덕으로 서북쪽은 공주, 동남쪽은 영동·황간, 북쪽은 청주·충주와 연결되는 여러 도의 분기점에 위치한 매우 중요한 곳이다. 또 「신라본기」 기사에서 알 수 있는 또 다른 사실은 이번 출병에서 처음부터 신라군과 함께 행동한 문무왕은 전왕의 훙거에 대해 당의 조위사弔慰使가 왔다는 것을 듣고 그를 맞이하기 위해 10월 29일 도성으로 떠났다는 것이다(D).

『통감』: 9월 계사일 초하루 특진관에 임명했던 신라왕 춘추가 세상을 떠나자 그 아들 법민을 낙랑군왕·신라왕으로 삼았다. 九月癸巳朔, 特進新羅王春秋卒, 以其子法敏爲樂浪郡王·新羅王.

이 기사를 보면 조위사와 함께 책봉사도 왔다고 생각된다. 그렇다면 문무왕은 홀로 신라군 진지를 떠나 도성으로 돌아온 것으로 보인다.[15]

그렇다면 「신라본기」에 명기되지 않은 그 무렵의 진지는 어디였을까? 「신라본기」 (E)에서 "김유신 등은 군사를 쉬게 하면서 다음 명령을 기다렸다"는 것은 신라군이 잠시 같은 곳에 주둔했음을 서술한 것인데, 그곳은 또 어디였을까? 대기하던 신라군은 한 달쯤 뒤 의문의 장소에서 출동했다.

「김유신열전」 (정): 12월 10일 부장군 인문·진복·양도 등 아홉 장군과 함께 군사를 거느리고 양식을 실은 뒤 고구려 영토 안으로 들어갔다. [이듬해] 임술년(문무왕 2년, 용삭 2년, 662) 정월 23일 칠중하에 이르렀다.

지금의 임진강에 비정되는 칠중하는 당시 고구려의 남쪽 경계였다.

「신라본기」 이듬해(문무왕 2년, 용삭 2년, 662) 정월: 왕은 김유신에게 인문·양도 등 아홉 장수와 함께 수레 2000여 대에 쌀 4000석, 벼 2만 2000여 석을 딛고 평양으로 가라고 명령했다. 王命庾信與仁問良圖等九將軍, 以車二千餘兩, 載米四千石·租二萬二千餘石, 赴平壤.

그런 다음 같은 달 18일 풍수촌에 도착하고 23일 칠중하를 건너 산양蒜壤이라는 곳에 이르렀다고 했는데, 날짜는 「김유신열전」을 따르는 것이 좋다. 또 출동할 무렵 군대의 일부를 나눠 웅진으로 가게 했다는 것은 문무왕의 서신 (5)에서 알 수 있다.

12월이 되자 웅진의 군량이 떨어졌습니다. 먼저 웅진으로 군량을 운송하자니 칙명을 어길까 걱정됐고 평양으로 수송하자니 웅진의 양식이 떨어질까 걱정됐습니다. 그 때문에 늙고 약한 사람들을 보내 웅진으로 양식을 수송하게 하고 강건한 정예병은 평양으로 보냈습니다.

그러나 「신라본기」 (F)에서 그해 말 "함자도 총관 유덕민이 와서 평양으로 군량을 수송하라는 칙명을 전달했다"고 한 것도 신라군이 대기하고 있는 가운데 유덕민이 왔다고 생각할 수는 없다. 앞서 서술한 대로 문무왕의 서신 (3)에 비춰보면 이것은 본래 6월에 연결돼야 하는 기사가 분명하다.

이렇게 생각하면 문제의 신라군 진지는 「김유신열전」의 (을)에서 "문무대왕은 김유신·김인문·문훈 등을 이끌고 대군을 일으켜 고구려로 출병해 남천주에 이르렀다"고 한 남천주이며 그 진지가 사비성에서 유인원이 와서 합류한 곳이라고 한 같은 기사의 남천주로 생각된다는 것은 지리적 관계에서 보면 거의 분명하다. 그리고 같은 열전의 (병)은 문무왕이 이 진지를 떠나 도성으로 돌아가면서 그 뒤의 큰 임무를 특별히 김유신에게 맡긴 것을 기록한 기사로 여겨진다.

이처럼 평양 진격 이전 신라군의 진지는 남천주였으므로 옹산성은 결코 남천주 앞쪽의 성이 아니며, 문제의 「김유신열전」의 (을)은 여기에 큰 오류가 있다. 그러므로 옹산성 함락에 관련된 "그때 담당 관원이 보고했다" 이하 부분과 "유인원도 비단을 차등 있게 나눠줬다"고 한 끝부분을 잘라내 "군을 일으켜 고구려로 출병했다" 다음으로 옮기고, 그 사이에 "8월 대왕은 장수들을 거느리고 시이곡정에 이르렀다"고 한 기사를 「신라본기」의 (C)에 따라 보충해보면 의문은 깨끗이 풀린다. 곧 「김유신열전」의 기사는 다음과 같이 바로잡을 수 있다고 생각된다.

- 이때 문무대왕은 김유신·김인문·문훈 등을 이끌고 대군을 일으켜 고구려로 출병했다.
- [삽입] 8월 대왕은 장수들을 거느리고 시이곡정에 이르러 머물렀다(『신라본기』).
- 남천주에 이르렀다. [백제 옛 지역을] 지키던 유인원은 군사를 이끌고 사비에서 배를 타고 혜포에서 상륙해 역시 남천주에 주둔했다.
- 이때 담당 관원이 "앞에서 백제의 남은 무리가 옹산성에 주둔해 길을 막고 있어 곧바로 나아갈 수 없다"고 보고했다. 그러자 김유신은 군사를 전진시켜 성을 포위했다. (…) 9월 27일 성이 함락돼 적장을 잡아 처형하고 백성은 풀어줬다. 장수와 군사들에게 공로를 심사해 상을 줬다. 유인원도 비단을 차등 있게 나눠줬다.

요컨대 7월 17일에 출동한 신라군은 8월 시이곡정이라는 위치를 알 수 없는 곳에서 백제군이 옹산성에 웅거해 앞길을 막고 있다는 것을 알고 9월 19일 웅현정으로 가서 25일 산성을 포위해 27일 함락시켰으며, 이어서 우술성(충청남도 회덕)을 함락하고 다시 나아가 남천주(경기도 이천)에 이르러 40~50일을 머무른 뒤 마침내 12월 10일 평양으로 진격한 것이다.

앞서 말한 대로 웅현정과 옹산성은 공주 이남 금강 동쪽 지역으로 생각된다. 지금의 회덕에 비정되는 우술성의 위치도 이 추측을 뒷받침한다.

그러나 이것만으로는 상당히 막연한 느낌이 있으므로 좀더 들어가 생각해봐야 한다. 공주에서 논산천 상류를 따라가면 노성魯城과 논산에 도착하고 다시 서북쪽으로 가면 부여에 이른다. 이것은 공주·부여 사이의 자연스런 도로로 백제 때 노성에는 열야산현熱也山縣, 논산 서쪽 금강에 가까운 석성리石城里에는 진악산현珍惡山縣이 있었다. 문무왕의 서신에서 말한 웅진도는 이 길을 가리키는 것으로 판단된다.

또 회인이나 대전과 부여를 연결하는 대로는 연산連山(백제 때의 황등야산군黃等也山郡)과 논산을 통과하는데, 논산은 북쪽의 공주로 가는 앞의 도로가 갈라지는 곳이다. 그런데 조선 5만분의 1 지도를 검토하면 연산 서쪽 10리(3.9킬로미터)쯤에 부치鬴峙라는 낮은 언덕이 있고 연산에서 논산으로 가려면 이 고개를 넘어야 한다. 고개 서쪽 몇 정町에 외성리外城里라는 마을의 남쪽 경계에는 작은 규모의 산성이 있다. 곧 「대동여지도」에 보이는 외성산성이다. 한편 노성 북쪽 같은 이름의 산에도 높고 큰 옛 산성이 있다.

『동국여지승람』(권18) 이산현尼山縣 성곽 조: 노산성은 석축의 둘레가 1950척(591미터), 높이는 8척(2.4미터)이고 안에는 우물이 네 개 있다. 魯山城, 石築周一千九百五十里, 高八尺, 內有四井.

이른바 웅진로를 개통하기 위해 신라가 출동시킨 군사는 황간·영동 방면에서 회덕으로 가서 회덕에서 진잠鎭쪽·연산을 거쳐 목적지로 진격한 것으로 생각된다. 그리고 현존하는 문헌에서 알 수 있는 사실은 앞서 서술한 대로 신라군은 9월 19일 웅현정에 도착하고 같은 달 25일 전진해 옹산성에 이르러 사흘 동안 포위·공격해 성을 함락시켰으며 다시 웅현에 성을 쌓은 뒤 우술성(회덕)으로 향했다는 것이다(문무왕의 서신에서 "웅진에 성을 쌓았다"고 한 웅진은 「신라본기」에서 "웅현성을 쌓았다"고 한 것을 참조하면 웅현의 오기가 분명하다). 그렇다면 도로의 관계와 신라군의 행동에서 웅현을 부치에, 옹산성을 노산성에, 그리고 신라군이 새로 쌓은 웅현성을 부치에서 가까운 외성리의 외성산성에 비정하는 것은 결코 부당하지 않다.

백제 때 우술군이라고 불린 지금의 회덕은 대전이 경부선과 호남선의 분기점이 되기 전 지리적 위치에서 거의 비슷한 중요성을 지닌 곳이었다.

- •『동국여지승람』(권18) 회덕현 산천 조: 현 동쪽 3리(1.2킬로미터)에 계족산鷄足山이 있다.
- •고적 조: 계족산성은 석축의 둘레가 1969척(597미터)이고 높이는 16척(4.8미터)이며 안에는 우물이 하나 있는데 지금은 없어졌다. 鷄足山城, 石築周一千九百六十九尺, 高十六尺, 內有一井, 今廢.

계족산성은 옛 우술성으로 생각된다. 옹산성(노성산성)이 함락됐을 무렵 백제군이 그곳에 웅거한 것은 이 요충지에서 신라군의 귀로를 막으려던 것이 틀림없다. 따라서 신라군은 옹산성에서 본래 오던 길을 물러나 이 성을 공격해 함락시키고 그곳에서 청주를 경유하는 도로를 따라 남천주(이천)으로 간 것으로 생각된다. 남천주에서는 사비성의 진장 유인원이 직접 군사를 이끌고 와서 만났는데, 신라군의 옹산성 함락이 웅진강 동쪽에 있던 백제군의 세력을 억제하는 데 매우 효과적이었음을 추측할 수 있다. 유인원이 남천주로 간 까닭은 말할 것도 없이 신라군과 함께 평양으로 진격하려는 데 있었고, 그들은 당 황제에게서 그런 명령을 받은 것으로 생각된다.

용삭 2년(문무왕 2년, 662) 초 칠중하(임진강)를 건넌 뒤 신라군의 행동은 「신라본기」에 다음과 같이 기록돼 있다.

> 2월 1일 김유신 등은 장새에 이르렀는데 평양과의 거리가 3만6000보였
> 다. 먼저 보기감 열기 등 15명을 당 군영으로 보냈다. 이날 눈보라가 치
> 고 추워 사람과 말이 많이 얼어 죽었다, 6일 양오에 이르렀다. 김유신은
> 아찬 양도·대감 인선 등을 보내 군량을 전달했다. (…) 소정방은 군량을
> 얻자 곧 전투를 그만두고 돌아갔다. 김유신 등은 당군이 돌아갔다는
> 소식을 듣고 자신들도 돌아갔다. 二月一日, 庚信等 (…) 至獐塞, 距平壤三萬
> 六千步. 先遣步騎監裂起等十五人, 赴唐營. 是日風雪寒沍, 人馬多凍死. 六日,
> 至楊隩. 庚信遣阿湌良圖·大監仁仙等致軍粮. (…) 定方得軍粮, 便罷還. 庚信
> 等聞唐兵歸, 亦還.

장새는 황해도 수안遂安이지만 양오는 알 수 없다. 아무튼 평양 가
까이 군량을 수송하고 그대로 돌아온 것이다.[16] 다만 남천주에 와서
주둔한 뒤 유인원의 동정은 의문이다.

「김유신열전」: 김유신은 양오에 진영을 설치하고 중국어를 할 수 있는
인문·양도와 [자신의] 아들 군승 등을 당군 진영에 보내 왕의 뜻으로
군량을 전달했다. 소정방은 군량이 떨어지고 군사들이 지쳐 힘써 싸우
지 못했는데 군량을 얻자 곧 당으로 돌아갔다. 양도는 군사 800명을 이
끌고 바닷길로 귀국했다. 庚信營楊隩, 遣解漢語者仁問·良圖及子軍勝等,
達唐營以王旨餽軍糧. 定方以食盡兵疲, 不能力戰, 及得粮, 便廻唐. 良圖以兵
八百人, 泛海還國.

이 기사에 따르면 신라군 장수인 양도는 본군과 따로 바닷길을 이용해 돌아왔다. 유인원은 평양 가까이까지 신라군과 함께 갔다가 양도와 함께 바닷길을 이용해 사비성으로 돌아온 것이 아닐까?

### (5) 위僞진현성의 전투

용삭 2년(662) 2월 소정방은 평양의 포위를 풀고 본국으로 돌아갔고 김유신도 양오에서 군사를 돌렸다.

「신라본기」: 3월 대사령을 내렸다. 왕은 백제를 평정한 것을 이유로 해당 관청에 큰 잔치를 베풀게 했다. 三月, 大赦. 王以旣平百濟, 命所司設大酺.

이것은 김유신의 개선을 뜻하는 기사로 생각된다. 이런 잔치를 열었을 때 백제 유민의 난은 이미 평정된 것으로 생각된다. 당에서도 유인궤가 머물러 지키는 것에 무게를 두지 않고 상황에 따라서는 귀국하도록 했다는 것은 『구당서』 「유인궤열전」에 보인다.

소정방은 황제의 명령을 받들어 고구려를 정벌해 평양을 포위했지만 이기지 못하고 돌아왔다. 고종은 칙서를 유인궤에게 내렸다. "평양의 군사가 돌아오면 한 성(유인궤가 주둔한 웅진)만 홀로 안전할 수 없으니 포기하고 신라와 함께 수비해야 한다. 경 등이 머물러 지키기를 김법민이 요청하면 그곳에 머물러야 하지만 그럴 필요가 없다면 바닷길로 돌아오라." 蘇定方奉詔伐高麗, 進圍平壤, 不克而還. 高宗勅書與仁軌曰, 平壤軍迴, 一城不可獨固, 宜拔就新羅, 共其屯守. 若金法敏藉卿等留鎭, 宜且停彼, 若其

不須, 卽宜泛海還也.

그러나 유인궤는 웅진의 수비를 포기하지 않았으며, 그렇게 하기도 어려워 귀국할 수 없는 이유를 설명했다.

지금 평양의 군사가 이미 돌아갔는데 웅진도 함락되면 백제의 남은 세력은 금방 다시 일어날 것이니 고구려의 깊숙한 근거지를 어느 때 멸망시킬 수 있겠습니까? 또 지금 성 하나로 적의 중심에 있으니 차칫 잘못하면 포로가 될 것이며 신라로 들어가도 머물러 있는 손님의 신세가 될 것이니 뜻대로 되지 않으면 후회해도 소용없을 것입니다. 今平壤之軍旣迴, 熊津又拔, 則百濟餘燼, 不日更興, 高麗逋藪, 何時可滅. 且今以一城之地, 居賊中心, 如其失脚, 卽爲亡虜, 拔入新羅, 又是坐客, 脫不如意, 悔不可追.

유인궤는 머물러 지키던 당군이 아무 도움도 받지 못하고 고립된 상황을 이렇게 진술했고, 당시 부여풍을 호송한 구원군이 일본에서 와 주류성에 웅거한 것은 다음 절에서 서술하겠다.

『구당서』「백제열전」에는 이해 7월에 일어난 사건을 서술한 기사가 있다.

[용삭] 2년 7월 유인원과 유인궤 등은 머물러 지키던 군사를 이끌고 복신의 남은 무리를 웅진 동쪽에서 대파하고 그들의 지라성·급윤성과 대산·사정 등의 목책을 빼앗았으며 매우 많이 죽이고 사로잡았다. 그런 뒤 군사를 나눠 지키게 했다. 복신 등은 진현성이 강가에 있으며 높고 험해 요충지이므로 군사를 더해 지켰다. 유인궤는 신라군을 이끌고 밤

을 틈타 성에 다가가 4면에서 성벽을 올라가 날이 밝을 무렵 성으로 진입해 800명을 죽여 마침내 신라의 군량 수송로를 뚫었다. 二年七月, 仁願·仁軌等大破福信餘衆於熊津之東, 拔支羅城·及尹城·大山·沙井等柵, 殺獲甚衆. 仍令分兵以鎭守之. 福信等以眞峴城, 臨江高嶮, 又當衝要, 加兵守之. 仁軌引新羅之兵, 乘夜薄城, 四面攀堞而上, 比明而入據其城, 斬首八百人, 遂通新羅運糧之路.

곧 가을 초가 되자 백제군은 다시 반항의 기세를 보인 것이다. 지라성·급윤성·대산·사정 등은 모두 웅진강 동쪽으로 생각되지만 정확한 위치는 알 수 없다. 진현성은 다음 기록을 볼 때 회덕과 연산의 사이에 있는 지금의 진잠이다.

『삼국사기』(권36) 「지리지」 황산군黃山郡(지금의 연산) 조: 진령현은 본래 백제 진현현(진은 정으로도 돼 있다)인데 경덕왕이 이름을 고쳤다. 지금의 진잠현이다. 鎭嶺縣, 本百濟眞峴縣(眞一作貞). 景德王改名. 今鎭岑縣.

그러나 진잠과 그 부근에는 "강가에 있으며 높고 험하다"고 부를 수 있는 하천과 옛 성터가 없다. 진잠 북쪽 20리(7.9킬로미터) 쯤이 유성儒城인데, 그곳에는 산성이 있다.

『동국여지승람』(권17) 공주 고적 조: 유성산성은 유성현 동쪽 5리(2킬로미터)에 있는데 돌로 축조됐으며 둘레는 680척(206미터)이다. 안에는 우물이 하나 있다. 지금은 무너졌다. 儒城山城在儒城縣東五里, 石築周六百八十尺. 內有一井. 今廢

5만분의 1 실측도에 비춰보면 이 옛 성이 있는 산은 유성 동쪽 5리 쯤에 서쪽으로 금강 상류의 한 지류인 갑천甲川 — 회덕 서쪽에 이르러 북쪽으로 흘러 금강에 들어간다 — 이 둘려있고 북쪽은 성본城本이라 는 마을에 맞닿아 있는 민성산民城山(높이 137미터)이 틀림없는데, 그곳 은 대전에서 서북쪽인 공주로 가는 도로의 요지다. 또 유성은 백제 때 노사지현奴斯只縣으로 불렸고 지금의 회덕을 치소로 한 우술군(통일신 라시대의 비풍군比豊郡)에 소속됐다.

「신라본기」: 8월 백제의 남은 무리가 내사지성에 모여 저항하니 흠순 등 장군 19명을 보내 토벌케 했다. 八月, 百濟殘賊屯聚內斯只城作惡, 遣欽純 等十九將討破之.


이 짧은 기사는 「백제열전」에서 "유인궤가 신라군을 이끌고 밤을 틈 타 성에 다가갔다劉仁軌引新羅之兵, 乘夜薄城"고 기록한 진현성 전투와 같 은 사실을 전한 것으로 보이고, 내사지성은 분명히 유성의 백제 때 이 름인 노사지현과 상통한다. 그러나 한 달의 차이가 있지만 「백제열전」 의 7월은 주로 지라성 등의 몇 성을 공격해 함락시킨 것과 연결되고 「신라본기」의 8월에 따라야 한다. 그렇다면 「백제열전」의 진현성은 지 금의 진잠에 해당하는 백제 때의 진현현이 아니라 당시 내사지성으로 불린 유성산성 — 갑천이 둘러싸고 흐르는 민성산 — 을 당인唐人이 잘못 부른 것일 뿐이라고 생각된다. 일단 위僞진현성으로 부르겠다. 아 래서는 「백제열전」의 진현성에 대해 편의상 이 이름을 사용하겠다.

이 위진현성의 위치에서 지라성·급윤성·대산·사정 등이 대체로 같 은 방면임을 추측할 수 있다. 아래의 산성은 「대동여지도」를 참조하면 지금의 용수천龍秀川 중류 우안에 가까운 용담리龍潭里 부근(유성 서북쪽)에 해당하는데, 의문의 몇 성 가운데 하나가 아닐까?

『여지승람』: [유성산성과 함께] 덕진산성은 덕진현 남쪽 1리에 있는데 돌로 축조됐으며 둘레는 767척(232미터)이다. 안에는 우물이 하나 있다. 지금은 무너졌다. 德津山城在德津縣南一里, 石築周七百六十七尺. 內有一井. 今廢.

앞서 든 「백제열전」에서는 위진현성(내사지성)을 함락시킨 결과 "신라의 군량 수송로를 뚫었다"고 했다. 이것은 그 성이 앞서 서술한 대로 황간·영동 방면에서 대전·유성을 거쳐 공주에 이르는 도로의 요충에 있었기 때문이다. 문무왕의 서신에서는 용삭 2년(662) 초 평양에 군량을 수송한 김유신은 표로하瓢瀘河(칠중하)를 건너 돌아왔다고 한 다음 웅진과 사비성에 양식을 공급한 것을 말했다.

한 달도 지나지 않아 웅진부성에서 자주 종자를 요구해 앞뒤로 보낸 것이 수만 여 곡이었습니다. 남쪽으로는 웅진으로 나르고 북쪽으로는 평양에 공급해 작은 신라가 두 곳에 나눠 공급하느라 사람들이 완전히 지치고 소와 말이 다 죽었으며 농사 때를 놓쳐 곡식이 익지 않았습니다. 창고에 쌓아둔 곡식은 수송하느라 모두 써버려 신라 백성은 풀뿌리도 부족했지만 웅진의 당군은 식량이 넉넉했습니다. 또 남아 지키던 당군은 집을 떠난 지 오래여서 의복이 해져 입을 만한 옷이 없었기 때문에 신라는 백성들에게 철에 맞는 옷을 만들어 보내도록 권유했습니다. 도호 유인원은 멀리 고립된 성(사비성)을 지킬 때 사방이 모두 적이어서 늘 백제의 침략과 포위를 받았지만 언제나 신라의 구원을 받았습니다. 당군 1만 명이 4년 동안 신라의 옷과 식량을 제공받았으니 유인원과 그 휘하의 군사들은 몸은 중국에서 태어났지만 피와 살은 신라의 것입니다. 나라(당)의 은택은 끝이 없다고 해도 신라가 바친 충성 또한 가상합니다. 未經一月, 熊津府城, 頻索種子, 前後所送, 數萬餘斛. 南運熊津, 北供平壤, 蕞小新羅, 分供兩所, 人力疲極, 牛馬死盡, 田作失時, 年穀不熟. 所貯倉粮, 漕運並盡, 新羅百姓, 草根猶自不足, 熊津漢兵, 粮食有餘. 又留鎭漢兵, 離家日久, 衣裳破壞, 身無全褐, 新羅勸課百姓, 送給時服. 都護劉仁願遠鎭孤城, 四面皆賊, 恒被百濟侵圍, 常蒙新羅解救. 一萬漢兵, 四年衣食新羅, 仁願已下兵士已上, 皮骨雖生漢地, 血肉俱是新羅. 國家恩澤, 雖復無涯, 新羅効忠, 亦足矜憫.


이 기사에 따르면 웅진과 사비성의 당군은 모든 양식의 공급을 신라에게 요구했음을 알 수 있고, 아울러 위진현성이 함락된 결과 "신라의 군량 수송로가 뚫렸다"고 한 의미가 더욱 확실해진다. 여기서 우리는 다시 전 해 9월 신라군의 옹산성 함락을 서술한 문무왕 서신의 한 부분(4)을 다시 읽어볼 필요가 있다.


이때 웅진에서 사람을 보내 부성(웅진)이 고립되고 위태로운 상황을 자세히 알렸습니다. 유 총관(유덕민)은 나(문무왕)와 상의했는데 나는 다음과 같은 의견을 밝혔습니다. "먼저 평양으로 군량을 보내면 웅진으로 가는 길이 끊어질까 우려된다. 웅진으로 가는 길이 끊어지면 그곳을 지키던 당군은 금방 적의 손에 떨어질 것이다." 그러자 유 총관은 내 의견을 따라 먼저 옹산성(노성산성)을 쳐서 옹산을 차지하고 웅진(웅현? 부치)에 성을 쌓아 웅진으로 가는 길을 열었습니다.

이것은 주로 군량 수송과 관련된 말로 옹산성을 함락시킨 결과 "웅진으로 가는 길을 열었다"는 것도 군량 수송로를 개통했다는 뜻이다.

이렇게 생각하면 용삭 원년(661) 백제군이 옹산성(노성산성)과 우술성(회덕)에 웅거하고 이듬해 2년 내사지성(유성산성) 등 여러 성에 주둔한 이유는 자연히 분명해진다. 곧 강동에서 그들의 활동은 웅진성과 사비성에 대한 신라의 양식 공급로를 차단해 두 성의 수비를 위태롭게 만들어 당군을 한반도 밖으로 축출하려는 것이었다.

### (6) 일본의 출병

복신은 거병 초기 사신을 일본에 보내 원병을 요청하는 동시에 인질로 일본에 왔던 의자왕의 아들 부여풍(여풍장)을 맞아들였다. 그런 사실은 『일본서기』와 『구당서』 「백제열전」에서 알 수 있다. 앞 절에서 서술한 위진현성 전투는 그로부터 2년쯤 뒤에 일어났는데, 부여풍의 이름은 그 사건과 관련해 역사에 보인다.

- 『**구당서**』 「유인궤열전」: 이때 부여풍과 복신 등은 진현성이 강가에 있으며 높고 험해 요충지이므로 군사를 더해 지켰다.
- 『**통감**』: 이때 백제왕 풍과 복신 등은 유인원 등이 성에 고립된 채 원군이 없는 것을 보고 사신을 보내 위로했다. "대사 등은 언제 서쪽으로 돌아갈 것입니까? 그때가 되면 사람을 보내 환송하겠습니다." 유인원과 유인궤는 그들이 방비가 없는 것을 알고 급습해 지라성·급윤성·대산·사정 등의 목책을 무너뜨렸다. 時百濟王豊與福信等, 以仁願等

孤城無援, 遣使慰之曰, 大使等何時西還, 當遣相送. 仁願·仁軌知其無備, 忽
出擊之, 拔其支羅城及尹城·大山·沙井等柵.


그렇다면 부여풍은 그 이전 언제 일본에서 고국으로 돌아왔을까? 그것은 중국 사서에서는 전혀 알 수 없으므로 일본 사서로 눈을 돌릴 수밖에 없다.

원군을 요청하는 복신의 사신이 일본에 온 것은 사이메이 천황 6년(현경 5년, 660) 10월이다. 일본 조정은 그 요청을 수락하기로 했다.

『일본서기』 같은 해 12월: 천황이 나니와궁에 행차했다. 천황은 복신의 원군 요청에 따라 쓰쿠시에 행차해 원군을 보내려고 생각하고 우선 이곳에 행차해 여러 무기를 비축하게 했다. 天皇幸于難波宮. 天皇方隨福信所乞之意, 思幸筑紫, 將遣救軍, 而初幸斯, 備諸軍器.

나니와에 행차한 천황은 이듬해 7월(용삭 원년, 661) 정월 황태자(덴지 천황)를 따라 서쪽을 정벌하는 해로로 나아가 3월 지쿠젠筑前의 나가쓰長津에 도착해 이와세 행궁磐瀨行宮에 머물렀다. 나가쓰는 나노오쓰娜大津를 이때 그렇게 고쳐 부른 것으로 말할 것도 없이 지금의 하카타博多다.* 마침내 아사쿠라朝倉(지금의 미야노宮野)로 옮겨 다치바나노히로니하노미야橘廣庭宮에 거처하다가 7월에 훙거했다. 그 때문에 황태자가 대신 정무를 맡아 나가쓰의 궁에서 해외의 군사 업무를 처리했다.

---

* 지금 일본 규슈 후쿠오카福岡.

무열왕이 훙거함에 따라 즉위한 문무왕이 웅진 방면의 군량 수송로를 뚫기 위해 대군을 출동시킨 것과 같은 달이었다(용삭 원년 7월).

이른바 "해외의 군사 업무"는 한반도로 출병하는 것이었다. 출병 사실은 『일본서기』 덴지 천황 칭제稱制 전기前紀 8월과 9월 조에 보인다.

(A) [용삭 원년, 661] 8월 전前장군 다이가케大花下 아즈미노 히라후노무라지阿曇比邏夫連·쇼가케 가와헤노 모모에노오미河邊百枝臣 등과 후장군 다이가케 아베노히케타노 히라부노오미阿倍引田比邏夫臣·다이센조우 모노노베노 무라지쿠마物部連熊·다이센조우 모리노키미 오오이와守君大石 등을 보내 백제를 구원하게 하고 무기와 곡식을 보냈다(어떤 판본에서는 이 끝에 이어 "따로 다이센게 사이노 아지마사와 쇼센게 하타노미야쓰코 다쿠쓰에게 백제를 수호하게 했다"고 했다). 八月, 遣前將軍大花下阿曇比邏夫連·小花下河邊百枝臣等, 後將軍大花下阿倍引田比邏夫臣·大山上物部連熊·大山上守君大石等, 救於百濟, 仍送兵仗·五穀(或本續此末云, 別使大山下狹井檳榔·小山下秦造田來津, 守護百濟).**

(B) [같은 해] 9월 황태자는 나가쓰궁으로 행차해 수놓은 관冠을 백제 왕자 풍장에게 주고 오노오미 코모시키多臣蔣敷의 누이동생을 그의 아내로 삼았다. 그리고 다이센게 사이노무라지 아지마사狹井連檳榔·쇼센게

---

** 이 앞뒤 기사들에 나오는 다이가케·쇼가케 등은 덴지 천황 3년(664)부터 덴무 천황 14년(685)까지 일본에서 사용된 기록된 26개의 품계로 순서는 다음과 같다. 1. 다이시키大織, 2. 쇼쇼쿠小織, 3. 다이호우大縫, 4. 쇼호우小縫, 5. 다이시大紫, 6. 쇼시小紫, 7. 다이킨조大錦上, 8. 다이킨추大錦中, 9. 다이킨게大錦下, 10. 쇼킨조小錦上, 11. 쇼킨추小錦中, 12. 쇼킨게小錦下, 13. 다이센조大山上, 14. 다이센추大山中, 15. 다이센게大山下, 16. 쇼센조小山上, 17. 쇼센추小山中, 18. 쇼센게小山下, 19. 다이오쓰조大乙上, 20. 다이오쓰추大乙中, 21. 다이오쓰게大乙下, 22. 쇼오쓰조小乙上, 23. 쇼오쓰추小乙中, 24. 쇼오쓰게小乙下, 25. 다이콘(다이켄)大建, 26. 쇼콘(쇼켄)小建.

하타노미야쓰코 다쿠쓰秦造田來津를 보내 군사 5000여 명을 이끌고 풍
장을 고국으로 호위해 보냈다. 풍장이 나라에 들어갈 때 복신은 맞이해
머리를 조아리며 나라의 정치를 모두 그에게 맡겼다. 九月, 皇太子御長津
宮, 以織冠授於百濟王子豊璋, 復以多臣蔣敷之妹妻之焉. 乃遣大山下狹井連檳
榔·小山下秦造田來津, 率軍五千餘, 衛送於本鄕. 於是豊璋入國之時, 福信迎
來, 稽首奉國朝政, 皆悉委焉.


『일본서기』의 이런 두 기사는 풍장을 호송하기 위한 출병 사실을
담고 있다. (A)의 본문과 '어떤 판본'의 내용에 의거한 주석에 따르면
아즈미노 히라후 등을 전장군으로, 아베노히케타노 히라부 등을 후장
군으로 삼은 군이 본군이고 사이노무라지 아지마사와 하타노미야쓰
코 다쿠쓰가 이끈 군사는 별군이던 것으로 보인다. 그리고 그 별군이
(B)의 풍장 호송군이라는 것은 장군의 이름에 비춰 분명하다고 생각
된다. 곧 이 두 기사에 따르면 8월에는 본군, 9월에는 풍장 호송을 위
한 별군이 각각 파견된 것으로 보인다.

그러나 원군의 파견은 여기서 끝나지 않았다. 계속해서 그 이듬해인
덴지 천황 칭제 원년(용삭 2년, 662) 기紀에도 몇 개의 기사가 있다.


(C) 원년(662) 봄 정월 정사일 백제의 좌평 귀실복신에게 화살 10만 개,
실 500근, 목면 1000근, 베 1000단, 가죽 1000장, 볍씨 3000곡을 줬다.
元年正月丁巳, 賜百濟佐平鬼室福信矢十萬隻·絲五百斤·綿一千斤·布一千
端·韋一千張·稻種三千斛.

(D) 3월 계사일 백제왕(풍장)에게 베 300단을 줬다. 三月癸巳, 賜百濟王布
三百端.

(E) 이달 당과 신라가 고구려를 정벌했다. 고구려가 우리에게 구원을 요청하니 군사와 장수를 보내 소류성에 웅거하게 했다. 이 때문에 당은 그 남쪽 경계를 침략할 수 없었고 신라는 서쪽 성벽을 무너뜨릴 수 없었다. 是月, 唐人·新羅人伐高麗. 高麗乞救國家, 仍遣軍將據疏留城. 由是唐人不得略其南堺, 新羅不獲輸其西壘.

(F) 여름 5월 대장군 다이킨추大錦中 아즈미노 히라후노무라지阿曇比邏夫連 등이 170척을 이끌고 풍장을 백제국으로 호송했다. 풍장 등에게 그 자리를 잇게 하고 복신에게 금으로 글씨 쓴 문서를 내려 위로하고 관작과 녹봉을 포상한다는 칙명을 내렸다. 풍장 등은 복신과 함께 머리를 조아리고 칙명을 받았으며 많은 사람이 눈물을 흘렸다. 夏五月, 大將軍大錦中阿曇比邏夫連等率船師一百七十艘, 送豊璋等於百濟國. 宣勅以豊璋等使繼其位, 又予金策於福信, 而撫其背, 褒賜爵祿. 于時豊璋等與福信, 稽首受勅, 衆爲流涕.

(G) 겨울 12월 병술일 초하루 백제왕 풍장과 신하 좌평 복신 등은 사이노무라지狹井連(이름은 빠져 있다)[사이노무라지 아지마사狹井連檳榔]·에치노 다쿠쓰朴市田來津[하타노미야쓰코 다쿠쓰秦造田來津]와 의논했다. "이곳 주유는 농토와 멀리 떨어져 있고 토지가 척박해 농업과 양잠에는 적합하지 않지만 저항해 싸울 만한 터전이다. 여기 오래 머물면 백성들이 굶주릴 것이니 이제 피성으로 옮기는 것이 좋겠다. 피성은 서북쪽으로는 띠를 두르듯 예부터 흐르는 하천의 상류가 있고 동남쪽으로는 깊은 수렁과 커다란 둑으로 된 제방이 있으며, 논으로 둘러싸여 있고 도랑을 터뜨리면 물이 쏟아진다. 꽃과 열매가 있는 나무에서 얻는 토산물은 삼한에서 가장 기름지며, 옷과 음식의 근원이 하늘과 땅 사이에 숨겨져 있다. 지대는 낮지만 어찌 옮기지 않겠는가?"

에치노 다쿠쓰朴市田來津가 홀로 나아가 간언했다. "피성과 적이 있는 곳은 하룻밤이면 갈 수 있습니다. 서로 매우 가까우니 예기치 못한 일이 있게 되면 후회해도 소용없을 것입니다. 굶는 것은 나중이고 망하는 것이 먼저입니다. 지금 적이 함부로 오지 않는 것은 주유가 험한 산에 있어 모두 방어물이 되며, 산이 높고 계곡이 좁아 지키기 쉽고 공격하기 어렵기 때문입니다. 낮은 땅에 거처하면 어찌 지금까지 굳건히 살면서 동요하지 않았겠습니까?" 그러나 끝내 간언에 따르지 않고 피성에 도읍했다. 冬十二月丙戌朔, 百濟王豊璋·其臣佐平福信等與狹井連闕名朴市田來津議曰, 此州柔者, 遠隔田畝, 土地磽确, 非農桑之地, 是拒戰之場. 此焉久處, 民可飢饉, 今可遷於避城. 避城者, 西北帶以古連旦涇之水, 東南據深泥巨堰之防, 繚以周田, 決渠降雨, 華實之毛, 則三韓之上腴焉, 衣食之源, 則二儀之隩區矣. 雖曰地卑, 豈不遷歟. 於是朴市田來津獨進而諫曰, 避城與敵所在之間, 一夜可行. 相近玆甚, 若有不虞, 其悔難及者矣. 夫飢者後也, 亡者先也. 今敵所以不妄來者, 州柔設置山險, 盡爲防禦, 山峻高而谿隘, 守易而攻難之故也. 若處卑地, 何以固居而不搖動, 及今日乎. 遂不聽諫而都避城.

(H) 이해 백제를 구원하기 위해 무기를 수리하고 선박을 갖췄으며 군량을 비축했다. 是歲爲救百濟, 修繕兵甲, 備具船舶, 儲設軍糧.


계속해서 이듬해(덴지 천황 칭제 2년, 용삭 3년, 663) 첫 부분의 기사를 보자.


(I) 2년(663) 봄 2월 신라가 백제의 남쪽 경계에 있는 4주를 불태우고 안덕 등의 요지를 빼앗았다. 그렇게 되자 피성은 적과 거리가 가까워 형세상 주둔할 수 없었기 때문에 주유로 돌아와 거주하니 다구쓰田來津가

헤아린 것과 같았다. 二年春二月, 新羅人燒燔百濟南畔四州, 并取安德等要地. 於是避城去賊近, 故勢不能居, 乃還居於州柔, 如田來津之所計.

(J) 3월 전장군 가미쓰케노노 기미와카코上毛野君稚子와 하시히토노 무라지오후타間人連大蓋, 중장군 고세노카무사키노 오미오사巨勢神前臣譯語와 미와노키미네마로三輪君根麻呂, 후장군 아베노히케타노오미 히라부阿倍引田臣比邏夫와 오야케노오미카마쓰카大宅臣鎌柄를 보내 2만7000명을 거느리고 신라를 공격케 했다. 三月, 遣前將軍上毛野君稚子·間人連大蓋, 中將軍巨勢神前臣譯語·三輪君根麻呂, 後將軍阿倍引田臣比邏夫·大宅臣鎌柄, 率二萬七千人, 打新羅.

이런 기사들을 염두에 두고 다시 출병 사실을 생각해보자. 먼저 A·B 두 기사만 보면 앞서 말한 대로 본군과 별군이 편성된 것으로 보인다. 아울러 A의 전장군 가운데 한 사람인 아즈미노 히라후노무라지阿曇比邏夫連는 F에서 풍장 호송군의 장군이고, A의 후장군 가운데 한 사람인 아베노히케타노 히라부阿倍引田比邏夫는 J에서 신라 정벌을 목적으로 ― 백제 구원이 아니라 ― 파견된 장군들 가운데 후장군이었다. 그리고 각각 시차를 두고 따로 출정했기 때문에 A를 장군에 앞서 출정한 본군에 관련된 기사로 볼 수는 없다. 따라서 B에 별군의 의미가 포함된 것으로 보고 그것을 A에 관련시키는 것은 부당하다. A에서 "무기와 곡식을 보냈다"고 했고, 그것은 상당히 구체적인 C의 내용과 상통하는 것은 주의할 필요가 있다.

다음으로 B와 F를 대조하면 서로 시기가 다른데도 모두 풍장 호송군의 파송이라는 것은 매우 이상하지 않은가? 그러나 시기가 다른 것을 다른 문제로 하면 서로의 차이는 주로 장수의 이름에 있다. 곧 B에서는 호송군의 장수로 사이노무라지 아지마사狹井連檳榔와 하타노미야쓰코 다쿠쓰秦造田來津를, F에서는 아즈미노 히라후阿曇比邏夫를 들었다. 풍장의 호송과 관련해서는 본래 같은 사실의 절반을 전한 두 가지 사료가 있던 것 같다. B와 F는 서로 바탕한 자료가 있고, 실제로는 아즈미노 히라후는 사이노무라지 아지마사·하타노미야쓰코 다쿠쓰 등과 함께 같은 때 출정한 것으로 생각된다. 병력은 B에 "군사 5000여 명", 병선兵船은 F에 "170척"이라고 돼 있지만 이것도 둘을 합치는 것이 좋다. 그렇다면 호송군은 언제 출동한 것일까? B에 따르면 사이메이 천황 7년(용삭 원년, 661) 9월, F에 따르면 덴지 천황 칭제 원년(용삭 2년) 5월이지만 어느 쪽을 따를지는 다음과 같은 문제다. 달리 말하면 B와 F 가운데 어느 한쪽의 시기에 의거할 것인지, 아니면 다른 데서 찾을지 하는 것이다.

C에 따르면 칭제 원년 정월 화살·목면·베·가죽·볍씨 등 상당히 많은 분량의 군수품을 백제의 복신에게 줬다. 또 D에 따르면 같은 해 3월 다시 백제왕(풍장)에게 베 300단을 줬다. 아울러 병력은 보내지 않고 정말 군수품만 수송했는지는 의심스럽지만 그 해석은 뒤로 돌린다.

다음으로 설명해야 할 것은 같은 해 4월 기사인 E다. 사이메이 천황기 주석에는 주로 소정방의 고구려 정벌과 복신 등의 백제 부흥 운동과 관련해 고구려 승려 도현道顯의 『일본세기日本世記』라는 책이 여러 번 인용돼 있다.

- **덴지 천황 칭제 전기前紀 주석**: 승려 도현이 말했다. "김춘추의 뜻은 바로 고구려를 공격하는 것이었지만 백제를 먼저 공격했는데, 그 무렵 백제의 침략이 잦아 고통이 심각했기 때문에 그런 것이다." 釋道顯云,

言春秋之志, 正起于高麗, 而先聲百濟, 百濟近侵甚苦急, 故爾也.

- **원년 4월**: 말이 쥐를 낳았다. 승려 도현은 점을 쳐 말했다. "북국 사람들은 앞으로 남국에 의지할 것이다. 고구려가 망하고 일본에 복속될 것인가?" 鼠産於馬尾. 釋道顯占曰, 北國之人將附南國. 蓋高麗破而屬日本乎.

이 기사들도 책 이름은 밝히지 않았지만 역시 그 책에 의거한 것으로 생각된다. 그밖에 주목되는 기사는 셋이다.

(1) [사이메이 천황 7년, 661] 여름 4월 백제의 복신이 사신을 보내 표문을 올려 왕자 규해를 맞아가고 싶다고 요청했다(승려 도현의 『일본세기』에서는 "백제의 복신이 서신을 보내 자신의 임금 규해를 보내달라고 일본에 요청했다"고 했다). 夏四月, 百濟福信遣使上表, 乞迎其王子糾解(釋道顯日本世記曰, 百濟福信獻書, 祈其君糾解於東朝).

(2) [덴지 천황 칭제 전기] 이 달(7월) 장군 소정방과 돌궐 왕자 계필가력 등이 육로와 수로로 고구려 성 아래 이르렀다. 是月, 蘇將軍與突厥王子契苾加力等, 水陸二路, 至于高麗城下.

(3) 여름 5월 계축일 초하루 이누카미(이름이 빠짐)는 고구려에서 전쟁이 일어난 것을 급히 알리고 [백제로] 돌아와 석성(백제의 성)에서 규해를 만났다. 규해는 복신의 죄를 말했다. 夏五月癸丑朔, 犬上(闕名)馳告兵事於高麗而還, 見糾解於石城. 糾解仍語福信之罪.

(1)과 (3)의 규해는 기사에서 모두 '왕자'라고 한 것을 볼 때 풍장임이 거의 확실하다. 그러나 그것은 아무튼 (1)의 기사가 근거한 것은 주

석에 인용된 도현의 『일본세기』가 분명하다. 따라서 규해의 이름이 보이는 (3)도 마찬가지로 생각된다. 그리고 (2)도 일반적인 일본의 사료가 아니라 도현의 『일본세기』라는 특수한 자료에 바탕했다는 것은 사실의 자체적 성질에서 쉽게 추측된다. 귀화한 승려 도현이 쓴 이 책에는 그가 본국인 고구려에서 백제를 거쳐 일본으로 오는 동안 보고 들은 것을 기록한 부분이 있고 『일본서기』 편자는 그것을 이용한 것으로 생각된다.

이렇게 생각하면 우리가 문제로 삼은 덴지 천황기 원년 3월의 (E)도 내용과 서술 방식에서 『일본세기』에 근거한 것으로 여겨진다. 그러나 그 첫 부분에서 "이해에 당과 신라가 고구려를 정벌했다"고 한 고구려는 백제의 오기가 분명하다. 아래 부분에서 "고구려가 우리에게 구원을 요청하니 군사와 장수를 보내 소류성에 웅거하게 했다. 이 때문에 당은 그 남쪽 경계를 침략할 수 없었고 신라는 서쪽 성벽을 무너뜨릴 수 없었다"고 해서 앞의 고구려와 이 '고구려'를 '백제'로 고치면 기사 전체가 백제 부흥 운동에 관련된 것으로 분명해진다. 그리고 소류성은 말할 것도 없이 주류성이고 "군사와 장수"는 일본에서 보낸 풍장 호송군을 뜻한다.

주류성은 3절에서 서술한 것처럼 금강 하류 좌안의 성이므로 일본에서 보낸 군사와 장수(풍장 호송군)이 이 성(소류성)에 웅거했다고 한 것은 타당하다. 앞서 든 G를 보면 풍장과 복신이 그 본거지인 추유州柔를 버리고 피성으로 옮겨갔을 때 이름이 나와 있지 않은 사이노무라지狹井連와 에치노 다쿠쓰朴市田來津는 그러면 안 되는 까닭을 역설했다. 그런데 이 두 장수는 F의 아즈미노 히라후阿曇比邏夫와 함께 풍장을 호위해 바다를 건넌 것으로 생각되는 B의 사이노무라지 아지마사狹井連

檳榔와 하타노미야쓰코 다쿠쓰秦造田來津에 해당하고 주유는 앞의 소류 와 함께 주류와 상통하므로 이것도 호송군이 주류성에 웅거했음을 증 명하는 것이다(피성은 뒤에서 서술). 그렇다면 호송군은 언제 이 성에 도 착한 것일까?

일본군과 장수가 소류성에 웅거했다고 서술한 『일본서기』의 기사 E는 도현의 『일본세기』에 바탕한 것이므로 덴지 천황 원년(용삭 2년, 662) 3월에 연결시킨 그 시기도 그럴 것으로 생각된다. 이어진 문장에 서 "여름 4월 말이 쥐를 낳았다. 승려 도현이 점을 쳤다"고 한 것도 그 렇게 생각해야 한다. 곧 '이 달'이라고 한 3월은 일본군과 장수들이 처 음 소류성에 웅거한 달로 봐도 문제는 없다. 정말 그렇다면 아즈미노 히라후의 출발을 서술한 기사(F)가 그보다 나중인 5일에 연결된 것은 전혀 믿을 수 없는 것이다. 그것과 같은 때 동일한 호송군의 다른 장 수인 아지마사檳榔와 다쿠쓰田來津 등이 바다를 건넌 시기를 훨씬 전인 작년 9월이라고 한 것도(B) 오류로 봐야 한다. 하카타에서 금강 입구 로 가는 데 반년 정도 들었으므로 너무 오래 걸렸기 때문이다.

사이메이 천황은 당 용삭 원년(661)에 해당하는 해 7월 지쿠젠 아 사쿠라의 행재소에서 세상을 떠났다. 재궁梓宮은 이듬해 8월 오쓰大津 의 이와세궁으로 돌아와 10월 바닷길로 출발했다. 교토에 도착한 것 은 11월로 아스카 가와라飛鳥川原에 묻혔다고 한다. 곧 8~9월 천황의 관은 오쓰에 있었기 때문에 덴지 천황이 수군의 군정軍政을 맡게 됐어 도 이런 상황에서 출병은 이뤄지지 않았을 것으로 생각된다. 아지마사 와 다쿠쓰 등의 출정 기사(B)를 9월에 연결시키는 것은 이 점에서도 부정된다.

백제에 관련된 다음 기사는 화살·베·볍씨 등을 복신에게 줬다는 이듬해(칭제 원년) 정월의 기사(C)인데, 앞서 말한 대로 병력을 사용하지 않고 이런 군수품을 목적지에 수송할 수 있었을지는 의문이다. 그런데 E에서 알 수 있는 것처럼 일본의 풍장 호송군이 주류성에 들어가 웅거한 것은 3월 무렵으로 보이므로 군수품의 수송과 호송군의 파견도 연초에 함께 이뤄진 일로 판단되고, 서로 한 해 차이가 나는 B와 F를 C에 합칠 수 있다고 생각된다. 풍장에게 베 300단을 줬다고 한 3월 기사(D)도 그대로 고립시켜서는 안 된다. 그것도 하나로 합쳐야 한다.

다시 A를 보자. 이미 얻은 지식을 갖고 미뤄보면 그것은 본문과 주석 모두 나중에 변경된 처음의 출병 계획에 관련된 기사 같다. 계획은 그대로 시행되지 않고 전장군 아즈미노 히라후阿曇比邏夫는 칭제 원년 봄 호송군의 장수로서 아지마사·다쿠쓰 등과 함께 출정했고, 후장군 아베노히케타노오미 히라부阿倍引田臣比邏夫는 2년 3월 기사 J가 알려주는 것처럼 1년쯤 뒤 새로 조직돼 파견된 증원군의 한 장수로서 바다를 건넌 것이다(이 증원군은 8절에서 서술). "무기와 곡식을 보냈다"는 것도 처음 계획의 일부로 그것이 실현된 것은 호송군이 파견될 때 군수품을 공급한 것으로 생각된다(C). 또 칭제 2년 말에 배치된 "이해 백제를 구원하기 위해 무기를 수리하고 선박을 갖췄으며 군량을 비축했다"는 기사(H)도 분리시키지 말고 A에 합병해도 문제는 없을 것이다.

지금까지 백제의 복신이 원병을 요청함에 따라 일본의 구원군 파견과 그 출동 및 도착 시기를 주로 고찰했다. 소정방이 평양의 포위를 풀고 본국으로 돌아간 것은 용삭 2년(662) 봄이었다.[17] 그때 고종은 백제에 대해 유인궤가 남아서 지키는 것을 그리 중요하게 생각하지 않고 바닷길로 돌아와도 괜찮다고 했다. 그러나 유인궤는 감히 그렇게 하지 않았으며, 귀국하고자 하는 장수와 군사에게 수비가 필요한 까닭을 설명했다. "지금 평양의 군사가 이미 돌아갔는데 웅진도 함락되면 백제의 남은 세력은 금방 다시 일어날 것이니 고구려의 깊숙한 근거지를 어느 때 멸망시킬 수 있겠습니까?"

나는 앞서 『구당서』 「유인궤열전」에 보이는 관련 사실을 들어 백제군의 위진현성(유성산성에 비정되는 내사지성)에 웅거하기 전의 정세의 한 측면을 살필 수 있는 자료로 삼았다. 그런데 앞의 논증에 따라 다시 새로운 사실을 알 수 있다. 곧 이해 3월 풍장을 호송한 일본의 구원군이 와서 금강 입구에 가까운 주류성에 웅거했다는 것이다. 유인궤가 웅진의 수비를 포기하려고 하지 않은 것은 이 때문이었고, 그가 "지금 성 하나로 적의 중심에 있으니 자칫 잘못하면 포로가 될 것이며 신라로 들어가도 머물러 있는 손님의 신세가 될 것"이라고 한 것은 그렇게 되면 백제군의 사기가 올라갈 것이 분명하기 때문이었다. 고립된 군대를 이끌고 웅진강을 내려가 주류성에서 한번 패배하면 바로 포로가 되기 때문이다. 앞서 말한 대로 『통감』에서는 다음과 같이 서술했다.

이때 백제왕 풍과 복신 등은 유인원 등이 성에 고립된 채 원군이 없는 것을 보고 사신을 보내 위로했다. "대사 등은 언제 서쪽으로 돌아갈 것입니까? 그때가 되면 사람을 보내 환송하겠습니다."

복신 등이 이처럼 자신 있는 태도를 보인 것도 이런 정세에 따라 설명할 수 있다. 그리고 백제군은 이런 상황에서 강 동쪽으로 진격해 지라성 등의 목책이나 위진현성에 웅거하게 된 것이다.

## (7) 백제군의 피성 이주와 당의 장수 손인사의 파견

용삭 2년(662) 말 풍장·복신 등은 일본 장수 사이노무라지 아지마사狹井連檳榔·하타노미야쓰코 다쿠쓰秦造田來津 등의 간언을 듣지 않고 주유(주류성)에서 피성으로 옮겼다(『일본서기』의 기사 G). 옮긴 이유는 산이 높고 계곡이 좁은 주류성은 항전할 만한 곳이기는 하지만 농토와 멀리 떨어져 있고 토지가 척박해 농업과 양잠에 적합하지 않은 곳인데 견줘 피성은 서북쪽으로 예부터 흐르는 하천의 상류로 둘려있고 동남쪽으로 깊은 수렁과 커다란 둑으로 된 제방이 있으며 논으로 둘러싸여 있어 지대는 낮지만 삼한에서 손꼽히는 비옥한 곳이라는데 있었다.

피성避城은 『삼국사기』(권37) 「지리지」에서 "피성현은 본래 피골辟城縣, 本辟骨"이라고 한 피성辟城과 상통하고, 피골은 「지리지」의 다른 부분(권36)에서 "김제군은 본래 백제 벽골현金堤郡, 本百濟碧骨縣"이라고 한 벽골과 상통하므로 지금의 전라북도 김제에 비정할 수 있다. 5만분의 1 실측도에서 김제 부분을 보면 그 부근의 지형은 피성에 관련된 『일본서기』의 지리적 서술과 들어맞는다. 김제 남·북의 구릉지에는 천연의 저수지가 많다. 곧 이른바 '둑堤'인데 읍 서쪽에 맞닿은 '큰 둑大堤'은 그 가운데 가장 크다.

구릉지 서북쪽 일대의 저지대는 넓은 평야로 이 저지대를 관통하는 작은 하천은 신평천新坪川이다. 피성 서북쪽에서 띠를 두르듯 예부터 흐르는 하천은 신평천이 분명하다. 구릉지의 동남쪽 일대도 지세가 낮고 습해 두월천斗月川에서 물을 끌어오는 넓은 지역은 모두 논이다. 『일본서기』에서 "동남쪽으로는 깊은 수렁과 커다란 둑으로 된 제방이 있으며, 논으로 둘러싸여 있다"고 한 까닭이다. 또 『여지승람』(권33) 김제군 고적 조에 인용된 벽골제 중수비重修碑(태종 15년, 1415)에서는 다음과 같이 서술했다.

군 남쪽 15리(5.9킬로미터)쯤 큰 둑이 있는데, 이름은 벽골이다. 옛사람이 붙인 김제의 옛 이름인데, 군에서도 그런 이름의 둑을 쌓았기 때문에 지금의 이름으로 고친 것이다. 둑의 길이는 6만843자이고, 둑 안의 둘레는 7만7406보다. 다섯 도랑을 파서 논에 물을 대는데, 논은 9840결 95복이라고 옛 책에 적혀 있다. (…) 다섯 도랑이 물을 대는 땅은 모두 비옥하다. 백성들은 신라·백제 때부터 그 둑에서 이익을 얻고 있다. 郡之南十五里許有大堤, 名曰碧骨. 古人擧金堤古名, 因以爲號, 郡亦因是堤之築, 改今名焉. 堤之長六萬八百四十三尺, 堤內周回七萬七千四百六步. 開五渠灌漑水田, 凡九千八百四十結九十五卜, 古籍所載也. (…) 五渠所灌, 土皆沃饒. 是堤也, 自新羅·百濟, 民獲其利.

피성으로 옮겨간 풍장과 복신 등이 "꽃과 열매가 있는 나무에서 얻는 토산물은 삼한에서 가장 기름질 것이며, 옷과 음식의 근원이 하늘과 땅 사이에 숨겨져 있다. 지대는 낮지만 어찌 옮기지 않겠는가?"라고 한 것은 이처럼 비옥한 땅이었기 때문이다.

이듬해인 용삭 3년(663) 2월 풍장과 복신 등은 어쩔 수 없이 주류성으로 다시 돌아왔다. 그것도 『일본서기』의 기사(I)에서 알 수 있는 사실이다. 그 사정은 『일본서기』에 "신라가 백제의 남쪽 경계에 있는 4주를 불태우고 안덕 등의 요지를 빼앗았다"고 보이는데, 다음은 그것에 대응하는 기사가 분명하다.

「신라본기」 같은 해(문무왕 3년) 2월. 흠순과 천존이 군사를 이끌고 백제 거열성을 공격해 차지하고 700여 명을 죽였다. 또 거물성과 사평성을 공격해 함락시키고 다시 덕안성을 공격해 1070명을 죽였다. 欽純·天存 領兵, 攻取百濟居列城, 斬首七百餘級. (…) 又攻居勿城·沙平城降之, 又攻德 安城, 斬首一千七十級.

거열성은 『삼국사기』(권34) 「지리지」에서 "거창군은 본래 거열군居昌 郡, 本居烈郡"이라고 한 거열, 곧 지금의 경상남도 거창으로 생각된다. 거 물성은 「지리지」(권37)에서 백제 임실군任實郡의 속현 가운데 하나로 거사물현居斯勿縣을 들었는데 그것인 듯하다. 거사물현은 고려 때의 거 령현巨寧縣으로 그 위치는 『여지승람』(권39) 남원부 고적 조에서 "부 동 북쪽 50리(19.6킬로미터)에 있다在府東北五十里"고 했는데, 「대동여지도」를 참조하면 전라북도 남원과 장수를 연결하는 도로 중간의 노단리魯壇 里(죽림리竹林里 부근)에 해당하는 것 같다. 사평성沙平城은 자세히 알 수 없다. 「지리지」(권37)에 보이는 백제 혜군槥郡의 사평현은 아니다. 그 현 은 신라 때 신평현新平縣으로 불렸고 『여지승람』(권19, 홍주 건치연혁)과 「대동여지도」에 따라 알 수 있는 그 위치는 앞의 두 성과 전혀 방향이 다른 충청남도 당진唐津 동쪽이기 때문이다.

덕안성은 현경 5년(660) 당이 백제 옛 땅에 설치한 5도독부의 하나 인 덕안, 그리고 『주서』 「백제열전」에서 백제 5방方의 하나로 "동방은 득안성東方曰得安城"이라고 한 득안과 같은 지명이 틀림없고 『일본서기』 의 안덕은 글자가 뒤바뀐 것으로 생각된다. 위치는 「지리지」(권37)에서 도독부[17]의 13현 가운데 12번째로 "득안현은 본래 덕근지得安縣, 本德近 支"라고 한 것을 다른 기사(권36)에서 "덕은군은 본래 백제 덕근군인데 경덕왕이 이름을 고쳤다. 지금의 덕은군德殷郡, 本百濟德近郡, 景德王改名. 今德恩郡"이라고 한 것에 비춰보면 『여지승람』(권18) 은진현 고적 조에서 "옛 덕은은 지금의 치소 동남쪽 12리(4.7킬로미터)에 있다古德恩, 在今治東南十二里"고 한 옛 덕은으로 생각된다. 은진은 논산 남쪽이고 금강 동쪽 땅이다. 이처럼 용삭 3년(663) 초 거창과 남원 방면의 성에 백제군이 웅거한 것은 풍장과 복신이 피성에 거처한 영향이고, 강 서쪽의 백제군이 은진 방면으로 진출한 것은 일본군의 지원에 힘을 얻었기 때문으로 생각된다. 그러나 이런 성들이 신라군의 공격으로 함락되자 풍장과 복신은 다시 주류성으로 돌아온 것이다.

위진현성 전투(용삭 2년 8월) 뒤 당군의 동정은 『구당서』「백제열전」에 다음과 같이 기록돼 있다.

유인원이 군사의 증원을 주청하니 조서를 내려 치주·청주·내주·해주의 군사 7000명을 징발해 좌위위장군 손인사에게 그들을 이끌고 바다를 건너 웅진으로 가서 유인원의 군사와 합류하게 했다. 이때 복신은 이미 병권을 독점해 부여풍과 점차 시기하고 멀어졌다. 복신은 병을 핑계로 굴속 방에 누워 부여풍이 문병 오는 것을 기다려 습격해 죽이려고 했다. 부여풍은 그것을 알고 심복들을 데리고 복신을 급습해 죽이고 고구려와 왜국으로 사신을 보내 군사를 요청해 당군을 막았다. 손인사는 중간에서 그들을 맞아 격파하고 마침내 유인원의 군사와 합류하니 군대의 기세가 크게 떨쳤다. 仁願奏請益兵, 詔發淄·青·萊·海之兵七千人, 遣左威衛將軍孫仁師, 統衆浮海, 赴熊津以益仁願之衆. 時福信旣專其兵權, 與扶餘豊漸相猜忌. 福信稱疾, 臥於窟室, 將候扶餘豊問疾, 謀襲殺之. 扶餘豊覺, 而率其親信, 掩殺福信, 又遣使, 往高句麗·倭國請兵, 以拒官軍. 孫仁師中路迎

擊破之, 遂與仁願之衆相合, 兵勢大振.

유인원이 병력 증원을 본국에 주청한 것은 일본군의 지원을 받은 백제군에 견줘 자신의 병력이 부족함을 절감했기 때문이 틀림없다. 당의 증원군은 손인사가 이끈 산동 4주의 군사 7000명이었다. 그들은 웅진으로 와서 주둔군과 합류했다고 했는데, 중국 기록에서 그 시점을 명기한 것은 없다. 『삼국사기』「신라본기」에서는 문무왕 3년(용삭 3년, 663) 5월 복신·도침 등의 거병부터 새로 도착한 당의 장수 유인궤가 유인원 군과 합류하기까지의 경과를 주로 『구당서』「유인궤열전」에 의거해 서술한 뒤 ― 이상은 2년 전인 용삭 원년(661)의 사실 ― 다음과 같이 기록했다.

군사의 증원을 요청하니 우위위 장군 손인사에게 군사 40만을 거느리고 출병하게 했다. 손인사는 덕물도에 도착한 뒤 웅진부성으로 나아갔다. 乃請益兵, 詔遣右威衛將軍孫仁師, 率兵四十萬. 至德物島, 就熊津府城.

이것은 신라 쪽 기사로 손인사가 도착한 곳을 덕물도라고 밝혔다. 본래 5월에 연결된 것은 이 기사로 보이지만, 이어진 기사에서는 문무왕이 김유신 등의 장수들과 함께 참전해 주류성을 공격했다고 하고 그 시기는 밝히지 않았다(다음 절의 두릉윤성 공격 기사 참조). 따라서 손인사의 도착이 정말 5월인지는 금방 판단하기 어렵다.

『일본서기』를 보면 그해(덴지 천황 2년) 3월 전장군 가미쓰케노노 키미와카코上毛野君稚子·중장군 고세노카무사키노 오미오사巨勢神前臣譯語·후장군 아베노히케타노 히라부阿倍引田臣比邏夫 등을 보내 2만

7000명을 이끌고 신라를 공격했다고 했다(J). 그 다음 5월 초하루에는 아래의 기사가 있다.

(K) 이누카미犬上(이름이 빠졌다)는 백제에서 반란이 일어난 사실을 고구려에 급히 알리고 [백제로] 돌아와 석성에서 규해를 만났다. 규해는 복신의 죄를 말했다.

이 5월 기사는 사이메이 천황기(7년[661] 4월) "백제의 복신이 사신을 보내 표문을 올려 왕자 규해를 맞아가고 싶다고 요청했다"고 한 것과 함께 고구려 승려 도현의 『일본세기』 기사를 실은 것으로 규해가 풍장과 같은 인물임은 앞 절에서 지적했다. 석성은 다음 기록에 보인다.

『삼국사기』(권36) 「지리지」 부여군. 석산현은 본래 백제 진악산현인데 경덕왕이 이름을 고쳤다. 지금의 석성현이다. 石山縣, 本百濟珍惡山縣, 景德王改名. 今石城縣.

부여와 강경江景의 중간에 위치한 지금의 석성리에 해당하는데, 금강 동쪽이며 논산에서는 서쪽이다. 마을 북쪽 산에는 석성 터가 뚜렷이 남아 있다.[18] 곧 옛 석성의 산성이다. 『일본서기』 5월 조에서는 앞서와 같이 말한 다음 복신이 풍장에게 살해된 것을 서술했다. 그리고 그것을 6월에 연결시켰다.

(L) 6월 전장군 가미쓰케노노키미와카코上毛野君稚子 등이 신라의 사비기성과 노강성을 차지했다. 백제왕 풍장은 복신이 모반하려는 마음을

품었다고 의심해 가죽으로 손바닥을 뚫고 묶었다. 그러나 스스로 결정하기 어려워 어떻게 할지 모르다가 신하들에게 물었다. "복신의 죄가 이런데 죽이는 것이 좋겠는가, 아닌가?" 그러자 달솔 덕집득은 "이 악한 반역자를 풀어줘서는 안 된다"고 했다. 복신은 덕집득에게 침을 뱉으며 "썩은 개 같은 어리석은 놈"이라고 말했다. 왕은 시종들에게 그의 목을 베 머리를 소금에 절이게 했다. 六月, 前將軍上毛野君稚子等取新羅沙鼻岐·奴江二城. 百濟王豊璋嫌福信有謀反心, 以革穿掌而縛. 時難自決, 不知所爲, 乃問諸臣曰, 福信之罪, 旣如此焉, 可斬以不. 於是達率德執得曰, 此惡逆人不合放捨. 福信卽唾於執得曰, 腐狗癡奴, 王勒健兒, 斬而醢首.

이것은 일본 사료에 바탕한 기사로 보인다. 전장군 가미쓰케노노키미와카코는 3월 조에 나오는 증원군의 한 장수다. 사비기성과 노강성이 어디인지는 알기 어렵지만 와카코가 그런 신라의 성들을 차지했다는 사실에 대해서는 다음 절에서 따로 고찰하겠다.

백제에서 반란이 일어난 사실을 알리기 위해 고구려에 간 이누카미가 돌아와 규해(풍장)을 석성에서 만났을 때 규해가 복신의 죄를 이야기한 것은 당시 풍장과 복신의 관계가 악화됐음을 보여준다. 그리고 『일본서기』의 편자가 그것을 5월에 연결시킨 것도 도현의 『일본세기』에 근거한 것으로 생각된다. 그렇다면 풍장이 복신을 살해한 것을 다음 달인 6월의 사건으로 기록한 『일본서기』의 기록은 『구당서』「백제열전」에 비춰볼 수 있는 사건의 내용과 함께 그 시기도 믿을 수 있다. 그런데 「백제열전」에서는 손인사의 도착을 이 사건 직전에 서술했기 때문에 우리가 문제로 삼은 그 시점은 앞서 「신라본기」의 기록을 참고해 5월로 봐도 크게 잘못되지는 않을 것이다.

「신라본기」에 따르면 손인사는 덕물도에 도착해 그곳에서 웅진성으로 들어왔다. 덕물도는 3년 전 백제를 멸망시킬 때 「신라본기」의 기사에서 "김유신 등과 함께 수도를 떠나 남천정에 이른 무열왕은 내주<sub>萊州</sub>에서 온 소정방을 덕물도에서 맞이했다"고 한 섬으로 남천정은 지금의 경기도 이천이므로 남양 근처 서해의 덕적도<sub>德積島</sub>에 비정된다. 덕물도에 도착한 손인사 군은 남양만이나 아산만으로 상륙해 남쪽으로 내려와 웅진으로 들어온 것 같다. 이것은 「신라본기」의 서술이지만 『구당서』「백제열전」에 백제군과 충돌한 기록이 없는 데서도 알 수 있다. 이때 복신은 주류성에 웅거했으므로 손인사가 금강을 거슬러 올라갔다면 그곳에서 어떤 충돌이 일어나지 않을 수 없다. 그는 그것을 피하기 위해 일부러 북쪽에서 육로를 거쳐 웅진에 입성한 것으로 생각된다. 「백제열전」에서 "고구려와 왜국으로 사신을 보내 군사를 요청해 당군을 막았다. 손인사는 중간에서 그들을 맞아 격파했다"고 한 전투는 이 행군 중에 일어난 작은 충돌인 것 같다. 그러나 이 무렵 백제의 파병 요청과 관련해 고구려와 함께 왜국이 출병했다고 한 것은 오류로 생각된다.

### (8) 백강 전투

앞 절에서 서술한 것처럼 손인사 군이 웅진·사비 주둔군과 합류하면서 당군의 세력은 커졌다. 그때 풍장은 자신을 제거하려고 한 복신을 죽임으로써 백제 부흥세력의 내부 갈등은 극도로 표면화됐다. 유인궤는 그런 상황을 다음과 같이 표현했다.

복신은 흉포해 지나치게 잔학하고 부여풍은 시기하고 의심하니 겉으로는 협력하는 것처럼 보였지만 안으로는 멀어졌다. 福信兇暴, 殘虐過甚, 餘豊猜惑, 外合內離.

그 결과 풍장이 이끈 백제 부흥 운동은 오래지 않아 백강의 깊은 물속으로 가라앉았다. 이를테면 문무왕의 서신은 그 대체적인 경과를 서술한 것이다.

용삭 3년(663)에 이르러 총관 손인사가 군사를 이끌고 부성(웅진)을 구원하러 왔습니다. 신라도 같은 목적의 군사를 보냈습니다. 주류성 아래 도착했을 때 왜국의 수군이 백제를 도우러 와 왜선 1000척이 백사에 정박했고 백제의 정예 기병은 언덕 위에서 배를 지키고 있었습니다. 신라의 용맹한 기병이 당군의 선봉이 돼 언덕에 설치한 군영을 먼저 깨뜨리자 주류성의 반군은 낙담해 마침내 곧바로 항복했습니다. 至龍朔三年, 摠管孫仁師領兵來救府城, 新羅兵馬亦發同征. 行至周留城下. 此時倭國船兵, 來助百濟, 倭船千艘停在白沙, 百濟精騎岸上守船. 新羅驍騎爲漢前鋒, 先破岸陣, 周留失膽, 遂卽降下.

이 주류성 전투와 관련해서 중국 자료는 『구당서』 「유인궤열전」이 「백제열전」보다 상세하기 때문에 인용한다.

손인사가 유인궤 등과 합류하니 군대의 사기가 크게 떨쳤다. 이때 장수들이 모여 "가림성은 수로와 육로의 요충지니 먼저 공격해야 한다"고 의논했다. 유인궤가 말했다. "가림성은 험하고 견고하니 급히 공격하면 군사들을 잃을 것이고 굳게 지키면 시일이 오래 걸릴 것이다. 주류성을 먼저 공격하는 것이 낫다. 주류성은 적의 소굴로 흉도들이 모여있다. 악은 근본부터 없애야 하니 그 근원을 뿌리 뽑아야 한다. 주류성을 함락시키면 다른 성들은 저절로 무너질 것이다." 손인사·유인원과 신라왕 김법민은 육군을 이끌고 나아갔고 따로 유인궤·두상과 부여융은 수군과 군량선을 이끌고 웅진강[19]에서 백강으로 가 육군과 합류해 함께 주류성으로 나아갔다. 유인궤는 백강 입구에서 왜군을 만나 네 번 싸워 이겨 그 배 400척을 불태우니 연기와 불길이 하늘을 뒤덮었고 바닷물이 모두 붉어졌다. 부여융이 탈출해 달아나니 그의 보검을 노획했다. 가짜 왕자 부여충승·부여충지 등은 남녀와 왜인들과 탐라국 사신을 모두 이끌고 항복했다. 백제의 성들이 모두 다시 귀순했다. 仁師旣與仁軌等相合, 兵士大振. 於是諸將會議, 或曰加林城水陸之衝, 請先擊之. 仁軌曰, 加林險固, 急攻則傷損戰士, 固守則用日持久. 不如先攻周留城. 周留, 賊之巢穴, 群兇所聚. 除惡務本, 須拔其源. 若克周留, 則諸城自下. 於是仁師·仁願及新羅王金法敏帥陸軍以進. 仁軌乃別率杜爽·扶餘隆率水軍及糧船, 自熊津江往白江, 會陸軍, 同趣周留城. 仁軌遇倭兵於白江之口, 四戰捷, 焚其舟四百艘, 煙焰漲天, 海水皆赤, 賊衆大潰. 餘豊脫身而走, 獲其寶劍. 僞王子扶餘忠勝·忠志等率士女及倭衆幷耽羅國使, 一時並降. 百濟諸城, 皆復歸順.


『통감』의 기사도 거의 같지만 「유인궤열전」에는 명기되지 않은 주류성 함락 날짜를 9월 무오일(8일)이라고 했다. 장수들이 먼저 공격하자고 한 가림성은 『삼국사기』(권36) 「지리지」에서 "가림군은 본래 백제 가림군嘉林郡, 本百濟加林郡"으로 기록된 가림군加林郡의 치소로 지금의 임천林川이다. 곧 부여 남쪽, 강경 서북쪽에 위치한 금강 서쪽 지역이다. 임천읍 북쪽에 있는 산은 성흥산聖興山(높이 261미터)인데 산성 터가 뚜

렷이 남아 있다.[20]

『여지승람』(권17, 임천군 성곽). 성흥산성은 돌로 쌓여 있고 둘레는 2705척(820미터)이고 높이는 13척(3.9미터)이며 험준하게 막혀 있다. 안에는 우물이 셋 있고 군창도 있다. 聖興山城, 石築, 周二千七百五尺, 高十三尺險阻. 內有三井, 又有軍倉.

이것이 옛 가림성으로 생각된다. 주류성과 백강은 이미 3절에서 서술했다. 곧 주류성은 금강 입구에 가까운 강 좌안에 있는 성이고 백강은 웅진강과 함께 지금의 금강이다.

다음으로 신라 쪽 기사는 두 개가 있지만 모두 간단하다. 하나는 「신라본기」에 있다.

문무왕은 김유신 등 장군 28명(30명이라고도 한다)을 거느리고 함께 두릉윤성(두량윤성이라고도 한다)·주류성 등을 공격해 모두 함락시켰다. 부여풍은 도망쳤고 왕자 충승·충지 등은 무리를 이끌고 항복했다. 王領金庾信等二十八(一云三十)將軍, 與之合攻豆陵(一云良)尹城·周留城等諸城, 皆下之. 扶餘豊脫身走, 王子忠勝·忠志等率其衆降.

이 두릉윤성(두량윤성)은 지난 용삭 원년(661) 봄 신라군이 공격했지만 함락시키지 못한 두량윤성과 같은 성임은 말할 것도 없다. 그리고 지난 전투의 두량윤성, 곧 「신라본기」 무열왕 8년(661) 3월 "나아가 두량윤성을 한 달 6일 동안 공격했지만 함락시키지 못했다進攻豆良尹城, 一朔有六日, 不克"고 한 성은 3절에서 서술한 대로 같은 사실을 전한 문무왕의 서신에 나오는 주류성이다. 그러므로 여기서 두릉윤성과 주류성을 함께 든 것은 중국 쪽 기사를 참고한 『삼국사기』 편자의 두찬杜撰으로 판단된다. "부여풍은 도망쳤다"는 부분 이하의 전거도 중국 쪽 기사다.

두 번째는 「김유신열전」의 기사다.

용삭 3년(663) 계해년 백제의 성들이 부흥을 몰래 도모했다. 그 우두머리는 두솔성에 웅거하고 왜에 병력 원조를 요청했다. 대왕은 직접 김유신·김인문·천존·죽지 등 장군들을 거느리고 7월 17일 정벌에 나섰다. 웅진주로 가서 그곳을 지키던 유인원과 군사를 합쳤다, 8월 13일 두솔성에 이르렀다. 백제인은 왜인과 함께 진을 쳤는데 우리 군이 힘껏 싸워 크게 무찌르니 백제와 왜인이 모두 항복했다. 龍朔三年癸亥, 百濟諸城潛圖興復. 其渠帥據豆率城, 乞帥於倭爲援助. 大王親率庾信·仁問·天存·竹旨等將軍, 以七月十七日征討. 次熊津州, 與鎭守劉仁願合兵. 八月十三日, 至于豆率城. 百濟人與倭入出陣, 我軍力戰大敗之, 百濟與倭人皆降.

두솔성은 의심할 바 없이 두릉윤성이다. 발음으로는 첫 번째 글자만 같지만 아무튼 그렇게 될 수밖에 없다. 곧 두솔성도 주류성이다. 이 기사에서 신라군이 웅진으로 출발한 날은 7월 17일이고 당군과 웅진에서 합류한 뒤 주류성을 압박한 날은 8월 13일임을 알 수 있다.

끝으로 『일본서기』의 기사는 매우 상세하다.

(M) 가을 8월 임오일 초하루. 갑오일(13일) 백제왕(풍장)이 자신의 훌륭한 장수(복신)를 죽였으므로 신라는 곧장 백제로 쳐들어가 먼저 추유

를 빼앗으려고 했다. 백제왕은 적의 계략을 알고 장군들에게 말했다. "지금 대일본국의 구원군 장수 이호하라노 기미오미盧原君臣가 군사 1만 여 명을 이끌고 바다를 건너 도착했다고 한다. 장군들은 미리 준비하도 록 하라. 나는 백촌으로 가서 기다렸다가 접대하겠다."

무술일(17일) 적장이 추유에 이르러 그 왕성을 포위했다. 대당의 장군은 전함 170척을 이끌고 백촌강에 진을 쳤다. 무신일(27일) 일본 수군 가운 데 먼저 온 부대가 대당의 수군과 싸웠다. 일본은 져서 물러났고 대당 은 전열을 굳게 하고 지켰다. 기유일(28일) 일본의 장수들과 백제왕은 상황을 살피지 않고 "우리가 먼저 공격하면 저들은 스스로 물러갈 것" 이라고 하면서 대오가 어지러운 일본 중군中軍을 이끌고 다시 나아가 견 고하게 주둔하고 있는 대당의 군사를 공격했다. 대당은 곧 좌우에서 배 를 둘러싸고 싸우니 눈 깜짝할 사이에 관군이 패배했다. 많은 사람이 물에 빠져 죽었고 뱃머리와 고물을 돌릴 수 없었다. 에치노 다쿠쓰는 하늘을 우러러 맹세하고 이를 갈며 분노하면서 수십 명을 죽이고 마침 내 전사했다. 이때 백제왕 풍장은 몇 사람과 함께 배를 타고 고구려로 도망갔다.

9월 신해일 초하루. 정사일(7일) 백제의 추유성이 마침내 당에 항복했 다. 이때 나라 사람들이 서로 말했다. "추유가 항복했으니 일이 어쩔 수 없게 됐다. 백제의 이름은 오늘로 끊어졌다. 조상의 무덤이 있는 곳을 어떻게 다시 갈 수 있겠는가? 호례성으로 가서 일본 장군들과 만나 해 야 할 일을 의논하자." 그리고 침복기성에 가 있던 처와 아이들에게 나 라를 떠나려고 한다는 마음을 알렸다. 신유일(11일) 모호를 출발했다. 계해(13일) 호례에 이르렀다. 갑술일(24일) 일본 수군과 좌평 여자신·달 솔 목소귀자·곡나진수·억례복류와 백성들이 호례성에 이르렀다. 이틑

날 비로소 일본으로 출항했다. 秋八月壬午朔甲午, 新羅以百濟王斬己良將, 謀直入國先取州柔. 於是百濟知賊所計, 謂諸將曰, 今聞大日本國之救將盧原君臣, 率健兒萬餘, 正當越海而至. 願諸將軍等應預圖之. 我欲自往待饗白村. 戊戌, 賊將至於州柔, 繞其王城. 大唐軍將, 率戰船一百七十艘, 陣烈(列?)於白村江. 戊申, 日本船師初至者, 與大唐船師合戰. 日本不利而退. 大唐堅陣而守. 己酉, 日本諸將與百濟王不觀氣象, 而相謂之曰, 我等爭先, 彼應自退, 更率日本亂伍中軍之卒, 進打大唐堅陣之軍. 大唐便自左右夾船繞戰, 須臾之際, 官軍敗績. 赴水溺死者衆, 艫舳不得廻旋. 朴市田來津仰天而誓, 切齒而嗔, 殺數十人, 於焉戰死. 是時百濟王豐璋, 與數人乘船, 逃去高麗. 九月辛亥朔丁巳, 百濟州柔城, 始降於唐. 是時國人相謂之曰, 州柔降矣, 事無奈何. 百濟之名, 絶于今日. 丘墓之所, 豈能復往. 但可往於弖禮城, 會日本軍將等, 相謀事機所要. 遂敎本在枕服岐城之妻子等, 令知去國之心. 辛酉, 發途於牟弖. 癸亥, 至弖禮. 甲戌, 日本船師及佐平余自信·達率木素貴子·谷那晉首·憶禮福留幷國民等, 至於弖禮城. 明日發船, 始向日本.

앞서 든 「유인궤열전」의 기사에 따르면 주류성 공략 의논을 결정한 당과 신라군은 수로와 육로로 나눠 웅진을 출발해 손인사·유인원과 문무왕은 육군을 거느리고 나아갔고 유인궤·두상과 부여융은 수군과 군량선을 이끌고 웅진에서 백강을 타고 내려간 뒤 합류해 주류성을 압박했다. 「김유신열전」에서 "8월 13일 두솔성에 이르렀다"고 한 것은 그날을 나타내는 것이다.

다음으로 『일본서기』를 보면 양군이 주류성(주유)을 포위해 공격한 것은 나흘 뒤인 8월 17일이다. 백강(백촌강)에 정박한 당의 전함이 170척이라고 한 것도 중국 쪽 기록의 누락을 보충한다, 27일에는 이런

전함들과 그때 처음 도착한 일본 전함 — 이호하라노 기미오미盧原君臣
가 이끌었다 — 의 전투가 벌어졌는데, 일본군은 패배해 퇴각했다. 다
음날인 28일 다시 수전이 벌어졌는데, 일본군이 대패해 많은 군사가
물에 빠져 죽고 에치노 다쿠쓰는 전사했으며 풍장은 고구려로 도망쳤
다. 「유인궤열전」에서 "유인궤는 백강 입구에서 왜군을 만나 네 번 싸
워 이겨 그 배 400척을 불태우니 연기와 불길이 하늘을 뒤덮었으며
바닷물이 모두 붉어졌다. 부여융은 탈출해 달아났다"고 한 백강 입구
의 전투는 이 백촌강 전투다. 풍장은 지난 13일 주류성의 수비를 장
수들에게 맡기고 자신은 도착한 일본 전함을 맞이하기 위해 성을 나
가 백촌으로 갔다. 이런 상황을 보면 그는 일본 전함을 타고 있었다고
생각된다. 한편 주류성의 함락은 열흘쯤 뒤로 『일본서기』에서는 9월
7일(정사일), 『통감』에서는 8일(무오일)이라고 했다.

　여기서 한 가지 의문이 있다. 백강(백촌강)에서 싸운 일본 전함에 관
련된 것이다. 그 전투에서 에치노 다쿠쓰가 전사했다. 에치노 다쿠쓰
는 풍장 호송군의 한 장수인 하타노미야쓰코 다쿠쓰秦造田來津로 한반
도로 건너간 뒤 주류성에 있었음은 지난해 말 풍장·복신 등이 피성
으로 옮겨갔을 때 반대한 인물이었다는 것에서도 알 수 있다. 그러므
로 그가 당군과 백강에서 싸운 것은 당연하다. 그러나 백강 전투에 관
련된 『일본서기』 기사의 8월 갑오일(13일) 조에서 백제왕은 "지금 대일
본국의 구원군 장수 이호하라노 기미오미盧原君臣가 군사 1만여 명을
이끌고 바다를 건너 도착했다고 한다. 장군들은 미리 준비하도록 하
라. 나는 백촌으로 가서 기다렸다가 접대하겠다"고 했고 같은 달 무신
일(27일) "일본 수군 가운데 먼저 온 부대가 대당의 수군과 싸웠다"고
한 것에 따르면 당과 신라군이 주류성을 공격할 때 웅진강 입구에 새

로 도착한 일본 배가 있던 것이 틀림없다. 앞서 인용한 문무왕의 서신에서 "이때 왜국의 수군이 백제를 도우러 와 왜선 1000척이 백사에 정박했다"고 한 것도 그 증거로 생각된다(백사白沙는 백촌白村과 같고 백강 입구 연안 지역으로 생각된다).

그렇다면 이것은 어떻게 전함이었다고 생각할 수 있을까? 앞 절에서 인용한 『일본서기』 6월 조(L)에서 "전장군 가미쓰케노노키미와카코 등이 신라의 사비기성과 노강성을 차지했다"고 한 것에 따르면 3월에 파견됐다고 한 J의 전·중·후장군들 ― 전장군 가미쓰케노노키미와카코·중장군 고세노카무사키노 오미오사巨勢神前臣譯語·후장군 아베노히케타노오미 히라부阿倍引田臣比邏夫 등 ― 은 6월에 이미 한반도로 건너온 것이다. 그런데 그 뒤 다시 전함이 파견된 것은 『일본서기』에 보이지 않으므로 당과 신라군이 주류성을 공격할 때 새로 도착한 일본의 병선이 있었다고 한 것은 이상하다.

그러나 생각해보면 3월 와카코 등의 파견에 대해 『일본서기』에서는 "2만7000명을 이끌고 신라를 공격했다"고 하면서 백제를 구원했다고 쓰지 않았다. 그리고 6월 와카코 등이 공격해 차지한 사비기성과 노강성도 신라의 성이라고 했다. 와카코 등을 파견한 것은 백제에 대한 신라의 공격 기세를 견제하기 위해 신라에 군사를 더 보낸 것으로 와카코 등이 두 성을 공격한 것도 그 때문이며, 위치를 알 수 없는 이 두 성은 신라 본토의 성이던 것 같다. 정말 그렇다면 이 군사는 당과 신라군이 주류성을 대대적으로 압박할 때 당연히 백강으로 돌아왔을 것이다. "지금 대일본국의 구원군 장수 이호하라노 기미오미가 군사 1만여 명을 이끌고 바다를 건너 도착했다"는 것은 이것을 의미하는 것이 아닐까? 나는 그렇게 상상해 앞의 의문을 해소하려고 한다.

주류성 함락 뒤 일본군이 본국으로 돌아간 것과 관련해 『일본서기』에는 호례성·침복기성·모호 등의 지명이 보인다. 특히 호례성은 백강 전투에 참가한 일본군의 근거지였던 것으로 보이지만 모두 상세하지 않다. 『일본서기』의 문맥에서 살펴보면 군산群山 이남, 김제·부안의 연해 지역이 아닐까 생각된다. 이때 풍장 등은 고구려로 도망쳤지만 그것과 반대로 일본군과 함께 행동한 백제인으로는 좌평 여자신·달솔 목소귀자·곡나진수·억례복류 등이 있었다. 여자신은 복신과 같은 때 군사를 일으킨 인물 가운데 하나다. 억례복류는 덴지 천황 4년(665) 지쿠젠筑前의 오노성大野城과 기성椽城을 쌓을 때 그 임무를 맡았다. 같은 천황 10년 여자신이 다이킨게大錦下***를 받을 때 곡나진수·목소귀자·억례복류는 각각 다이센게大山下****를 받았는데 이 세 사람은 "병법에 밝다"고 기록돼 있다. 같은 때 관위官位를 받은 백제인은 모두 50여 명으로 지난해 오노성과 기성을 축조하고 나가토노쿠니長門國에 성을 쌓은 달솔 답발춘초答㶱春初가 "병법에 밝다"고 한 것 외에 "약을 잘 안다" "오경에 밝다" "음양에 밝다" 등의 재능을 지녔다. 모두 백강 전투 때 도망친 것으로 생각된다.

---

*** 26등급에서 9위.
**** 26등급에서 15위.

## [부기 2]

백강 전투를 서술한 『일본서기』의 기사 M은 백제군의 피성 이주와 관련된 앞의 기사 G·I와 함께 백제인이 쓴 어떤 기록에 의거한 것으로 보인다. 그것은 내용과 서술 방식에서 볼 때 먼저 느껴지지만 A와 B의 사이노무라지 아지마사狹井連檳榔를 G에서는 사이노무라지狹井連(이름은 빠져 있다)라고 하고 A와 B의 하타노미야쓰코 다쿠쓰秦造田來津를 G와 M 모두 에치노 다쿠쓰朴市田來津라고 한 것, M에서 일본 쪽 기사로 생각되는 것에 보이지 않는 "대일본국에서 구원하러 온 장수 이오하라노오미大日本國之救將廬原君"라는 이름이 빠져 있는 일본의 장수를 든 것, M의 끝부분에서 "이튿날 비로소 일본으로 출항했다"고 한 뒤 그해의 기사가 빠져 있는 것 등은 그 정확한 증거로 생각된다.

G·I·M 모두 '주류周留'를 '주유州柔'라고 쓴 것도 다른 자료에는 사례가 없어 세 기사가 같은 기록에서 나왔음을 보여준다. 그렇다면 『일본서기』 편자가 이용한 기록을 남긴 주체였던 백제인도 백강 전투의 탈주자로 생각된다. G의 피성에 관련된 서술이 현재의 지형과 합치되고, I가 「신라본기」의 같은 달 기사에 대응하며, M의 주유성州柔城 공격과 함락 시점이 각각 「김유신열전」 및 『통감』과 거의 일치하는 것처럼 각 기사의 내용과 시점의 확실성이 높은 이유도 그것에 따라 설명할 수 있다.


주류성은 함락됐지만 복신이 거병한 처음부터 백제군의 본거지였던 북쪽의 임존성(지금의 대흥 부근)은 쉽게 함락되지 않았다.

- **「신라본기」**: 지수신만이 임존성에 웅거하며 의지하며 항복하지 않았다. 겨울 10월 21일부터 공격했지만 이기지 못했다. 11월 4일 군사를 돌렸다. 獨遲受信據任存城不下. 自冬十月二十一日攻之, 不克. 至十一月四日班師.

- **「김유신열전」**: 임존성만은 지세가 험하고 성이 견고하며 식량도 많아 30일 동안 공격했지만 함락시키지 못했다. 군사들이 지쳐 싸우려고 하지 않자 대왕은 "지금 성 하나를 함락시키지 못했지만 나머지 성들이 모두 항복했으니 공로가 없다고 할 수 없다"고 하고 군사를 정비해 돌아왔다. 겨울 11월 20일 도성에 이르렀다. 唯任存城, 地險城固而又粮多, 是以攻之三旬, 不能下. 士卒疲困厭兵, 大王曰, 今雖一城未下, 而諸餘城保(堡?)皆降, 不可謂無功, 乃振旅而還. 冬十一月二十日至京.

- **「문무왕의 서신」**: 주류성의 반군은 낙담해 마침내 곧바로 항복했습니다. 남쪽이 평정되자 군사를 돌려 북쪽을 정벌했는데, 임존성만이 헛되이 고집을 부리고 항복하지 않았습니다. 두 나라 군대가 힘을 합쳐 한 성을 함께 쳤지만 굳게 지키고 대항하니 무너뜨릴 수 없었습니다. 周留失膽, 遂卽降下. 南方已定, 迴軍北伐, 任存一城, 執迷不降. 兩軍併力, 共打一城, 固守拒捍, 不能打得.

곧 신라군은 10월 21일부터 10여 일 동안 임존성의 지수신을 공격했지만 이기지 못하자 11월 4일 군사를 돌려 같은 달 20일 수도로 돌아온 것이다.

**『구당서』「유인궤열전」**: 적의 우두머리 지수신은 임존성에 웅거해 항복하지 않았다. 이보다 앞서 백제의 지도자 사타상여와 흑치상지는 소정방 군이 돌아간 뒤 흩어진 유민을 모아 각각 험지에 웅거해 복신에게 호응했는데, 이때 이르러(주류성이 함락된 직후) 그 무리를 이끌고 항복했다. 유인궤는 은혜와 믿음으로 타일러 그들 스스로 자제들을 이끌고 임존성을 빼앗게 하고 군사를 나눠 도우려고 했다. 손인사가 말했다. "사타상여는 짐승 같은 마음을 지녀 믿기 어렵습니다. 무기를 주면 반란군을 도울 것입니다." 유인궤가 말했다. "내가 사타상여와 흑치상지를 보니 모두 충성스럽고 용맹하며 지략이 있어 은혜에 감복하는 사람들입니다. 나를 따르면 성공할 것이고 나를 배반하면 반드시 멸망할 것입니다. 지금이야말로 기회를 타 공로를 세울 때니 다시 의심하지 마시오." 그리고는 군량과 무기를 주고 군사를 나눠 뒤따라가 마침내 임존성을 함락시켰다. 지수신은 그 처자를 버리고 고구려로 도망쳐 투항했다. 이로써 백제의 남은 반란세력이 모두 평정됐다. 賊帥遲受信據任存城不降. 先是百濟首領沙吒相如·黑齒常之自蘇定方軍迴後, 鳩集亡散, 各據險以應福信, 至是率其衆降. 仁軌諭以恩信, 令自領子弟以取任存城, 又欲分兵助之. 孫仁師曰, 相如等獸心難信, 若授以甲仗, 是資寇兵也. 仁軌曰, 吾觀相如·常之, 皆忠勇有謀, 感恩之士. 從我則成, 背我必滅. 因機立効, 在於玆日, 不須疑也. 於是給其糧仗, 分兵隨之, 遂拔任存城. 遲受信棄其妻子走投高麗. 於是百濟之餘燼悉平.

이 기록에 따르면 유인궤는 주류성이 함락된 뒤 먼저 귀순한 임존성의 장수 사타상여와 흑치상지 등에게 지수신이 굳게 지킨 이 성을 함락시키게 했고, 지수신은 고구려로 도망쳤다. 그리고 이것은 성을 공격하는 데 성공하지 못한 신라군이 회군한 뒤인 11월 4일 이후의 일임을 「신라본기」의 기사에서 알 수 있다.

복신 등의 거병 이후 4년 넘게 이어진 백제 부흥운동은 용삭 3년

(663) 말 지수신이 임존성에서 패퇴하면서 완전히 끝났다.

『여지승람』(권20) 대흥현 고적 조: 지금 현 서쪽 13리에 옛 석성이 있는데 둘레는 5194척(1574미터)이고 안에 우물이 셋 있는데 이 성인 것 같다. 今縣西十三里, 有古石城, 周五千一百九十四尺, 內有三井, 疑此城

지금의 대흥 부근인 임존성에 대해 이렇게 서술했지만 그 성 터의 존재는 5만분의 1 실측도에 보이지 않는다. 정확한 위치는 훗날의 조사에 따라 명확해질 것으로 여겨진다.

## (9) 일본 내륙의 변경 방어

백강 전투에서 백제 부흥운동을 돕는 데 실패한 일본은 곧 변경 방어에 뜻을 뒀다.

『일본서기』 덴지 천황 3년(664): 이해 쓰시마·잇키도·쓰쿠시국 등에 방어시설과 봉화를 설치했다. 또 쓰쿠시에 큰 둑을 만들어 물을 가두고 미즈키라고 불렀다. 是歲, 於對馬嶋·壹岐嶋·筑紫國等, 置防與烽. 又於筑紫, 築大堤貯水. 名曰水城.

이것은 백강 전투 이듬해(당 고종 인덕麟德 원년, 664)의 일이다. 미즈키가 다자이후太宰府의 미즈키임은 말할 것도 없다. 그리고 성도 축조했다.

• 『일본서기』 덴지 천황 4년(인덕 2년, 665): 가을 8월 달솔 답발춘을 보

내 나가토노쿠니에 성을 쌓게 하고 달솔 억례복류와 달솔 사비복부를 쓰쿠시국에 보내 오노성과 기성을 쌓게 했다. 秋八月, 遣達率答㶱春, 築城於長門國, 遣達率憶禮福留·達率四比福夫於筑紫國, 築大野及椽二城.

- 6년(건봉 2년, 667) 11월: 이달 왜국의 다카야스성高安城, 사누키노쿠니讚吉國 야마다노코호리山田郡의 야시마성屋島城, 쓰시마노쿠니의 가나타성金田城을 쌓았다. 是月, 築倭國高安城·讚吉國山田郡屋嶋城·對馬國金田城.

특히 다자이후의 북산인 오보키산大城山에 쌓은 대야성과 남쪽인 기산基山에 축조한 기성은 미즈키와 함께 다자이후 방어를 위해 만든 것이다.[1] 축성을 감독한 백제인 달솔 답발춘과 달솔 억례복류에 대해서는 앞 절에서 서술했다. 곧 한국식 산성이 축조된 것이다. 아래 기사는 앞의 4년과 6년 조에 병합돼야 하는 사실이 다시 나온 것으로 생각된다.

9년 2월. 호적을 만들어 도적과 부랑민을 단속했다. 그때 천황은 가모군의 히사노노蒲生郡에 가서 궁터를 살펴봤다. 다카야스성을 수리하고 곡식과 소금을 비축했다. 또 나가토에 성 하나, 쓰쿠시에 성 둘을 쌓았다. 造戶籍, 斷盜賊與浮浪. 于時天皇幸蒲生郡蒲生野而觀宮地. 又修城, 積穀與鹽. 又築長門城一·筑紫城二.

당에 패배한 일본은 이처럼 퇴각해 국내에서 변경 방어를 정비했다. 말할 것도 없이 그들의 침략을 두려워했기 때문이다. 그러나 우리가 비로소 알 수 있게 된 당시의 정세에서 말하면 그것은 기우였다.

백제를 멸망시킨 뒤 여세를 몰아 고구려를 무너뜨리려고 노력하던 당은 충분하지 않은 병력으로 백제인의 반란을 진압하는 데 어려움을 겪고 있었다. 그동안 신라는 출병과 군량 수송의 명령을 받아 당을 돕고 있었지만 결코 보상 없는 수고는 하려고 하지 않았다. 그들은 백제의 옛 영토를 늘 노리고 있었다. 그랬기 때문에 당은 난을 평정한 뒤에도 일본에 공세적 태도를 고집할 수 없었다. 오히려 외교적 수단을 이용해 일본에 유화적 태도를 보였다. 자세한 것은 다음 장에서 서술하겠다.

## 2. 동란 평정 뒤 당의 조처와 신라의 백제 영토 점령

### (1) 신라와 백제의 웅진 회맹

복신의 난을 평정한 뒤 당의 장수들의 동정은 다음과 같이 기록돼 있다.

『구당서』「유인궤열전」: 백제 유민의 반란이 모두 평정되자 손인사와 유인원은 군사를 이끌고 돌아갔다. 황제는 조서를 내려 유인궤에게 군사를 거느리고 지키게 했다. 앞서 백제는 복신의 난을 겪으면서 영토가 모두 피폐해져 죽는 사람이 이어졌다. 그러자 유인궤는 시신을 수습해 매장하고 제사 지냈으며, 호구를 다시 파악하고 관서와 관원을 뒀다. 도로를 개통하고 촌락을 정비했으며, 다리를 세우고 둑을 수리해 농사를 권장했다. 가난한 사람들에게 곡식을 빌려줘 구휼하고 고아와 노인들을 보살폈다. 종묘의 금령禁令을 반포하고 황실의 사직을 세우니 백제의 남은 백성은 각자 생업에 편안히 종사해 점차 둔전을 경영하고 양식을 비축했으며 군사들을 먹여 고구려를 정벌했다. 유인원이 도성으로 돌아간 뒤 (…) 다시 유인원을 보내 군사를 이끌고 바다를 건너 그동안 수비하던 군대와 교대하게 했다. 부여융을 웅진도독으로 임명해 그 남은 백성을 다스리게 했다. (…) 이때 유인궤가 바다를 건너 서쪽으로 돌아왔다. 百濟之餘燼悉平, 孫仁師與劉仁願振旅而還. 詔留仁軌勒兵鎭守. 初百濟經福信之亂, 合境凋殘, 殭屍相屬. 仁軌始令收斂骸骨, 瘞埋弔祭之, 修錄戶口, 署置官長. 開通塗路, 整理村落, 建立橋梁, 補葺堤堰, 修復陂塘, 勸課耕種, 賑貸貧乏, 存問孤老. 頒宗廟忌諱, 立皇家社稷, 百濟餘衆, 各安其業. 於是漸營屯田, 積糧撫士, 以經略高麗. 仁願旣至京師. (…) 又遣劉仁願率兵渡海, 與舊鎭兵交代. 仍授扶餘隆熊津都督, 遣以招輯其餘衆. (…) 於是仁軌浮海西還.


이처럼 난을 평정한 뒤 손인사와 유인원은 본국으로 돌아가고 유인궤는 남아 난 이후의 여러 조처를 하면서 고구려 정벌을 준비했다. 그 뒤 유인원이 다시 새로 군사를 이끌고 왔으며 의자왕의 아들 융도 웅진도독에 임명돼 귀국하자 유인궤는 당으로 돌아갔다.


『구당서』 「백제열전」: 백제의 성들이 모두 다시 귀순했다. 손인사와 유인원 등은 군사를 이끌고 돌아갔다. 유인궤(유인원?)에게 조서를 내려 유인원(유인궤?)을 대신해 군사를 거느리고 지키게 하고 부여융을 웅진도독으로 임명해 본국(백제)으로 돌아가 신라와 화친하고 그 남은 무리를 다스리게 했다. 百濟諸城皆復歸順. 孫仁師與劉仁願等振旅而還. 詔劉仁軌(願?)代仁願(軌?)率兵鎭守, 乃授扶餘隆熊津都督, 遣還本國, 共新羅和親, 以招輯其餘衆.

"유인궤에게 조서를 내려 유인원을 대신해 군사를 거느리고 지키게 했다"는 것이 "유인원에게 조서를 내려 유인궤를 대신해 군사를 거느리고 지키게 했다"는 것의 오류임은 앞의 「유인궤열전」에 비춰 분명하며, 부여융에게 신라와 화친하게 했다는 것은 주목되는 표현이다.

유인원이 부여융과 함께 백제로 온 것은 용삭 3년 이듬해인 인덕 원년(664) 2월이다. 그때 문무왕의 동생 김인문 등은 당 고종의 칙명을 받들어 유인원·부여융과 웅진에서 동맹을 맺었다.

**「신라본기」 같은 달(문무왕 4년 2월):** 각간 김인문·이찬 천존이 당의 칙사 유인원, 백제의 부여융과 웅진에서 동맹을 맺었다. 角干金仁問·伊飡天存與唐勅使劉仁願·百濟扶餘隆, 同盟于熊津.

'동맹'은 앞의 「백제열전」에서 새로 웅진도독이 된 부여융에게 고종이 "신라와 화친하라"고 명령한 것에 해당하는 사실이 틀림없다. 곧 신라의 김인문은 칙사 유인원을 증인으로 삼아 부여융과 화친을 맹약한 것이다. 앞서 든 문무왕의 서신을 보면 이 사실의 발단은 난을 평정하기 전에서 찾을 수 있다.

임존성만이 헛되이 고집을 부리고 항복하지 않았습니다. 두 나라(당과 신라)의 군대가 힘을 합쳐 한 성을 함께 쳤지만 굳게 지키고 맞서 무너뜨릴 수 없었습니다. 신라는 곧 군사를 돌리려고 했지만 두 대부杜大夫는 "칙명에 따르면 백제를 평정한 뒤 함께 맹약하라고 했으니 임존성 하나가 아직 항복하지 않았다고 해도 함께 맹약을 맺어야 한다"고 했습니다. 신라는 "칙명에 따르면 평정한 뒤 함께 맹약해야 하니 임존성이 아직 항복하지 않았으므로 평정했다고 볼 수 없다. 또한 백제는 모든 행동이 간사해 약속을 뒤집기 일쑤니 지금 함께 맹약해도 나중에 후회할 일이 생길까 염려된다"고 판단해 회맹을 중단하자고 주청했습니다. 任存一城, 執迷不降. 兩軍幷力, 共打一城, 固守拒捍, 不能打得. 新羅卽欲廻還, 杜大夫云, 共相盟會, 任存一城, 雖未降下, 卽可共相盟誓. 新羅以爲準勅, 旣平已後, 共相盟會, 任存未降, 不可以爲旣平. 又且百濟姦詐百端, 反覆不恒, 今雖共相盟會, 於後恐有噬臍之患, 奏請停盟.

두 대부는 유인궤와 함께 주류성 공격에 참여한 두상으로 생각된다. 그때 부여융도 수군의 장수로 백강 전투에 참전했지만 — 그는 그보다 앞서 손인사와 함께 고국에 온 것으로 보인다 — 두상은 주류성이 함락된 뒤 어떤 기회에 고종의 명령으로 문무왕과 부여융 사이에 화친의 맹약을 맺게 하려고 한 것 같다. 그런데 당시 임존성의 지수신은 아직 항복하지 않았다. 한편 고종의 명령은 "난을 평정한 뒤 함께 맹약을 맺으라"는 것이었기 때문에 문무왕은 난을 평정한 뒤라는 조건을 들어 임존성이 항복하지 않은 이상 난이 평정됐다고 할 수 없다는 논거 아래 두상의 요구를 물리치고 회맹의 정지를 주청한 것이다. 이것은 신라와 백제의 화친을 의미하는 동맹의 발단이었고, 그 동맹은 다시 인덕 원년(664) 2월 부여융이 웅진도독으로 웅진에 오면서 비로소 구체화됐다. 문무왕의 서신은 다음과 같이 이어진다.

인덕 원년 다시 엄한 칙명을 내려 회맹하지 않은 것을 꾸짖으니 곧 웅령에 사람을 보내 제단을 쌓아 함께 맹약하고 마침내 그곳을 두 나라의 경계로 삼았습니다. 회맹한 일은 바란 것이 아니었지만 감히 칙명을 어길 수 없었습니다. 至麟德元年, 復降嚴勅, 責不盟誓, 卽遣人於熊嶺, 築壇共相盟會, 仍於盟處, 遂爲兩界. 盟會之事, 雖非所願, 不敢違勅.


이것이 유인원을 증인으로 삼아 김인문과 부여융 사이에 이뤄진 웅진 동맹이다. 웅령은 공주읍 북쪽에 솟은 공산公山으로 생각된다.

이듬해 인덕 2년 8월에 이르러 동일한 맹약이 다시 맺어졌다.


• 「신라본기」 문무왕 5년(665): 가을 8월 왕이 칙사 유인원, 웅진도독 부여융과 함께 웅진 취리산에서 맹약했다. 秋八月, 王與勅使劉仁願·熊津都督扶餘隆, 盟于熊津就利山.

• 「문무왕의 서신」: 다시 취리산에 제단을 쌓아 칙사 유인원과 마주보고 피를 마시면서 산하를 두고 서로 맹약했습니다. 경계를 획정하고 표지를 세워 영원히 강역으로 삼아 백성이 살면서 생업을 영위하기로 했습니다. 又於就利山築壇, 對勅使劉仁願, 歃血相盟, 山河爲誓. 畫界立封, 永爲疆界, 百姓居住, 各營產業.


곧 이때는 문무왕이 직접 맹세한 것이지만 "경계를 획정하고 표지를 세워 영원히 강역으로 삼았다"는 표현은 주의할 필요가 있다. 신라 쪽의 이런 기사보다 훨씬 상세한 것은 『책부원귀』(권981 외신부 26, 맹서盟誓)의 기사로 『구당서』 「백제열전」과 거의 같다.


『책부원귀』: 고종 인덕 2년(665) 8월 개부의 동삼사 신라왕 김법민(문무왕)과 웅진도위(독?) 부여융이 백제 웅진성에서 맹약을 맺었다. (…) 소정방이 백제를 평정한 뒤 철수하자 남은 무리가 다시 반란을 일으켰다. 진수사 유인궤와 유인원 등은 몇 년 동안 경략해 점차 평정했다. 부여융에게 조서를 내려 돌아가 남은 무리를 위무하고 신라와 화친하도록 명령했다. 이때 이르러 백마를 잡아 맹세하고 먼저 하늘과 땅, 산과 계곡의 신에게 기도한 뒤 피를 마셨다. 그 맹약문은 다음과 같다. "(…) 전 백제 태자 사가정경 부여융을 웅진도독에 임명하니 그 제사를 지키고 그 고향을 보호하며 신라에 의존해 길이 이웃 나라가 돼 서로 묵은 감정을 없애고 화친을 맺어 공손히 칙명을 받아 영원히 복종하라. 이제 사신으로 우위위장군 노성현공 유인원을 보내 직접 만나 권유하고 뜻을 갖춰 전달하니 혼인으로 약속하고 맹세로 선포하며, 희생을 잡아 피를 마셔 언제나 돈독하고 재해와 걱정을 나누며, 서로 도와 형제처럼 우애 있게 지내고 황제의 말을 공손히 받들어 소홀히 하지 말라. 맹세한 뒤 함께 어려움을 이겨내며, 맹약을 배반하고 덕을 훼손해 군사를 일으켜 변방을 침범하면 신명께서 감독해 모든 재앙이 내려 자손이 자라지 않고 사직을 지키지 못해 혈통이 끊어져 남은 사람이 없을 것이다. 그러므로 철로 만든 책에 금으로 글씨를 써 종묘에 보관해 자손만대에 이르도록 어기지 말라. 신께서 들으시고 흠향하고 복을 내려주실 것이다." 이 글은 유인궤가 지었다. 피를 마신 뒤 책과 희생·폐백을 단 아래 북쪽 땅王地에 묻고 그 책은 신라의 종묘에 소장했다. 이때 유인궤는 신라·백제·탐라·왜인 네 나라의 사신을 이끌고 바다를 건너 서쪽으로 돌아가 태산 아래 도착했다. 高宗麟德二年八月, 開府儀同三司新羅王金法敏·熊津都尉扶餘隆, 封于百濟之熊津城. (…) 及蘇定方旣平百濟軍廻, 餘衆又叛. 鎭守使劉仁軌·仁願等, 經略數年, 漸平之. 詔扶餘隆歸撫餘衆, 及令與新羅和好. 至是, 刑白馬而盟, 先祀神祇及川谷之神, 而後歃血. 其盟文曰, (…) 故立前百濟太子·司稼正卿扶餘隆, 爲熊津都督, 守其祭祀, 保其桑梓, 依倚新羅, 長爲與國, 各除宿憾,

結好和親, 恭承詔命, 永爲藩服. 仍遣使人右威衛將軍·魯城縣公劉仁願, 親臨勸諭, 具宣成旨, 約之以婚姻, 申之以盟誓, 刑牲歃血, 共敦終始, 分災恤患, 恩若兄弟, 祗奉綸言, 不敢失墜. 旣盟之後, 共保歲寒. 若有背盟, 二三其德, 興兵動衆, 侵犯邊陲, 明神監之, 百殃是降, 子孫不育, 社稷無守, 禋祀磨滅, 罔有遺餘. 故作金書鐵券, 藏之宗廟, 子孫萬代, 無敢違犯, 神之聽之, 是享是福. 劉仁軌之辭也. 歃訖, 埋書牲幣於壇之壬地, 藏其書於新羅之廟. 於是仁軌領新羅·百濟·耽羅·倭人四國使, 浮海西還, 以赴太山(泰山)之下.

이번의 회맹지는 웅진의 취리산이었다. 『여지승람』(권17) 공주 고적 조에서 "취리산은 주 북쪽 6리(2.4킬로미터)에 있다就利山在州北六里"고 한 산으로 공주와 금강을 가르는 웅진도熊津渡 북안에 솟은 연미산鷰眉山 에 비정된다. 마에다前田 후작侯爵 가문에 소장된 『천지서상지天地瑞祥 志』(권20)에도 이 회맹문이 실려 있는데, 취리산의 주석에서는 회맹 이 전 이름은 난산이었지만 행사를 축하하기 위해 취리산으로 고쳤다고 밝혔다.[2]

그 산은 백제 땅에 있는데 회맹한 뒤 난산을 취리산으로 고쳤다. 지마현 에 있다. 山, 百齊(濟)地也, 由盟, 改亂山爲就利山. 在只馬縣也.

또 회맹문을 지은 사람은 유인궤라고 했다. 앞서 든 『구당서』 「유인 궤열전」에 따르면 그는 인덕 원년(664) 새로 온 유인원과 교대해 본국 으로 돌아갔다, 2년 8월 취리산에서 회맹하기 전 다시 백제에 왔다는 것은 그의 열전과 「백제열전」에 모두 보이지 않지만 다시 온 것이 틀 림없다. 그것은 그가 맹약문의 지었다고 했을 뿐 아니라 회맹한 뒤 신

라·백제·탐라·왜인 네 나라의 사신을 이끌고 서쪽으로 돌아갔다고
했으므로 분명하다.

본국인 당으로 돌아간 유인궤가 네 나라의 사신과 함께 태산에 간
것은 「유인궤열전」에도 보인다.

인덕 2년(665) 태산에서 봉제를 올렸다. 유인궤는 신라·백제·탐라·왜
네 나라의 대표를 이끌고 가서 참석했다. 麟德二年, 封泰山. 仁軌領新羅及
百濟·耽羅·倭四國酋長赴會.

그러나 이것이 회맹과 특별한 관계가 있는 것은 아니다. 지난해 7월
고종은 2년 뒤인 인덕 3년 정월 태산岱宗에서 봉제를 올릴 것을 천하
에 알리면서 각주의 도독·자사는 2년 12월 태산 아래 모이고 여러 왕
은 10월 동도東都에 모이도록 했다. 이렇게 예정된 봉선은 계획대로 치
러졌다.

『책부원귀』. 인덕 2년 10월 정묘일 황제는 동도를 떠나 동악으로 갔다.
따르는 문관·무관·군사와 의장·기물이 수백 리에 이어졌고 진영의 막
사가 들판에 가득했다. 돌궐·우전·파사·천축국·계빈·오장·곤륜·왜
국과 신라·백제·고려 등 여러 번의 추장은 각각 자신의 시종과 장막·
소·양·낙타·말을 이끌고 도로를 메웠다. (…) 12월 병오일 제주에 이르
러 열흘 동안 머물렀다. 병진일 영암돈을 떠나 태악 아래 이르렀다. 경
신일 황제는 행궁의 장막에 거둥해 신하들의 조회를 받았다. 건봉 원년
(666) 정월 무진일 초하루 태산의 봉선제를 치르는 제단에서 하늘의 상
제에게 직접 제사드렸다. 麟德二年十月丁卯, 帝發東都, 赴東嶽. 從駕文武兵

士及儀仗法物, 相繼數百里, 列營置幕, 彌亘郊原. 突厥·于闐·波斯·天竺國·
罽賓·烏萇·昆侖·倭國及新羅·百濟·高麗等諸蕃酋長, 各率其屬扈從, 穹廬氈
帳及牛羊駝馬, 塡候道路. (…) 十二月丙午, 至齊州, 停十日. 丙辰, 發靈巖頓, 至
於泰岳之下. 庚申, 帝御行宮牙帳, 以朝群臣. 乾封元年正月戊辰朔, 有事於泰山,
親祠昊天上帝於封祀之壇.**3**

인덕 2년 8월 취리산에서 신라와 백제의 화친을 맹세케 한 유인궤
는 신라·백제·탐라·왜 네 나라 사신들을 이끌고 본국으로 돌아가 태
산에 가서 "옛부터 지금까지 제왕의 봉선 가운데 이처럼 성대한 것은
없었다古來帝王封禪, 未有若斯之盛者也"고 평가된 이 의식에 참석했다. 특히
네 나라 사신들과 함께 간 것은 대국의 융성함을 그들에게 보여주려
는 것으로 생각된다. 지난 용삭 3년(663) 백강 전투를 서술한 『구당서』
「유인궤열전」에서는 "왜인들과 탐라국 사신이 모두 항복했다"고 했다.
태산에 간 탐라와 왜 사신은 그 뒤 웅진에 머물렀던 사람들이 아닐까
생각된다.

## (2) 백제 영토의 획정

신라 문무왕과 웅진도독 부여융의 취리산 회맹은 문무왕의 서신에
서 "경계를 획정하고 표지를 세워 영원히 강역으로 삼아 백성이 살면
서 생업을 영위하게 했다"고 한 것처럼 각각 영토를 획정해 서로 침범
하지 않겠다고 약속한 것이었다. 맹약문에서 "서로 묵은 감정을 없애
고 화친을 맺었다"는 것으로 회맹의 요지는 그밖에 다른 것이 아니었
다. 그렇다면 실제적인 문제로 웅진도독이 관할한 백제의 영역, 곧 당
의 직할령은 어떻게 구획됐는가 하는 것은 역사에 아무 기록이 없다.

그러나 『삼국사기』(권36) 「지리지」 끝부분을 보면 고구려 정벌 전쟁 동안 그것과 특별한 관계가 있는 고구려 성들의 이름을 4항목으로 나눠 실었다.


- 압록강 이북의 아직 항복하지 않은 11성鴨綠水以北未降十一城.
- 압록강 이북의 이미 항복한 11성鴨綠水以北已降十一城.
- 압록강 이북의 도망친 7성鴨淥江以北逃城七.
- 압록강 이북의 공격해 차지한 3성鴨淥以北打得城三.


그런 뒤 계속해서 이름을 밝히지 않은 1도독부와 7주의 이름을 그것들이 거느린 현과 함께 들었다.


1도독부 13현.

우이현. 신구현. 윤성현(본래 열이). 인덕현(본래 고량부리). 산곤현(본래 신촌). 안원현(본래 구시파지). 빈문현(본래 비물). 귀화현(본래 마사량). 매라현. 감개현(본래 고막부리). 내서현(본래 내서혜). 득안현(본래 덕근지). 용산현(본래 고마산). 都督府一十三縣. 嵎夷縣. 神丘縣. 尹城縣, 本悅已. 麟德縣, 本古良夫里. 散昆縣, 本新村. 安遠縣, 本仇尸波知. 賓汶縣, 本比勿. 歸化縣, 本麻斯良. 邁羅縣. 甘蓋縣, 本古莫夫里. 奈西縣, 本奈西兮. 得安縣, 本德近支. 龍山縣, 本古麻山.

동명주의 4현.

웅진현(본래 웅진촌). 노신현(본래 아로곡). 구지현(본래 구지). 부림현(본래 벌음촌). 東明州四縣. 熊津縣, 本熊津村. 鹵辛縣, 本阿老谷. 久遲縣, 本仇知. 富林縣, 本伐音村.

지심주의 9현.

기문현(본래 금물). 지심현(본래 지삼촌). 마진현(본래 고산). 자래현(본래 부수지). 해례현(본래 개리). 고로현(본래 고마지). 평이현(본래 지류). 산호현(본래 사호살). 융화현(본래 거사물). 支潯州九縣. 己汶縣, 本今勿. 支潯縣, 本只彡村. 馬津縣, 本孤山. 子來縣, 本夫首只. 解禮縣, 本皆利伊. 古魯縣, 本古麻只. 平夷縣, 本知留. 珊瑚縣, 本沙好薩. 隆化縣, 本居斯勿.

노산주의 6현.

노산현(본래 감물아). 당산현(본래 구지지산). 순지현(본래 두시). 지모현(본래 지마마지). 오잠현(본래 마지사). 아착현(본래 원촌). 魯山州六縣. 魯山縣, 本甘勿阿. 唐山縣, 本仇知只山. 淳遲縣, 本豆尸. 支牟縣, 本只馬馬知. 烏蠶縣, 本馬知沙. 阿錯縣, 本源村.

본래 고사부리인 고사주의 5현.

평왜현(본래 고사부촌). 대산현(본래 대시산). 벽성현(본래 벽골). 좌찬현(본래 상두). 순모현(본래 두내지). 古四州, 本古沙夫里, 五縣. 平倭縣, 本古沙夫村. 帶山縣, 本大尸山. 辟城縣, 本辟骨. 佐贊縣, 本上杜. 淳牟縣, 本豆奈只.

본래 호시이성인 사반주의 4현.

모지현(본래 호시이촌). 무할현(본래 모량부리). 좌로현(본래 상로). 다지현(본래 부지). 沙泮州, 本號尸伊城, 四縣. 牟支縣, 本號尸伊村. 無割縣, 本毛良夫里. 佐魯縣, 本上老. 多支縣, 本夫只.

본래 죽군성인 대방주의 6현.

지류현(본래 지류). 군나현(본래 굴내). 도산현(본래 추산). 반나현(본래 반내부리). 죽군현(본래 두힐). 포현현(본래 파로미). 帶方州, 本竹軍城, 六縣. 至留縣, 本知留. 軍那縣, 本屈奈. 徒山縣, 本抽山. 半那縣, 本半奈夫里. 竹軍縣, 本豆肹. 布賢縣, 本巴老彌.

본래 파지성인 분차주의 4현.

귀단현(본래 구사진혜). 수원현(본래 매성평). 고서현(본래 추자혜). 군지현.
分嵯州, 本波知城, 四縣. 貴旦縣, 本仇斯珍兮. 首原縣, 本買省坪. 皐西
縣, 本秋子兮. 軍支縣.


이 1도독부와 7주는 「지리지」에 아무 설명도 없어 한 번 봐서는 알
수 없다. 그러나 그 내용을 검토하면 이것이야말로 우리가 문제로 삼
은 당 웅진도독부의 관할구역을 보여주는 정말 귀중한 사료다.

1) 이름이 밝혀져 있지 않은 도독부는 웅진도독부가 분명하고 나머
지 7주는 거기 소속된 것이다. 도독부 직속의 13현 가운데 12번째에
"득안현(본래 덕근지)"이 보인다. 지난 현경 5년(660) 당이 백제 옛 땅에
설치한 5도독부 가운데 하나가 덕안이다. 그 둘은 같은 곳으로 지금의
충청남도 은진恩津 동남쪽 12리(4.7킬로미터)에 있는 옛 덕은에 비정된
다는 것은 앞 장 7절에서 서술했다.

2) 동명주는 백제가 멸망한 뒤 당이 5도독부의 하나인 동명도독부
를 설치한 곳으로 생각되지만 그 위치는 알 수 없다. 그러나 소속된
4현 가운데 첫 번째로 든 '웅진현(본래 웅진촌)'은 공주 서북쪽, 금강 좌
안에 있는 지금의 웅진도渡 같다. 다른 세 현도 주 치소와 함께 금강
북쪽에 있던 것으로 보인다.

3) 지심주에 소속된 9현 가운데 처음은 '기문현(본래 금물)'이고 마
지막은 '융화현(본래 거사물)'이다. 기문현은 『일본서기』 게이타이 천황
7년(513) "기문과 대사를 백제국에 줬다以己汶·帶沙, 賜百濟國"고 한 기문
과 같은 지명인 것 같고 지금 섬진강의 당시 이름은 대사강帶沙江이므
로 대사와 함께 이 하천 유역으로 생각된다. 융화현의 옛 이름인 거사

물은 「지리지」에 임실군의 속현으로 고려시대의 거령현居寧縣이 있으므로 지금의 전라북도 남원과 장수를 연결하는 도로의 중간인 노단리 부근에 해당한다(앞 장 7절에서 서술). 따라서 지심주는 전라도 동남부의 한 지역이 틀림없다. 지금의 남원으로 생각된다. 남원은 백제 때 고룡군古龍郡으로 불린 그 방면의 요지다. 그 때문에 신라 신문왕神文王은 그곳에 소경을 설치했다.

4) 노산주의 본래 이름은 나와 있지 않다. 소속된 6현 가운데 첫 번째가 '노산현(본래 감물아)'인데 「지리지」 임피군 조에서 "함열현은 본래 백제 감물아현咸悅縣, 本百濟甘勿阿縣"이라고 했으므로 주 이름과 동일한 노산현은 금강 하류 남쪽에 위치한 지금의 함열이다. 그러나 다른 사례에서 미뤄보면 주 치소는 소속된 현들과 모두 위치가 다른 것 같다. 그러므로 노산주를 노산현과 같은 곳으로 볼 수는 없다. 노산주는 이 방면의 요지로 빠뜨릴 수 없는 전주에 비정할 수 있지 않을까?

5) 고사주는 지금의 고부다. 이것은 본래 이름이 고사부리라고 한 데서 분명하다. 곧 앞 장 3절에서 인용한 『자치통감』의 고사古泗다. 소속된 5현 가운데 첫 번째는 복신의 난과 관계된 것으로 생각되는 '평왜현(본래 고사부촌)'이고 세 번째는 지금의 김제에 비정되는 '피성현(본래 피골)'이다.

6) 사반주의 본래 이름은 호시이성이다. 소속된 4현 가운데 두 번째는 '무할현(본래 모량부리)'이고 세 번째는 "좌로현(본래 상로)"이다. 그런데 백제의 군·현 이름을 든 「지리지」의 다른 장에서는 "무시이군武尸伊郡·상로현上老縣·모량부리현毛良夫里縣·송미지현松彌知縣"으로 돼 있기 때문에 호시이는 무시이가 틀림없다. 그리고 무시이가 전라남도 서북부인 지금의 영광이라는 것은 다음 기록에서 알 수 있다.

「지리지」(권36) 무령군 조. 무령군은 본래 백제 무시이군으로 경덕왕이 이름을 고쳤다. 지금의 영광군이다. 武靈郡, 本百濟武尸伊郡, 景德王改名. 今靈光郡.

따라서 사반주(호시이성)은 영광에 비정된다. 좌로현의 옛 이름인 상로와 무할현의 옛 이름인 모량부리는 「지리지」의 해당 조에 "장사현은 본래 백제 상로현이다. (…) 고창현은 본래 백제 모량부리현長沙縣, 本百濟上老縣. (…) 高敞縣, 本百濟毛良夫里縣"이라고 기록돼 있다. 상로는 『여지승람』(권36, 무장현茂長縣 고적)에서 "옛 장사는 지금의 치소 북쪽 20리(7.9킬로미터)에 있는데 옛 성터가 있다古長沙, 在今治北二十里, 有石城基"고 했는데, 모량부리는 지금의 고창이다.

7) 대방주의 본래 이름은 죽군성이다. 소속된 6현 가운데 다섯 번째는 '죽군현(본래 두힐)'이다. 「지리지」의 다른 장을 참조하면 백제 발라군發羅郡의 속현 가운데 두힐현이 있는데 발라군은 지금의 전라남도 나주, 두힐현은 고려시대의 회진현會津縣이다. 그리고 회진현은 『여지승람』(권35, 나주 고적)에서 나주 서쪽 15리(5.9킬로미터)에 있다고 했으므로 영산강 우안으로 고막원천古幕院川이 합류하는 지점 바로 앞의 죽산리 부근에 해당한다. 그곳이 대방주의 한 현인 죽군현이다. 나주는 이 방면의 요지이므로 본래 이름을 죽군성이라고 한 대방주의 치소는 나주에 비정할 수 있다.

8) 분차주는 지금의 전라남도 낙안樂安이다. 「지리지」에서 "분령군은 본래 백제 분차군인데 경덕왕이 이름을 바꿨다. 지금의 낙안군分嶺郡, 本百濟分嵯郡, 景德王改名. 今樂安郡"이라고 한 데서 알 수 있다.

지금까지의 비정에 따르면 도독부와 7주의 위치는 다음과 같다.

1) 도독부　충청남도 공주

2) 동명주　충청남도 금강 북쪽(?)

3) 지심주　전라북도 남원(?)

4) 노산주　전라북도 전주(?)

5) 고사주　전라북도 고부

6) 사반주　전라남도 영광

7) 대방주　전라남도 나주(?)

8) 분사주　전라남도 낙안


부·주에 소속된 현은 모두 51개다. 정확히 현재의 지명에 해당되는 것은 앞서 설명한 대로 작은 부분에 지나지 않는다. 그러므로 도독부와 동명주 이하 7주의 전체 관할구역을 명확히 보여줄 수는 없지만 대체로 충청남도 남쪽 절반과 전라남·북도 전체라는 것은 거의 분명하다.

취리산 회맹 때 당의 웅진도독 부여융이 다스리면서 백제의 제사를 지키고 옛 백성을 안정시킨 지역은 이랬다. 그리고 이 영토는 대체로 이 논문의 첫 부분에서 인용한 『구당서』 「백제열전」에서 "그 나라는 예전에 5부로 나뉘어 37군, 200성, 76만 호를 거느렸다"고 한 백제 멸망 당시의 영역 — 당이 5도독부를 설치한 — 과 비슷한 것으로 생각된다. 앞의 「지리지」 기록은 그 무렵의 강역을 살필 수 있는 사료다.

### (3) 신라의 백제 영토 점령 — 웅진도독부의 몰락

현경 5년(660) 당이 신라와 협력해 백제를 멸망시킨 것은 북부를 지배한 고구려를 고립시키기 위한 것이었다. 이듬해 용삭 원년(661) 소정방은 대군을 이끌고 평양성을 압박해 반년 동안 포위해 공격했지만 끝내 함락시키지 못했다. 그리고 그 뒤 웅진과 사비에 있던 당의 수비군은 백제 유민의 반란으로 어려움을 겪었다. 난이 평정되자 유인궤는 표문을 올렸다.

폐하께서 [고구려를] 멸망시키려고 하신다면 백제의 영토를 포기해서는 안 됩니다. 부여풍은 북쪽(고구려)에 있고 부여용(부여융의 동생)은 남쪽(일본)[4]에 있습니다. 백제와 고구려는 예전부터 서로 연합해 도왔으며, 왜인은 멀리 있지만 서로 영향을 주고 있으니 군사가 없으면 도로 한 나라를 이룰 것입니다. 陛下若欲殄滅高麗, 不可棄百濟土地. 餘豐在北, 餘勇在南, 百濟·高麗舊相黨援, 倭人雖遠, 亦相影響, 若無兵馬, 還成一國.

이것은 매우 타당한 말이었다. 그 결과 고종은 유인원에게 군사를 줘 바다를 건너게 하고 부여융을 돌려보내 백제의 남은 백성을 안정시키게 했다.[5]

부여융을 웅진도독에 임명하고 그 강역을 획정하며 신라와 화친을 맹세하게 한 고종의 조처는 얼핏 보기에 매우 절묘한 것으로 보인다. 부여융에게 백제의 제사를 지키고 옛 백성을 안정시키게 하면 반란은 다시 일어나지 않을 것으로 생각됐다. 신라에게 화친을 맹세하게 하면 신라는 부여융의 영토를 침범하지 않을 것으로 여겨졌다. 그렇게 하면 당은 많은 병력을 동원하지 않고 사실상 그 땅을 영유할 수 있을 것이었다. 고종은 이런 생각에서 조처한 것으로 보인다. 그러나 신라는 백제의 옛 땅에 대해 누르기 어려운 욕망을 품고 있었다. 부여융과 화친한 것은 결코 그들이 바란 것이 아니었다. 그러므로 그 뒤 문무왕이

"회맹한 일은 바란 것이 아니었지만 감히 칙명을 어길 수 없었다"고 말한 것처럼(앞서 든 문무왕의 서신) 고종의 강요 때문에 어쩔 수 없이 회맹한 것이다. 이런 측면에서 고종의 교묘한 조처는 교묘하기는 하지만 그만큼 무리가 많은 것이었다. 형식적으로 백제를 부흥시킨 웅진도독부의 존재는 결코 오래갈 수 없는 것이었다.

『구당서』「백제열전」: 인덕 2년(665) 8월 부여융은 웅진성에 이르러 신라왕 법민(문무왕)과 백마를 잡아 놓고 맹약했다. 먼저 하늘과 땅, 산과 계곡의 신에게 기도한 뒤 피를 마셨다. 그 맹약문은 다음과 같다. (…) 피를 마신 뒤 단 아래 길지에 폐백을 묻고 맹약서는 신라의 종묘에 간직했다. 유인원과 유인궤 등이 돌아가자 부여융은 신라를 두려워해 곧 당의 수도로 돌아왔다. 麟德二年八月, 隆到熊津城, 與新羅王法敏刑白馬而盟. 先祀神祇及川谷之神, 而後歃血. 其盟文曰. (…) 歃訖, 埋幣帛於壇下之吉地, 藏其盟書於新羅之廟. 仁願·仁軌等既還, 隆懼新羅, 尋歸京師.

취리산 회맹 뒤 유인궤가 귀국하자 — 유인궤만 돌아갔고 유인원은 남아서 수비했다 — 마침내 부여융도 장안으로 돌아갔는데 신라를 두려워했기 때문이라고 했다. 신라는 어떤 수단을 사용해 부여융을 축출한 것으로 여겨진다. 회맹 뒤 오래지 않아 신라는 철로 만든 책에 금으로 글씨를 써 종묘에 간직했던 맹약서를 절반쯤 훼손한 것이다.

인덕 2년 다음 해는 봉선을 치른 건봉 원년(666)이다. 그해 12월 당 고종은 영국공英國公 이적을 요동도 행군대총관으로 삼아 고구려 정벌의 대군을 일으키고 백제의 진장 유인원에게는 신라군과 함께 평양으로 진격하라고 명령했다.

 

「신라본기」 문무왕 7년(건봉 2년, 667): 머물러 지키던 당의 장군 유인원이 천자의 칙명을 전달하면서 고구려 정벌을 도우라고 하고 문무왕에게 대장군의 깃발과 부절을 내려줬다. (…) 고종은 유인원과 김인태(문무왕의 동생)에게 비열도를 따라 행군하게 하고 우리 군사를 징발해 다곡도와 해곡도를 따라 평양에서 모이게 했다. 唐留鎭將軍劉仁願傳宣天子勅命, 助征高句麗, 仍賜王大將軍旌節. (…) 高宗命劉仁願·金仁泰, 從卑列道, 又徵我兵, 從多谷·海谷二道, 以會平壤.

이 칙명에 관련된 기사가 앞의 것은 연말, 뒤의 것은 7월로 돼 있는 것은 믿기 어렵다. 모두 연초에 둬야 할 것이다. 원정을 도우라는 명령을 받은 문무왕은 가을 8월 김유신 등 장군 30명을 따라 왕경을 출발해 한성정漢城停(경기도 광주)·칠중성(경기도 적성)·수곡성水谷城(황해도 신계 남쪽 20리[7.9킬로미터]에 있는 침교리砧橋里)을 거쳐 장새(황해도 수안)까지 진군했다. 이 진군로는 고종의 칙명에서는 '해곡도'라고 했는데 '수곡도'의 오기다. 이보다 앞서 그해 봄부터 이적은 요동의 고구려 성들을 공격해 함락시켰다. 그리고 초겨울이 되자 평양성 북쪽 200리(중국 단위, 39.3킬로미터) 되는 곳까지 왔다. 한성정에 잠시 주둔하면서 당군의 소식을 살펴본 신라군은 앞서 서술한 대로 칠중성 이북까지 진격했는데, 이적이 보낸 사신이 도착함에 따라 이 일을 알게 됐기 때문이다. 그런데 얼마 뒤 이적은 요동으로 돌아갔다. 장새에 이른 신라의 선봉군이 그 소식을 들은 것은 11월 11일이었다. 그러자 그들은 곧바로 군대를 돌렸다. 문무왕도 수곡성에서 돌아왔다.6

해가 바뀌어 총장 원년(668) 문무왕은 바닷길로 사신을 요동에 보내 자국의 출병과 관련해 특히 이적의 지휘를 바랐지만, 5월 고종의 칙명을 받은 유인궤가 서해의 당항진에 왔다(당항진은 지금의 남양 부근). 유인궤는 요동도 부대총관副大總管, 곧 고구려 정벌의 부사령관이었는데, 문무왕은 동생 인문을 보내 영접했다. 유인궤는 다시 평양으로 출병하라고 명령하고 떠났다.[7]

이때 백제의 진장 유인원은 갑자기 고구려로 쳐들어가 대곡군과 한성군의 12성을 점령했다. 그리고 그 소식을 신라에 알리자 신라는 인문·천존·도유都儒 등에게 일선주—善州(경상북도 선산) 등 7군과 한성주(경기도 광주)의 군사를 이끌고 유인원의 진영으로 가게 했다. 유인원이 점령한 고구려의 대곡군은 황해도 평산이고 한성군(일명 식성군息城郡)은 재령으로 처음 고종이 출병을 명령했을 때(앞서 서술) 말한 다(대)곡도에 해당하는 곳이다. 고종의 이 칙명에 따라 유인원은 이미 지난해(건봉 2년, 667) 신라군과 함께 평양으로 진격했는데, 비열도를 이용하라는 명령을 받았다. 비열도는 북한강 유역에서 철령을 넘어 비열홀, 곧 지금의 안변으로 내려와 덕원에서 왼쪽으로 꺾어져 평양에 이르는 길로 생각된다. 그런데 무슨 일인지 유인원은 명령대로 행동하지 않았다. 그리고 신라군의 출동에 앞서 갑자기 대곡도로 북진해 고구려의 성들을 점령한 것이다. 이것은 당항진에 와서 신라의 출병을 지시한 유인궤가 유인원의 출병도 재촉했기 때문으로 생각된다.[8]

한편 신라의 문무왕은 6월 27일 왕경을 출발해 7월 16일 한성주로 들어와 여러 주의 총관이 이끈 대군을 평양으로 진격시켰다. 진군로는 앞서와 마찬가지로 수곡도(삭녕-수안 가도)를 이용한 것 같다. 신라군은 영류산嬰留山 아래 이르러 고구려군을 사천 들판蛇川之原에서 무찔렀다. 영류산은 평양성 동북쪽에 우뚝 솟은 큰 산성으로 유명한 대성산大聖山이고, 사천은 두 성 사이의 평지를 흘러 대동강과 만나는 합장강

 

이다. 그리고 신라군은 이적 군과 함께 평양을 포위해 9월 12일 마침내 함락시켰다.[9]

유인원은 지금의 운남성雲南省 요안현姚安縣인 요주에 유배됐다.

**『자치통감』 같은 해 8월. 신유일(9일):** 비열도 행군총관 우위위장군 유인원은 고구려 정벌을 지연한 죄로 요주에 유배됐다. 卑列道行軍摠管右衛衛將軍劉仁願坐征高麗逗留, 流姚州.


앞서 서술한 대로 행동한 그는 평양성이 함락되기 한 달 전 정벌을 지연한 죄로 유배된 것이다. 비열도 행군총관이던 유인원의 지연은 작년 일이고, 다음 해 유인궤가 당항진에 오자 바로 출동한 사정도 이것에 따라 설명할 수 있다.[10]


당은 고구려를 멸망시킨 뒤 평양에 안동도호부를 설치하고 유인궤에게 다스리게 했다. 그 뒤 함형 원년(670) 정월 유인궤가 관직에서 물러나자 고구려의 옛 장수 검모잠은 도호부의 수비가 허술한 것을 틈타 군사를 일으켜 옛 수도인 평양을 탈취해 멸망한 나라를 다시 세우려고 했다. 그러자 신라는 군사 2만을 대동강 밖으로 보내 이 반란을 도왔는데, 그 목적은 말할 것도 없이 당의 세력을 한반도에서 축출하려는 것이었다. 그러나 요동 방면에서 당군이 와서 공격하자 신라군은 대동강 안으로 물러났고 검모잠도 대동강 안으로 진입했다. 마침내 검모잠은 신라 내륙에서 한성(황해도 재령)으로 맞이해 온 고구려의 왕족 안승安勝(안순安舜)에게 살해됨으로써 그의 고구려 부흥운동은 실패로 끝났다.[11] 한편 유인원은 인덕 2년(665) 취리산 회맹 이후 백제에 있던 유일한 진장이었지만 고종은 평양성 함락에 앞서 그를 유배시킨 뒤 새 진장을 보내지 않았다. 검모잠의 반란을 도운 신라는 그러자 곧 백제에 손을 뻗쳤다.

함형 원년(670) 검모잠의 반란을 도운 신라는 그해 가을부터 이듬해 2년 가을까지 백제 옛 땅을 공격해 차지했다.


「신라본기」 문무왕 10년(함형 원년, 670): 가을 7월 왕은 백제의 남은 무리가 배반할 것을 의심해 대아찬 유돈을 웅진도독부에 보내 화친을 요청했다. [도독부는 그 요청에] 따르지 않고 곧 사마司馬 칭군稱軍(백제인의 이름. 예군禰軍으로도 씌어 있다)을 보내 엿보게 했다. 왕은 [도독부가] 신라를 공격하려는 것을 알고 칭군을 붙잡아 보내지 않았으며 군사를 일으켜 백제를 토벌했다. 품일·문충·중신·의관·천관 등은 63성을 점령하고 그곳 사람들을 신라 영토로 이주시켰다. 천존과 죽지 등은 7성을 빼앗고 2000명을 죽였다. 군관과 문영은 12성을 빼앗고 적병狄兵을 공격해 7000명을 죽였으며 말과 무기도 매우 많이 노획했다. 왕은 돌아온 뒤 중신·의관·달관·흥원 등은 □□사寺 군영에서 퇴각해 죄가 사형에 해당됐지만 사면하고 관직에서 물러나게 했다. 창길우爸吉于□□□□일− 등에게 각각 급찬의 위계를 주고 차등 있게 곡식을 하사했다.

문무왕 11년(함형 2년) 봄 정월 군사를 동원해 백제를 침략했는데, 웅진 남쪽 전투에서 당주 부과가 전사했다. (…) 당군이 백제를 구원하러 온다는 소식을 듣고 대아찬 진공과 아찬□□□□을 보내 옹포를 지키게 했다.

6월 장군 죽지 등을 보내 군사를 이끌고 백제 가림성(충청북도 임천)의 벼를 짓밟게 했다. 마침내 당군과 석성에서 싸워 5300명을 죽이고 백제 장군 2명과 당 과의果毅 6명을 포로로 잡았다.

[7~8월 사이] 소부리주(충청남도 부여)를 설치하고 아찬 진왕을 도독으로 임명했다. 秋七月, 王疑百濟殘衆反覆, 遣大阿飡儒敦於熊津都督府請和. 不從, 乃遣司馬禰軍窺覘. 王知謀我, 止禰軍不送, 擧兵討百濟. 品日·文忠·衆臣·義官·天官等攻取城六十三, 徙其人於內地. 天存·竹旨等取城七, 斬首二千. 軍官·文潁取城十二, 擊狄兵, 斬首七千級, 獲戰馬·兵械甚多. 王還, 以衆臣·義官·達官·興元等□□寺營退却, 罪當死, 赦之免職. 倉吉于□□□□一, 各授位級飡, 賜租有差. 文武王十一年春正月, 發兵侵百濟, 戰於熊津南, 幢主夫果死之. (…) 聞唐兵欲來救百濟, 遣大阿飡眞功·阿飡□□□□兵, 守甕浦. 六月, 遣將軍竹旨等, 領兵踐百濟加林城禾. 遂與唐兵戰於石城, 斬首五千三百級, 獲百濟將軍二人·唐果毅六人. 置所夫里州, 以阿飡眞王爲都督.

이처럼 신라는 백제의 옛 영토를 침략했다. 첫해 7월에는 63성 외에 7성과 12성, 그러니까 모두 더해 82성을 점령했고 다음 해에는 웅진 남쪽의 가림성과 석성 등 모두 사비성에서 멀지 않은 곳에서 백제 유민·당군과 싸워 마침내 사비성을 차지한 뒤 그곳에 소부리주를 설치했다. 1차 공격은 매우 큰 규모로 이뤄졌는데 "왕이 돌아왔다"고 한 데서 문무왕이 직접 출정했음을 알 수 있고, 성 숫자에서 그 점령 지역이 광대했음을 추측할 수 있다. 다만 82성이 백제 멸망 당시의 영역이나 웅진 회맹 때 정해진 부여융의 강역에서 어떤 부분인지는 성 이름이 기록돼 있지 않아 금방 알 수는 없다. 그러나 문무왕이 검모잠을 죽이고 도망쳐 온 안승을 금마저金馬渚에 거주하게 한 것은 바로 이 공격이 이뤄진 달의 끝 무렵이었고, 금마저는 전라북도 북부인 지금의 익산益山이다. 그리고 다음 해 공격한 지역은 사비성을 중심으로 한 충청남도 남부였으므로 1차 출병에 따라 신라가 점령한 82성은 백제 영토의 대부분을 차지한 전라남·북도 방면이었다고 추정해도 문제는 없다. 따라서 다음 해의 공격 결과 소부리주를 설치한 것은 부여융의 강역을 모두 점유했음을, 곧 인덕 원년(664) 이후 이름만 존재했던 웅진도독부가 몰락했음을 뜻하는 것이다.

신라가 백제 영토를 침략하게 된 발단은 앞서 든 「신라본기」에 나와 있다.

문무왕은 백제의 남은 무리가 배반할 것을 의심해 대아찬 유돈을 웅진도독부에 보내 화친을 요청했다. [도독부는 그 요청에] 따르지 않고 곧 사마 칭군을 보내 엿보게 했다. 왕은 [도독부가] 신라를 공격하려는 것을 알고 칭군을 붙잡아 보내지 않았으며 군사를 일으켜 백제를 토벌했다.

백제의 남은 무리가 배반했고 신라가 화친을 요청했다는 것은 모두 매우 막연한 표현이어서 그 진상을 분명히 알 수 없다. 또 이듬해 당의 장수 설인귀에게 보낸 문무왕의 서신에서는 그것을 검모잠의 반란과 연결시켰다.

함형 원년(670) 6월 고구려는 반역을 꾀해 중국 관원을 모두 죽였습니다. 신라는 곧 군사를 일으키고자 먼저 웅진에 알렸습니다. "고구려가 반란을 일으켰으니 정벌하지 않을 수 없다. 그쪽과 우리는 모두 황제의 신하니 이치로 볼 때 흉악한 적을 함께 토벌해야 한다. 군사를 일으키는 일은 모름지기 함께 의논해 처리해야 하니 관원을 이곳으로 보내 함께 계획을 세우기를 요청한다." 마침내 백제의 사마 예군禰軍(「신라본기」의 칭군稱軍)이 와서 함께 의논했습니다. "군사를 일으킨 뒤 그쪽과 우리가 서로 의심할까 걱정되니 두 곳(웅진도독부와 신라)의 관원을 바꿔 인질로 삼읍시다." 곧 김유돈과 부성府城의 백제 주부主簿 수미·장귀 등을 웅진도독부로 보내 인질 교환 문제를 논의하게 했습니다. 백제는 인질 교환에 동의했지만 성 안에서는 병마를 모아 그 성 아래 도착해 밤이 되면 와서 공격했습니다. 至咸亨元年六月, 高麗謀叛, 摠殺漢官. 新羅卽欲發兵, 先報熊津云, 高麗旣叛, 不可不伐. 彼此俱是帝臣, 理須同討凶賊. 發兵之事, 須有平章, 請遣官人來此, 共相計會. 百濟司馬禰軍來此, 遂共平章云, 發兵已後, 卽恐彼此相疑, 宜令兩處官人, 互相交質. 卽遣金儒敦及府城百濟主簿首彌·長貴等, 向府平論交質之事. 百濟雖許交質, 城中仍集兵馬, 到彼城下, 夜卽來打.

그러나 신라는 함형 원년 3~4월 검모잠의 거병을 도왔기 때문에 6월에 반란 세력을 토벌하기 위해 웅진도독부의 백제인과 함께 출병을 논의하려고 했다는 것은 의심할 바 없이 자신의 반역적 행위를 감추려는 거짓 진술이다. 요컨대 출병하기 전 신라의 행동은 쉽게 알 수 없지만 「신라본기」를 찬찬히 검토하면 유인원이 떠난 뒤 당의 진장이 주재하지 않은 웅진도독부 — 소수의 당군이 있던 것은 석성 전투에 관련된 기사에서 알 수 있다 — 의 백제인은 신라인에게 저항하려고 계획함으로써 서로 갈등이 일어났고, 그것이 그동안의 숙원을 이룰 수 있는 기회를 신라에 준 것은 아니었을까 생각된다.

이렇게 해서 함형 2년 가을 신라는 취리산 회맹 때 철로 만든 책에 금으로 글씨를 써 종묘에 보관한 맹약서를 남김없이 파괴했다. 회맹한 인덕 2년(665) 8월부터 꼭 6년 뒤였다. 웅진도독부가 몰락한 뒤 당과

신라의 관계는 당연히 악화돼 신라가 삼국통일의 목적을 이룰 때까지
는 큰 파란이 있었다. 그것은 앞서 쓴 「고구려 멸망 뒤 유민의 반란과
당·신라의 관계」에서 자세히 서술했으며 이 연구의 범위 밖에 있다.


## 3. 웅진도독부와 일본의 교섭

복신의 난이 평정되자 당은 유인원을 백제의 진장으로 보내는 동시
에 부여융을 웅진도독으로 삼았는데, 이 새 도독부는 백제인의 반란
을 도왔다가 실패한 일본과 평화 교섭을 시작했다. 그것은 도독부가
몰락할 때까지 8년 정도 계속됐다. 그 사실을 기록한 사료는 주로 『일
본서기』고 중국과 한국의 기록이 없는 것은 매우 아쉽다. 아래서는 먼
저 5항목으로 나눠 『일본서기』의 원문을 싣고 그것에 적절한 증명을
더해 사실을 하나하나 규명한 다음 어떻게 해서 그런 교섭이 추진됐는
지 살펴보려고 한다.

### (1) 교섭의 사실

1) 덴지 천황 3년(고종 인덕 원년, 문무왕 4년, 664)

• 5월 갑자일(17일) 백제 진장 유인원이 조산대부 곽무종 등을 보내 표
  문을 담은 함과 선물을 바쳤다. 五月甲子, 百濟鎭將劉仁願遣朝散大夫郭
  務悰等, 進表函與獻物.

• 겨울 10월 무인일(4일) 곽무종 등을 돌려보냈다. 이 날 나카토미노 우
  치쓰오미中臣內臣가 사문沙門 지상智祥을 보내 곽무종에게 선물을 줬다.
  冬十月戊寅, 發遣郭務悰等. 是日中臣內臣遣沙門智祥, 賜物於郭務悰.

- 무인일 곽무종 등에게 연회를 베풀어 줬다. 戊寅, 饗賜郭務悰等.
- 12월 을유일(12일) 곽무종 등이 일을 마치고 돌아갔다. 十二月乙酉, 郭
  務悰等罷歸.

『일본서기』에 이렇게 기록된 사실을 훨씬 자세히 알 수 있는 매우
소중한 문헌이 남아 있다. 『선린국보기善隣國寶記』의 찬자 주봉周鳳이 그
책(권 상)에 수록한 『해외국기』라는 옛 책의 기록이다.

『해외국기』에서 다음과 같이 말했다. 덴지 천황 3년(664) 4월 대당에서
사신이 왔다. 대사 조산대부 상주국 곽무종 등 30명과 백제 좌평 예군
등 100여 명이 쓰시마에 도착해 다이산추 채녀*****를 보내 알렸다. 승
려 지변 등이 오니 별관에서 맞이했다. 지변이 물었다. "표서表書와 헌물
을 갖고 왔습니까?" 사신이 대답했다. "장군이 보낸 첩서牒書 한 상자와
헌물이 있습니다." 그리고는 첩서 한 상자를 지변 등에게 주니 천황에
게 올렸다. 다만 헌물은 조사하느라 바치지 않았다, 9월 다이산추 쓰모
리노 무라지키사津守連吉祥·다이오쓰추大乙中 이키노 하카토쿠伊岐博德·
승려 지변 등이 쓰쿠시의 다자이筑紫太宰의 말을 천황의 말이라면서 사
신에게 전달했다. "지금 사신들이 왔지만 그 모습을 보니 천자의 사신
이 아니라 백제의 진장이 개인적으로 보낸 사신입니다. 또한 가져온 문
서는 집사執事에게 보내는 개인적 내용입니다. 이 때문에 사신은 입국할
수 없고 문서도 조정에 올릴 수 없습니다. 그러니 사신들의 임무는 개략
적 내용만 보고하겠습니다." 12월 하카토쿠가 사신들에게 첩서 한 상자

---

***** 후궁에서 천황의 시중을 드는 여관女官.

를 줬는데 상자 위에는 '진서장군鎭西將軍'이라고 씌어 있었다. 그 내용은 다음과 같다. "일본국 진서축자대장군이 백제국에 있는 대당행군총관에게 보내는 서신입니다. 사신 조산대부 곽무종 등이 도착했는데, 가져온 서신의 내용을 살펴보니 천자가 파견한 사신이 아니었고 천자가 보낸 서신도 없었습니다. 총관의 사신이고 집사에게 보내는 서신일 뿐이었습니다. 첩서는 사적인 내용이어서 구두로만 보고하고 공식적인 사신도 아니기 때문에 도성에 들어가게 할 수 없습니다."(이것 또한 사안·광충·신준·사원·광종 등 5명이 교감校勘한 것이다). 海外國記曰, 天智天皇三年四月, 大唐客來朝. 大使朝散大夫上柱國郭務悰等三十八·百濟佐平禰軍等百餘人, 到對馬島, 遣大山中采女通信. 侶僧智辨等來, 喚客於別館. 於是智辨問曰, 有表書并獻物以不. 使人答曰, 有將軍牒書一函并獻物, 乃授牒書一函於智弁等而奏上. 但獻物檢看而不將也. 九月, 大山中津守連吉祥·大乙中伊岐史博德·僧智弁等稱筑紫太宰辭, 實是勅旨, 告客等, 今見客等來狀者, 非是天子使人, 百濟鎭將私使, 亦復所齎文牒, 送上執事私辭. 是以使人不得入國, 書亦不上朝廷. 故客等自事者, 略以言辭奏上耳. 十二月, 博德授客等牒書一函, 函上著鎭西將軍, 日本鎭西筑紫大將軍牒, 在百濟國大唐行軍摠管, 使人朝散大夫郭務宗悰等至, 披覽來牒, 尋省意趣, 旣非天子使, 又無天子書, 唯是摠管使, 乃爲執事牒. 牒又私意, 唯須口奏, 人非公使, 不令入京云云(此亦師安·廣忠·信俊·師遠·廣宗五人, 同所勘也).[12]


　　백제의 진장 유인원의 사신으로 내조한 곽무종은 『일본서기』 이듬해 기사의 주석(뒤에서 인용)에서 "백제장군 조[산]대부 [상]주국 곽무종"이라고 돼 있어 당의 관직을 지닌 웅진도독부의 백제인이었다. 『선린국보기』에 인용된 『해외국기』에서는 같은 일행의 사신으로 '백제 좌평 예군'을 들었다. 이것은 2장 3절에서 인용한 「신라본기」의 '사마 칭군'과 문무왕 서신의 '백제 사마 예군'과 같은 인물이 틀림없으며, '칭군'으로 씌어 있는 「신라본기」가 오기임을 알 수 있다. 『해외국기』에 따르면 곽무종 일행이 쓰시마에 도착한 것은 4월이었다. 그러자 먼저 다이산추 채녀를 보내 그들을 맞이하게 했는데, 채녀는 일본인으로 백제에서 동행해 온 것으로 보인다. "승려 지변 등이 왔다"는 것은 승려 지변이 채녀와 함께 일본에 왔다는 뜻으로 보인다. 『일본서기』 고토쿠 천황 하쿠치白雉 4년(653) 학승學僧 파견 기사 주석에 보이는 지변知辨은 이 지변智辨이고, 우연히 백제를 거쳐 귀국하는 길은 아니었을까? "별관에서 맞이했다"는 것은 쓰쿠시에서 그렇게 한 것으로 보인다.

그리고 이것은 앞서 든 『일본서기』 기사의 5월 갑자일(17일)에 해당하는 일로 여겨진다. 곧 그날 곽무종 등은 표문이 든 상자와 헌물을 지변에게 주고 그것을 조정에 전달해 달라고 부탁한 것이다. 그러나 헌물은 조사를 거쳤을 뿐 수납되지는 않았다. 그렇게 9월에 이르러 쓰모리노 무라지키사·이키노 하카토쿠·승려 지변 등은 덴지 천황의 칙명을 받고 일부러 쓰쿠시 다자이후의 말이라고 하면서 곽무종 등이 가져온 문서를 조정에 올리기 어렵다는 까닭을 그들에게 알렸다. 그 까닭은 곽무종 등이 천자의 사신이 아니라 백제 진장의 개인적 사신이고 문서도 진장 집사(곽무종)의 개인적 견해일 뿐이라는 것이었다. 그리고 사신이 가져온 요청 사항은 그 내용을 아뢰는 형식을 취하고 그들의 입경은 허락하지 않았다. 쓰모리노 무라지키사는 사이메이 천황 5년(당 현경 4년, 659) 견당부사遣唐副使로, 이키노 하카토쿠는 그 수행원으로 갔다가 함께 2년 뒤 돌아와 당시 가장 근래에 당에 갔던 사람이었다(정사 사카이베노 이와스키坂合部石布의 배는 돌아오다가 남해의 섬에 표착해 섬 사람에게 살해됐다).

또 하카토쿠는 특히 문장에 뛰어났다. 『일본서기』 주석에 인용된 「이키노무라지하카토쿠서伊吉連博德書」는 그가 당에 갔을 때 쓴 기행문이다. 이런 관계에서 두 사람은 지변과 함께 곽무종 등을 응대하는 임무를 갖게 된 것으로 보인다. 그런데 『일본서기』에는 10월 무인일(4일)에 "곽무종 등을 돌려보냈다"고 했는데 '돌려보냈다'는 것은 이해하기 어렵다. 키사와 하카토쿠 등이 칙지를 이용해 곽무종의 입경을 허락하지 않은 조처를 그렇게 표현한 것으로 여겨진다.

다음으로 같은 날의 일로 "이 날 나카토미노 우치쓰오미中臣內臣가 사문 지상을 보내 곽무종에게 선물을 줬다"고 한 것은 『해외국기』를 참조하면 실제로는 9월에 연결해야 하는 키사·하카토쿠 등이 쓰쿠시로 파견된 것에 관련된 기사로 보인다. 정말 그렇다면 지상은 지변의 오기로 생각된다. 다음 구절인 "戊寅, 饗賜郭務悰等무인일 곽무종 등에게 연회를 베풀어 줬다"을 살펴보면 간지가 중복되는 것이 의심스럽다. 비각본祕閣本에는 간지와 함께 '等'을 제외한 7자가 빠져 있다. 곧 '等'은 앞 구절인 '郭務悰'과 연결되는 것이다. 따를 만하다고 생각된다, 12월 을유일(12일) "곽무종 등이 일을 마치고 돌아갔다十二月乙酉, 郭務悰等罷歸"는 것은 『해외국기』에서 "12월 하카토쿠가 사신들에게 첩서 한 상자를 줬다"고 한 것과 상응한다.


2) 덴지 천황 4년(고종 인덕 2년, 문무왕 5년, 665)
• 9월 임진일(23일) 당이 조산대부 기주사마 상주국 유덕고 등을 보냈는데(원주: '등等'은 우융위낭장 상주국 백제장군 조산대부 [상]주국 곽무종을 말한다) 모두 254명이다, 7월 28일 쓰시마에 도착했다. 九月壬辰, 唐

國遣朝散大夫·沂州司馬·上柱國劉德高等(原註 : 等謂右戎衛郎將·上柱國
百濟將軍·朝散大夫·[上]柱國郭務悰), 凡二百五十四人. 七月二十八日, 至于
對馬.

- 9월 20일 쓰쿠시에 도착했다, 22일 표문이 든 상자를 올렸다. 九月二十
  日, 至于筑紫. 二十二日, 進表函焉.

- 11월 신사일(13일) 유덕고 등에게 연회를 베풀어줬다. 十一月辛巳, 饗賜
  劉德高等.

- 12월 신해일(14일) 유덕고 등에게 선물을 줬다. 十二月辛亥, 賜物於劉德
  高等.

- 이 달 유덕고 등이 사행을 마치고 돌아갔다. 이해 쇼킨[게] 모리노키
  미 오오이와守君大石 등을 대당에 보냈다(원주 : '등'은 쇼센[게] 사카이베
  노 무라지이와쓰미坂合部連石積·다이오쓰大乙 기시노 키미吉士岐彌·기시노 하
  리마吉士針間를 말한다. 당의 사신을 배웅한 것일까?). 是月劉德高等罷歸. 是
  歲遣小錦[下]守君大石等於大唐云云(原註 : 等謂小山[下]坂合部連石積·大
  小(衍文?)乙吉士岐彌·吉士針間. 蓋送唐使人乎).

당의 사신 유덕고와 관련해서는 중국 사서에 기록이 없다. 그러나
『일본서기』에 "당에서 보냈다"고 한 대로 당의 본국에서 파견된 사신
이었는데, 다음 기록에서도 알 수 있다.

**고토쿠 천황기 주석**: 이키노 하카토쿠가 말했다. (…) 자우에定惠는 을축
년(덴지 천황 4년, 665) 유덕고 등의 배를 타고 돌아왔다. 伊吉博得言. (…)
定惠以乙丑年, 付劉德高等船歸.

자우에는 나카토미노 카마타리中臣鎌足의 맏아들로 12년 전인 고토쿠 천황 하쿠치 4년(당 고종 영휘 4년, 653) 당에 간 학승의 하나였기 때문이다.


3) 덴지 천황 6년(고종 건봉 2년, 문무왕 7년, 667)

11월 을축일(9일) 백제의 진장 유인원이 웅진도독부 웅산현령 상주국 사마 법총 등을 파견해 다이산게 사카이베노 무라지이와쓰미境部連石積 등을 쓰쿠시 도독부로 보냈다. 기사일(13일) 사마 법총 등이 일을 마치고 돌아갔다. 쇼센게 이키노무라지하카토쿠伊吉連博德·다이오쓰게 가사노오미 모로이와笠臣諸石를 송사로 삼았다. 7년 봄 정월 무신일(23일) 송사 하카토쿠 등이 돌아와 보고했다. 十一月乙丑, 百濟鎭將劉仁願遣熊津都督府熊山縣令上柱國司馬法聰等, 送大山下境部連石積等扵筑紫都督府. 己巳, 司馬法聰等罷歸. 以小山下伊吉連博德·大乙下笠臣諸石爲送使. 七年春正月戊申, 送使博德等服命.


웅진현령 상주국 사마 법총은 앞의 사마 예군과 마찬가지로 백제인으로 생각된다. 웅산현은 웅진도독부 관하의 현이 틀림없지만 앞 장에서 설명한 도독부 13현 가운데는 보이지 않는다. 사카이베노 무라지이와쓰미는 당의 웅진도독부에 대해 외교상 사용된 다자이후의 일시적인 이름으로 보인다. 사마 법총 등의 송사 이키노무라지하카토쿠는 웅진도독부로 가서 곧바로 귀국한 것으로 보인다. 그것은 돌아와 보고한 날짜를 보면 분명하다.


4) 덴지 천황 8년(고종 총장 2년, 문무왕 9년, 669)

이해에 쇼킨추 가후치노아타히쿠지라 등을 대당에 사신으로 보냈다. (…) 또 대당에서 곽무종 등 2000여 명을 보냈다. 是歲, 遣小錦中河內直鯨等, 使於大唐. (…) 又大唐遣郭務悰等二千餘人.

이해는 당이 고구려를 멸망시킨 이듬해다. 기사 내용은 다음 절에서 비판하겠지만 2000여 명이라고 한 많은 인원은 주목할 필요가 있다.

5) 덴지 천황 10년(고종 함형 2년, 문무왕 11년, 671)

- 정월 신해일(13일) 백제 진장 유인원이 이수진 등을 보내 표를 올렸다. 正月辛亥, 百濟鎭將劉仁願遣李守眞等上表.

- 2월 경인일(22일) 백제가 대구용선 등을 보내 예물을 바쳤다. 二月庚寅, 百濟遣臺久用善等進調.

- 6월 기사일(4일) 백제의 3부 사신이 요청한 군사 관련 사무에 천황이 대답했다. 경진일(15일) 백제가 예진자 등을 보내 예물을 바쳤다. 六月己巳, 宣百濟三部使人所請軍事. 庚辰, 百濟遣羿眞子等進調.

- 7월 병오일(11일) 당의 이수진 등과 백제의 사신 등이 일을 마치고 함께 돌아갔다. 七月丙午, 唐人李守眞等·百濟使人等並罷歸.

- 11월 계묘일(10일) 쓰시마국사對馬國司가 쓰쿠시의 다자이후에 사신을 보내 말했다. "이달 2일 사문 도구·쓰쿠시군 사치야마·가라시마노 사바·누노시노 오비토이와 등 네 명이 당에서 와서 말했습니다. '당의 사신 곽무종 등 600명과 송사 사택손등 등 1400명, 모두 더해 2000명이 배 47척에 타고 와서 비지도에 머물고 있습니다. 그들은 지금 자신들의 인원과 선박이 많아 갑자기 그곳(일본)에 도착하면 그곳을 지키던 사람들이 놀라 활을 쏘며 싸우지 않을까 걱정하고 있습니

다. 그래서 도구道久 등을 보내 내조한 뜻을 미리 아룁니다.'" 十一月癸
卯, 對馬國司遣使於筑紫大宰府言, 月生二日, 沙門道久·筑紫君薩野馬·韓嶋
勝娑婆·布師首磐四人, 從唐來日, 唐國使人郭務悰等六百人·送使沙宅孫登
等一千四百人, 總合二千人, 乘船四十七隻, 俱泊於比知嶋. 相謂之日, 今吾輩
人船數衆, 忽然到彼, 恐彼防人驚駭射戰. 乃遣道久等, 預稍披陳來朝之意.

•12월 을축일(3일) [덴지] 천황이 오미노미야에서 세상을 떠났다. 十二
月乙丑, 天皇崩于近江宮.

•덴무 천황 원년(7월 이전은 고분大友 천황. 고종 함형 3년, 문무왕 12년,
672)

•3월 기유일(18일) 내소칠위內小七位 아즈미노무라지이나시키阿曇連稲敷
를 쓰쿠시에 보내 천황의 상을 곽무종 등에게 알렸다. 그러자 곽무종
등은 모두 상복을 입고 세 번 애도하면서 동쪽을 보고 머리를 숙였
다. 임자일(21일) 곽무종 등은 두 번 절하고 국서를 담은 상자와 신의
를 상징하는 물건을 올렸다. 三月己酉. 遣內小七位阿曇連稲敷於筑紫, 告
天皇喪於郭務悰等. 於是郭務悰等咸着喪服三遍擧哀. 向東稽首. 壬子, 郭務
悰等再拜進書函與信物.

•여름 5월 임인일(12일) 갑옷·활·화살을 곽무종 등에게 선물했다. 이
날 곽무종 등에게 준 물건은 거친 비단 1673필, 베 2852단, 솜 666근
이다. 경신일(30일) 곽무종 등은 일을 마치고 돌아갔다. 夏五月壬寅,
以甲冑·弓矢賜郭務悰等. 是日賜郭務悰等物, 總合絁一千六百七十三匹·布
二千八百五十二端·綿六百六十六斤. 庚申, 郭務悰等罷歸.


덴지 천황 10년(671) 정월 당의 이수진이 백제 진장 유인원의 사신
으로 내조했다는 것은 그대로 믿을 수 없다. 유인원이 백제의 진장이

던 것은 덴지 천황 7년에 해당하는 해(총장 원년, 668) 8월까지다. 그는 전 해에 평양 공격을 지연시켰다는 죄목으로 그달 운남의 요주로 유배됐다. 그리고 그 뒤 새 진장은 임명되지 않은 것으로 보인다. 아울러 덴지 천황 10년 이수진의 내조 사실은 의심할 이유가 없다. 그는 웅진도독부에 남아 있던 당인이었고 일본을 방문할 무렵 유인원의 이름을 이용한 것으로 여겨진다. 같은 해 6월 "백제의 3부 사신이 요청한 군사 관련 사무에 천황이 대답했다"는 것은 그보다 앞서 백제의 사신이 군사에 관련된 어떤 일을 주청했고 그것에 천황이 대답한 것을 서술한 것으로 보인다. 백제에서는 관위官位가 있는 사람의 자격을 인정하는 경우 아래 사례들처럼 동·서·남·북·중의 소속된 부部 이름을 관직이나 이름 앞에 붙이곤 했다.

- **사이메이 천황 원년**(655): 백제 대사 서부 달솔 여의수와 동부 은솔 조신인. 百濟大使西部達率余宜受·東部恩率調信仁.
- **6년**(660): 서부 은솔 귀실복신.

따라서 이른바 백제의 3부 사신은 아무 부 아무 관위 아무 씨명 등이 표기된 3명이던 것을 편찬자가 생략하고 그렇게 말한 것으로 생각된다.[13] 다음으로 같은 해 7월 "당의 이수진 등과 백제의 사신 등이 일을 마치고 함께 돌아갔다"는 것에서 백제 사신은 앞 기사의 3부 사신을 가리키는 것 같다. 그렇다면 6월 이전 군사에 관련된 어떤 일을 주청한 3부 사신은 이수진과 함께 내조한 것이 아닐까? 나는 그렇다고 생각하는 동시에 이수진이 내조해 올린 군사에 관련된 백제 사신의 주청을 담은 것으로 추측한다.

한편 2월과 6월에는 백제의 진조사進調使도 왔다. 그리고 11월에는 곽무종 등이 배 47척에 모두 2000명이라는 많은 인원을 이끌고 내조했고, 이듬해 5월 곽무종 등이 귀국할 때는 고분 천황의 조정에서 거친 비단 1673필, 베 2852단, 솜 666근이라는 막대한 사여를 했다. 이것들도 이수진의 내조, 백제 사신의 주청과 함께 백제에 어떤 특별한 사정이 있었다고 생각하게 하는 뚜렷한 사실이다.

## (2) 교섭이 이뤄진 사정

백강 전투 이듬해는 당 고종 인덕 원년, 일본 덴지 천황 3년(664)이다. 그해 웅진도독부와 일본의 교섭은 도독부 쪽에서 시작했다. 사신은 유인원의 명령을 받은 백제인 곽무종·사마 예군 등이었다. 그들은 쓰시마를 거쳐 쓰쿠시에 와 표함과 선물을 바쳤다. 일본 조정은 그들을 머무르게 한 반년 쯤 뒤 쓰모리노 무라지키사津守吉祥·이키노 하카토쿠伊吉博德 등을 보내 문서를 수리하기 어렵다는 뜻을 전달했다. 그리고 그 뒤 그들이 돌아갈 때 진서장군(쓰쿠시 다자이)의 문서를 줬는데, 그 내용은 『해외국기』에 다음과 같이 기록돼 있다.

일본국 진서축자대장군이 백제국에 있는 대당행군총관(유인원)에게 보내는 서신입니다. 사신 조산대부 곽무종 등이 도착했는데, 가져온 서신의 내용을 살펴보니 천자가 파견한 사신이 아니었고 천자가 보낸 서신도 없었습니다. 총관의 사신이고 집사에게 보내는 서신일 뿐이었습니다. 첩서는 사적인 내용이어서 구두로 보고할 뿐이고 공식적인 사신도 아니기 때문에 도성에 들어가게 할 수 없었습니다.

가져온 서신이 어떤 것이었는지는 자세히 알 수 없다. 그것은 조정의 의사에 따라 일부러 조정에 보고되지 않았지만 — 무엇보다 그것은 형식상의 문제로 문서의 사본은 곽무종이 내조하자마자 곧바로 올린 것이 틀림없다. 그 때문에 진서장군의 문서에 "가져온 서신의 내용을 살펴봤다"고 한 것이다 — 그 대신 구두로 쓰쿠시 다자이후를 거쳐 보고한 것처럼 말했으므로 평화적인 내용이었음은 충분히 상상할 수 있다. 무례한 표현은 없던 것이 틀림없다.

유인원의 사신 곽무종 등이 쓰시마에 도착한 것은 인덕 원년(664) 4월이지만 유인원과 관련해 일본에 알려진 직전의 사실은 봄 2월 신라와 백제의 화친 맹약이다.

- 『삼국사기』「신라본기」 같은 달: 각간 김인문·이찬 천존이 당 칙사 유인원, 백제 부여융과 웅진에서 동맹을 맺었다.
- 「문무왕의 서신」: 인덕 원년에 이르러 다시 엄한 칙명을 내려 회맹하지 않은 것을 꾸짖었으므로 곧 웅령에 사람을 보내 제단을 쌓아 함께 맹약하고 마침내 그곳을 두 나라의 경계로 삼았습니다.

이것은 인덕 2년(665) 8월 취리산 회맹에 앞서 이뤄진 웅령 맹약이다. 처음 복신의 난이 평정되자 백제의 진장 유인궤는 표문을 올렸다.

폐하께서 [고구려를] 멸망시키려고 하신다면 백제의 영토를 포기해서는 안 됩니다. 부여풍은 북쪽(고구려)에 있고 부여용(부여융의 동생)은 남쪽(일본)에 있습니다. 백제와 고구려는 예전부터 서로 연합해 도왔으며, 왜인은 멀리 있지만 서로 영향을 주고 있으니 군사가 없으면 도로

한 나라를 이룰 것입니다.

그러자 고종은 난을 평정한 뒤 일단 귀국한 유인원과 부여융을 백제로 돌려보내고 부여융을 웅진도독으로 삼아 백제 영토를 안정시켜 신라의 야심을 누르려고 했다. 복신 등의 백제 부흥운동을 적극 도운 것은 일본이었다. 그 때문에 유인원은 백강 전투에서 일본군을 격파했지만 앞으로의 일을 걱정해 "왜인은 멀리 있지만 서로 영향을 주고 있다"고 한 것이다. 이런 우려가 당 조정의 주의를 끌지 않았을까? 웅령의 맹약(인덕 원년 2월) 뒤 오래지 않아(4월) 유인원의 사신 곽무종 등이 일본에 온 것을 볼 때 그렇다고 생각된다. 그리고 그것은 고종의 명령에 따른 것이 틀림없다.

인덕 원년(664) 초 난을 평정한 뒤 백제의 진장이 된 유인원은 고종의 칙명을 받들어 문무왕의 사신 김인문 등에게 백제의 부여융과 화친을 맹약하게 했다. 일본에 곽무종 등을 파견한 것은 그것에 따른 조처였고, 그 목적은 백제 영토의 안전을 주요 목표로 화목함을 이루려는 데 있던 것이 분명했다. 곧 앞서 『해외국기』의 기사에서 추정한 대로 평화적 교섭이던 것이다. 곽무종 등이 도착하자 일본 조정은 그들을 천자의 사신이 아니라 유인원이 개인적으로 보낸 사신으로 판단했고, 그 때문에 그들은 내조한 목적을 이루지 못했다. 일본 조정의 이런 조처에는 외교적 치밀함이 보인다. 그러나 곽무종 등의 내조는 유인원의 개인적 계획만은 아니었고, 그들은 간접적으로 고종의 칙명을 받았기 때문에 완전히 유인원의 개인적 사신은 아니었다.

인덕 원년(664) 곽무종 등을 보냈지만 일본에게 거절당한 당은 이듬해 인덕 2년 다시 사신을 파견했다. 그것 또한 『일본서기』에서 "당이 조산대부 기주사마 상주국 유덕고 등을 보냈다"고 한 것에 따라 알 수 있으며 중국 쪽 기록에는 없다. 유덕고가 당에서 파견된 사신임은 앞 절에서 서술했다. 그는 앞서 사신으로 왔던 곽무종 등을 따라 7월 쓰시마에 도착했고 9월 쓰쿠시에 이르러 표함을 전달했다. 첩서의 형식과 내용은 자세히 알 수 없다. 그러나 굳이 알지 않아도 된다. 나아가 화친을 바란 당은 일본의 주장 — 앞서 사신 방문을 물리쳤을 때 — 에 대해 외교상 스스로 굽히고 나왔는데, 그것은 이번의 사신 방문과 사신의 자격에 나타난 것이 아닐까? 그래서 일본 조정도 그들의 성의를 인정해 사신을 도성으로 들어오게 하고 첩서를 수령한 것 같다. 『일본서기』11월 신사일(13일) "유덕고 등에게 연회를 베풀어 줬다"고 한 것은 그것을 의미하는 것으로 여겨진다.

이렇게 해서 당과 일본 사이에는 화친의 길이 열렸다. 유덕고 등이 임무를 마치고 돌아갈 때 일본에서 보냈다고 한 모리노키미 오오이와守君大石·사카이베노 무라지이와쓰미坂合部連石積 등에 대해 『일본서기』의 편자는 "당의 사신을 배웅한 것일까?"라면서 유덕고 등을 배웅하는 사신이라는 데 의심을 뒀지만 그런 송사送使로 봐도 문제는 없다. 모리노키미 오오이와는 앞서 일본의 백제 구원군의 한 장수로 한반도에 간 것 같고 『일본서기』 덴지 천황 칭제 전기前紀의 한 기사에 아베노히케타노오미 히라부阿倍引田臣比邏夫 등과 함께 이름이 보인다.[14]

그런 관계가 있어 이번에 송사로 임명된 것으로 생각되지만 정말 당까지 갔는지, 그 뒤의 소식은 알 수 없다. 사카이베노 무라지이와쓰미는 2년쯤 뒤인 덴지 천황 6년(건봉 2년, 667) 11월 유인원의 사신 사마법총(웅진도독부 웅산현령) 등에게 파견됐다가 쓰쿠시로 돌아온 인물이다. 모리노키미오이와의 소식은 명확치 않지만 적어도 사카이베노 무라지이와쓰미가 당에 간 것은 외국에 체류한 기간이 길다는 점에서 알 수 있다, 2년 가까이 비었던 웅진도독부에 있었다고는 생각되지 않기 때문이다.

덴지 천황 6년(667) 11월 9일 다자이후에 도착한 사마 법총은 같은 달 13일 떠났고 일본에서는 이키노 하카토쿠伊吉博德가 송사로 파견됐다. 자격은 다자이후의 사신이던 것 같다. 그리고 하카토쿠 등은 다음 해(덴지 천황 7년) 정월 23일 돌아와 보고했으므로 웅진도독부에 사신으로 간 것은 분명하다. 따라서 이 사실은 이미 당과 화친한 일본이 웅진도독부의 사신을 일본에 보내도록 승인한 것으로 이해된다.

덴지 천황 7년(668)은 당 총장 원년으로 당이 고구려를 멸망시킨 해다. 이해 오랜만에 신라에서 진조사가 왔다. 사이메이 천황 2년(당 현경 원년, 656) 이후 처음이었다.


『일본서기』: 9월 계사일(12일)에 신라가 사탁 급찬 김동엄 등을 보내 예물을 바쳤다. 정미일(26일) 나카토미노 우치쓰오미中臣內臣가 사문沙門 호후벤法辨과 진히치秦筆를 보내 신라의 상신上臣 대각간 유신庾信(김유신)에게 배 한 척을 선물하고 김동엄 등에게 가져가게 했다. 경술일(29일) 후세노오미미미마로布勢臣耳麻呂에게 신라왕(문무왕)에게 공물을 보내는 배 한 척을 선물하게 하고 김동엄 등에게 가져가게 했다. 11월 신사일 초하루에 신라왕에게 비단 50필, 솜 500근, 가죽 100매를 선물하고 김동엄 등에게 가져가게 했다. 김동엄 등에게 차등 있게 물건을 줬다. 을유일(5일) 쇼센게小山下 지모리노오미마로道守臣麻呂와 기시오시비吉士小鮪를 신라에 보냈다. 이날 김동엄 등이 일을 마치고 돌아갔다. 九月癸巳, 新羅遣沙喙級飡金東嚴等進調. 丁未, 中臣內臣使沙門法辨·秦筆, 賜新羅上臣大角干庾信船一隻, 付東嚴等. 庚戌, 使布勢臣耳麻呂, 賜新羅王輸御調船一隻, 付東

嚴等. 十一月辛巳朔, 賜新羅王, 絹五十匹·綿五百斤·韋一百枚, 付金東嚴等. 賜東嚴等物, 各有差. 乙酉, 遣小山下道守臣麻呂·吉士小 於新羅. 是日, 金東嚴等罷歸.

당과 협력해 백제를 멸망시킨 뒤 신라는 이제 고구려도 무너뜨려 한반도 전체의 주인이 되려는 큰 야심을 품고 있었다. 따라서 당에 곧 반항의 태도를 보이지 않을 수 없었다. 그런데 백강 전투 뒤 당은 적극적으로 일본과 친해지려고 했기 때문에 신라도 일본과 우호적 관계를 맺는 것이 자국의 이익이라고 판단해 특별히 진조사 등을 보낸 것으로 보인다. 일본 조정이 그것을 기뻐하고 되도록 호의를 보인 것은 앞서 든 『일본서기』의 기사에서 엿볼 수 있다.

이듬해, 곧 덴지 천황 8년(669)에는 가후치노아타히쿠지라河內直鯨가 당에 사신으로 가고 또 그해 당에서 곽무종 등 2000여 명이 왔다고 했지만, 이 시기의 상호 관계는 자세하지 않다. 곽무종은 당의 관직을 받은 웅진도독부의 백제인이었기 때문에 당 본국에서 온 것이 아니고 도독부의 사신으로 보인다. 그렇지만 앞서 내조했을 때처럼 진장 유인원의 사신은 아니었다. 유인원은 지난해(총장 원년, 668) 8월 평양으로 진격하던 중 운남 요주로 귀양갔고, 도독부에는 그를 대신하는 진장이 파견되지 않았다.

또 곽무종 일행이 2000여 명에 이르는 큰 규모였던 데는 그만한 까닭이 있어야 한다. 그렇게 생각하고 앞서 설명한 덴지 천황 10년의 사실로 주의를 돌리면 날짜가 상세하지 않은 8년의 간단한 기사는 그대로 인정하기 어렵다. 10년 11월에는 "당의 사신 곽무종 등 600명과 사택손등 등 1400명, 모두 더해 2000명이 배 47척에 타고" 쓰쿠시에 도착했는데, 그것에는 전조가 있었다. 곧 일행 가운데 사문 도구道久(뒤에서는 도문道文이라고 썼다) 등 일본인 4명이 먼저 쓰시마에 와서 미리 내조할 뜻을 알리면서 "지금 우리의 인원과 선박이 많아 갑자기 그곳(일본)에 도착하면 그곳을 지키던 사람들이 놀라 활을 쏘며 싸우지 않을까 걱정돼 도문 등을 보내 내조한 뜻을 미리 알린다"고 했다.

이보다 앞서 같은 해 정월 유인원의 사신이라고 한 이수진이 표문을 갖고 왔고, 그와 함께 온 것으로 보이는 "백제의 3부 사신"은 군사와 관련된 어떤 일을 주청했다. 그리고 2월과 6월에는 백제의 진조사도 왔다. 그런데 8년 기사를 보면 첫째, 날짜가 명확하지 않다. 둘째, 기사 자체가 매우 단순할 뿐 아니라 딸린 기사도 없다. 셋째, 곽무종을 당의 사신이라고 한 것과 내조한 사람의 수가 10년의 사실과 똑같다. 곧 이 기사는 10년 기사와 대조할 때 여러 부자연스러운 점이 있다. 그 때문에 나는 이것을 특별한 가치가 없다고 보고 8년 조에서 삭제하는 데 주저하지 않는다. 가후치노아타히쿠지라가 당에 파견된 것도 무엇 때문이었는지 알 수 없다.

다음으로 10년의 사실을 살펴보자. 앞서 서술한 것처럼 덴지 천황 6년 백제인으로 웅진도독부의 관원이던 사마 법총이 진장 유인원의 사신으로 온 것에 대해 이키노하타토쿠를 송사로 보낸 것은 도독부의 사신 파견을 사실상 승인한 것이다. 그렇다면 이때 이수진은 이미 진장이 아니던 유인원의 이름을 빌려 내조해 표문을 올린 것으로 생각된다. 그리고 이수진이 올린 표문은 군사에 관련된 백제의 3부 사신의 주청을 담은 것으로 생각되는데, 어떤 주청이었을까? 2장 3절에서 서술한 것에 따르면 지난해(당 함형 원년, 신라 문무왕 10년, 670) 7월 신라는 백제의 영토를 침략해 그 대부분을 차지하는 전라남·북도의 82성을 탈취했으므로 문제의 주청은 원병을 요청하는 것이 거의 분명하다. 이수진의 방문에 이어 2월과 6월 백제가 예물을 보낸 것은 그것과 직접 관계된 사실로 여겨진다. 신라도 예물을 보냈다.

- 『일본서기』 덴지 천황 10년(671) 6월: 신라가 사신을 보내 예물을 올리고 따로 물소 한 마리, 꿩 한 마리를 바쳤다. 新羅遣使進調, 別獻水牛一頭·山鷄一隻.
- 같은 해 10월: 신라가 사찬 김만물 등을 보내 예물을 바쳤다. 新羅遣沙湌金萬物等進調.

이런 신라의 진조는 백제의 진조에 대항하는 외교적 의미가 담긴 것으로 생각된다. 그리고 『일본서기』 6월 조에서 "백제의 3부 사신이 요청한 군사 관련 사무에 천황이 대답했다"고 한 것은 백강 패전 뒤 한반도에 대한 정치적 욕망을 포기하기로 방침을 정한 일본 조정이 원군을 보내지 않겠다는 뜻을 백제 사신에게 알린 것으로 해석해도 문제는 없다. 그 결과 그해 7월 이수진과 백제의 사신은 성과 없이 일본을 떠났다.

또 2장 3절에서 서술한 바에 따라 알 수 있던 사실은 그해(함형 2년, 문무왕 11년, 671) 6~8월 신라가 웅진·사비 등을 포함한 백제 영토의 나머지 부분, 곧 충청남도 남부지방을 모두 차지했다는 것이다. 그렇다면 11월 내조한 곽무종 일행 2000명 가운데 "당의 사신 곽무종 등 600명"이라고 기록된 사람은 대부분 웅진도독부의 당인이고, 함께 파견된 사택손등 등 1400명은 백제인이며 모두 피난민으로 생각된다. 그리고 앞쪽은 아무튼지 적어도 뒤쪽이 내조한 목적은 평화로워진 일본에 자신들이 안주할 곳을 찾으려던 것으로 생각된다. 우연히도 그 다음 달 덴지 천황이 세상을 떠났다. 이듬해 봄 곽무종 등은 쓰쿠시에서 고분 천황을 만나 대행大行 천황의 상복을 입고 서함과 신물을 바쳤다. 그리고 5월 갑옷·활·화살과 거친 비단 1673필, 베 2852단, 솜 666근을 받아 돌아갔다. 당인으로 생각되는 600명은 함께 갔는지 알 수 없다. 백제인은 귀화한 것으로 보인다.

이처럼 웅진도독부와 일본의 교섭은 여기서 끝났다. 그리고 한반도에서 당은 이미 지난해(함형 2년) 7월부터 고구려의 옛 장수 검모잠의 반란을 돕고 백제 영토를 차지해 도독부를 몰락시킨 신라의 죄를 물었다.[15]

## [부설附說] 백강과 탄현에 대해[1]

### 1.

백강과 탄현은 백제 멸망 전투와 관련해 역사에서 유명한 지명이다. 당 고종 현경 5년(660)은 신라 무열왕 7년이다. 그해 3월 고종은 좌무위대장군 소정방을 행군대총관, 무열왕의 아들 김인문을 부副대총관으로 하는 대군을 출동시켜 신라와 협력해 백제를 정벌했다. 무열왕은 고종의 명령에 따라 5월 26일 대장군 김유신 등과 함께 군사를 이끌고 왕경을 출발해 6월 18일 지금의 경기도 이천인 남천정에 도착했다. 이때 소정방은 산동의 내주萊州에서 동쪽으로 항해해 덕물도(남양 앞의 덕적도)에 왔는데, 무열왕이 태자 법민을 보내 전함을 이끌고 맞이하게 하자 소정방은 법민에게 말했다. "저는 7월 10일 백제 남쪽에 도착해 대왕의 군사와 합류해 의자왕의 도성을 무너뜨리고 싶습니다吾欲以七月十日至百濟南, 與大王兵會, 屠破義慈都城." 곧 소정방은 7월 10일을 기약해 바다에서 백제 영토로 진군하는 동시에 신라군에게는 육로로 오게 해 함께 백제의 수도인 사비성을 무너뜨리려고 한 것이다.

그 뒤 신라군의 행동은 앞의 사실을 기록한 『삼국사기』 「신라본기」에 이어져 나온다.

[왕은] 다시 태자(법민)과 대장군 김유신·장군 품일·흠춘(흠순으로도 돼 있다) 등에게 정예병 5만을 이끌고 호응하게 하고 자신은 금돌성으로 갔다. 가을 7월 9일 김유신 등은 황산벌로 진군했다. 又命太子與大將軍庾信·將軍品日·欽春(春或作純)等, 率精兵五萬應之, 王次今突城. 秋七月九日, 庾信等進軍於黃山之原.

한편 당 수군의 동정은 황산벌 전투 상황을 서술한 뒤 다음과 같이 기록했다.

이날 소정방은 부총관 김인문 등과 기벌포에 도착했는데 백제군을 만나 싸워 크게 무찔렀다. 是日, 定方與副摠管金仁問等到伎伐浦, 遇百濟兵, 逆擊大敗之.

황산벌 전투에서 백제군은 대패해 명장 계백堦伯이 전사했는데, 황산벌은 진잠과 논산 중간에 위치한 지금의 연산이다. 그런 뒤 7월 12일 나·당 연합군은 협력해 소부리벌所夫里之原(사비)에서 백제의 도성을 포위해 공격했으며, 다음 날 의자왕은 태자 효孝와 함께 웅진성으로 도망쳤고 다른 아들 융은 항복했다. 그리고 18일 의자왕 부자도 웅진방령군方領軍**2**을 이끌고 와서 항복함으로써 백제는 마침내 멸망했다.

「신라본기」: 왕은 의자왕이 항복했다는 소식을 듣고 [7월] 29일 금돌성에서 소부리성(사비성)으로 와서 제감 천복을 당에 보내 승리를 알렸다. 王聞義慈降, 二十九日自今突城至所夫里城. 遣弟監天福, 露布於大唐.

남천정에서 대장군 김유신 등을 남쪽으로 보낸 무열왕은 그때까지 앞서 서술한 금돌성에 주둔한 것이다. 『동사강목』을 지은 안정복은 '今突城'을 '金堗城'으로 표기하고 "지금의 상주尙州 백화산白華山"이라고 했다. 백화산은 황간 북쪽 10리(3.9킬로미터), 상주군 서남쪽 경계에 솟아 있는 높은 산이지만 안정복의 이 견해는 어디에 바탕한 것인지 알 수 없다. 그런데 『삼국사기』(권42) 「김유신열전」(중)을 보면 남천정을 떠난 뒤 무열왕의 동정은 달리 기록돼 있다.

> 태자가 장군 소정방을 만나자 그가 말했다. "저는 바닷길로 가고 태자는 육지로 가서 7월 10일 백제의 왕도 사비성에서 만납시다." 태자가 와서 아뢰니 대왕은 장수와 군사를 이끌고 행군해 사라정에 이르렀다. 장군 소정방·김인문 등은 바다를 따라 의벌포(기벌포?)로 들어왔다. 太子見將軍蘇定方, 定方謂太子曰, 吾由海路, 太子登陸行, 以七月十日會于百濟王都泗沘之城. 太子來告, 大王率將士, 行至沙羅之停. 將軍蘇定方·金仁問等沿入依(伎?)伐浦.

"사라정에 이르렀다"는 것은 「신라본기」에서 "왕이 금돌성으로 갔다"고 한 것과 대응하는 문구다. 사라는 『삼국사기』(권36) 「지리지」에 따르면 통일신라 때 결성군潔城郡(충청남도 홍성군 결성結城)의 속현 가운데 하나인 신량현으로 백제 때 이름은 사시량이다. 그리고 신량현은 고려시대에는 여양으로 개명됐다.

『동국여지승람』(권19) 홍주 고적 조: 폐지된 여양현은 홍주 남쪽 37리(14.5킬로미터)에 있다. 驪는 黎로도 쓴다. 본래 백제 사시량이었고 사라라고도 했는데 신라 때 신량으로 이름을 고쳤다. 驪陽廢縣在州南三十七里. 驪一作黎. 本百濟沙尸良縣, 一云沙羅, 新羅改新良.

「대동여지도」를 참조하면 지금의 홍성군 장곡면 산성리 — 옛 산성이 있고 청양군과 가깝다 — 가 그곳이다. 그렇다면 금돌성도 사라와 마찬가지로 당시 백제의 북쪽 경계에 있던 성이 아니었을까?

이 전투에 관련된 『삼국사기』 「백제본기」의 기사를 보면 나·당 양군이 사비성을 압박하기에 앞서 백제가 바다에서는 당군을 기벌포(일명 백강)에서, 육지에서는 신라군을 탄현(침현)에서 저지한 것은 전략상 당연한 조처로 보인다. 좌평 흥수는 그런 의견을 밝혔다.

백강(기벌포라고도 한다)과 탄현(침현이라고도 한다)은 우리나라의 중요한 길입니다. 한 사람이 창 하나를 들고 막아도 1만 명이 당해내지 못합니다. 용감한 군사를 뽑아 지켜 당군이 백강에 들어오지 못하게 하고 신라군이 탄현을 지나가지 못하게 해야 합니다. 대왕께서는 성문을 굳게 닫고 단단하게 지키면서 그들의 물자와 군량이 떨어지고 군사가 피곤해질 때를 기다린 뒤 분발해 공격하면 반드시 이길 것입니다. 白江(或云伎伐浦)·炭峴(或云沈峴), 我國之要路也. 一夫單槍, 萬人莫當. 宜簡勇士往守之, 使唐兵不得入白江, 羅人未得過炭峴. 大王重閉固守, 待其資粮盡士卒疲, 然後奮擊之, 破之必矣.

그것에 반대하는 대신들은 이렇게 말했다.

당군을 백강으로 들어오게 해 강물의 흐름에 따라 배를 나란히 세우지 못하게 하고, 신라군을 탄현으로 올라오게 해 좁은 길로 가게 해 말을 나란히 몰 수 없게 하는 것이 낫습니다. 그렇게 한 뒤 군사를 풀어 공격하면 우리에 있는 닭을 죽이고 그물에 걸린 물고기를 잡는 것과 같을 것입니다. 莫若使唐兵入白江, 沿流而不得方舟, 羅軍升炭峴, 由徑而不得並馬. 當此之時, 縱兵擊之, 譬如殺在籠之雞·離網之魚也.

의자왕은 흥수의 의견을 채택하지 않았고 그 뒤의 교전 결과는 다음과 같았다.

당군과 신라군이 이미 백강과 탄현을 지났다는 말을 듣고 장군 계백을 보내 결사대 5000명을 이끌고 황산으로 나가 신라군과 싸우게 했다. 네 번 싸워 모두 이겼지만 군사가 적고 힘이 모자라 끝내 패배하고 계백은 전사했다. 聞唐羅兵已過白江·炭峴, 遣將軍堦伯, 帥死士五千出黃山, 與羅兵戰. 四合皆勝之, 兵寡力屈竟敗, 堦伯死之.

또 4년 전인 의자왕 16년(656) 조에도 좌평 성충의 말이 있다.

다른 나라의 군대가 침범하면 육로로는 침현을 통과하지 못하게 하고 수군은 기벌포 기슭으로 들어오지 못하게 해야 합니다. 그 험하고 좁은 지형을 이용해야 막을 수 있습니다.

요컨대 기벌포(일명 백강)는 당군의 침입을 막을 수 있는 수로의 요지고 탄현은 신라군의 침략을 방어할 수 있는 육지의 험지였던 것이다.


## 2.

쓰다 소키치 씨는 기벌포(일명 백강)에 대해 다음과 같이 서술했다.

당군이 들어온 기벌포는 진강 입구나 바다로 들어오는 선박이 곧장 강을 거슬러 올 수 있는 하류일 것이다. 「신라본기」 문무왕 16년(676) '소부리주 기벌포'라고 했는데, 소부리는 사비를 다르게 표기한 것이니 지금 부여가 분명하므로 기벌포는 사비 부근임을 알 수 있다. 「백제본기」에서 '백강(기벌포라고도 한다)'이라고 한 것을 보면 그것은 백강 가에 있음이 분명하고, 사비 부근의 하천은 진강밖에 없으니 백강은 곧 진강이다. 「김유신열전」에서도 "소정방과 김인문 등은 바다를 따라 기벌포로 들어왔다蘇定方·金仁問等沿海入伎伐浦"고 했으니 바다에 가까운 것은 의심의 여지가 없다.3

백강을 지금의 금강(진강)으로 보는 것은 거의 통설이지만 오다 쇼고 씨는 거기에 반대해 다른 견해를 제출했다.

이 강 이름은 그동안 대부분의 책에서 금강, 곧 웅진강 하류를 가리키는 것으로 봤지만 나는 동의하지 않는다. 왜냐하면 금강 입구는 『삼국사기』에 웅진강구熊津江口나 웅진구熊津口라고 했고 백강 입구는 따로 백강구라고 기록해 결코 같은 하천으로 볼 수 없기 때문이다. 또 같은 책의 주류성 포위 기사에서 "유인궤 등은 수군과 군량선을 이끌고 웅진강에서 백강으로 가서 육군과 합세했다"고 기록한 것을 보면 당 수군은 웅진강구를 나와 백강으로 간 것이 틀림없다. 둘은 분명히 서로 다른 곳으로 봐야 한다.

그런 뒤 백강(일명 기벌포)과 동진강 입구의 바다에 있는 계화도界火島, 그리고 부안읍의 백제 때 이름인 개화皆火는 발음이 매우 비슷하다는 것을 근거로 백강구, 곧 기벌포는 지금의 동진강 입구에 비정할 수

있다고 했다.[4]

그러나 주류성의 위치에 관련해서는 이 논문 1장 3절에서 서술한 것처럼 유감스럽게도 오다 씨의 견해를 따르기 어렵다. 웅진(공주) 옆을 흐르는 웅진강이 지금의 금강인 이상 『구당서』(권199, 상) 「백제열전」에서 "도침 등은 웅진강 입구에 목책 두 개를 세우고 관군에 저항했다"고 한 웅진강 입구는 금강 입구를 가리키는 것이 될 수밖에 없다. 곧 웅진강의 이름은 금강 하류에도 적용된 것이다. 그리고 웅진강 하류가 따로 백강으로도 불린 것은 용삭 3년(663) 주류성 공격 사실을 서술한 같은 「백제열전」의 기사에서 "유인궤 등은 (…) 웅진강에서 백강으로 가서 육군과 합세했다"고 했고 『자치통감』(권200, 당기唐紀 16)에서 "유인궤는 (…) 웅진에서 백강으로 들어가 육군과 합세했다"고 한 데서 알 수 있다. 「백제열전」의 '웅진강' ─ 『구당서』(권84) 「유인궤열전」도 같다 ─ 은 『통감』에 따라 '웅진'으로 고칠 수 있다고 생각되기 때문이다. 오다 씨가 말한 "같은 책의 주류성 포위 기사" 부분은 『신·구당서』 「백제열전」의 기사를 가져온 『삼국사기』 「백제본기」의 기록으로 웅진강과 백강이 다른 강임을 증명하는 것은 아니다. 그리고 도침 등이 웅진강 입구에 목책 두 개를 세운 것은 강가에 설치한 주류성의 외성으로 생각된다.

**「백제본기」 무령왕 원년(501) 정월:** 좌평 백가가 가림성(임천)을 거점으로 반란을 일으키니 왕은 군사를 이끌고 우두성에 이르러 한솔 해명에게 토벌케 했다. 백가가 나와 항복하자 왕은 그의 목을 베 백강에 던졌다. 佐平苩加據加林城叛, 王帥兵馬至牛頭城, 命扞率解明討之. 苩加出降, 王斬之, 投於白江.

이것에 따르면 백강의 이름은 금강 하류뿐 아니라 가림성(임천)이나 사비성(부여) 사이에도 사용돼 웅진강과 백강을 같은 강이 아니라고 한 오다 씨의 견해에 가장 유력한 반증이 된다.

웅진강의 이름은 중국 사료에만 보이며, 『삼국사기』에 나오는 것은 해당 기사의 전거가 중국 쪽과 동일한 사료이기 때문이다. 이것은 백강이 「백제열전」의 이름인 것에 대해 웅진강은 당인이 붙인 것임을 말하는 것으로 여겨진다. 그리고 양쪽 모두 적어도 금강 중류와 하류에 걸쳐 사용한 것으로 보인다. 무엇보다 공주의 백제 때 이름인 웅진의 원래 이름은 글자 그대로의 뜻을 지닌 곰나루였던 것이 틀림없고 『일본서기』의 구마나리久麻那利[5]는 그 음역이 분명하다. 그리고 동시에 곰나루가 강 이름이기도 했다는 것은 분명하지만 그것은 주로 웅진 부근 금강의 일부를 가리키는 것으로 보인다.

다음으로 「김유신열전」에서 "장군 소정방·김인문 등은 바다를 따라 의벌포로 들어왔다"고 한 의벌포는 「백제본기」에서 백강의 다른 이름이라고 한 기벌포며 '의'는 '기'의 오기로 생각된다. 그 지명의 범위는 어느 정도일까?

- 「신라본기」: 소정방은 부총관 김인문 등과 기벌포에 도착했다.
- 『구당서』(권83) 「소정방열전」: 소정방은 성산에서 바다를 건너 웅진강 입구에 이르렀다. 定方自城山濟海至熊津江口.
- 문무왕이 당의 장수 설인귀에게 보낸 서신: 동쪽과 서쪽에서 서로 호응하고 수로와 육로로 함께 전진해 수군이 강 입구에 들어왔다. 東西唱和, 水陸俱進, 船兵纔入江口.

이 세 기사는 같은 내용을 담고 있다. 이것을 「김유신열전」의 "바다를 따라 기벌포로 들어왔다沿海入伎伐浦"는 것에 비춰보면 기벌포는 『구당서』 「백제열전」의 '웅진강 입구'와 '백강 입구' — 용삭 3년(663) 주류성 함락 전투에 관련된 — 와 마찬가지로 금강 입구의 이름이 분명하다. 『삼국유사』에서는 기벌포가 장암이라고 했다.

『삼국유사』(권1 태종 춘추공)의 기벌포 주석: 곧 장암 또는 손량이며 지화포 또는 백강이라고도 한다. 卽長嵓, 又孫梁, 一作只火浦, 又白江.

장암은 금강 입구 우안의 육지가 바다 쪽으로 돌출한 부분(지금의 장항리長項里의 옛 이름인 장암長岩에 해당)이다.

『동국여지승람』(권19) 서천군舒川郡 관방 조: 서천포영은 군 남쪽 26리 (10.2킬로미터)에 있다. (…) 고려 때는 장암진이라고 했다. 舒川浦營在郡南二十六里. (…) 高麗時稱長巖鎭.

그러므로 위의 판단은 이 주석에 따라 뒷받침된다. 곧 조선시대의 서천포가 옛 기벌포였던 것이다.

쓰다 씨는 「김유신열전」에 따라 기벌포가 "바다에 가깝다는 것은 의심의 여지가 없다"고 하면서 「신라본기」 문무왕 16년(676) "소부리주 기벌포"라고 한 것을 보고 "사비 부근임을 알 수 있다"고도 했다. 곧 「백제본기」에서 "백강은 기벌포라고도 한다白江, 一云伎伐浦"는 것을 두 이름의 범위에 따라 긍정한 것이다. 문무왕 16년 기사의 전체는 다음과 같다.

겨울 11월 사찬 시득은 수군을 이끌고 설인귀와 소부리주 기벌포에서 싸웠는데 거듭 졌다. 다시 나아가 크고 작은 전투 22회를 벌였는데 이겨서 4000여 명을 죽였다. 冬十一月, 沙湌施得領船兵, 與薛仁貴戰於所夫里州伎伐浦, 敗積. 又進, 大小二十二戰, 克之, 斬首四千餘級.

이것은 문무왕 11년(함형 2년, 671) 당의 장수 설인귀가 계림도雞林道총관總管으로 신라와 교전한 사실을 서술한 기사가 틀림없고 「신라본기」의 연도가 틀렸음은 일찍이 내가 논증한 바 있다.[6] 그러나 그것은 제쳐두더라도 "소부리주 기벌포"라고 돼 있다고 해서 기벌포를 사비(부여)에 가깝다고 볼 수밖에 없는 것은 아니다. 소부리주는 문무왕 11년 가을 신라가 백제 옛 땅을 모두 점령했을 때 설치한(설인귀의 신라 정벌은 그 죄를 물으려고 시도된 것이었다) 주로 신문왕 6년(686) 웅천군이 웅주가 될 때까지 존속했다.

**「신라본기」 같은 해 2월:** 사비주를 군으로, 웅천군을 주로 삼았다. 以泗沘州爲郡, 熊川郡爲州.

사비주가 소부리주임은 말할 것도 없다. 『삼국사기』(권36) 「지리지」에 따르면 이런 변화 뒤 웅주는 서원소경西原小京(지금의 청주)와 대록군大麓郡(지금의 천안) 이하의 13군을 거느렸고, 지금의 서천군과 같은 치소 아래 있던 서림군西林郡은 13군의 하나였으므로 금강 입구는 변화전 소부리주의 관할구역 안에 들어있던 것이 틀림없다. 따라서 "소부리주 기벌포"라고 한 것은 주 치소에 가까운 기벌포가 아니라 "주 안의 기벌포"라는 뜻으로 생각된다. 요컨대 기벌포는 '웅진강 입구' '백강 입구'와 마찬가지로 금강 하류의 바다로 들어가는 입구의 이름이고, 웅진강·백강과 같은 범위는 아니다.

다시 오다 씨의 견해에 대해 말하면 동진강 입구와 부안 바닷가의 섬을 오늘날 계화도界火島라고 하는 것은 부안의 백제 때 이름인 개화皆火가 가까운 바다의 섬에 남겨진 것이라고 생각했다. 그러나 기벌포와 개화는 발음이 비슷할 뿐 지리적으로는 아무 관계 없는 것이 틀림없다. 이것은 이 논문 1장 3절에서 서술했다.


## 3.


앞서 인용한 『삼국사기』 「백제본기」에서 "[왕은] 당군과 신라군이 이미 백강과 탄현을 지났다는 말을 듣고 장군 계백을 보내 결사대 5000명을 이끌고 황산으로 나가 신라군과 싸우게 했다"고 한 탄현은 남천정(이천)에서 남하한 신라의 육군이 황산(연산)에서 백제 장군 계백과 싸우기 전 넘은 험준하고 좁은 고개다.

탄현 또는 탄치炭峙(숯골)라는 이름을 지닌 고개는 지금 충청도와 전라도에 몇 곳이 있지만 문제의 지명과 관련해 먼저 주의를 끄는 것은 다음 기록이다.

『여지승람』(권18) 부여현 산천 조: 탄현은 현 동쪽 14리(5.5킬로미터)에 있는데 공주와의 경계다. 炭峴在縣東十四里, 公州境.

이 탄현은 「대동여지도」에도 표시돼 있다. 안정복은 이 기록을 근거로 탄현을 그곳에 비정했다.[7] 그러나 문제의 탄현은 부여를 중심으로 한 연산보다 먼 것이 분명하므로 이 비정은 받아들일 수 없다. 그렇다면 탄현은 어디서 찾아야 할까?

이 문제에 대해 그동안 발표된 여러 학설 가운데 가장 이른 것은 『조선역사지리』에 발표한 쓰다 씨의 견해다. 그는 『삼국사기』 「백제본기」 동성왕 23년(501) 7월 "탄현에 목책을 설치해 신라의 침입에 대비했다設柵於炭峴以備新羅"고 했으므로 이 탄현과 동일한 탄현은 백제의 동쪽 경계에 가까운 곳에 있다고 추정하고 그 위치를 보은·옥천 방면이라고 말했지만 좀더 나아가 정확한 지점을 가리키지는 않았다.

남천에서 사비 남쪽으로 나오려면 지금의 음죽陰竹·음성陰城·청안淸安(또는 괴산槐山)·보은을 거쳐 옥천에서 연산으로 오거나 죽산竹山·진천鎭川·청주·문의文義를 거쳐 회덕에서 연산으로 나오는 두 길이 있지만, 뒤의 것은 일찍 적의 국경에 들어가 불리하고 앞의 것은 그동안 백제에 대한 신라의 후방 기지가 됐던 보은 방면을 통과해 유리하니 당시 신라군의 진로는 뒤의 것이 아니라 앞의 것이었을 것으로 보이므로 탄현은 보은·옥천 방면에 있었다고 생각된다.[8]

둘째는 오하라 도시다케大原利武 씨의 견해로 『조선』 1922년 9월호에 실렸다.[9] 그 뒤 그는 자신의 주장을 이렇게 요약했다.

탄현은 전라북도 금산군 금산면 천내리川內里와 충청북도 영동군 양산면陽山面 가선리加仙里에 걸쳐 있는 곳으로 지금 '검현黔峴'이라고 불리는 곳으로 추정된다. 그곳은 충청북도와 전라북도의 경계를 이루는 노령산

맥蘆嶺山脈을 금강이 가로지르는 곳으로 강의 양쪽 기슭은 절벽을 이루고 남안은 강에 맞닿아 좁은 길을 겨우 통과할 수 있다. 이른바 "한 사람이 지켜도 1만 명이 지나갈 수 없는" 좋은 지형이다. 경상도 방면에서 추풍령을 지나 부여·논산 방면으로 가는데 가장 짧고 가장 평탄한 길이다.[10]

오하라 씨는 신라군이 추풍령을 넘어 서진했다는 추정 아래 충청북도 영동과 전라북도 금산 중간에 있는 가선리의 검현을 문제의 험하고 좁은 고개로 봤다.

세 번째는 위의 두 견해를 부정하고 다시 새 지점을 찾은 오다 쇼고 씨의 주장이다.

옛 지도를 살펴보면 전라도 금산현과 고산현高山縣 사이에 가로놓인 산맥에 탄현이라는 지명이 있다. 이것은 최근 육지측량부의 5만분의 1 지도에 따라 전주군全州郡 운동하면雲東下面 삼거리三巨里와 서평리西坪里 사이에 있는 탄치炭峙('현峴'은 '치峙'라고도 한다)와 같은 지점이다. 이 고개는 부여 동남쪽 12~13리 거리에 있고 금강 본류의 수원과 금강 지류인 논산천의 수원 사이에 있는 높고 험한 산맥에 위치해 옥천(충청북도) 방면과 무주 방면에서 올 때 모두 금강 상류의 산지를 거쳐 다시 논산천 상류로 나가는 관문에 해당한다. 대체로 논산천 상류를 따라 6~7리를 내려와 논산(연산連山?), 곧 예전 연산(황산黃山?) 평야로 나간다.[11]

'옛 지도'는 「대동여지도」로 생각된다. 탄현의 위치에 대해서는 이런 여러 주장이 제출됐고 지금까지 그대로 남아 있다. 오하라 씨는 추풍령에서 논산·부여 방면으로 가는데 영동과 금산 사이에 있는 검현을 넘는 길이 가장 짧고 평탄하다고 했다. 지도를 펼쳐보면 비교적 짧다. 그러나 결코 평탄하지는 않고 특히 금산-진산-연산에 걸친 산간 도로는 결코 대군이 나아갈 수 없다. '가장'이라는 표현을 쓴 것도 물론 부당하다.

그것에 대해 순로順路라고 할 수 있는 것은 북쪽에 따로 있다. 추풍령에서 충청북도 황간·영동·옥천을 지나 마도령馬道嶺을 넘어 충청남도로 들어가 대전·진잠을 거쳐 연산·논산으로 나오는 것으로 철도 경부선의 본선과 대전에서 갈라지는 호남선도 이 도로를 따라 달려간다. 그것은 현재의 순로일 뿐 아니라 예전에도 마찬가지였다는 것은 백제가 멸망한 뒤 귀실복신의 난이 일어나는 동안 백제군이 대전에 가까운 회덕의 우술성과 진잠 북쪽 유성의 내사지성(민성民城산성), 연산·논산 북쪽에 위치한 노성의 옹산성(노성산성)에 웅거해 당군이 굳게 지킨 웅진과 사비로 신라가 양식을 공급하는 것을 차단하려고 한 데서 분명히 나타난다.

여기서 현경 5년(660) 전투 때 백제의 방어 계획이 시행돼 오하라 씨의 추정처럼 백제군이 검현의 산길만 막아 신라군의 침입을 저지하려고 했다면 어땠을까? 이천에서 남하한 신라군은 여기서는 조금도 상관하지 않고 좀더 나은 북쪽의 도로를 거쳐 쉽게 황산이나 사비성으로 진격할 수 있었다고 여겨진다. 좌평 홍수가 주장한 백제의 방어 계획은 시행되지 않았다. 아울러 그것은 그처럼 의미 없는 계획이었다고는 생각되지 않으므로 검현을 탄현에 비정한 오하라 씨의 견해는 지리적 관계에서 부정될 수밖에 없다.

오하라 씨의 주장에 대한 비판은 오다 씨의 견해에도 그대로 해당된다. 뿐만 아니라 그의 견해는 두 가지 약점이 더 있다. 첫째, 그가 비정한 논산천의 한 지류의 발원지인 탄현은 그 앞뒤에 이치梨峙(높이 374미터)와 원치院峙(높이 234미터)를 낀 서평리의 산간으로 진산에서 이런 지점을 거치는 도로는 서쪽의 방련산方連山으로 가지 않고 서남쪽의 고산·전주 방면으로 간다. 둘째, 문제의 탄현과 동성왕 23년 (501) 신라에 대비하기 위해 책성을 쌓았다고 한 탄현을 같은 곳으로 보고 그것을 백제의 동쪽 경계의 한 지점이라고 한 쓰다 씨의 견해는 지극히 온당하고, 오른쪽의 서평리 부근은 방향에서 볼 때 사비 동쪽이 아니며, 백제가 멸망할 때 진산·고산·전주 등지를 포함한 금산군과 전주군이나 아니면 대체로 전라남·북도 전체가 그 나라에 소속됐음은 거의 분명하다.[12] 그러므로 오다 씨의 주장은 오하라 씨의 그것보다 더욱 진실성이 적다고 생각된다. 덧붙여 말한다. 진산 동북쪽 20정(2.2킬로미터)쯤 되는 곳에도 탄치라는 지명이 있다. 그러나 그냥 그런 곳이 있을 뿐이다.

그렇다면 문제의 탄현은 부여를 중심으로 한 황산, 곧 지금의 연산 너머에서 찾을 수밖에 없다. '너머'는 '동쪽'이고 이천에서 남하한 신라군이 당시의 교통상 반드시 통과해야 하는 도로에 있는 뚜렷한 고개여야 한다. 그리고 그것은 백제의 동쪽 경계가 돼야 한다. 백제가 멸망한 뒤 귀실복신 등의 부흥 운동이 전개되는 동안 웅진강 서쪽인 이른바 강서 지역을 근거로 삼은 백제군은 여러 번 강동으로 진출해 우술성과 그 서쪽 성들에 웅거했지만 그 동쪽까지는 나아가지 못했다. 우술성은 대전과 멀지 않은 회덕으로 지금의 대전에 해당하는 당시의 요충지였다. 이 사실은 백제가 멸망하기 전의 동쪽 경계는 회덕·대전 방면에 있었음을 추지하게 하는 것으로 여겨진다. 앞서 서술한 대로 대전 동쪽 충청남·북도의 경계를 이루는 고개는 지금의 마도령이며, 그것을 넘으면 옥천으로 나온다. 「대동여지도」에는 원치遠峙라고 적혀 있다. 그러므로 나는 이 마도령을 백제 동쪽 경계의 한 지점으로 보는 동시에 탄현으로 비정하려고 한다. 마도령을 넘기 전 신라군은 쓰다 씨가 추정한 대로 보은과 옥천을 거쳐 왔을 것으로 보인다. 보은은 신라의 삼년산성으로 백제가 멸망한 직후 웅진도독으로 당에서 온 왕문도가 병사한 곳이다.

## [부기]

　고려 태조가 후백제왕 신검(견훤의 아들)에게 치명적 타격을 준 것은 유명한 일리천 전투다. 일리천은 경상북도 선산을 흐르는 낙동강의 해당 부분을 부른 당시의 이름이다. 이것은 현경 5년(660)부터 270여 년 뒤의 사건이지만 일리천 전투에서 고려군의 추격을 서술한 기록들에 백제 멸망 전투와 동일한 지명이 다시 보인다.

- 『고려사』 태조 세가(19년 9월): 우리 군이 추격해 황산군에 이르러 탄령을 넘어 마성에 진지를 세우고 머무르자 신검이 (…) 와서 항복했다. 我師追至黃山郡, 踰炭嶺駐營馬城, 神劍 (…) 來降.
- 『삼국유사』(권2): 3군이 일제히 나아가 협공하자 백제군은 무너져 도망쳤다. 황산 탄현에 이르러 신검이 (…) 항복했다. 三軍齊進挾擊, 百濟軍潰北. 至黃山炭峴, 神劍 (…) 生降.

　후백제의 수도는 지금의 전주인 완산주였으므로 신검은 추풍령을 동쪽으로 넘어왔고 태조는 같은 길을 거슬러 신검을 추격한 것으로 보인다. 전주 서북쪽의 익산은 백제 때 금마저였고 신라 신문왕 때 금마군金馬郡이 설치된 곳이다. 그리고 그곳의 미륵산성(일명 기준성箕準城)이라는 큰 산성이 태조가 주둔한 마성으로 생각된다. 그렇다면 후백제를 멸망시킨 전투의 탄령(탄현)은 현경 5년 전투의 탄현과는 다르고, 따로 황산(연산)과 마성(익산) 사이에 같은 이름의 고개가 있던 것일까? 그렇지는 않고 황산과 탄현에 관련된 『고려사』와 『삼국유사』의 기록은 그 순서에 오류가 있는 것은 아닐까 생각한다.

[주요 사항 연표]******

| 간지 | 신라 | 당 | 일본 | 달 | 사실 |
| --- | --- | --- | --- | --- | --- |
| 경신 | 무열 7 | 현경 5 | 사이메이 6 | 7 | 백제 멸망. |
| | | | | 8 | 백제의 옛 장수 복신이 군사를 일으켜 임존성에 웅거했다. |
| | | | | | (26일) 신라군이 임존성을 공격했으나 이기지 못했다. |
| | | | | 9 | (3일) 당의 장수 소정방이 사비에서 귀국하고 유인원이 남아 지켰다. |
| | | | | | (5일) 백제의 승려 각종 등이 일본에 와서 복신 등의 거병을 알렸다. |
| | | | | | (23일) 백제의 유민遺民이 사비성을 차지했다. |
| | | | | | (28일) 새로 부임한 웅진도독 왕문도가 삼년 산성에서 병사했다. |
| | | | | 10 | (9~30일) 신라 무열왕이 이례성 등 사비 부근의 성들에 웅거한 백제 유민을 격파했다. |
| | | | | | 이달 복신의 사자가 일본에 와 원병을 요청했다. |
| | | | | 11 | (22일) 무열왕이 도성으로 돌아갔다. |
| | | | | 12 | 사이메이 천황이 나니와에 행차했다. |
| 신유 (661) | 무열 8 | 용삭 1 | 사이메이 7 | 1 | 사이메이 천황이 황태자를 따라 바닷길로 서정西征을 시작했다. |
| | | | | | (연초?) 당의 장수 유인궤 군이 웅진강 입구에 왔다. |
| | | | | 2 | 백제군이 사비성을 공격했다. 신라가 대군을 출동시켰다. |
| | | | | 3 | 사이메이 천황이 쓰쿠시의 나가쓰에 도착했다. |
| | | | | | 신라군이 당군과 함께 주류성을 공격했다. |
| | | | | 4 | (19일) 신라군이 주류성의 포위를 풀고 귀국했다. |
| | | | | | 이 달 당 고종이 소정방에게 고구려 원정을 명령했다. |

****** 원서에는 일본·당·신라의 순서로 돼 있지만 신라·당·일본의 순서로 바꿨다.

| 신유<br>(661) | 문무 1 | 용삭 1 | 사이메이 7 | 6 | 신라 무열왕이 훙거했다. |
| | | | | | 이달 당의 사신이 신라에 와서 사비성 구원병을 보내고 평양에 군량을 수송케 했다. |
| | | | | 7 | (17일) 김유신이 이끈 신라의 대군이 출동하고 문무왕도 함께 갔다. |
| | | | | | 이달 사이메이 천황이 쓰쿠시 아사쿠라의 행궁에서 훙거했다. |
| | | | 덴지 칭제 | 8 | 신라의 대군이 시이곡정에 이르렀다. |
| | | | | 9 | (19일) 신라 문무왕이 웅현정에 행차했다. |
| | | | | | (27일) 백제군이 웅거한 옹산성을 신라군이 함락시켰다. |
| | | | | 10 | 이 달 신라군이 남천주에 주둔했다. 문무왕이 도성으로 돌아갔다. |
| | | | | 12 | 신라군이 남천주에서 북진하고 식량을 웅진에 보냈다. |
| 임술<br>(662) | 문무 2 | 용삭 2 | 덴지 1 | 1 | (23일) 신라군이 칠중하에 이르렀다. |
| | | | | | 일본의 백제 구원군 장수 아즈미노 히라후阿曇比邏夫·사이노무라지 아지마사狹井連檳榔·하타노미야쓰코 다쿠쓰秦造田來津 등이 백제 왕자 풍장을 호위해 바다를 건넜다. |
| | | | | 2 | 신라군이 양식을 평양에 전달했다. 소정방은 평양의 포위를 풀고 귀국했다. |
| | | | | 3 | 김유신이 도성으로 돌아왔다. |
| | | | | | 일본의 원병이 주류성으로 들어왔다. |
| | | | | 7 | 백제군이 웅거한 지라성 등 몇 성을 당군이 함락시켰다. |
| | | | | 8 | 백제군이 웅거한 위僞진현성을 나·당군이 함락시켰다. |
| | | | | 12 | 풍장·복신 등이 주류성에서 피성으로 옮겼다. |
| 계해<br>(663) | 문무 3 | 용삭 3 | 덴지 2 | 2 | 신라군이 백제의 여러 성을 공략했다. |
| | | | | | 풍장·복신 등이 다시 주류성으로 들어갔다. |

| | | | | | |
|---|---|---|---|---|---|
| 계해<br>(663) | 문무 3 | 용삭 3 | 덴지 2 | 3 | 일본의 신라 원정군 장수 가미쓰케노노키미와카코上毛野君稚子·노히케타노오미히라부阿倍引田臣比邏夫 등이 바다를 건넜다. |
| | | | | 5 | 당의 장수 손인사가 산동에서 와 웅진으로 들어갔다. |
| | | | | 6 | 풍장이 복신을 죽였다. |
| | | | | 6 | 일본 장수 가미쓰케노노키미와카코가 신라 사비기성·노강성을 차지했다. |
| | | | | 7 | (17일) 신라 문무왕이 대군을 이끌고 주류성으로 갔다. |
| | | | | 8 | (13일) 나·당군이 웅진에서 와 주류성을 압박했다. |
| | | | | 8 | (17일) 주류성을 포위해 공격했다. |
| | | | | 8 | (27일) 일본 수군이 백강에서 당군과 싸웠지만 수세에 몰렸고 다음날 대패해 풍장이 고구려로 도망쳤다. |
| | | | | 9 | (7일) 주류성이 함락됐다. |
| | | | | 9 | (25일) 일본군이 호례성을 떠나 귀국했다. |
| | | | | 10 | (21일) 신라군이 백제 장군 지수신을 임존성에서 공격했지만 이기지 못하고, 다음 달 4일 군사를 돌렸다. |
| | | | | 11 | (20일) 신라군이 도성으로 돌아왔다. |
| 갑자 | 문무 4 | 인덕 1 | 덴지 3 | 2 | 유인원과 웅진도독 부여융이 당으로 돌아갔다. 신라의 김인문이 웅진에서 부여융과 화친을 맹약했다. |
| | | | | 5 | (17일) 백제 진장 유인원의 사신 곽무종·사마예군 등이 쓰쿠시에 와서 표함을 바치고자 했다. |
| | | | | 12 | (12일) 곽무종 등이 임무를 마치고 돌아갔다. |
| | | | | 그해 | 일본이 변경을 방어하다 ─ 쓰시마·잇키·쓰쿠시에 봉수를 설치하고 다자이후에 미즈키水城를 축조했다. |
| 을축<br>(665) | 문무 5 | 인덕 2 | 덴지 4 | 8 | 신라 문무왕이 웅진도독 부여융과 웅진 취리산에서 회맹하고 백제의 영토를 획정했다. |
| | | | | 8 | 이 달 일본이 성을 쌓았다 ─ 나가토長門에 1개, 쓰쿠시에 오노성과 기성을 쌓았다. |

| 간지(연도) | 문무 | 당 연호 | 덴지 | 월 | 내용 |
|---|---|---|---|---|---|
| 을축 (665) | 문무 5 | 인덕 2 | 덴지 4 | 9 | (20일) 당의 사신 유덕고가 곽무종과 함께 쓰쿠시로 와서 표함을 바쳤다. |
| | | | | 12 | 유덕고 등이 떠나자 모리노키미오이와守君大石·사카이베노 무라지이와쓰미坂合部連石積 등을 송사로 파견했다. |
| 병인 (666) | 문무 6 | 건봉 1 | 덴지 5 | 1 | 당 고종이 태산에서 봉선을 올렸고 신라·백제·탐라·왜국 사신이 참석했다. |
| | | | | 12 | 당 고종이 대군을 동원해 고구려 원정을 시작했다. |
| 정묘 (667) | 문무 7 | 건봉 2 | 덴지 6 | 봄 | 당 고종이 신라에 고구려 원정을 도우라고 명령하고 평양에서 유인원과 합류하게 했다. |
| | | | | 8 | 신라의 대군이 평양으로 출발했다. |
| | | | | 10 | 당의 장수 이적의 사신이 신라군 진영에 왔다. |
| | | | | 11 | (9일) 유인원이 파견한 웅진도독부 웅산현령 사마법총 등이 사카이베노 무라지이와쓰미를 쓰쿠시로 보냈다. |
| | | | | | (11일) 신라군이 장새에서 돌아왔다. |
| | | | | | (13일) 사마법총 등이 쓰쿠시를 떠나자 이키노 하카토쿠 등을 송사로 파견했다. |
| | | | | | 이 달 일본이 다카야스성高安城·야시마성屋島城·가나타성金田城 등 세 성을 쌓았다. |
| 무진 (668) | 문무 8 | 총장 1 | 덴지 7 | 1 | (23일) 이키노 하카토쿠 등이 돌아와 보고했다. |
| | | | | 6 | 당의 장수 유인궤가 신라 당항진에 와서 평양 출병을 명령하고 갔다. |
| | | | | | 신라가 대군을 출동켰다. |
| | | | | | 유인원이 고구려의 대곡군·한성군의 12성을 함락시켰다. |
| | | | | 8 | (9일) 유인원이 정벌을 지연한 죄로 요주에 유배됐다 |
| | | | | | (12일) 신라의 진조사 김동엄 등이 일본에 왔다. |
| | | | | 9 | (12일) 평양성이 함락돼 고구려가 멸망했다. |
| | | | | 11 | (5일) 신라의 사신 김동엄이 일본에서 돌아왔다. |

| 간지 | | | | | 내용 |
|---|---|---|---|---|---|
| 기사 (669) | 문무 9 | 총장 2 | 덴지 8 | | 이해 가후치노아타히쿠지라河內直鯨가 당에 사신으로 갔다. |
| 경오 (670) | 문무 10 | 함형 1 | 덴지 9 | 봄 | 고구려의 옛 장수 검모잠이 군사를 일으켰다 |
| | | | | 7 | 신라가 백제의 82성을 공격해 차지했다. |
| | | | | | 신라가 고구려 왕족 안승을 금마저에 안치했다. |
| 신미 (671) | 문무 11 | 함형 2 | 덴지 10 | 1 | (13일) 당의 이수진이 웅진도호부에서 쓰쿠시로 와서 표문을 올렸다. |
| | | | | 2 | (22일) 백제의 진조사가 일본에 왔다. |
| | | | | | (15일) 백제의 진조사가 일본에 왔다. |
| | | | | 6 | 이 달 신라가 사비 방면의 백제 성들을 공격했다. |
| | | | | | 이 달 신라의 진조사가 일본에 왔다. |
| | | | | 7 | (11일) 이수진과 백제 사신 등이 쓰쿠시에서 돌아갔다. |
| | | | | 가을 | 신라가 사비에 소부리주를 설치했다 — 웅진도독부의 몰락. |
| | | | | 10 | 신라의 진조사 김만물 등이 일본에 왔다. |
| | | | | 11 | 곽무종이 당인·백제인 2000명을 이끌고 쓰시마에 왔다. |
| | | | | 12 | (3일) 덴지 천황이 세상을 떠났다. |
| 임신 (672) | 문무 12 | 함형 3 | 고분 1 | 3 | (21일) 곽무종 등이 서함과 신물을 바쳤다. |
| | | | | 5 | (13일) 곽무종 등이 갑옷·활·화살·비단·베·솜 등을 선물했다. |
| | | | | | (30일) 곽무종 등이 돌아갔다. |

1932년 8월 탈고

1933년 12월 수정(『만선지리역사연구보고』 14책)

# [나머지 이야기餘錄] 부여 기행

『만선지리역사연구보고』 14책에 제출한 논문 ―「백제 멸망 뒤의 동란과 당·신라·일본 삼국의 관계」를 인쇄에 부치고 교정을 마친 열흘쯤 뒤인 5월 1일 경성(서울)에서 조선총독부 보물·고적·명승·천연기념물보존회 위원회 제1회 총회가 열려 나도 위원의 한 사람으로 말석에 앉았다. 그래서 나는 그때 뜻밖에도 조선 방문을 이용해 경성에서 돌아오는 길에 논문의 주제가 된 '백제 멸망 뒤의 동란'과 깊은 관계가 있는 공주와 부여를 방문했다.

공주와 부여는 모두 가본 적이 있는 곳이다, 1921년 가을 조선총독부의 구관조사舊慣調査 임무를 띠고 경성에 가서 1주일쯤 머물 때 가쓰라기 스에하루葛城末治 씨의 안내로 부여에서는 부소산성扶蘇山城(사비성 터)과 그 부근의 유적을 살펴봤고 공주에서는 공주산성(웅진성 터)에 올랐다. 그 뒤 총독부 당국자로부터 두 곳을 중심으로 한 백제시대의 유적 조사를 권유받은 적도 있었지만 건강과 그 밖의 사정에 따라 할 수 없었고 오늘에 이르렀다. 이것은 앞의 논문을 쓸 때 내가 가장 아쉬웠던 부분이다. 이번에도 허락된 시간은 겨우 하루 이틀밖에 되지 않아 지난번 살펴봤을 때보다 많은 것을 바랄 수는 없었지만 부여에는 1년 전부터 사적 탐사에 열심인 오사카 긴타로大坂金太郎 씨가 있었기 때문에 그에게서 가르침을 받았고, 조사하고 싶었던 것을 말하면 다시 방문한 목적은 이뤘다고 생각된다.


3일 아침 경성을 떠나 정오 넘어 대전역에서 내리니 충청남도 시학視學 오키하라 난카이沖原南海 씨가 맞이해 곧바로 자동차에 함께 타고 공주로 갔다. 차가 오른쪽으로 10정(1킬로미터)쯤 멀리 유성 시내를 볼 수 있는 곳에 왔을 때 도로 왼쪽에 상당히 큰 산성이 보였다. 앞쪽을 감싸고 흐르는 하천은 갑천甲川 상류였고 만년교萬年橋를 건너 유성으로 이어진다. 산성은 그 요충에 건설된 것으로 백제 때의 내사지성(노사지현) 터였다. 지금 그 산은 민성산으로 불린다. 『구당서』「백제열전」의 진현성은 지금 진잠의 백제 때 이름인 진현성을 이 성에 잘못 적용한 것이 틀림없다. 곧 내가 말한 위僞진현성이다. 차에서 내려 조사하고 싶던 것은 많았지만 아쉽게도 시간이 넉넉지 않았다.

공주에서는 작년 가을 새로 발굴돼 보존된 송산리宋山里 고분을 살펴보는 것이 주요한 목적이었다. 공주읍 서북쪽 몇 정인 송산리 언덕 한가운데 고분 몇 기가 있는데, 볼 수 있는 것은 6호분이었다. 이것도 많은 고분처럼 일찍 도굴돼 남은 부장품은 적었지만 벽돌 덧널塼槨은 매우 온전했고 그 벽면에는 점토 바탕에 그린 사신四神과 일월이 흐릿하게 남아 있었다. 무덤 안 길羨道 앞에 길이 50~60척(15~18미터) 정도의 배수구가 뚫려있는 것도 독특했고, 백제의 수도가 웅진에 있던 시대의 대표적 고분이었다. 거기서 발견된 벽돌에 '中方'이라는 글자가 새겨진 것도 있었다. 이것은 『주서』와 『북사』「백제열전」에 보이는 백제 5방제를 연구하는데 새로운 사료로 앞서 내가 발표한 연구 ─ 「고구려의 5족과 5부」의 일부 ─ 도 다시 검토해야 할 필요가 있을지 모른다.

방향을 바꿔 공주산성에 올라 산하의 형세를 널리 보니 10여 년 전 기억이 새로워졌다. 공주 읍내는 사발의 바닥처럼 좁은 평지를 중심으로 삼고, 금강의 큰 흐름은 읍 북쪽의 구릉지를 휘감으며, 읍 동·서를 연결하는 산은 상당히 높다. 참으로 자연적인 요해이지만 한 나라의 수도로서는 상당히 규모가 작다. 건국한 뒤 남한산(경기도 광주)에서 웅진으로 천도한 백제의 운명이 기울었다는 것은 웅진의 지형에도 뚜렷이 나타났다고 말할 수밖에 없다.

공주를 떠나 서둘러 부여로 갔다. 수리 중인 거친 도로를 달리는 동안 차는 자주 벚꽃 가로수 아래를 지났다. 늘 그렇듯 꽤 오래된 나무는 자연스럽게 말라 죽었다. 줄기의 피부는 일본 것과 달랐다. 조선 특유의 산벚나무로 생각된다. 꽃필 때는 이미 지나 모두 잎만 남은 것이 아쉽다. 조선에서 봄 여행은 이번이 처음이기 때문이다. 도착한 곳에서 원래의 민둥산은 되살아나고 있었다. 그러나 그런 변화가 시작된 것은 몇 년 되지 않는다. 바람에 흔들리는 푸른 잎과 어린잎이 청신하게 달린 것을 보기에는 아직 이르다. 옅은 보라색의 산철쭉만이 겨우 여행객의 눈을 위로한다.

해지기 전 부여에 도착하니 오사카 씨가 마중 나왔다. 경치가 아름답기로 소문난 옛 수도의 거리에는 초가집이 많았다. 일본으로 말하면 나라奈良의 정취가 있었다. 숙소에서 바라보니 논·밭·들판·언덕 모두 푸르렀고 부여산 아래 봄은 따스했다. 여기저기서 명절에 다는 잉어 모양의 등이 산들바람에 흔들려 매우 아름다웠다. 높지 않은 정림사지 탑의 꼭대기도 보였다.

오키하라, 오사카 씨와 저녁을 먹은 뒤부터 이어진 고적 이야기에 시간 가는 줄 몰랐다. 내가 "정확한 위치는 절터를 탐사하지 않으면 알 수 없다"고 한 왕흥사 터는 오사카 씨가 발견했다. 귀실복신 등의 거병에 관련된 왕흥사 잠성岑城은 부소산성과 금강을 사이에 두고 마주보고 있는 울성蔚城산성이라고 한다. 이 산성을 공격하기에 앞서 신라 무열왕이 건넌 계탄의 위치도 그런 증거를 이용해 그 상류에서 찾았다고 했다. 사비의 왕도 외곽(나성羅城) 터는 그동안 알려진 부분(2만 5000분의 1 특수지형도)보다 매우 많이 밝혀졌다고 했다. 왕도의 5부(상·전·중·하·후)의 하나인 전부(남부)라는 글자가 새겨진 석재도 뜻밖의 장소에서 발견됐다고 했다. 누군가의 조사가 필요하다고 생각하는 임존성 터도 대흥 서쪽 멀지 않은 곳에 남아 있다고 했다.

그밖에도 많은 이야기가 오갔다. 모두 부여에 온 뒤 1년 반 동안 오사카 씨가 열심히 노력한 결과다. 앞으로 그에게 부탁하고 싶은 것은 문제의 주류성이었다. 나는 그 터의 조사를 그에게 요청했다. 웅산성과 노성산성, 웅현성과 외성산성, 탄현과 마도령 등처럼 내가 탁상 위에서 생각해 본 비정도 그의 실제 조사에 따라 옳고 그름이 판정되기를 바랐다.


4일 아침 오사카 씨를 따라 오키하라 씨·부여군수 원의상元宜常 씨·부여공립보통학교장 신보 카게키치新保景吉 씨 등과 함께 숙소를 출발해 먼저 가까이 있는 부소산 기슭의 보존회 진열관을 둘러봤다. 지난해 본 것에 대해서는 말하지 않겠다. 다만 1919년 부소산 위에서 발견된 광배에 명문이 새겨진 도금 삼존불(명문은 "鄭智遠爲亡妻趙思敬造金像早離三塗정지원은 죽은 아내 조사를 위해 삼가 불상을 만드니 삼악도에서 어서 벗어나길 바란다"고 돼 있다) — 지난번 방문했을 때 동행한 가쓰라기 씨가 정성껏 만든 탁본을 준 것은 지금도 기억에 새롭다 — 은 그 뒤 언젠가 사라져 무척 안타까웠지만 무참히 훼손되고도 다시 찾게 돼 무엇보다 기뻤다. 새로 수습한 유물 가운데는 '王興'이라는 글자가 새겨진 왕흥사의 기와 조각과 '前部'라는 글자가 새겨진 돌이 특히 주의를 끌었다.

진열관을 나와 부소산 동쪽 언덕으로 차를 몰아 군창軍倉 터와 유인원 비를 봤다. 비각 서남쪽 수십 칸은 동·서쪽 언덕의 골짜기에 있던 웅덩이였다가 계단식 논으로 바뀌었으며, 군창 터 옆에서 내려온 성벽과 논 사이에는 큰 주춧돌 두 개가 있었다. 이것도 요즘 발견된 것인데 남문 터가 아닐까 싶다. 걸음을 옮겨 서쪽 언덕 꼭대기에 이르러 사비루泗沘樓에서 봄빛 가득한 절경을 보고 일행과 함께 지금과 옛 역사를 이야기했다. 북쪽으로 급경사를 내려가면 백화정百花亭이 세워진 낙화암落花巖이다. 사비성이 함락될 때 비참한 전설을 낳은 바위 아래의 깊은 물은 정말 무서웠다.

다시 강가의 고란사皐蘭寺로 내려갔다. 백제시대를 그리워하게 하는 유물로는 연꽃잎을 장식한 우아하고 화려한 사각형 주춧돌이 있을 뿐이다. 지난번에는 앞면의 1개만 봤지만 오사카 씨가 알려줘 왼쪽 면에도 1개가 있음을 알게 됐다. 절은 맑은 물이 떨어지는 깎아지른 절벽을 뒤에 이고 강에 맞닿은 오른쪽의 방 하나는 세 벽면을 둘러 관람대를 만들었다. 오사카 씨의 권유로 그곳에서 잠깐 쉬면서 가져간 도시락을 먹었다. 나중에 좋은 추억이 될 것 같다.

왕흥사 터는 고란사 맞은편 조금 아래에 있다. 점심을 먹는 동안 절 아래 우리를 위해 보존회의 유람선이 준비됐다. 지난번 왔을 때는 규암진窺巖津까지 내려가 강 양쪽의 가을빛을 감상하고 다시 거슬러 배를 구교진舊校津에 댔는데, 오늘은 덮개를 뗀 배에서 즐겁게 그때를 추억하며 비스듬히 강을 가로질렀다. 울성산 아래 신구리新九里 마을이 남아 있는 강변의 저지대는 무너진 화강암이 쌓인 모래 언덕으로 예전에는 물길에 침식됐을 것 같은 지형이다. 배에서 내려 모래 언덕을 3정(327미터)쯤 나아가면 울성산 남쪽 언덕 안, 논이 앞에 있는 조금 높은 곳에 신구리의 민가가 있다. 그 민가 부근이 바로 왕흥사 터로 그것을 분명히 증명하는 기와 조각이 그곳에서 발견됐다.

왕흥사는 백제 법왕 2년(600) 정월 왕이 창건했는데, 그는 그해 5월에 세상을 떠나 다음 무왕 35년(634)에 완성됐다. 널리 알듯 무왕은 백제의 마지막 왕인 의자왕 바로 앞의 왕이다.

• 『삼국사기』「백제본기」: 법왕 2년 봄 정월 왕흥사를 창건하고 승려 30명을 뒀다. 法王二年春正月, 創王興寺, 度僧三十人.

• 무왕 35년 봄 2월 왕흥사가 완공됐다. 그 절은 물가에 있었는데 채색과 장식이 장엄하고 화려했다. 왕은 늘 배를 타고 절에 가서 향을 드렸다. 武王三十五年春二月, 王興寺成. 其寺臨水, 彩飾壯麗. 王每乘舟, 入寺行香.

• 『삼국유사』 권3, 법왕이 살생을 금지하다法王禁殺: 백제 29대 법왕의 이름은 선이며, 효순이라고도 한다. 개황 19년(599) 기미년에 즉위했다. 그해 겨울 조서를 내려 살생을 금지하고 민가에서 기르던 매 따위를 놓아주게 했으며 낚시나 사냥하는 도구를 불태우게 해 살생을 완전히 금지시켰다. 이듬해 경신년에는 승려 30명을 선발하고 도성인 사비성(지금의 부여)에 왕흥사를 창건했는데, 기초를 닦다가 승하했다. 무왕이 왕위를 이어 아버지가 닦은 터에 아들이 집을 지어 수십 년을 지나 완성했는데, 그 절은 미륵사라고도 한다. 옆에는 산이 있고 앞에는 물이 있으며 꽃과 나무가 아름다워 사철의 아름다움이 모두 갖춰졌다. 왕은 항상 배를 타고 물을 따라 절에 가서 그 경치의 장려함을 구경했다(옛 기록과는 조금 다르다. 무왕은 가난한 어머니가 못의 용과 관계해 태어났는데, 어릴 때 이름은 서여다. 즉위한 뒤 시호를 무왕이라고 했다. 처음에 왕비와 함께 창건했다). 百濟第二十九主法王諱宣, 或云孝順. 開皇十年己未卽位. 是年冬下詔禁

殺生, 放民家所養鷹鸇之類, 焚漁獵之具, 一切禁止. 明年庚申, 度僧三十人, 創王興寺於時都泗沘城(今扶餘), 始立栽而升遐. 武王繼統, 父基子構, 歷數紀而畢成, 其寺亦名彌勒寺. 附山臨水, 花木秀麗, 四時之美具焉. 王每命舟, 沿河入寺, 賞其形勝壯麗(與古記所載小異. 武王是貧母與池龍通交而所生. 小名薯蕷, 卽位後諡號武王. 初與王妃草創也).

• **권2, 무왕**: 30대 무왕의 이름은 장璋이다. 어머니가 과부가 돼 도성 남쪽 못 가에 집을 지었는데, 못의 용과 관계해 낳았다. 어릴 때 이름은 서동인데, 재주와 도량이 커 헤아리기 어려웠다. 늘 마를 캐서 팔아 생업으로 삼았기 때문에 사람들이 서동이라고 했다. (…) 어느 날 무왕이 부인과 함께 사자사에 가려고 했는데, 용화산 밑의 큰 못가에 이르렀을 때 미륵 삼존이 못 가운데서 나타나자 수레를 멈추고 절을 올렸다. 부인은 왕에게 말했다. "이곳에 큰 절을 짓는 것이 제 소원입니다." 왕은 허락하고 지명법사에게 가서 못을 어떻게 메울지 묻자 신비스런 힘으로 하룻밤 사이에 산을 무너뜨려 못을 메우고 평지를 만들었다. 미륵삼회彌勒三會의 모습을 본떠 건물과 탑과 회랑을 각각 세 곳에 세우고 이름을 미륵사라고 했다(국사에서는 왕흥사라고 했다). 진평왕이 많은 공인을 보내 도왔는데, 그 절은 지금도 남아 있다. 第三十武王名璋. 母寡居築室於京師南池邊, 池龍交通而生. 小名薯童, 器量難測. 常掘薯蕷賣爲活業, 國人因以爲名. (…) 一日王與夫人欲幸師子寺, 至龍華山下大池邊, 彌勒三尊出現池中, 留駕致敬. 夫人謂王曰, 須創大伽藍於此地, 固所願也. 王許之, 詣知命所問塡池事, 以神力一夜頹山塡池爲平地. 乃法像彌勒三會, 殿·塔·廊廡各三所創之, 額曰彌勒寺(國史云王興寺). 眞平王遣百工助之, 至今存其寺.


절터의 위치에 대해서는 다음도 참고할 수 있다

『삼국유사』(권2, 전前백제): 또 사비 절벽에 돌이 하나 있는데 10여 명이 앉을 수 있다. 백제왕이 왕흥사에 행차해 예불하려고 할 때 먼저 이 돌에서 부처를 바라보고 절하면 그 돌이 저절로 따뜻해졌기 때문에 '돌석'이라고 이름 붙였다. 泗沘崖又有一石, 可坐十餘人. 百濟王欲幸王興寺禮佛, 先於此石望拜佛, 其石自煖因名煖石.

다음 기록은 자온대, 곧 돌석의 위치를 금강 서안에 둔 것이지만 오류로 생각된다.

『동국여지승람』(권18, 부여현 고적): 자온대는 현 서쪽 5리(2킬로미터)에 있다. 낙화암에서 물을 따라 서쪽으로 내려가면 이상하게 생긴 바위가 물가에 있는데, 10여 명이 앉을 만하다. 민간에서는 "백제왕이 이 바위에서 놀면 그 바위가 저절로 따뜻해졌기 때문에 그렇게 이름 붙였다"고 전한다. 自溫臺在縣西五里. 自落花巖順流而西, 有怪巖跨于水渚, 可坐十餘人. 諺傳百濟王遊于此巖, 則巖自溫, 故名.

『삼국유사』에서 '사비대'라고 한 것은 강 동안이어야 한다. 지금의 낙화암부터 고란사 부근으로 생각된다. 아무튼 지금은 부서진 기와가 어지럽게 흩어져 있고 절터를 알려주는 주춧돌도 없으며 민가 옆에 흔한 돌덩이로도 보이는 훼손된 석불이 버려져 있는 것은 매우 안타깝다. 수많은 생각이 든다.

절터 뒤에 솟은 산은 울성산이다. 산 위에 사발 모양으로 둘려 있는 석성이 있어 부소산에서도 희미하게 보인다. 이 성은 신라인이 왕흥사 잠성으로 부른 것이다.

『삼국사기』「신라본기」무열왕 7년(660): 11월 5일 왕이 계탄을 건너 왕흥사 잠성을 공격해 7일 만에 함락시키고 700명을 죽였다. 22일 왕이 백제에서 돌아왔다.

곧 백제 멸망 직후 그 유민이 웅거한 성이며 신라 무열왕이 공격해 함락시킨 성이다. 『조선특수지형도』의 부여 호號에 따르면 산의 높이는 130미터로 부소산 정상의 사비루보다 20여 미터 높다.

절터를 떠나 다시 강을 건너 구교진에서 차를 타고 숙소로 돌아오니 예정했던 시간이 이미 가까웠다. 오사카 씨·원 군수와 헤어져 논산으로 서둘러 갔다. 짐보神保 씨도 동승했는데, 논산역에서 호남선 열차로 갈아타는 동안 많은 신세를 졌다. 이날 기온은 27.8도로 열차 안은 무척 더웠고 경성에서 회의 날 추웠던 것과는 크게 달랐다. 올해는 일본과 마찬가지로 조선도 날씨가 매우 변덕스럽다. 오키하라 씨는 처음부터 끝까지 동행했고 대전역에서 남쪽으로 가는 나를 배웅했다. 오후 4시 40분이었다.

도쿄로 돌아온 뒤 앞의 논문에 덧붙여 간행하려고 서둘러 이 글을 썼다. 글을 마치며 여기 나오는 분들과 공주에서 송산리 고분을 안내해 준 충청남도 군속郡屬 마스노 미요시增野見吉 씨 등에게 깊이 감사드린다.

(1934년 5월 11일)

# 3편
# 당 고종의 고구려 원정과 비열도·다곡도·해곡도의 이름

## 1.

당 고종 건봉 원년(666)부터 총장 원년(668)에 걸쳐 이뤄진 고구려 정벌은 당이 추진한 마지막 고구려 전쟁이었는데, 그 발단은 고구려의 권신 연개소문이 죽은 뒤 그 맏아들 남생이 동생 남건·남산과 서로 공격해 구원을 요청하자 남생을 도우려고 계필하력·방동선龐同善 등이 이끄는 군대를 파견한 것이었다.

『구당서』(권199, 상) 「고려열전」: 건봉 원년 11월. 사공 영국공 이적을 요동도 행군 대총관으로 삼아 비장 곽대봉 등을 이끌고 고구려를 정벌케 했다. 命司空英國公李勣爲遼東道行軍大總管, 率裨將郭待封等以征高麗.

이것은 계필하력·방동선 등이 출정한 뒤 다시 대군의 출동을 명령한 것으로 같은 사실은 『신당서』(권220) 「고려열전」에 좀더 자세히 서술돼 있다.

이적을 요동도행군대총관 겸 안무대사로 삼아 계필하력·방동선과 힘을 합치게 했다. 조서를 내려 독고경운을 압록도로, 곽대봉을 적리도로, 유인원을 필열도로, 김대문을 해곡도로 가게 하고 모두 행군총관으로 삼았으며 이적은 절도사로 삼았다. 又以李勣爲遼東道行軍大總管兼按撫大使, 與契苾何力·龐同善幷力. 詔獨孤卿雲鴨淥道, 郭待封積利道, 劉仁願畢列道, 金待問海谷道, 並爲行軍總管, 受勣節度.

여기서 압록도와 함께 필열도의 이름이 보인다. 그리고 필열도로 진격하라는 명령을 받은 유인원은 당시 한반도의 백제 옛 땅에 남아 지키던 당의 장수였다.

또 『삼국사기』 「신라본기」에 따르면 신라 문무왕이 고구려 정벌군을 당에 요청한 것도 같은 건봉 원년(문무왕 6년, 666)이었다. 그 관계에서 고종은 다시 신라에게 정벌을 도우라는 명령을 내렸다.

「신라본기」: 문무왕 7년(당 건봉 2년) 가을 7월 당 황제가 칙명을 내려 지경·개원(모두 문무왕의 동생)을 장군으로 삼아 요동의 전쟁에 나아가게 했다. 왕은 곧 지경을 파진찬으로, 개원을 대아찬으로 삼았다. 또 황제가 대아찬 일원을 운휘장군으로 삼으니 왕은 [일원에게] 궁궐에서 명령을 받게 했다. 대나마 한항세를 당에 보내 조공케 했다. 고종은 유인원과 김인태에게 비열도를 따라 가게 하고 우리 군사를 징발해 다곡도와 해곡도를 따라 평양에서 모이게 했다. 唐皇帝勅, 以智鏡·愷元爲將軍, 赴遼東之役. 王卽以智鏡爲波珍飡, 愷元爲大阿飡. 又皇帝勅, 以日原大阿飡爲雲麾

將軍, 王命於宮庭受命. 遣大奈麻汗恒世入唐朝貢. 高宗命劉仁願·金仁泰, 從
卑列道, 又徵我兵, 從多谷·海谷二道, 以會平壤.

여기서 마지막 한 구절은 앞서 인용한 『신당서』에서 "유인원은 필열
도로, 김대문은 해곡도로 가게 했다"고 한 것에 해당하는 내용으로 그
것보다 좀더 상세하다. 곧 장수 이름으로는 유인원 외에 문무왕의 동
생 김인태, 지명으로는 해곡도 외에 다곡도가 보인다. 유인원과 김인태
가 간 비열도가 『신당서』의 필열도와 같은 지명임은 말할 것도 없다.
김인태는 유인원의 부장副將으로 백제 옛 땅에 주둔하고 있었다.[2] 그러
나 『신당서』 기사의 날짜는 건봉 원년(666) 11월이라고 돼 있지만 여기
는 2년 7월로 돼 있어 상당히 다른데, 이것은 고종의 칙명이 반년 넘
게 지나 신라의 수도에 도달했음을 말하는 것은 아니고 「신라본기」의
편자가 본래 날짜가 명확하지 않은 기사를 고종의 다른 명령에 따라
지경·개원 등이 참전한 사실에 연결해 기록했기 때문으로 생각된다.
곧 『신당서』 기사에 해당하는 출병 명령이 신라에 도착한 것은 늦어도
건봉 2년(문무왕 7년, 667) 봄이던 것으로 생각된다.

「신라본기」에서는 따로 이해 끝머리에 다음과 같이 서술했다.

당의 유진장군 유인원이 고구려 원정을 도우라는 천자의 칙명을 전달
하고 왕(문무왕)에게 대장군의 깃발과 부절을 내렸다. 唐留鎭將軍劉仁願
傳宣天子勅命, 助征高句麗, 仍賜王大將軍旌節.

그러나 비열도로 간 유인원·김인태와 다곡도·해곡도로 간 신라군
을 평양에서 만나도록 한 고종의 명령은 먼저 유인원에게 통보됐고 유

인원은 그것을 신라에 전달한 것으로 생각되므로 이처럼 이 기사를 그해 끝머리에 따로 떼어 놓아서는 안 된다. 이것도 본래 날짜가 명확치 않은 기사를 「신라본기」 편자가 부주의하게 취급한 것으로 그 정확한 시기는 그해 봄이 돼야 한다.


## 2.


　신라 문무왕은 고종의 명령에 따라 지원군을 보냈다. 그는 직접 군사를 이끌고 북상했는데, 「신라본기」에는 앞의 기사에 이어 다음과 같이 기록돼 있다.

[문무왕 7년] 가을 8월 왕은 대각간 김유신 등 장군 30명을 이끌고 도성을 출발했다, 9월 한성정에 이르러 영공(영국공 이적)을 기다렸다. 겨울 10월 2일 영공은 평양성 북쪽 200리에 도착해 이동혜 촌주 대나마 강심을 뽑아 보냈다. 강심이 거란 기병 80여 명을 거느리고 아진함성을 거쳐 한성에 도착해 편지를 전달해 출병 시기를 독촉하니 대왕이 따랐다, 11월 11일 장새에 이르렀는데, 영공이 돌아갔다는 말을 듣고 왕의 군대도 돌아왔다. 강심에게 급찬의 관등을 주고 벼 500석을 하사했다. 秋八月, 王領大角干金庾信等三十將軍, 出京. 九月, 至漢城停以待英公. 冬十月二日, 英公到平壤城北二百里. 差遣爾同兮村主大奈麻江深, 率契丹騎兵八十餘人, 歷阿珍含城至漢城, 移書以督兵期, 大王從之. 十一月十一日, 至獐塞, 聞英公歸, 王兵亦遇(還?). 仍授江深位級飡, 賜粟五百石.

문무왕도 그 뒤(재위 11년, 671) 당의 장수 설인귀에게 보낸 서신에서 같은 사실을 말했다.3

건봉 2년(667)에 이르러 대총관 영국공(이적)이 요동을 정벌한다는 말을 듣고 나는 한성주로 가서 군사를 보내 국경 가까이에 모이게 했습니다. 신라군이 단독으로 쳐들어갈 수는 없었기 때문에 먼저 정탐을 배에 태워 차례로 세 번 보내 대군(당군)의 동정을 살펴보게 했습니다. 정탐들은 돌아와 모두 "대군이 아직 평양에 도착하지 않았다"고 했기 때문에 고구려의 칠중성을 쳐서 길을 뚫고 대군이 오기를 기다리려고 했습니다. 성을 공격하려고 할 때 영공의 사신 강심이 와서 "신라군은 대총관(영국공 이적)의 명령을 받들어 성을 공격하지 말고 빨리 평양으로 오라"고 했습니다. 곧 군량을 주고 가서 합류하게 했는데 수곡성에 이르렀을 때 대군이 이미 돌아갔다는 말을 듣고 마침내 신라군도 곧 철수했습니다. 至乾封二年, 聞大摠管英國公征遼, 某往漢城州, 遣兵集於界首. 新羅兵馬不可獨入, 先遣細作三度, 船相次發遣, 覘候大軍. 細作迴來並云, 大軍未到平壤. 且打高麗七重城, 開通道路, 佇待大軍來至. 其城垂垂欲破, 英公使人江深來云, 奉大摠管處分, 新羅兵馬不須打城, 早赴平壤, 卽給兵粮遣, 令赴會. 行至水谷城, 聞大軍已迴, 新羅兵馬遂卽抽來.

이제 윗점을 붙인 지명을 설명해 건봉 2년(문무왕 7년) 가을부터 겨울까지 신라군의 행동을 밝히려고 한다. 「신라본기」의 한성정과 문무왕 서신의 한성주는 남한산성(지금의 경기도 광주)로 생각된다. 무열왕 6년(661) "한산주 장의사를 창건했다創漢山州莊義寺"고 해서 유명한 장의사가 있는 북한산주(지금의 경성[서울])는 한산주로도 불렸지만 그것을 한성주라고 한 사례는 없는 것 같기 때문이다. 다음으로 「신라본기」의 아진함성, 곧 이적이 보낸 사자 강심(신라인)이 한성에 도착하기 전 통과했다고 한 이 성은 『삼국사기』(권35) 「지리지」에 토산군兔山郡의 속현인 안협安峽의 옛 이름으로 "안협현은 본래 고구려 아진압현인데 경덕왕이 이름을 고쳤고 지금까지 그대로 따른다安峽縣, 本高句麗阿珍押縣, 景德王改名, 今因之"고 한 아진압현이 분명하고 지금의 강원도 이천군 안협면의 안협이 그곳이다.

안협 서남쪽 직선거리 20리(7.9킬로미터)쯤인 황해도 금천군金川郡에 소속된 임진강 가의 토산兔山은 고구려 때 오사함달현烏斯含達縣이라고 불린 신라 토산군의 이름이 오늘날까지 남아 있는 것으로 평양에서 수안을 거쳐 경성으로 오는 도로는 신계와 삭녕 사이에서 이곳을 지난다. 그리고 삭녕과 경성을 잇는 임진강 가의 적성은 신라의 삼국통일 이전 그 북쪽 경계의 중요한 진이던 칠중성의 소재지였다. 문무왕의 서신에서 말한 것처럼 신라군이 칠중성을 공격한 것은 당시 이 성이 고구려에 함락됐기 때문으로 생각된다. 이적의 사신 강심이 「신라본기」에서는 한성(서울)에 왔다고 하고 문무왕의 서신에서는 칠중성(적성)이 함락되려고 할 무렵 왔다고 한 것은 칠중성을 공격할 때 문무왕이 머문 신라군의 본영이 한성주(경성[서울])에 있었음을 말한 것으로 생각된다.

강심이 가져온 이적의 명령에 따라 신라군이 진격한 장새는 「지리지」에서 "장새현은 본래 고구려의 현이었는데 경덕왕이 그대로 따랐다. 지금의 수안군獐塞縣, 本高句麗縣, 景德王因之. 今遂安郡"이라고 한 것으로 지금도 고려 때 이름인 수안이다. 또 이적이 북쪽으로 돌아갔다는 소식을 듣고 도중에 신라군이 철수한 곳은 「신라본기」에 따르면 장새, 문

무왕의 서신에 따르면 수곡성이다. 『삼국사기』(권35) 「지리지」에서는
신라의 영풍군永豐郡 — 지금의 평산군 평산읍을 치소로 한다 — 이
거느린 현의 하나로 "단계현은 본래 고구려 수곡성현인데 경덕왕이 이
름을 고쳤다. 지금의 협계현檀溪縣, 本高句麗水谷城縣, 景德王改名. 今俠溪縣"이
라고 했고 『동국여지승람』(권42, 신계현, 고적)에서는 "폐지된 협계현은
신계현 남쪽 30리(11.8킬로미터)에 있는데 본래 고구려의 수곡성현俠溪
廢縣, 在縣南三十里, 本高句麗水谷城縣"이라고 했다. 이것을 「대동여지도」에 표
시된 폐현의 위치에 비춰보면 신계 남쪽 20리(7.9킬로미터)쯤 삭녕으로
가는 도로에서 조금 서쪽인 율면栗面 침교리를 그곳에 비정할 수 있다.
문무왕은 한성에서 칠중성을 거쳐 신계 가까이에 있는 지금의 침교리
(수곡성)에 이르러 돌아왔지만, 그때 선봉은 이미 수안(장새)까지 나아
간 것으로 생각된다. 신계와 수안의 거리는 80리(31.4킬로미터)쯤 된다.
그리고 신라군이 돌아온 때는 11월 중순이었다.

문무왕 7년(건봉 2년, 667) 가을부터 겨울까지 원정을 도우라는 당
의 명령에 따라 수행된 신라의 출병은 앞서 설명한 것과 같다. 지금 특
히 그 진군로를 주목하면 신라군은 적성(칠중성) 부근에서 임진강을
건넌 뒤 삭녕(고구려 소읍두현所邑豆縣)·토산(고구려 오사함달현)·신계(고
구려 수곡성 부근)을 거쳐 수안(고구려 장새)로 나온 것이 분명하며, 이
것은 지금도 경성(서울)에서 적성 동북쪽의 연천을 거쳐 평양으로 가
는 주요한 교통로다. 「신라본기」에서 강심이 한성에 왔을 때 지나온 곳
으로 특히 아진함성(안협)을 든 것은 토산을 거치는 것이 일반적 경로
지만 어떤 사정 때문에 다른 길로 왔음을 암시한 것으로 생각된다.

그렇다면 이 진군로는 고종의 명령에서 "다곡도와 해곡도를 따라 평
양에 모이게 했다"는 것에 해당하는 것일까? 이것은 물론 두 도로가

아니라 하나의 도로다. 그리고 『삼국사기』 「지리지」의 기사를 검토하면 그 도로를 따라 다곡·수곡 같은 고구려의 지명이 있었다는 증거는 없다. 뿐만 아니라 따로 비열도(필열도)에서 나아가라는 명령을 받은 유인원과 김인태의 동정을 알려주는 기사가 「신라본기」에 보이지 않는 것도 이상하다. 당의 지원 명령에 따른 신라의 출병은 평양에 이르기 전 도중에서 중단됐지만 이 한 번으로 끝난 것은 아니다. 그러므로 나는 일단 이런 의문을 남겨두고 다른 출병 사실을 고찰해보려고 한다.


## 3.


신라의 두 번째 출병은 이듬해인 총장 원년(문무왕 8년, 668) 6월에 이뤄졌다. 문무왕이 설인귀에게 보낸 서신을 보면 그 사정은 다음과 같이 서술돼 있다.

건봉 3년(곧 총장 원년) 대감 김보가를 보내 바닷길로 당에 가 영공(이적)을 만나 신라군은 평양에 와서 모이라는 지시를 받았습니다, 5월 유 우상(유인궤)이 와서 신라 군사를 징발해 평양으로 갔고, 나도 한성주로 가 군사를 점검했습니다. 至乾封三年, 遣大監金寶嘉入海, 取英公進止, 奉處分, 新羅兵馬赴集平壤. 至五月, 劉右相來, 發新羅兵馬, 同赴平壤, 某亦往漢城州, 檢校兵馬.

영국공 이적은 당의 고구려 원정의 총사령관(요동도 행군대총관)으로 건봉 2년(667) 봄부터 요동의 고구려 성들을 공격해 함락시켰다. 앞서 든 「신라본기」 기사에 따르면 그는 이해 겨울 평양 북쪽 200리까지 왔다가 끝내 요동으로 돌아갔다. 그리고 그것은 신라군이 회군하는 이유가 됐다. 이적의 행동에 관련된 이 기록은 그대로 믿을 수 없지만 아무튼 신라군이 장새까지 진격했을 때 당군은 아직 한반도를 침입하지 않았기 때문에 신라군은 도중에 돌아간 것이다. 그 때문에 해가 바뀌자(총장 원년, 668) 문무왕은 바닷길로 대감 김보가를 요동으로 보내 자국의 출병에 대해 특히 이적의 지시를 요청했다. 그 결과 5월에 이르러 그보다 먼저(정월) 새로 요동도 부副대총관이 된3 유인궤가 신라에 와서 다시 군사를 평양으로 보낼 것을 명령했다. 문무왕의 서신에 따르면 그렇지만 「신라본기」에서는 3월 "비열홀주(함경남도 안변)를 설치했다"고 했으며, 김보가가 요동에 사신으로 간 사실을 기록하지 않고 유인궤가 온 것을 다음과 같이 서술했다.

6월 12일 요동도 안무부대사 요동행군 부대총관 겸 웅진도 안무대사 행군총관 우상 검교 태자좌중호 상주국 낙성현 개국남 유인궤가 황제의 명령을 받들고 숙위사찬 김삼광(김유신의 맏아들. 이 논문 주 1 참조)과 함께 당항진에 도착했다. 왕은 각간 김인문(왕의 동생)에게 성대한 예우로 맞이하게 했다. 우상은 약속을 마치고 천강으로 떠났다. 六月十二日, 遼東道安撫副大使·遼東行軍副大摠管兼熊津道安撫大使·行軍摠管·右相·檢校太子左中護·上柱國·樂城縣開國男劉仁軌奉皇帝勅旨, 與宿衛沙飡金三光到黨項津. 王使角干金仁問, 廷迎之以大禮. 於是右相約束訖向泉岡.

당항진은 성 이름이기도 한데 『구당서』(권199) 「백제열전」(정관 16년 [642])에서 "[백제는] 고구려와 화친해 당항성을 차지함으로써 신라가 당에 조공하는 길을 끊으려고 했다. 신라는 사신을 보내 위급함을 알리고 도움을 요청했다"고 해서 신라가 당과 교통하는 서해의 중요한 항구였으므로 경기도 수원의 남양 근처를 그 성에 배를 댈 수 있는 곳으로 비정할 수 있다. 당항진에서 왕의 동생 김인문과 만난 뒤 유인궤가 돌아간 천강은 어디인지 알 수 없지만 인천 지방의 해안이 아닐까 생각된다. 그리고 "우상은 약속을 마쳤다"는 것은 문무왕의 서신에서 "유 우상(유인궤)이 와서 신라의 군사를 징발해 평양으로 갔다"는 것에 해당하는 표현이다. 또 문무왕의 서신에서 말한 것처럼 유인궤가 5월에 왔다면 「신라본기」의 6월 12일은 그가 천강으로 떠난 날짜를 보여주는 것으로 생각된다.

이 시점에서 신라는 다시 원군을 출동시켰다. 먼저 「신라본기」에 기록된 출병 부서는 다음과 같다.

[6월] 21일 대각간 김유신을 대당대총관으로, 각간 김인문·흠순·천존·문충과 잡찬 진복·파진찬 지경·대아찬 양도·개원·흠돌을 대당총관으로, 이찬 진순(진춘으로도 돼 있다)·죽지를 경정총관으로, 이찬 품일·잡찬 문훈·대아찬 천품을 귀당총관으로, 이찬 인태를 비열도총관으로, 잡찬 군관·대아찬 도유·아찬 용장을 한성주 행군총관으로, 잡찬 승신·대아찬 문영·아찬 복세를 비열성주 행군총관으로, 파진찬 선광·아찬 장순·순장을 하서주 행군총관으로, 파진찬 의복·아찬 천광을 서당총관으로, 아찬 일원·흥원을 계금당총관으로 삼았다. 六月 (…) 二十一日, 以大角干金庾信大幢爲大摠管, 角干金仁問·欽純·天存·文忠·迊飡眞福·波珍飡智鏡·大阿飡良圖·愷元·欽突爲大幢摠管, 伊飡陳純(一作春)·竹旨爲京停摠管, 伊飡品日·迊飡文訓·大阿飡天品爲貴幢摠管, 伊飡仁泰爲卑列

   

道摠管, 迊湌軍官·大阿湌都儒·阿湌龍長爲漢城州行軍摠管, 迊湌崇信·大阿湌文穎·阿湌福世爲卑列城州行軍摠管, 波珍湌宣光·阿湌長順·純長爲河西州行軍摠管, 波珍湌宜福·阿湌天光爲誓幢摠管, 阿湌日原·興元爲罽衿幢摠管.

이 부서에서 특히 주의를 끄는 것은 이찬 인태(김인태)가 '비열도총관'이 됐다고 한 것이다. 이것은 첫 번째 원정 지원 명령에서 "유인원과 김인태에게 비열도를 따라 가게 했다"는 것에 따른 것이 틀림없다. 그리고 따로 한성주 행군총관·하서주 행군총관(하서주는 강원도 강릉)과 나란히 '비열성주 행군총관'이라고 한 것을 지나쳐서는 안 된다. 뒤에서 설명할 것을 위해 미리 알아둘 것은 대당총관 가운데 김인문·천존의 이름과 한성주 행군총관 가운데 도유의 이름이 기록돼 있는 것이다.

이런 부서 기록에 이어지는 다음날의 기사에서는 갑자기 유인원의 소식을 전하고 있다.

[6월] 22일 웅진도독부성의 유인원이 귀간 미힐을 보내 고구려의 대곡□(성?)과 한성(재령) 등 2군 12성을 설득해 항복시켰다고 알렸다. 왕은 일길찬 진공을 보내 축하했다. 인문·천존·도유 등은 일선주(지금의 경상북도 선산) 등 7군과 한성주의 군사를 거느리고 당 군영으로 갔다. 府城劉仁願遣貴干未肹, 告高句麗大谷□(城?)·漢城等二郡十二城歸服. 王遣一吉湌眞功稱賀. 仁問·天存·都儒等領一善州等七郡及漢城州兵馬, 赴唐軍營.

부성은 백제 멸망 뒤 웅진도독부를 가리키는 것으로 유인원은 그 진장이었기 때문에 그에게 이런 표현이 앞에 달린 것이다. 대곡과 한

성 사이에 빠진 글자는 '城'으로 생각된다.

> 『삼국사기』(권35)「지리지」: 영풍군은 본래 고구려 대곡군인데 경덕왕이
> 이름을 고쳤다. 지금의 평주다. 永豊郡, 本高句麗大谷郡, 景德王改名. 今平
> 州.

대곡군은 고려 때의 평주, 곧 지금의 황해도 평산을 중심으로 한 지
방이다. 한성군은 그것이 고구려 영토였던 이상 남한산(한성주)이 아님
은 말할 필요도 없다.

- 『삼국사기』(권37)「지리지」고구려 조: 한성군은 한홀·식성·내홀이라
  고도 한다. 漢城郡, 一云漢忽, 一云息城, 一云乃忽.
- 같은 책(권35) 신라 조: 중반군은 본래 고구려 식성군인데 경덕왕이
  이름을 고쳤다. 지금의 안주다. 重盤郡, 本高句麗息城郡, 景德王改名. 今
  安州.

식성군으로도 불린 고구려의 한성군은 고려시대의 안주였지만 안
주는 사리원 서남쪽, 평양과 평양 사이에 위치한 지금의 재령이다. 곧
이 한성군은 대곡군(평산)과 함께 유인원이 공격한 한성군이 틀림없다.
이처럼 유인원은 신라군이 아직 출동하지 않은 동안 백제 옛 땅에
서 고구려 영토 안으로 공격해 들어갔고, 그 결과 평산·재령을 중심
으로 한 지방의 12성이 그에게 항복했다. 그리고 그 소식은 6월 22일
그의 사신이 신라의 도성에 전달했고, 문무왕은 곧 축하 사절을 파견
하는 동시에 김인문·천존·도유 등 세 장군이 이끄는 일선주(선산) 등

7군과 한성주(남한산)의 군사를 당 군영으로 보냈다. '당 군영'은 유인원의 군영이 틀림없고 인문과 천존은 앞서 든 부서 가운데 대당총관, 도유는 한성주 행군총관의 한 사람이었으므로 문무왕의 이 조처는 앞으로 출동할 신라군 가운데 7군 1주의 군사를 나눠 유인원과 함께 행동하게 한 것으로 이해할 수 있다.

그렇다면 유인원의 그 뒤 소식은 어떤가? 그는 그 직후인 8월(평양 함락 전 달) 초 뜻밖에도 고구려 정벌을 수행하는데 게을렀다는 이유로 유배됐다.

『자치통감』(권201 당기 17) 같은 달: 신유일(9일) 비열도 행군총관 우위위 장군 유인원은 고구려 정벌이 지연된 죄로 요주에 유배됐다.


유인원이 고구려를 침공한 사정에 대해서는 「신라본기」에 아무 기록도 없다. 다만 그렇게 행동한 사실을 전할 뿐이다. 아울러 그에 앞서 고구려 정벌 부사령관이던 유인궤는 고종의 칙명을 받들어 당항진에 와서 신라의 출병 문제를 처리하고 갔기 때문에 그것과 이것 사이에 직접 관계가 있음은 쉽게 추측할 수 있다. 유인원도 그때 유인궤에게 출병을 재촉받은 것으로 보인다. 그러나 출병을 재촉받아 출정했다면 지연시킨 죄는 있을 수 없으므로 죄는 자연히 다른 데 있을 수밖에 없다. 고종의 명령과 같다면 그는 전 해 이미 비열도 행군총관으로 김인태와 함께 비열도로 진격했을 것이다. 그런데 그런 내용을 담은 기사는 「신라본기」에 보이지 않는다. 그 때문에 나는 전 해 신라군의 행동을 생각할 때 그것을 하나의 의문으로 뒀지만, 지금 그 의문에 연결시키면 두 가지 의문은 한꺼번에 해결될 것 같다.

「신라본기」의 전 해 기사에 유인원의 동정을 언급한 부분이 없는 것은 그가 신라의 출병과 함께 행동하지 않았음을 말하는 것으로 이것이 바로 고종의 명령을 따르지 않고 지연시킨 것으로 생각된다. 그리고 그 사실은 유인궤가 그해 5월 당항진에 와서 다시 출병 사무를 처리하면서 알게 된 것이 틀림없고 상장군인 유인궤는 그를 힐책했을 것이다. 아직 신라군의 부서가 정해지지 않은 동안 일찍 평산·재령 방면의 성들을 함락시킨 것은 그 결과 곧바로 출정에 올랐음을 말하는 것이 분명하다. 그러나 이전의 죄는 씻을 방법이 없어 유인궤가 북쪽으로 돌아간 뒤 그 일은 본국의 조정에 알려져 유배된 것으로 생각된다.

다음으로 신라군의 행동은 부서가 상세한 것과 대조적으로 매우 간단히 기록돼 있다.

[6월] 27일 왕은 도성(경주)을 출발해 당군이 주둔한 곳으로 갔다. 29일 여러 도道의 총관들이 출발했다. 김유신은 풍질風疾을 앓고 있었기 때문에 왕은 그를 도성에 남게 했다. 인문(유인원의 진영에 간 세 장군 가운데 한 사람) 등은 영공(이적)을 만나 영류산(지금의 서경[평양성] 북쪽 20리[7.9킬로미터]에 있다) 아래로 진군했다. 가을 7월 16일 왕은 한성주(광주廣州)로 행차해 총관들에게 대군과 합류하게 했다. 문영 등은 사천 들판에서 고구려군을 만나 싸워 크게 무찔렀다, 9월 21일 대군과 합류해 평양을 포위했다. 고구려왕(보장왕)이 먼저 천남산(천남생의 동생) 등을 영공에게 보내 항복을 요청했다.[4] 영공은 보장왕과 왕자 복남·덕남 및 대신 등 20여만 명을 데리고 당으로 돌아갔다. (…) 앞서 대군이 고구려를 평정하자 왕은 한성을 나서 평양으로 갔는데, 힐차양에 이르러 당의 장수들이 이미 돌아갔다는 소식을 듣고 한성으로 돌아왔다. 二十七

日, 王發京, 赴唐兵. 二十九日, 諸道摠管發行. 王以庚信病風, 留京. 仁問等遇英
公, 進軍於嬰留山下(嬰留山在今西京北二十里). 秋七月十六日, 王行次漢城州,
教諸摠管往會大軍. 文穎等遇高句麗兵於蛇川之原, 對戰大敗之. 九月二十一
日, 與大軍合圍平壤. 高句麗王先遣泉男産等, 詣英公請降. 於是英公以王寶臧·
王子福男·德男·大臣等二十餘萬口迴唐. (…) 初大軍平高句麗, 王發漢城指平
壤, 次肹次壤, 聞唐諸將已歸, 還至漢城.

문무왕의 서신에서는 다음과 같이 말했다.

나(문무왕)도 한성주로 가서 군사를 사열했습니다. 이때 당군이 사수에
모두 모이니 남건(천남생의 동생)은 출전해 한번 결전을 벌이고자 했습니
다. 신라군이 홀로 선봉을 맡아 큰 진을 먼저 격파하니 평양성은 기세
가 꺾였습니다. 그 뒤 영공은 다시 신라의 날랜 기병 500명을 뽑아 먼저
성문으로 들어가 마침내 평양을 무너뜨려 큰 공을 세웠습니다. 某亦往
漢城州, 檢校兵馬. 此時蕃漢諸軍總集蛇水, 男建出兵, 欲決一戰. 新羅兵馬獨
爲前鋒, 先破大陣, 平壤城中挫鋒縮氣. 於後英公更取新羅驍騎五百人, 先入城
門, 遂破平壤, 克成大功.

평양 모란대 동북쪽으로 직선 20리쯤 대동군大同郡 임원면林原面과
시족면柴足面의 경계에 고구려 때의 큰 석성이 있다. 둘레는 20리 정도
다. 바로 대성산大聖山산성이다. 또 평양성과 이 산성 사이의 임원면 평
지는 대동강과 만나는 합장강의 하류로 그 구역은 상당히 넓다. 『삼국
사기』의 편자가 고려의 서경(평양성) 북쪽 20리에 있다고 주기한 영류
산은 대성산성이 있는 이 산이 분명하고[5] 신라군이 고구려군과 싸운

사천 들판은 합장강이 관통해 흘러가는 임원면의 평지로 생각된다.

신라군은 한성주에서 영류산 아래의 사천 들판까지 진격했는데 어느 곳을 어떻게 통과했는지는 「신라본기」에 기록이 없고, 그 뒤 한성을 출발한 문무왕은 평양성이 함락됐다는 소식을 도중인 힐차양에서 듣고 돌아왔다고 했는데 그곳이 어디인지는 알 수 없다. 그러나 경성(서울)에서 평양으로 가는 주요한 도로는 삭녕·신계·수안·상원을 거치는 것과 개성·평산·서흥·황주를 거치는 것 둘이 있을 뿐이며 세 번째 것은 없다. 전 해 신라군은 첫 번째 도로를 따라 진격한 것이 분명하며, 그 도로 가의 지명 가운데 신계 근처의 침교리는 고구려의 수곡성이 있던 곳이므로 수곡도라고 부르겠다. 또 그해 유인원이 진격한 도로는 두 번째 것이 분명하다. 이것은 평산의 옛 이름을 따 대곡도라고 하겠다. 이렇게 보면 유인원과 앞뒤로 평양으로 나아간 신라군은 이런 도로 가운데 어느 하나를 이용한 것이 틀림없지만 유인원이 경략한 지방이 대곡도였다는 것, 신라군이 출발하기에 앞서 그 가운데 일부가 유인원의 진영으로 파견됐다는 것 등에서 미뤄보면 주력군은 이것과는 다른 방면, 곧 전 해와 마찬가지로 수곡도를 따른 것으로 생각된다.


**4.**


당 고종은 건봉 원년(666) 겨울 연개소문이 죽은 뒤 고구려에서 일어난 내란을 틈타 정벌을 단행해 이적을 총사령관으로 한 대군을 요동 방면에서 나아가게 하는 동시에 신라군을 북상시키는 계획을 세웠다.

「신라본기」: 고종은 유인원·김인태(문무왕의 동생)에게 비열도를 따라 행군하게 하고 우리 군사를 징발해 다곡도와 해곡도를 따라 평양에서 모이게 했다.

그 뒤 신라가 두 차례 출병한 경과와 유인원의 행동은 앞서 자세히 설명한 것과 같다.

이런 세 길 가운데 비열도(필열도)는 그 이름에 따라 추측하면 비열성(비열홀주. 지금의 안변)[6]을 경유하는 것으로 강원도 북한강 유역에서 철령을 넘어 함경남도 안변 이북의 읍들을 지나 함흥 방면으로 가는 것이 분명하다. 그러나 안변의 다음 읍인 덕원에는 서쪽에 갈림길이 있어 그 길을 이용해 줄기산맥인 아호비령을 넘으면 양덕·성천·강동을 거쳐 평양에 이른다. 이것도 한반도 북부의 주요한 교통로로 청·일전쟁 때 원산에 상륙한 사토佐藤 대좌大佐가 이끈 한 지대支隊가 이 길로 나아가 평양 공격에 참전한 사실은 널리 알려졌다. 이렇게 보면 유인원과 김인태는 웅진도독부의 주둔군을 이끌고 비열홀(안변)을 경유하는 길을 이용해 이 방면의 고구려 성들을 경략하고 평양에 이른 것으로 보인다.

다음으로 신라군에게 지정한 다곡도와 해곡도는 앞서 설명한 경성(서울)과 평양 사이의 두 도로, 곧 대곡도(총장 원년 유인원이 경략한 도로)와 수곡도(건봉 2년과 총장 원년 신라군의 진군로)를 버려두고 다른 곳에 비정할 수는 없다. 그리고 다곡이나 해곡 같은 고구려의 지명은 『삼국사기』 「지리지」에 보이지 않으므로 '다곡'은 '대곡'의 발음이 변한 것으로 보고 '해곡'은 '수곡'과 의미가 비슷하기 때문에 그렇게 잘못 표기된 것으로 추정된다. 곧 신라군이 진격하도록 지정된 다곡도와 해곡도는 대곡도와 수곡도로 부르는 것이 정확하다고 생각한다.

건봉 2년(667) 가을 신라의 1차 출병 때 유인원이 김인태 군과 함께 비열도로 나아가지 않은 것은 고종의 명령을 따르지 않은 것이 틀림없지만, 그는 아무 까닭 없이 행군을 지연한 것이 아니라 그 방면을 경략할 필요를 느끼지 못했기 때문이 아니었을까? 왜냐하면 지난해 연개소문의 동생 연정토가 투항하면서 새로 신라의 소유가 된 12성은 북한강 유역에 있던 것 같고, 특히 그해(총장 원년, 668) 3월 신라가 비열홀주를 안변에 다시 설치한 것은 그 무렵 철령 안팎 지방에 고구려의 수비병이 없었다고 생각할 수 있기 때문이다.[7] 그러나 그렇다고 해도 유인궤가 요동에서 와서 다시 고종의 칙명을 전달할 때까지 유인원은 대곡도(평산 가도) 방면으로도 진격하지 않았기 때문에 결국 출병을 지연한 죄목으로 처벌될 수밖에 없던 것이다.[8]

신라의 2차 출병 부서에 '비열도 총관'으로 김인태의 이름을 든 것은 전 해 고종의 명령을 이행했음을 기록으로 나타낸 것일 뿐 실제로 김인태를 비열도(안변-성천 가도)로 진격케 한 것은 아니다. 그리고 그 부서에는 '한성주 행군총관' '하서주 행군총관'과 함께 '비열성주 행군총관'이 된 장수들의 이름을 열거하고 있는데, 그것은 한성주(남한산성)·하서주(강릉)과 함께 새로 다시 설치된 비열홀주(안변)에서 군사를 출발시켰다는 뜻으로 이해해야 한다.

1927년 11월 20일 탈고(『동양학보』 17권 1호)

1941년 1월 수정

# 4편
## 고구려 원정에서 당군의 행동

## 1. 머리말

중국을 통일한 수를 이어 왕조를 개창한 당은 융성의 기운을 타고 세력을 해외로 뻗어 군사적 원정을 자주 시도했는데, 동쪽에서 먼저 그 칼끝을 받은 것은 고구려였다. 이것은 지리적 관계에서 당연한 것으로 당시 대륙의 동쪽 변방에서 유력한 국가를 이루고 있던 고구려·백제·신라 가운데 고구려는 한반도 북부를 본거지로 하면서 동만주와 남만주를 차지했으며, 거란·해奚 두 민족의 여러 집단이 산재한 동몽골에는 통일적 국가가 존재하지 않았기 때문이다.

고구려를 단번에 무너뜨리려고 일으킨 정관 18~20년(644~646) 태종의 친정은 당의 1차 고구려 원정으로 매우 큰 규모였지만 어쩔 수 없이 중지할 때까지 요동의 안시성을 함락하지 못한 것으로 널리 알려져 있다. 정관 21년(647)과 22년에도 소규모 2·3차 원정을 시도했지만 얼마 뒤 태종은 세상을 떠났다. 고종은 즉위한 뒤 영휘 6년(655)을 시작으로 현경 3년(658)과 그 이듬해까지 두 번에 걸쳐 원정에 나섰다. 그러나 모두 큰 규모는 아니었다. 계속해서 현경 5년(660)에는 신라와 협력해 백제를 멸망시키고 웅진도독부를 설치해 한반도 서남부를 당의 직할령으로 만들었다.

그리고 백제 유민이 당의 수비군을 괴롭힌 용삭 1~2년(661~662) 해로와 육로로 고구려에 대군을 보내고 신라도 돕게 해 수도 평양을 공격했지만 성과 없이 중단했다. 마침내 고구려에서는 오랫동안 정권을 장악한 연개소문이 죽자 내분이 일어났다. 개소문의 맏아들 남생은 아버지의 뒤를 이어 국정을 장악했지만 두 동생 남건과 남산에게 쫓겨나 국내성으로 달아났고 다시 현도성으로 들어가 아들 헌성을 당에 보내 원병을 요청했다. 고종은 뜻밖의 기회로 생각해 건봉 원년(666) 고구려 원정의 대군을 일으켰고 총장 원년(668) 마침내 목적을 달성했다. 정관 18년(644) 태종이 처음 고구려 원정을 일으킨 지 24년 뒤였다.

건봉·총장 연간 당의 고구려 정벌은 현경 5년(660) 백제 정벌과 마찬가지로 신라와 협력해 수행됐다. 내가 앞서 발표한 「당 고종의 고구려 원정과 비열도·다곡도·해곡도의 이름」이라는 짧은 논문[1]은 제목의 지명을 연구하고 그 전쟁에서 신라군의 행동 — 건봉 2년(667)과 총장 원년 두 번의 평양 진격 — 을 밝힌 것이지만 좀더 중요하되 더 명료하지 않은 당군의 동정은 거의 다루지 못했다. 그 때문에 다시 이 논문을 작성해 부족한 사료를 이용해 전쟁의 전모를 파악하려고 한다. 다만 신라군의 행동은 앞 논문에서 자세히 서술했기 때문에 여기서는 되도록 생략하겠다.

## 2. 연개소문의 죽음과 아들들의 불화

고구려의 막리지 연(천·전)개소문淵(泉·錢)蓋蘇文은 아래 『구당서』(권 199, 상) 「고려열전」의 기록처럼 정관 16년(642) 영류왕을 시해하고 그 동생의 아들인 보장왕을 옹립한 뒤 문무의 정권을 독차지해 국정을 장악한 권신이었다.

[정관] 16년 서부대인 개소문이 섭정해 [왕을] 해치려고 하자 대신들이 건무(영류왕)와 의논해 그를 죽이려고 했다. 일이 누설되자 소문蘇文은 부병部兵을 모두 불러 사열한다고 하고, 아울러 성 남쪽에 술자리를 성대하게 차려 놓았다. 대신들이 모두 와서 보자 소문은 군사를 이끌고 그들을 모두 살해했는데, 죽은 사람이 100여 명이었다. 창고를 불사르고 왕궁으로 달려 들어가 건무를 죽이고 그의 동생인 대양大陽의 아들 장藏을 왕으로 세웠다. 스스로 막리지가 되니, 중국의 병부상서 겸 중서 령에 해당하는 관직이었다. 이때부터 국정을 마음대로 처리했다.

소문의 성은 전씨錢氏고[2] 수염과 얼굴이 매우 훌륭하며 신체가 크고 남달랐다. 몸에 칼 다섯 자루를 차고 다녔으며 주위 사람들이 감히 쳐다보지 못했다. 늘 부하를 땅에 엎드리게 해 밟고 말에 탔으며 말에서 내릴 때도 그렇게 했다. 외출할 때는 반드시 의장대를 앞세우고 길을 안내하는 사람이 큰 소리로 길 가는 사람들을 물리치니 백성들은 두려워하면서 모두 몸을 숨겼다. [貞觀]十六年, 西部大人蓋蘇文攝職有犯, 諸大臣與建武議欲誅之. 事洩, 蘇文乃悉召部兵, 云將校閲, 幷盛陳酒饌於城南. 諸大臣皆來臨視, 蘇文勒兵盡殺之, 死者百餘人. 焚倉庫, 因馳入王宮, 殺建武, 立建武弟大陽子藏爲王. 自立爲莫離支, 猶中國兵部尚書兼中書令職也. 自是專國

政. 蘇文姓錢氏, 鬚貌甚偉, 形體魁傑. 身佩五刀, 左右莫敢仰視. 恒令其屬官俯伏於地, 踐之上馬, 及下馬亦如之. 出必先布隊仗, 導者長呼以辟行人, 百姓畏避, 皆自投坑谷.

이듬해 정관 17년(643) 당시 고구려와 백제의 압박에 시달리던 신라가 당에 사신을 보내 원병을 요청하자 당 태종은 사농승司農丞 상리현장相里玄奬에게 칙서를 갖고 고구려에 가서 백제와 함께 각각 침략을 중단하도록 설득하게 했는데, 이 사신 파견의 결과는 다음과 같이 기록돼 있다.

『자치통감』(권197): 상리현장이 평양에 이르렀는데, 막리지(연개소문)는 이미 군사를 이끌고 신라를 공격해 성 두 곳을 함락시켰다. 고구려왕(보장왕)이 그를 부르자 돌아왔다. 현장이 신라를 공격하지 말라고 설득하자 막리지가 말했다. "예전 수가 침략했을 때 신라는 그 틈을 타고 우리 땅 500리를 침략했으니 우리가 침략한다고 비난할 것이 아닙니다. 공격을 멈출 수 없습니다." 현장이 말했다. "지난 일을 어찌 돌이켜 거론할 수 있겠습니까? 요동의 성들은 본래 중국의 군현인데 중국도 말하고 있지 않으니 고구려가 어떻게 반드시 옛 땅을 요구할 수 있겠습니까?" 막리지는 끝내 따르지 않았다. 相里玄奬至平壤, 莫離支已將兵擊新羅, 破其兩城. 高麗王使召之, 乃還. 玄奬諭使勿攻新羅, 莫離支曰, 昔隋人入寇, 新羅乘釁侵我地五百里, 自非歸我侵地, 恐兵未能已. 玄奬曰, 旣往之事, 焉可追論. 至於遼東諸城, 本皆中國郡縣, 中國尙且不言, 高麗豈得必求故地. 莫離支竟不從.

당 황제의 명령에 강경한 태도를 보인 것은 사실상 고구려의 국왕인 연개소문이었다. 그 결과 태종은 고구려 정벌을 결심하고 이듬해 정관 18년(644) 대군 출병을 준비해 19년 직접 군사를 이끌고 요동의 성들을 공략했다. 그러나 고구려는 온 나라가 단결해 용감하게 잘 싸우며 방어했고, 특히 안시성은 힘을 다해 성을 지킴으로써 태종은 끝내 군사를 돌릴 수밖에 없었다. 중국의 병부상서와 중서령을 합친 관직 같다고 한 막리지로서 국가의 최고 권력을 장악한 개소문의 위세가 고구려 전체에 떨쳐졌음은 이것으로도 짐작할 수 있다. 그리고 당군을 물리쳤을 때 당에 대한 개소문의 태도는 변함없이 강경했다.

- •『신당서』(권220) 「고려열전」: 앞서 철수하면서 황제(태종)는 개소문에게 활과 옷을 내려줬는데, [개소문은] 그것을 받고도 사신을 보내 사례하지 않았다. 初師還, 帝以弓服賜蓋蘇文, 受之, 不遣使者謝.
- •『자치통감』(권198): 황제(태종)가 고구려에서 돌아온 뒤 개소문은 더욱 교만해져 사신을 보내 표문을 바쳤는데 그 말이 대부분 터무니없었다. 또한 당 사신을 거만하게 대우했으며 늘 변방의 틈을 엿봤다. 上自高麗還, 蓋蘇文益驕恣, 雖遣使奉表, 其言率皆詭誕. 又待唐使者倨慢, 常窺伺邊隙.

이 원정에서 성공하지 못한 태종은 쉽게 고구려를 멸망시킬 수 없다는 것을 깨닫고 장기전으로 굴복시키기로 계획을 결정해 앞서 말한 대로 그 뒤 여러 번 요동으로 출병해 그 성들을 공략했다. 제위를 이은 고종도 그 계획을 계승해 백제 멸망(현경 5년, 660) 앞뒤로 여러 번 출병을 거듭했는데, 용삭 원년(661) 가을 요동도 행군총관 계필하력은 다음과 같이 행동했다.

『자치통감』(권220): 고구려의 개소문이 그 아들 남생을 보내 정예병 수만 명으로 압록강을 지키니 군사가 건너지 못했다. 계필하력이 왔을 때 마침 얼음이 굳게 얼자 그는 군사를 이끌고 얼음 위로 강을 건너 북을 울리며 나아갔다. 고구려가 크게 무너져 달아나자 수십 리를 뒤쫓아 3만 명을 죽였으며 나머지는 모두 항복했다. 남생은 겨우 몸만 빠져나왔다. 그때 군사를 돌리라는 칙명이 있어 돌아왔다. 高麗蓋蘇文遣其子男生以精兵數萬守鴨綠水, 諸軍不得渡. 契苾何力至, 値冰大合, 何力引衆乘冰渡水, 鼓譟而進. 高麗大潰, 追奔數十里, 斬首三萬級, 餘衆悉降. 男生僅以身免. 會有詔班師, 乃還.

요동에서 압록강 방면으로 진격한 계필하력 군에 맞서 고구려에서 방어전에 나선 사람은 개소문의 맏아들 남생이었다. 그리고 계필하력과 앞뒤로 해로를 이용해 대동강을 거슬러 평양성으로 접근한 평양도 행군총관 소정방은 성을 포위한 뒤 해를 넘겼지만 항복시키지 못했는데, 동료 장수 패강도 행군총관 임아상이 부대에서 세상을 떠나고 옥저도 총관 방효태도 사수蛇水(평양 동북쪽에서 대동강으로 들어가는 합장강) 가에서 전사하자 포위를 풀고 돌아갔다.[3] 방효태를 전사시킨 것은 개소문이었다.

『신당서』(권220) 「고려열전」: 이듬해(용삭 2년, 662) 방효태가 영남의 군사를 이끌고 사수를 방어했는데 개소문이 공격해 전군이 몰살됐다. 明年麗孝泰以嶺南兵壁蛇水, 蓋蘇文攻之, 擧軍沒.

그런데 그 몇 년 뒤 고구려의 기둥으로 자임하던 개소문이 세상을 떠났다. 그가 죽자 그의 가문에서는 내분이 일어났다.

**『구당서』**(권199, 상) **「고려열전」**: 건봉 원년(666) 고장(보장왕)은 자신의 아들을 입조시켜 태산에서 거행된 [봉선에] 참석케 했다. 그해 개소문이 죽고 그의 아들 남생이 대신 막리지가 됐는데, 동생 남건·남산과 불화해 각각 당파를 만들어 서로 공격했다. 남생은 두 동생에게 쫓겨 국내성으로 달아나 웅거하고 죽기로 지키면서 아들 헌성을 당 조정에 보내 구원을 요청했다. 乾封元年, 高藏遣其子入朝, 陪位於太山之下. 其年蓋蘇文死, 其子男生代爲莫離支, 與其弟男建·男産不睦, 各樹朋黨, 以相攻擊. 男生爲二弟所逐, 走據國內城死守, 其子獻誠詣闕求哀.

건봉 원년은 고구려를 멸망시킨 총장 원년(668)의 2년 전이다. 『신당서』(권220) 「고려열전」의 기록도 비슷하다.

**건봉 원년**: 장(보장왕)이 아들 남복을 보내 천자를 따라 태산의 봉선에 참석하고 돌아오게 했다. 개소문이 죽자 아들 남생이 뒤를 이어 막리지가 됐는데, 동생 남건·남산과 사이가 나빴다. 남생은 국내성에 웅거하고 아들 헌성을 보내 입조해 구원을 요청했다. 藏遣子南福, 從天子封泰山還. 而蓋蘇文死, 子男生代爲莫離支, 與弟男建·男産相怨. 男生據國內城, 遣子獻誠入朝求救.

이런 기사 바로 뒤에 고종이 장군 계필하력 등을 출동시킨 것은 두 기록 모두 같다. 한편 『자치통감』(권201)에서는 건봉 원년(666)이기는 하지만 그 5월에 다음과 같이 기록했다.

고구려의 연개소문이 죽자 맏아들 남생이 대신해 막리지가 됐다. 처음 국정을 맡은 뒤 여러 성을 순시하러 나가면서 동생 남건·남산에게 남아 일을 처리하게 했다. 어떤 사람이 두 동생에게 말했다. "남생은 두 동생이 자신을 핍박하는 것을 싫어해 제거하려고 하니 먼저 계획을 세워야 합니다." 동생들은 처음에 믿지 않았지만 다시 어떤 사람이 남생에게 알렸다. "두 동생은 형이 돌아오면 자신들의 권력을 빼앗을까 걱정해 형을 들여보내지 않으려고 합니다." 남생은 가까운 사람을 몰래 평양으로 보내 염탐케 했는데 두 동생은 그를 사로잡은 뒤 왕명으로 남생을 불렀다. 남생은 두려워 감히 돌아가지 못했다. 남건은 스스로 막리지가 돼 군사를 보내 그를 공격했다. 남생은 다른 성(앞의 『신·구당서』에서는 국내성이라고 했다)으로 달아나 지키면서 아들 헌성을 당 조정에 보내 도움을 요청했다. 高麗泉蓋蘇文卒. 長子男生代爲莫離支. 初知國政, 出巡諸城, 使其弟男建·男産知留後事. 或謂二弟曰, 男生惡二弟之逼, 意欲除之, 不如先爲計. 二弟初未之信, 又有告男生者曰, 二弟恐兄還奪其權, 欲拒兄不納. 男生潛遣所親往平壤伺之, 二弟收掩得之, 乃以王命召男生. 男生懼, 不敢歸. 男建自爲莫離支, 發兵討之. 男生走保別城, 使其子獻誠詣闕求救.

『구당서』 본기의 기록도 있다.

**건봉 원년(666)**: 6월 임인일 고구려 막리지 개소문이 죽었다. 그 아들 남생이 아버지의 자리를 이었지만 동생 남건에게 쫓겨났다. 남생이 아들 헌성을 당 조정에 보내 항복을 요청하니 좌효위대장군 계필하력에게 군사를 이끌고 가서 맞이하게 했다. 六月壬寅, 高麗莫離支蓋蘇文死. 其子男生繼其父位, 爲其弟男建所逐. 使其子獻誠詣闕請降, 詔左驍衛大將軍契苾何

力率兵以應接之.

이 6월 임인일(7일)은 『통감』의 위 기사 바로 뒤에 "6월 임인일 우(좌?)효위대장군 계필하력을 요동도 안무대사로 삼아 군사를 이끌고 가서 구원하게 했다六月壬寅, 以右驍衛大將軍契苾何力爲遼東道安撫大使, 將兵救之"고 한 것을 참조하면 고종이 계필하력을 출동시킨 때를 보여주는 것이 틀림없다. 그렇다면 개소문의 죽음은 『통감』의 기사에 따라 그 한 달 전인 건봉 원년 5월로 봐야 하지 않을까?

연개소문이 사망한 시기는 앞서 인용한 『신·구당서』 모두 고종이 태산에서 봉선을 드린 것과 관계가 있음을 보여준다.

- 『구당서』「고려열전」: 고장(보장왕)이 자신의 아들을 입조시켜 태산에서 거행된 [봉선에] 참석케 했다. 그해 개소문이 죽었다.
- 『신당서』「고려열전」: 장(보장왕)이 아들 남복을 보내 천자를 따라 태산의 봉선에 참석하고 돌아오게 했다. 그때 연개소문이 죽었다.

앞의 기사에서는 첫 부분에 건봉 원년(666)이라는 연도를 들고 다시 개소문의 죽음을 특히 '그해'라고 했는데, 의미가 있는 것으로 보인다. 태산의 봉선은 건봉 원년 정월에 거행됐지만 그것에 관한 조서를 반포한 것은 2년 전인 인덕 원년(664)이다. 그해 7월 고종은 인덕 3년(666) 정월 태산에서 봉선을 거행할 것을 천하에 알리면서 각주의 도독·자사는 2년(665) 12월 태산 아래, 제왕諸王은 10월 동도에 모이게 했다. 그리고 각국의 대표자는 정해진 기한 안에 모여 예정대로 인덕 2년 10월 동도를 출발해 태산으로 간 고종을 호종하도록 했는데, 고구려가 보낸 대표자도 거기 있던 것은 이 봉선을 서술한 『책부원귀』기사에 보인다.

인덕 2년 10월 정묘일 황제가 동도를 출발해 동악으로 갔다. 수행한 문무 관원과 군사·의장·법물이 수백 리에 이어졌고 진영과 장막이 들판에 가득했다. 돌궐·우전·파사·천축국·계빈·오장·곤륜·왜국·신라·백제·고려 등 여러 번의 추장이 각자 그 신하들을 이끌고 호종했다. 천막과 깃발과 소·양·낙타·말이 길을 메웠다. (…) 12월 병오일 제주에 이르러 10일을 머물렀다. 병진일 영암돈을 출발해 태악 아래 도착했다. 경신일 황제가 행궁의 장막에 거둥해 신하들의 조회를 받았다. 건봉 원년(인덕 3년, 666) 정월 무진일 초하루 태산에서 봉선을 거행해 제단에서 호천상제에게 직접 제사드렸다. 麟德二年十月丁卯, 帝發東都, 赴東嶽. 從駕文武兵士及儀仗法物, 相繼數百里, 列營置幕, 彌亘郊原. 突厥·于闐·波斯·天竺國·罽賓·烏萇·昆侖·倭國及新羅·百濟·高麗等諸蕃酋長, 各率其屬扈從. 穹廬氈帳及牛羊駝馬, 塡候道路. (…) 十二月丙午, 至齊州, 停十日. 丙辰, 發靈巖頓, 至於泰岳之下. 庚申, 帝御行宮牙帳, 以朝群臣. 乾封元年正月戊辰朔, 有事於泰山, 親祠昊天上帝於封祀之壇.⁴

이 봉선은 "옛날부터 지금까지 제왕의 봉선 가운데 이처럼 성대한 것은 없었다"고 말해질 정도로 성대한 의식이었으며, 인덕 3년을 건봉 원년으로 고치고 정월 5일 호종한 문무관원과 입조한 중화·이적의 지방관의 조하를 받은 뒤 그 의식을 마쳤다. 그리고 고종은 같은 달 19일 태산을 출발해 4월 8일 수도로 돌아왔다.⁵

앞서 든 『통감』기사는 건봉 원년 5월로 돼 있는데, 그 내용에서 볼

때 뒤에서 인용한 『책부원귀』의 한 구절 — 엄밀히 말하면 그 전거가
된 어떤 옛 기록 — 에 바탕한 것이 틀림없다. 아울러 『책부원귀』에서
는 먼저 다음과 같이 서술했다.

건봉 원년 6월 조서를 내려 좌효위대장군 계필하력을 요동도 안무대사
로 삼아 고구려왕을 맞이하게 했다. 乾封元年六月, 詔左驍衛大將軍契苾何
力爲遼東道安撫大使, 以應接高麗王.

그런 다음 고종이 내린 조처의 유래를 설명하기 위해 앞으로 거슬
러 올라가 "앞서 고구려 막리지 개소문이 죽었다初高句麗莫離支蓋蘇文死"
고 해서 연개소문의 죽음과 관련해서는 태산 봉선을 언급하지 않았을
뿐 아니라 그의 죽음을 '앞서初'라고 하고 그 뒤의 사실이 일어난 날짜
는 적지 않았다. 그러므로 『통감』의 편자가 연개소문의 죽음을 5월에
연결시킨 데는 따로 근거가 있던 것이 아니라 『구당서』「고려열전」의
기록을 참고해 앞을 4월 고종이 태산에서 도성으로 돌아온 것에서 구
절을 끊고, 뒤를 6월 계필하력이 요동을 출발한 것으로 막아 그 사이
의 달로 처리한 것일 뿐이라고 생각된다.
　그러나 연개소문의 죽음, 그가 죽은 뒤 아들들의 불화, 맏아들 남생
의 국내성(고구려의 옛 수도 환도성의 다른 이름으로 압록강 중류의 우안에
있는 지금의 집안) 도주, 남생의 아들 헌성의 당 방문과 원병 요청, 그리
고 그것에서 발전된 이런 일련의 사실이 겨우 1개월의 짧은 기간 안에
일어났다고는 생각되지 않으므로 개소문이 5월에 죽지 않았다는 것은
거의 분명하다. 따라서 적어도 개소문의 죽음과 관련해서는 『통감』의
날짜를 믿을 수 없다.

여기서 다시 『신·구당서』 「고려열전」의 내용을 검토하면 먼저 『신당서』에서는 개소문의 죽음을 보장왕의 아들 남복이 천자를 따라 태산의 봉선에 참석하고 귀국한 뒤라고 했으므로 남복은 태산에서 1월 5일 조하朝賀를 드렸거나 같은 달 19일 고종이 태산을 출발한 직후 귀국길에 올랐다고 보면 개소문의 죽음은 대체로 2~3월 무렵으로 봐야 할 것이다. 다음으로 『구당서』에서는 천자를 따라 태산 아래서 봉선에 참석한 보장왕의 아들과 관련해 그의 귀국을 명기하지 않았으며, 개소문의 죽음에 '그해'라는 표현을 앞에 뒀다. 그리고 『신당서』와 마찬가지로 전체 기사 앞에 둔 건봉 원년(666)이라는 연도는 그 기사에서 개소문이 죽은 뒤 일어난 아들들의 불화 등과 직접 관계된 것으로 여겨진다.

그런데 보장왕의 아들이 고종의 봉선에 참석하러 당에 파견된 것은 그 전 해인 인덕 2년(665) 10월 이전이 분명하므로 개소문의 죽음 앞에 표시된 '그해'는 인덕 2년으로 해석할 때 비로소 의미 있는 표현이 된다. 곧 『구당서』의 기사에서 생각하면 개소문의 죽음은 인덕 2년 말이 아니었을까 생각된다. 그렇다면 『신·구당서』의 기록 가운데 어느 것을 채택할 것인가? 『구당서』의 기록에 대해 『신당서』의 편자가 함부로 개인적 견해를 덧붙여 왜곡한 사례가 매우 많기 때문에 『신당서』에서 "천자를 따라 태산의 봉선에 참석하고 돌아왔다從天子封泰山還"고 해서 '돌아왔다還'는 표현을 그렇게 믿을 필요는 없다. 그 때문에 나는 차라리 『구당서』의 기록을 중시하고 그것을 앞서 서술한 대로 해석해 개소문의 죽음을 인덕 2년 말로 추정한다.

이 추정은 다시 다른 독립된 사료에 따라 확실해진다. 얼마 전 낙양 북쪽 망산 부근에서 출토된 「천남생 묘지」(글은 왕덕진王德眞이 짓고 글씨는 구양통歐陽通이 썼다)를 보면 다음과 같은 부분이 있다.

28세 때 막리지에 임명되고 삼군대장군을 겸직하게 됐다, 32세 때 태막리지가 더해져 국정을 총괄하면서 국왕을 보필했다. 선조의 업적을 이으니 선비와 지식인들이 귀의했고 위태로운 나라의 권력을 잡으니 비판하는 사람이 없었다. 二十八任莫離支, 兼授三軍大將軍. 三十二加太莫離支, 摠錄軍國, 阿衡元首. 紹先疇之業, 士識歸心, 執危邦之權, 人無駁議.**6**

남생은 이 묘지의 뒷부분에 명기된 것처럼 고종 의봉 4년(조로調露 원년, 679) 정월 29일 46세로 병사했으므로 28세 때는 용삭 원년(661), 32세 때는 인덕 2년(665)이다. 『신·구당서』 등의 기록에 따르면 개소문이 사망할 때 관직은 막리지였지만 묘지에서 말한 것처럼 용삭 원년 남생이 이미 막리지에 임명됐으므로 개소문은 이해나 그 이전부터 태막리지로 불렸다고 볼 수 있다. 그리고 인덕 2년에 이르러 남생이 태막리지가 돼 국정을 총괄하면서 국왕을 보필하고 선조의 업적을 이었다고 한 것은 아버지의 별세에 따라 그 직위를 계승한 것을 뜻하는 것이다. 따라서 개소문의 죽음이 인덕 2년이라는 것은 거의 의심할 수 없다.

『일본서기』(권27) 덴지 천황 3년(664) 10월: 이 달 고구려의 대신 개금이 그 나라에서 죽었는데, 자식들에게 유언했다. "너희 형제들은 물고기와 물처럼 화합하고 작위를 다투지 말라. 그렇게 하지 않으면 반드시 이웃 나라들의 웃음거리가 될 것이다." 是月高麗大臣蓋金終於其國, 遺言於兒等曰, 汝等兄弟, 和如魚水, 勿爭爵位. 若不知是, 必爲隣笑.

개금은「천남생 묘지」에도 "아버지 개금이 태대로에 임명됐다父盖金任太大對盧"고 한 것을 보면 '연개소문(이리가수미)'의 '개소문(가수미)'에 해당하고 '금'은 '소문'과 발음이 상통한다.[7] 이것도 개소문의 사망에 관련된 기사로 당시 일본에 내조한 고구려의 사신이나 고구려가 멸망한 뒤 투항한 고구려인의 이야기를 전한 것으로 생각되지만, 덴지 천황 3년은 인덕 원년(664)이므로 연결된 연도는 정확하지 않다. 그러나 10월이라는 시기를 채택하면 이것은 내가 중국 사료에 따라 인덕 2년 연개소문의 사망을 그해 말로 본 앞서의 추정과 합치되는 것이다. 그러므로 달은『일본서기』의 기록을 따르려고 한다.

연개소문이 사망한 뒤 고구려의 내분을 서술한『신·구당서』「고려열전」과『자치통감』『책부원귀』의 기사 가운데『책부원귀』가 가장 상세하고,『통감』과『책부원귀』는 같은 자료에 바탕한 것으로 보이지만 내용에서 볼 때 원형을 거의 보존하고 있다고 생각되는 것은 뒤의 것이므로 아래서는 그것을 인용한다.[8]

『책부원귀』: 건봉 원년(666) 6월 조서를 내려 좌효위대장군 계필하력을 요동도 안무대사로 삼아 고구려왕을 맞이하게 했다. 앞서 고구려 막리지 개소문이 죽자 맏아들 남생이 아버지를 대신해 막리지가 됐다. 그는 처음 국정을 맡은 뒤 여러 성을 순시하러 나가면서 두 동생 남건과 남산에게 남아서 국사를 처리하게 했다. 남생이 나간 뒤 어떤 사람이 남건 등에게 말했다. "남생은 두 동생이 자신을 핍박하는 것을 미워해 제거하려고 하니 먼저 계획을 세워야 합니다." 남건 등은 처음에는 대답하지 않았다. 다시 어떤 사람이 남생에게 말했다. "두 동생은 형이 돌아오면 자신들의 권력을 빼앗을까 걱정해 형을 들여보내지 않으려고 합니다."

남생은 가까운 사람을 몰래 평양으로 보내 염탐케 했다. 남건 등이 그 것을 알고 그를 사로잡으니 이때부터 서로 시기하고 갈라섰다. 남건 등이 왕명으로 남생을 불렀지만 남생은 두려워 감히 돌아가지 않았다. 남건 등은 마침내 군사를 일으켜 그를 공격했다. 남생은 달아나 국내성에 웅거해 지켰고 아들 헌성은 당 궁궐에 와서 도움을 요청했다. 그러자 계필하력에게 조서를 내려 군사를 이끌고 가 구원하게 했다. 乾封元年六月, 詔左驍衛大將軍契苾何力爲遼東道安撫大使, 以應接高麗王. 初高句麗莫離支 蓋蘇文死, 其長子男生代父, 爲莫離支之位. 旣初知國政, 出巡諸城, 使其二弟 男建·男産留後知國事. 男生旣出, 或謂男建等曰, 男生惡二弟逼己, 意欲除之, 不如先以爲計也. 男建等初不言之. 又有人謂男生曰, 二弟恐兄思奪己權, 欲拒 兄不納. 男生使所親, 潛往平壤以伺焉. 男建等知而掩得之, 繇是遞相猜貳. 男 建等乃以其王命召男生, 男生懼, 不敢歸. 男建等遂發兵討之. 男生走據國內城 以自守, 其子獻誠詣闕求救. 於是詔何力, 率兵赴援.


또 『구당서』는 천남생의 열전을 두지 않았지만 『신당서』에는 독립된 열전이 있는데, 그 첫부분에서는 남생의 관력에서 시작해 형제의 불화 까지 서술했다.[9]

**『신당서』「천남생열전」**: 천남생은 자가 원덕으로 고구려 개소문의 아들 이다, 9세 때 아버지 덕분에 선인이 됐고 중리소형으로 옮겼는데 당의 알자와 같은 관직이다. 다시 중리대형이 돼 국정을 맡았는데, 모든 명령 을 남생이 주관했다. 중리위진(두?)대형으로 승진해 오래 재직했고 막 리지 겸 삼군대장군이 됐으며 대막리지의 관직을 추가로 받았다. 나가 서 여러 부를 시찰했는데, 동생 남건·남산이 국정을 맡아봤다. 어떤 사람이 "남생은 당신들이 자신을 핍박하는 것을 미워해 앞으로 제거하려고 할 것"이라고 했지만 남건과 남산은 믿지 않았다. 다시 어떤 사람이 남생에게 "동생들이 주군을 받아들이지 않을 것"이라고 했다. 남생은 첩자를 보냈는데 남건은 그를 사로잡은 뒤 고장의 명령이라고 위조해 남생을 불렀다. 남생이 두려워 들어가지 않으니 남건은 남생의 아들 헌충을 죽였다. 남생은 국내성으로 달아나 지키면서 자신의 무리를 이끌고 거란·말갈군과 함께 당에 귀의했으며 아들 헌성을 보내 조정에 호소했다. 泉男生字元德, 高麗蓋蘇文子也. 九歲, 以父任爲先人. 遷中裏小兄, 猶唐謁者也. 又爲中裏大兄, 知國政, 凡辭令, 皆男生主之. 進中裏位頭大兄. 進中裏位頭(鎭?)大兄, 久之爲莫離支, 兼三軍大將軍, 加大莫離支. 出按諸部, 而弟男建·男産知國事. 或曰男生惡君等逼己, 將除之, 建·産未之信. 又有謂男生, 將不納君. 男生遣諜往, 男建捕得, 卽矯高藏命召, 男生懼, 不敢入. 男建殺其子獻忠. 男生走保國內城, 率其衆與契丹·鞨鞨兵內附, 遣子獻誠, 訴諸朝.

관력의 서술이 상당히 자세한 것은 남생이 세상을 떠난 뒤 그를 위해 세운 기공비를 바탕으로 열전을 작성했기 때문으로 생각된다. 이것은 열전 끝부분에서 "시호는 양이며 비를 세워 공적을 기록한다謚曰襄, 勒碑著功"고 한 것에 따라 추측된다. 남생이 막리지에서 대막리지로 승진했다고 한 것은 남생 묘지명에 따라 앞서 설명한 대로 개소문의 뒤를 이어 그를 대신한 것이 틀림없다. 다만 묘지명과 마찬가지로 개소문의 죽음에 관련된 기록은 없지만, 이것도 그 자신의 경력을 중심으로 한 비문에 의거했기 때문으로 생각된다. 형제 사이의 다툼에 관련된 부분은 『책부원귀』의 기록에 따로 추가한 것은 없고, 아들 헌성을 당에 보내 구원을 요청한 남생의 태도에 대해 "자신의 군사를 이끌고 거란·말갈군과 함께 당에 귀의했다"고 서술한 것이 조금 눈에 띈다.

여기서 놓쳐서는 안 되는 사료가 하나 있다. 앞서 이용한 「천남생 묘지」다. 묘지의 특징상 본래 관력이 상세하지만 세 형제의 분쟁과 관련해 다른 사료에 보이지 않는 사실을 실은 것은 주목된다.

(…) 겨우 9살 때 선인의 관직을 받았으며 아버지의 공적으로 낭郎이 됐다. 곧바로 영특한 발언을 토해냈고 제왕이 천하를 다스리게 되면서 녹색 인끈을 매는 영예로운 관직에 올랐다. 15세 때 중리소형에 임명되고 18세 때 중리대형에 제수됐다. 23세 때 중리위두대형으로 고쳐 임명되고 24세 때 장군을 겸직했으며 나머지 관직은 예전과 같았다. 28세 때 막리지에 임명되고 삼군대장군을 겸직하게 됐다. 32세 때 태막리지가 더해져 국정을 총괄하면서 국왕을 보필했다. 선조의 업적을 이으니 선비와 지식인들이 귀의했고 위태로운 나라의 권력을 잡으니 비판하는 사람이 없었다.

이때 황제께서 천하를 다스리셨는데 싸리나무 화살의 조공이 기일을 어겼다. 공(남생)은 형제의 우애를 빛냈지만 안으로는 없애기 어려운 잡초가 있었고, 나라의 기둥이 됐지만 밖으로는 쓰러지려는 나무가 있었다. 마침내 복숭아가 자라는 바닷가에서 예의와 겸양이 어그러졌고 궁궐 안에서 분쟁이 일어났다. 공은 귀순하려고 생각했지만 일이 어그러졌다. 나가서 변방의 백성을 위무하고 궁벽한 지역을 순시해 해가 돋는 곳의 옛 땅을 다스리며, 천문과 역법을 관장하는 새 관직을 황제께 요청하려고 했다.

두 동생 남산과 남건이 하루아침에 흉악해져 혈육을 무시하고 안에서 군사를 일으키니 금가락지를 낀 어린 자식이 갑자기 살해되고 맛있는 음식이 차려진 큰 잔치에서 부모가 길러준 은혜를 갑자기 저버렸다. 이렇게 형제가 흩어지자 공은 눈물을 삼키고 격문을 띄웠으며 동맹이 비처럼 모여드니 마침내 굳게 결심하고 창을 들었다. 평양을 공격해 적의 우두머리를 사로잡으려고 우선 오골 교외에 도착해 견고한 성을 격파하고 그가 도적임을 밝힌 뒤 북을 울리고 나아갔다. 그리고 대형 불덕 등을 보내 표문을 받들고 조정에 들어가게 해 일의 경위를 진술케 했다. 그러나 일이 잘못돼 결국 불덕은 그곳에 억류됐다.

그러자 공은 요동으로 깃발을 돌려 바다 북쪽으로 군사를 옮기고 마음으로나마 천자의 궁궐로 달려갔으며, 현도성에서 근신하면서 다시 대형 염유를 보내 정성스런 마음을 거듭 아뢌다. 광림曠林에서 원한이 쌓여 먼저 알백閼伯의 창을 찾았고* 홍지洪池에서 가까이 노닐며 어찌 우숙虞叔의 칼을 탐냈던가?** 황제께서 청구靑丘를 밝게 비춰 간절한 정성을 보이시고 남건과 남산의 죄를 살펴보고 천둥과 벼락같은 위엄을 드러내셨다. 환도산丸都山에 관구검의 기공비가 세워지기 전 득래는 먼저 깨달음을 드러냈고 양수梁水에 아직 재앙이 없었을 때 중모仲謀는 그것이 반드시 멸망할 것을 염려했다.*** 건봉 원년 공이 다시 아들 헌성을

---

* 『좌전』에 나오는 고사. 중국 전설상의 5제 가운데 하나인 제곡帝嚳에게는 알백閼伯과 실침實沈이라는 아들이 있었는데, 이들이 살던 곳이 광림曠林이다. 그들이 사이가 좋지 않아 싸우자 요임금은 알백을 상구商丘로 옮겨가게 했다. 남생 형제들이 싸운 것을 비유한 표현이다.

** 역시 『좌전』의 고사다. 춘추시대에 우虞를 다스리던 우공虞公은 동생인 우숙虞叔이 가진 좋은 옥을 몹시 탐냈다. 우공은 그 옥을 받은 뒤 다시 우숙에게 그의 보검寶劍을 달라고 했다. 그러자 우숙은 형은 만족을 모르는 사람이어서 결국 자신에게 해가 미칠 것이라고 생각하고 반란을 일으켜 우공을 쳤고, 우공은 홍지洪池로 도망쳤다. 천남생이 동생들에게 배반당해 변방을 떠도는 처지를 비유한 표현이다.

*** 중국 삼국시대 오의 첫 황제인 손권孫權을 가리킨다. 그는 손견孫堅의 둘째 아들로 200년 형 손책孫策이 죽자 그 뒤를 이어 오를 지키면서 강남 경영에 힘썼다.

보내 입조하니 황제가 가상히 여기셨다. 年始九歲, 卽授先人, 父任爲郎. 正吐入榛之辯, 天工其代, 方昇結艾之榮. 年十五, 授中裏小兄, 十八授中裏大兄. 年二十三, 改任中裏位頭大兄. 二十四, 兼授將軍, 餘官如故. 二十八, 任莫離支, 兼授三軍大將軍. 三十二, 加太莫離支, 摠錄軍國, 阿衡元首. 紹先疇之業, 士識歸心, 執危邦之權, 人無駁議. 于時蘿圖御寓, 梧矢襄期. 公照花照萼, 內有難除之草, 爲榦爲楨, 外有將顚之樹. 遂使桃海之濱, 隳八條於禮讓, 蕭墻之內, 落四羽於干戈. 公情思內款, 事乖中執. 方欲出撫邊甿, 外巡荒甸, 按嵎夷之舊壤, 請義仲之新官. 二弟産·建, 一朝兇悖, 能忍無親, 稱兵內拒, 金環幼子, 忽就鯨鯢, 玉膳長筵, 俄辭顧復. 公以共氣星分, 旣飮淚而飛檄, 同盟雨集, 遂銜膽而提戈, 將屠平壤, 用擒元惡, 始達烏骨之郊, 且破瑟堅之壘, 明其爲賊, 鼓行而進. 仍遣大兄弗德等, 奉表入朝, 陳其事迹, 屬有離叛, 德遂稽留. 公乃反旆遼東, 移軍海北, 馳心丹鳳之闕, 飭躬玄菟之城, 更遣大兄冉有, 重申誠効. 曠林積怨, 先尋闕伯之戈, 洪池近遊, 豈貪虞叔之劍. 皇帝照彼靑丘, 亮其丹懇, 覽建·産之罪, 發雷霆之威. 丸山未銘, 得來表其先覺, 梁水無斁, 仲謀憂其必亡. 乾封元年, 公又遣子獻誠入朝, 帝有嘉焉.

이 묘지의 문장은 장식적 요소가 많고 서술이 추상적이어서 읽기가 쉽지 않다. "于時蘿圖御寓, 梧矢襄期"나 "公情思內款, 事乖中執" 같은 부분은 특히 난해하지만 대체적인 뜻은 조공할 때를 놓치지 않고 상국에 성의를 보내 침략을 받지 않도록 한 것은 자국을 편안하게 하려는 방법으로 생각됐고, 그렇게 하려고 했지만 동생 남건·남생 등의 방해로 뜻대로 되지 않았다는 것으로 보인다. "方欲出撫邊甿, 外巡荒甸, 按嵎夷之舊壤, 請義仲之新官"은 『신당서』「천남생열전」에서 "出按諸部, 而弟男建·男産知國事나가서 여러 부를 시찰했는데, 동생 남건·남산이 국정을 맡아봤다"고 하고 『책부원귀』에서 "出巡諸城, 使其弟男建·男産知留後事여러 성을 순시하러 나가면서 동생 남건·남산에게 남아 일을 처리하게 했다"고 한 것에 해당한다.

"荒甸황전" "嵎夷之舊壤우이지구양"이라고 한 것에 따라 살펴보면 그가 시찰한 지방은 옛 옥저 지역인 동해안의 함흥 방면이 아닐까 생각된다. 시찰 중에 일어난 사건으로 "二弟産·建, 一朝兇悖, 能忍無親, 稱兵內拒두 동생 남산과 남건이 하루아침에 흉악해져 혈육을 무시하고 안에서 군사를 일으켰다"는 것은 『책부원귀』의 기록이 가장 상세하고 『신당서』 「천남생열전」에는 조금 간단히 기록돼 있다. 그리고 "稱兵內拒"는 『책부원귀』에서 "男建等乃以其王命召男生, 男生懼, 不敢歸. 男建等遂發兵討之남건 등이 왕[보장왕]명으로 남생을 불렀지만 남생은 두려워 감히 돌아가지 않았다. 남건 등은 마침내 군사를 일으켜 그를 공격했다"고 한 것에 해당한다. "金環幼子, 忽就鯨鯢, 玉膳長筵, 俄辭顧復. 公以共氣星分, 旣飮淚而飛檄, 同盟雨集"는 「천남생열전」에서 "男建殺其子獻忠. 男生走保國內城남건은 남생의 아들 헌충을 죽였다. 남생은 국내성으로 달아나 지켰다"고 서술한 사실로 "金環幼子"는 도성에 남아 있던 남생의 어린 아들 헌충이고 "同盟雨集"은 시찰지에서 도망쳐 국내성(지금의 집안)에 웅거한 것을 말한다.

그 뒤의 경과는 『책부원귀』에서 "남생은 달아나 국내성에 웅거하며 지켰고 아들 헌성은 당 궁궐에 와서 도움을 요청했다"고 했고, 「천남생열전」에서는 "남생은 국내성으로 달아나 지키면서 자신의 무리를 이끌고 거란·말갈군과 함께 당에 귀의했으며 아들 헌성을 보내 조정에 호소했다"고 했으며, 남생이 국내성에서 아들 헌성을 당에 입조시켰다고 한 것은 『신·구당서』의 「고려열전」(앞서 인용)도 동일하지만 묘지에 따르면 국내성에서 그런 것이 아니고 그 사이에 특히 주목할 만한 두

세 가지 사실이 있었다.

묘지는 먼저 남생이 평양을 공격해 적의 우두머리를 사로잡으려고 결심하고 오골 교외로 진군해 견고한 보루를 격파한 뒤 대형(고구려의 위계) 불덕 등을 당에 입조시켜 표문을 올려 사정을 설명했다고 했다. 오골은 고구려의 성으로 지금의 봉황성이다.[10] 곧 남생은 국내성에서 요동 지역으로 들어가 이 성을 차지해 중앙 세력에 반항하는 태도를 분명히 하고 — 묘지에서는 "그가 도적임을 밝혔다明其爲賊"고 했다 — 한편으로는 불덕을 당에 보내 도움을 요청한 것이다. 그러나 묘지에서 "屬有離叛, 德遂稽留"고 해서 불덕은 남생의 기대와 달리 억류돼 당에 보낸 일은 성과를 내지 못했다.

묘지에서는 다시 "公乃反旆遼東, 移軍海北, 馳心丹鳳之闕, 飭躬玄菟之城, 更遣大兄冉有, 重申誠効그러자 공은 요동으로 깃발을 돌려 바다 북쪽으로 군사를 옮기고 마음으로나마 천자의 궁궐로 달려갔으며 현도성에서 근신하면서 다시 대형 염유를 보내 정성스런 마음을 거듭 아뢨다"고 했다. 당에 충성을 보이기 위해 사신을 또 보낸 것이다. 남생은 이 두 번째 사신 파견에 앞서 오골성을 떠나 군사를 요동으로 옮겼는데 '요동'은 요동성(지금의 요양)을 중심으로 한 좁은 의미의 요동 지방을 의미하고 '해북'은 막연한 표현을 사용해 같은 의미를 나타낸 것일 뿐이다. 그리고 대형 염유를 파견한 현도성은 동진 초 고구려의 영토가 된 옛 제3현도군 치소다. 성의 위치는 지금의 무순시 영안대이므로[11] 요동 지역이다. 대체로 이런 사실은 묘지에만 보이므로 사료의 누락을 크게 보충한다.

염유에 이어 천헌성泉獻誠을 파견한 것은 묘지에 "乾封元年, 公又遣子獻誠入朝, 帝有嘉焉건봉 원년(666) 공이 다시 아들 헌성을 보내 입조하니 황제가 가상히 여기셨다"고 기록돼 있다. 이것도 현도성에서 있던 일로 생각되는데, 앞서 보냈지만 성과를 내지 못한 불덕을 추가하면 헌성은 세 번째 파견된 사신이다. 그에게 맡겨진 임무가 도움을 요청하는 것이었음은 다시 말할 것도 없다. "丸山未銘, 得來表其先覺"은 삼국시대 관구검의 고구려 정벌, 곧 득래가 먼저 깨달은 것을 표현한 문장이다.

『위지』(권28)「관구검열전」: 마침내 관구검은 말굽을 싸매고 수레를 서로 엮어 험한 산길을 행군해 환도에 올라 고구려의 도읍을 도륙하고 1000여 명을 죽이거나 사로잡았다. 고구려의 패자(고구려의 관직) 득래는 여러 번 궁에게 간언했지만 그가 따르지 않자 "이곳에 곧 쑥이 자라는 것을 보겠구나"라고 탄식했다. 득래가 마침내 식사를 끊고 죽으니 모든 사람이 그를 현명하게 여겼다. 관구검은 군사들에게 그의 무덤을 훼손하지 말고 그곳의 나무를 베지 못하게 했으며 그의 처자를 모두 풀어 줬다.

환산의 명문에 대해서는 이 기사에 이어 그 이듬해 일어난 현도태수 왕기의 동방 원정을 서술하면서 "비석을 세워 공훈을 기록했으며 환도의 산과 불내의 성에 글자를 새겼다"고 했다. 환도산에 비석을 세운 사람은 관구검이며, 그것은 말할 것도 없이 그의 승전을 기념한 것이다.[12]

## 3. 천남생의 투항과 당의 출병

천남생의 아들 헌성은 아버지의 사신으로 당에 입조해 보장왕을 옹위하고 있는 남건·남산 세력에 대항할 수 있는 원군을 요청하자 당은 호응해 출병했다. 앞서 일부를 사용한 『책부원귀』의 다음 기사는 이 무렵의 출병과 그 결과를 서술한 것이다.

(A) 건봉 원년(666) 6월 조서를 내려 좌효위대장군 계필하력을 요동도 안무대사로 삼아 고구려왕을 맞이하게 했다. (B) 앞서 고구려 막리지 개소문이 죽었다. (…) 남생은 달아나 국내성에 웅거해 지켰고 아들 헌성은 당 궁궐에 와서 도움을 요청했다. (C) 그러자 계필하력에게 조서를 내려 군사를 이끌고 가 구원하게 했다. 헌성을 우무위대장군으로 삼고 길을 안내하게 했다. 乃授獻誠右武衛大將軍, 使爲鄕導. (D) 또 좌금오위장군 방동선과 영주도독 고간 등을 행군총관으로 삼아 고구려를 공격케 했다. 又遣左金吾衛將軍龐同善·營州都督高侃等, 爲行軍總管, 以經略高麗. (E) 9월 방동선이 고구려를 대파하니 남생은 친속을 이끌고 방동선 군에 합류했다. 九月, 龐同善大破高麗, 男生率所親, 會同善之軍.

A는 개소문이 죽은 뒤 남생이 헌성을 당에 보내기까지의 경과를 서술한 B(앞 장에서 전체를 인용)를 사이에 두고 C와 사건의 처음과 끝이 상응한다. 곧 당은 헌성이 입조해 도움을 요청하자 계필하력을 요동도 안무사로 삼고 헌성에게 길을 안내하게 해 원군을 파견한 것이다.

『구당서』「고종본기」건봉 원년(666): 6월 임인일(7일) 고구려 막리지 개소문이 죽었다. 그 아들 남생이 아버지의 자리를 이었지만 동생 남건에게 쫓겨났다. 남생이 아들 헌성을 당 조정에 보내 항복을 요청하니 좌효위대장군 계필하력에게 군사를 이끌고 가서 맞이하게 했다.

이것은 『책부원귀』의 A·B·C에 해당하는 기사인데, A에서는 "고구려왕을 맞이하게 했다"고 했지만 『구당서』에서는 "군사를 이끌고 가서 맞이하게 했다"고 해서 맞이한 대상이 고구려왕(보장왕)이 아니라는 것이 조금 다르다. 그러나 "맞이했다"는 것은 도움을 요청한 남생과 도우러 온 계필하력이 현지에서 협의했다는 뜻으로 생각되고, 고구려의 보장왕이 이 구원 요청과 구원 파견에 어떤 역할도 하지 않았다는 것은 앞뒤의 사정으로 볼 때 거의 분명하므로 『책부원귀』와 『구당서』 「고종본기」의 해당 부분은 앞의 것을 버리고 뒤의 것을 선택해야 한다. 또 D에서는 따로 같은 때의 조처로 방동선과 고간 등을 각각 행군총관에 임명해 "고구려를 공격케 했다"고 했고 E에서는 9월에 이르러 그런 임무를 띤 방동선 등이 '고구려'를 대파해 남생이 그 친속을 이끌고 합류했다는 것을 서술했다. 여기서 '고구려'라고 한 것은 현재 남생이 점거한 지방에서 남건·남산이 대표한 고구려 중앙의 명령 아래 남생에 대항한 고구려군을 뜻하는 것으로 생각된다.

남생의 구원 요청에 따라 당이 출병한 사실과 관련해 건봉 원년(666) 6월부터 9월까지의 경과로 『책부원귀』에 기록된 것은 앞서 서술했지만, 그밖에 『신·구당서』 「고려열전」, 『자치통감』, 『신당서』 「천남생열전」 및 「천남생 묘지」 등에도 이런저런 기사가 있고 서로 조금씩 다르기 때문에 다시 번거로움을 무릅쓰고 그것들을 검토하지 않으면 안 된다.

먼저 『구당서』 「고려열전」이다.

(F) 남생이 두 동생에게 쫓겨 국내성으로 달아나 웅거하고 죽기로 지키

면서 아들 헌성을 당 조정에 구원을 요청하자 좌효위대장군 계필하력에게 군사를 이끌고 가서 맞이하게 했다. (G) 남생이 탈출해 도망쳐 오자 조서를 내려 특진 요동대도독 겸 평양도 안무대사에 임명하고 현도군공에 책봉했다. 男生脫身來奔, 詔授特進·遼東大都督兼平壤道安撫大使, 封玄菟郡公.

이것을 앞의 『책부원귀』 기사와 비교하면 A·B·C는 그것을 줄인 F에 해당하지만 D·E에서 말한 방동선 등의 출정과 출정 뒤의 행동은 언급하지 않았다. 그러나 다음 G, 곧 남생 자신이 당에 가서 항복하고 그에게 수여된 관직과 작호에 관련된 부분은 『책부원귀』에 보이지 않는 사실로 특히 주목된다.

다음으로 『신당서』「고려열전」에는 다음과 같은 기사가 있다.

(H) 남생은 국내성을 거점으로 삼고 아들 헌성을 당에 보내 도움을 요청했다. 연개소문의 동생 연정토도 땅을 바쳐 항복하기를 요청했다. 그러자 조서를 내려 계필하력을 요동도 안무대사로 삼았다. (I) 좌금오위장군 방동선과 영주도독 고간 등을 행군총관으로 삼았다. 좌무위장군 설인귀와 좌감문장군 이근행은 후군을 이끌고 갔다. 左金吾衛將軍龐同善·營州都督高侃爲行軍總管. 左武衛將軍薛仁貴·左監門將軍李謹行殿而行. (J) 9월 방동선이 고구려군을 격파하니 남생이 군사를 이끌고 와서 합류했다. 九月, 同善破高麗兵, 男生率師來會. (K) [남생이 탈출해 도망쳐 오자] 조서를 내려 방동선을 특진 요동대도독 겸 평양도 안무대사에 임명하고 현도군공에 책봉했다.

H에서 K까지 각 항목의 『신당서』 「고려열전」의 이 기사 가운데 H
는 『책부원귀』의 A·B·C에 해당하지만, 『책부원귀』에 보이지 않는 사
실은 개소문의 동생 정토가 남생과 마찬가지로 당에 귀의하기를 요청
했다는 것이다.[13] 다음의 I는 행군총관 방동선·고간 외에 후군의 장수
로 설인귀·이근행을 든 점에서 『책부원귀』의 D보다 좀더 자세하고, 그
것을 이어 방동선 등의 출정 결과를 서술한 9월의 J는 『책부원귀』의
E와 동일하다. 마지막 K는 『책부원귀』에 보이지 않는 사실로 특히 주
목되는 『구당서』 「고려열전」의 기사인 G에 인용돼 있지만, 완전히 일
치하려면 먼저 괄호 안에 넣은 [남생이 탈출해 도망쳐왔다男生脫身來奔]
는 부분을 G에 의거해 보충하고 그 다음 "조서를 내려 동선을 (…) 임
명했다"고 한 동선을 남생으로 바꿔야 한다. 곧 K에는 『신당서』 편자
의 부주의함을 보여주는 뚜렷한 착오가 있는 것이다. 또 H와 I에는 날
짜가 나와 있지 않지만 『신당서』 본기를 보면 건봉 원년(666) 6월 조에
아래의 기사가 있어 H와 I에 해당하는 사실을 6월 임인일(7일)에서 서
술했다.

6월 임인일 고구려의 천남생이 귀의하기를 요청하니 우효위대장군 계필
하력을 요동안무대사로 삼아 군사를 이끌고 돕게 했다. 좌금오위 장군
방동선과 영주도독 고간을 요동도 행군총관으로 삼고, 좌무위 장군 설
인귀·좌감문위 장군 이근행을 후군으로 삼아 돕게 했다. 六月壬寅, 高麗
泉男生請內附, 右驍衛大將軍契苾何力爲遼東安撫大使, 率兵援之. 左金吾衛
將軍龐同善·營州都督高侃爲遼東道行軍總管, 左武衛將軍薛仁貴·左監門衛
將軍李謹行爲後援.

그러므로 이 날짜를 「고려열전」에 이입하면 다시 날짜상 H·I를 『책부원귀』의 A·B·C·D와 일치시킬 수 있다. 그러나 엄밀히 말하면 6월 임인일은 계필하력 등에게 출병 명령을 내린 날이다(아래 『통감』 기사 L 참조).

다음 『자치통감』의 기사는 『책부원귀』와 『구당서』 「고려열전」의 각 항목과 합치된다.

(L) 남생은 다른 성(앞의 『신·구당서』에서는 국내성이라고 했다)으로 달아나 지키면서 아들 헌성을 당 조정에 보내 도움을 요청했다, 6월 임인일(7일) 우효위대장군 계필하력을 요동도 안무대사로 삼아 군사를 이끌고 가서 구원하게 했다. 헌성을 우무위대장군으로 삼고 길을 안내하게 했다. 또 우금오위장군 방동선과 영주도독 고간 등을 행군총관으로 삼아 함께 고구려를 토벌케 했다. 男生走保別城, 使其子獻誠詣闕求救. 六月壬寅, 以右驍衛大將軍契苾何力爲遼東安撫大使, 將兵救之. 以獻誠爲右武衛將軍, 使爲鄕導. 又以右金吾衛將軍龐同善·營州都督高侃爲行軍總管, 同討高麗. (M) 9월 방동선이 고구려군을 대파하니 천남생은 무리를 이끌고 방동선과 합세했다. 九月, 龐同善大破高麗兵, 泉男生率衆, 與同善合. (N) [남생이 탈출해 도망쳐 오자] 조서를 내려 남생을 특진 요동대도독 겸 평양도 안무대사에 임명하고 현도군공에 책봉했다. [男生脫身來奔], 詔以男生爲特進·遼東大都督兼平壤道安撫大使, 封玄菟郡公.

L은 『책부원귀』의 A·B·C·D 각 항목에 해당하는 것과 함께 기사가 간략한 『구당서』 「고려열전」의 F에, M은 『책부원귀』의 E에, N은 『구당서』 「고려열전」의 G에 해당한다. N의 첫머리에는 『신당서』 「고려열전」

의 K와 마찬가지로 "남생이 탈출해 도망쳐 오자"라는 구절이 빠져 있지만 그것은 『구당서』 「고려열전」에 따라 보충할 수 있다.

좀더 검토할 것은 『신당서』 「천남생열전」과 「천남생 묘지」의 기록이지만, 그것에 앞서 일단 설명을 마친 『책부원귀』와 『신·구당서』 「고려열전」, 『자치통감』의 기사 내용을 정리하면 다음과 같다.

- **(갑)** (건봉 원년 5월이나 6월 초) 천남생이 보낸 아들 헌성이 당에 들어가 원병을 요청했다(『책부원귀』 B. 『구당서』 본기. 같은 책 「고려열전」 F. 『신당서』 「고려열전」 H. 같은 책 본기. 『통감』 L).
- **(을)** (같은 해 6월 7일) 계필하력을 요동도 안무사로 삼아 가서 돕게 하고 헌성을 우무위대장군에 임명해 길안내를 맡게 했다. 따로 방동선·고간 등을 행군총관으로, 설인귀·이근행을 후군의 장수로 임명해 고구려를 정벌했다(『책부원귀』 D. 『구당서』 「고려열전」 F. 『신당서』 「고려열전」 H·I. 같은 책 본기. 『통감』 L).
- **(병)** (같은 해 9월) 방동선 등이 고구려를 격파하니 남생이 무리를 이끌고 합세했다(『책부원귀』 E. 『신당서』 「고려열전」 J. 『통감』 M).
- **(정)** (날짜 모름) 남생이 탈출해 당에 입조했다. 고종이 조서를 내려 특진 요동대도독 겸 평양도 안무대사에 임명하고 현도군공에 책봉했다 — 그러나 정확히 말하면 이때의 임명은 요동대도독 현도군공이었고 특진과 평양도 안무대사는 지난 6월 헌성이 입조했을 때 제수된 것이었다. 이 장 끝부분에서 서술하겠다(『구당서』 「고려열전」 G. 『신당서』 「고려열전」 K. 『통감』 N).

『신당서』(권110) 「천남생열전」에는 다음과 같은 기사가 있다.

(O) 남생은 국내성으로 달아나 지키면서 자신의 무리를 이끌고 거란·
말갈군과 함께 당에 귀의했으며 아들 헌성을 보내 조정에 호소했다. (P)
고종은 헌성을 우무위장군에 임명하고 수레·말·비단·보검을 하사하고
돌아가 [남생에게] 보고하게 했으며, 계필하력에게 군사를 이끌고 돕게
했다. 高宗拜獻誠右武衛將軍, 賜乘輿·馬·瑞錦·寶刀, 使還報, 詔契苾何力率
兵援之. (Q) 그 덕분에 남생은 화를 모면했다. 男生乃免. (R) 그를 평양도
행군대총관 겸 지절안무대사에 임명했다. 授平壤道行軍大總管, 兼持節安
撫大使. (S) 가물성·남소성·창암성 등을 들어 항복했다. 擧哥勿·南蘇·
倉巖等城以降. (T) 다시 황제는 서대사인 이건역에게 군대로 가서 위로
하게 하고 도포·허리띠·금그릇 등 7가지 물건을 하사했다. 帝又命西臺
舍人李虔繹就軍慰勞, 賜袍帶·金鉬七事. (U) 이듬해 불러 입조케 하고 지
나는 주·현의 관청에서 풍악을 울리게 했으며 우림위장군 이동에게 날
랜 기병으로 호위케 했다. 총애해 요동대도독 현도군공으로 옮기고 도
성에 집을 하사했으며 조서를 내려 군대로 돌아가게 했다. 明年召入朝,
詔所過州縣傳舍作鼓吹, 右羽林將軍李同以飛騎仗廷寵. 遷遼東大都督·玄菟
郡公, 賜第京師, 因詔還軍.

「천남생 묘지」의 그것에 해당하는 부분의 기록은 다음과 같다.

(V) 건봉 원년(666) 공(남생)이 다시 아들 헌성을 보내 입조하니 황제가
가상히 여겼다. 乾封元年, 公又遣子獻誠入朝, 帝有嘉焉. (W) 멀리서 공을
특진에 제수하고 이전처럼 태대형에 임명했으며 평양도 행군대총관 겸
사지절 안무대사로서 본국의 군사를 이끌고 대총관 계필하력 등과 함
께 경략케 했다. 遙拜公特進, 太大兄如故, 平壤道行軍大摠管兼使持節按撫

大使, 領本蕃兵, 共大摠管契苾何力等, 相知經略. (X) 공은 국내성 등 6성의 10여 만호를 이끌고 호적 문서를 군영에 바쳤다. 또 목저성 등 3성이 교화를 바라고 함께 귀순하니 작고 위태로운 무리들이 날로 곤궁해지고 위축됐다. 公率國內等六城十餘萬戶, 書籍轅門. 又有木底等三城, 希風共款, 蕞爾危矣, 日窮月蹙. (Y) 건봉 2년(667) 조칙을 받들어 공이 입조했다. 총장 원년(668) 사지절 요동대도독 상주국 현도군개국공과 식읍 2000호에 임명하고 나머지 관직은 예전과 같게 했다. 소맥족은 아직 평정되지 않아 위태로웠지만 황제가 명령을 내리니 개마의 군영으로 돌아갔다. 二年奉勅, 追公入朝. 總章元年, 授使持節遼東大都督上柱國玄菟郡開國公·食邑二千戶, 餘官如故. 小貊未夷, 方傾巢鷸之幕, 大君有命, 還歸蓋馬之營.

이제 다시 이런 기사들의 내용을 점검해보자. 열전의 O와 묘지의 V는 위에서 갑·을 등의 기호를 붙여 열거한 사항의 (갑)에 해당한다. 그리고 O에서 "자신의 무리를 이끌고 거란·말갈군과 함께 당에 귀의했다"는 것은 당에 귀의한 천남생이 현재 점유한 지역을 그곳의 백성 — "자신의 무리"는 고구려인 — 에 따라 보여준 것이고, V에서 "공이 다시公又"라고 한 것은 앞 장에서 인용한 묘지의 앞부분에 따라 알 수 있는 것처럼 남생이 헌성을 입조시키기 전 이미 동일한 목적을 위해 대형 염유를 보낸 적이 있기 때문이다.

다음으로 열전의 P와 묘지의 W는 헌성이 입조하자 당이 그를 대우한 것을 기록한 것으로 (을)에 해당하는 것인데, W에서 "멀리서遙 공을 특진에 제수하고 이전처럼 태대형에 임명했으며 평양도 행군대총관 겸 사지절 안무대사로서 본국의 군사를 이끌게 했다"고 한 것은 새로운 사실이다. 남생 자신은 입조하지 않았기 때문에 그에게 이 관위를 수여한 것은 여기 명기된 대로 "멀리서 제수"할 수밖에 없었다.

다음으로 열전의 Q "남생은 화를 모면했다"는 것은 (병)에 해당하는데 요동도 안무사 계필하력과 행군총관 방동선 등이 구원한 결과 9월 방동선 등은 현지에서 남생에 대항하던 고구려군을 격파하고 남생과 그의 친속을 자신의 군대로 오게 해 합류한 것을 뜻한다. 또 열전의 다음 기사인 R은 "그를 평양도 행군대총관 겸 지절안무대사에 임명했다"는 것인데, 앞서 설명한 묘지의 W에서 알 수 있는 것처럼 헌성이 입조한 때인 지난 6월 남생이 멀리서 제수받은 관직이 분명하다. 따라서 이 R은 위의 Q를 넘어 P와 합쳐야 한다. 이렇게 해서 Q의 "남생은 화를 모면했다"는 곧바로 S인 "가물성·남소성·창암성 등을 들어 항복했다"에 연결해 Q의 남생은 S의 주격이 되고 S의 의미도 통한다. 그리고 이 S는 묘지 X "공은 국내성 등 6성의 10여 만호를 이끌고 호적 문서를 군영에 바쳤다. 또 목저성 등 3성이 교화를 바라고 함께 귀순하니 작고 위태로운 무리들이 날로 곤궁해지고 위축됐다"에 해당하는 사실이 분명하다.

이처럼 계필하력과 방동선 등이 구원한 결과 남생은 어떤 곳에서 그들의 군대와 합류했으며 열전에 따르면 가물성·남소성·창암성 등, 묘지에 따르면 국내성 등 6성과 목저성 등 3성을 들어 항복했는데 여기서 처음으로 귀의한 사실을 보여준 것이다. 곧 열전의 S와 묘지의 X는 (병)에 덧붙여진 사실로 보인다. 그러나 이것은 묘지에서 "교화를 바라고 함께 귀순했다"는 것으로 이때 당군이 이런 성들을 점령했다고 생각되지는 않는다. 뒷장에서 서술하듯 남소성·목저성·창암성 등은 유명한 신성(무순)과 국내성(집안) 중간 지역에 있고 당군이 이런 성들을 경략한 것은 이해(건봉 2년, 667) 9월 그동안 점령하지 못했던 신성을 함락시킨 뒤므로 열전과 묘지에 열거된 위의 성들은 열전 O에서 "남생은 국내성으로 달아나 지키면서 자신의 무리를 이끌고 거란·말갈군과 함께 당에 귀의했다"고 한 것과 마찬가지로 계필하력·방동선 등이 구원했을 때 남생이 점유한 지역을 보여주는 것으로 이해할 수 있다.

그렇다면 계필하력과 방동선 등이 가서 구원한 지역, 곧 그들이 고구려군 — 남생에 대항한 — 을 격파하고 남생이 그들과 합류한 곳은 어디였을까? 계필하력이 구원했을 때 그에게 수여된 관직이 요동도 안무도사라는 것, 앞 장에서 지적한 대로 남생이 헌성을 입조시키기 전 대형 염유를 보냈을 때 그의 진지가 신성과 함께 지금의 무순에 비정되는 요동의 현도성이었다는 것, 헌성이 출발한 곳도 이 성으로 생각된다는 것,[14] 이듬해 요동으로 진격한 이적이 먼저 신성을 함락시키는데 힘을 쏟은 것 등에서 생각하면 문제의 지역도 대체로 무순 방면으로 추정된다.

다시 열전으로 돌아가면 T에서는 고종이 서대사인 이건역을 특사로 남생에게 보내 물품을 하사하고 그를 위로했다고 서술했다. 이것은 다른 사료에 보이지 않는 내용으로 "군대로 가서 위로했다"는 군대는 남생이 주둔한 무순 방면으로 생각된다. 다음으로 내가 (정丁)에서 (날짜 모름)이라고 표시한 남생의 입조와 요동대도독 현도군공 제수와 관련해서 열전 U는 그것을 '이듬해明年'(건봉 2년, 667)의 일로 했고 묘지 Y에서는 입조와 제수를 구별해 입조를 건봉 2년, 제수를 이듬해인 총장 원년의 일로 했다. 그리고 제수한 뒤 남생을 자신의 진영으로 돌아가게 한 것은 둘 모두 같다(열전에서는 "조서를 내려 군대로 돌아가게 했다"고 했고 묘지에서는 "황제가 명령을 내리니 개마의 군영으로 돌아갔다"고

  

했다. 모두 막연한 표현으로 개마는 장백산 방면을 가리키는 한·위대의 옛 지명이다). 그러나 남생의 입조와 제수는 『구당서』「고려열전」(G), 『신당서』「고려열전」(K), 『자치통감』(N) 모두 건봉 원년 말 대군 출동 — 이적을 총사령관으로 한 — 보다 앞선 사실로 기록돼 있다. 이것은 남생의 귀의로 일어난 사태의 추이에서 매우 자연스럽다고 생각되므로 나는 열전과 묘지의 시기를 주저 없이 채택한다.

『신·구당서』「고려열전」의 G·K와 『통감』의 N에서는 남생이 입조했을 때 받은 관위를 '특진 요동대도독 겸 평양도 안무대사'라고 했는데, 지난 6월 헌성이 입조했을 때 그곳에 없던 남생에게 제수한 '특진 평양도 행군대총관 겸 지절 안무대사'(묘지 W, 열전 R)를 남생 자신이 입조했을 때 받은 '요동대도독'과 연결해 기록한 것이다. 따라서 이런 기록은 앞뒤의 제수를 구별하지 않았다는 점에서 정확하지 않을 뿐 아니라 관위 자체도 묘지 Y에서 "사지절 요동대도독 상주국 현도군개국공과 식읍 2000호"라고 한 다음 "나머지 관직은 예전과 같게 했다"고 했으므로 남생이 입조했을 때 새로운 제수를 포함한 관위의 완전한 칭호는 『신·구당서』「고려열전」과 『통감』의 기록과 같다.


## 4. 이적을 총사령관으로 한 원정군의 행동

### (1) 신성 함락

건봉 원년(666) 6월 천헌성이 입조해 남생이 귀의하겠다는 뜻을 밝히자 당은 금방 허용하고 계필하력과 방동선 등을 보냈기 때문에 그런 도움의 결과는 남생의 입조로 발전했다. 이때 당은 남생의 의사와 상관없이 그의 본국인 고구려를 정벌해 이적을 총사령관으로 삼아 대군을 출동시켰다. 그동안 여러 번 시도했지만 쉽게 성공하지 못했던 그 원정은 고구려의 내분을 틈타 다시 큰 규모로 이뤄졌다.

영국공 이적을 요동도 행군대총관 겸 안무대사로 삼아 대군을 출동시킨 고종의 명령은 12월 기유일(18일)에 내려졌다. 그러나 그것을 그 날짜에 연결시킨 것은 『신당서』 본기와 『자치통감』이고 『구당서』 본기에서는 10월 기유일, 같은 책 「고려열전」에서는 11월로 기록해 서로 일치하지 않는다. 『신당서』 「고려열전」에서는 남생이 당의 수도에서 현도 군공에 책봉된 뒤 이어서 일어났다고 하고 날짜는 밝히지 않았다. 그러나 『책부원귀』에서 그 부분의 날짜가 12월인 것에 따라 판단하면 『신당서』 본기와 『통감』의 기록이 옳고 『구당서』 본기는 12월 기유일을 10월 기유일로, 같은 책 「고려열전」은 12월을 11월로 잘못 쓴 것으로 봐야 한다. 고종의 명령은 『신당서』 「고려열전」과 『책부원귀』의 기록이 가장 상세하다.

• 『신당서』 「고려열전」: 이적을 요동도행군대총관 겸 안무대사로 삼아 계필하력·방동선과 힘을 합치게 했다. 조서를 내려 독고경운을 압록도로, 곽대봉을 적리도로, 유인원을 필열도로, 김대문을 해곡도로 가게 하고 모두 행군총관으로 삼았으며 이적은 절도사로 삼았다. 연·조에 있는 군량을 요동으로 옮겨 비축하게 했다. 又以李勣爲遼東道行軍大總管兼按撫大使, 與契苾何力·龐同善幷力. 詔獨孤卿雲鴨淥道, 郭待封積利道, 劉仁願畢列道, 金待問海谷道, 並爲行軍總管, 受勣節度. 轉燕·趙食廥遼東.[15]

• 『책부원귀』: 건봉 원년(666) 12월 사공 영국공 이적을 요동도 행군대

총관 겸 요동안무대사에, 좌금오위장군 방동선과 좌효위대장군 계필
하력을 예전처럼 요동도 안무대사에 임명했다. 수군과 육군의 총관과
양운사 두의적·독고경운·곽대봉과 모병募兵 이상은 모두 이적의 명
령을 받아 고구려를 토벌케 했다. 하북도 여러 주의 조세는 모두 요동
에서 사용해 군비에 충당케 했다. 수로와 육로로 나눠 평양으로 진군
했다. 十二月, 命司空英國公李勣爲遼東道行軍大總管兼爲遼東安撫大使, 左
金吾衛將軍龐同善·左驍衛大將軍契苾何力, 並依舊爲遼東道安撫大使. 其
水陸諸軍總管幷粮運使竇義積·獨孤卿雲·郭待封及募兵以上, 並受勣處分,
以討高麗. 河北道諸州租稅, 總起遼東, 以給軍用. 於是水陸分道, 以赴平壤.

『자치통감』의 기사는 날짜를 기유일로 했고 내용은 『책부원귀』와
거의 같지만 이적의 부관으로 사열소상백司列少常伯 학처준郝處俊이 나
온다. 고종은 이때 신라에 원정을 도우라고 명령하고 백제 옛 땅에 남
아 지키던 유인원에게도 원정에 참여하게 했다. 『신당서』「고려열전」의
앞 기사에서 "유인원을 필열도로, 김대문을 해곡도로 가게 했다"는 것
은 이것에 관련된 기록으로 내가 전에 발표한 「당 고종의 고구려 원정
과 비열도·다곡도·해곡도의 이름」은 이 구절의 설명을 중심으로 그
전쟁의 한 측면을 살펴본 것이다.[16]

또 「고려열전」에서는 이적을 대총관 겸 안무대사로 삼아 출정케 하
면서 계필하력과 방동선 두 장수에게 힘을 합치게 했다고 했다. 이것
은 말할 것도 없이 이 두 장수가 지난 6월 이후 먼저 요동에 왔기 때
문으로 『책부원귀』에서 두 장수 모두 예전처럼 안무대사에 임명했다
고 한 것도 이 사실에 바탕한 임명이다. 그러나 뒤쪽의 안무대사는 오
류로 다른 장수들이 모두 행군총관이던 것은 「고려열전」의 기사를 볼

때 분명하다. 그렇다면 계필하력과 방동선의 동료 장수인 고간·설인귀·이근행 등도[17] 두 장수와 같은 명령이 내려진 것이 틀림없다.

여기서 좀더 생각해봐야 하는 것은 건봉 2년(667) 정월 이후 이런 장수들의 행동, 곧 이듬해 총장 원년 9월 평양성이 함락돼 고구려가 멸망할 때까지 1년 9개월 동안 원정의 경과인데, 조금 옆길로 들어가 미리 살펴볼 것은 고구려의 신성과 남소성·목저성과 그 위치다.

신성은 동진 초 선비의 모용씨(전연前燕)가 진의 요동군을 차지하자 혼하 상류의 현도군을 무너뜨려 선비와 경계를 맞대게 된 고구려가 그들에 맞서 그 방면의 서쪽 변경에 새로 쌓은 성이다.

- 『삼국사기』(권18) 「고구려본기」 고국원왕 5년(동진 성제 함강 원년, 335): 나라 북쪽에 신성을 쌓았다. 築國北新城.
- 『자치통감』(권96) 성제 함강 5년(339): 모용황이 고구려를 공격해 군사가 신성에 이르렀는데, 고구려왕 쇠(고국원왕)가 화친을 요청하자 돌아갔다.
- 같은 부분 호삼성의 주석: 신성은 고구려의 서쪽 변방에 있는데 서남쪽에는 산이 있고 동북쪽은 남소성·목저성 등과 인접했다.

남소성에 관련된 기록은 다음과 같다.

『통감』(권97) 동진 목제 영화 원년(345): 연왕 모용황이 모용각에게 고구려를 공격케 하니 남소성을 함락시키고 수비를 둔 뒤 돌아왔다. 燕王皝使慕容恪攻高句麗拔南蘇, 置戍而還.

 

신성과 남소성에 관련된 서술이다.

**같은 책**(권111) **동진 안제 융안 4년**(400): 고구려왕 안(광개토왕)이 연을 섬기는데 예절을 지키지 않았다. 2월 병신일 연왕 모용성은 직접 군사 3만을 이끌고 공격했다. 선봉이 된 표기대장군 모용희는 신성과 남소성을 함락시켜 700여 리의 영토를 넓히고 5000여 호를 이주시킨 뒤 돌아왔다. 高句麗王安事燕禮慢. 二月丙申, 燕王盛自將兵三萬襲之. 以驃騎大將軍熙爲前鋒, 拔新城·南蘇二城, 開境七百餘里, 徙五千餘戶而還.

또 목저성에 대해서는 앞의 함강 5년(339) 모용황의 신성 공격 다음에 이뤄진 함강 8년(342) 고구려 정벌의 작전계획과 교전 상황을 서술하면서 다음과 같이 썼다.

『**통감**』(권97): 연왕 모용황이 (…) 고구려를 공격하려고 했다. 고구려에는 두 길이 있는데 북도는 평탄하고 넓지만 남도는 험하고 좁아 북도를 이용하자는 사람이 많았다. 모용한이 말했다. "적은 상식에 따라 대군이 반드시 북도로 올 것으로 판단해 북도를 중시하고 남도를 경시할 것입니다. 왕께서 정예병을 이끌고 남도를 따라 공격해 그들이 생각지 못한 곳으로 나오면 환도(압록강 중류의 집안)는 따로 빼앗을 것도 없을 것입니다. 일부 병력을 따로 북도로 보내면 문제가 생겨도 그 배와 심장은 이미 무너졌을 것이니 팔다리는 아무 일도 할 수 없을 것입니다." 모용황은 그 말에 따랐다.

11월 모용황은 직접 정예군 4만을 이끌고 남도로 나갔으며, 모용한과 모용패를 선봉으로 삼고 따로 장사 왕우 등에게 군사 1만5000명을 이끌

고 북도로 나가 고구려를 정벌케 했다. 과연 고구려왕 쇠(고국원왕)는 동
생 무에게 정예병 5만을 이끌고 북도를 막게 하고 자신은 허약한 군사
를 이끌고 남도를 방어했다. 모용한 등은 먼저 도착해 쇠와 싸웠고, 모
용황은 대군을 이끌고 뒤이어 왔다. (…) 고구려군은 대패했다. (…) 군사
들이 승기를 타고 추격해 마침내 환도까지 들어갔다. 燕王皝 (…) 將擊高
句麗. 高句麗有二道, 其北道平闊, 南道險狹, 衆欲從北道. 翰曰, 虜以常情料之,
必謂大軍從北道, 當重北而輕南. 王宜帥銳兵, 從南道擊之, 出其不意, 丸都不
足取也. 別遣偏師從北道, 從有蹉跌, 其服心已潰, 四支無能爲也. 皝從之. 十一
月, 皝自將勁兵四萬, 出南道, 以慕容翰·慕容覇爲前鋒, 別遣長史王寓等將兵
萬五千, 出北道, 以伐高句麗. 高句麗王釗果遣弟武, 帥精兵五萬拒北道, 自帥羸
兵以備南道. 慕容翰等先至, 與釗合戰, 皝以大衆繼之. (…) 高句麗兵大敗. (…)
諸軍乘勝追之, 遂入丸都.

이것에 해당하는 『진서』(권109) 「재기」 모용황 열전의 기록은 다음
과 같다.

함강 7년(8년의 오기) 모용황은 용성으로 천도한 뒤 정예병 4만을 이끌
고 남협으로 들어가 우문씨와 고구려를 정벌했다. 모용한과 아들 모용
수를 선봉으로 삼고, 장사 왕우 등에게 군사 1만5000명을 이끌고 북치
北置에서 나아가게 했다. 고구려왕 쇠는 모용황 군이 북로를 이용할 것
으로 생각해 동생 무에게 정예병 5만으로 북치를 막게 했으며, 자신은
약한 군대를 이끌고 남협을 방어했다. 모용한은 목저성에서 싸워 쇠를
크게 무찌르고 승세를 타 마침내 환도로 들어갔다. 咸康七年, 皝遷都龍
城, 率勁卒四萬, 入自南陜, 以伐宇文·高句麗. 又使翰及子垂爲前鋒, 遣長史王

寓等, 勒衆萬五千, 從北置而進. 高句麗王釗, 謂銳軍之從北路也, 乃遣其弟武, 統精銳五萬, 距北置, 躬率弱卒, 以防南陝. 翰與釗戰于木底, 大敗之, 乘勝, 遂入丸都.

여기서는 목저성의 이름을 들었다. 목저성은 동진 안제 의희 2년 (406) 후연왕 모용희의 고구려 정벌과 관련해 다음과 같이 보인다.

- 『통감』(권114): 정월 연왕 모용희가 (…) 날랜 군사로 고구려를 습격했다, 2월. 연군이 3000리를 행군하니 지쳐 얼어 죽은 군사와 말이 길에 가득했다. 고구려의 목저성을 공격했지만 이기지 못하고 돌아왔다. 正月, 燕王熙 (…) 輕兵襲高句麗. 二月, 燕軍行三千餘里, 士馬疲凍, 死者屬路. 攻高句麗木底城, 不克而還.
- 호삼성의 주석: 목저성은 남소성 동쪽에 있는데, 당이 목저주를 설치했다. 木底城在南蘇之東, 唐置木底州

요컨대 신성과 남소성·목저성은 동진시대 내내 여러 번 전연·후연의 침략을 받은 고구려의 성으로 특히 신성은 서쪽 변경에 있었고 남소성과 목저성은 차례대로 그 동북쪽이나 동쪽에 있던 것으로 보인다.

그 뒤 남북조시대 말기에는 신성에 관련된 한두 가지 기록이 고구려에 보인다.

- 『삼국사기』(권19) 「고구려본기」 양원왕 3년(547). 백암성을 개축하고 신성을 수리했다. 改築白巖城, 葺新城.

• 『삼국사기』(권19) 「고구려본기」 양원왕 7년(551). 돌궐이 신성을 포위했지만 이기지 못하자 백암성을 공격했다. 왕은 장군 고흘에게 군사 1만을 이끌고 막게 하니 이겨 1000여 명을 죽이거나 포로로 잡았다. 突厥來圍新城, 不克, 移攻白巖城. 王遣將軍高紇, 領兵一萬, 拒克之, 殺獲一千餘級.

백암성은 요양과 본계호本溪湖 중간, 태자하 상류의 북안에 그 터가 남아 있는 지금의 연주성燕州城이다. 다시 내려와 수대와 당 초기 여러 번 고구려를 정벌했는데 그런 전쟁과 관련해 신성과 남소성 등의 이름은 역사에 자주 보인다. 주로 『통감』에서 성 이름이 기록된 부분의 기사를 뽑아보면 다음과 같다.

• 『통감』(권182) 수 대업 9년(613) 양제의 2차 원정 관련 부분: 여름 4월 경오일 황제의 행차가 요수를 건넜다. 임신일 우문술을 보내 상대장군 양의신과 함께 평양으로 진군케 하고 좌광록대부 왕인공은 부여도로 나가게 했다. 왕인공이 진군해 신성에 이르자("신성은 남소성 서쪽에 있다"는 호삼성의 주석이 있다) 고구려군 수만 명이 항전했다. 왕인공이 정예 기병 1000명을 이끌고 공격하니 고구려는 성을 굳게 지켰다. 황제는 장수들에게 요동(요양)을 공격케 하고 상황에 맞춰 대처하게 했다. 夏四月庚午, 車駕度遼. 壬申, 遣宇文述, 與上大將軍楊義臣趣平壤城, 左光祿大夫王仁恭出扶餘道. 仁恭進軍至新城, 高麗兵數萬拒戰. 仁恭帥勁騎一千擊破之, 高麗嬰城固守. 帝命諸將攻遼東, 聽以便宜從事.

• 『통감』(권197) 당 태종 정관 19년(645) 친정 관련 기사: 여름 4월 무술일 초하루 이세적이 통정(신민新民 부근?)에서 요수를 건너 현도(무순)

에 이르니 고구려는 크게 놀라 모든 성읍이 성문을 닫고 지켰다. 임인일 요동도 부대총관 강하왕 도종이 군사 수천 명을 거느리고 신성에 왔다. 절충도위 조삼량이 10여 기를 이끌고 성문을 곧장 압박하니 성 안은 놀라고 동요해 감히 나오는 사람이 없었다. 夏四月戊戌朔, 世勣自通定濟遼水, 至玄菟, 高麗大駭, 城邑皆閉門自守. 壬寅, 遼東道副大總管江夏王道宗將兵數千至新城. 折衝都尉曹三良引十餘騎, 直壓城門, 城中驚擾, 無敢出者.

- 『통감』(권198) 정관 21년(647) 전쟁 기사: 이세적 군은 요수를 건넌 뒤 남소성 등 여러 성을 거쳤는데, 고구려는 성을 등지고 항전했다. 이세적은 그들을 격파하고 그 성곽을 불태운 뒤 돌아왔다. 李世勣軍旣渡遼, 歷南蘇等數城. 高麗多背城拒戰, 世勣擊破其兵, 焚其羅郭而還.

- 『통감』(권199) 고종 영휘 6년(655): 2월 을축일 영주도독 정명진과 좌위중랑장 소정방을 보내 군사를 이끌고 고구려를 공격했다. 여름 5월 임오일 정명진 등은 요수를 건넜다. 고구려는 그들의 군사가 적은 것을 보고 성문을 열고 귀단수를 건너 맞아 싸웠다. 정명진 등은 열심히 싸워 크게 격파하고 1000여 명을 죽이거나 사로잡았으며 바깥 성벽과 마을을 불태우고 돌아왔다. 二月乙丑, 遣營州都督程名振, 左衛中郎將蘇定方發兵擊高麗. 夏五月壬午, 名振等渡遼水. 高麗見其兵少, 開門渡貴端水逆戰. 名振等奮擊, 大破之, 殺獲千餘人, 焚其外郭及村落而還.


바로 위의 세 번째 사실은 『구당서』(권83) 「정명진·정무정程務挺열전」에 다음과 같이 서술돼 있다.


영휘 6년 영주도독 겸 동이도호에 여러 번 임명됐다. 다시 군사를 이끌고 귀단수에서 고구려군을 격파하고 신성을 불태웠으며 매우 많은 사람을 죽이거나 사로잡았다. 永徽六年, 累除營州都督兼東夷都護. 又率兵破高麗於貴端水, 焚其新城, 殺獲甚衆.

『통감』의 호삼성 주석에서는 귀단수와 신성의 관계를 다음과 같이 설명했다.

『구당서』「정명진열전」을 살펴보니 귀단수는 신성 서남쪽에 있어야 할 것으로 판단된다. 按舊書程名振傳, 貴端水當在信城西南.

신성과 남소성·목저성에 관련해 앞서 열거한 5~6가지 사실은 요동 방면에서 이런 고구려의 성들이 동진부터 당 초기에 걸쳐 그 나라의 국방에서 중요한 역할을 했음을 말해 준다. 그렇다면 이 성들의 위치는 어디였을까? 먼저 신성은 일찍이 고 마쓰이 히토시松井等 씨, 고 야나이 와타리箭內亘 박사, 쓰다 소키치 박사가 발표한 견해가 있다. 먼저 쓰다 박사는 두 사람의 주장을 참고해 다음과 같이 말했다.

신성의 정확한 위치는 알 수 없지만 지세에 따라 고찰하면 지금 무순 부근이 아니었을까 여겨진다. 마쓰이 씨는 신성을 봉천 부근으로 추정했고, 야나이 씨도[18] 그 주장을 바탕으로 봉천 동쪽의 산지에 비정했다.[19] 다만 함강 5년(339) 전쟁에 관련된 『통감』 기사에서 "군사가 신성에 이르렀다兵及新城"고 했으니 신성은 당시 국경에서 어느 정도 떨어진 지점에 있던 것 같고 이때 모용씨의 영토는 요동과 현도를 포함하는 것이 분명하므로 신성은 현도군 치소와 매우 가까웠을 것이다.[20]

신성을 무순 부근으로 본 쓰다 박사의 이 견해는 삼국시대부터 서진시대까지 현도군 치소를 봉천 부근으로 비정한 고 야나이 박사의 주장에 바탕한 것이다.[21] 함강 5년 전쟁에 관련된 『통감』 기사의 한 구절을 포착해 신성은 당시 모용씨의 국경에서 어느 정도 떨어져 있다고 추정한 것도, 모용씨의 영토 안에는 요동군 치소(지금의 요양)와 함께 현도군 치소가 포함돼 있었다는 것도, 신성은 현도군 치소와 매우 가까운 곳이었을 것이라고 말한 것도 모두 그 때문이다. 그러나 이것은 그렇다고 해도 마쓰이 씨 이하의 여러 학설은 모두 문헌적 증거에만 바탕했기 때문에 신성의 소재를 봉천이나 무순 부근으로 추정했지만 더 이상 정확한 위치를 결정할 수는 없었다.

그런데 지난 1933년 무순 도서관장 와타나베 산조渡邊三三 씨는 무순현 관내에 있는 북관산성을 조사해 유적과 유물에서 고구려 때의 산성으로 판단하고, 그동안의 여러 학설에 비춰 이 산성을 신성 터로 봤다.[22]. 북관산성은 혼하 북안에서 가까운 청대의 무순성 동북쪽 몇 정에 있으며, 북방회원보北方會元堡를 거쳐 철령으로 가는 도로를 끼고 있는 큰 옛 성이다. 나는 1938년 봄 이 옛 성을 한번 봤고 1940년 가을 다시 정밀한 고고학적 조사를 실시했는데, 와타나베 씨의 비정은 움직이지 않는 것으로 믿는다.[23]

신성과 함께 간과해서는 안 되는 것은 같은 지방에 있는 제3현도군 치소 터다. 현도군에는 연혁이 있다. 전한 무제 원봉 3년(기원전 108) 처음 함경남도에 설치된 옥저성(지금의 함흥)의 현도군(제1현도군)은 33년 뒤인 소제 원봉 6년(기원전 75) 낙랑군에 합병됐고, 그것과 함께 같은 이름의 새 군이 요동 동쪽 변방에 설치됐다. 그것은 제2현도군으로 부를 수 있으며, 그 치소는 소자하(혼하 상류의 한 지류) 상류인 노성 부근으로 추정된다.

그리고 후한 중엽 크게 세력을 키운 고구려는 화제 원흥 원년(105) 제2현도군을 무너뜨리고 그곳을 차지했다. 그 결과 한은 다음 해인 안제 즉위년 요동군의 일부를 나눠 제3현도군을 설치했다. 이 현도군의 중심은 삼국시대에도 바뀌지 않았는데, 『오지吳志』(권2) 「손권열전」 주석에 인용된 『오서吳書』에 따르면 그것은 요동군 치소(지금의 요양) 북쪽 200리(당시의 단위)에 있다고 했다. 고 야나이 와타리 박사가 삼국시대나 서진시대의 현도군 치소를 봉천 부근이라고 한 것은 이런 문헌적 증거에 바탕한 것이며[25] 실제로 『오서』의 기사를 근거로 하면 방향과 거리의 관계에서 위의 추정을 접을 수는 없다.

그런데 그 뒤 고고학적 견지에서 야기 소자부로八木奘三郎 씨가 주장한 '무순 현도설'[26]은 최근 유물과 유적으로 실증되고 있는 것 같다. 혼하 남안의 광업도시인 지금의 무순시 동쪽 끝의 구릉지(영안대)에서 일찍이 야기 씨가 주목한 한대의 암키와와 토기 조각뿐 아니라 구리 화살촉·반량전·오수전 등도 출토됐고, 특히 1938년 봄에는 고사리 무늬를 새기거나 '千秋萬歲'라는 글자를 양각한 큰 와당瓦當이 발견됐으며, 조어대釣魚臺라는 이름을 지닌 가장 북쪽의 언덕(예예구礜礜丘)에는 흐릿하지만 조선의 낙랑군 치소 등에서 발견된 토루土壘의 흔적이 남아 있다.[27] 그러므로 대체로 지금의 신시가 주택구역이 된 영안대 지역은 후한 중엽부터 삼국·서진까지 현도군 치소 터였음이 거의 분명하다.[28]

무순성에 가까운 북관산의 신성 터와 무순시 영안대의 제3현도군 치소 터는 혼하의 흐름을 끼고 남북으로 마주 보고 있으며 서로 거리는 겨우 20여 정(2180미터)으로 매우 가깝다. 둘의 지리적 관계가 이러므로 동진 초 고구려가 신성을 축성한 것은 현도군을 차지한 뒤가 돼야 한다.[29] 내가 앞서 "신성은 동진 초 선비의 모용씨(전연前燕)가 진의 요동군을 차지하자 혼하 상류의 현도군을 무너뜨려 선비와 경계를 맞대게 된 고구려가 그들에 맞서 그 방면의 서쪽 변경에 새로 쌓은 성"이라고 한 것은 이런 판단 때문이었다.

- 『삼국사기』(권17) 「고구려본기」 미천왕 3년(302): 가을 9월 왕이 군사 3만을 이끌고 현도군을 침략해 8000명을 포로로 잡아 평양으로 이주시켰다. 秋九月, 王率兵三萬, 侵玄菟郡, 虜獲八千人, 移之平壤.
- 미천왕 14년(313): 겨울 10월 낙랑군을 침략해 남녀 2000여 명을 포로로 잡았다. 冬十月, 侵樂浪郡, 虜獲男女二千餘口.
- 미천왕 15년(314): 가을 9월 남쪽으로 대방군을 침략했다. 秋九月, 南侵帶方郡.
- 미천왕 16년(315): 봄 2월 현도성을 공격해 무너뜨렸다. 春二月, 攻破玄菟城.

미천왕 14년 이후 3년 동안 낙랑군·대방군·현도군을 번갈아 공격해 무너뜨린 것은 『자치통감』에 다음과 같이 기록됐는데, 현도군의 일은 언급하지 않았다.

『자치통감』(권88) 서진 민제 건흥 원년(미천왕 14년, 313) 4월: 요동의 장통은 낙랑군과 대방군을 거점으로 고구려왕 을불리(미천왕)와 서로 공격했지만 여러 해가 지나도록 승부가 나지 않았다. 낙랑의 왕준이 설득하자 장통은 자기 백성 1000여 가를 이끌고 모용외에게 귀순했다. 모용외는 낙랑군(요서 지역)을 설치해 장통을 태수로 삼고 왕준을 참군사로 삼았다. 遼東張統據樂浪·帶方二郡, 與高句麗王乙弗利相攻, 連年不解. 樂浪王遵說統帥其民千餘家歸廆, 廆爲之置樂浪郡, 以統爲太守, 遵參軍事.


「고구려본기」가 바탕한 것은 『통감』이고 3년 동안 세 군을 멸망시켰다고 한 것은 역사가의 조작으로 생각된다. 그러나 동진 초 고구려가 신성을 건설하기에 앞서 스스로 현도군을 점령한 것으로 보이는 것은 서로의 지리적 관계에서 매우 또렷하므로 앞서 서술한 쓰다 박사의 견해처럼 신성이 축조될 당시 모용씨의 영토가 요동군 치소(지금의 요양)와 함께 현도군 치소도 포함했을 수는 없다.

신성이라는 특별한 의미의 이름도 이렇게 생각하면 비로소 설명되는데, 곧 그것은 강남의 현도성에 대해 새로 강북에 건설했기 때문이 분명하다. 달리 말하면 신성은 현도군의 옛 성에 대해 고구려 자신의 새로운 성이던 것이다. 그리고 요지에 견고하고 규모가 큰 이 성을 새로 쌓은 것이 옛 현도성과 함께 그곳의 수비를 강화한 것임은 다시 말할 것도 없다. 당 태종의 정관 19년(645) 친정과 관련해 앞서 든 기사에서 신성과 함께 보이는 현도와 「천남생 묘지」에서 "마음으로나마 천자의 궁궐로 달려갔으며 현도성에서 근신했다" — 당 황실에 입조한 뒤 현도성으로 왔다는 뜻 — 고 한 현도성은 동진 초 고구려 영토가 된 뒤에도 오랫동안 그 이름과 실체를 보존한 강남의 현도성이다.

다음으로 남소성과 목저성의 위치와 관련해서는 이미 고 야나이 와타리 박사·쓰다 소키치 박사·고 나이토 도라지로內藤虎次郎 박사·이마니시 순주今西春秋 씨의 학설이 차례로 발표됐다. 그리고 이런 여러 학설 가운데 나이토 박사를 제외하고는 모두 동진 성제 함강 8년(342) 모용황의 고구려 정벌의 작전 계획과 교전 상황을 서술한 『통감』과 『진서』「재기」 기사(앞서 인용)의 요점인 남도와 북도에 지리적 해석을 덧붙인 것을 전제로 삼고 있다. 남도와 북도는 모두 요동 방면에서 당시 고구려의 수도인 환도성(일명 국내성. 지금의 집안)으로 가는 도로로 『통감』에 따르면 북도는 평탄하고 넓지만 남도는 험하고 좁으며 『진서』「재기」에 따르면 목저성은 두 길이 만나는 곳에 있다.

남소성과 목저성의 위치를 비정한 앞의 여러 견해에 대해 여기서 자세히 설명할 겨를은 없지만 그 요점을 말하면 먼저 야나이 박사는 지금의 봉천에서 혼하와 그 상류의 한 지류인 소자하를 거슬러 올라가 분수령을 넘어 동쪽의 통화에 이른 뒤 남쪽으로 내려와 환도에 이르는 길을 남도라고 했고, 북도를 추정하기는 상당히 어렵다면서 개원에서 청하淸河(개원 남쪽을 거쳐 요하로 들어가는) 유역을 거슬러 휘발하 상류에 이르고 다시 동쪽으로 압록강 가의 임강에 이른 뒤 남쪽으로 내려와 통화를 거쳐 집안으로 가는 것이라고 봤으며, 남소성은 휘발하 상류 산성자 부근에, 목저성은 소자하 중류 목기木奇에 비정했다.[30]

다음으로 쓰다 박사는 야나이 박사가 설명한 남도를 요동과 환도 사이의 도로인 북도로 보고 남도는 요양에서 태자하를 따라 거슬러 올라가는 것으로 추정했으며, 목저성은 태자하 상류 지역, 남소성은 소자하 상류 노성 부근이라고 생각했다.[31] 나이토 박사는 남도·북도와 상관없이 당 장초금의 『한원』 주석에 인용된 『고려기』에서 "남소성은 잡성(신성?) 북쪽 70리 산 위에 있다城在雜(新?)城北七十里山上也"고 한 것에 따라[32] 남소성을 봉천 북쪽 70리, 곧 철령의 의로하懿路河·범하范河 근처에서 찾을 수 있다고 주장해 매우 간단하다(신성은 봉천으로 봤

다).**33**

　마지막으로 이마니시 씨는 이런 여러 주장을 평가해 받아들일 것은 받아들이고 버릴 것은 버려 자신의 견해를 밝혔다. 곧 문제의 남·북로와 관련해서는 만력 47년(1619) 사르후薩爾滸 전투에서 명군의 사로四路로 알려진 개철로開鐵路·무순로撫順路·관전로寬奠路의 지리를 고찰해 무순로와 청하로를 고구려 때의 요동·환도 사이의 두 도로에 적합한 것으로 봐 야나이 박사의 견해와 대립한 쓰다 박사의 주장에 찬성했고, 목저성은 성 이름의 발음을 중시한 야나이 박사의 목기설을 인정했으며, 남소성은 세 사람이 생각하지 않은 앞서 든 호삼성의 주석 ― "신성은 고구려의 서쪽 변방에 있는데 서남쪽에는 산이 있고 동북쪽은 남소성·목저성 등과 맞닿았다新城高句麗之西鄙, 西南傍山, 東北接南蘇·木底等城" "목저성은 남소성의 동쪽에 있다" "신성은 남소성의 서쪽에 있다" 등 ― 을 주목해 소자하에 합류하는 부근, 곧 지금의 철배산鐵背山부터 사르후산 부근에 있는 것으로 판단했다.**34**

　지금까지 간략히 설명한 여러 견해를 살펴보면 모용황의 고구려 정벌의 남·북도 및 그것과 밀접한 관계를 지닌 남소성·목저성의 위치에 관련된 연구는 이마니시 씨에 이르러 거의 완성됐다고 느껴진다. 남·북도에서 북도를 소자하로, 남도를 태자하로로 보고 목저성을 목기에 비정한 견해는 움직이기 어렵다고 생각된다.**35** 뒤에서 서술하듯 소자하가 혼하로 흘러 들어가는 부근에는 따로 비정할 수 있는 곳으로 금산金山이 있기 때문에 남소성의 위치는 하협하下夾河와 상협하 사이에서 찾아야 한다고 생각된다. 『한원』 주석에 인용된 『고려기』에서 신성 북쪽 70리에 남소성이 있다고 한 것도 무순부터의 거리를 보여준 것으로 그 방향이 잘못됐음을 인정하면 이 추정과 부딪치지 않는다.

이처럼 고구려의 신성은 혼하 가의 무순에, 남소성과 목저성은 소자하 유역에 존재했으며 그 지역은 전한 또는 서진시대의 제2·3현도군이 있던 곳이었다. 그렇다면 남소성과 목저성은 언제 어떻게 설치됐을까? 목저성은 연왕 모용황 함강 8년(342) 환도성 공격, 남소성은 모용각 영화 원년(345) 고구려 정벌과 관련해 각각 처음 역사에 나타나는데 앞서 서술한 대로 함강 원년(335) 고구려가 신성을 건설한 것은 그것에 앞서 제3현도군을 멸망시켰기 때문이므로 남소성과 목저성도 후한 안제 즉위년(106) 제2현도군을 노성 부근에서 무순으로 후퇴시킨 고구려가 그 점령지를 확보하기 위해 옛 군 관내의 요지에 쌓은 것으로 봐도 문제는 없다.[36]

『전한서』(권28, 하) 「지리지」 원도군(제2현도군)의 속현 가운데 하나인 고구려현의 주석에 소자하에 비정되는 남소수의 이름이 보이고, 남소성의 이름은 한대의 이 강 이름에서 유래한 것으로 생각된다는 것도 위의 추정을 확실케 한다. 그 결과 양진·남북조를 거쳐 수·당에 이르기까지 고구려와 요동·요서 또는 중국 북부 세력의 대립에서 신성과 함께 남소성과 목저성의 이름이 여러 번 역사에 보이는 까닭은 그것이 요동과 동가강·압록강 유역을 연결하는 혼하와 소자하 유역에 존재했기 때문에 고구려의 서쪽 영토를 방어하는 데 특히 중요한 역할을 한 데 있었다.

핵심적 문제로 논의를 옮겨 당의 고구려 원정에서 건봉 2년(667) 이후 당군의 행동을 고찰해보자. 앞서 서술한 대로 영국공 이적이 이 원정에서 총사령관에 임명된 것은 건봉 원년(666) 12월 18일(기유일)이었으며, 그 뒤 그는 다음과 같이 행동했다.

① 『구당서』(권199, 상) 「고려열전」: 2년 2월 이적은 요하를 건너 신성에 이르러 장수들에게 말했다. "신성은 고구려 서쪽 경계의 가장 중요한 진성이니 먼저 공격하지 않으면 다른 성들을 쉽게 함락시킬 수 없다." 마침내 군사를 이끌고 신성 서남쪽에 산을 의지해 목책을 만들어 공격과 수비를 병행하니 성 안의 상황이 어려워져 항복하는 사람이 자주 나왔다. 이때부터 가는 곳마다 이겼다. 二年二月, 勣度遼至新城, 謂諸將曰, 新城是高麗西境鎭城, 最爲要害, 若不先圖, 餘城未易可下. 遂引兵於新城西南, 據山築柵, 且攻且守, 城中窘迫, 數有降者. 自此所向克捷.

② 『신당서』 「고려열전」: 이듬해(건봉 2년, 667) 정월 이적이 군사를 이끌고 신성에 주둔한 뒤 장수들을 모아 의논했다. "신성은 적의 서쪽 변경이므로 먼저 함락시키지 않으면 나머지 성들이 쉽게 무너지지 않을 것이다." 마침내 서남쪽 산에 벽을 쌓아 성을 압박하자 성 안 사람들이 우두머리를 묶어 항복했다. 이적은 진격해 16성을 함락시켰다. 곽대봉은 수군을 이끌고 바다를 건너 평양으로 갔다. 明年正月, 勣引道次新城, 合諸將謀曰, 新城賊西鄙, 不先圖, 餘城未易下. 遂壁西南山臨城, 城人縛戍酋出降. 勣進拔城十有六. 郭待封以舟師濟海, 趨平壤.

두 책 모두 이 기사로 그해의 기록을 마쳤다. 다만 날짜가 2월과 정월로 다르다.

③ 『책부원귀』(권986): 2년 9월 이적이 고구려의 신성을 함락시키고 부장 계필하력을 보내 지키게 했다. 이적은 마침내 군사를 이끌고 나아가 16성을 무너뜨렸다. 二年九月, 李勣拔高麗之新城, 遣副將契苾何力守之. 勣遂引兵進破一十六城.

 

④『자치통감』(권986): (건봉 2년) 9월 신미일 이적은 고구려의 신성을 함락시킨 뒤 계필하력에게 지키게 했다. 앞서 이적은 요하를 건넌 뒤 장수들에게 말했다. "신성은 고구려 서쪽 변경의 요지니 먼저 차지하지 않으면 나머지 성들을 쉽게 얻을 수 없을 것이다." 마침내 공격하니 그 성 사람 사부구가 성주를 묶고 문을 열어 항복했다. 이적은 군사를 이끌고 나아가 16성을 공격해 모두 함락시켰다. 九月辛未, 李勣拔高麗之新城, 使契苾何力守之. 勣初度遼, 謂諸將曰, 新城, 高麗西邊要害, 不先得之, 餘城未易取也. 遂攻之, 城人師夫仇等縛城主, 開門降. 勣引兵進擊, 一十六城皆下之.

⑤『신당서』 본기: 9월 신미일 이적이 고구려와 신성에서 싸워 이겼다. 九月辛未, 李勣及高麗戰于新城, 敗之(본기의 건봉 2년 기사 가운데 유일하게 관련된 것이다.『구당서』 본기에는 이것에 해당하는 기사가 없다).

이런 기사들을 비교·대조하면 이적이 신성을 함락시킨 달은 9월이고 날짜는 신미일(14일)이며,『구당서』「고려열전」의 2월과『신당서』「고려열전」의 정월은 모두 9월의 오기로 봐야 한다.『신·구당서』「고려열전」의 기록이 날짜가 정확한『책부원귀』이하의 기사와 마찬가지로 이적의 신성 함락을 중심으로 삼은 점에서 볼 때 그것은 매우 분명하다. 따라서 근거 없이 ①이나 ②의 날짜와 ③·④·⑤의 날짜를 모두 인정해 이적이 신성을 함락시키는데 정월이나 2월부터 9월까지 8~9개월 걸렸다고 볼 수는 없다.

그렇다면 이적은 총사령관에 임명된 뒤 신성을 함락시키기까지 9개월 동안 어떻게 행동했을까? 그것은 앞서 열거한 기사 밖에 달리 근거할 수 있는 사료가 없기 때문에 신성 공격에 들인 시간과 함께 전혀 알 수 없다. 성 하나를 공격하는 데 9개월이 걸렸다고도 생각되지 않으므로 이적이 "신성은 고구려 서쪽 경계의 가장 중요한 진성이니 먼저 공격하지 않으면 다른 성들을 쉽게 함락시킬 수 없다"고 하고 그 성을 공격한 것은 요동성 등 다른 성들을 침략했다가 성공하지 못한 뒤일지도 모르지만 그것은 알 수 없다. 참으로 안타까울 뿐이다.

신성의 위치에 대해서는 여기서 다시 설명하지 않겠다. 그 성에 비정된 무순의 북관산성은 북쪽에서 남쪽으로 경사진 산의 능선을 이용해 쌓은 큰 성이다. 안에는 약간의 평지가 있고 남쪽에 입구를 둬 청대의 무순성에 남아 있는 평지와 맞닿았다. 북쪽과 동쪽은 북방 회원보에서 흘러온 혼하로 들어가는 작은 하천의 계곡을 끼고 있으며, 서쪽과 서남쪽은 남문 성곽 밖에 있는 웅덩이를 사이에 두고 그 서쪽의 산지와 연결돼 있다. 따라서 외부에서 이 성을 공격하려면 서남쪽에서 시도하는 것이 가장 쉽다. 당군의 신성 공격 작전에서 ① "마침내 군사를 이끌고 신성 서남쪽에 산을 의지해 목책을 만들어 공격하기도 하고 수비하기도 했다" ② "마침내 서남쪽 산에 벽을 쌓아 성에 가까이 다가갔다"고 한 것은 옛 성의 현재 상태에 비춰봐도 수긍되는 사실이다. 성의 서남쪽 산은 웅덩이를 사이에 두고 요·금대의 폐탑廢塔이 솟아 있는 고이산高爾山을 가리키는 것이 틀림없다.

고종은 이적을 출정시키면서 건봉 원년(666) 6월 이후 먼저 요동으로 간 계필하력과 방동선을 이전처럼 행군총관으로 삼고 이적과 협력해 원정에 참여하게 했으므로 계필하력과 방동선의 동료 장수 고간·설인귀·이근행 등에게도 같은 명령을 내렸을 것으로 생각된다. 이것은 특히 이 절 첫 부분에서 서술했다.

⑥ 『구당서』(권83) 「설인귀열전」: 건봉 초 고구려의 대장 천남생이 무리

를 이끌고 귀의하니 고종은 장군 방동선·고간 등을 보내 맞이했다. 남생의 동생 남건은 나라 사람들을 이끌고 방동선 등을 기다렸다가 공격했다. 조서를 내려 설인귀에게 군사를 이끌고 돕게 했다. 乾封初, 高麗大將泉南生率衆內附, 高宗遣將軍龎同善·高侃等迎接之. 男生弟男建率國人, 逆擊同善等. 詔仁貴統兵爲後援.

⑦ 방동선 등은 신성에 이르렀을 때 적의 야습을 받았다. 설인귀는 날래고 용감한 군사들을 거느리고 가서 구원해 수백 명을 죽였다. 同善等至新城, 夜爲賊所襲. 仁貴領驍勇赴救, 斬首數百級.

⑧ 『신당서』(권111) 「설인귀열전」: 건봉 초 고구려의 천남생이 귀의하니 장군 방동선과 고간을 보내 위로해 맞이하게 했다. 동생 남건은 나라 사람들을 이끌고 저항하며 받아들이지 않으니 조서를 내려 설인귀에게 군사를 이끌고 구원하도록 보냈다. 乾封初, 高麗泉南生來附, 遣將軍龎同善·高侃, 往慰納. 弟男建率國人, 拒弗納. 乃詔仁貴率師援送.

⑨ 방동선은 신성에 왔을 때 오랑캐의 야습을 받았다. 설인귀는 그들을 공격해 수백 명을 죽였다. 同善至新城, 夜爲虜襲. 仁貴擊之, 斬數百級.


이 기사들은 신성에서 방동선·설인귀 등의 교전을 언급한 것이 주목된다. 먼저 두 열전의 ⑥과 ⑧에 기록된 것은 천남생의 귀의에 관련된 사실이다. 이 사실의 전말은 앞의 3장에서 번거로움을 무릅쓰고 자세히 서술했으므로 다시 언급하지 않고, 이런 기사들에 따르면 남생의 요청에 부응해 구원하기 위해 파견된 당의 장수 방동선·고간 등이 남생을 영접했을 때 ― ⑥에서는 迎接, ⑧에서는 慰納 ― 현지에서 그에게 저항한 인물은 고구려군을 이끈 남건(남생의 동생)이라고 했다. 특히 눈길을 끄는 사실은 남건의 이름이 보이는 것인데, 앞 장에서 든

『책부원귀』의 기사 E에서 "9월 방동선이 고구려를 대파하니 남생은 친속을 이끌고 방동선 군에 합류했다"고 한 것과 『신당서』「고려열전」의 J에서 "9월 방동선이 고구려군을 격파하니 남생이 군사를 이끌고 와서 합류했다"고 한 것, 『자치통감』의 M에서 "9월 방동선이 고구려군을 대파하니 천남생은 무리를 이끌고 방동선과 합세했다"고 한 것에 대해 그 탈루를 보충하는 것이다(앞 장의 병丙 참조).

이런 『책부원귀』 이하의 기사가 말한 것처럼 당군이 와서 구원한 결과 남생은 고구려군 ― 이제 분명해진 남건의 군대 ― 의 저항에서 벗어났다. 그리고 『신당서』「천남생열전」의 T에서 "다시 황제는 서대사인 이건역에게 군대로 가서 위로하게 하고 도포·허리띠·금그릇 등 7가지 물건을 하사했다"고 기록된 것처럼 고종은 특사를 보내고 남생을 입조케 했다. 『신·구당서』「설인귀열전」에서는 남건이 당군을 기다렸다가 공격했지만 방동선·고간 등이 그를 격파한 것과 남생이 입조한 것은 언급하지 않았다.

그렇다면 ⑥ "조서를 내려 설인귀에게 군사를 이끌고 돕게 했다"는 것과 ⑧ "조서를 내려 설인귀에게 군사를 이끌고 구원하도록 보냈다"는 것은 고종이 어떻게 조처했다는 뜻일까? 먼저 문장을 살펴 말하면 방동선 등의 군대에 남건이 저항한 것, 곧 ⑥ "방동선 등을 기다렸다가 공격했다"는 것과 ⑧ "저항하며 받아들이지 않았다"는 것에 대한 조처로 봐야 한다. 그리고 "조서를 내려 설인귀에게 돕게 했다"고 했으므로 방동선·고간 등에 관련된 일이고 "조서를 내려 설인귀에게 군사를 이끌고 구원하도록 보냈다"고 했으므로 남생에 관련된 일이다. 아울러 설인귀는 방동선 등의 동료 장수였기 때문에 앞쪽과 같은 칙명이 특별히 내려질 리가 없고 앞이나 뒤 어느 쪽이든 그 의미는 애매하다.

그렇다면 해석 방법을 달리해 이런 문맥이나 지엽적 표현에 갇히지 말고 이미 가진 지식을 이용해 문제의 구절을 보면 사실에 입각해 그것을 남생이 입조한 뒤 이적을 총사령관으로 삼아 출정한 때의 칙명에 연결시킬 수는 없을까? 「설인귀열전」의 ⑦과 ⑨에 따르면 설인귀는 방동선 등과 함께 신성에서 싸웠다. 그것은 다음 절에서 서술하듯 이미 신성을 함락시킨 이적이 다른 방면으로 진격한 뒤 일어난 사건으로 다음 기록에 해당한다.

『자치통감』: 방동선과 고간은 아직 신성에 있었는데, 천남건이 군사를 보내 그 진영을 습격했다. 좌무위장군 설인귀가 그를 격파했다. 龐同善·高侃尙在新城, 泉男建遣兵襲其營. 左武衛將軍薛仁貴擊破之.

여기서 추측할 수 있는 사실은 방동선·고간·설인귀 등 여러 장수가 모두 이적의 신성 공격에 참가했다는 것이다. 그리고 그것은 반드시 이적과 힘을 합치라고 한 고종의 칙명에 따른 것이 틀림없다. 그렇다면 「설인귀열전」의 문제의 칙명은 남생이 입조하기 전의 것이 아니라 이적이 출정할 때 내려진 그 칙명이 될 수밖에 없다. 의문은 이렇게 해서 풀렸다. 요컨대 이적의 신성 공격에는 방동선·고간·설인귀 등의 장수들도 모두 참가했던 것이다. 계필하력도 그 가운데 한 사람이던 것은 앞서 든 『통감』 ④에서 "이적은 고구려의 신성을 함락시키고 계필하력에게 지키게 했다"고 한 데서 알 수 있다.

앞서 서술한 대로 『신·구당서』의 「설인귀열전」에서는 천남생이 당에 귀의를 요청한 뒤 당이 보낸 계필하력·방동선 등에 저항해 천남생의 귀의를 막은 고구려군의 장수가 남생의 동생 남건이라고 했다. 이것은 다른 사료의 누락을 보완하는 좋은 측면이지만 계필하력과 방동선 등이 남건을 격파한 것, 남생 자신이 입조한 것, 이적이 총사령관으로 출정을 명령받은 것 등은 말하지 않고 곧바로 방동선·설인귀 등이 신성에서 싸운 것을 서술했기 때문에 전체적으로 보면 매우 불완전한 기사다.

그러나 이런 불완전한 기사가 작성된 까닭을 편수자의 두찬만으로 돌릴 수는 없을 것 같다. 앞 장에서 남생이 귀의한 전말을 살펴보고 그 장을 마치면서 그의 귀의 요청을 받아들여 그를 구원하기 위해 파견된 계필하력·방동선 등이 간 곳, 곧 그들이 남생의 귀의에 저항한 고구려군을 격파하고 남생이 그들에게 와서 합류한 곳을 대체로 무순 방면으로 추정했다. 그 근거는 남생이 아들 헌성을 입조시키기에 앞서 대형 염유를 보냈을 때 그의 진지가 신성과 함께 지금의 무순에 비정되는 현도성이었고 헌성이 출발한 곳도 그곳이었으며, 이듬해 요동으로 진격한 이적이 먼저 신성을 함락시키는 데 힘을 쏟은 것 등을 들 수 있다. 이것으로 보면 『신·구당서』 「설인귀열전」에서 방동선·고간 등이 남생을 영접한 것과 그들이 신성에서 교전(신성 함락 뒤의 사건)한 것을 중간의 사실을 생략하고 하나로 합쳐 기록한 까닭은 시간적으로 떨어져 있어도 서로 밀접한 관계를 지닌 앞뒤의 사실이 같은 지방에서 일어났기 때문으로 생각된다. 곧 두 「설인귀열전」의 불완전한 기사는 그 일부나마 앞의 추정이 타당하다는 것을 확인해 준다.

여기서 다시 앞의 추정을 검토하면 막연히 무순 방면으로 생각했던 그 지역을 위와 같이 국한할 수 있다고 생각된다. 계필하력과 방동선 등이 남생을 영접한 것은 남생이 웅거한 현도성이나 그 부근이고 그때 그에게 저항한 남건은 혼하를 사이에 둔 신성을 거점으로 삼았다고 여겨진다. 남생이 입조하기에 앞서 고종의 사신 서대사인 이건역이 방문한 '군대'(『신당서』「천남생열전」 T), 입조한 뒤 파견됐다가 돌아온 '군대'(같은 자료 U), 그리고 '개마의 군영蓋馬之營'(「천남생 묘지」 Y)은 모두 현도성이나 그 부근이고, 이적의 신성 공격에는 그도 참모로서 계필하력·방동선·설인귀 등과 함께 그 군대에서 활동한 것으로 판단된다. 그러나 이때 남건은 이미 신성에는 없던 것 같은데, 성의 함락을 서술한『신당서』「고려열전」 ② "성안 사람들이 우두머리를 묶어 항복했다"고 하고『통감』④ "그 성 사람 사부구가 성주를 묶고 문을 열어 항복했다"고 해서 남건의 이름은 보이지 않는다.

### (2) 국내성 점령

신성을 함락시킨 뒤 당군의 행동은『자치통감』(권201)에 다음과 같이 서술돼 있다.

⑩ 이적은 군사를 이끌고 나아가 16성을 공격해 모두 함락시켰다. ⑪ 방동선과 고간은 아직 신성에 있었는데, 천남건이 군사를 보내 그 진영을 습격했다. 좌무위장군 설인귀가 그를 격파했다. ⑫ 고간은 나아가 금산에 이르러 고구려와 싸웠으나 불리했다. 고구려가 승세를 타고 추격하자 설인귀는 군사를 이끌고 측면에서 공격해 크게 격파하고 5만여 명을 죽였으며 남소성·목저성·창암성 등 세 성을 함락시키고 천남생 군과 합류했다. 侃進至金山, 與高麗戰不利. 高麗乘勝逐北, 仁貴引兵橫擊, 大破之, 斬首五萬餘級, 拔南蘇·木底·蒼巖三城, 與泉男生軍合.

⑩은 앞 절에서 인용한 ④의 일부로 신성을 함락시킨 뒤 이적의 행

동을 서술한 것이지만 그 설명은 다음 절로 미루고 여기서는 주로 ⑪
과 ⑧에서 말한 사실, 곧 이적과 나뉘어 다른 방면으로 진격한 것으
로 보이는 다른 장수들의 행동을 살펴보려고 한다. 『책부원귀』(권986)
다음 기사는 『통감』의 ⑪과 ⑧에 해당하는 사실을 건봉 3년(총장 원
년, 668) 2월 설인귀 ─ '이적과 설인귀'라고 했지만 다음 절에서 지적
한 대로 이적의 이름을 함께 든 것은 잘못이다 ─ 의 부여성 공격과
연결해 서술한 것이다.

3년 2월 이적과 설인귀가 고구려의 부여성을 함락시켰다. 三年二月, 李勣
及薛仁貴, 進拔高麗之扶餘城. ⑬ 그때 편장 방동선·고간 등은 후군이 돼
아직 신라(신성의 오기)에 있었다. 고구려의 남건은 군사를 보내 신성을
구원해 밤에 방동선을 습격했다. 설인귀는 원군을 이끌고 그를 격파했
다. 時偏將龐同善·高侃等爲後殿, 尙在新羅. 高麗男建遣救新城, 夜襲同善,
仁貴率援軍以破之. ⑭ 고간 등은 군사를 옮겨 금산에 이르렀는데, 적에
게 패배했다. 고구려가 승세를 타고 진군하자 설인귀 등은 측면에서 공
격해 크게 무찌르고 5만여 명을 죽였으며 마침내 남소성·목저성·창암
성 등 세 성을 함락시키고 천남생 군과 합류했다. 설인귀는 승세를 타고
2000명을 이끌고 부여성을 공격하려고 했다. 侃等移軍, 進至金山, 爲賊所
敗. 高麗乘勝而進, 仁貴等橫擊之, 賊大敗, 斬首五萬餘級, 遂拔其南蘇·木底·
蒼嵒等三城, 與男生之軍相會. 仁貴乘勝, 領二千人, 將攻餘城.

『신당서』(권220) 「고려열전」에도 다음과 같은 기사가 있다.

⑮ 방동선과 고간은 신성을 지키고 있었는데, 남건이 군사를 보내 습격

하자 설인귀가 고간을 구원했다. 同善·偏守新城, 男建遣兵襲之, 仁貴救偏. ⑯ 금산에서 싸웠지만 이기지 못했다. 고구려는 북을 울리며 진군했는데 기세가 매우 날카로웠다. 설인귀는 측면에서 공격해 크게 이겨 5만 명을 죽이고 남소성·목저성·창암성 등 세 성을 함락시켰다. 군사를 이끌고 땅을 점령한 뒤 이적과 합류했다. 戰金山不勝. 高麗鼓而進, 銳甚. 仁貴橫擊, 大破之, 斬首五萬級, 拔南蘇·木底·蒼岩. 引兵略地, 與勣會.

「고려열전」이 기사의 앞뒤에는 이적과 설인귀의 부여성 점령 기사가 있지만, 뒤에서 지적하듯 서술의 착오로 생각된다. 『신·구당서』의 「설인귀열전」과 「계필하력열전」에도 함께 고찰해야 할 기사가 더 있다.

•『구당서』(권83) 「설인귀열전」: ⑰ 방동선 등은 신성에 이르렀을 때 적의 야습을 받았다. 설인귀는 날래고 용감한 군사들을 거느리고 가서 구원해 수백 명을 죽였다. ⑱ 방동선 등은 다시 나아가 금산에 이르렀는데, 적에게 패배했다. 고구려는 승세를 타고 진군했다. 설인귀는 측면에서 공격해 적군을 크게 무찌르고 5만여 명을 죽였다. 마침내 남소성·목저성·창암성 등 세 성을 함락시키고 비로소 천남생과 합류했다. 고종은 직접 조서를 내려 위로했다. "금산의 큰 진영은 흉악한 무리가 참으로 많은 곳이다. 경은 군사들보다 먼저 분발해 목숨을 돌아보지 않고 힘써 싸워 가는 곳마다 앞을 가로막는 무리가 없으니 군사들도 용기를 다해 이런 승리를 거뒀다. 그 공로를 높이 기려 이 아름다운 이름을 길이 보전한다." 同善等又進至金山, 爲賊所敗. 高麗乘勝而進. 仁貴橫擊之, 賊衆大敗, 斬首五萬餘級. 遂拔其南蘇·木底·蒼嵓等三城, 始與男生相會. 高宗手勅勞之曰, 金山大陣, 凶黨實繁. 卿身先士卒, 奮不顧

命, 左衝右擊, 所向無前, 諸軍賈勇, 致斯克捷. 宜善建功業, 全此令名也.

- 『신당서』(권111) 「설인귀열전」: ⑲ 방동선은 신성에 왔을 때 오랑캐의 야습을 받았다. 설인귀는 그들을 공격해 수백 명을 죽였다. ⑳ 방동선은 나아가 금산에 이르렀는데 적의 공격으로 나아가지 못했다. 고구려가 승세를 타고 전진하자 설인귀는 적을 공격해 둘로 나누니 적군은 곧 무너졌다. 5000명을 죽이고 남소성·목저성·창암성 등 세 성을 함락시켰으며 마침내 천남생 군과 합류했다. 황제는 직접 조서를 내려 노고를 치하했다. 同善進次金山, 虜不敢前. 高麗乘勝進, 仁貴擊虜斷爲 二, 衆卽潰. 斬馘五千, 拔南蘇·木底·蒼巖三城, 遂會男生軍. 手詔勞勉.

- 『구당서』(권109) 「계필하력열전」: ㉑ 건봉 원년(666) 다시 요동도 행군대총관 겸 안무대사가 됐다. 고구려군 15만은 요수에 주둔했으며, 또 말갈군 수만 명을 이끌고 남소성에 웅거했다. 계필하력은 분전해 모두 크게 격파하고 수만 명을 죽였다. 승세를 타고 전진해 모두 7성을 함락시킨 뒤 군사를 돌려 압록수에서 영국공 이적과 합류했다. 乾封元 年, 又爲遼東道行軍大總管兼安撫大使. 高麗有衆十五萬, 屯於遼水, 又引靺 鞨數萬據南蘇城. 何力奮擊, 皆大破之, 斬首萬餘級, 乘勝而進, 凡拔七城, 乃 迴軍, 會英國公李勣於鴨綠水.

- 『신당서』(권110) 「계필하력열전」: ㉒ 개소문이 죽었다. 남생은 동생에게 쫓겨나자 아들을 당에 보내 항복을 요청했다. 계필하력을 요동도 행군대총관 안무대사에 임명해 공격하게 하고 이적을 보좌해 함께 고구려로 가게 했다. 이적은 신성을 함락시킨 뒤 계필하력에게 남아서 지키게 했다. 이때 고구려군 15만은 요수에 주둔했는데 말갈군 수만 명을 이끌고 남소성에 웅거했다. 계필하력은 분전해 격파하고 1만 명을 죽였다. 승세를 타고 나아가 8성을 함락시킨 뒤 군사를 이끌고 돌

아와 이적과 합류했다. 蓋蘇文死. 男生爲弟所逐, 使子詣闕請降. 乃拜何力爲遼東道行軍大總管·安撫大使經略之, 副李勣, 同趨高麗. 勣已拔新城, 留何力守. 時高麗兵十五萬屯遼水, 引靺鞨數萬衆據南蘇城, 何力奮擊, 破之, 斬首萬級, 乘勝進, 拔八城, 引兵還, 與勣會合.

『자치통감』에서는 앞 절에서 인용한 ④에서 "9월 신미일(14일) 이적은 고구려의 신성을 함락시키고 계필하력에게 지키게 했다"고 했다. 그것을 위의 ⑩과 연결하면 신성을 함락시킨 이적은 거기에 참가한 것으로 생각되는 계필하력을 신성에 남겨둔 뒤 자신은 군사를 이끌고 다른 곳으로 진격한 것이다. 그러나 신성에 머무른 것은 계필하력만이 아니고 방동선·고간·설인귀 등도 있었다. 이것은 『통감』의 ⑪에 따라 분명하며, 곧 이 기사는 이적이 떠난 뒤 이런 장수들이 신성을 탈환하려고 천남건이 보낸 고구려군을 물리쳤음을 서술한 것이다.

이것에 해당하는 『책부원귀』의 기사 ⑬은 『통감』과 전거가 같은 것으로 생각되지만, 건봉 3년(총장 원년, 668) 2월 설인귀의 부여성 함락 ― 그와 함께 이적의 이름을 든 것은 오류다[37] ― 에 대해 '이보다 앞서先是'라고 해야 할 것을 '그때時'라고 했고, 방동선·고간 등은 "후군이 됐다"고 했지만 누구의 후군인지 설명하지 않았으며, 신성을 '신라'라고 잘못 표기하는 등 『통감』보다 매우 미흡하다. 『신당서』 「고려열전」의 ⑮는 같은 사실에 관련된 기사로 금산 전투에 관련된 그 다음의 ⑯과 구별해야 한다(글 뜻으로 보면 양쪽을 혼동했지만). 앞 절에서 비판한 『신·구당서』 「설인귀열전」의 일부를 구성한 기사, 곧 앞서 거듭 인용한 ⑰과 ⑲도 이미 지적한 대로 이 사건을 서술한 것이 틀림없다.

신성을 습격한 고구려군을 격파한 방동선·고간·설인귀 등은 전진

해 금산에 이르러 적의 대군과 싸워 이긴 뒤 다시 나아가 남소성·목
저성·창암성 등 세 성을 함락시켰다고 했다. 이것은 『통감』⑧, 『책부
원귀』⑭, 『신당서』 「고려열전」⑯, 『신·구당서』 「설인귀열전」⑱과 ⑳
등에 기록된 것이다.

먼저 금산의 위치를 살펴보면 고 마쓰이 히토시 씨는 이듬해 2월
설인귀가 함락시킨 부여성을 발해국의 부여부와 같은 것으로 보고 이
통하 가의 농안(신경 서북쪽)에 비정했으며, 금산은 아래 기록에서 개
원 관내의 산이라고 한 금산으로 판단했다.[38]

『**요동지遼東志**』(권1): 여곡금산은 성 서북쪽 350리(17.5킬로미터) 요하 북
안에 가깝고 동금산 남쪽에 있다. 동금산은 성 서북쪽 380리(19킬로미
터) 요하 북안, 서금산 남쪽에 있다. 서금산은 성 서북쪽 400리(20킬로미
터) 요하 북안에 있다. 呂曲金山, 城西北三百五十里, 近遼河北岸, 東金山南.
東金山, 城西北三百八十里, 遼河北岸, 西金山南. 西金山, 城西北四百里, 遼河
北岸.

부여성의 위치는 뒤에서 살펴볼 문제로 일단 미뤄두고, 『요동지』의
금산은 원의 남은 장수 나하추納哈出의 근거지로 명초 역사에서 유명
한 동東요하 상류의 북안인 회덕懷德 방면의 금산이다. 그런데 당군이
고구려군을 격파한 금산은 반드시 신성과 남소성·목저성·창암성의
중간에 있어야 하므로 마쓰이 씨의 비정은 잘못된 판단으로 볼 수밖
에 없고, 그 뒤 신성·목저성·남소성·부여성 등의 위치를 고찰한 쓰다
소키치 박사가 금산은 "무순 동쪽, 혼하 가의 한 지점"이라고 한 것에
따라야 한다.[39]

그렇다면 그것은 대체로 지금의 어디로 볼 수 있을까? 쓰다 박사는 목저성은 태자하 상류 지역, 남소성은 소자하 상류 노성 부근으로 봤다. 그러나 이미 앞 절에서 서술한 대로 나는 목저성에 대해서는 고야나이 박사와 이마니시 순주 씨의 목기설을 따르고, 목저성의 서쪽에 있었다는 증거가 있는 남소성에 대해서는 소자하가 혼하에 합류하는 부근, 곧 지금의 철배산 또는 사르후산에 있었다고 본 이마니시 씨의 견해를 조금 동쪽으로 옮겨 하협하·상협하 근처로 판단했다. 그리고 이런 이마니시 씨의 견해에 동의하는 것은 이미 서술한 대로 지금 문제가 된 금산을 신성과 남소성 사이의 요지로 보고 두 하천의 합류점 부근에 비정하기 위해서였다. 그리고 나는 성 이름으로 기재되지 않은 금산이 사르후산이나 철배산의 옛 이름이 아닐까 생각한다. 만약 성 이름이라고 하면 두 산에는 모두 청대 초기에 축조된 옛 성이 있지만 고구려 때의 성은 아니므로[40] 그 성은 철배산과 소자하를 사이에 두고 마주한 같은 이름의 마을 부근 산지에서 찾아야 한다.

금산에서 고구려의 대군을 격파한 당의 장수들은 계속해 남소성·목저성·창암성 등 세 성을 함락시키고 마침내 천남생 군과 합류했다고 했다. 그 뒤의 행동을 밝혀야 하지만 그보다 먼저 고구려가 멸망할 때 그 나라의 성들에 관련된 『삼국사기』 「지리지」의 기록으로 주의를 돌려 얼핏 보기에 중요하지 않은 것 같은 그 기사가 본래 어떤 의미를 갖고 있는지 밝힐 필요가 있다.

『삼국사기』(권37) 「지리지」 제4편 고구려 장의 머리말은 중국과 한반도의 옛 책과 옛 기록을 모아 작성한 것이다.

(I) 또 총장 2년(고구려가 멸망한 이듬해, 669) 영국공 이적이 칙명을 받들어 고구려의 여러 성에 도독부와 주·현을 설치했다. 목록에서 "압록 이북에서 이미 항복한 성은 11곳인데 그 가운데 하나인 국내성은 평양에서 그곳까지 17역이 있다"고 했으니 그 성도 북조(고구려)의 영토 안에 있던 것이지만 어디인지는 알 수 없다. 又總章二年, 英國公李勣奉勅以高句麗諸城置都督府及州縣. 目錄云, 鴨綠以北, 已降城十一, 其一國內城, 從平壤至此十七驛, 則此城亦在北朝境內, 但不知其何所耳.

또 그 기사의 끝에서는 백제 옛 땅에 설치한 '도독부 13현'과 함께[41] 고구려에 관련된 다음 기사가 있다.

(Ⅱ) 총장 2년 2월 전前사공 겸 태자태사 영국공 이적 등이 아뢨다. "고구려의 여러 성에 도독부와 주·군을 두는 일은 남생과 상의해 결정하라는 칙명을 받들었는데, 그 상황은 아뢴 것과 같습니다." 칙서에서 말했다. "주청한 대로 그 주·군은 예속시키되 요동도안무사 겸 우상 유인궤(평양을 함락시킨 뒤 당의 진장)에게 맡기라." 마침내 적절히 나눠 모두 안동도호부에 예속시켰다. 總章二年二月, 前司空兼太子大師·英國公李勣等奏稱, 奉勅高麗諸城堪置都督府及州郡者, 宜共男生商量准擬, 奏聞件狀如前. 勅依奏其州郡應須隸屬, 宜委遼東道安撫使兼右相劉仁軌. 遂便穩分割, 仍摠隸安東都護府.

(Ⅲ) (a) 압록수 이북의 항복하지 않은 11성. 북부여성주(본래 조리비서). 절성(본래 무자홀). 풍부성(본래 초파홀). 신성주(본래 구차홀. 돈성이라고도 한다). 도성(본래 파시홀). 대두산성(본래 비달홀). 요동성주(본래 오렬홀). 옥성주. 백석성. 다벌악주. 안시성(옛 안촌홀. 환도성이라고도 한다). 鴨淥水以

北未降十一城. 北扶餘城州, 本助利非西. 節城, 本燕子忽. 豊夫城, 本肖巴忽. 新城州, 本仇次忽(或云敦城). 桃城, 本波尸忽. 大豆山城, 本非達忽. 遼東城州, 本烏列忽. 屋城州. 白石城. 多伐嶽州. 安市城, 舊安寸忽(或云丸都城).

(b) 압록수 이북의 항복한 11성. 경암성. 목저성. 수구성. 남소성. 감물주성(본래 감물이홀). 능전곡성. 심악성(본래 거시곤). 국내주(불내 또는 위나암성이라고도 한다). 설부루성(본래 초리파리홀). 후악성(본래 골시곤). 자목성. 鴨淥水以北已降城十一. 椋嵓城. 木底城. 藪口城. 南蘇城. 甘勿主城, 本甘勿伊忽. 菱田谷城. 心岳城, 本居尸坤. 國內州(一云不耐, 或云尉那嵓城). 屑夫婁城, 本肖利巴利忽. 朽岳城, 本骨尸坤. 橴木城.

(c) 압록 이북의 도망간 7성. 연성(본래 내물홀). 면악성. 아악성(본래 개시압홀). 취악성(본래 감미홀). 적리성(본래 적리홀). 목(수?)은성(본래 소시홀). 이산성(본래 가시달홀). 鴨淥江以北逃城七. 鈆城, 本乃勿忽. 面岳城. 牙岳城, 本皆尸押忽. 鷲岳城, 本甘弥忽. 積利城, 本赤里忽. 木(水?)銀城, 本召尸忽. 犁山城, 本加尸達忽.

(d) 압록 이북의 공격해 차지한 3성. 혈성(본래 갑홀). 은성(본래 절홀). 사성(본래 사홀). 鴨淥以北打得城三. 穴城, 本甲忽. 銀城, 本折忽. 似城, 本史忽.


총장 원년(668) 9월 여러 장수와 함께 평양을 함락시킨 이적은 고종의 칙명에 따라 부副총사령관이던 유인궤와 장군 설인귀에게 머물러 지키게 하고 자신은 본국으로 개선했다. 두 장수가 머물러 지킨 것은 『구당서』(권83) 「설인귀열전」에 나와 있다.


고구려가 항복한 뒤 설인귀에게 조서를 내려 군사 2만을 이끌고 유인궤와 평양에 남아 지키게 했다. 그런 뒤 그를 우위위대장군에 임명하고 평

양군공 겸 검교안동도호에 책봉했다. 高麗旣降, 詔仁貴率兵二萬人與劉仁
軌於平壤留守. 仍授右威衛大將軍, 封平陽郡公兼檢校安東都護.

그리고 설인귀는 이렇게 해서 안동도호에 임명된 것이다. 안동도호
는 도호부의 장관으로 그 임명은 도호부의 설치를 뜻하는 것이다.

『구당서』(권39) 「지리지」: 안동도호부. 총장 원년(668) 9월 사공 이적이
고구려를 평정했다. 고구려는 본래 5부 176성 69만7000호였다. 그해
12월 고구려 땅을 나눠 9도독부 42주 100현으로 만들고 안동도호부를
평양성에 설치해 다스리게 했다. 그 지도자를 도독·자사·현령에 임명
했다. 장군 설인귀에게 군사 2만으로 안동부를 지키게 했다. 安東都護府.
總章元年九月, 司空李勣平高麗. 高麗本五部, 一百七十六城, 戶六十九萬七千.
其年十二月, 分高麗地爲九都督府·四十二州·一百縣, 置安東都護府於平壤城
以統之. 用其酋渠爲都督·刺史·縣令, 令將軍薛仁貴以兵二萬鎭安東府.

고구려가 멸망한 뒤에 실시된 이 조처는 12월 이적이 귀국해 승리
를 보고한 무렵 시행됐음은 여기서 나타난 시점으로 볼 때 분명하고,
실제로 『자치통감』(권201)에는 분명히 서술돼 있다.

그러나 앞서 인용한 삼국사기 지리지의 기사 Ⅰ의 앞부분에서 "총
장 2년(669) 영국공 이적이 칙명을 받들어 고구려의 여러 성에 도독부
와 주·현을 설치했다"고 한 것을 참조하면 안동도호의 임명은 총장 원
년(668) 12월이었지만 도호부 관하에 9도독부 42주 100현을 설치한
것은 그해가 아니었다고 보인다. 「지리지」 기사 Ⅱ를 보면 이것은 더욱
명백하다. 도성에 있던 이적이 고종의 칙명을 받들어 천남생과 상의해

작성한 '도독부·주·군' 설치안과 관련된 그의 주청과 그것에 대한 고종의 재가를 기록한 총장 2년 2월의 이 기사는 Ⅰ의 앞부분과 상응하는 것으로 원년 12월 안동도호를 임명한 뒤 도호부 관하에 소속된 9도독부 42주 100현을 설치하는 데는 해를 넘겨 좀더 준비가 필요했음을 알 수 있다. 따라서 『구당서』「지리지」에서 도독부·주·현의 설치에 관련된 부분은 실제로 설치된 때부터 적어도 2개월 앞으로 거슬러 올라가 안동도호를 임명한 때(총장 원년 12월)와 연결한 것이 분명하다.

이런 고찰에 따라 『삼국사기』「지리지」 Ⅰ의 앞부분과 Ⅱ의 관계는 분명해졌다. 다음으로 Ⅰ의 뒷부분을 보면 "압록 이북에서 이미 항복한 성은 11곳인데 그 가운데 하나인 국내성"이라고 했는데, 이것은 Ⅲ의 b에서 "압록수 이북의 이미 항복한 11성"의 이름을 들고 그 하나에 '국내주'를 든 것과 상통하므로 「지리지」의 편자가 '목록'이라고 부른 것은 a·b·c·d 네 항목을 포함한 Ⅲ밖에 될 수 없다고 생각된다. 그렇다면 '목록'이라고 한 것과 도독부·주·현의 설치나 이적의 입안立案 사이에는 어떤 관계가 있던 것일까? 이 의문을 풀려면 Ⅲ의 내용을 좀더 탐구해 그 본질을 규명해야 한다.

Ⅲ의 각 항목의 성 이름에는 대부분 "본래 (…)"라는 본주本註가 달려 있고, 두세 개에는 따로 협주夾註가 붙어 있다. 본주는 공용公用 이름에 대한 고구려어의 속명俗名으로 중국식으로 표기된 공용 이름과 동등하게 다뤄졌다. 협주는 『삼국사기』 편자가 적은 것이 분명한데, b의 한 성인 '국내주'를 "불내 또는 위나암성이라고도 한다"고 한 것이 그 편의 머리말에서 국내성의 협주로 "위나암성 또는 불이성이라고도 한다"는 것과 상통한다는 사실은 그 증거다. a의 "안시성은 옛 안촌홀"이라는 기사의 협주에서 "환도성이라고도 한다"고 한 것도 발음이 비

숫하기 때문에 동일한 편자가 경솔하게 생각한 것이다.

다음으로 a 이하 각 항목의 성들을 '아직 항복하지 않은 성未降' '이미 항복한 성已降'으로 분류한 것을 살펴보면 a의 북부여성 함락은 뒤에서 서술하듯 총장 원년(668) 2월이고, 신성주의 함락은 앞서 밝힌 대로 건봉 2년(667) 9월이었으므로 이 항목부터 다른 세 항목을 포함한 이른바 목록이 본래 하나의 서류였다고 하면 그것은 이적이 신성을 함락시키기 전에 만들어진 것으로 봐야 한다. 그리고 이 항목에 요동주성(지금의 요양)과 안시성(해성海城 동남쪽 30리[11.8킬로미터])쯤의 영성자英城子[42]의 이름을 든 것은 그때 당군이 아직 이런 두 성을 점령하지 못했기 때문이 틀림없다.

그런데 b를 보면 '이미 항복한' 11성 가운데는 신성 함락 뒤 금산 전투에 이어 당군이 점령한 목저성과 남소성 외에 창암성과 동일한 성으로 생각되는 양암성과, 환도성의 다른 이름인 국내성(지금의 집안)이 있어 이미 항복한 성으로는 시간적·지리적 관계에서 추측되는 것과 모순된다. 그러나 『신당서』「천남생열전」에서는 남생의 귀의 요청과 관련해 "남생은 국내성으로 달아나 지키면서 자신의 무리를 이끌고 거란·말갈군과 함께 당에 귀의했으며 아들 헌성을 보내 조정에 호소했다"고 했고(3장에서 인용한 O) 그 다음 계필하력과 방동선 등이 구원한 결과에 대해 "남생은 화를 모면했다. (⋯) 가물성·남소성·창암성 등을 들어 항복했다"고 서술했다(Q·S). 가물은 b에서 "감물주성은 본래 감물이홀"이라고 한 것과 같은 성이 분명한데, 3장에서 서술한 대로 S에서 든 가물성 이하의 여러 성은 O와 마찬가지로 계필하력과 방동선 등이 구원했을 때 남생이 차지하고 있던 지역을 보여주는 것이다.

그렇다면 b의 '이미 항복한 11성'은 그 지역 안에 소속된 모든 성 이름을 든 것으로 '이미 항복'했다는 것은 남생의 귀의가 실현됐음을 의미한 S의 "(…)을 들어 항복했다"는 것에 해당하는 표현으로 생각된다. 따라서 b도 신성 함락 이전 고구려 성들에 관련된 기사이며, a와 모순되는 것은 아니다. c의 '도망한 7성'은 이적이 이끈 당의 대군이 요동에 도착하자 고구려가 신성 방면에 병력을 집중하기 위해 스스로 버리고 간 요동 지방의 성으로 생각되고, d의 '공격해 차지한 3성'은 이적이 신성을 포위하기 전 공격해 차지한 성이 아닐까 여겨진다.

이렇게 생각하면 문제의 성 이름에 관련된 기사는 이적이 신성을 함락시키기 전에 만들어진 압록강 이북의 고구려 성들에 관련된 각서 같은 것으로 일찍이 쓰다 소키치 박사가 아래와 같이 판단한 것과는 다르다.

『삼국사기』「지리지」의 같은 조에서는 '압록강 이북의 아직 항복하지 않은 11성' '압록강 이북의 이미 항복한 11성'이라는 두 항목에서 성들의 이름을 열거했는데, 모두 그 옛 이름을 주기한 것으로 보면 중국 기록에 따른 것은 아니고, 아직 항복하지 않은 11성으로 신성·요동성·안시성을 들면서 이미 항복한 11성 가운데 목저성·남소성 등을 기록하는 등 지리적으로 볼 때 의심스러운 부분이 적지 않음을 보면 당시 신라인이 전해 들은 것을 기록한 것이 아닐까 싶다.[43]

이 각서 형태의 성 이름 기록은 당군이 작성한 것으로 기본 자료를 제공한 인물은 이적 군에 있던 천남생으로 생각된다. 북부여성·신성·국내성 등이 '주州'로 돼 있는 것도 당시 고구려의 지방 행정구역의 일부를 보여주는 것으로 여겨진다.

지금까지 서술한 것에 따라 『삼국사기』 편자가 '목록'이라고 부른 것의 본래 성격을 알았다. 그리고 그것이 그 무렵까지 한반도에 전해진 까닭은 그것이 당의 고구려 원정 때 이적의 출정과 함께 지원군을 보낸 신라 조정에 보내졌기 때문으로 생각된다. 그렇지만 그것과 총장 2년(669) 처음으로 안동도호부 관하에 도독부·주·현을 설치한 것이나 이적의 입안 사이에 어떤 관계도 없다는 것은 성 이름을 열거한 기사의 내용과 그 제작 시기·목적에 비춰 매우 분명하다. 그렇다면 둘을 결합한 것으로 보이는 「지리지」의 I는 왜 나온 것일까? 『삼국사기』 편자의 자료에는 이른바 '목록' Ⅲ 외에 이적의 도독부·주·군 설치안, 그리고 그것에 대한 고종의 칙명을 총장 2년에 연결시킨 한 기사 Ⅱ ― 공문서 사본의 일부로 보이는 ― 가 있었다. 그 때문에 『삼국사기』 편자는 「지리지」 고구려 부분의 머리말을 엮으면서 Ⅱ에 의거해 I의 앞부분에서 "총장 2년 영국공 이적이 칙명을 받들어 고구려의 여러 성에 도독부와 주·현을 설치했다"고 하고 그 뒷부분에서는 국내성을 설명하기 위해 Ⅲ에 의거해 "목록에서 (…) 고 했다"고 말함으로써 엄밀한 근거 없이 둘을 연결시켰을 뿐이다.

논의를 처음으로 되돌려 금산 전투에서 이긴 뒤 당의 장수들의 행동을 고찰해보자. 앞서 든 『구당서』 「계필하력열전」의 ㉑을 보면 "고구려군 15만은 요수에 주둔하고 또 말갈군 수만 명을 이끌고 남소성에 웅거했다. 계필하력은 힘껏 공격해 모두 대파하고 수만 명을 죽였다"고 했고 『신당서』 같은 열전의 ㉒도 거의 같다. 다만 '또又' '모두皆' 같은 표현이 다르다고 느껴지며 함께 든 몇 가지 기사에서 이 전투를 언급한 것은 없기 때문에 금산 전투와 남소성 점령을 하나로 뒤섞어 기록한 것은 아닐까 생각된다. 요수가 혼하나 소자하임은 말할 것도 없다.

남소성·목저성·창암성 등 세 성을 점령한 것은 『통감』의 ⑧, 『책부원귀』의 ⑭, 『신당서』「고려열전」의 ⑯, 『신·구당서』「설인귀열전」의 ⑱·⑳의 기록이 일치한다. 그리고 "마침내 천남생 군과 합류했다"고 한 것도 『신당서』「고려열전」에서 "이적과 합류했다"고 한 것을 제외하면 모두 같다. 『구당서』「설인귀열전」에서만 '군軍' 자가 빠져 있지만 본래 탈루된 것으로 보인다. 이미 논증한 것처럼 목저성과 남소성은 소자하를 따라가는 도로 옆의 동쪽과 서쪽에 나란히 있고 그 도로는 노성을 지나 분수령을 넘어 다시 부이강과 신개하 유역을 거쳐 고구려의 옛 수도 환도성, 일명 국내성의 소재지인 집안(통구)에 이른다.

그런데 국내성은 당에 귀의할 수밖에 없게 된 천남생이 처음 웅거한 성이므로 '천남생 군'은 그가 귀의한 뒤 국내성에 남은 그의 군대임을 쉽게 추측할 수 있다. 또 『구당서』「계필하력열전」의 ㉑을 보면 앞서 서술한 남소성 전투에 이어 "승세를 타고 전진해 모두 7성을 함락시킨 뒤 군사를 돌렸다"고 했고 『신당서』의 같은 열전 ㉒에서도 "승세를 타고 나아가 8성을 함락시킨 뒤 군사를 이끌고 돌아왔다"고 해서 계필하력은 군사를 돌리기에 앞서 7성 또는 8성을 함락시켰다고 했다. 그 성들의 이름은 나와 있지 않지만 앞서 자세히 설명한 『삼국사기』「지리지」 압록강 이북 고구려 성 이름을 열거한 Ⅲ의 b에서 다음 8성을 "이미 항복한 11성"의 첫 번째부터 여덟 번째 성으로 든 것은 바로 우리가 알고 싶은 것을 알려주는 것이다.

경암성. 목저성. 수구성. 남소성. 감물주성(본래 감물이홀). 능전곡성. 심악성(본래 거시곤). 국내주.

이런 8성의 순서가 어쨌든지, 남소성과 국내성을 포함해 두 성 사이에 존재한 성들을 든 것으로 봐도 괜찮고『신·구당서』「계필하력열전」의 7성 또는 8성도 이런 성들일 것으로 생각된다. 경암성은 창암성과 같은 성이 분명하고, 그 위치는『통감』·『책부원귀』·『신당서』「고려열전」·『신·구당서』「설인귀열전」에 남소성·목저성·창암성의 순서로 기록돼 있으므로 지금의 노성 부근에 비정된다. 그리고『구당서』「계필하력열전」에서 7성으로 센 것은 그가 고구려군과 싸웠다고 한 남소성을 생략한 것이고,『신당서』의 같은 열전에서 8성으로 센 것은 그것을 더한 것으로 봐야 한다. 다만 창암성(경암성)·목저성·남소성·국내성을 뺀 4성은 대체로 분수령 동쪽의 부이강과 신개하 유역에 있던 것으로 생각될 뿐 각각의 위치를 추정할 수는 없지만 "천남생 군과 합류했다"는 것이 국내성 점령을 뜻한다는 것은 여기에 이르러 매우 명백해진다.

지금까지 자세히 서술한 대로 이적은 신성을 함락시킨 뒤 거기에 참여한 계필하력·방동선·고간·설인귀 등을 그 성에 남겨두고 자신은 다른 방면으로 진격했으며, 마침내 이런 장수들은 천남건이 신성을 탈환하려고 보낸 군사를 물리친 뒤 고구려의 대군을 금산에서 격파하고 다시 나아가 남소성·목저성·창암성 이하의 7성을 무너뜨렸다. 그리고 국내성을 점령해 천남생이 귀의할 때 그 성에 남겨둔 그의 군대와 합류한 것이다. 앞서 서술한 것처럼 당군이 경략한 이 지방은 본래 남생이 점유한 곳으로 그는 그것을 갖고 당에 귀의했다. 곧 그 지방의 성들은 계필하력과 방동선 등이 남생의 귀의 요청에 따라 처음 요동으로 구원하러 갈 때는『삼국사기』「지리지」의 고구려 성 이름을 열거한 기사 ― 당군의 각서 ― 에서 말한 '이미 항복한 성'이었다.

그런데 신성을 함락시킨 뒤 거기에 참여한 당의 장수들이 이렇게 행동한 것은 남생의 귀의가 실현(건봉 원년 9월)된 때부터 신성 함락 (2년 9월)에 이르기까지 1년 정도 지나는 동안 적어도 국내성 이외의 여러 성이 다시 남건의 세력 아래 돌아갔기 때문이 틀림없다. 그리고 고구려의 옛 도성으로 규모가 크고 험준한 요충지에 세워진 견고한 그 성 하나만은 남생의 직속군이 그 수비를 잘 유지한 것으로 생각된 다. 당군의 국내성 점령이 성 이름에 따르지 않고 "남생 군과 합류했 다"는 표현으로 역사에 기록된 것은 이 사이의 소식을 말한 것으로 보 인다.

국내성을 점령한 뒤 장수들의 행동은 앞서 든 『신당서』「고려열전」 ⑯에 "이적과 합류했다"는 간단한 기록이 있다. 그러나 이런 장수들 가 운데 설인귀가 이적과 관계없이 부여성으로 진격한 것은 앞서 든 『신· 구당서』「설인귀열전」의 기사에 이어 분명히 기록돼 있다(설인귀의 행 동은 부여성의 위치와 함께 따로 서술하겠다). 그리고 『신·구당서』의 「계필 하력열전」을 보면 앞서 든 『구당서』「계필하력열전」㉑에서는 '7성'을 점령하고 "군사를 돌려 압록수에서 영국공 이적과 합류했다"고 했고 『신당서』 같은 열전 ㉒에서는 '8성'을 점령한데 이어 "군사를 이끌고 돌아와 이적과 합류했다"고 했다. 곧 설인귀의 동료 장수 방동선·고간 등은 일단 접어두고, 적어도 계필하력은 국내성에서 군사를 돌려 압록 강 가에서 이적 군에 합류한 것이다. 여기서 살펴봐야 하는 것은 신성 을 함락시킨 뒤 이적의 행동이다.


### (3) 신성 함락 뒤 이적의 행동

신성을 함락시킨 뒤 이적의 행동을 살펴보려면 먼저 대행성大行城이라는 고구려 성의 위치를 밝혀야 한다.

『신당서』(권94) 「설만철薛萬徹열전」: 정관 22년(648) [설만철은] 청구도 행군총관으로 군사 3만 명을 이끌고 고구려를 정벌했다. 압록강에 이르렀을 때 대행성을 기습해 고구려 보병·기병 1만여 명과 싸워 그 장수 소부손을 죽이니 고구려군이 모두 두려워했다. 마침내 그 소식이 박작성에 알려지니 고구려군 3만 명이 구원하러 왔지만 물리치고 그 성을 함락시켰다. 貞觀二十二年, 以靑丘道行軍總管, 帥師三萬, 伐高麗. 次鴨綠水, 以奇兵襲大行城, 與高麗步騎萬餘戰, 斬虜將所夫孫, 虜皆震恐, 遂傳泊灼城, 虜衆三萬來援, 擊走之, 拔其城.

압록강 방면의 박작성과 함께 대행성의 이름이 보인다. 기사의 요지는 고구려군이 설만철과 대행성에서 싸워 패배하고 그 장수 소부손은 전사했으며 마침내 그 소식이 박작성에 알려져 방어했지만 다시 무찌르고 그 성을 점령했다는 것이므로 당군은 먼저 대행성에 이른 다음 박작성으로 쳐들어간 것이다. 이 정관 22년의 고구려 원정은 태종의 친정 다음에 이뤄진 두 번의 전쟁 가운데 두 번째 것으로 태종 때의 마지막 전쟁이다. 『책부원귀』에서는 전쟁의 발단을 다음과 같이 서술했다.

조서를 내려 우무위대장군 설만철을 청구도 행군대총관으로 삼고 우위장군 배행대(배행방?)를 부장으로 삼아 3만여 명과 누선·전함을 이끌고 채주(내주?)에서 바다로 가서 고구려를 공격케 했다. 詔授右武衛大將軍薛萬徹爲靑丘道行軍大總管, 右衛將軍裴行大(方?)爲副, 率兵三萬餘人, 幷樓船戰艦, 自茱(萊?)州泛海以擊高麗.

앞의 「설만철열전」의 기사에 해당하는 설만철의 행동은 『책부원귀』
에 다음과 같이 기록돼 있다.

이 달(6월) 청구도군사(수?) 설만철이 바다를 건너 압록강으로 100여 리
를 들어가 박작성 남쪽 40리에 이르러 주둔했다. 고구려는 크게 두려
워하며 거주지를 버리고 도망쳤다. 박작성주 소부손은 보병과 기병 1만
여 명을 이끌고 와서 당군에 저항했다. 설만철은 우위장군 배행방을 보
내 보병을 지휘하게 하고, 절충위 나문합을 지원군으로 삼아 연이어 나
아가게 했다. 설만철과 여러 군이 공격하자 적은 크게 무너져 달아나니
100여 리를 추격해 진영에서 소부손을 죽이고 전진해 박작성을 포위했
다. 박작성은 산을 이용해 방어하고 압록강으로 막혀 견고했기 때문에
공격했지만 함락시키지 못했다. 고구려는 장수 고문을 보내 마골성(오골
성?)·안지성 등 여러 성의 군사 3만여 명을 이끌고 와서 구원해 두 진영
을 나눠 설치했다. 설만철은 군사를 나눠 맞서 날카롭게 공격하니 적이
무너졌고 포로와 전리품을 모두 얻어 돌아왔다. 是月, 靑丘道軍師(帥?)薛
萬徹渡海, 入鴨淥水百餘里, 至泊灼城南四十里止營. 高麗襲(震?)懼, 並棄邑居
而遁. 泊灼城主所失孫率步騎萬餘人, 來拒官軍. 萬徹遣右衛將軍裴行方, 領步
卒, 折衝尉羅文合爲援軍, 繼進, 萬徹及諸軍乘之, 賊大潰, 追奔百餘里. 於陣斬
所夫孫, 進兵圍泊灼城. 其城因山設險, 阻鴨淥水以爲固, 攻之未拔. 高麗遣將
高文, 率馬[烏]骨·安地諸城兵三萬餘人來援, 分置兩陣, 萬徹分軍以當之, 鋒刃
纔接而賊潰, 俘獲且盡而還.

또 『구당서』(권69) 「설만철열전」의 기록은 이 『책부원귀』와 거의 같

아 같은 자료에 근거한 것으로 생각되지만, '至泊灼城' 뒤에 '南四十里止營'의 6자가 빠져 있고 밑줄 그은 부분은 "於陣斬所夫孫, 進兵圍泊灼城, 其城진영에서 소부손을 죽이고 진군해 박작성을 포위했다. 그 성은"으로 돼 있다. 곧 앞에서 6자가 빠진 것은 『책부원귀』보다 부족하지만 뒤의 14자는 글뜻이 명쾌해진 점에서 좀더 낫다. 그러나 『구당서』의 편자는 충분한 근거 없이 원전의 '南四十里止營'을 삭제하지 않고 뒤의 "追奔百餘里. 於陣斬所夫孫, 進兵圍泊灼城"에 대해 거리가 서로 어긋나는 것을 피하려고 했기 때문으로 생각된다.

앞서 인용한 『신당서』「설만철열전」에 따르면 설만철은 압록강 가의 대행성에서 고구려의 대군과 싸워 그 장수 소부손을 죽이고 다시 나아가 적이 물러가 지키던 박작성을 공격해 함락시켰다. 그렇다면 설만철이 주둔한 곳이자 박작성에서 나와 항전한 박작성주 소부손과 교전한 곳인 압록강 입구에서 100여 리, 곧 '박작성 남쪽 40리'가 바로 대행성의 소재지가 돼야 하지만 대행성과 박작성의 거리를 이 40리로 봐야 할까, 아니면 『구당서』 편자처럼 뒤의 "100여 리를 추격했다"는 것을 따라야 할까? 다시 『신당서』(권220)「고려열전」을 보면 이 전투를 다음과 같이 서술했다.

설만철은 압록강을 건너 박작성에 이르러 40리 밖에 진을 쳤다. 고구려군은 두려워하며 모두 성을 버리고 달아났다. 대추大酋 소부손이 저항해 싸웠으나 설만철은 그를 공격해 죽이고 마침내 성을 포위해 그 원군 3만 명을 무찌르고 돌아왔다. 萬徹度鴨淥, 次泊灼城, 拒四十里而舍. 虜懼, 皆棄邑居去. 大酋所夫孫拒戰, 萬徹擊斬之, 遂圍城, 破其援兵三萬, 乃還.

"박작성에 이르러 40리 밖에 진을 쳤다次泊灼城, 拒四十里而舍"는 것은 그 책의 편자가 원전을 잘못 읽은 것으로 생각되지만 "마침내 성을 포위해" 앞에 "100여 리를 추격했다"는 표현이 없는 것은 주목해야 한다. 그런데 『신당서』(권43, 하)에 수록된 당 가탐의 『도리기』에서는 박작성과 같은 지역이 분명한 박작구를 압록강 입구에서 130리 되는 곳이라고 했다.

압록강 입구에서 배로 100여 리를 가서 작은 배로 물길을 거슬러 동북쪽으로 30리를 가면 박작구에 이르러 발해 경계에 닿는다. 自鴨淥江口, 舟行百餘里, 乃小舫泝流, 東北三十里, 至泊汋口, 得渤海之境.

그리고 『책부원귀』에서 "압록강으로 100여 리를 들어가 박작성 남쪽 40리에 이르러 주둔했다"고 한 140여 리의 거리에 대해 10리 밖에 차이 나지 않기 때문에 뒤 문장의 "달아나니 100여 리를 추격했다追奔百餘里"를 『신당서』 「고려열전」의 기록을 참조해 삭제해야 한다. 설만철이 주둔한 대행성 부근의 전투에서 전사한 소부손을 "100여 리를 추격해 진영에서 소부손을 죽였다"고 한 것도 앞 구절이 쓸모없음을 말하는 것이 아닐까? 이처럼 대행성은 압록강 입구에서 100여 리를 거슬러 올라간 곳에 있고 박작성은 다시 40리쯤 거슬러 올라간 곳에 존재했다고 생각된다. 박작성의 위치는 이미 고 야나이 와타리 박사가 정밀하게 연구해 압록강으로 흘러 들어가는 대포석하大蒲石河 입구인 고루자鼓樓子 부근으로 봤다. 그 때문에 나는 두 성과 관련해 당인唐人이 보여준 거리를 대체적인 기준으로 삼고, 박작성에서 압록강 입구에 이르는 130~140리에 대해 같은 성에서 40리쯤의 적당한 지점으로 생

각해 마찬가지로 강 북안에 있는 지금의 구련성九連城(의주 맞은편)을
대행성이 있던 곳으로 비정하려고 한다.

본래의 주제로 들어가 신성을 함락시킨 뒤 이적의 행동은 『책부원
귀』(권986)에 다음과 같이 기록돼 있다.

건봉 2년(667): 9월 이적이 고구려의 신성을 함락시키고 부장 계필하력
을 보내 지키게 했다. 이적은 마침내 군사를 이끌고 나아가 16성을 무너
뜨렸다(앞서 인용한 ③).

『자치통감』(권201)은 이것과 동일하고(④) 『신당서』「고려열전」에서도
"이적은 진격해 16성을 함락시켰다"(②)고 했다.

㉓ 『책부원귀』: 총장 원년(668) 9월 이적이 진군해 고구려의 평양성을
함락시키니 요동이 모두 평정됐다. 앞서 이적이 대행성을 무너뜨린 뒤
전군이 모두 모였다. 계필하력은 남소성 등 8성을 함락시키고 압록책에
서 이적과 합류했으며 욕이성을 공격해 다시 함락시켰다. 계필하력은 오
랑캐군과 당군 50만 명을 이끌고 평양을 압박했고 이적 군도 뒤이어 이
르렀다. 總章元年九月, 李勣進軍, 拔高麗之平壤城, 遼東悉平. 初勣旣破大行
城, 諸軍盡會. 契苾何力拔南蘇等八城, 會勣於鴨淥柵, 合軍以攻辱夷城, 又拔
之. 何力引蕃·漢兵五十萬人, 逼平壤, 勣軍繼至.
㉔ 『자치통감』: [총장 원년] 9월 계사일 이적이 평양을 함락시켰다. 이적
이 대행성을 무너뜨린 뒤 다른 길로 온 여러 군이 모두 이적과 합류했
다. 압록책에 이르렀을 때 고구려가 군사를 내 항전했다. 이적 등은 힘

껏 공격해 크게 이기고 200여 리를 추격해 욕이성을 함락시키니 여러 성에서 도망치거나 항복하는 사람이 이어졌다. 계필하력은 먼저 군사를 이끌고 평양성 아래 이르렀으며 이적 군이 뒤따랐다. 九月癸巳, 李勣拔平壤. 勣旣克大行城, 諸軍出他道者皆與勣會. 進至鴨綠柵, 高麗發兵拒戰. 勣等奮擊, 大破之, 追奔二百餘里, 拔辱夷城, 諸城遁逃及降者相繼. 契苾何力先引兵至平壤城下, 勣軍繼之.

이것들은 이적이 16성을 함락시킨 뒤의 행동을 마지막 평양 공격과 연결해 서술한 것이다.

『책부원귀』와 『통감』의 이런 기사에서 곧 알 수 있는 사실은 이적이 함락시킨 고구려의 16성은 혼하 중류의 신성과 압록강 하류의 대행성 사이에 있다는 것이다. 16성의 이름은 역사에 전하지 않지만 신성은 지금의 무순, 대행성은 지금의 구련성이므로 그 지역이 이 두 곳을 연결한 명대 국경의 서쪽, 이른바 요동 지방임은 지형에서 볼 때 거의 틀림없다.

당의 1차 고구려 원정은 정관 19년(645)이었는데, 그때 이적은 요동도 행군대총관으로서 육군을 지휘해 주로 요동 지방을 경략했다. 이 전쟁은 태종의 친정이어서 그 경과를 상당히 자세하게 서술한 기사가 『통감』(권197~198)과 『신·구당서』「고려열전」에 있고 이런 기록들에 따라 현도성·개모성·요동성·백암성(백애성白崖城) 등이 공격으로 함락된 것, 백암성을 포위해 공격할 때 오골성에서 파견된 고구려군이 와서 방어를 도운 것, 당 육군의 활동과 호응해 따로 내주萊州를 출발한 수군의 한 장수인 정명진이 비사성卑沙城 —『신·구당서』「고려열전」과 「정명진열전」에는 사비성沙卑城 — 을 함락시킨 것, 후황성後黃城과 은성

銀城은 스스로 함락돼 도망친 것, 건안성建安城과 안시성은 끝까지 성을 지켜낸 것 등을 알 수 있다. 『통감』(권198)에서는 이 전투를 다음과 같이 요약했다.

고구려를 정벌해 현도성·횡산성·개모성·마미성·요동성·백암성·비사성·맥곡성·은산성·후황성 등 10성을 함락시켰다. 玄菟·橫山·蓋牟·磨米·遼東·白巖·卑沙·麥谷·銀山·後黃十城.

이런 10성 가운데 어느 때 함락됐는지 알 수 없는 횡산성·마미성·맥곡성 등 세 성도 들었다. 다시 위에서 열거한 성들의 위치를 말하면 현도성은 무순시 신시가의 영안대, 개모성은 무순 천금채千金寨 서쪽의 고성자古城子의 노천굴露天掘,46 백암성은 요양과 본계호의 중간, 태자하 상류의 북안에 있는 연주성, 요동성은 지금의 요양, 오골성은 봉황성,47 비사성(또는 사비성)은 요동반도 대련만 북안에 가까운 대화상산大和尙山,48 건안성은 개평蓋平 동북쪽 20리(7.9킬로미터) 쯤에 있는 석성산(일명 고려성자高麗城子),49 안시성은 해성 동남쪽 30리(11.8킬로미터)쯤의 영성자다.50

은성은 10성의 하나인 은산에 해당하고 『삼국사기』「지리지」 고구려성을 열거한 부분에서 "은성은 본래 절홀"이라고 한 것으로 이 성과 후황성은 당군이 안시성의 위기를 구원한 고구려의 대군을 성 동남쪽 8리에서 크게 무찌르자 놀라 스스로 도망친 성이라고 했으므로 두 성의 위치는 해성·수암岫巖 사이의 지방에서 찾아야 한다. 10성의 하나인 횡산성은 『통감』(권200) 현경 4년(659) 11월 "우령군 중랑장 설인귀 등이 고구려 장수 온사문과 횡산에서 싸워 이겼다右領軍中郎將薛仁貴等與

高麗將溫沙門戰於橫山, 破之”고 한 것과 동일한 성이 틀림없다. 이 현경 4년 전투는 『구당서』(권83) 「설인귀열전」과 『신당서』(권111) 같은 열전에 상당히 자세한 기사가 있지만 횡산성의 위치를 밝힐 방법은 없다. 다만 10성 가운데 하나로 현도성과 개모성 사이에 열거된 것을 보면 역시 봉천·무순 방면에 있지 않았을까 생각된다.[51]

마미성은 『구당서』(권39) 「지리지」에 안동도호부 관하의 신성주 도독부·요성주遼城州 도독부·가물주哥勿州 도독부·건안주 도독부와 나머지 10주(모두 14주)의 하나로 기재된 마미주에 해당한다. 이 안동도호부는 상원 1~2년(674~675) 신라 원정에 실패한 당이 한반도를 포기하기로 결정한 결과 본래 평양에 설치됐던 것을 의봉 원년(676) 옛 요동성(지금의 요양)으로 옮겼다가 이듬해인 2년 다시 신성으로 옮긴 것이다.[52]

- 「지리지」: 이 14주는 모두 성지가 없다. 항복한 고구려의 가호는 이런 여러 군진에 분산시키고 그 우두머리를 도독·자사로 삼아 다스리게 했다. 凡此十四州, 並無城池. 是高麗降戶, 散此諸軍鎭, 以其酋渠爲都督·刺史, 羈縻之.

- 『구당서』 「고종본기」 의봉 2년(677): 2월 정사일 공부상서 고장을 요동도독에 임명하고 조선군왕으로 책봉해 안동도호부로 돌려보내 고구려의 남은 백성을 안정시키게 했다. (…) 그리고 안동도호부를 신성으로 옮겨 그들을 다스리게 했다. 二月丁巳, 工部尙書高藏授遼東都督, 封朝鮮郡王, 遣歸安東府, 安輯高麗餘衆. (…) 仍移安東都護府於新城以統之.

이 기록들처럼 전 고구려왕 고장을 장관으로 삼고 주로 요동 지방의 고구려 유민을 다스리게 했다. 따라서 의봉 원년 이후 안동도호부 관하의 마미주, 곧 정관 19년(645) 전쟁에서 당군의 공격으로 함락된 마미성은 요동 지방의 한 성이 분명하지만 그 정확한 위치는 알 수 없다. 다만 10성의 하나로 개모성 다음, 요동성·백암성 앞에 열거된 것을 어느 정도 참고하면 막연하나마 요양을 중심으로 한 지역으로 억측할 수 있지 않을까? 마지막으로 맥곡성은 전혀 알 수 없다.

지금까지 정관 19년(645) 전쟁에서 당군이 함락시키거나 스스로 도망친 10성 ─ 현도성·횡산성·개모성·마미성·요동성·백암성·비사성·맥곡성·은산성·후황성 ─ 과 끝까지 항복하지 않은 건안성·안시성, 백암성을 구원하려고 군사를 보낸 오골성의 위치를 고찰했는데, 전혀 알 수 없는 맥곡성 외에는 모두 혼하 중류에서 봉황성에 이르는 요동 지방 ─ 요동반도도 포함 ─ 에 있었음을 알았다. 이 지방의 고구려 영토에 이런 13성 외에 소재를 알 수 없는 성들이 적지 않게 있었음은 『삼국사기』「지리지」에서 압록수 이북에 있던 고구려 성들의 이름을 든 것을 봐도 분명하지만, 건봉 2년(667) 신성을 함락시킨 이적은 압록강 하류 북안의 대행성(구련성)에서 승리할 때까지 함락시켰다고 한 16성에는 위의 13성이 대부분 포함됐다고 생각된다.

이적이 대행성을 함락시키자 다른 방면의 당군이 와서 합류했다. 앞서 인용한 기사에서 보듯 그들은 힘을 합쳐 압록책에서 고구려군과 싸웠다.

• 『책부원귀』의 기사㉓: 이적이 대행성을 무너뜨린 뒤 전군이 모두 모였다. 계필하력은 남소성 등 8성을 함락시키고 압록책에서 이적과 합류

했다.

- •『자치통감』의 기사㉔: 이적이 대행성을 무너뜨린 뒤 다른 길로 온 여러 군이 모두 이적과 합류했다. 압록책에 이르렀을 때 고구려가 군사를 내 항전했다. 이적 등은 힘껏 공격해 크게 이겼다.

"다른 길로 온 여러 군"은 신성에서 국내성으로 진격한 군대들로 거기에는 부여성으로 간 설인귀 군을 제외하고 계필하력 외에 방동선·고간 등의 군사도 포함됐던 것이 틀림없다. 앞 절에서 인용한『신당서』「고려열전」의 기사 ⑮에서 방동선·고간 등이 "이적과 합류했다"고 한 것은 바로 이것을 뜻하는 것이다.

이처럼 이런 여러 군은 국내성에서 압록강 하류로 온 뒤 대행성(구련성)에서 이적의 본군에 합류해 압록책에서 항전하던 고구려의 대군을 함께 격파했다. 국내성에서 군사를 돌린 뒤 여러 장수는 압록강 북안을 따라 진군한 것으로 여겨진다. 압록책은 구련성과 압록강을 사이에 두고 마주한 의주 부근이 틀림없다. 이 압록책 전투는『구당서』(권67)「이적열전」에 다음과 같이 기록돼 있다. 평양의 천남건은 동생 남산을 보내 큰 강인 압록강에 의지해 온 힘을 다해 방어했음을 알 수 있다.

압록수에 이르자 적이 그 동생을 보내 항전하니 이적은 군사를 보내 공격해 무찔렀다. 至鴨綠水. 賊遣其弟來拒戰, 勣縱兵擊敗之

㉓에서는 다시 "이적과 합류한 뒤 욕이성을 공격해 다시 함락시켰다. 계필하력은 오랑캐군과 당군 50만 명을 이끌고 평양을 압박했고

이적 군도 뒤이어 이르렀다"고 했고 ㉔에서는 "200여 리를 추격해 욕
이성을 함락시키니 여러 성에서 도망치거나 항복하는 사람이 이어졌
다. 계필하력은 먼저 군사를 이끌고 평양성 아래 이르렀으며 이적 군
이 뒤따랐다"고 했다.

㉕『구당서』(권109) 「계필하력열전」: 모두 7성을 함락시킨 뒤 군사를 돌
려 영국공 이적과 압록수에서 합류해 욕이성과 대행성을 함께 공격해
무너뜨렸다. 이적은 압록책에 군사를 주둔시켰고 계필하력은 오랑캐군
과 당군 50만 명을 이끌고 먼저 평양에 도착했다. 이적도 뒤이어 도착해
함께 평양성을 함락시켰다. 凡拔七城乃迴軍, 會英國公李勣於鴨綠水, 共攻
辱夷·大行二城, 破之. 勣頓軍於鴨綠柵, 何力引蕃漢兵五十萬, 先臨平壤. 勣仍
繼至, 共拔平壤城.

㉖『신당서』(권101) 「계필하력열전」: 승세를 타고 나아가 8성을 함락시킨
뒤 군사를 이끌고 돌아와 이적과 합류했다. 욕이성과 대행성 등 세(두?)
성을 공격해 이기고 나아가 부여를 함락시켰다. 이적이 군사를 정비하느
라 전진하지 않자 계필하력은 군사 50만 명을 이끌고 먼저 평양으로 갔
다. 이적이 뒤이어 오니 함께 공격해 7개월 만에 함락시켰다. 乘勝進, 拔
八城, 引兵還, 與勣會合. 攻辱夷·大行三(二?)城, 克之, 進拔扶餘. 勣勒兵未進,
何力率兵五十萬先趣平壤, 勣繼進攻, 凡七月拔之.


위의 두 기사는 ㉓·㉔와 짝지을 수 있는 기사다. 그러나 이런 두 열
전에서 계필하력이 대행성을 함락시키는 데 기여했다고 서술한 것, 욕
이성·대행성의 순서로 두 성의 이름을 든 것은 모두 오류로 생각된다.
또『신당서』「계필하력열전」에서 두 성('세 성'이라고 한 것은 말할 것도 없

이 '두 성'의 오기다)을 함락시킨 데 이어 "나아가 부여를 함락시켰다"고 한 것은 다음 절에서 밝히듯 심각한 착오다. 욕이성은 ㉔에서 압록책 전투를 이어 "200여 리를 추격해 욕이성을 함락시켰다"고 한 것에 따라 살펴보면 청천강 가의 안주 근처에 비정할 수 있다고 생각된다.

또 『구당서』「계필하력열전」에 따르면 이적은 계필하력과 함께 두 성을 함락시킨 뒤 계필하력을 평양으로 먼저 보내고 자신은 압록책에 머물렀다. 그러나 이것도 압록책(의주)과 욕이성(안주?)의 지리적 관계에서 쉽게 믿기는 어렵다. 계필하력이 먼저 간 것은 분명한 사실이지만 이적이 머물러 있던 곳은 욕이성 남쪽으로 생각된다. 또 『신당서』의 「계필하력열전」에서 "먼저 평양으로 갔다. 이적이 뒤이어 오니 함께 공격해 7개월 만에 함락시켰다"고 했지만, 『통감』에서는 "계필하력이 먼저 군사를 이끌고 평양성 아래 이르렀다. 이적 군은 뒤이어 와서 한 달 넘게 평양을 포위했다契苾何力先引兵, 至平壤城下, 勣軍繼之, 圍平壤月餘"고 한 다음 성문을 열고 함락시킨 일을 서술했기 때문에 7개월이라고 한 것은 따르기 어렵다.

이적이 신성을 함락시킨 것은 건봉 2년(667) 9월이었다. 그 뒤 그와 그밖의 장수들의 행동은 이 절과 앞 절에서 자세히 서술했지만, 동쪽으로 진격한 계필하력과 방동선 등은 언제 국내성을 점령했을까? 신성에서 남하한 이런 장수들과 압록강 가에서 만난 이적은 언제 압록책에서 고구려군을 격파했을까? 역사에 기록이 소략하기 때문에 이런 중요한 사건의 시점을 전혀 알 수 없는 것은 매우 아쉽다.

### (4) 부여성 함락

계필하력·방동선·고간 등과 함께 국내성을 함락시킨 설인귀는 그곳에서 압록강 하류 지방으로 간 이런 동료 장수들과 함께 행동하지 않고 따로 부여성을 공략하러 진격했다. 이렇게 생각하는 것은 『신·구당서』「설인귀열전」에 따른 것으로 『구당서』(권83)의 같은 열전에서는 국내성 함락을 서술(⑱)한 뒤 다음과 같이 기록했다.

㉗ 설인귀는 승세를 타고 2000명을 이끌고 나아가 부여성을 공격했다. 모든 장수들이 "병력이 적다"고 반대했지만 설인귀는 "지휘관의 용병 능력에 달린 것이지 군사의 많고 적음에 달린 것이 아니다"라고 하고 마침내 선봉을 맡아 나아갔다. 적이 공격해오자 역습해 크게 이겨 1만여 명을 죽이고 마침내 부여성을 함락시켰다. 부여천(주?)의 40여 성은 그런 모습을 보고 두려워하며 모두 항복했다. 설인귀는 곧 바다를 아우르고 육지를 경략해 이적의 대군과 평양성에서 합류했다. 仁貴乘勝, 領二千人進攻扶餘城. 諸將咸言兵少, 仁貴曰, 在主將善用耳, 不在多也, 遂先鋒而行. 賊衆來拒, 逆擊大破之, 殺獲萬餘人, 遂拔扶餘城. 扶餘川(州?)四十餘城, 乘風震慴, 一時送款. 仁貴便並海略地, 與李勣大軍會于平壤城.

『신당서』(권111) 같은 열전에서는 이것에 해당하는 부분(2절에서 인용한 ⑳에 이어)에서 다음과 같이 서술했다.

㉘ 설인귀는 정예병 2000명을 이끌고 나아가 부여성을 공격했다. 장수들은 병력이 적다며 말렸지만 그는 "군사를 잘 쓰는데 달려 있지 숫자에 달린 것이 아니다"라고 하고 직접 군사를 이끌고 적을 맞아 번번이 이겨 1만여 명을 죽이고 그 성을 함락시켰다. 계속해서 바다를 아우르고 육지를 경략해 이적 군과 합류했다. 부여성이 함락되자 그밖의 40성

이 서로 예물을 보내니 위엄이 요해를 진동했다. 仁貴負銳, 提卒二千, 進攻扶餘城. 諸將以兵寡勸止, 仁貴曰, 在善用, 不在衆, 身帥士, 遇賊輒破, 殺萬餘人, 拔其城. 因旁海略地, 與李勣軍合. 扶餘旣降, 它四十城相率送款, 威震遼海.

이런 두 열전의 기록에 의심을 품지 않는 한 설인귀가 이끈 군대는 단독으로 부여성을 공격해 함락시킨 뒤 평양에서 이적 군과 합류한 것이다. 부여성의 위치가 문제지만 그것을 빼고는 특별히 의문을 가질 만한 것은 없는 것 같다.

그런데 『책부원귀』(권986)에는 이미 일부를 이용한 아래의 기사가 있는데, 적어도 서술에서는 이적이 부여성 함락에 관여했다고 했다.

㉙ [건봉] 3년(총장 원년) 2월 이적과 설인귀가 고구려의 부여성을 함락시켰다. ㉚ 그때 편장 방동선·고간 등은 후군이 돼 아직 신라(신성?)에 있었다. 고구려의 남건은 군사를 보내 신성을 구원해 밤에 방동선을 습격했다. 설인귀는 원군을 이끌고 그를 격파했다. 고간 등은 군사를 옮겨 금산에 이르렀는데, 적에게 패배했다. 고구려는 승세를 타고 진군했다. 설인귀 등은 측면에서 공격해 크게 무찌르고 5만여 명을 죽였으며 마침내 남소성·목저성·창암성 등 세 성을 함락시키고 천남생 군과 합류했다. ㉛ 설인귀는 승세를 타고 2000명을 이끌고 부여성을 공격하려고 했다. 장수들이 "병력이 적다"고 말렸지만 설인귀는 "지휘관의 용병 능력에 달린 것이지 군사의 많음에 달린 것이 아니다"라고 하고 마침내 선봉을 맡아 나아갔다. 적이 공격해오자 역습해 크게 격파하고 1만여 명을 죽이거나 사로잡았다. 부여성이 항복하자 부여주 안의 40여 성은 모

두 예물을 바쳤다. 仁貴乘勝, 領二千人, 將攻餘城. 諸將以兵少止之, 仁貴曰, 在善用耳, 不在多也, 遂先鋒而行. 敗衆來拒逆擊, 大破之, 殺獲萬餘人. 餘城既降, 扶餘州內四十餘城, 一時送款.

㉙는 ㉛의 결과를 미리 말한 것이고 ㉚은 거기에 이르기까지의 경과를 설명한 삽입문이다. 이 삽입문 ㉚은 이미 국내성이 함락되는 과정을 살펴본 2절에서 ⑬·⑭의 두 기사로 나눠 인용하고 그 내용을 자세히 설명했지만 그 ⑭ 곧 ㉚의 "고간 등은 군사를 옮겨 금산에 이르렀다" 이하와 지금 합쳐서 인용한 ㉛은 모두 『구당서』「설인귀열전」 ― 또는 그 원래 전거인 어떤 옛 기록 ― 에 바탕한 것이 틀림없다. 이것은 『책부원귀』의 이 부분을 2절에서 인용한 『구당서』「설인귀열전」의 ⑱과 새로 이 절에서 인용한 ㉗을 비교·대조하면 분명히 알 수 있다. 요컨대 『책부원귀』 ㉚의 뒷부분과 ㉛, 『구당서』「설인귀열전」은 친자 또는 형제 관계에 있는 것이다. 그런데 『구당서』「설인귀열전」과 그것을 그대로 이어받은 『신당서』의 같은 열전 ㉘에는 부여성을 함락시키는 데 이적이 관여한 것을 말하지 않았고 그 날짜를 제시하지 않았기 때문에 『책부원귀』의 ㉙는 다른 자료에 바탕한 것으로 여겨진다.

다시 『자치통감』(권201)을 보자.

㉜ 총장 원년(668) 2월 임오일(28일) 이적 등이 고구려 부여성을 함락시켰다. 설인귀는 금산에서 고구려군을 격파한 뒤 승세를 타서 3000명을 이끌고 부여성을 공격하려고 했다. 장수들이 병력이 적다면서 말렸지만 설인귀는 "군사는 많은 것이 중요한 것이 아니라 어떻게 쓰는가가 중요

할 뿐"이라고 말하고 마침내 선봉에 서서 나아가 고구려와 싸워 대파하고 1만여 명을 죽이거나 사로잡았다. 마침내 부여성을 함락시키자 부여천(주?) 안의 40여 성이 모두 그런 상황을 보고 항복을 요청했다. (…) 천남건이 다시 군사 5만 명을 보내 부여성을 구원해 이적 등과 설하수에서 만나 싸웠다. 이적은 그를 크게 격파하고 3만 명을 죽이거나 사로잡고 나아가 대행성을 공격해 함락시켰다. 總章元年二月壬午, 李勣等拔高麗扶餘城. 薛仁貴旣破高麗於金山, 乘勝將三千人將攻扶餘城. 諸將以其兵少止之, 仁貴曰, 兵不在多, 顧用之何如耳, 遂爲前鋒以進, 與高麗戰, 大破之, 殺獲萬餘人. 遂拔扶餘城. 扶餘川(州?)中四十餘城, 皆望風請服. (…) 泉男建復遣兵五萬人救扶餘城, 與李勣等遇於薛賀水, 合戰大破之, 斬獲三萬餘人, 進攻大行城拔之.

역시 부여성을 함락시킨 당의 장수를 이적과 설인귀라고 하고 부여성 함락 다음에 일어난 설하수 전투도 언급해 분명히 『구당서』「설인귀열전」 외의 자료를 이용했음을 보여준다. 그리고 설인귀가 대행성(지금의 구련성) 함락에 관여했다고 서술한 것도 주목된다. 이『통감』의 기사와 부분적으로 일치하는 것은 『신당서』「고려열전」의 다음 기사다.

㉝ [건봉] 3년(총장 원년, 668) 2월 이적이 설인귀를 이끌고 부여성을 함락시키자 그밖의 30성이 모두 예물을 바쳤다. 三年二月, 勣率仁貴拔扶餘城, 它城三十皆納款. ㉞ 방동선과 고간은 신성을 지키고 있었다. 남건이 군사를 보내 습격하자 설인귀는 고간을 구원했는데, 금산에서 싸웠지만 이기지 못했다. 고구려는 북을 울리며 진군했는데 기세가 매우 날카로웠다. 설인귀는 측면에서 공격해 크게 격파하고 5만 명을 죽였으며 남소

성·목저성·창암성 등 세 성을 함락시켰다. 군사를 이끌고 그 지역을 점령한 뒤 이적과 합류했다. (…) ㉟ 남건이 군사 5만으로 부여를 습격하자 이적은 살하수 가에서 격파해 5000명을 죽이고 3만 명을 포로로 잡았으며 무기와 소·말도 그 정도 됐다. 나아가 대행성을 함락시켰다. 男建以兵五萬襲扶餘, 勣破之薩賀水上, 斬首五千級, 俘口三萬. 器械牛馬稱之. 進拔大行城. ㊱ 유인원은 이적과 합류했지만 기한에 늦어 소환돼 사형에 처해질 뻔했지만 사면돼 요주로 유배됐다. 劉仁願與勣會後期, 召還當誅, 赦流姚州. ㊲ 계필하력은 압록에서 이적 군과 합류해 욕이성을 함락시키고 모든 군사를 동원해 평양을 포위했다. 契苾何力會勣軍于鴨淥, 拔辱夷城, 悉師圍平壤.

이 기사 가운데 ㉞는 2절에서 인용한 ⑮·⑯의 일부로 앞서 말한 대로 신성을 함락시킨 뒤 방동선·고간 등이 신성·국내성 사이의 성들을 경략하고 압록강 하류에 와서 이적의 본군에 합류하기까지의 경과를 서술한 것이다. ㊱은 백제 옛 땅에 남아 지키던 유인원이 평양 진격 임무를 받았지만 그 기한을 넘겨 처벌된 기사다. 이 사건은 내가 「당 고종의 고구려 원정과 비열도·다곡도·해곡도의 이름」에서 자세히 설명했기 때문에[53] 여기서는 생략하지만 뒤에서 말할 기회가 있을 것이다.

㊲은 앞의 3절에서 인용한 『책부원귀』의 ㉓ 및 『자치통감』의 ㉔과 짝이 되는 기사다. 아울러 이 「고려열전」의 기사는 갑자기 계필하력이 나온다는 점에서 앞부분과 이어지지 않는다. 이런 ㉞·㊱·㊲을 제외하고 나머지 부분인 ㉝·㉟를 연결하면 『통감』과 마찬가지로 이적과 설인귀가 함께 부여성을 함락시키고 천남건이 보낸 고구려의 대군을 살하수에서 격파한 뒤 나아가 대행성을 함락시켰다는 내용이다(부여

성이 함락되자 항복한 40여 성을 30성으로 하고 설하수를 살하수로 쓴 것은
다르다).

『통감』과 『신당서』 「고려열전」의 이 기사는 『구당서』 「설인귀열전」
(또는 그 원전) 외의 어떤 특별한 사료에 바탕한 것이 틀림없으며, 『책
부원귀』의 편자도 따로 참고한 것이 있어 ㉙에서 "[건봉] 3년(총장 원
년, 668) 2월 이적과 설인귀가 고구려의 부여성을 함락시켰다"고 한 것
으로 생각된다. 그렇다면 부여성 함락과 관련해 이적의 이름을 들지
않았고 대행성(지금의 구련성) 점령에 설인귀가 관계했다는 것을 말하
지 않은 「설인귀열전」의 기록은 이런 여러 측면에서 사실을 왜곡한 것
으로 봐야 하지 않을까? 여기서 당연히 고찰해야 하는 것은 부여성의
위치다.


먼저 건봉 원년(666) 12월 고종의 명령을 보자.


건봉 원년 12월 사공 영국공 이적을 요동도 행군대총관 겸 요동안무대
사에, 좌금오위장군 방동선·좌효위대장군 계필하력을 예전처럼 요동
도 안무대사에 임명했다. 수군과 육군의 총관과 양운사 두의적·독고경
운·곽대봉과 모병募兵 이상은 모두 이적의 명령을 받아 고구려를 토벌
케 했다. 하북도 여러 주의 조세는 모두 요동에서 사용해 군비에 충당
케 했다. 수로와 육로로 나눠 평양으로 진군했다.[54]


따로 신라에도 칙명을 내렸다.


고종은 유인원·김인태(문무왕의 동생)에게 비열도를 따라 행군하게 하고

우리 군사를 징발해 다곡도와 해곡도를 따라 평양에서 모이게 했다.[55]

이 전쟁의 작전 목표는 평양 점령이었다. 따라서 문제의 부여성이 어디였다고 해도 설인귀가 진군한 최종 목적지는 평양이 틀림없다. 국내성의 소재지인 압록강 중류의 집안에서 출발해 평양에 이르는 것은 다음 세 경로가 있다.

1. 압록강 북안을 거쳐 구련성에 이르러 남쪽으로 강을 건너 의주·안주 등을 경유한다.
2. 독로강禿魯江을 따라 강계에 도착한 뒤 남쪽으로 방향을 돌려 희천에 이르고 청천강 유역을 내려가 안주를 경유해 평양에 이른다.
3. 강계에서 독로강의 발원지까지 올라가 아득령이나 설한령을 넘어 옛 장진에 이르러 장진강을 따라 남쪽으로 거슬러 올라가 황초령을 넘어 동해안의 함흥에 이른다. 거기서 남쪽으로 내려와 원산 근처의 덕원에 이르러 서쪽으로 들어와 아호비령을 넘어 양덕·성천·강덕을 거쳐 평양 서쪽 교외에 이른다.

그렇다면 앞서 인용한 『구당서』「설인귀열전」의 ㉗에서 부여성을 함락시킨 뒤 "설인귀는 곧 해로와 육로로 나아가 이적의 대군과 평양성에서 합류했다"고 했고, 『신당서』 같은 열전 ㉘의 동일한 부분에서는 "계속해서 바다를 아우르고 육지를 경략해 이적 군과 합류했다"고 한 것은 이런 경로 가운데 어디에 해당할까? 앞 절에서 밝힌 대로 경로 1은 국내성을 점령한 뒤 그곳에서 군사를 돌려 이적의 본군과 합류한 계필하력·방동선 등이 거쳐간 길이므로 이런 장수들과 함께 행동하지 않은 설인귀는 다른 경로를 선택한 것이 틀림없다. 경로 2를 선택했다면 안주 남쪽에서 "바다를 아우르고 육지를 경략했다"고 말할 수 있을까? 그러나 이미 서술한 것처럼 안주 부근으로 생각되는 욕이성을 함락시키고 평양으로 진격한 것은 계필하력과 그를 뒤따라 도착한 이적이었고 설인귀가 그들과 함께 행동한 흔적은 없으며 "이적의 대군과 평양성에서 합류했다"는 말은 그런 행동에는 잘 해당하지 않는다. 그러므로 나는 경로 3을 선택했다고 생각해 "바다를 아우르고 육지를 경략했다"는 표현이 동해안의 함흥·덕원 사이의 도로에 적합하다고 보는 동시에 부여성의 소재를 이 방면에서 가장 중요한 곳인 함흥에 비정하려고 한다.

설인귀의 진군로를 이렇게 추정하는 것은 앞서 서술한 고종의 칙명에 보이는 3도, 곧 평양으로 진격하는 유인원과 김인태(문무왕의 동생)에게 지정한 비열도, 신라군에게 지정한 다곡도와 해곡도를 떠올리게 한다. 나는 지난해 이런 3도를 연구해 비열도를 다음과 같이 설명한 바 있다.[56]

이런 세 길 가운데 비열도(필열도)는 그 이름에 따라 추측하면 비열성(비열홀주. 지금의 안변)을 경유하는 것으로 곧 강원도 북한강 유역에서 철령을 넘어 함경남도 안변 이북의 읍들을 지나 함흥 방면으로 가는 것이 될 수밖에 없다. 그러나 안변의 다음 읍인 덕원에는 서쪽에 갈림길이 있어 그 길을 거쳐 줄기산맥인 아호비령을 넘으면 양덕·성천·강동을 거쳐 평양에 이른다. 이것도 한반도 북부의 주요한 교통로로 청·일전쟁 때 원산에 상륙한 사토 대좌가 이끈 한 지대支隊가 이 길로 나아가 평양 공격에 참가한 사실은 널리 알려졌다. 이렇게 보면 유인원과 김인태는 웅진도독부의 주둔군을 이끌고 비열홀(안변)을 경유하는 길을 이용해 이 방면의 고구려 성들을 경략하고 평양에 이른 것으로 보인다.

또 경성(서울)에서 북쪽으로 평양에 이르는 주요한 도로는 삭녕·신계·수안·상원을 지나는 것과 개성·평산·서흥·황주를 거치는 것의 둘이 있는데, 신계 남쪽 20리(7.9킬로미터)쯤에 있는 점교리는 고구려의 수곡성이 있던 곳이므로 앞의 것은 수곡도로 부르고 뒤의 것은 평산의 옛 이름인 대곡성을 근거로 대곡도로 부를 수 있으니 다곡도와 해곡도의 이름을 다음과 같이 해석했다.[57]

다음으로 신라군에게 지정한 다곡도와 해곡도는 위에서 설명한 경성(서울)과 평양 사이의 두 도로, 곧 대곡도(총장 원년 유인원이 경략한 도로)와 수곡도(건봉 2년과 총장 원년 신라군의 진군로)를 버려두고 다른 곳에 비정할 수는 없다. 그리고 다곡이나 해곡 같은 고구려의 지명은 『삼국사기』 「지리지」에 보이지 않으므로 '다곡'은 '대곡'의 발음이 변한 것으로 보고 '해곡'은 '수곡'과 의미가 비슷하기 때문에 그렇게 잘못 표기된 것으로 추정한다. 곧 신라군이 진격하도록 지정된 다곡도와 해곡도는 대곡도와 수곡도로 부르는 것이 정확하다고 생각한다.

또 유인원이 건봉 2년(667) 고종의 명령대로 행동하지 않고 지체한 것은 다음과 같이 생각했다.[58]

건봉 2년 가을 신라의 1차 출병 때 유인원이 김인태 군과 함께 비열도로 나아가지 않은 것은 고종의 명령을 따르지 않은 것이 틀림없지만, 그는 아무 까닭 없이 행군을 지연한 것이 아니라 그 방면을 경략할 필요를 느끼지 못했기 때문이 아니었을까? 왜냐하면 지난해 연개소문의 동생 연정토가 투항하면서 새로 신라의 소유가 된 12성은 북한강 유역에 있던 것 같고, 특히 그해(총장 원년, 668) 3월 신라가 비열홀주를 안변에 다시 설치한 것은 그 무렵 철령 안팎 지방에 고구려의 수비병이 없었다고 생각할 수 있기 때문이다. 그러나 그렇다고 해도 유인궤가 요동에서 와서 다시 고종의 칙명을 전달할 때까지 유인원은 대곡도(평산 가도) 방면으로도 진격하지 않았기 때문에 결국 출병을 지연한 죄목으로 처벌될 수밖에 없던 것이다.

이처럼 이 전쟁 초기 당이 한반도에 있던 군사를 출동시키면서 웅진도독부의 진장에게 비열도를 지정하고 신라의 지원군에게 다곡도(대곡도)와 해곡도(수곡도)를 배정한 것은 세 길로 함께 진군하려는 의도에서 나온 것으로 그 세 길은 한반도 남부와 북부를 연결하는 주요한 교통로였으므로 만주와 한반도 북부에서 이적의 본군은 요동에서 평양-의주 가도를 남하했고, 국내성을 점령한 설인귀는 함경남도를 우회하는 도로를 거쳐 평양으로 진격했다는 것은 조금도 이상하지 않다. 일찍이 쓰다 소키치 박사는 부여성에 관련된 논문에서 다음과 같이 말했다.[59]

당군의 작전 계획은 본군이 요동에서 나와 신성 방면에서 동진해 국내성에 있는 천남생 군과 호응해 그 부근에 있는 성들을 함락시키고 별군別軍은 바다를 이용해 압록강 하류에서 본군과 합류한 뒤 남하해 평양을 공격하는 것이었으며, 본군의 주력인 설인귀 군은 신성에서 금산을 거쳐 남소성·목저성 등을 차지하고 다시 남하해 부여성을 함락시킨 뒤 압록강 가로 나와 대행성을 함락시키는 것이었다.

그런 다음 부여성의 위치를 추정했다.

부여성의 위치는 명확치 않지만 억설을 말해보면 동가강 하류 지역이 아니었을까? 동가강 유역은 고구려가 힘을 다해 지켜야 하는 곳으로 주요한 성보城堡가 있었을 것이라고 자연히 생각할 수 있으며, 한 걸음 더 나아가 말하면 광개토왕비에서 "비류곡 홀본 서쪽"이라고 한 옛 흘승골성紇升骨城이 아니었을까?

그러나 나는 따르기 어렵다. 나는 앞서 서술한 이유에 따라 설인귀가 압록강 중류와 동해안을 연결하는 자연적이고 유일한 황초령로와 원산-평양 가도를 따라 평양으로 진격한 것을 의심하지 않으므로 부여성은 함흥으로 비정할 수밖에 없다고 생각한다. 함흥은 성천강이 관통하는 비옥한 큰 평원을 끼고 있어 말할 것도 없이 동해안에서 가장 중요한 곳이다.

한·위대 함흥은 동옥저(일명 남옥저)의 중심이었다. 전한 무제 때 한이 처음 설치한 현도군은 옥저현을 수현首縣으로 해 함흥의 옥저성에 치소를 뒀고, 다음 소제 때 그 군은 요동 동쪽 변방 소자하 상류로 옮겨졌지만 옥저현은 그 남쪽에 있던 다른 6현(임둔군의 일부)과 함께 낙랑군 동부도위 치하에 들어갔다. 곧 이른바 영동 7현이다. 후한 초가 되자 동부도위도 폐지되고 7현의 토착 지도자는 각각 현후縣侯로 불려 한 군현의 통치 밖에 놓이게 됐다. 그리고 고구려의 세력이 처음 이 지방에 미친 것은 후한 중엽 궁(태조대왕)의 치세였다.[60]

삼국시대에는 유명한 유주자사 관구검의 고구려 정벌에 이어 현도군 태수 왕기가 이끈 대규모 동방 원정이 이뤄졌다. 당시 고구려의 수도는 환도성(국내성)이었지만 국왕 위궁(동천왕)은 산을 넘고 계곡을 건너 멀리 남옥저로 도망쳤고, 곧바로 옥저 정벌이 이어져 남옥저로 쳐들어온 왕기는 위궁을 북옥저(간도 지방)까지 추격했으며 낙랑군과 대방군의 태수는 당시 고구려에 복속된 영동 지방의 현후들을 복속시켰다.**61** 삼국시대가 끝나고 서진시대가 되면서 중국의 세력은 동쪽의 먼 변경까지 미치지 않게 됐기 때문에 함흥 지방이 다시 고구려의 소유로 돌아간 것은 거의 분명하지만 그것과 동시에 이곳의 연혁도 완전히 역사의 저편으로 사라졌다.

그 뒤 당이 고구려를 멸망시킬 무렵에 이르러 처음 역사에 나타난 부여성의 위치를 이렇게 판단해도 그 유래는 쉽게 탐색하기 어렵다. 한편으로 동해안의 요지인 간도 지방을 보면 그곳은 한·위대 북옥저의 거주지였고 그 중심은 지금의 연길 부근으로 추정되는 매구루買溝漊였다. 서진 초부터 그 뒤 무제 태강 6년(285) 선비의 모용외가 아륵초객 지방의 부여국을 습격해 그 왕 위려를 자살케 했을 때 위려의 자제들이 도망쳐 웅거한 옥저도 이 북옥저였다. 그 뒤 간도 지방은 부여의 별국別國이 됐고, 그 나라는 동진 말인 안제 의희 6년(410) 고구려 광개토왕에게 정복될 때까지 1세기 정도 '동부여'라는 이름으로 존재했다. 그리고 그 정복 결과 같은 지방은 고구려의 영토가 돼 책성이라는 진성鎭城의 관할 아래 소속됐으며, 이 상태는 고구려의 국력이 가장 융성한 장수왕(413~491)의 치세 내내 같은 모습이었다고 생각된다.**62**

그 뒤 약 1세기를 거쳐 수대와 당 초기 간도지방은 물길국이 세력을 잃은 뒤 말갈 7부의 하나가 돼 백산부로 불렸다. 그리고 그 부는 고구려가 멸망할 때 그 영역의 일부였음은 다음 기사에서 명확하다.

『구당서』(권199, 하) 「말갈열전」: 백산부는 본래 고구려에 부속됐는데 평
양이 함락된 뒤 그 부 사람들은 많이 중국으로 들어갔다.

그 뒤 발해국은 만주 지방을 차지해 국내에 5경을 설치했는데, 그
하나인 동경 용원부는 책성부로도 불렸고 용원부는 옛 북옥저의 매
구루와 마찬가지로 지금의 연길 부근에 비정되므로 다른 이름인 책성
부는 고구려 때 책성의 이름을 이어받은 것이 틀림없다.[63] 따라서 고
구려의 책성은 광개토왕 때부터 그 나라가 멸망할 때까지 존재했다고
봐야 한다. 장수왕이 재위한 5세기의 부여와 관련해서는 역사에 알려
진 사실이 매우 적다. 북위 태무제는 고구려 장수왕이 처음 조공한 대
연 원년(장수왕 23년, 435) 사신 이오李敖를 평양성에 보내 왕에게 책명
冊命을 줬다.

『위서』(권100) 「고구려열전」: 이오는 장수왕이 거처하는 평양성에 와서
그 나라의 일을 물어본 뒤 돌아가 말했다. "요동(요양) 남쪽 1000여 리
에 있는데 동쪽은 책성, 남쪽은 작은 바다, 북쪽은 옛 부여에 이르며 민
호는 전위(조위) 때보다 3배입니다." 敖至其所居平壤城, 訪其方事, 云遼東
南一千餘里, 東至柵城, 南至小海, 北至舊夫餘, 民戶參倍於前魏時.

이것은 고구려에서 돌아간 이오의 보고를 기록한 것인데, 당시 고
구려의 북쪽 경계라고 한 '옛 부여'는 미천왕이나 고국원왕 무렵(4세
기 전반)부터 고구려에 예속돼 나라의 명맥을 유지해온 아륵초객 지
방의 부여를 가리키는 것 같다.[64] 대연 원년부터 22년 뒤인 문성제 태

안 3년(장수왕 45년, 457) 부여가 조공한 것은 『위서』 본기에 "우전·부여 등 50여 국이 각각 사신을 보내 조공했다于闐·扶餘等五十餘國, 各遣使朝獻"고 보인다. 이것도 아륵초객 지방의 부여로 생각된다, 18년 뒤인 효문제 연흥 5년(장수왕 63년, 475)에는 물길이 처음 조공했고(당시 물길의 본거지는 길림 지방) 그 사신 을력지乙力支는 "먼저 고구려의 10부락을 격파했다"고 보고했지만 다시 19년 뒤인 효문제 태화 18년에 해당하는 고구려 문자명왕文咨明王(장수왕의 다음 왕) 3년(494) 물길은 부여의 왕실을 고구려로 쫓아버렸다. 이 마지막 사실은 『위서』 「고구려열전」과 『삼국사기』 「고구려본기」의 기사에서 알 수 있는데, 나는 「물길고」에서 다음과 같이 설명했다.[65]

그런데 『위서』(권100) 「고구려열전」을 보면 특히 주의를 끄는 기사가 있다. 곧 세종 선무제 때 고구려가 조공한 기사다.

정시 연간(504~507) 세종이 동당에서 고구려의 사신 예실불을 접견했다. 예실불이 말했다. "고구려는 지극한 정성으로 여러 대에 걸쳐 충성해 모든 산물을 조공에 빠뜨리지 않았습니다. 그러나 황금은 부여에서만 나고 흰 옥돌은 섭라에서만 납니다. 지금 부여는 물길에게 쫓겨났고 섭라는 백제에 병합됐는데 국왕 신 운(문자명왕 나운羅雲)은 끊어진 나라를 잇는 의리로 그들을 모두 저희 나라로 옮겨 살게 했습니다. 지금 두 물건을 바치지 못하는 것은 참으로 두 도적 때문입니다." 正始中, 世宗於東堂引見其使芮悉弗, 悉弗進曰, 高麗係誠天極, 累葉純誠, 地産土毛, 無愆王貢. 但黃金出自夫餘, 珂則涉羅所産. 今夫餘爲勿吉所逐, 涉羅爲百濟所幷, 國王臣雲惟繼絶之義, 悉遷于境內. 二品所以不登王府, 實兩賊是爲.

(…) 고구려의 사신 예실불이 부여에 대해 말한 것을 『삼국사기』 「고구려본기」 문자명왕 3년 "부여왕과 왕비·왕자가 나라를 들어 항복해왔다"고 한 기록에 연결시키면 『삼국사기』의 이 간단한 기사는 물길이 부여를 병탄하고 그 왕실을 쫓아낸 사실을 말한 것으로 해석할 수밖에 없다. 문자명왕 3년은 북위 효문제 태화 18년(494)에 해당하고 물길이 처음 북위와 교류한 연흥 5년의 19년 뒤다. 그렇다면 연흥 5년 이전 고구려를 침략해 그 10부락을 빼앗은 물길은 이때 다시 자신의 세력을 부여의 본거지에서 발전시킨 것으로 생각된다. 부여 왕실은 전부터 오랫동안 고구려에 예속됐고 그 수도가 아륵초객(아성) 부근이었다는 것은 앞서 쓴 「부여고」에서 연구한 바 있다.

이처럼 고구려 문자명왕 3년 황금의 산지인 아륵초객의 부여는 일찍이 장수왕 때 새로 흥기해 고구려의 10부락을 차지한 물길에게 쫓겨나 그 왕실은 고구려에 투항했는데, 문자명왕은 끊어진 국맥을 잇는 의리를 생각해 그들을 자국 영토 안에 안치시켰다. 여기서 나는 지금의 함흥에 비정한 고구려 말의 부여성에 한 가지 가설을 제출한다. 문자명왕이 부여 왕실을 안치시킨 곳은 함흥이었다는 것이다. 그리고 그것은 부여성이라는 이름의 기원이 됐다고 생각한다.

『삼국사기』 「지리지」 고구려 성을 나열한 부분에서 "압록강 이북의 항복하지 않은 11성"의 하나로 그 첫머리에서 '북부여성주(본래 조리비서)北扶餘城州, 本助利非西'를 들었는데, 그것은 설인귀가 함락시킨 함흥의 부여성 밖에 될 수 없다. 다음에 말하듯 부여성이 주 치소였다는 점에서도 그렇게 생각된다. '압록강 이북'이라는 표현에 대해서는 그것의 예외로 보고 반드시 얽매일 필요는 없다. '북'자가 앞에 놓여있는 것은 그것이 고구려의 동북쪽 경계의 성이었기 때문으로 생각된다.

『구당서』「고려열전」: 정관 5년(631) 광주도독부 사마 장손사를 보내 수 대에 전사한 유골을 거둬 묻어 주고, 고구려가 세운 경관****을 헐어버리게 했다. 건무(영류왕)는 자신의 나라가 침략 받을 것을 두려워해 장성을 쌓았는데, 동북쪽으로 부여성부터 서남쪽으로 바다에 이르기까지 1000여 리였다. 貞觀五年, 詔遣廣州都督府司馬長孫師, 往收瘞隋時戰亡骸骨, 毁高麗所立京觀. 建武懼伐其國, 乃築長城, 東北自扶餘城, 西南至海, 千有餘里.

여기 기록된 부여성도 이 성을 가리키는 것으로 생각된다.66 또『구당서』「설인귀열전」의 "부여천의 40여 성"과 『자치통감』의 "부여천 안의 40여 성"은 『책부원귀』에서 "부여주 안의 40여 성"이라고 한 것에 따르면 '천川'을 '주州'로 고쳐야 한다. 40여 성은 『신당서』「고려열전」에서 "그 밖의 30성"이라고 했기 때문에 정확성이 의심된다. 또 부여주 안의 성들의 숫자라고 해도 주의 관할 구역은 함흥 지방의 지형상 성천강의 전체 유역(넓은 의미의 함흥평야) 바깥까지 미치지는 않았을 것이므로 40성이나 30성처럼 그렇게 많은 성이 동일한 지역 안에 밀집했다고는 생각되지 않는다. 그렇게 보면 이것은 부여성에서 평양 사이에 당군에게 항복한 성들의 숫자를 부여성 함락에 연결해 기록한 것으로 여겨진다. 또 『신당서』「설인귀열전」에서는 "부여성이 함락되자

---

**** 전공을 과시하기 위해 상대국의 전사자를 거둬 만든 큰 무덤.

그 밖의 40성이 서로 예물을 보내니 위엄이 요해를 진동했다”고 했는데 “위엄이 요해를 진동했다”는 구절은 『구당서』 「설인귀열전」에는 없다. 요해는 막연한 지명이지만 주로 요하 유역에 소속된 요동 지방을 가리키는 것으로 생각되므로 부여성을 요동의 한 성으로 오인한 『신당서』 편자가 두찬한 사족일 뿐이다.

다음으로 설하수 전투는 천남건이 대군을 보내 부여성을 구원하면서 일어난 전투다. 이 전투는 『구당서』 「설인귀열전」과 주로 그 열전에 의거한 『책부원귀』에는 보이지 않고 『자치통감』과 『신당서』 「고려열전」에 실려 있다. 그리고 두 책의 기사는 거의 같고, 『통감』의 설하수薛賀水가 「고려열전」에는 살하수薩賀水로 돼 있다는 것만 다르다. 두 책 모두 부여성 함락과 설하수(살하수) 전투 기사 사이에 직접 연결되지 않는 사실을 서술한 부분, 곧 앞서 든 두 책의 기사 가운데 ‘(…)’ 표시로 생략한 부분이 있지만(이 논문 끝의 ‘문헌 초록’의 두 책 기사 참조) 이런 관계만 공통되므로 설하수(살하수) 전투에 관련된 사실을 어떤 다른 자료에서 얻어 간접적으로 부여성 함락에 연결시켰음을 보여주는 것이다. 그런데 『구당서』 「고종 본기」를 보면 총장 원년(668)에 설하수 전투에 관련된 기사가 있다.

㊳ 2월 무오일(4일) 요동도가 설하수에서 5만 명이 주둔한 진지를 격파해 5000명을 죽이고 3만여 명을 포로로 잡았으며 무기와 소·말은 셀 수 없었다. 二月戊午, 遼東道破薛賀水五萬人陣, 斬首五千餘級, 獲生口三萬餘人, 器械牛馬不可勝計.

여기에는 천남건의 이름이 나오지 않지만 내용은 『통감』과 『신당서』

「고려열전」과 똑같다. 그렇다면『구당서』본기의 이 기사의 전거가 된 어떤 옛 기록은『통감』과『신당서』편자가 공통적으로 이용한 것이 돼야 한다. 그리고 강 이름은『통감』과 마찬가지로 설하수로 돼 있으므로『신당서』「고려열전」의 살하수는 오기가 분명하다.

㊴『신당서』「고종본기」: 총장 원년(668) 2월 임오일(28일) 이적이 고구려를 무찌르고 부여성·남소성·목저성·창암성을 함락시켰다. 二月壬午, 李勣敗高麗, 克扶餘·南蘇·木底·蒼巖城.

이 기사는 이적이 부여성을 함락시켰다고 했는데,『책부원귀』의 편자가 따로 참고한 것은 이 본기 기사의 원전이 틀림없다. 그것은 앞서 든『책부원귀』㉙에서 부여성을 함락시킨 인물로 이적을 들었고 ㉚에서 남소성·목저성·창암성을 점령한 일을 서술했으며,『구당서』「설인귀열전」에 바탕한 ㉛에서 부여성 함락을 기록하면서 설하수 전투를 언급하지 않은 것을 볼 때 분명하다.

여기서 다시 부여성 함락 시점으로 주의를 돌리면『자치통감』의 기사 ㉜에서 "2월 임오일(28일) 이적 등이 고구려 부여성을 함락시켰다"고 했으므로 앞의『신당서』「고종본기」㊴의 '2월 임오일'은 본래 부여성 이하의 몇 성에 모두 관련된 것이 아니라 부여성 하나에만 연관된 것으로 보인다. 그리고 임오일은 2월 28일이다. 한편『구당서』「고종본기」의 기사 ㊳에 보이는 설하수 전투의 날짜는 2월 무오일인데, 그달 초인 4일이다. 이렇게 보면 설하수 전투는『자치통감』의 ㉜와『신당서』「고려열전」의 ㉟에 보이는 것처럼 부여성 함락에 이어서 일어난 것이 아니라 그 반대로 설하수 전투 20여 일 뒤 부여성이 함락된 것이다.

곧 『통감』과 『신당서』 「고려열전」의 기사는 이런 사실에 대해 서술 순서를 뒤바꾼 것으로, 『구당서』 본기의 기사 ㊳의 원전을 참고한 두 책의 편자가 설하수 전투에 관련된 사실을 간접적으로나마 부여성 함락에 연결시킨 것에 해당하며, 그 시기에 깊이 주의를 기울이지 않고 앞쪽을 뒤쪽의 뒤에 일어난 것으로 봐 그 순서를 오인했기 때문이 틀림없다. 사건의 경과에서 생각해도 부여성을 구원하기 위해 천남건이 보낸 고구려군은 성이 함락되기 전 도착했을 것이므로 나는 두 사실이 보여주는 시기에 따라 그렇게 추정하는 것이 틀리지 않는다고 믿는다. 설하수는 부여성 소재지의 뚜렷한 강으로 지금의 성천강에 비정된다고 생각한다.

『구당서』 「설인귀열전」 ― 과 『신당서』의 같은 열전 ― 에는 설하수 전투에 관련된 기록이 없다. 이것은 누락이 분명하다. 그러나 부여성 함락에 이어 "설인귀는 곧 바다를 아우르고 육지를 경략해 이적의 대군과 평양성에서 합류했다"는 귀중한 기사에서 알 수 있는 설인귀의 진군로는 함경남도를 경유한 것이 틀림없고, 그가 부여성을 함락시키는데 이적이 관여하지 않았다면 그는 대행성(구련성) 점령에 참가했을 까닭이 없다. 그렇다면 『통감』과 『신당서』 「고려열전」이 이적을 부여성 공격에, 설인귀를 대행성 점령에 연결시킨 것은 어떤 옛 기록을 참고해 그 오류를 답습한 것으로 생각된다. 그리고 그 옛 기록은 설하수 전투에 관련된 『구당서』 본기의 기사 ㊳의 원전이 아닐까 추정한다. 본기의 그 기사에서 "요동도가 설하수에서 5만 명이 주둔한 진지를 격파했다"고 해서 설하수를 요동 방면의 강이라고 한 것도 이 추측을 뒷받침한다.

또 『책부원귀』에서 "이적과 설인귀가 고구려의 부여성을 함락시켰다"고 한 근거는 앞서 지적한 것처럼 『신당서』「고종본기」㊾와 공통된 자료로 매우 믿을 수 없는 것이다. 그러므로 부여성 함락에서 이적의 이름을 들지 않고 대행성 점령에서 설인귀의 참가를 말하지 않은 「설인귀열전」의 기사는 결코 사실의 진상을 왜곡한 것이 아니다. 덧붙일 것은 앞서 3절에서 든 『신당서』「계필하력열전」의 기사 ㉖에서 국내성에서 군사를 돌려 이적과 합류한 계필하력은 욕이성과 대행성을 공격해 함락시켰다고 하고 "나아가 부여성을 함락시켰다"고 한 것은 말할 것도 없이 필요 없는 내용을 첨가한 『신당서』 편자의 두찬이다.

한 가지 더 덧붙일 것이 있다.

『삼국사기』「신라본기」 문무왕 8년(총장 원년, 668) 봄 3월. 비열홀주를 설치하고 파진찬 용문을 총관으로 임명했다.

이 기사에서 비열홀比列忽은 비열성卑列城이라고도 하며 함경남도의 가장 남쪽인 지금의 안변이다. 문무왕은 몇 년 뒤인 재위 11년(671) 당의 장수 설인귀에게 서신을 보내 "비열성은 본디 신라의 소유였습니다. 고구려가 공격해 차지한 지 30여 년 만에 신라는 그 성을 다시 차지해 백성을 이주시키고 관원을 둬 수비했습니다"면서 이 비열홀주를 다시 설치했다고 밝혔는데,[67] 3월이라는 시기에 따라 추측하면 신라는 2월 말 부여성을 함락시킨 설인귀가 다시 "바다를 아우르고 육지를 경략"하자 그 기회를 포착해 30년 동안 고구려에 빼앗겼던 옛 영토를 탈환한 것이다.

## 5. 고구려의 멸망과 안동도호부

### (1) 평양 함락

건봉 원년(666) 12월 고종은 이적을 총사령관으로 임명해 이미 요동으로 보낸 계필하력·방동선 등 여러 장수와 협력해 고구려를 원정케 했다. 그리고 따로 조서를 내려 "독고경운을 압록도로, 곽대봉을 적리도로, 유인원을 필열도로, 김대문을 해곡도로 가게 하고 모두 행군총관으로 삼았으며 이적은 절도사로 삼았다(『신당서』 「고려열전」)."[68] "유인원을 필열도로, 김대문을 해곡도"로 가게 한 것은 『삼국사기』 「신라본기」 문무왕 7년(667) "다곡도와 해곡도를 따라 평양에서 모이게 했다"는 것에 해당하며, 백제 웅진도독부의 수비병과 신라의 지원군을 북상시키고 "독고경운을 압록도로, 곽대봉을 적리도로" 가게 한 것은 주로 군량 수송에 관련됐음은 같은 사실을 기록한 『책부원귀』에서 "수군과 육군의 총관과 양운사粮運使 두의적·독고경운·곽대봉과 모병募兵 이상은 모두 이적의 명령을 받아 고구려를 토벌케 했다"고 한 것을 참조해 알 수 있다.

그러나 요동으로 군량을 수송한 것은 육로를 이용했을 것이지만, 따로 『신당서』 「고려열전」에서 "연·조에 있는 군량을 요동으로 옮겨 비축하게 했다"고 하고 『책부원귀』에서 "하북도 여러 주의 조세는 모두 요동에서 사용해 군비에 충당케 했다"고 한 것을 볼 때 독고경운에게 지정된 압록도와 곽대봉에게 지정된 적리도는 산동 지방에서 바다로 수송한 것으로 판단된다.[69] 적리도는 성 이름으로 『신당서』 「고려열전」에 보인다.

또 이듬해(정관 21년, 647) 3월 조서를 내려 좌무위대장군 우진달을 청구도행군대총관으로, 우무위장군 이해안을 부총관으로 삼아 내주에서 바다를 건너게 했다. 이적을 요동도 행군대총관으로, 우무위장군 손이랑과 우둔위대장군 정인태를 부총관으로 삼아 영주도독의 군사를 거느리고 신성도를 거쳐 진군하게 했다. [이적의 군대는] 남소성과 목저성에 주둔했을 때 오랑캐군과 싸웠지만 이기지 못하고 그들의 외성만 불태웠다, 7월 우진달 등이 석성을 탈취하고 적리성으로 진격해 수천 명을 죽인 뒤 모두 돌아왔다. 又明年三月, 詔左武衛大將軍牛進達爲靑丘道行軍大總管, 右武衛將軍李海岸副之, 自萊州度海. 李勣爲遼東道行軍大總管, 右武衛將軍孫貳朗·右屯衛大將軍鄭仁泰副之, 率營州都督兵, 繇新城道以進. 次南蘇·木底, 虜兵戰不勝, 焚其郛. 七月, 進達等取石城, 進攻積利城, 斬級數千, 乃皆還.


곧 태종 정관 21년 전쟁에서 이적은 요동의 신성도로 진격해 그 방면의 성들을 공략한 것에 대해 따로 수군을 이끌고 산동의 내주를 출발한 우진달이 고구려 영토 안으로 들어가 공격한 성이다. 그것은 대행성·박작성 등과 함께 압록강 하류에 있던 것으로 생각된다.

군량 수송 임무를 띤 독고경운과 곽대봉 등이 실제로 어떻게 행동했는지는 상세하지 않지만 곽대봉에 대해서는 『신당서』「고려열전」 건봉 2년(667) "이적은 진격해 16성을 함락시켰다. 곽대봉은 수군을 이끌고 바다를 건너 평양으로 갔다"고 하면서 그해 기사를 마쳤고, 『통감』에서는 같은 해 방동선·설인귀 등이 남소성·목저성·창암성과 아울러 국내성을 점령한 사실을 서술한 뒤 이어서 "곽대봉은 수군을 이끌고 다른 길을 이용해 평양으로 갔다郭待封以水軍, 自別道趣平壤"이라고 덧붙였다. 그렇다면 건봉 2년 곽대봉은 다른 장수들이 아직 압록강 이남으로 진격하지 않았을 때 홀로 수군을 이끌고 평양으로 간 것일까?

이해(건봉 2년) 신라 문무왕은 고종의 명령에 따라 지원군을 보냈다. 그는 직접 군사를 이끌고 북상했다.

『삼국사기』「신라본기」: 고종은 유인원·김인태(문무왕의 동생)에게 비열도를 따라 행군하게 하고 우리 군사를 징발해 다곡도와 해곡도를 따라 평양에서 모이게 했다. 가을 8월 왕은 대각간 김유신 등 장군 30명을 이끌고 도성(지금의 경주)을 출발했다, 9월 한성정(지금의 경성[서울])에 이르러 영공(이적)을 기다렸다. 겨울 10월 2일 영공은 평양성 북쪽 200리에 도착해 이동혜 촌주 대나마 강심을 뽑아 보냈다. 강심이 거란 기병 80여 명을 거느리고 아진함성(강원도 이천군 안협安峽)을 거쳐 한성(서울)에 도착해 편지를 전달해 출병 시기를 독촉하니 대왕이 따랐다, 11월 11일 장새(지금의 수안)에 이르렀는데, 영공이 돌아갔다는 말을 듣고 왕의 군대도 돌아왔다. 강심에게 급찬의 관등을 주고 벼 500석을 하사했다.

그 뒤 문무왕이 설인귀에게 보낸 서신에서는 같은 사실을 다음과 같이 서술했다.

건봉 2년(667)에 이르러 대총관 영국공(이적)이 요동을 정벌한다는 말을 듣고 나는 한성주(지금의 경성[서울])로 가서 군사를 보내 고구려의 국경 가까이에 모이게 했습니다. 신라군이 단독으로 쳐들어갈 수는 없었기 때문에 먼저 정탐꾼을 배에 태워 차례로 세 번 보내 대군(당군)의 동정을 살펴보게 했습니다. 그들은 돌아와 모두 "대군(당군)이 아직 평양에 도착하지 않았다"고 했기 때문에 고구려의 칠중성(임진강 가의 적성)을 쳐서 길을 뚫고 대군이 오기를 기다리려고 했습니다. 성을 공격하려고 할 때 영공의 사신 강심이 와서 "신라군은 대총관의 명령을 받들어 성을 공격하지 말고 빨리 평양으로 오라"고 했습니다. 곧 군량을 주고 가서 합류하게 했는데 수곡성(신계에 가까운 점교리)에 이르렀을 때 대군이 이미 돌아갔다는 말을 듣고 마침내 신라군도 곧 철수했습니다.

이처럼 「신라본기」와 문무왕의 서신에 따르면 건봉 2년(667) 10월 2일 당군의 총사령관 이적은 평양 북쪽 200리 되는 곳에 와서 강심이라는 신라인 사신을 한성(지금의 경성[서울])에 주둔한 문무왕에게 보내 서면으로 작전 시기를 통보했다. 그래서 문무왕은 선봉군을 수곡성(황해도 신계 남쪽 20리[7.9킬로미터]쯤의 점교리)까지 진격케 하고 왕 자신도 11월 11일 장새(지금의 수안)에 이르렀지만, 이날 이적이 남하하지 않고 북쪽으로 군사를 돌렸다는 것이 알려지자 신라군은 평양으로 가지 않고 그대로 철수했다는 것이다. 이 기록은 서술 형식과 내용에서 그대로 믿어도 문제가 없다고 생각된다. 그 때문에 나는 앞서 발표한 「당 고종의 고구려 원정과 비열도·다곡도·해곡도의 이름」에서 주저하지 않고 그렇게 서술했지만, 새로 이 논문에서 연구한 것에 따르면 건봉 2년(667) 이적이 압록강 이남에 진주하지 않았다는 것은 매우 명백하므로 그 점에서는 의문을 품지 않을 수 없다.

그러나 이 의문을 앞서 제기한 곽대봉의 행동에 관련된 의문과 연결해 생각하면 두 의문은 쉽게 풀린다. 곧 그해 10월 20일 평양 북쪽 200리까지 와서 사신 강심을 한성으로 보내 문무왕이 이끈 신라군에게 평양 진격을 독촉한 뒤 11월 11일 이전 그곳에서 돌아온 당의 장

수는 이적이 아니라 이적이 바다에서 파견한 곽대봉이라는 것이다. 그
렇다면 이적이 그렇게 한 것은 『신당서』 「고려열전」에서 "이적은 진격
해 16성을 함락시켰다. 곽대봉은 수군을 이끌고 바다를 건너 평양으
로 갔다"고 기록한 대로 이적이 요동의 16성을 경략한 뒤 곧 대행성(지
금의 구련성)을 함락시킨 때로 생각된다. 그리고 그것은 곽대봉이 군량
수송 임무를 완수한 뒤가 틀림없으므로 「고려열전」에서 "곽대봉은 수
군을 이끌고 바다를 건넜다"고 한 것을 그때 처음 산동에서 바다를 건
넜다고 보는 것보다 『통감』에서 "곽대봉은 수군을 이끌고 다른 길을
이용해 평양으로 갔다"고 한 것을 채택해야 한다.

총장 원년(668) 정월에는 우상 유인궤가 부副총사령관에 임명됐다.


**『신당서』 「고종본기」**: 정월 임자일(27일) 유인궤를 요동도 부대총관 겸
안무대사 패강도 행군총관에 임명했다. 正月壬子, 劉仁軌爲遼東道副大總
管兼按撫大使·浿江道行軍總管.


패강도 행군총관이라는 이름에서 미뤄보면 그것은 분명히 패강(대
동강)을 거슬러 평양으로 진격한 수군의 장군으로 생각된다. 유인궤가
이 관직에 임명된 뒤의 행동은 중국 사료에 보이지 않지만, 신라 쪽의
확실한 기록에 따르면 그는 그해 5월 고종의 칙명을 받들어 서해의 당
항진(경기도 남양 부근)에 왔다. 문무왕은 동생 김인문을 보내 영접했지
만 그는 신라가 다시 평양으로 출병하도록 명령하고 돌아갔다.[70] 이것
은 유인궤가 수군의 장수로서 활동한 사실의 한 부분을 알려준다. 아
래서는 평양성을 포위해 공격한 당군의 행동을 서술하기에 앞서 편의
상 유인궤가 전달한 고종의 칙명에 따라 행동한 한반도 군사의 평양

진격을 서술하겠다.

유인궤가 당항진에서 돌아간 뒤 백제의 진장 유인원은 갑자기 고구려 영토 안으로 진군해 대곡군과 한성군의 12성을 점령했다. 그리고 그것을 신라에 알리자 신라는 인문·천존·도유 등에게 일선주(경상북도 선산) 등 7군과 한성주(경기도 광주)의 군사를 이끌고 유인원의 진영으로 가게 했다. 유인원이 점령한 고구려의 대곡군은 황해도 평산, 한성군(일명 식성군)은 재령으로 고종의 칙명에서 말한 다곡도(대곡도)에 해당한다. 고종의 칙명에 따라 유인원은 이미 지난해(건봉 2년, 667) 신라군과 마찬가지로 평양으로 진격했고, 그 진군로는 비열도가 지정됐다.

비열도는 이미 서술한 것처럼 북한강 유역에서 철령을 넘어 비열홀, 곧 지금의 안변으로 내려가 덕원에서 서쪽으로 돌아 평양에 이르는 길을 가리키는 것으로 생각된다. 그런데 유인원은 칙명대로 행동하지 않았다. 그리고 지금 신라군이 출동하기에 앞서 갑자기 대곡도(평산-황주 가도)를 북진해 고구려의 성들을 점령했다. 이것은 당항진에 온 유인궤가 신라의 출병을 처리하면서 유인원의 출병도 재촉했기 때문으로 추측된다[71].

한편 신라 문무왕은 6월 27일 왕경을 출발해 7월 16일 한성주(경기도 황주)에 도착해 각주의 총관이 이끈 대군을 평양으로 진격시켰다. 진군로는 지난번과 마찬가지로 수곡도(삭녕-수안 가도)였던 것 같다. 신라군은 나아가 영류산 아래에 이르러 고구려군과 사천 들판에서 싸워 이겼다. 영류산은 평양성 동북쪽에 우뚝 솟은 큰 산성으로 유명한 대성산이고, 사천은 두 성 사이의 평지를 흘러 대동강으로 들어가는 합장강이다. 그리고 신라군은 이적 군과 함께 평양성을 포위해 9월 12일 마침내 항복시켰다[72]

평양으로 진격한 뒤 유인원에 대해서는 『자치통감』 그해 8월 "신유일(9일) 비열도 행군총관 우위위장군 유인원은 고구려 정벌을 지연한 죄로 요주에 유배됐다"고 보인다. 『신당서』 「고려열전」에도 "유인원은 이적과 합류했지만 기한에 늦어 소환돼 사형에 처해질 뻔했지만 사면돼 요주로 유배됐다"고 했다. 요주는 지금의 운남성 요안현이다. 앞서 서술한 대로 행동한 유인원은 평양성을 함락시키기 한 달 전 출정을 지연한 죄로 유배된 것이다. 비열도 행군총관이던 유인원이 지연한 것은 지난해의 일로 생각되며, 그해 유인궤가 당항진에 오자마자 곧바로 출동한 사정도 그것에 따라 설명할 수 있다.[73]

당군이 평양을 함락시킨 전말은 『책부원귀』에 다음과 같이 기록돼 있다. 이적이 계필하력 등과 함께 욕이성을 함락시킨 것을 서술한(4장 3절에 인용한 ㉓) 다음에 이어지는 기사다.

계필하력은 오랑캐군과 당군 50만 명을 이끌고 평양을 압박했고 이적 군도 뒤이어 도착했다. 고장은 남산을 보내 수령 98명을 이끌고 백기를 들고 이적에게 가서 항복을 요청했으며 곧 입조해 사죄하겠다고 요청하니 이적은 그를 예의로 접대했다. 그러나 남건은 성문을 닫고 굳게 지켰다. 이적이 평양 옆으로 군사를 옮겨 압박하니 남건은 자주 군사를 보내 출전했지만 모두 크게 패배했다. 남건 아래서 주병총관으로 있던 승려 신성은 몰래 이적에게 사람을 보내 성문을 열어 내응하겠다고 약속했다, 5일 뒤 신성은 정말 성문을 열었다. 이적은 군사를 들여보내 성에 올라 북을 울리고 성문과 누각에 불을 지르게 하니 사방에서 불이 났다. 궁지에 몰린 남건은 자살했지만 죽지 않았다. 마침내 고장·남건·남산 등을 포로로 잡아 도성으로 돌아왔다. 何力引蕃·漢兵五十萬人, 逼平

壤, 勣軍繼至. 高藏遣男産, 帥首領九十八人, 持白幡, 詣勣乞降, 請便入朝謝罪,
勣以禮接之. 男建猶閉門固守. 勣乃移兵於平壤之側, 以逼之, 男建頻遣兵出戰,
皆大敗. 男建下主兵總管僧信誠密遣人詣軍, 許開城門爲內應. 經五日, 信誠果
開城門. 勣縱兵入登城, 鼓譟燒城門樓, 四面火起. 男建窘急, 自刺不死, 遂虜高
藏·男建·男産等, 以歸京師.

『신·구당서』「고려열전」과 『자치통감』의 내용도 거의 같다. 이런 기
사 외에 『구당서』(권67) 「이적열전」도 참조할 만하다.

평양성에 이르니 남건은 성문을 닫고 감히 나오지 못했다. 적의 성들은
두려워해 많이 함락됐고 사람들은 도망쳤으며 항복하는 사람이 이어졌
다. 이적은 다시 병사를 이끌고 평양을 포위했다. 요동도 부대총관 유인
궤·학처준과 장군 설인귀가 모두 평양에 모여 빈틈없이 포위했다. 한 달
이 넘어서야 그 성을 함락시키고 그 왕 고장과 남건·남산을 포로로 잡
았다. 至於平壤城, 男建閉門不敢出. 賊中諸城駭懼, 多拔人衆遁走, 降款者相
繼. 勣又引兵圍平壤, 遼東道副大總管劉仁軌·郝處俊·將軍薛仁貴並會於平壤,
犄角圍之. 經月餘, 克其城, 虜其王高藏及男建·男産.

욕이성을 함락시킨 뒤 이적보다 먼저 평양으로 갔다고 한 계필하력
과 그의 동료 장수 방동선·고간 등은 이적과 함께 평양성 포위 공격
에 참여한 것은 말할 것도 없지만, 이처럼 「이적열전」에 유인궤(수군 장
수)·설인귀(부여성 등 여러 성을 경략했다) 등이 평양에서 합류한 사실이
명기된 것은 그 성의 포위 공격에 전군이 참가했음을 의미한다. 유인
궤·설인귀와 함께 거명된 학처준은 『구당서』(권84) 그의 열전에 다음

과 같이 기록돼 있다.

> 건봉 2년(667) 사열소상백으로 옮겼다. 고구려가 반란을 일으키자 조서
> 를 내려 사공 이적을 패강도 대총관으로 삼고 학처준을 부장으로 삼았
> 다. 일찍이 적의 성에 갔을 때 진을 설치할 겨를이 없었는데 적이 갑자기
> 공격해 군사들이 크게 놀랐다. 학처준은 혼자 호상胡床에서 말린 식량
> 을 먹고 있다가 조용히 정예병을 추려 격퇴시키니 많은 장수와 군사가
> 그의 담력과 지략에 탄복했다. 乾封二年, 改爲司列少常伯. 屬高麗反叛, 詔
> 司空李勣爲浿江道大總管, 以處俊爲副. 嘗次賊城, 未遑置陣, 賊徒奄至, 軍中
> 大駭. 處俊獨據胡床, 方餐乾糒, 乃潛簡精銳擊敗之, 將士多服其膽略.

『자치통감』에도 비슷한 기사가 있지만 그밖에 다른 자료에는 보이
지 않아 이 무렵에 이르기까지의 동정은 거의 알 수 없다. 또 천남건
아래서 주병총관의 임무를 맡고 있던 승려 신성을 당군에 내응하게
만든 것은 이적의 군중에 있던 천남생이었다.

> **『신당서』**(권110) **「천남생열전」**: 이적과 평양을 공격하면서 승려 신성에게
> 내응케 하고 고구려의 정예병을 이끌고 몰래 들어가 고장(보장왕)을 포
> 로로 잡았다. 與李勣攻平壤, 使浮屠信誠內間, 引高麗銳兵潛入, 禽高藏.

남생은 평양 공격 때 뿐 아니라 이적이 요동을 정벌할 때부터 늘 그
의 진중에서 자문한 것이 틀림없는데, 이 전쟁 동안 요동에 사신으로
갔다가 돌아온 시어사侍御史 가언충賈言忠이 군중의 일을 고종이 묻자
다음과 같이 대답한 것을 봐도 명확하다.[74]

  만선사 연구 2권

남건 형제가 서로 공격하니 남생은 마음을 돌려 귀의해 우리의 길잡이
가 됐기 때문에 그들의 실정을 모두 알 수 있었습니다. 男建兄弟內相攻
奪, 男生傾心內附, 爲我鄕導, 彼之情僞. 靡不知之.

그해 12월 이적은 수도로 개선했으며, 남생은 우위대장군에 임명되
고 변국공卞國公에 책봉됐는데 "향도로서 공을 세웠기 때문"이었다.[75]
평양이 함락된 것은 9월 계사일(12일)이고[76] 그 함락에 1개월 넘게 걸
린 것은 『통감』과 『구당서』 「이적열전」에 기록돼 있다.

### (2) 안동도호부

평양을 함락시킨 이적은 마침내 고종의 칙명에 따라 유인궤와 설인
귀에게 군사 2만을 이끌고 남아 지키게 한 뒤 자신은 고장·남건·남산
등을 이끌고 귀국해 겨울 12월 도성에 들어와 승리를 보고했다. 이때
설인귀는 평양의 진장으로서 그달 안동도호 — 도호부의 장관 — 에
임명됐고, 이듬해 총장 2년(669) 봄 도성에 있던 이적은 천남생과 논의
해 입안한 계획을 바탕으로 도호부의 관하에 9도독부 42주 100현을
설치했다.[77] 이런 사실은 다음 기사에 요약돼 있다.

• 『구당서』(권39) 「지리지」: 총장 원년 9월 사공 이적이 고구려를 평정했
  다. 고구려는 본래 5부 176성 69만7000호였다. 그해 12월 고구려 땅
  을 나눠 9도독부 42주 100현으로 만들고 안동도호부를 평양성에 설
  치해 다스리게 했다. 그 지도자를 도독·자사·현령에 임명했다. 장군
  설인귀에게 군사 2만으로 안동부를 지키게 했다.

• **같은 책**(권199, 상) **「고려열전」**: 고구려는 예전에 5부로 나뉘어 176성 69만7000호가 있었는데, 그 땅을 나눠 9도독부 42주 100현을 뒀으며 안동도호부를 설치해 다스리게 했다. 그 지도자 가운데 공로가 있는 사람을 뽑아 도독·자사·현령에 임명하고 중국인과 함께 백성을 다스리게 했다. 좌무위장군 설인귀를 보내 군사를 통솔해 지키게 했다.

그러나 이처럼 고구려의 옛 모습을 남겨놓은 도호부의 통치는 의도대로 잘 이뤄지지 않고 이르면 그해(총장 2년) 여름에는 고구려 유민의 이반을 방지하기 위해 그들 가운데 유력한 이들을 당으로 강제 이주시킬 수밖에 없었다.

• **『자치통감』**(권201): 총장 2년 4월. 고구려의 백성 가운데 이반하는 사람이 많자 칙명을 내려 고구려의 3(2?)만8200호를 장강·회수 남쪽과 산남·도성 서쪽 여러 주의 빈 땅으로 이주시키고 가난하고 허약한 사람을 남겨 안동(평양)을 지키게 했다. 高麗之民, 多離叛者, 勅徙高麗戶三(二?)萬八千二百於江淮之南及山南·京西諸州空曠之地, 留其貧弱者使守安東.

• **『구당서』**「고종본기」: 총장 2년 5월 경자일. 고구려의 2만8200호, 수레 1080승, 소 3300두, 말 2900필, 낙타 60두를 중국의 내주와 영주로 옮겨 장강·회수 남쪽과 산남·도성 서쪽 여러 주의 빈 곳으로 이주시켰다. 移高麗戶二萬八千二百, 車一千八十乘, 牛三千三百頭, 馬二千九百匹, 駝六十頭, 將入內地萊·營二州, 般次發遣, 量配於江·淮以南及山南幷涼(京?)以西諸州空閑處安置.

이렇게 해서 해를 넘기고 함형 원년(670) 정월 유인궤가 관직에서 물러나자 고구려의 옛 장수 검모잠은 다시 안동도호 설인귀가 없는 틈을 타 군사를 일으켜 옛 수도인 평양을 탈환해 망국을 부흥시키려고 했다. 그때 신라는 군사 2만을 대동강 북쪽으로 진군시켜 이 반란을 도왔는데, 그 목적은 말할 것도 없이 당의 세력을 한반도에서 몰아내려는 것이었다. 그러나 요동 방면에서 당군이 공격해 오자 신라군은 대동강 이남으로 물러났고 검모잠도 같은 지역으로 도망쳤다. 하지만 검모잠은 신라에서 한성(황해도 재령)으로 맞이해 온 고구려의 왕족 안승(지난해 2월 4000여 호를 이끌고 신라에 투항)에게 살해됨으로써 그의 고구려 부흥 운동은 실패로 끝났다. 그해 봄부터 여름 사이의 일이었다.

그런데 함형 3년(672) 검모잠의 남은 무리가 다시 한성(재령)을 거점으로 다시 신라의 원조를 얻어 대동강 남쪽으로 진출해 두 성을 점령하자 도호부의 당군은 그들을 격파하고 그 본거지를 점령했다. 당군은 그 뒤에도 개성 방면에서 남은 세력을 유지하던 잔당을 토벌함으로써 함형 4년(673) 여름 검모잠이 거병한 뒤 이어진 고구려인의 반란을 평정했다.**78**

앞서 서술한 대로 총장 원년(668) 9월 평양 함락에 앞서 백제 웅진도독부의 진장 유인원은 유배됐지만, 당은 그 뒤 새로 진장을 보내지 않았다. 따라서 그 뒤 웅진도독부는 거의 이름만 남았다. 함형 원년(670) 봄·여름 사이 평양 방면으로 군사를 출동시켜 검모잠의 반란을 도운 신라는 그것에는 실패했지만 같은 해 가을부터 이듬해인 함형 2년 가을까지 백제의 옛 영토에 여러 번 군사를 보내 명목상 당의 직할지였던 그 지역 전체의 성들을 공격했다. 그리고 백제의 옛 수도 사비성에 소부리주를 설치하고 웅진도독부를 몰락시켰다. 당은 그것을 묵시하지 않고 함형 2년 가을 신라의 죄를 묻기 위해 설인귀를 계림도총관雞林道總管으로 임명해 수군을 이끌고 정벌케 했다. 설인귀는 웅진강(금강) 입구에 도착한 뒤 강을 거슬러 올라가 웅진(지금의 공주)을 공격했다. 그는 그럼으로써 웅진도독부를 회복시키려고 했지만 그해 겨울 신라군과 웅진·웅진강 입구에서 싸워 대패한 결과 그 목적을 이루지 못하고 돌아왔다.[79]

그 뒤 함형 4년(673) 고구려 유민의 반란이 평정되자 당은 이듬해 상원 원년(674) 봄 유인궤를 계림도 대총관으로 임명해 신라를 응징하는 군사를 일으켰고, 그 전쟁은 2년 동안 이어졌다. 곧 상원 1~2년의 전쟁이다. 당군은 신라의 서북쪽 경계를 압박해 육군은 임진강 가의 칠중성(지금의 적성)을 함락시켜 매소성買肖城(지금의 양주)을 침입했고 수군은 한강 입구 하류의 성들을 공격했지만 모두 신라군에게 격파됨으로써 결과는 매우 초라했다. 그러나 당군이 돌아간 뒤 신라는 깊은 사죄의 뜻을 표시했으며, 고종은 그것을 받아들임으로써 체면을 세웠고 다시 군사를 일으키지 않았다. 그리고 이듬해 의봉 원년(676) 초 마침내 한반도를 포기하기로 결정했다.

『자치통감』(권202): 의봉 원년 2월 갑술일 안동도호부를 옛 요동성으로 옮겼다. 이보다 앞서 안동도호부 관원에 임명된 중국인은 모두 파직했다. 儀鳳元年二月甲戌, 徙安東都護府於遼東故城. 先是有華人任安東官者悉罷之.

이것은 그것을 의미하는 조처였다. 도호부가 옮겨진 옛 요동성은 고구려의 요동성, 곧 지금의 요양이다.[80]

요동으로 옮겨진 뒤의 안동도호부는 『구당서』(권39) 「지리지」에 다음과 같이 기록돼 있다.

상원 3년(의봉 원년, 676) 2월 안동도호부를 요동군 옛 성으로 옮겼다. 의봉 2년 다시 신성으로 옮겼다. 성력 원년(698) 안동도독부로 고쳤다. 신룡 원년(705) 다시 안동도호부라고 했다. 개원 2년(714) 안동도호부를 평주로 옮겼다. 천보 2년(743) 다시 옛 요서군성으로 옮겼다. 지덕 연간(756~758) 이후 폐지됐다. 처음 설치했을 때 14기미주, 1582호를 다스리게 했다. 수도에서 4625리, 동도에서 3820리 떨어져 있다.

신성주도독부. 요성주도독부. 가물주도독부. 건안주도독부.

남소주. 목저주. 개모주. 대나주. 창암주. 마미주. 적리주. 여산주. 연진주. 안시주.

이 14주에는 모두 성지城池가 없다. 고구려의 항복한 민호는 이런 여러 군진에 분산시켜 그 지도자를 도독·자사로 삼아 다스리게 했다. 上元三年二月, 移安東府於遼東郡故城置, 儀鳳二年, 又移置於新城. 聖曆元年六月, 改爲安東都督府, 神龍元年, 復爲安東都護府. 開元二年, 徙安東都護于平州置. 天寶二年, 又徙於遼西故郡城置. 至德後廢. 初置領羈縻州十四, 戶一千五百八十二. 去京師四千六百二十五里, 至東都三千八百二十里. 新城州都督府. 遼城州都督府. 哥勿州都督府. 建安州都督府. 南蘇州. 木底州. 蓋牟州. 代那州. 倉巖州. 磨米州. 積利州. 黎山州. 延津州. 安市州. 凡此十四州, 並無城池. 是高麗降戶散此諸軍鎭, 以其酋渠爲都督·刺史羈縻之.

의봉 원년(676) 옛 요동성으로 옮겨진 안동도호부는 이듬해 다시 신성(지금의 무순)으로 옮겨졌다. 그리고 총장 2년(669) 처음 평양에 설치된 도호부는 9도독부 42주 100현을 관할했지만, 이전된 뒤의 도호부는 4도독부의 4주를 포함한 14기미주를 다스렸다. "처음 설치했을 때 14기미주를 다스리게 했다"는 것은 옛 요동성의 도호부를 말한 것이지만 신성으로 옮겨진 뒤에도 같았다고 생각되는데, 4도독부의 첫머리에 신성도독부가 있는 「지리지」의 이 기록은 신성에 도호부가 있던 때의 상태를 보여주는 것이 분명하기 때문이다. 14주 가운데 가물주·대나주·마미주·적리주·여산주·연진주 등의 정확한 위치는 알기 어렵지만, 이 논문에서 그때그때 고찰한 다른 주들 ― 신성·요동성·건안성·남소성·목저성·개모성·창암성·안시성 ― 의 위치에서 미뤄보면 도호부의 관할구역은 대체로 요동 지방에 있던 것이 거의 분명하다.

요동에 있던 도호부의 수장에는 고구려의 항복한 왕 고장이 임명됐다. 그리고 그때 도호부는 요동성에서 신성으로 옮겨졌다.

- 『구당서』(권5) 「고종본기」 의봉 2년(677): 2월 정사일 공부상서 고장을 요동 도독에 임명하고 조선군왕으로 책봉해 [수도에서] 안동도호부로 돌려보내 고구려의 남은 백성을 안정시키게 했다. (…) 그리고 안동도호부를 신성으로 옮겨 그들을 다스리게 했다.

- 『자치통감』(권202) 같은 해 같은 달: 정사일 공부상서 고장을 요동주 도독에 임명하고 조선왕에 책봉해 요동으로 돌아가 고구려의 유민을 안정시키게 했다. 앞서 여러 주에 있던 고구려인은 모두 고장과 함께 돌아갔다. (…) 그리고 안동도호부를 신성으로 옮겨 그들을 다스리게 했다. 丁巳, 以工部尙書高藏爲遼東州都督, 封朝鮮王, 遣歸遼東, 安輯高

麗餘衆. 高麗先在諸州者, 皆遣與藏俱歸. (…) 移安東都護府於於新城, 以統
之.

고장을 도호부의 수장으로 삼은 동시에 그 부를 요동성에서 신성
으로 옮긴 것은 고구려인에게는 이 성이 요동성보다 중요했기 때문으
로 생각된다. 그러나 고장은 그해나 그다음 해(의봉 3년) 사이에 갑자
기 그 지위를 잃었다.

『구당서』(권199, 상) 「고려열전」: 의봉 연간(676~679) 고종은 고장을 개부
의 동삼사 요동도독에 임명하고 조선왕에 책봉해 안동진에 거주하게 하
고 본번의 군주로 삼았다. 고장은 안동(신성)에 이르러 몰래 말갈과 연
락해 반란을 도모했다. 일이 발각되자 소환해 공주로 유배시켰다. 아울
러 나머지 사람들은 하남·농우의 여러 주에 분산시켰는데, 가난하고
약한 사람은 안동 부근에 남게 했다. 고장은 영순 초에 세상을 떠났다.
高宗授高藏開府儀同三司遼東都督, 封朝鮮王, 居安東鎭, 本蕃爲主. 高藏至安
東, 潛與靺鞨相通謀叛. 事覺召還, 配流邛州. 幷分徙其人, 散向河南·隴右諸
州, 其貧弱者留在安東城榜. 高藏以永淳初卒.

천남생이 안동부의 관사에서 세상을 떠난 것은 의봉 4년(조로 원년,
679) 정월이었다.[81]

『신당서』(권110) 「천남생열전」: 의봉 2년 조서를 내려 요동을 안무하게
했다. 아울러 주·현을 설치하고 유배된 사람을 불러왔으며 조세와 요
역을 고르게 하고 요역을 없애니 백성들이 그의 너그러움을 기뻐했다,

46세로 세상을 떠났다. 儀鳳二年, 詔安撫遼東, 并置州縣, 招流竄, 平斂賦, 罷力役, 民悅其寬. 卒年四十六.

남생도 그때까지 도호부의 요직을 맡았던 것이다. 고장의 자손과 도호부의 관계는 『구당서』 「고려열전」의 앞 기사에 이어 다음과 같이 나온다.

수공 2년(686) 고장의 손자 고보원을 조선군왕에 책봉했다. 성력 원년 (698) 좌응양위대장군에 임명하고 충성국왕에 책봉해 안동의 유민을 다스리게 하려고 했지만 끝내 시행되지 못했다, 2년 고장의 아들 고덕무를 안동도독으로 임명해 본번을 다스리게 했다. 이때부터 안동에 있는 고구려의 유민이 점차 줄어 돌궐과 말갈 등에 투항하니 고씨의 군장은 마침내 끊어졌다. 垂拱二年, 又封高藏孫寶元爲朝鮮郡王. 聖曆元年, 進授左鷹揚衛大將軍, 封爲忠誠國王, 委其統攝安東舊戶, 事竟不行. 二年又授高藏男德武爲安東都督, 以領本蕃. 自是高麗舊戶在安東者漸寡少, 分投突厥及鞨鞨等, 高氏君長遂絶矣.

이처럼 신성의 안동도호부는 당이 한반도를 포기한 뒤 고구려 옛 영토의 일부인 요동에서 그곳의 기미주에 흩어져 거주한 고구려 유민을 다스리는 기관이었다. 그리고 그 통치를 맡은 것은 주로 고구려의 항복한 국왕 고장과 그 자손이었다. 다만 신성의 안동도호부가 그런 상태로 존재한 것은 의봉 2년(677)부터 성력 2년(699)까지 22년 동안이었고, 앞서 든 『구당서』 「지리지」에 보이는 그 뒤의 도호부는 신성에 없었고 그 성격도 달랐다. 그 뒤의 역사를 보면 발해가 멸망한 뒤 동란국의 이름으로 요 태종 천현 3년(928)부터 경종 건형乾亨 원년(979) 까지 50여 년 동안 요양에 존재한 소小발해국이 신성의 안동도호부와 매우 비슷한 것도 흥미로운 사실이다.[82]

1941년 7월 15일 탈고(『만선지리역사연구보고』 16책)

# [부설] 고구려 원정 관련 주요 문헌 초록

　　건봉(666~668)·총장(668~670) 연간 고구려 원정의 전말을 고찰한 이 논문은 소략하고 오류가 적지 않은 사료를 이용했기 때문에 매우 번쇄한 기초 작업인 본문 비판이 많은 부분을 차지했다. 처음부터 읽기 쉽게 쓰려고 하지도 않았고 그렇게 할 수도 없었지만, 나는 스스로 흥미를 억누를 수 없어 번잡한 작업을 거듭하는 동안 사실의 진상을 구명해 알지 못했던 사실을 밝힌 것도 있었다. 본문을 비판하면서 몇 종류의 문헌 기사를 분할하고 필요에 따라 부분적으로 인용했기 때문에 이제 그런 문헌의 주요 부분을 초록함으로써 각 문헌의 원본을 찾지 않고 곧바로 기사 전문을 살펴볼 수 있도록 편의를 제공하려고 한다.

1. 『일본서기』
2. 『구당서』「고종본기」
3. 『신당서』「고종본기」
4. 『구당서』「고려열전」
5. 『신당서』「고려열전」
6. 『자치통감』
7. 『책부원귀』
8. 『신당서』「천남생열전」
9. 「천남생 묘지」
10. 『구당서』「이적열전」
11. 『신당서』「이적열전」

12. 『구당서』「계필하력열전」

13. 『신당서』「계필하력열전」

14. 『구당서』「설인귀열전」

15. 『신당서』「설인귀열전」

16. 『구당서』「지리지」


## 1. 『일본서기』(권27) 덴지 천황기

[3년(664) 겨울 10월] 이달 고구려의 대신 개금이 그 나라에서 죽었는데, 자식들에게 유언했다. "너희 형제들은 물고기와 물처럼 화합하고 작위를 다투지 말라. 그렇게 하지 않으면 반드시 이웃나라들의 웃음거리가 될 것이다." 是月高麗大臣蓋金終於其國, 遺言於兒等曰, 汝等兄弟, 和如魚水, 勿爭爵位. 若不知是, 必爲隣笑.


## 2. 『구당서』(권5) 「고종본기」

건봉 원년(666)

6월 임인일 고구려 막리지 개소문이 죽었다. 그 아들 남생이 아버지의 자리를 이었지만 동생 남건에게 쫓겨났다. 남생이 아들 헌성을 당 조정에 보내 항복을 요청하니 좌효위대장군 계필하력에게 군사를 이끌고 가서 맞이하게 했다. 六月壬寅, 高麗莫離支蓋蘇文死. 其子男生繼其父位, 爲其弟男建所逐. 使其子獻誠詣闕請降, 詔左驍衛大將軍契苾何力率兵以應接之.

겨울 10월 기유일 사공 영국공 이적을 요동도 행군 대총관으로 삼아 고구려를 정벌케 했다. 冬十月己酉, 命司空英國公勣爲遼東道行軍大總管, 以伐高麗.

총장 원년(668)

봄 정월 임자일 우상 유인궤를 요동도 부대총관으로 삼았다. 春正月 壬子, 以右相劉仁軌, 爲遼東道副大總管.

2월 무오일(4일) 요동도가 설하수에서 5만 명이 주둔한 진지를 격파해 5000명을 죽이고 3만여 명을 포로로 잡았으며 무기와 소·말은 셀 수 없었다. 二月戊午, 遼東道破薛賀水五萬人陣, 斬首五千餘級, 獲生口三萬餘人, 器械牛馬不可勝計.

9월 계사일 사공 영국공 이적이 고구려를 격파해 평양성을 함락시키고 그 왕 고장과 그 대신 남건 등을 포로로 잡아 돌아왔다. 영토 안이 모두 항복하니 성은 170곳, 가호는 69만7000호였다. 그곳에 안동도호부를 두고 42주를 나눠 설치했다. 九月癸巳, 司空英國公勣破高麗, 拔平壤城, 擒其王高藏及其大臣男建等以歸. 境內盡降, 其城一百七十, 戶六十九萬七千. 以其地爲安東都護府, 分置四十二州.


## 3. 『신당서』(권3) 「고종본기」

건봉 원년(666)

6월 임인일 고구려의 천남생이 귀의하기를 요청하니 우효위대장군 계필하력을 요동안무대사로 삼아 군사를 이끌고 돕게 했다. 좌금오위 장군 방동선과 영주도독 고간을 요동도 행군총관으로 삼고, 좌무위 장군 설인귀·좌감문위 장군 이근행을 후군으로 삼아 돕게 했다. 六月 壬寅, 高麗泉男生請內附, 右驍衛大將軍契苾何力爲遼東安撫大使, 率兵援之. 左金吾衛將軍龐同善·營州都督高侃爲遼東道行軍總管, 左武衛將軍薛仁貴·左監門衛將軍李謹行爲後援.

12월 기유일 이적이 요동도 행대(군?)대총관에 임명돼 6총관의 군사

를 이끌고 고려를 정벌했다. 十二月己酉, 李勣爲遼東道行臺(軍?)大總管, 率
六總管兵, 以伐高麗.

건봉 2년(667)

9월 신미일 이적이 고구려와 신성에서 싸워 이겼다. 九月辛未, 李勣及
高麗戰于新城, 敗之

총장 원년(668)

정월 임자일 유인궤를 요동도 부대총관 겸 안무대사 패강도 행군총
관에 임명했다. 正月壬子, 劉仁軌爲遼東道副大總管兼按撫大使·浿江道行軍總
管.

2월 임오일 이적이 고구려를 무찌르고 부여성·남소성·목저성·창암
성을 함락시켰다. 二月壬午, 李勣敗高麗, 克扶餘·南蘇·木底·蒼巖城.

9월 계사일 이적이 고구려왕 고장을 패배시키고 포로로 잡았다. 九
月癸巳, 李勣敗高麗王高藏執之.

12월 정사일, 고장을 포로로 잡아 바쳤다. 정묘일, 남쪽 교외에서
사건이 일어났다. 十二月丁巳, 俘高藏以獻. 丁卯, 有事于南郊.


## 4. 『구당서』 「고려열전」

건봉 원년(666) 고장이 자신의 아들을 입조시켜 태산에서 거행된
[봉선에] 참석케 했다. 그해 개소문이 죽고 그의 아들 남생이 대신 막
리지가 됐는데, 동생 남건·남산과 불화해 각각 당파를 만들어 서로 공
격했다. 남생은 두 동생에게 쫓겨 국내성으로 달아나 웅거하고 죽기로
지키면서 아들 헌성을 당 조정에 구원을 요청했다. 좌효위대장군 계필
하력에게 군사를 이끌고 가서 맞이하게 했다. 남생이 탈출해 도망쳐오
자 조서를 내려 특진 요동대도독 겸 평양도 안무대사에 임명하고 현

도군공에 책봉했다, 11월 사공 영국공 이적을 요동도 행군 대총관으로 삼아 비장 곽대봉 등을 이끌고 고구려를 정벌케 했다.

2년 2월 이적은 요하를 건너 신성에 이르러 장수들에게 말했다. "신성은 고구려 서쪽 경계의 가장 중요한 진성이니 먼저 공격하지 않으면 다른 성들을 쉽게 함락시킬 수 없다." 마침내 군사를 이끌고 신성 서남쪽에 산을 의지해 목책을 만들어 공격과 수비를 병행하니 성 안의 상황이 어려워져 항복하는 사람이 자주 나왔다. 이때부터 가는 곳마다 이겼다. 고장과 남건은 태대형 남산을 보내 수령 98명을 이끌고 비단 깃발을 들고 나가 항복케 하고 입조를 요청했다. 이적은 예의를 갖춰 영접했지만 남건은 성문을 닫고 굳게 지켰다.

총장 원년(668) 9월 이적은 다시 평양성 남쪽으로 진영을 옮겼다. 남건은 자주 군사를 보내 출전했지만 모두 크게 패배했다. 남건 아래서 착병총관으로 있던 승려 신성은 몰래 이적에게 사람을 보내 성문을 열어 내응하겠다고 약속했다, 5일 뒤 신성은 정말 성문을 열었다. 이적은 군사를 들여보내 성에 올라 북을 울리고 성문과 누각에 불을 지르게 하니 사방에서 불이 났다. 궁지에 몰린 남건은 자살했지만 죽지 않았다, 11월 평양을 함락시키고 고장·남건 등을 포로로 잡았다, 12월 도성으로 돌아와 함원궁에서 포로를 바쳤다. 조서를 내려 고장은 정치를 직접 주관하지 않았다는 이유로 사평 태상백에 제수하고 남산은 먼저 항복했기 때문에 사재소경에 임명했다. 남건은 검주로 유배보냈다. 남생은 길을 안내한 공이 있다는 이유로 우위대장군에 임명하고 변국공에 책봉했으며 이전처럼 특진을 인정했다. 고구려는 예전에 5부로 나뉘어 176성 69만7000호가 있었는데, 그 땅을 나눠 9도독부 42주 100현을 뒀으며 안동도호부를 설치해 다스리게 했다. 그 지도자 가운데 공로가 있는 사람을 뽑아 도독·자사·현령에 임명하고 중국인과 함께 백성을 다스리게 했다. 좌무위장군 설인귀를 보내 군사를 통솔해 지키게 했다. 乾封元年, 高藏遣其子入朝, 陪位於太山之下. 其年蓋蘇文死, 其子男生代爲莫離支, 與其弟男建·男産不睦, 各樹朋黨, 以相攻擊. 男生爲二弟所逐, 走據國內城死守, 其子獻誠詣闕求哀. 詔左驍衛大將軍契苾何力率兵應接之. 男生脫身來奔, 詔授特進·遼東大都督兼平壤道安撫大使, 封玄菟郡公. 十一月, 命司空英國公李勣爲遼東道行軍大總管, 率禆將郭待封等以征高麗. 二年二月, 勣度遼至新城, 謂諸將曰, 新城是高麗西境鎭城, 最爲要害, 若不先圖, 餘城未易可下. 遂引兵於新城西南, 據山築柵, 且攻且守, 城中窘迫, 數有降者. 自此所向克捷. 高藏及男建遣太大兄男産將首領九十八人, 持帛幡出降, 且請入朝. 勣以禮延接, 男建猶閉門固守. 總章元年九月, 勣又移營於平壤城南. 男建頻遣兵出戰, 皆大敗. 男建下捉兵總管僧信誠密遣人詣軍中, 許開城門爲內應. 經五日, 信誠果開門. 勣從兵入, 登城鼓譟, 燒城門樓, 四面火起. 男建窘急, 自刺不死. 十一月, 拔平壤城, 虜高藏·男建等. 十二月, 至京師, 獻俘於含元宮. 詔以高藏政不由己, 授司平太常伯, 男産先降, 授司宰少卿. 男建配流黔州. 男生以鄕導有功, 授右衛大將軍, 封汴國公, 特進如故. 高麗國舊分爲五部, 有城百七十六, 戶六十九萬七千. 乃分其地置都督府九·州四十二·縣一百, 又置安東都護府以統之. 擢其酋渠有功者授都督·刺史及縣令, 與華人參理百姓. 乃遣左武衛將軍薛仁貴, 總兵鎭之.


## 5. 『신당서』 「고려열전」

건봉 원년(666) 장이 아들 남복을 보내 천자를 따라 태산의 봉선에 참석하고 돌아오게 했다. 그때 연개소문이 죽고 아들 남생이 그를 대신해 막리지가 됐는데 동생인 남건·남산과 사이가 나빴다. 남생은 국내성을 거점으로 삼고 아들 헌성을 당에 보내 도움을 요청했다. 연개소문의 동생 연정토도 땅을 바쳐 항복하기를 요청했다. 그러자 조서를 내려 계필하력을 요동도 안무대사로 삼고, 좌금오위장군 방동선과 영주도독 고간 등을 행군총관으로 삼았다. 좌무위장군 설인귀와 좌감문장군 이근행은 후군을 이끌고 갔다.

9월 방동선이 고구려군을 격파하니 남생이 군사를 이끌고 와서 합류했다. 조서를 내려 방동선을 특진 요동대도독 겸 평양도 안무대사에 임명하고 현도군공에 책봉했다. 이적을 요동도행군대총관 겸 안무대사로 삼아 계필하력·방동선과 힘을 합치게 했다. 조서를 내려 독고경운을 압록도로, 곽대봉을 적리도로, 유인원을 필열도로, 김대문을 해곡도로 가게 하고 모두 행군총관으로 삼았으며 이적은 절도사로 삼았다. 연·조에 있는 군량을 요동으로 옮겨 비축하게 했다. 이듬해 정월 이적이 군사를 이끌고 신성에 주둔한 뒤 장수들을 모아 의논했다. "신성은 적의 서쪽 변경이므로 먼저 함락시키지 않으면 나머지 성들이 쉽게 무너지지 않을 것이다." 마침내 서남쪽 산에 벽을 쌓아 성에 가까이 다가가자 성안 사람들이 우두머리를 묶어 항복했다. 이적은 진격해 16성을 함락시켰다. 곽대봉은 수군을 이끌고 바다를 건너 평양으로 갔다.

3년 2월 이적이 설인귀를 이끌고 부여성을 함락시키자 그 밖의 30성이 모두 예물을 바쳤다. 방동선과 고간은 신성을 지키고 있었다. 남건이 군사를 보내 습격하자 설인귀는 고간을 구원했는데, 금산에서 싸웠지만 이기지 못했다. 고구려는 북을 울리며 진군했는데 기세가 매우 날카로웠다. 설인귀는 측면에서 공격해 크게 격파하고 5만 명을 죽였으며 남소성·목저성·창암성 등 세 성을 함락시켰다. 군사를 이끌고 그 지역을 점령한 뒤 이적과 합류했다.

시어사 가언충이 군사 작전을 논의하기 위해 [요동에서] 돌아왔는데 고종이 군대의 상황을 묻자 대답했다. "반드시 이길 것입니다. 예전 선제께서 죄를 물으실 때 뜻을 이루지 못한 것은 오랑캐에게 틈이 없었기 때문입니다. '전쟁에서 내응하는 자가 없으면 도중에 돌아오라'는 속담이 있습니다. 지금 남생 형제가 서로 다퉈 우리의 길잡이가 됐으니 우리는 오랑캐의 내부 상황을 모두 알 수 있으며 장수와 군사들은 충성과 힘을 다하고 있습니다. 그 때문에 신은 반드시 이긴다고 한 것입니다. 그리고 고구려의 비기에 '900년이 되기 전 80세의 대장에게 멸망할 것'이라고 했는데 고구려는 한대부터 나라가 있어 지금 900년이고 이적의 나이는 80세입니다. 고구려는 기근이 이어져 사람들은 서로 약탈해 팔고 지진으로 땅이 갈라지며 이리와 여우가 성 안에 들어가고 두더지가 성문에 굴을 뚫어 사람들이 두려워 놀라고 있으므로 이번 원정으로 다시 군사를 일으키지 않게 될 것입니다."

남건이 군사 5만으로 부여를 습격하자 이적은 살(설?)하수 가에서 격파해 5000명을 죽이고 3만 명을 포로로 잡았다. 무기와 소·말도 그 정도 됐다. 나아가 대행성을 함락시켰다. 유인원은 이적과 합류했지만 기한에 늦어 소환돼 사형에 처해질 뻔했지만 사면돼 요주로 유배됐다. 계필하력은 압록에서 이적 군과 합류해 욕이성을 함락시키고 모든 군사를 동원해 평양을 포위했다.

9월 고장이 남산을 보내 수령 100명을 이끌고 흰 깃발을 세워 항복케 하고 입조를 요청하니 이적은 예의를 갖춰 접견했다. 그래도 남건은 성을 굳게 지키며 나와 싸웠으나 여러 번 패배했다. 대장인 승려 신성이 첩자를 보내 내응을 약속했다. 닷새 만에 성문이 열리니 군사들이 고함을 지르며 들어가서 성문에 불을 지르니 불길이 사방에서 솟았다. 궁지에 몰린 남건은 스스로 찔렀지만 죽지는 않았다. 고장·남건 등을 포로로 잡고 5부·176성·69만 호를 몰수했다. 이적에게 조서를 내려 즉시 돌아와 소릉에 포로를 바치고 개선하게 했다.

12월 고종은 함원전에 앉아 이적 등을 접견하고 조정에서 포로를 헌상받았다. 고장은 평소에 [개소문의] 위협을 받았기 때문에 죄를 용서해 사평 태상백으로 삼고, 남산은 사재소경으로 삼았다. 남건은 검주로, 백제왕 부여융은 영외로 유배 보냈다. 헌성은 사위경으로, 신성은 은청광록대부로, 남생은 우위대장군으로, 계필하력은 행좌위대장군, 이적은 겸태자태사로, 설인귀는 위위대장군으로 삼았다. 그 영토를 9도독부·42주·100현으로 나누고 안동도호부를 다시 설치했으며 지도자酋豪 가운데 공로가 있는 사람을 뽑아 도독·자사·영에 임명해 중국 관원과 함께 통치에 참여케 했다. 설인귀를 도호로 삼아 군사를 거느리고 지키게 했다. 이해에 교제郊祭를 지내 고구려를 평정한 것을 하늘에 감사했다. 乾封元年, 藏遣子男福, 從天子封泰山還. 而蓋蘇文死, 子男生代爲莫離支, 有弟男建·男産相怨. 男生據國內城, 遣子獻誠入朝求救. 蓋蘇文弟淨土亦請割地降. 乃詔契苾何力爲遼東道安撫大使, 左金吾衛將軍龐同善·營州都督高偘爲行軍總管. 左武衛將軍薛仁貴·左監門將軍李謹行殿而行. 九月, 同善破高麗兵, 男生率師來會. 詔拜男生特進遼東大都督兼平壤道安撫大使, 封玄菟郡公. 又以李勣爲遼東道行軍大總管兼按撫大使, 與契苾何力·龐同善幷力. 詔獨孤卿雲鴨淥道, 郭待封積利道, 劉仁願畢列道, 金待問海谷道, 並爲行軍總管, 受勣節度. 轉燕·趙食饟遼東. 明年正月, 勣引道次新城, 合諸將謀曰, 新城賊西鄙, 不先圖, 餘城未易下. 遂壁西南山臨城, 城人縛戍酋出降. 勣進拔城十有六. 郭待封以舟師濟海, 趨平壤. 三年二月, 勣率仁貴拔扶餘城, 它城三十皆納款. 同善·偘守新城, 男建遣兵襲之, 仁貴救偘. 戰金山不勝. 高麗鼓而進, 銳甚. 仁貴橫擊,

大破之, 斬首五萬級, 拔南蘇·木底·蒼岩. 引兵略地, 與勣會. 侍御史賈言忠計事還, 帝問軍中云何, 對曰, 必克. 昔先帝問罪, 所以不得志者, 虜未有釁也. 諺曰, 軍無媒, 中道回. 今男生兄弟鬩很, 爲我鄉導, 虜之情僞, 我盡知之, 將忠士力, 臣故曰必克. 且高麗祕記曰, 不及九百年, 當有八十大將滅之. 高氏自漢有國, 今九百年, 勣年八十矣. 虜仍荐飢, 人相掠賣, 地震裂, 狼狐入城, 蚡穴於門, 人心危駭, 是行不再擧矣. 男建以兵五萬襲扶餘, 勣破之薩(薛?)賀水上, 斬首五千級, 俘口三萬. 器械牛馬稱之. 進拔大行城. 劉仁願與勣會後期, 召還當誅, 赦流姚州. 契苾何力會勣軍于鴨淥, 拔辱夷城, 悉師圍平壤. 九月, 藏遣男産率首領百人, 樹素幡降, 且請入朝, 勣以禮見. 而男建猶固守, 出戰數北. 大將浮屠信誠遣諜約內應. 五日闔啓, 兵譟而入, 火其門, 鬱焰四興. 男建窘急, 自刺不殊. 執藏·男建等, 收凡五部百七十六城, 戶六十九萬. 詔勣便道獻俘昭陵, 凱而還. 十二月, 帝坐含元殿, 引見勣等, 數俘于廷. 以藏素脅制, 赦爲司平太常伯, 男産司宰少卿. 投男建黔州, 百濟王扶餘隆嶺外. 以獻誠爲司衛卿, 信誠爲銀靑光祿大夫, 男生右衛大將軍, 何力行左衛大將軍, 勣兼太子太師, 仁貴威衛大將軍. 剖其地爲都督府者九·州四十二·縣百, 復置安東都護府, 擢酋豪有功者授都督·刺史·令, 與華官參治. 仁貴爲都護, 總兵鎭之. 是歲郊祭, 以高麗平, 謝成于天.


## 6. 『자치통감』

### 건봉 원년(666)

5월 고구려의 연개소문이 죽자 맏아들 남생이 대신해 막리지가 됐다. 처음 국정을 맡은 뒤 여러 성을 순시하러 나가면서 동생 남건·남산에게 남아 일을 처리하게 했다. 어떤 사람이 두 동생에게 말했다. "남생은 두 동생이 자신을 핍박하는 것을 싫어해 제거하려고 하니 먼저 계획을 세워야 합니다." 동생들은 처음에 믿지 않았지만 다시 어떤 사람이 남생에게 알렸다. "두 동생은 형이 돌아오면 자신들의 권력을 빼앗을까 걱정해 형을 들여보내지 않으려고 합니다." 남생은 가까운 사람을 몰래 평양으로 보내 염탐케 했는데 두 동생은 그를 사로잡은 뒤 왕명으로 남생을 불렀다. 남생은 두려워 감히 돌아가지 못했다. 남건은 스스로 막리지가 돼 군사를 보내 그를 공격했다. 남생은 다른 성으로 달아나 지키면서 아들 헌성을 당 조정에 보내 도움을 요청했다.

6월 임인일 우효위대장군 계필하력을 요동도 안무대사로 삼아 군사를 이끌고 가서 구원하게 했다. 헌성을 우무위대장군으로 삼고 길을 안내하게 했다. 또 우금오위장군 방동선과 영주도독 고간 등을 행군총관으로 삼아 함께 고구려를 토벌케 했다. 9월 방동선이 고구려군을 대파하니 천남생은 무리를 이끌고 방동선과 합세했다. 조서를 내려 남생을 특진 요동대도독 겸 평양도 안무대사에 임명하고 현도군공에 책봉했다. 겨울 12월 기유일 당은 이적을 요동도 행군대총관으로 삼고 사열소상 백안륙과 학처준을 부관으로 삼아 고구려를 공격했다. 방동선과 계필하력을 예전처럼 요동도 행군부대총관 겸 안무대사로 삼고 수륙제군총관·운량사 두의적·독고경운·곽대봉 등은 모두 이적의 지휘를 받게 했다. 하북 여러 주의 조세는 모두 요동으로 보내 군비에 쓰게 했다.

건봉 2년(667)

9월 신미일 이적은 고구려의 신성을 함락시킨 뒤 계필하력에게 지키게 했다. 앞서 이적은 요하를 건넌 뒤 장수들에게 말했다. "신성은 고구려 서쪽 변경의 요지니 먼저 차지하지 않으면 나머지 성들을 쉽게 얻을 수 없을 것이다." 마침내 공격하니 그 성 사람 사부구가 성주를 묶고 문을 열어 항복했다. 이적은 군사를 이끌고 나아가 16성을 공격해 모두 함락시켰다. 방동선과 고간은 아직 신성에 있었는데, 천남건이 군사를 보내 그 진영을 습격했다. 좌무위장군 설인귀가 그를 격파했다. 고간은 나아가 금산에 이르러 고구려와 싸웠으나 불리했다. 고구려가 승세를 타고 추격하자 설인귀는 군사를 이끌고 측면에서 공격해 크게 격파하고 5만여 명을 죽였으며 남소성·목저성·창암성 등 세 성을 함락시키고 천남생 군과 합류했다.

곽대봉은 수군을 이끌고 다른 길을 이용해 평양으로 갔다. 이적은 별장 풍사본을 보내 군량과 무기를 싣고 공급하게 했다. 풍사본은 배가 부서져 약속한 기한을 지키지 못했다. 곽대봉은 군사들이 굶주려 곤경에 빠지자 이적에게 서신을 보내려고 했지만 적에게 빼앗겨 그들이 허실을 알게 될까 우려해 이합시離合詩*****를 지어 이적에게 보냈다. 이적은 화를 내며 말했다. "군대의 일이 바야흐로 급한데 시를 지어 무엇에 쓴단 말인가? 반드시 그를 목베리라." 행군관기 통사사인 원만경이 그 뜻을 해석하자 이적은 군량과 무기를 다시 그에게 보냈다. 원만경은 고구려에 보내는 격문을 지어 "압록강의 험지를 지키는지 모르겠다"고 했다. 천남건은 "삼가 명령을 따르겠다"고 하고 곧 군사를 보내 압록진을 점거하니 당군이 건너지 못했다. 황제는 그 소식을 듣고 원만경을 영남으로 유배 보냈다. 학처준은 고구려 성 아래 도착했지만 아직 대오를 갖추지 못했는데, 고구려군이 갑자기 이르니 진영이 크게 놀랐다. 학처준은 호상胡床에서 말린 식량을 먹고 있다가 조용히 정예병을 추려 격퇴시키니 많은 장수와 군사가 그의 담력과 지략에 탄복했다.

---

***** 의미를 숨기기 위해 한자의 자획을 떼어 붙여 새 글자로 조합해 지은 시.

총장 원년(668)

봄 정월 임자일 우상 유인궤를 요동도 부대총관으로 삼았다, 2월 임오일(28일) 이적 등이 고구려 부여성을 함락시켰다. 설인귀는 금산에서 고구려군을 격파한 뒤 승세를 타서 3000명을 이끌고 부여성을 공격하려고 했다. 장수들이 병력이 적다면서 말렸지만 설인귀는 "군사는 많은 것이 중요한 것이 아니라 어떻게 쓰는가가 중요할 뿐"이라고 말하고 마침내 선봉에 서서 나아가 고구려와 싸워 대파하고 1만여 명을 죽이거나 사로잡았다. 마침내 부여성을 함락시키자 부여천(주?) 안의 40여 성이 모두 그런 상황을 보고 항복을 요청했다.

낙양 출신 시어사 가언충이 사신으로 갔다가 요동에서 돌아왔다. 주상이 군대의 일을 묻자 가언충은 "고구려는 반드시 평정될 것입니다"라고 대답했다. "경이 어떻게 아는가?"라고 묻자 대답했다. "수 양제가 동정東征에 나섰지만 이기지 못한 까닭은 사람들의 마음이 이반하고 원망했기 때문입니다. 선제께서 동정에 나섰지만 이기지 못한 까닭은 고구려에 틈이 없었기 때문입니다. 지금 고장은 미약해 권신이 국정을 좌우하고 있습니다. 개소문이 죽자 남건 형제는 서로 공격하니 남생은 마음을 돌려 귀의해 우리의 길잡이가 됐기 때문에 그들의 실정을 모두 알 수 있습니다. 폐하께서 성명하시어 나라가 부강하니 장수와 군사들이 힘을 다해 고구려의 어지러움을 틈타면 반드시 이길 것이니 다시 군사를 일으킬 필요가 없을 것입니다. 또 고구려는 여러 해 동안 기근이 들었고 괴이한 일이 거듭 일어나 사람들의 마음이 위태롭고 놀라고 있으니 그들은 곧 멸망할 것입니다."

주상이 다시 물었다. "요동의 장수들 가운데 누가 현명한가?" 대답했다. "설인귀는 삼군에서 가장 용맹합니다. 방동선은 잘 싸우지는 못하지만 군대를 엄정하게 지휘합니다. 고간은 처신이 근검하고 충성스러우며 과감하고 지략이 있습니다. 계필하력은 침착하고 굳세며 결단력이 있어 남이 자신보다 앞서는 것을 매우 싫어하지만 지휘하는 능력이 있습니다. 그러나 밤낮으로 자신을 돌보지 않고 나라를 걱정하는 것은 모두 이적에 미치지 못합니다." 주상은 그 말을 매우 옳게 여겼다. 천남건이 다시 군사 5만 명을 보내 부여성을 구원해 이적 등과 설하수에서 만나 싸웠다. 이적은 그를 크게 격파하고 3만 명을 죽이거나 사로잡고 나아가 대행성을 공격해 함락시켰다.

8월 신유일 비열도 행군총관 우위위장군 유인원은 고구려 정벌을 지연한 죄로 요주에 유배됐다, 9월 계사일 이적이 평양을 함락시켰다. 이적이 대행성을 무너뜨린 뒤 다른 길로 온 여러 군이 모두 이적과 합류했다. 압록책에 이르렀을 때 고구려가 군사를 내 항전했다. 이적 등은 힘껏 공격해 크게 이기고 200여 리를 추격해 욕이성을 함락시키니 여러 성에서 도망치거나 항복하는 사람이 이어졌다. 계필하력은 먼저 군사를 이끌고 평양성 아래 이르렀으며 이적 군이 뒤따랐다. 계필하력이 먼저 군사를 이끌고 평양성 아래 이르렀다. 이적 군은 뒤이어 와서 한 달 넘게 평양을 포위했다. 고구려왕 장은 천남산을 보내 수령 98명을 이끌고 백기를 들고 이적에게 가서 항복을 요청하니 이적은 그를 예의로 접대했다. 그러나 남건은 성문을 닫고 굳게 지키면서 자주 군사를 내보내 싸웠지만 모두 졌다. 남건은 승려 신성에게 군사 업무를 맡겼는데, 신성은 몰래 이적에게 사람을 보내 성문을 열어 내응하겠다고 약속했다, 5일 뒤 신성은 성문을 열었다. 이적은 군사를 풀어 성에 올라 북을 울리면서 사방에서 성을 불태웠다. 남건은 자살했지만 죽지 않았다. 마침내 그를 포로로 잡으니 고구려가 모두 평정됐다.

겨울 10월 이적이 장차 도착하려고 하자 황제는 먼저 고장 등을 소릉에 바치고 군대의 위용을 갖추고 개선가를 연주하면서 도성에 들어와 태묘에 바치게 했다. 12월 정사일 황제는 함원전에 앉아 포로를 헌상받았다. 고장은 자신이 정치를 주관하지 않았기 때문에 용서해 사평 태상백 원외동정으로, 천남산은 사재소경으로, 승려 신성은 은청광록대부로, 천남생은 우위대장군으로 삼았다. 이적 이하에게는 차등 있게 책봉하고 상을 내렸다. 천남건은 검주로, 백제왕 부여융은 영남으로 유배 보냈다.

고구려의 5부 176성 69만여 호를 9도독부 42주 100현으로 나누고 평양에 안동도호부를 설치해 다스리게 했다. 지도자酋豪 가운데 공로가 있는 사람을 뽑아 도독·자사·현령에 임명해 중국인과 함께 통치에 참여케 했다. 우위위대장군 설인귀를 검교안동도호로 삼아 군사 2만 명을 거느리고 진무케 했다. 정묘일에 주상이 교제郊祭를 지내 고구려를 평정한 것을 아뢰고 이적을 아헌으로 삼았다. 기사일 태묘를 알현했다. 高麗泉蓋蘇文卒. 長子男生代爲莫離支. 初知國政, 出巡諸城, 使其弟男建·男産知留後事. 或謂二弟曰, 男生惡二弟之逼, 意欲除之, 不如先爲計. 二弟初未之信, 又有告男生者曰, 二弟恐兄還奪其權, 欲拒兄不納. 男生潛遣所親往平壤伺之, 二弟收掩得之, 乃以王命召男生. 男生懼, 不敢歸. 男建自爲莫離支, 發兵討之. 男生走保別城, 使其子獻誠詣闕求救. 六月壬寅, 以右驍衛大將軍契苾何力爲遼東安撫大使, 將兵救之. 以獻誠爲右武衛將軍, 使爲鄕導. 又以右金吾衛將軍龐同善·營州都督高侃爲行軍總管, 同討高麗. 左金吾衛將軍龐同善·營州都督高侃爲遼東道行軍總管, 左武衛將軍薛仁貴·左監門衛將軍李謹行爲後援. 九月, 龐同善大破高麗兵, 泉男生率衆, 與同善合. 詔以男生爲特進·遼東大都督兼平壤道安撫大使, 封玄菟郡公. 冬十二月己酉, 以李勣爲遼東道行軍大摠管, 以司列少常

伯安陸·郝處俊副之, 以擊高麗. 龐同善·契苾何力並爲遼東道行軍副大總管兼安
撫大使如故, 其水陸諸軍總管幷運糧使竇義積·獨孤卿雲·郭待封等, 並受勣處分.
河北諸州租賦, 悉詣遼東, 給軍用.

　乾封二年　九月辛未, 李勣拔高麗之新城, 使契苾何力守之. 勣初度遼, 謂諸將
曰, 新城, 高麗西邊要害, 不先得之, 餘城未易取也. 遂攻之, 城人師夫仇等縛城
主, 開門降. 勣引兵進擊, 一十六城皆下之. 龐同善·高侃尙在信城, 泉男建遣兵
襲其營. 左武衛將軍薛仁貴擊破之. 侃進至金山, 與高麗戰不利. 高麗乘勝逐北,
仁貴引兵橫擊, 大破之, 斬首五萬餘級, 拔南蘇·木底·蒼巖三城, 與泉男生軍合.
郭待封以水軍, 自別道趣平壤. 勣遣別將馮師本載糧仗以資之. 師本船破, 失期,
待封軍中飢窘, 欲作書與勣, 恐爲虜所得, 知其虛實, 乃作離合詩以與勣. 勣怒曰,
軍事方急, 何以詩爲. 必斬之. 行軍管記通事舍人元萬頃爲釋其義, 勣乃更遣糧仗
赴之. 萬頃作檄高麗文曰, 不知守鴨綠之險. 泉男建報曰, 謹聞命矣, 卽移兵據鴨
綠津, 唐兵不得渡. 上聞之, 流萬頃於嶺南. 郝處俊在高麗城下, 未及成列, 高麗奄
至, 軍中大駭, 處俊據胡床, 方食乾糒, 潛簡精銳, 擊敗之, 將士服其膽略.

　總章元年　春正月壬子, 以右相劉仁軌, 爲遼東道副大總管. 二月壬午, 李勣等
拔高麗扶餘城. 薛仁貴旣破高麗於金山, 乘勝將三千人將攻扶餘城. 諸將以其兵
少止之, 仁貴曰, 兵不在多, 顧用之何如耳, 遂爲前鋒以進, 與高麗戰, 大破之, 殺
獲萬餘人. 遂拔扶餘城. 扶餘川(州?)中四十餘城, 皆望風請服. 侍御史洛陽賈言忠
奉使自遼東還. 上問以軍事, 言忠對曰, 高麗必平. 上曰, 卿何以知之, 對曰, 隋煬
帝東征而不克者, 人心離怨故也. 先帝東征而不克者, 高麗未有釁也. 今高藏微弱,
權臣擅命. 蓋蘇文死, 男建兄弟內相攻奪, 男生傾心內附, 爲我鄉導, 彼之情僞. 靡
不知之. 以陛下明聖, 國家富强, 將士盡力, 以乘高麗之亂, 其勢必克, 不俟再擧
矣. 且高麗連年饑饉, 妖異屢降, 人心危駭, 其亡可翹足待也. 上又問遼東諸將孰
賢. 對曰, 薛仁貴勇冠三軍. 龐同善雖不善鬪, 而持軍嚴整. 高侃勤儉自處, 忠果有

謀. 契苾何力沈毅能斷, 雖頗忌前, 而有統御之才. 然夙夜小心, 忘身憂國, 皆莫及李勣也. 上深然其言. 泉男建復遣兵五萬人救扶餘城, 與李勣等遇於薛賀水, 合戰大破之, 斬獲三萬餘人, 進攻大行城拔之. 八月辛酉, 卑列道行軍摠管右衛衛將軍劉仁願坐征高麗逗留, 流姚州. 九月癸巳, 李勣拔平壤. 勣既克大行城, 諸軍出他道者皆與勣會. 進至鴨綠柵, 高麗發兵拒戰. 勣等奮擊, 大破之, 追奔二百餘里, 拔辱夷城, 諸城遁逃及降者相繼. 契苾何力先引兵至平壤城下, 勣軍繼之. 契苾何力先引兵, 至平壤城下, 勣軍繼之, 圍平壤月餘. 高麗王藏遣泉男産帥首領九十八人, 持白幡詣勣降, 勣以禮接之. 泉男建猶閉門拒守, 頻遣兵出戰, 皆敗. 男建以軍事委僧信誠, 信誠密遣人詣勣, 請爲內應. 後五日, 信誠開門, 勣縱兵登城鼓譟, 焚城四月(面?). 男建自刺不死. 遂擒之, 高麗悉平. 冬十月, 李勣將至, 上命先以高藏等獻于昭陵, 具軍容, 奏凱歌, 入京師, 獻于太廟. 十二月丁巳, 上受俘于含元殿. 以高藏政非已出, 赦以爲司平太常伯·員外同正, 以泉男産爲司宰少卿, 僧信誠爲銀青光祿大夫, 泉男生爲右衛大將軍. 李勣以下, 封賞有差. 泉男建流黔州, 扶餘豊流嶺南. 分高麗五部·百七十六城·六十九萬餘戶, 爲九都督府·四十二州·百縣, 置安東都護府於平壤以統之. 擢其酋帥有功者爲都督·刺史·縣令, 與華人參理. 以右威衛大將軍薛仁貴檢校安東都護, 總兵二萬人以鎭撫之. 丁卯, 上祀南郊, 告平高麗, 以李勣爲亞獻. 己巳, 謁太廟.


## 7. 『책부원귀』(권986, 외신부 31 정토 5)

건봉 원년(666) 6월 조서를 내려 좌효위대장군 계필하력을 요동도 안무대사로 삼아 고구려왕을 맞이하게 했다. 앞서 고구려 막리지 개소문이 죽자 맏아들 남생이 아버지를 대신해 막리지가 됐다. 그는 처음 국정을 맡은 뒤 여러 성을 순시하러 나가면서 두 동생 남건과 남산에게 남아서 국사를 처리하게 했다. 남생이 나간 뒤 어떤 사람이 남건 등에게 말했다. "남생은 두 동생이 자신을 핍박하는 것을 미워해 제거하려고 하니 먼저 계획을 세워야 합니다." 남건 등은 처음에는 대답하지 않았다. 다시 어떤 사람이 남생에게 말했다. "두 동생은 형이 돌아오면 자신들의 권력을 빼앗을까 걱정해 형을 들여보내지 않으려고 합니다."

남생은 가까운 사람을 몰래 평양으로 보내 염탐케 했다. 남건 등이 그것을 알고 그를 사로잡으니 이때부터 서로 시기하고 갈라섰다. 남건 등이 왕명으로 남생을 불렀지만 남생은 두려워 감히 돌아가지 않았다. 남건 등은 마침내 군사를 일으켜 그를 공격했다. 남생은 달아나 국내성에 웅거해 지켰고 아들 헌성은 당 궁궐에 와서 도움을 요청했다. 그러자 계필하력에게 조서를 내려 군사를 이끌고 가 구원하게 했다. 헌성을 우무위대장군으로 삼고 길을 안내하게 했다. 또 좌금오위장군 방동선과 영주도독 고간 등을 행군총관으로 삼아 고구려를 공격케 했다.

9월 방동선이 고구려를 대파하니 남생은 친속을 이끌고 방동선 군에 합류했다, 12월 사공 영국공 이적을 요동도 행군대총관 겸 요동안무대사에, 좌금오위장군 방동선과 좌효위대장군 계필하력을 예전처럼 요동도 안무대사에 임명했다. 수군과 육군의 총관과 양운사 두의적·독고경운·곽대봉과 모병募兵 이상은 모두 이적의 명령을 받아 고구려를 토벌케 했다. 하북도 여러 주의 조세는 모두 요동에서 사용해 군비에 충당케 했다. 수로와 육로로 나눠 평양으로 진군했다.

2년 9월 이적이 고구려의 신성을 함락시키고 부장 계필하력을 보내 지키게 했다. 이적은 마침내 군사를 이끌고 나아가 16성을 무너뜨렸다, 3년 2월 이적과 설인귀가 고구려의 부여성을 함락시켰다. 그때 편장 방동선·고간 등은 후군이 돼 아직 신라(신성?)에 있었다. 고구려의 남건은 군사를 보내 신성을 구원해 밤에 방동선을 습격했다. 설인귀 는 원군을 이끌고 그를 격파했다. 고간 등은 군사를 옮겨 금산에 이르 렀는데, 적에게 패배했다. 고구려가 승세를 타고 진군하자 설인귀 등은 측면에서 공격해 크게 무찌르고 5만여 명을 죽였으며 마침내 남소성· 목저성·창암성 등 세 성을 함락시키고 천남생 군과 합류했다. 설인귀 는 승세를 타고 2000명을 이끌고 부여성을 공격하려고 했다. 장수들 이 "병력이 적다"고 말렸지만 설인귀는 "지휘관의 용병 능력에 달린 것 이지 군사의 많음에 달린 것이 아니다"라고 하고 마침내 선봉을 맡아 나아갔다. 적이 공격해오자 역습해 크게 격파하고 1만여 명을 죽이거 나 사로잡았다. 부여성이 항복하자 부여주 안의 40여 성은 모두 예물 을 바쳤다.

총장 원년(668) 9월 이적이 진군해 고구려의 평양성을 함락시키니 요동이 모두 평정됐다. 앞서 이적이 대행성을 무너뜨린 뒤 전군이 모두 모였다. 계필하력은 남소성 등 8성을 함락시키고 압록책에서 이적과 합류했으며 욕이성을 공격해 다시 함락시켰다. 계필하력은 오랑캐군 과 당군 50만 명을 이끌고 평양을 압박했고 이적 군도 뒤이어 이르렀 다. 고장은 남산을 보내 수령 98명을 이끌고 백기를 들고 이적에게 가 서 항복을 요청했으며 곧 입조해 사죄하겠다고 요청하니 이적은 그를 예의로 접대했다. 그러나 남건은 성문을 닫고 굳게 지켰다. 이적이 평 양 옆으로 군사를 옮겨 압박하니 남건은 자주 군사를 보내 출전했지 만 모두 크게 패배했다. 남건 아래서 주병총관으로 있던 승려 신성은 몰래 이적에게 사람을 보내 성문을 열어 내응하겠다고 약속했다, 5일 뒤 신성은 정말 성문을 열었다. 이적은 군사를 들여보내 성에 올라 북을 울리고 성문과 누각에 불을 지르게 하니 사방에서 불이 났다. 궁지에 몰린 남건은 자살했지만 죽지 않았다. 마침내 고장·남건·남산 등을 포로로 잡아 도성으로 돌아왔다. 乾封元年六月, 詔左驍衛大將軍契苾何力爲遼東道安撫大使, 以應接高麗王. 初高句麗莫離支蓋蘇文死, 其長子男生代父, 爲莫離支之位. 旣初知國政, 出巡諸城, 使其二弟男建·男産留後知國事. 男生旣出, 或謂男建等曰, 男生惡二弟逼己, 意欲除之, 不如先以爲計也. 男建等初不言之. 又有人謂男生曰, 二弟恐兄思奪己權, 欲拒兄不納. 男生使所親, 潛往平壤以伺焉. 男建等知而掩得之, 繇是遞相猜貳. 男建等乃以其王命召男生, 男生懼, 不敢歸. 男建等遂發兵討之. 男生走據國內城以自守, 其子獻誠詣闕求救. 於是詔何力, 率兵赴援. 乃授獻誠右武衛大將軍, 使爲鄕導. 又遣左金吾衛將軍龐同善·營州都督高侃等, 爲行軍總管, 以經略高麗. 九月, 龐同善大破高麗, 男生率所親, 會同善之軍. 十二月, 命司空英國公李勣爲遼東道行軍大總管兼爲遼東安撫大使, 左金吾衛將軍龐同善·左驍衛大將軍契苾何力, 並依舊爲遼東道安撫大使. 其水陸諸軍總管幷粮運使竇義積·獨孤卿雲·郭待封, 及募兵以上, 並受勣處分, 以討高麗. 河北道諸州租稅, 總起遼東, 以給軍用. 於是水陸分道, 以赴平壤.

二年九月, 李勣拔高麗之新城, 遣副將契苾何力守之. 勣遂引兵進破一十六城. 三年二月, 李勣及薛仁貴, 進拔高麗之扶餘城. 時偏將龐同善·高侃等爲後殿, 尙在新羅. 高麗男建遣救新城, 夜襲同善, 仁貴率援軍以破之. 侃等移軍, 進至金山, 爲賊所敗. 高麗乘勝而進, 仁貴等橫擊之, 賊大敗, 斬首五萬餘級, 遂拔其南蘇·木底·蒼嵓等三城, 與男生之軍相會. 仁貴乘勝, 領二千人, 將攻餘城. 諸將以兵少止之, 仁貴曰, 在善用耳, 不在多也, 遂先鋒而行. 敗衆來拒逆擊, 大破之, 殺獲萬餘人. 餘城旣降, 扶餘州內四十餘城, 一時送款.

總章元年九月, 李勣進軍, 拔高麗之平壤城, 遼東悉平. 初勣旣破大行城, 諸軍盡會. 契苾何力拔南蘇等八城, 會勣於鴨淥柵, 合軍以攻辱夷城, 又拔之. 何力引蕃·漢兵五十萬人, 逼平壤, 勣軍繼至. 高藏遣男産, 帥首領九十八人, 持白幡, 詣勣乞降, 請便入朝謝罪, 勣以禮接之. 男建猶閉門固守. 勣乃移兵於平壤之側, 以逼之, 男建頻遣兵出戰, 皆大敗. 男建下主兵總管僧信誠密遣人詣軍, 許開城門爲內應. 經五日, 信誠果開城門. 勣縱兵入登城, 鼓譟燒城門樓, 四面火起. 男建窘急, 自刺不死, 遂虜高藏·男建·男産等, 以歸京師.


## 8. 『신당서』(권110) 「천남생열전」

천남생은 자가 원덕으로 고구려 개소문의 아들이다, 9세 때 아버지 덕분에 선인이 됐고 중리소형으로 옮겼는데 당의 알자와 같은 관직이다. 다시 중리대형이 돼 국정을 맡았는데, 모든 명령을 남생이 주관했다. 중리위진(두?)대형으로 승진해 오래 재직했고 막리지 겸 삼군대장군이 됐으며 대막리지의 관직을 추가로 받았다.

나가서 여러 부를 시찰했는데, 동생 남건·남산이 국정을 맡아봤다. 어떤 사람이 "남생은 당신들이 자신을 핍박하는 것을 미워해 앞으로 제거하려고 할 것"이라고 했지만 남건과 남산은 믿지 않았다. 다시 어떤 사람이 남생에게 "동생들이 주군을 받아들이지 않을 것"이라고 했다. 남생은 첩자를 보냈는데 남건은 그를 사로잡은 뒤 고장의 명령이라고 위조해 남생을 불렀다. 남생이 두려워 들어가지 않으니 남건은 남생의 아들 헌충을 죽였다. 남생은 국내성으로 달아나 지키면서 자신의 무리를 이끌고 거란·말갈군과 함께 당에 귀의했으며 아들 헌성을 보내 조정에 호소했다. 남생은 국내성으로 달아나 지키면서 자신의 무리를 이끌고 거란·말갈군과 함께 당에 귀의했으며 아들 헌성을 보내 조정에 호소했다.

고종은 헌성을 우무위장군에 임명하고 수레·말·비단·보검을 하사하고 돌아가 [남생에게] 보고하게 했으며 계필하력에게 군사를 이끌고 돕게 하니 남생은 화를 모면했다. 그를 평양도 행군대총관 겸 지절안무대사에 임명했다. 가물성·남소성·창암성 등을 들어 항복했다. 다시 황제는 서대사인 이건역에게 군대로 가서 위로하게 하고 도포·허리띠·금그릇 등 7가지 물건을 하사했다. 이듬해 불러 입조케 하고 지나는 주·현의 관청에서 풍악을 울리게 했으며 우림위장군 이동에게 날랜 기병으로 호위케 했다. 총애해 요동대도독 현도군공으로 옮기고 도성에 집을 하사했으며 조서를 내려 군대로 돌아가게 했다. 이적과 평양을 공격하면서 승려 신성에게 내응케 하고 고구려의 정예병을 이끌고 몰래 들어가 고장(보장왕)을 포로로 잡았다. 조서를 내려 자신의 아들에게 조서와 금그릇을 갖고 요수로 가서 노고를 치하하며 주게 했다. 돌아오자 우위대장군 변국공으로 승진시키고 귀한 그릇, 시녀 2명, 말 80필을 하사했다.

의봉 2년(677) 조서를 내려 요동을 안무하게 했다. 아울러 주·현을 설치하고 유배된 사람을 불러왔으며 조세와 요역을 고르게 하고 요역을 없애니 백성들이 그의 너그러움을 기뻐했다, 46세로 세상을 떠났다. 황제는 그를 위해 거국적으로 애도하고 병주 대도독에 추증했다. 상여가 도성에 도착하자 조서를 내려 5품 이상 관원에게 곡하게 하고 '양襄'이라는 시호를 내렸으며 비석을 세워 공로를 기록케 했다. 남생은 순후하고 예의가 있었으며, 민첩하고 판단력 있게 상소를 올리고 대답했으며 활을 잘 쐈다. 그가 처음 당에 갔을 때 도끼를 지니고 엎드려 대죄하니 황제가 용서했으며 세상에서 그를 칭찬했다. 泉男生字元德, 高麗蓋蘇文子也. 九歲, 以父任爲先人. 遷中裏小兄, 猶唐謁者也. 又爲中裏大兄, 知

國政, 凡辭令, 皆男生主之. 進中裏位頭大兄. 進中裏位頭(鎭?)大兄, 久之爲莫離支, 兼三軍大將軍, 加大莫離支. 出按諸部, 而弟男建·男産知國事. 或曰男生惡君等逼己, 將除之, 建·産未之信. 又有謂男生, 將不納君. 男生遣諜往, 男建捕得, 卽矯高藏命召, 男生懼, 不敢入. 男建殺其子獻忠. 男生走保國內城, 率其衆與契丹·靺鞨兵內附, 遣子獻誠, 訴諸朝. 高宗拜獻誠右武衛將軍, 賜乘輿·馬·瑞錦·寶刀, 使還報, 詔契苾何力率兵援之, 男生乃免. 授平壤道行軍大總管, 兼持節安撫大使. 舉哥勿·南蘇·倉巖等城以降. 帝又命西臺舍人李虔繹就軍慰勞, 賜袍帶·金釦七事. 明年召入朝, 詔所過州縣傳舍作鼓吹, 右羽林將軍李同以飛騎仗廷寵. 遷遼東大都督·玄菟郡公, 賜第京師, 因詔還軍. 與李勣攻平壤, 使浮屠信誠內間, 引高麗銳兵潛入, 禽高藏. 詔遣子齊手制·金皿, 卽遼水勞賜. 還進右衛大將軍·卞國公, 賜寶器·宮侍女二·馬八十. 儀鳳二年, 詔安撫遼東, 幷置州縣, 招流冗, 平斂賦, 罷力役, 民悅其寬. 卒年四十六. 帝爲擧哀, 贈幷州大都督. 喪至都, 詔五品以上官哭之, 諡曰襄, 勒碑著功. 男生純厚有禮, 奏對敏辯, 善射藝. 其初至, 伏斧鑕待罪, 帝宥之, 世以此稱焉.


## 9. 「천남생 묘지」(당 왕덕진 지음)

[(…)] 공의 성은 천泉이고 이름은 남생이며 자는 원덕으로 요동군 평양성 사람이다. 먼 선조는 본래 샘에서 나왔으니 신에 의탁해 복을 받았고, 마침내 그로 인해 태어나 가문을 이뤘다. 마치 봉황이 단혈丹穴에서 태어나 아홉 가지 색깔의 깃털에 기묘한 무늬를 드러내고, 학이 청전靑田에서 나와 천년동안 신령스러운 자태를 지닌 것과 같았다. 이 때문에 속이 빈 뽕나무에서 훌륭한 인물이 태어났고 빈 대나무가 물결을 따라왔으니, 모두 하늘의 맑은 기운이 내려와 걸출한 인물로 드러난 것이다. 마침내 큰 근원을 당겨 이끄니 그 모습은 천추성天樞星

을 가리고 집안의 규모는 화려한 궁궐에 비길 만했다.

증조부 자유子遊와 조부 태조太祚는 모두 막리지를 역임했고 아버지 개금蓋金은 태대대로太大對盧를 지냈다. 조부와 부친이 가업을 잘 계승해 병권을 잡고 모두 나라의 권세를 독점했다. 계루桂婁의 성대한 왕업이 뚜렷이 바뀌는 바탕이었고 봉래산蓬萊山에서 바라보는 높은 시야는 이윤伊尹·곽광霍光의 임무보다 확고했다.

공은 조상에게 물려받은 계책으로 복을 이어받아 의관은 왕공의 후손과 같았고, 물려받은 도움으로 영화를 이어가 관작은 순영荀令의 자손과 같았다. 더벅머리였던 어린 시절에도 장난치지 않았고, 상투를 튼 청년 때는 무리 짓지 않았다. 거리에서 좋은 수레를 타면 옥 같은 모습이 빛났고, 마을에서 아름다운 비단을 입으면 구슬을 품은 듯 빛났다. 마음 속 생각은 소탈하고 밝았으며, 자부심은 크고 넓었다. 넓고 뛰어나 사람들이 흠잡지 않았으며, 막힘없이 소통하고 어울렸다. 문무를 모두 배워 사탕수수 잡는 것과 부들 자르는 것이 모두 절묘했고, 거문고와 바둑에 모두 뛰어나 기러기와 학의 행렬이 모두 찾아왔다.

어짊과 용맹함을 체득해 소란을 잠재웠고 믿음과 정성을 실천해 혼란을 다스렸다. 하늘의 떳떳한 도리를 어기지 않으니 가르침이 생겨났고 왕도를 지켜 사사로움이 없었으니 훌륭한 충성이 이뤄졌다. 맑은 연못이 넓고 깊어 노니는 이들이 그 깊고 얕음을 헤아릴 수 없었고, 둘러싼 담장이 높아 말하는 사람들은 그 집의 뜰과 건물을 살필 수 없었다.

겨우 9세 때 선인先人에 제수됐다. 아버지의 공적으로 낭郎이 되자 영특한 발언을 쏟아냈고 제왕이 천하를 다스리자 녹색 인끈을 매는 영예로운 관직에 올랐다, 15세 때 중리소형中裏小兄, 18세 때 중리대형

中裏大兄이 됐고, 23세 때 중리위두대형中裏位頭大兄으로 옮겼으며 24세 때 장군을 겸임하고 나머지 관직은 예전과 같았다, 28세 때 막리지에 임용되고 삼군대장군三軍大將軍을 겸임했으며, 32세 때 태막리지가 더해져 군사와 국정을 총괄하면서 임금을 보필했다. 선조의 유업을 잇자 선비들이 복종했고, 위태로운 나라의 권력을 잡자 비판하는 사람이 없었다.

이때 황제께서 천하를 다스리시는데 싸리나무 화살의 조공이 기한을 어겼다. 공은 형제의 우애를 중시했지만 안으로는 없애기 어려운 잡초가 있었고, 나라의 기둥이 되고자 했지만 밖으로는 쓰러지려는 나무가 있었다. 마침내 도해桃海의 물가에서 예의와 겸양의 덕목이 어그러졌고 사방에서 전쟁이 일어났다. 공은 귀의를 생각했지만 일이 중용中庸에 어긋났다.

나가서 변경의 백성들을 위무하고자 궁벽한 지역을 순시하면서 우이嵎夷의 옛 땅을 살피고, 희중羲仲의 새로운 관직을 황제께 요청하려고 했다. 두 동생 남산과 남건이 하루아침에 흉악해져 혈육에게 차마 못할 짓을 자행하고 군사를 일으켜 안에서 저항했다. 금팔찌를 한 어린 자식이 갑자기 살해되고, 맛있는 음식이 차려진 큰 잔치에서 부모가 길러준 은혜를 갑자기 저버렸다. 이렇게 형제들이 산산이 흩어지자 공은 눈물을 삼키면서 격문을 보내니 동맹이 비처럼 모여들어 마침내 각고의 인내로 분발해 창을 들었다.

장차 평양을 쳐 큰 악인을 사로잡으려고 해 우선 오골烏骨의 교외에 이르러 크고 굳센 성을 격파해 그가 도적임을 밝힌 뒤 북을 울리며 진군했다. 대형 불덕弗德 등을 보내 표를 받들고 조정에 들어가 사건의 경위를 아뢰게 했다. 마침 이반이 일어나 불덕은 그곳에 체류하게 됐다. 그러자 공은 요동으로 깃발을 돌려 군사를 바다의 북쪽으로 옮기고, 천자의 궁궐을 향해 마음속으로 내달렸으며, 현도성에서 스스로의 처신을 경계하고 다시 대형 염유冉有를 보내 정성스런 마음을 거듭 아뢨다. 광림曠林에서 원한을 쌓아 먼저 알백閼伯의 창을 찾았고, 홍지洪池에서 가까이 노닐며 어찌 우숙虞叔의 칼을 탐냈던가.

황제께서 청구靑丘를 밝게 비춰보고 지극한 정성을 밝히셨으며, 남건과 남산의 죄를 살펴 천둥과 벼락같은 위엄을 드러내셨다. 환도산丸都山에 아직 비문을 새기지 않았을 때 득래得來는 먼저 깨달음을 드러냈고, 양수梁水에 아직 재앙이 없었을 때 중모仲謀는 그것이 반드시 망할 것을 염려했다.

건봉 원년(666) 공은 다시 아들 헌성을 입조시켰다. 황제는 가상히 여기고 멀리서 공을 특진特進에 제수하고 예전처럼 태대형에 임명했으며 평양도 행군대총관 겸 사지절 안무대사로서 자국의 군대를 이끌고 대총관 계필하력 등과 함께 원정에 참여하게 했다. 공은 국내성 등 6성의 10여 만호를 이끌고 호적 문서를 원문轅門에 바쳤다. 또 목저성 등 3성은 황제의 교화를 바라며 귀순하니 작고 위태로운 무리들은 나날이 궁박해지고 다달이 위축됐다, 2년 공은 조칙을 받들어 입조했다.

총장 원년(668) 사지절 요동대도독 상주국 현도군 개국공과 식읍 2000호에 책봉하고 나머지 관직은 예전과 같게 했다. 고구려는 아직 평안해지지 않아 제비둥지가 있는 장막에 몸을 기울였는데, 황제가 명령하자 개마의 군영으로 돌아갔다. 그해 가을 칙명을 받들어 사공 영국공 이적과 함께 원정에 나서 바람같이 달리고 번개처럼 떨쳐서 곧바로 평양성을 공격했다. 앞에서 노래하고 뒤에서 춤추니 멀리서도 높은 성의 담장을 진동시켰다. 공은 죄인을 벌주고 인민을 위로함에 그 참혹한 죽음을 가엾게 여겨 몰래 은밀한 대책을 세워 이 기름진 평원을 구제했다. 마침내 승려 신성 등과 안팎에서 호응하니, 조趙나라의 성에서 깃발을 뽑은 일이 어찌 한신韓信의 군사들을 수고롭게 했겠는가. 업성鄴城의 문에서 빗장을 뽑은 것은 원담袁譚의 장수들을 결집시킨 데서 비롯된 일이었다.

그 왕 고장高藏과 남건 등은 모두 포로가 됐고, 오랑캐가 있던 궁벽한 지역은 모두 당의 강역이 됐으며, 5부와 삼한은 모두 신하가 됐다. 마침내 의를 세우고 사적인 은혜를 끊은 것은 정백鄭伯이 승리한 것과 같았고, 화를 되돌려 복을 이룬 것은 기자箕子가 공로에 보답한 것과 같았다.

그해 영공 이적 등과 함께 수도로 개선하니, [황제께서] 공훈을 기록하고 축하의 연회를 베풀었다. 전과를 바치는 날 남건을 죽이려고 했지만, 공은 천륜을 중시해 황제에게 주공周公이 채숙蔡叔을 추방한 것처럼 해달라고 요청했다. 하늘이 감동하고 황제께서 돌봐주시니 가볍게 처단해 공공共工을 유배 보낸 것처럼 하니 형제의 지극한 우의를 조정과 민간에서 모두 높게 평가했다. 그해에 우위대장군에 제수되고, 변국공卞國公 식읍 3000호로 올려 책봉됐으며 특진과 훈관勳官은 예전과 같이 했다. 검교우우림군檢校右羽林軍을 겸임하고 장내공봉仗內供奉을 맡았다. [황제는] 자신에 대한 예절을 낮추고 공을 우대했고, 단상에 올려 관직을 배수하니, 환규桓珪는 황제의 상서로움에 합치하고, 우림羽林은 태미성太微星과 자미성紫微星에서 빛났다. 황제를 곁에서 받드니 은혜와 총애가 견줄 데 없이 융성했고 누구보다 진심으로 의지했다.

의봉 2년(677) 조칙을 받들어서 요동을 위무하고 주·현을 고쳐 설치했다. 병자를 구제하고 가엾은 자들을 진휼해 포대기로 싸서 업고

집으로 돌아왔으며, 들판을 구획하고 경계를 나누니 바르게 다스려졌다. 의봉 4년 정월 29일 안동부의 관사에서 병으로 죽으니 46세였다. 황제는 북소리에 안타까워하고 대신들은 피리소리를 원망했으며, 사군四郡은 시장을 닫고 백성들은 밭 갈기를 멈췄다. (…) 公姓泉, 諱男生, 字元德, 遼東郡平壤城人也. 原夫遠系, 本出於泉, 旣託神以隤祉, 遂因生以命族. 其猶鳳產丹穴, 發奇文於九苞, 鶴起靑田, 稟靈姿於千載. 是以空桑誕懿, 虛竹隨波, 並降乾精, 式標人傑. 遂使洪源控引, 態掩金樞, 曾堂延袤, 勢臨瓊檻. 曾祖子遊, 祖太祚, 並任莫離支, 父蓋金, 任太大對盧. 乃祖乃父, 良冶良弓, 並執兵鈐, 咸專國柄. 桂婁盛業, 赫然凌替之資, 蓬山高視, 確乎伊霍之任. 公貽厥傳慶, 弁幘乃王公之孫, 宴翼聯華, 沛鄒爲荀令之子. 在髫無弄, 處卝不群. 乘衛玠之車, 塗光玉粹, 綴陶謙之帛, 里暎珠韜. 襟抱散朗, 標置宏博. 廣峻不疵於物議, 通介無滯於時機. 書劍雙傳, 提蔗與截蒲俱妙, 琴碁兩翫, 雁行與鶴刿同傾. 體仁成勇, 靜迅雷於誕據, 抱信由衷, 亂驚波於禹鑿. 天經不匱, 敎乃由生, 王道無私, 忠爲令德. 澄陂萬頃, 游者不測其淺深, 繚垣九仞, 談者未窺其庭宇. 年始九歲, 卽授先人. 父任爲郞, 正吐入榛之辯, 天工其代, 方昇結艾之榮. 年十五授中裏小兄, 十八授中裏大兄, 年二十三改任中裏位頭大兄, 二十四兼授將軍, 餘官如故. 二十八任莫離支, 兼授三軍大將軍, 三十二加太莫離支, 摠錄軍國, 阿衡元首. 紹先疇之業, 士識歸心, 執危邦之權, 人無駁議. 于時蘿圖御寓, 楛矢賽期. 公照花照萼, 內有難除之草, 爲欒爲楨, 外有將顚之樹. 遂使桃海之濱, 隳八條於禮讓, 蕭墻之內, 落四羽於干戈. 公情思內款, 事乖中執. 方欲出撫邊甿, 外巡荒甸, 按嵎夷之舊壤, 請義仲之新官. 二弟產建, 一朝兇悖, 能忍無親. 稱兵內拒. 金環幼子, 忽就鯨鯢, 玉膳長筵, 俄辭顧復. 公以共氣星分, 旣飮淚而飛檄, 同盟雨集, 遂銜膽而提戈. 將屠平壤, 用擒元惡, 始達烏骨之郊, 且破瑟堅之壘, 明其爲賊, 鼓行而進. 仍遣大兄弗德等, 奉表入朝, 陳其事迹. 屬有離叛, 德遂稽留. 公乃反斾遼東, 移軍海北, 馳心丹鳳之闕,

飭躬玄菟之城, 更遣大兄冉有, 重申誠効. 曠林積怨, 先尋闕伯之戈, 洪池近遊, 豈貪虞叔之劍. 皇帝照彼靑丘, 亮其丹懇, 覽建產之罪, 發雷霆之威. 丸山未銘, 得來表其先覺, 梁水無斁, 仲謀憂其必亡. 乾封元年, 公又遣子獻誠入朝. 帝有嘉焉, 遙拜公特進, 太大兄如故, 平壤道行軍大摠管兼使持節按撫大使, 領本蕃兵, 共大摠管契苾何力等, 相知經略. 公率國內等六城十餘萬戶, 書籍轅門. 又有木底等三城, 希風共款, 蕞爾危矣, 日窮月蹙. 二年, 奉勅追公入朝. 總章元年, 授使持節遼東大都督·上柱國玄菟郡開國公·食邑二千戶, 餘官如故. 小貊未夷, 方傾巢鷯之慕, 大君有命, 還歸蓋馬之營. 其年秋, 奉勅共司空英國公李勣, 相知經略, 風驅電激, 直臨平壤之城. 前哥後舞, 遙振崇墉之堞. 公以罰罪吊人, 憫其塗地, 潛機密構, 濟此膏原. 遂與僧信誠等, 內外相應, 趙城拔幟, 豈勞韓信之師. 鄴扇抽關, 自結袁譚之將. 其王高藏及男建等, 咸從俘虜, 巢山潛海, 共入隄封, 五部三韓, 並爲臣妾. 遂能立義斷恩, 同鄭伯之得儁, 反禍成福, 類箕子之疇庸. 其年與英公李勣等, 凱入京都, 策勳飲至. 獻捷之日, 男建將誅, 公內切天倫, 請重闇而蔡蔡叔, 上感皇睠, 就輕典而流共工, 友悌之極, 朝野斯尚. 其年蒙授右衛大將軍, 進封卞國公·食邑三千戶, 特進勳官如故. 兼檢校右羽林軍, 仍令仗內供奉. 降禮承優, 登壇引拜, 桓珪輯中黃之瑞, 羽林光太紫之星. 陪奉葦輅, 便繁左右, 恩寵之隆, 無所與讓, 腎腸之寄, 莫可爲儔. 儀鳳二年, 奉勅存撫遼東, 改置州縣, 求瘼呬隱, 襁負如歸, 劃野疎疆, 奠川知正. 以儀鳳四年正月卄九日, 遘疾薨於安東府之官舍, 春秋卅有六. 震宸傷璽, 台衡怨笛, 四郡由之而罷市, 九種因之以輟耕. (…)


## 10. 『구당서』(권67) 「이적열전」

건봉 원년(666) 고구려 막리지 남산(남생?)이 그 동생 남건에게 축출돼 국내성에 피신한 뒤 아들 헌성을 궁궐로 보내 군사를 요청했다. 총장 원년(668) 이적을 요동도 행군총관에 임명하니 군사 2만을 이끌고 영토를 경략해 압록강에 이르렀다. 적이 그 동생을 보내 항전하니 이적은 군사를 보내 격파하고 200리를 추격해 평양성에 이르렀다. 남건은 성문을 닫고 감히 나오지 못했다. 적의 성들은 그 소식을 듣고 놀라 두려워하며 많이 항복했고 도망치거나 항복하는 사람들이 이어졌다. 이적은 다시 군사를 이끌고 평양을 포위했으며 요동도 부대총관 유인궤·학처준·장군 유인궤도 모두 평양에 모여 4면에서 포위했다. 한 달여 만에 그 성을 함락시키고 그 왕 고장과 남건·남산을 포로로 잡았다. 그 성들을 나눠 모두 주·현으로 만들었다. 군대를 이끌고 개선하니 이적에게 지름길로 고장과 남건을 소릉에 바치게 했다. 포로를 바치는 예식을 마친 뒤 군대의 위용을 갖춰 도성으로 들어와 태묘에 승리를 알렸다. 乾封元年, 高麗莫離支男生爲其弟男建(生?)所逐, 保於國內城, 遣子獻誠詣闕乞師. 總章元年, 命勣爲遼東道行軍總管, 率兵二萬略地至鴨綠水. 賊遣其弟來拒戰, 勣縱兵擊敗之, 追奔二百里, 至於平壤城. 男建閉門不敢出, 賊中諸城駭懼, 多拔人衆遁走, 降款者相繼. 勣又引兵圍平壤, 遼東道副大總管劉仁軌·郝處俊·將軍薛仁貴並會於平壤, 犄角圍之. 經月餘, 克其城, 虜其王高藏及男建·男産. 裂其諸城, 並爲州縣. 振旅而旋, 令勣便道以高藏及男建獻於昭陵, 禮畢, 備軍容入京城, 獻太廟.


## 11. 『신당서』(권93) 「이적열전」

고구려 막리지 남생이 동생에게 축출되자 아들을 보내 군사를 요청했다. 조서를 내려 이적을 요동도 행군대총관에 임명해 군사 2만을 이끌고 토벌케 했다. 이적은 그 나라를 무너뜨리고 고장·남건 등을 포로로 잡았으며 그 영토를 나눠 주·현으로 만들었다. 이적에게 포로를 소릉에 바쳐 선제의 뜻을 밝히고 군대의 위용을 갖춰 태묘에 아뢰라고 명령했다. 高麗莫離支男生爲其弟所逐, 遣子乞師. 詔勣爲遼東道行軍大總管, 率兵二萬討之. 破其國, 執高藏·男建等, 裂其地州縣之. 詔勣獻俘昭陵, 明先帝意, 具軍容告于廟.

## 12. 『구당서』(권109) 「계필하력열전」

건봉 원년(666) 다시 요동도 행군대총관 겸 안무대사가 됐다. 고구려군 15만은 요수에 주둔했으며, 또 말갈군 수만 명을 이끌고 남소성에 웅거했다. 계필하력은 분전해 모두 크게 격파하고 수만 명을 죽였다. 승세를 타고 전진해 모두 7성을 함락시킨 뒤 군사를 돌려 압록수에서 영국공 이적과 합류해 함께 욕이성과 대행성을 공격해 무너뜨렸다. 이적은 압록책에 주둔했으며, 계필하력은 오랑캐군과 당군 50만 명을 이끌고 먼저 평양에 도착했다. 이적도 뒤이어 도착해 함께 평양성을 함락시키고 용건(남건?)과 그 왕을 포로로 잡아 돌아왔다. 乾封元年, 又爲遼東道行軍大總管兼安撫大使. 高麗有衆十五萬, 屯於遼水, 又引靺鞨數萬據南蘇城. 何力奮擊, 皆大破之, 斬首萬餘級, 乘勝而進, 凡拔七城, 乃迴軍, 會英國公李勣於鴨綠水, 凡拔七城乃迴軍, 會英國公李勣於鴨綠水, 共攻辱夷·大行二城, 破之. 勣頓軍於鴨綠栅, 何力引蕃漢兵五十萬, 先臨平壤. 勣仍繼至, 共拔平壤城, 執勇健(男建?), 虜其王還.

## 13. 『신당서』(권110) 「계필하력열전」

얼마 뒤 개소문이 죽었다. 남생은 동생에게 쫓겨나자 아들을 당에 보내 항복을 요청했다. 계필하력을 요동도 행군대총관 안무대사에 임명해 공격하게 하고 이적을 보좌해 함께 고구려로 가게 했다. 이적은 신성을 함락시킨 뒤 계필하력에게 남아서 지키게 했다. 이때 고구려군 15만이 요수에 주둔했는데 말갈군 수만 명을 이끌고 남소성에 웅거했다. 계필하력은 분전해 격파하고 1만 명을 죽였다. 승세를 타고 나아가 8성을 함락시킨 뒤 군사를 이끌고 돌아와 이적과 합류했다. 욕이성과 대행성 등 세(두?) 성을 공격해 이기고 나아가 부여를 함락시켰다. 이적이 군사를 정비하느라 전진하지 않자 계필하력은 군사 50만 명을 이끌고 먼저 평양으로 갔다. 이적이 뒤이어 오니 함께 공격해 7개월 만에 함락시키고 그 왕을 포로로 잡아 바쳤다. 未幾蓋蘇文死. 男生爲弟所逐, 使子詣闕請降. 乃拜何力爲遼東道行軍大總管·安撫大使經略之, 副李勣, 同趣高麗. 勣已拔新城, 留何力守. 時高麗兵十五萬屯遼水, 引靺鞨數萬衆據南蘇城, 何力奮擊, 破之, 斬首萬級, 乘勝進, 拔八城, 引兵還, 與勣會合. 攻辱夷·大行三(二?)城, 克之, 進拔扶餘. 勣勒兵未進, 何力率兵五十萬先趣平壤, 勣繼進攻, 凡七月拔之, 虜其王以獻.

## 14. 『구당서』(권83) 「설인귀열전」

건봉 초 고구려의 대장 천남생이 무리를 이끌고 귀의하니 고종은 장군 방동선·고간 등을 보내 맞이했다. 남생의 동생 남건은 나라 사람들을 이끌고 방동선 등을 기다렸다가 공격했다. 조서를 내려 설인귀에게 군사를 이끌고 돕게 했다. 방동선 등은 신성에 이르렀을 때 적의 야습을 받았다. 설인귀는 날래고 용감한 군사들을 거느리고 가서 구원해 수백 명을 죽였다. 방동선 등은 신성에 이르렀을 때 적의 야습을 받았다. 설인귀는 날래고 용감한 군사들을 거느리고 가서 구원해 수백 명을 죽였다.

방동선 등은 다시 나아가 금산에 이르렀는데, 적에게 패배했다. 고구려는 승세를 타고 진군했다. 설인귀는 측면에서 공격해 적군을 크게 무찌르고 5만여 명을 죽였다. 마침내 남소성·목저성·창암성 등 세 성을 함락시키고 비로소 천남생과 합류했다. 고종은 직접 조서를 내려 위로했다. "금산의 큰 진영은 흉악한 무리가 참으로 많은 곳이다. 경은 군사들보다 먼저 분발해 목숨을 돌아보지 않고 힘써 싸워 가는 곳마다 앞을 가로막는 무리가 없으니 군사들도 용기를 다해 이런 승리를 거뒀다. 그 공로를 높이 기려 이 아름다운 이름을 길이 보전한다."

설인귀는 승세를 타고 2000명을 이끌고 나아가 부여성을 공격했다. 모든 장수들이 "병력이 적다"고 반대했지만 설인귀는 "지휘관의 용병 능력에 달린 것이지 군사의 많고 적음에 달린 것이 아니다"라고 하고 마침내 선봉을 맡아 나아갔다. 적이 공격해오자 역습해 크게 이겨 1만여 명을 죽이고 마침내 부여성을 함락시켰다. 부여천(주?)의 40여 성은 그런 모습을 보고 두려워하며 모두 항복했다. 설인귀는 곧 바다를 아우르고 육지를 경략해 이적의 대군과 평양성에서 합류했다. 고구려가 항복한 뒤 설인귀에게 조서를 내려 군사 2만을 이끌고 유인궤와 평양에 남아 지키게 했다. 그런 뒤 그를 우위위대장군에 임명하고 평양군공 겸 검교안동도호에 책봉했다. 그는 신성으로 치소를 옮겼는데, 고아와 노인을 보살피고 유능한 사람을 능력에 따라 임용했으며 충효와 절의가 있는 사람을 모두 표창하니 고구려의 사족과 백성이 모두 기뻐하며 교화를 사모했다. 乾封初, 高麗大將泉南生率衆內附, 高宗遣將軍麗同善·高侃等迎接之. 男生弟男建率國人, 逆擊同善等. 詔仁貴統兵爲後援. 同善等至新城, 夜爲賊所襲. 仁貴領驍勇赴救, 斬首數百級. 同善等又進至金山, 爲賊所敗. 高麗乘勝而進. 仁貴橫擊之, 賊衆大敗, 斬首五萬餘級. 遂拔其南蘇·木底·蒼巖等三城, 始與男生相會. 高宗手勑勞之曰, 金山大陣, 凶黨實繁. 卿身先士卒, 奮不顧命, 左衝右擊, 所向無前, 諸軍賈勇, 致斯克捷. 宜善建功業, 全此令

名也. 仁貴乘勝, 領二千人進攻扶餘城. 諸將咸言兵少, 仁貴曰, 在主將善用耳, 不在多也, 遂先鋒而行. 賊衆來拒, 逆擊大破之, 殺獲萬餘人, 遂拔扶餘城. 扶餘川(州?)四十餘城, 乘風震慴, 一時送款. 仁貴便並海略地, 與李勣大軍會于平壤城. 高麗旣降, 詔仁貴率兵二萬人與劉仁軌於平壤留守. 仍授右威衛大將軍, 封平陽郡公兼檢校安東都護. 移理新城, 撫恤孤老, 有幹能者, 隨才任使, 忠孝節義, 咸加旌表, 高麗士衆莫不欣然慕化.

## 15. 『신당서』(권111) 「설인귀열전」

건봉 초 고려의 천남생이 귀의하니 장군 방동선과 고간을 보내 위로해 맞이하게 했다. 동생 남건은 나라 사람들을 이끌고 저항하며 받아들이지 않으니 조서를 내려 설인귀에게 군사를 이끌고 구원하게 했다. 방동선은 신성에 왔을 때 오랑캐의 야습을 받았다. 설인귀는 그들을 공격해 수백 명을 죽였다. 방동선은 나아가 금산에 이르렀는데 적의 공격으로 나아가지 못했다. 고구려가 승세를 타고 전진하자 설인귀는 적을 공격해 둘로 나누니 적군은 곧 무너졌다, 5000명을 죽이고 남소성·목저성·창암성 등 세 성을 함락시켰으며 마침내 천남생 군과 합류했다. 황제는 직접 조서를 내려 노고를 치하했다.

설인귀는 정예병 2000명을 이끌고 나아가 부여성을 공격했다. 장수들은 병력이 적다며 말렸지만 그는 "군사를 잘 쓰는데 달려 있지 숫자에 달린 것이 아니다"라고 하고 직접 군사를 이끌고 적을 맞아 번번이 이겨 1만여 명을 죽이고 그 성을 함락시켰다. 계속해서 바다를 아우르고 육지를 경략해 이적 군과 합류했다. 부여성이 함락되자 그밖의 40성이 서로 예물을 보내니 위엄이 요해를 진동했다. 조서를 내려 설인귀에게 군사 2만을 이끌고 유인궤와 함께 평양을 지키게 했다. 본위

대장군·평양군공·검교안동도호에 임명했다. 치소를 신성으로 옮겨 고 아와 노인을 보살피고 도적을 단속하며 능력에 따라 임용하고 절의 있 는 사람을 포상하니 고구려의 사족과 백성이 모두 기뻐하며 자신의 나라가 멸망한 것을 잊었다. 乾封初, 高麗泉南生來附, 遣將軍龐同善·高侃, 往慰納. 弟男建率國人, 拒弗納. 乃詔仁貴率師援送. 同善至新城, 夜爲虜襲. 仁 貴擊之, 斬數百級. 同善進次金山, 衄虜不敢前. 高麗乘勝進, 仁貴擊虜斷爲二, 衆 卽潰. 斬馘五千, 拔南蘇·木底·蒼巖三城, 遂會男生軍. 手詔勞勉. 仁貴負銳, 提卒 二千, 進攻扶餘城. 諸將以兵寡勸止, 仁貴曰, 在善用, 不在衆, 身帥士, 遇賊輒破, 殺萬餘人, 拔其城. 因旁海略地, 與李勣軍合. 扶餘旣降, 它四十城相率送款, 威 震遼海. 有詔仁貴率兵二萬與劉仁軌鎭平壤, 拜本衛大將軍, 封平陽郡公, 檢校安 東都護, 移治新城. 撫孤存老, 檢制盜賊, 隨才任職, 褒崇節義, 高麗士衆皆欣然 忘亡.

## 16. 『구당서』(권39) 「지리지」

안동도호부. 총장 원년(668) 9월 사공 이적이 고구려를 평정했다. 고 구려는 본래 5부 176성 69만7000호였다. 그해 12월 고구려 땅을 나 눠 9도독부 42주 100현으로 만들고 안동도호부를 평양성에 설치해 다스리게 했다. 그 지도자를 도독·자사·현령에 임명했다. 장군 설인귀 에게 군사 2만으로 안동부를 지키게 했다.

상원 3년(의봉 원년, 676) 2월 안동도호부를 요동군 옛 성으로 옮겼 다. 의봉 2년 다시 신성으로 옮겼다. 성력 원년(698) 안동도독부로 고 쳤다. 신룡 원년(705) 다시 안동도호부라고 했다. 개원 2년(714) 안동 도호부를 평주로 옮겼다. 천보 2년(743) 다시 옛 요서군성으로 옮겼 다. 지덕 연간(756~758) 이후 폐지됐다. 처음 설치했을 때 14기미주,

1582호를 다스리게 했다. 수도에서 4625리, 동도에서 3820리 떨어져 있다.

신성주도독부. 요성주도독부. 가물주도독부. 건안주도독부.

남소주. 목저주. 개모주. 대나주. 창암주. 마미주. 적리주. 여산주. 연진주. 안시주.

이 14주에는 모두 성지城池가 없다. 고구려의 항복한 민호는 이런 여러 군진에 분산시켜 그 지도자를 도독·자사로 삼아 다스리게 했다. 安東都護府. 總章元年九月, 司空李勣平高麗. 高麗本五部, 一百七十六城, 戶六十九萬七千. 其年十二月, 分高麗地爲九都督府·四十二州·一百縣, 置安東都護府於平壤城以統之. 用其酋渠爲都督·刺史·縣令, 令將軍薛仁貴以兵二萬鎭安東府.

上元三年二月, 移安東府於遼東郡故城置, 儀鳳二年, 又移置於新城. 聖曆元年六月, 改爲安東都督府, 神龍元年, 復爲安東都護府. 開元二年, 徙安東都護于平州置. 天寶二年, 又徙於遼西故郡城置. 至德後廢. 初置領羈縻州十四, 戶一千五百八十二. 去京師四千六百二十五里, 至東都三千八百二十里. 新城州都督府. 遼城州都督府. 哥勿州都督府. 建安州都督府. 南蘇州. 木底州. 蓋牟州. 代那州. 倉巖州. 磨米州. 積利州. 黎山州. 延津州. 安市州. 凡此十四州, 並無城池. 是高麗降戶散此諸軍鎭, 以其酋渠爲都督·刺史羈縻之.

# 5편
## 고구려 멸망 뒤 유민의 반란과 당·신라의 관계*

당이 신라와 협력해 백제를 무너뜨린 뒤 신라는 다시 당을 도와 오랫동안 자신들의 원수였던 고구려를 멸망시켰지만, 마침내 고구려의 유민이 당에 맞서 군사를 일으키자 뻔뻔스럽게도 그들의 반란을 도와 당의 세력을 한반도에서 몰아내려고 노력하는 동시에 당이 차지한 백제의 옛 땅도 모두 점령했다. 그리고 당과 충돌을 거듭한 결과 마침내 당이 한반도를 점령하려는 생각을 단념하게 만들었다. 곧 이른바 신라의 삼국통일이다. 이 작은 논문의 목적은 그것에 관련된 당과 신라의 사료를 검토·비판해 그동안 상세하지 않았던 그 사이의 경위를 고찰하는 데 있다.

---

* 이 논문은 정병준 옮김, 「고구려 멸망 후 유민의 반란 및 당과 신라의 관계」, 『고구려발해연구』 48, 2014에 실린 바 있다. 참고하면서 번역했다.

## 1. 안동도호부

당 고종 총장 원년(신라 문무왕 8년, 668) 당은 고구려를 멸망시킨 뒤 그 나라의 영토를 다음과 같이 처리했다.

- 『구당서』(권199, 상) 「고려열전」: 고구려는 예전에 5부로 나뉘어 176성 69만7000호가 있었는데, 그 땅을 나눠 9도독부 42주 100현을 뒀으며 안동도호부를 설치해 다스리게 했다. 그 지도자 가운데 공로가 있는 사람을 뽑아 도독·자사·현령에 임명하고 중국인과 함께 백성을 다스리게 했다. 좌무위장군 설인귀를 보내 군사를 통솔해 지키게 했다.
- 같은 책(권83), 「설인귀열전」: 고구려가 항복한 뒤 설인귀에게 조서를 내려 군사 2만을 이끌고 유인궤와 평양에 남아 지키게 했다. 그런 뒤 그를 우위위대장군에 임명하고 평양군공 겸 검교안동도호에 책봉했다.

곧 당은 새로 확보한 영토를 통치하기 위해 고구려의 옛 수도에 안동도호부를 설치한 뒤 군사 2만을 이끈 설인귀를 도호로 임명하고 고구려 정벌의 부사령관이던 유인궤에게 그를 보좌케 했으며, 지방의 부·주·현에는 도독·자사·현령 등의 토착인 관원을 두고 도호부가 그들을 통제하도록 했다. 당의 이런 조처는 되도록 옛 체제를 고치지 않고 새 영토를 다스리려는 전체적 방침을 세운 것이 분명하다. 그러나 고구려의 유민이 순순히 당의 주권을 받아들이지 않는 한 그들에 대한 정책은 바꿀 수밖에 없었다. 사실은 어땠는가?

- 『자치통감』(권201, 당기 17) 총장 2년(669) 4월: 4월 "고구려의 백성 가

운데 이반하는 사람이 많자 칙명을 내려 고구려의 3(2?)만8200호를
[1] 장강·회수 남쪽과 산남·도성 서쪽 여러 주의 빈 땅으로 이주시키고
가난하고 허약한 사람을 남겨 안동(평양)을 지키게 했다.

- 『**구당서**』「**고종본기**」 **5월 경자일**: 고구려의 2만8200호, 수레 1080승,
  소 3300두, 말 2900필, 낙타 60두를 중국의 내주와 영주로 옮겨 장
  강·회수 남쪽과 산남·도성 서쪽 여러 주의 빈 곳으로 이주시켰다.

이처럼 당은 고구려 유민의 이반을 막기 위해 위압 대신 그들 가운
데 유력한 부류를 당의 내지로 이주시키는 방법을 선택했다. 위압은
그들의 반항심을 일으킬 뿐 아니라 이반자도 많이 나왔기 때문으로
생각된다.

『**삼국사기**』「**고구려본기**」(보장왕, 하): [총장] 2년 기사년 2월 왕(보장왕)
의 서자 안승이 4000여 호를 이끌고 신라에 투항했다. 二年己巳二月, 王
之庶子安勝率四千餘戶, 投新羅.[2]

그런데 함형으로 연호를 고친 이듬해(문무왕 10년, 670)가 되자 검모
잠이라는 인물을 지도자로 한 고구려인의 반란이 일어났다.

## 2. 검모잠의 반란

검모잠의 반란과 관련해서는 다음 기사가 있다.

- ●『신당서』「고종본기」: 함형 원년 4월: 고구려의 추장 검모잠이 반란을 일으켜 변방을 약탈하자 좌감문위 대장군 고간을 동주도 행군총관, 우령군위 대장군 이근행을 연산도 행군총관으로 삼아 토벌케 했다. 高麗酋長鉗牟岑叛, 寇邊, 左監門衛大將軍高侃爲東州道行軍總管, 右領軍衛大將軍李謹行爲燕山道行軍總管, 以伐之.

- ●『신당서』(권220)「고려열전」: 대장 검모잠이 무리를 이끌고 반란을 일으켜 고장(보장왕)의 외손 안순을 왕으로 세웠다. 고간을 동주도 행군총관으로, 이근행을 연산도 행군총관으로 삼아 토벌케 하고 사평 태상백 양방을 보내 도망치고 남은 무리를 불러들이게 했다. 안순이 검모잠을 죽이고 신라로 달아났다. 고간은 도호부의 치소를 요동주로 옮기고 반란군을 안시성에서 격파했다. 大長鉗牟岑率衆反, 立藏外孫安舜爲王. 詔高侃東州道, 李謹行燕山道, 並爲行軍總管討之, 遣司平太常伯楊昉, 綏納亡餘. 舜殺鉗牟岑走新羅. 侃徙都護府治遼東州, 破叛兵於安市.

- ●『자치통감』(권201 당기 17) 함형 원년 4월: 고구려 추장 검모잠이 반란을 일으키고 고장의 외손 안순을 왕으로 세웠다. [당은] 좌감문 대장군 고간을 동주도 행군총관으로 삼아 군사를 일으켜 토벌했다. 안순은 검모잠을 죽이고 신라로 도망쳤다. 高麗酋長劍牟岑反, 立高藏外孫安舜爲主. 以左監門大將軍高侃, 爲東州道行軍總管, 發兵討之. 安舜殺劍牟岑, 奔新羅.

『자치통감』에는 도호부의 치소를 요동으로 옮겼다는 내용은 없으며, 고간이 고구려의 반란군을 안시성에서 격파했다는 것은 이듬해인 함형 2년 7월 초하루에 따로 보인다.

한편 한국 쪽에서『삼국사기』「고구려본기」(보장왕, 하)의 기록은『통감』을 그대로 가져온 것이어서 따로 참고할 가치가 없지만 「신라본기」 문무왕 10년(함형 원년, 670) 조에 쉽게 해석되지 않는 다음 두 기사가 있다.

(1) 3월 사찬 설오유가 고구려 태□□□연무[3]와 함께 각자 정예병 1만 명을 이끌고 압록강을 건너 옥골□□□에 이르렀다. 말갈군이 먼저 개돈양에 도착해 기다렸다. 여름 4월 4일 맞아 싸워 우리 군이 크게 이겨 셀 수 없이 죽이고 사로잡았다. 당군이 뒤이어 도착하자 우리 군은 백성으로 물러나 지켰다. 三月, 沙湌薛烏儒與高句麗太大兄高延武, 各率精兵一萬, 度鴨綠江, 至屋骨□□□. 靺鞨兵先至皆敦壤, 待之. 夏四月四日, 對戰, 我兵大克之, 斬獲不可勝計. 唐兵繼至, 我兵退保白城.

(2) 6월 고구려 수림성 출신의 대형(고구려의 작호) 연(모?)잠이 남은 백성을 모아 궁모성에서 패강 남쪽으로 와서 당의 관원과 승려 법안 등을 죽이고 신라로 갔다. 서해 사야도에 이르러 고구려 대신 연정토의 아들 안승을 만나 한성으로 맞이해 왕으로 모셨다. 소형 다식 등을 [신라로] 보내 슬퍼하며 알렸다. "멸망한 나라를 일으키고 끊어진 세대를 이어주는 것은 천하의 공의公義니, 대국(신라)에 그것을 바랄 뿐입니다. 우리나라의 선왕(보장왕)은 도리를 잃어 멸망했지만, 지금 신 등이 나라(고구려)의 귀족 안승을 받들어 임금으로 삼았습니다. 변경의 울타리가 돼 영원토록 충성을 다하고자 합니다." 왕(문무왕)은 그들을 나라 서쪽 금마저(전라북도 익산)에 안치시켰다. 六月, 高句麗水臨城人年(牟?)岑大兄, 收合殘民, 自窮牟城至浿江南, 殺唐官人及僧法安等, 向新羅行. 行至西海史冶島, 見高句麗大臣淵淨土之子安勝, 迎致漢城中, 奉以爲君. 遣小兄多式等, 哀告曰, 興滅國, 繼絶世, 天下之公義也, 惟大國是望. 我國先王, 以失道見滅, 今臣等得

國貴族安勝, 奉以爲君. 願作藩屛, 永世盡忠. 王處之國西金馬渚.

검모잠의 반란이 어떤 것이고 그것과 신라의 관계는 어떤 것이었는지 밝히려면 「신라본기」의 이 기사를 합리적으로 해석해야 한다.

첫 번째 기사에서 "3월 사찬 설오유 (…)"라고 한 것은 아무 전치前置도 없이 갑자기 나온 기사로 설오유라는 이름도 그 앞뒤에 보이지 않는다. 뿐만 아니라 옥골·개돈양·백성 같은 지명은 모두 『삼국사기』「지리지」에 기록되지 않아 그 위치를 알기 어렵다. 따라서 "여름 4월 4일 맞아 싸웠다"고 한 것도 어떤 전투인지 쉽게 알 수 없다. 그 때문에 이 기사의 해석은 일단 뒤로 미룬다.

두 번째 기사에서 "고구려 수림성 출신의 대형 연잠"이라고 한 것은 말할 것도 없이 검모잠으로 '年'은 '牟'의 오기다. 그러나 수림성이 어디인지는 알 수 없다. 안승이 안순임은 말할 것도 없다. 그리고 그는 앞서 주목한 안승, 곧 지난해(총장 2년, 669) 2월 4000여 호를 이끌고 고구려에서 신라로 투항했다고 「고구려본기」에 보이는 안승과 같은 인물이 분명하다. 안승의 신분은 여러 가지로 기록돼 있는데 여기는 "고구려 대신 연정토의 아들"로, 「고구려본기」에는 "법장왕의 서자"로, 『신당서』『자치통감』『통전』(권186) 고구려 부분에는 "왕의 외손"으로 돼 있지만 그해 8월 문무왕이 금마저의 안승을 고구려왕으로 책봉할 때의 책명에서 "고구려의 후계자 안승공高句麗嗣子安勝公"이라고 하고 "선왕(보장왕)의 정당한 후계자는 공뿐이니 공이 아니면 누가 제사를 주관하겠는가先王正嗣, 唯公而已, 主於祭祀, 非公而誰"라고 한 것에 따르면 고구려의 왕족이 분명하다.

그런데 연정토는 고구려의 유명한 권신 연개소문의 동생이므로 —

정토는 고구려가 멸망하기 전 신라에 투항했고 끝내 당으로 도망쳤다
— 안승을 그의 아들이라고 한 것은 오류로 생각된다. 그러나 '후계자
嗣子'나 '정당한 후계자正嗣' 같은 표현은 서자나 외손에게는 적절치 않
을 뿐 아니라 검모잠도 "나라의 귀족 안승"이라고 했다. 그리고 이듬해
(함형 2년) 당의 장수 설인귀가 문무왕에게 보낸 서신에서는 "고구려의
안승은 나이가 아직 어리다麗安勝, 年尙幼冲"고 했다. 이런 것들을 함께
생각하면 '후계자嗣子'나 '정당한 후계자正嗣'라는 표현은 문무왕이 안
승을 고구려왕에 책봉했기 때문에 억지로 그렇게 부른 것이며, 가장
사실에 가깝다고 생각되는 신분은 법장왕法藏王의 어린 서자庶子다.

검모잠은 이 안승을 자신의 반란에 이용했는데, 처음 그는 궁모성
이라는 성에서 패강 남쪽 지역으로 들어가 당의 관원과 승려 법안 등
을 죽인 뒤 신라로 갔다. 이것은 안승을 맞이하기 위한 것으로 서해의
사야도에서 만난 뒤 한성으로 영접해 군주로 추대했다고 했다. 궁모성
의 정확한 위치는 알 수 없다. 그러나 패강은 대동강이므로 그것은 대
동강 북쪽 평양 방면의 성이 분명하다. 승려 법안은 「신라본기」 지난해
(문무왕 9년, 669) 정월 "당의 승려 법안이 와서 천자(고종)의 명령을 전
하고 자석을 구했다唐僧法安來, 傳天子命, 求磁石"고 나오는데, 검모잠이 이
끈 반란군이 대동강 남쪽 지역에 들어오기 전에는 안동도호부(평양)
에 있지 않았을까 생각된다.

사야도는 조선 후기의 역사가 안정복이 "지금의 인천 사야도今仁川
史也島"라고 주석한 것에 따를 수 있다.[4] '史也'는 '士也'라고도 쓰는데[5]
지금은 '蘇爺소야'라고 쓴다. 아래의 『동국여지승람』(권9)에 인천도호부
서쪽 120리(47.1킬로미터)의 덕적도와 나란히 기록된 것처럼 경기도 남
양 정서쪽에 위치한 덕적군도德積群島 안의 한 섬이다. 대동강 남쪽 지

역에 온 검모잠은 이 섬으로 건너와 안승을 신라에서 초청해 만난 것
으로 생각된다.



> 사야곶도는 부 서쪽 118리(46.3킬로미터)에 있는데 둘레가 10리(실제로
> 는 40리가 조금 못 된다)고 목장이 있다. 본래 남양부에 소속됐는데 성종
> 17년(1486) 이곳으로 소속을 옮겼다. 士也串島在府西一百十八里, 周十里,
> 有牧場. 本隷南陽府, 成宗十七年, 移屬于此.

그렇다면 그렇게 만난 뒤 안승을 맞이한 한성은 남한산성(지금의 경
기도 광주)일까? 만약 그렇다면 검모잠은 신라의 영토 안에 새로 고구
려국을 세우려고 한 것인데, 그것은 이상하다. 또 남한산성에 웅거했
다면 처음부터 안승과 그곳에서 만나는 것이 좋지 않았을까? 그러므
로 검모잠이 안승을 받들어 웅거한 성은 남한산성이 아니다. 지난 총
장 원년(668) 당의 대군이 고구려의 평양성에 쳐들어왔을 때 따로 백
제 옛 땅(웅진도독부)에서 올라온 당의 장수 유인원은 한성이라는 성
을 경략했다. 이 성은 『삼국사기』(권37) 「지리지」에 "한성군(한홀·식성·
내홀이라고도 한다)"고 기록된 것으로 지금의 황해도 재령읍의 고구려
때 이름이다.[6] 검모잠이 웅거한 한성은 이곳이 틀림없다. 나는 검모잠
이 사야도로 건너가기 전 당의 관원과 승려 법안 등을 죽인 곳도 여
기로 추정한다. 재령은 말할 것도 없이 넓은 의미에서 대동강 남쪽 지
역이기 때문이다.

안승을 한성으로 맞아들인 검모잠은 소형 다식을 신라에 사신으로
보내 "지금 신 등은 나라(고구려)의 귀족 안승을 받들어 임금으로 삼
았습니다. 변경의 울타리가 돼 영원토록 충성을 다하고자 합니다"라고

알리자 문무왕은 안승을 나라 서쪽의 금마저(전라북도 익산)에 안치했다는 것은 어떤 뜻일까? 한성(재령)의 검모잠이 맞이했다고 한 안승을 그대로 신라의 영토에 둘 수는 없었기 때문에 이것은 매우 이해하기 어려운 기록이 아닐 수 없다. 그러나 『신당서』「고려열전」과 『자치통감』에서는 안승(안순)이 검모잠을 죽이고 신라로 도망쳤다고 했다. 그리고 문무왕이 안승을 고구려왕에 책봉한 것은 「신라본기」의 그 뒤 기사에 "사찬 김수미산을 보내 안승을 고구려왕에 책봉했다. 그 책문은 다음과 같다遣沙湌金須彌山, 封安勝爲高句麗王. 其冊曰"고 실은 책문에 명기된 것처럼 8월 1일 신축일이다.

이것으로 보면 안승이 금마저에 안치된 것은 검모잠을 죽이고 한성에서 도망쳐 돌아왔기 때문이 돼야 하며, 그 시기도 6월이 아니라 고구려왕에 책봉되기 조금 전(7월 말?)이 돼야 한다. 곧 「신라본기」에 대해 말하면 앞서 인용한 기사의 끝부분에서 "왕이 그들을 금마저에 안치시켰다"고 한 것을 잘라내 뒤의 왕에 책봉한 기사와 합치고, 그 중간에 누락된 안승이 도망쳐 돌아온 사실은 『신당서』 등의 기사에 따라 보충해야 한다. 문무왕이 한성에서 도망쳐 돌아온 안승을 왕에 책봉한 것은 그가 검모잠에게 옹립돼 한때 이름뿐인 고구려국왕이 됐기 때문에 그 지위를 잇기 위한 조처로 생각된다.

『신당서』「고려열전」과 『자치통감』을 다시 살펴보면 당을 배반한 검모잠은 거병 초부터 안승을 왕으로 추대했다고 기록돼 있다. 그러나 사실은 그렇지 않다. 「신라본기」에 따르면 그는 남은 백성을 모아 대동강 북쪽의 궁모성에서 강 남쪽으로 왔다. 남은 백성을 모았다고 한 것은 주의할 필요가 있는데 그것은 그가 대동강 남쪽으로 와서 당의 관원을 죽이기 전, 곧 안승을 신라에서 맞이해 한성에 웅거하기 전 대동강 북쪽에 있던 당군과 싸웠음을 알려준다. 검모잠이 모았다는 "남은 백성殘民"은 교전 결과 패잔병을 뜻하는 표현으로 봐야 하기 때문이다. 『신당서』「고종본기」 4월 "고구려의 추장 검모잠이 반란을 일으켜 변방을 약탈했다"고 한 것에 대해 검모잠이 대동강 남쪽으로 와서 한성(재령)에 웅거한 시기는 6월이었다고 한 것도 그 사이에 1~2개월의 간격이 있음을 말하는 것이다. 곧 검모잠이 난을 일으킨 곳은 대동강 북쪽이고 그 시기는 4월이나 그전이 돼야 한다(4월 이전이었다는 것은 앞으로 서술하는 것에 따라 알 수 있다).

이렇게 생각하고 앞서 설명하지 못한 「신라본기」의 첫 번째 기사로 주의를 돌리면 3월 설오유라는 신라의 장수는 고구려 장수 고연무와 함께 각자 군사 1만 명을 이끌고 압록강을 건너 4월 4일 말갈군과 개돈양에서 싸워 크게 이겼으며, 마침내 당군이 오자 물러나 백성을 지켰다고 했다. 고연무는 문무왕이 재위 20년(680) 자신의 누이동생(잡찬 김의金義의 딸이라는 기록도 있다)을 안승에게 시집보내자 안승이 올린 표문에서 "삼가 신 대장군 태대형 연무를 보내 표문을 올려 아룁니다謹遣臣大將軍太大兄延武, 奉表以聞"라고 나오므로 안승의 신하다.7 안승은 1장에서 서술한 대로 이 사건 전 해인 문무왕 9년(총장 2년, 669) 2월 신라에 투항했는데, 그때 아직 어렸다는 것은 이처럼 11년 뒤에야 결혼한 데서 알 수 있다. 따라서 고구려 유민 4000여 호를 이끌고 신라에 투항한 인물은 안승 자신이 아니라 그를 옹위한 고연무였음이 틀림없다.

그렇다면 그 고연무가 1년 반쯤 뒤 ― 검모잠이 신라에서 안승을 맞이하기 2~3개월 전 ― 신라와 협력해 군사 2만을 내 먼저 말갈군과 싸웠고 마침내 당군이 오자 퇴각했다는 것은 어떤 일을 뜻하는 것일까? 가장 자연스런 추측은 검모잠의 반란을 돕기 위한 것으로 보는 것이다. 이듬해 7월 당의 장수 설인귀가 문무왕에게 보낸 서신에서 "고 장군의 당 기병과 이근행의 외국 군사高將軍之漢騎, 李謹行之蕃兵"라고 한 것처럼 검모잠을 정벌하기 위해 파견된 고간은 당군의 장수로서, 이근행은 외국 군사의 장수였다고 말한 것도 이 추측을 확실케 하는 것이다. 이근행은 수대 말 중국에 귀의한 말갈 추장 돌지계突地稽의 아들로[8] 외국 군사는 말갈군이 분명하다.

다만 「신라본기」 4월 4일 개돈양에서 교전하기 전의 경과를 서술하면서 "압록강을 건너 옥골□□에 이르렀다"고 해서 압록강의 이름이 주의를 끌지만, 그것은 오류가 분명하고 본래 패강(대동강)이던 것을 후대 사람이 근거 없이 고쳐 쓴 것으로 보인다. 당시 신라의 북쪽 경계는 임진강 유역이었기 때문에 비교적 적은 2만의 군사가 황해도와 평안도를 거쳐 멀리 압록강을 건너 요동 방면을 침입했다고는 생각되지 않기 때문이다.

그렇다면 옥골과 개돈양은 평양 방면의 지명으로 볼 수 있고, 개돈양에서 말갈군(이근행이 이끈)과 싸운 설오유와 고연무의 군대가 당군(고간이 이끈)이 오자 물러나 지켰다는 백성은 대동강 남쪽에 있던 성으로 생각된다. 그리고 재령 동북쪽, 재령강이 흐르는 평야에 백수白水라는 성이 있는 것, 그리고 그 성은 검모잠의 난이 평정된 뒤 다시 그 남은 무리를 돕기 위해 신라에서 군사를 보낸 성이라는 것은 따로 뒷장에서 논의했으므로 백성白城은 백수성白水城의 오기로 여겨진다. 또 그 성으로 후퇴한 뒤 설오유와 고연무의 동정은 「신라본기」에 기록되지 않았다. 그대로 신라의 내륙으로 되돌아간 것으로 보인다.

다시 생각해봐야 할 것은 검모잠이 평양 방면의 궁모성에서 패강

남쪽으로 도망친 시기다. 「신라본기」에 따르면 신라군이 백성(백수성)으로 퇴각한 것은 4월 4일의 전투 직후로 생각된다. 그리고 검모잠이 대동강 남쪽으로 온 것은 6월이라고 했지만, 이처럼 그 사이에 1~2개월의 간격이 있었을까? 본래 「신라본기」의 두 기사는 검모잠의 반란과 관련해 각각 한 측면의 사실을 전한 것이다. 신라의 출병 사실만 서술하고 검모잠의 거병은 전혀 언급하지 않은 첫 번째 기사는 본래 어떤 옛 기록의 단편이었는데, 그것이 그대로 「신라본기」에 수록된 것으로 여겨진다. 그것에 대해 두 번째 기사는 검모잠의 신원부터 서술하기 시작했는데, 대동강 북쪽에서 그가 거병한 것은 말하지 않고 "남은 백성을 모았다收合殘民"고만 간단히 기록한 것에 따라 그가 당군에 격파됐음을 추지할 수 있을 뿐이므로 이것도 앞뒤가 잘 정리되지 않은 단편적 기사라고 말하지 않을 수 없다.

곧 첫 번째 기사는 3월부터 4월까지 신라의 출병과 후퇴만 서술했고 두 번째 기사는 주로 검모잠의 행동, 특히 그가 대동강 남쪽에 온 뒤 이어진 행동을 하나하나 날짜를 밝히지 않고 6월에 묶어 기록했기 때문에 서로 관련이 없다. 다시 말해 각각 독립된 기사인 것이다. 그리고 두 번째 기사는 그 날짜를 믿기 어렵다. 이것은 앞서 지적한 대로 7월 말로 연결해야 하는 안승의 금마저 안치 사실만 이 기사의 일부를 이루기 때문이다.

그 때문에 나는 사실을 바탕으로 두 기사를 결합해 검모잠이 당군과 싸워 패배한 뒤 남은 백성을 모아 패강 남쪽으로 온 것을 신라군이 백성(백수성)으로 퇴각한 것과 거의 같은 때라고 생각한다. 달리 말하면 당의 원정군은 4월 초 평양 방면에서 신라군을 대동강 남쪽으로 물리쳤고, 그 앞뒤로 검모잠이 이끈 고구려의 반란군을 격파한 것으로 판단된다. 또 당군은 검모잠을 대동강 남쪽으로 축출했을 뿐 아니라 그가 안승을 받들어 한성(재령)에 웅거하자(6월) 다시 군사를 보낸 것으로 여겨진다. 안승이 검모잠을 죽이고 신라로 도망친 것은 그 결과가 아니었을까?

지금까지 고찰한 것이 틀리지 않는다면 『신당서』 「고종본기」에서 막연히 "변방을 약탈했다"고 기록한 검모잠의 반란은 그가 고구려의 유민을 이끌고 군사를 일으켜 안동도호부의 치소인 옛 수도 평양을 점령해 망국을 부흥시키려던 반역적 행동을 뜻하는 것이다. 그리고 그런 반란이 일어난 것은 안동도호부의 수비가 허약했기 때문이라고 생각된다. 앞서 서술한 대로 도호부가 처음 설치됐을 때 그 수비군은 2만 명이었는데, 그대로 주둔했다면 그런 반란을 미리 방지할 수는 없었다고 해도 그것을 평정하는 데 본국의 군사를 다시 출동시킬 필요는 없었을 것이다, 3만에 가까운 고구려의 민호를 중국 내륙으로 이주시키고 나머지 빈약한 부류만 남겨 도호부 영토에 살게 하면서 그것에 수반된 조처로 수비군의 대부분은 철수한 것으로 보인다.

또 안동도호 설인귀와 함께 그 부의 진장이던 유인궤는 함형 원년(670) 치사했고, 설인귀는 검모잠의 반란을 진압하기 위해 고간·이근행 등이 출정한 것과 비슷한 때인 같은 해 4월 신해일(9일) 토번吐蕃을 정벌하는 나사도邏娑道 행군대총관에 임명됐다. 설인귀가 이 새 관직을 받기 전 직접 검모잠의 반란을 토벌하지 않은 것은 이상하지만 『신당서』(권111) 그의 열전에서 "검교안동도호에 임명되고 치소를 신성으로 옮겼다"고 한 것에 따르면 — 『구당서』(권38) 「설인귀열전」의 기록도 같다 — 그는 안동도호로 일단 부임한 뒤 요동의 신성으로 치소를 옮겼기 때문에 평양에는 없던 것이다. 신성은 봉천 동쪽인 지금의 무순시에 있던 고구려의 유명한 성으로 그 뒤(의봉 2년, 677) 안동도호부는 그곳으로 옮겨졌다. 설인귀가 치소를 옮긴 까닭은 요동 방면의 고구려 옛 영토를 다스리는 편의를 위해서였음이 분명하고, 그 시기는 평양을 중심으로 한 지방의 고구려 유민을 중국 내륙으로 옮긴 것과 같은 때로 생각된다.

그러므로 신라 왕실, 그리고 그 나라에 살던 고구려의 망명 장수 고연무와 함께 모의한 것으로 보이는 검모잠의 거병은 안동도호부의 수비가 허술함을 틈탄 것이 틀림없다. 그리고 신라의 출병 동기는 이 반란을 도와 당의 세력을 한반도에서 축출하는 것이었음은 쉽게 알아차릴 수 있다. 그러나 당군이 원정하자 신라는 고연무에게 내밀었던 도움의 손길을 품에 감췄다. 검모잠은 패전한 뒤 남은 백성을 모아 대동강 남쪽 지역으로 들어가 한성(재령)에 웅거해 재기를 시도했지만 그 방법으로 안승을 신라에서 맞아들인 것은 안승을 받든 고연무의 뜻에 반대되는 행동이던 것 같다. 특별히 바다의 사야도(소야도)에서 안승과 만났을 뿐 아니라 안승이 검모잠을 죽이고 신라로 도망쳐 돌아간 것은 그런 정황을 말하는 것이 아닐까?

앞서 든 『신당서』 「고려열전」에 따르면 이근행·양방과 함께 원정에 종사한 고간은 안승이 검모잠을 죽이고 신라로 도망친 뒤 안동도호부의 치소를 요동으로 옮겼다.

**사마광의 『통감고이**通鑑考異』: 실록에 따르면 함형 원년(670) 양방과 고간이 안순을 토벌하고 안동도호부를 평양에서 요동주로 옮겼다. 實錄, 咸亨元年, 楊昉·高侃討安舜, 始拔安東都護府, 自平壤移於遼東州.[9]

이 기사에서 알 수 있는 것처럼 그것은 지금은 일실된 『당고종실록』에 바탕한 기사로 보인다. 사마광은 함형 원년 도호부의 이전이 『당회요』에 보이지 않는다는 이유로 실록의 이 기사를 의심하고 『통감』에 싣지 않았지만 나는 믿을 수 있는 기록으로 본다.[10] 곧 검모잠의 난을 평정한 고간은 요동으로 돌아갔을 때 앞서 잠깐 도호로 주재했던 도호부의 치소를 요동으로 옮긴 것으로 보인다. 그리고 다른 측면에서 보면 그것은 평양성에 수비군을 남겨두지 않았음을 암시하는 것이다.

『신당서』「고려열전」에 그다음으로 기록된 사실은 "고간이 반란군을 안시성에서 격파했다"는 것이다. 이전의 사실과 마찬가지로 날짜가 적혀 있지 않지만 이듬해의 일인데, 『통감』(권202, 당기 18) 함형 2년(671) 가을 7월 "을미일 초하루 고간이 안시성에서 고구려의 남은 무리를 격파했다乙未朔, 高侃破高麗餘衆於安市城"고 보이기 때문이다. 안시성은 요동에 있던 고구려의 유명한 성의 하나로 시마다 요시島田好 씨와 야기 소자부로 씨의 현지 답사에 따르면 해성 동남쪽 30리(11.8킬로미터)쯤의 영성자에 남아 있는 산성이 그 터임이 거의 분명하다고 했다.[11] 이 반란에 대해 지금까지 설명한 것보다 자세한 사실을 증명할 수 있는 문헌이 없지만 검모잠의 반란은 해를 넘겨 요동의 고구려인들에게 번진 것이 아니었을까 여겨진다.

### 3. 검모잠 잔당의 난

검모잠의 거병으로 시작된 고구려 유민의 난은 고간·이근행 등이 출정하고 검모잠 자신이 뜻밖에 죽으면서 완전히 평정된 것처럼 보였지만 사실은 그렇지 않았다.

(A) 『신당서』「고려열전」: 고간은 (…) 반란군을 안시성에서 격파하고 다시 천산에서 무찔러 신라의 원군 2000명을 사로잡았다. 이근행은 그들을 발로하에서 격파하고 다시 싸워 1만여 명을 포로로 잡거나 죽였다. 평양의 패잔병은 군대를 유지할 수 없게 돼 신라로 달아나니 모두 4년 만에 평정됐다. 侃 (…) 破叛兵於安市, 又敗之泉山, 俘新羅援兵二千. 李謹行破之于發盧河, 再戰, 俘馘萬計. 於是平壤痍殘不能軍, 相率奔新羅, 凡四年乃平.

그렇다면 이것은 어떤 난이었을까? 먼저 생각해봐야 하는 것은 "다시 천산에서 무찔렀다"고 한 천산 전투다.

(1) 「신라본기」 문무왕 11년(함형 2년, 671): 9월 당의 장수 고간 등이 번방 군사 4만을 이끌고 평양에 도착해 해자를 깊이 파고 보루를 높이 쌓은 뒤 대방을 침략했다. 九月, 唐將軍高侃等率蕃兵四萬到平壤, 深溝高壘, 侵帶方.

(2) 문무왕 12년(함형 3년): 가을 7월 당의 장수 고간이 군사 1만을, 이근행이 군사 3만을 이끌고 같은 때 평양에 이르러 군영 8개를 만들고 주둔했다, 8월 한시성과 마읍성을 공격해 이기고, 진군해 백수성에서 500보쯤 되는 곳에 군영을 만들었다. 우리 군과 고구려군이 맞아 싸워 수천 명을 죽였다. 고간 등이 후퇴하자 추격해 석문에 이르러 싸웠다. 우리 군이 패배해 대아찬 효천, 사찬 의문·산세, 아찬 능신·두선, 일길

찬 안나함·양신 등이 죽었다. 秋七月, 唐將高侃率兵一萬, 李謹行率兵三萬, 一時至平壤, 作八營留屯. 八月, 攻韓始城·馬邑城, 克之. 進兵距白水城五百許 步, 作營. 我兵與高句麗兵逆戰, 斬首數千級. 高侃等退, 追至石門戰之. 我兵敗 績, 大阿飡曉川·沙飡義文·山世·阿飡能申·豆善·一吉飡安那含·良臣等死之.

「신라본기」의 이런 기사들에 따르면 고간은 함형 2년 9월 — 안시 성에서 고구려의 반군을 격파한 직후 — 평양성으로 와서 그곳을 근 거로 대동강 남쪽 지역(대방)을 공격했고, 이듬해 함형 3년(672) 가을 다시 평양성으로 와서 주둔해 한시성·마읍성 등을 함락시킨 뒤 신 라·고구려군과 백수성 부근에서 싸웠으며 다시 석문에서 싸워 크게 무찔렀다. 그러나 두 기사를 비교하면 앞선 전투를 서술한 기사는 상 당히 간단해 고간이 누구를 상대로 싸웠는지 밝히지 않았다. 대방은 대동강 남쪽 지역을 가리키는 것은 틀림없으므로 고간이 신라의 영토 를 침범했다는 뜻이 이 기사에 들어있지 않다는 것은 분명하다. 당시 신라의 북쪽 경계는 칠중하, 곧 지금의 임진강이다. 그리고 병력은 앞 과 뒤의 전투가 모두 같았는데, 앞의 전투에서는 4만 명, 뒤의 전투에 서는 고간이 직접 이끈 1만 명에 이근행이 이끈 3만 명을 더했다고 했 다. 그런데 중국 사서에는 함형 2년 고간의 동정東征을 기록한 기사는 전혀 없지만 다음 기사들이 있다.

(B) 『통감』(권202, 당기 18) 3년: 12월 고간은 고구려의 남은 무리와 백수 산에서 싸워 격파했다. 신라가 군대를 보내 고구려를 구원하자 고간이 격파했다. 高侃與高麗餘衆戰于白水山, 破之. 新羅遣兵救高麗, 侃擊破之.

(C) 『구당서』「고종본기」 같은 해: 이해 겨울 좌감문대장군 고간이 신라

군을 횡수에서 대파했다. 是冬, 左監門大將軍高侃大敗新羅之衆於橫水.

이것들은 모두 백수성의 이름이 보이는 「신라본기」의 두 번째 전투에 해당하는 것이 분명하다(백수성과 횡수는 뒤에서 설명). 또 앞서 인용한 『신당서』 「고려열전」에서 고간이 고구려의 반란군을 안시성에서 격파했다는 기사에 이어 "다시 천산에서 무찔러 신라의 원군 2000명을 사로잡았다"고 한 것도 '천산泉山'을 '백수산白水山'의 오기로 보고 같은 사실을 전달한 기사의 중간에 들어간 것으로 볼 수 있다. 이렇게 보면 검모잠의 반란을 평정한 뒤 고간의 정벌은 「신라본기」의 기록처럼 함형 2년과 3년 모두 이뤄진 것이 아니고 「신라본기」의 두 해 기사 가운데 고간이 군사 4만을 이끌고 평양에 와서 대방을 침략했다고 한 앞의 간단한 기사는 동일한 사실을 비교적 자세히 서술한 뒤의 기사에 대해 요점만 실은 것일 뿐이다.

이처럼 「신라본기」의 첫 번째 기사는 두 번째 기사에 겹쳐지는 것이므로 두 번째 기사에서 신라·고구려 연합군과 당군의 교전지라고 한 백수성과 석문은 대방 지역 안에 포함된 지명이 돼야 한다. 그러나 이런 지명은 한시성·마읍성과 함께 『삼국사기』 「지리지」에 보이지 않으므로 그 위치를 알기 어렵다. 대방은 신라인이 한·위대의 옛 지명을 대동강 남쪽의 어떤 지방에 적용한 것이 틀림없지만 아주 넓은 지역을 가리킨 것은 아니라고 생각된다.

『삼국사기』(권43) 「김유신열전」: 앞서 법민왕(문무왕)이 고구려의 반란 세력을 받아들이고 백제 옛 땅을 차지하자(신라는 검모잠의 반란을 도왔지만 실패한 뒤 함형 원년[670] 가을부터 이듬해 가을까지 백제 옛 땅을 공격해 차지했다. 이 일은 뒷장에서 따로 서술하겠다) 당 고종은 크게 분노해 군사를 보내 공격했다. 당군은 말갈과 함께 석문 들판에 진영을 설치했다. 왕은 장군 의복과 춘장 등을 보내 막게 하고 대방 들판에 진영을 설치했다. (…) 마침내 각자 군사를 나눠 흩어졌다. 당군과 말갈이 [우리가] 아직 진을 치지 못한 틈을 타서 공격하니 우리는 크게 패배해 장군 효천과 의문 등이 죽었다. 初法敏王納高句麗叛衆, 又據百濟故地有之, 唐高宗大怒, 遣師來討. 唐軍與靺鞨, 營於石門之野, 王遣將軍義福·春長等禦之, 營於帶方之野. (…) 遂各別兵分散. 唐兵與靺鞨, 乘其未陣擊之, 吾人大敗, 將軍曉川·義文等死之.


그런 측면은 이 교전 사실을 기록한 위의 기사에서 '대방 들판'이라는 이름이 사용됐을 뿐 아니라 그것을 '석문 들판'과 상대시킨 데서 분명하다. 또 앞서 서술한 것처럼 『구당서』의 기사 C에 『통감』의 백수산(「신라본기」의 백수성)과 이 글자의 오류로 생각되는 『신당서』의 천산에 해당하는 교전지로 횡수의 이름을 든 것에 따르면 횡수는 백수산(백수성)에 가까운 대방 지역을 흐르는 강으로 생각된다.

그런데 평양 남쪽인 황주·봉산·재령 방면의 실제 지리를 보면 재령강은 이 방면에서 가장 뚜렷한 강이고, 그 유역은 동쪽에서 서흥강瑞興江과 은파천銀波川이 흘러 들어가는 봉산과 재령의 중간에서 상당히 큰 평야를 이룬다. 그리고 이 강은 직접 바다로 흘러 들어가지 않고 평양 방면에서 대동강의 큰 흐름이 남쪽으로 내려오는 것에 대해 북쪽으로 흘러 그것과 만나 서쪽으로 꺾어져 바다로 들어간다. 곧 평양에서 중화·황주를 거쳐 남쪽으로 가는 도로는 봉산과 재령의 중간에서 대동강 하류가 가로지른다고 할 수 있는 재령강 유역의 평야를 지난다. 여기서 나는 문제의 교전지인 백수성과 석문의 대체적인 위치가 재령 동북쪽에 펼쳐진 이 평야밖에 될 수 없음을 알 수 있다고 생각한다. 『구당서』의 횡수는 그 이름에서 재령강에 비정할 수 있으므로 신라인이 말한 대방은 이 평야를 가리키는 것이라고 추정되기 때문이다.

나는 시기가 서로 다른 「신라본기」 두 기사의 내용을 검토하고 같은 사실에 대한 중국 쪽의 두세 기사를 참조해 그것을 하나의 해로 정리했지만, 그것과 동일한 사실에 관련된 달은 모든 기록이 각자 다르다. 곧 「신라본기」의 첫 번째 기사에는 9월, 두 번째 기사에는 7~8월, 『통감』 기사 B에는 12월, 『구당서』의 기사 C에는 겨울이라고만 돼 있다. 그러나 이것은 따로 해석해야 할 문제로 일단 미뤄두고, 교전지의 대체적 위치를 앞서처럼 파악한 뒤 먼저 검모잠이 안승을 받들어 웅거한 성(한성)이 지금의 재령에 해당한다는 것을 생각하면 검모잠이 거병했을 때와 마찬가지로 다시 신라의 원조를 얻어 당이 반란이라고 판단한 일을 한 "고구려의 남은 무리" —『통감』의 표현 — 는 검모잠의 남은 세력밖에 될 수 없다.

그렇다면 재령(한성)을 본거지로 한 검모잠의 남은 세력은 당군이 원정하기 전 무엇을 목적으로 삼았고 어떻게 행동했는가? 「신라본기」에 따르면 평양에 와서 주둔한 고간은 한시성과 마읍성을 함락시킨 뒤 백수성 부근으로 진군해 반대 방향에서 온 고구려·신라 연합군을 만나 싸웠다. 한시성과 마읍성이 재령 동북쪽에서 멀지 않은 백수성과 평양성의 중간에 위치했다는 것은 이것에 따라 대략 분명하지만, 그 두 성에 웅거한 것은 고구려군이 돼야 한다. 따라서 고구려의 남은 무리의 반란이라고 한 것은 그들이 두 성을 점유한 것을 뜻하는 것이다. 검모잠의 남은 무리는 재령(한성) 부근을 본거지로 삼아 이 두 성

을 점령하고 나아가 수비가 소홀한 평양성을 회복하려던 것으로 생각
된다.

백수산 전투 이듬해는 함형 4년(673)인데, 당군은 그해에도 고구려
의 반란 세력을 토벌했다.

(a) 『구당서』 「고종본기」 함형 4년 윤5월 정묘일: 연산도 총관 이근행이
고구려의 반란 세력을 호로하 서쪽에서 격파했다. 평양에 있던 고구려
의 남은 무리는 신라로 도망쳤다. 燕山道總管李謹行破高麗叛黨於瓠盧河
之西, 高麗平壤餘衆遁入新羅.
(b) 『자치통감』: 윤5월 연산도 총관·우령군대장군 이근행이 호로하 서
쪽에서 고구려의 반란 세력을 대파하고 수천 명을 포로로 잡았다. 남은
무리는 모두 신라로 도망쳤다. 閏五月, 燕山道總管·右領軍大將軍李謹行大
破高麗叛者於瓠盧河之西, 俘獲數千人. 餘衆皆奔新羅.

앞서 든 『신당서』 「고려열전」의 기사 A에서 "이근행은 그들을 발로
하에서 격파하고 다시 싸워 1만여 명을 포로로 잡거나 죽였다. 평양의
패잔병은 군대를 유지할 수 없게 돼 신라로 달아났다"고 한 것은 말
할 것도 없이 이것에 해당하는 기사다. 그리고 「고려열전」의 이 기사
에 "모두 4년 만에 평정됐다"는 구절을 덧붙인 것처럼 함형 원년(670)
3·4월 무렵 검모잠의 거병으로 시작된 고구려 유민의 반란은 함형
4년 윤5월 호로하 서쪽의 전투로 모두 평정됐다. A에서 "평양의 패잔
병"이라고 한 것은 『구당서』 「고종본기」 기사 a의 "평양에 있던 고구려
의 남은 무리"에 해당하는 표현으로 이것으로도 검모잠이 처음 거병

한 곳은 평양 부근이었음이 분명하다.

『신당서』(권108) 「유인궤열전」: 함형 5년(674) (…) 유인궤는 군사를 이끌고 호로하를 끊어 큰 진인 칠중성을 함락시켰다. 咸亨五年, (…) 仁軌率兵, 絶瓠蘆河, 攻大鎭七重城破之.

이 기사에서 알 수 있는 것처럼(이 전투는 뒤에서 설명) 호로하는 신라의 칠중성(임진강 가의 지금의 적성) 근처를 흐르는 칠중하와 같은 하천이 틀림없다. 곧 지금의 임진강이라는 것은 의심되지 않는다. 따라서 "호로하 서쪽"이라고 한 것은 예성강과 임진강 사이의 개성 방면 지역을 가리키는 것으로 여겨진다. 호로瓠蘆는 葫蘆호로·壺蘆호로·胡瓜호과라고도 하는데, 말할 것도 없이 '박'이며 먹거나 깨서 말려 물이나 술을 뜨는 그릇으로 쓰는 바가지다. 그 때문에 호로하에는 과천瓠川·표하瓢河 등의 이름도 있다.[12] 『신당서』「고려열전」A의 발로하는 호로하의 발음이 와전된 것이 아니라 잘못된 글자로 표기한 것으로 생각된다.

「신라본기」의 이해(문무왕 13년, 함형 4년, 673) 기사를 다시 보면 당군의 침략을 그 앞의 9월에 연결해 서술한 다음 기사가 있다.

(1) 9월 (…) 당군이 말갈·거란군과 와서 북쪽 변방을 침략했다. 모두 아홉 번 싸웠는데, 우리 군이 이겨 2000여 명을 죽였다. 호로하와 왕봉하에 빠져 죽은 당군이 셀 수 없이 많았다. 九月 (…) 唐兵與靺鞨·契丹兵, 來侵北邊. 凡九戰, 我兵克之, 斬首二千餘級. 唐兵溺瓠瀘·王逢二河, 死者不可勝計.

여기에 이어진 겨울의 사건은 다음과 같다.

(2) 「신라본기」 문무왕 13년(673): 겨울 당군이 고구려의 우잠성을 공격해 함락시켰다. 거란·말갈군은 대양성과 동자성을 공격해 멸망시켰다. 冬, 唐兵攻高句麗牛岑城, 降之. 契丹·靺鞨兵攻大楊城·童子城, 滅之.


그렇다면 이런 기사들은 고구려의 반란 세력이 마지막 타격을 받은 호로하 서쪽 전투에 관련된 것일까?

먼저 첫 번째 기사에서 호로하와 함께 왕봉하의 이름을 들었는데, 그것에 비정되는 하천이 무엇이든(왕봉하가 한강 하류의 이름이라는 것은 뒤에서 서술) 전체적 사실을 앞서 인용한 당의 기사와 연결하면 첫째, 그 교전 시기는 윤5월이 아니라 9월이고 둘째, 당군과 싸운 것은 신라군이지 고구려의 반군이 아니며 셋째, 전쟁의 결말은 당의 대패로 귀결됐다는 것 등에서 그것과 일치하지 않는다. 그러므로 이 기사는 다른 전투를 서술한 것으로 생각할 수밖에 없다(그 전투는 당의 신라 정벌을 주제로 한 5편에서 서술). 다음으로 두 번째 기사의 뒷부분은 동자성의 위치를 파악한 것에 따라 왕봉하의 이름이 보이는 첫 번째 기사에 연결시킬 수 있음을 알 수 있다. 논지가 옆길로 빠질까 걱정돼 여기서는 그 까닭을 자세히 설명하지 않겠지만, 요컨대 이것도 고구려의 반란 세력에 대한 당군의 공격과는 무관한 기사다. 그렇다면 두 번째 기사의 앞부분은 어떤가?

"겨울 당군이 고구려의 우잠성을 공격해 함락시켰다"는 「신라본기」의 이 간단한 기사는 당군이 우잠성에 웅거한 고구려의 반란 세력을 공격해 항복시켰다는 뜻으로 해석된다. 그러나 그렇다면 그것은 반란이 완전히 평정된 그해(함형 4년, 673) 윤5월일까? 그렇지 않다면 그전이 돼야 하는데 '겨울'이라는 글자가 앞에 있는 것이 이상하다. 곧 이 기사에는 먼저 그 시기에 이해하기 어려운 점이 있다. 또 우잠성은 황해도 금천군金川郡 현내면縣內面 우봉리牛峰里에 비정된다. 개성에서 금천·평산을 거쳐 평양으로 가는 도로는 금천 북쪽에서 오른쪽으로 갈라져 송정리松亭里를 지나 시변리市邊里에 이르러 삭녕·신계 사이의 큰 길과 연결되는데, 우봉리는 송정리 가까이 그 동남쪽에 위치한 마을이다.

『삼국사기』(권35) 「지리지」: 우봉군은 본래 고구려 우잠군인데 경덕왕이 이름을 고쳤다. 지금도 그대로 따른다. 牛峯郡, 本高句麗牛岑郡, 景德王改名. 今因之.

이 기사를 조선시대 우봉현의 위치와 연혁을 서술한 『동국여지승람』(권42)의 기록에 비춰보면 그렇게 비정할 수 있다. 그렇다면 우잠성은 평산과 금천 사이를 흐르는 예성강에 가까운 곳이지만, 임진강에서 직선거리는 100리(39킬로미터) 정도로 비교적 멀다고 봐야 한다. 따라서 당군이 우잠성을 함락시켰다는 전투는 그 시기에 의문이 있지만, 그것을 호로하 서쪽의 전투와 연결시킬 수는 없다. '호로하 서쪽'은 임진강 서쪽의 멀지 않은 곳으로 해석하는 것이 당연하다.

여기서 둘을 구별하는 동시에 지리적 관계에서 우잠성 전투가 호로하 전투보다 먼저 일어난 독립적 사건으로 생각해 시험 삼아 그 기사를 그해 겨울에서 전 해(함형 3년, 672)로 옮겨보면 어떨까? 같은 시기의 다른 전투와 중복된다는 점에서 적절치 않게 느껴진다. 다른 전투는 앞서 서술한 것처럼 『통감』의 함형 3년 12월 조의 B에서 고간이 고구려의 남은 무리를 백수산에서 격파했다고 했고, 『구당서』 「고종본기」의 C에서 겨울에 고간이 신라의 무리를 횡수에서 무찔렀다고한 재령 방면의 전투다. 그러나 이 전투의 시기는 연도를 1년 내린 「신라본기」의 첫 번째 기사에는 9월, 두 번째 기사에는 8월로 돼 있어 — 곧 모두 가을 — 12월이나 겨울이라고 한 당의 기록과는 맞지 않고, 여기에 의문이 있는 것은 양쪽 기사를 연결했을 때 지적한 바 있다. 여기서 「신라본기」에만 보이는 우잠성 전투 시기는 언제일까 하는 문제와 관련해 이 점을 새로 고려하면 마침내 이 문제를 해결할 수 있는 길이 열린다.

우잠성에서 당군에게 격파된 고구려의 반란 세력은 당의 장수 고간과 백수산에서 싸워 패배한 검모잠의 남은 무리와 연락한 것이 틀림없다. 아니면 검모잠의 남은 무리는 이 패전의 결과 한성(재령) 부근의 본거지를 잃고 멀리 동쪽으로 달아나 평산 근처의 우잠성을 지키다가 다시 고간이나 그의 동료 장수 이근행 등의 공격을 받은 것으로 생각된다. 그리고 이근행이 호로하 서쪽에서 고구려의 반란군을 격파한 것은 우잠성이 함락되자 도주해 다시 호로하에서 가까운 개성 방면의 지역에서 근거지를 확보해 주둔한 세력을 무찌른 것으로 추측된다.

그러나 백수산 전투를 서술한 「신라본기」의 두 번째 기사 — 백수성과 석문 전투 — 는 고구려의 반란 세력을 도운 신라군이 패배하면서 종결됐기 때문에 당군의 우잠성 함락은 이 전투와 직접 이어진 것은 아니다. 그렇다면 호로하 서쪽의 전투 시기는 함형 4년 윤5월이었고 우잠성 함락은 전 해 겨울이며, 그보다 앞선 백수성 전투는 「신라본기」의 기록대로 8~9월이 아니었을까? 이것은 각 전투 시기의 간격에서 볼 때 매우 자연스럽다고 생각된다. 그런데 『통감』은 백수성 전투를 12월이라고 했고, 같은 전투를 횡수 전투라고 부른 『구당서』도 그것을 겨울의 사건으로 기록했기 때문에 이런 추측은 그것에 따라 부정되는 것 같지만, 그래도 이런 당의 기사는 「신라본기」에만 보이는 우잠성 함락 사실을 생략하면서 그 시기를 백수산이나 횡수 전투의 서술 안에 포함시킨 것으로 해석할 수 있다. 이렇게 해서 나는 「신라본기」의 우잠성 전투에 관련된 기사를 1년 전으로 올려 올바른 위치에 돌려놓는 동시에 앞서 의문으로 남겨뒀던 백수산 전투의 시기를 결정할 수 있다고 생각한다.

이처럼 개인적 생각에 따라 여러 번 「신라본기」의 기사를 앞뒤로 이동시킨 것은 매우 대담하게 보일 것이다. 그러나 결코 그렇지 않다. 뒤의 두 장에서 서술하듯 이 시대 「신라본기」 기사의 착오와 혼란은 다른 사건과 관련해서도 놀랄 만큼 심각하다.

지금까지 서술한 것에 큰 오류가 없다면 함형 3년(672) 평양성에 와서 그곳을 근거로 검모잠 세력을 토벌한 고간과 이근행 등의 행동은 대체로 다음과 같다고 할 수 있다. 검모잠 세력은 한성(재령)을 본거지로 삼아 평양성 수복을 시도해 대동강 남쪽의 한시성과 마읍성을 점령했기 때문에 당군은 먼저 그곳을 공격해 함락시킨 뒤 이어서 같은 해 8~9월 재령 방면의 백수산에서 고구려·신라의 연합군을 대파했다. 그리고 일단 평양성으로 올라갔지만 백수산에서 패배한 고구려군이 다시 우잠성(우봉리)에 주둔하자 같은 해 겨울 다시 출병해 그 성을 함락시켰다. 그러나 우잠성을 잃은 고구려인은 다시 남쪽으로 도망쳐 신라의 서북쪽 경계에 가까운 호로하(임진강) 서쪽인 개성 방면 지역에서 남은 세력을 보존했기 때문에 이듬해인 함형 4년 윤5월 이근

행은 세 번째로 평양성에서 남하해 반란군에게 큰 타격을 입히고 그
들을 신라 국경 안으로 축출했다. 검모잠의 거병 이후 고구려인의 반
란은 여기에 이르러 평정됐다.


## 4. 신라의 옛 백제 영토 점령과 당의 대응

함형 원년(문무왕 10년, 670) 봄~여름 평양 방면으로 출병해 검모잠
의 반란을 도운 신라는 같은 해 가을부터 이듬해 가을까지 당이 소유
한 백제의 옛 영토를 침략했다. 그것은 「신라본기」의 다음 몇 기사에
서 알 수 있다.

• 문무왕 10년(함형 원년, 670) 가을 7월 왕은 백제의 남은 무리가 배반
할 것을 의심해 대아찬 유돈을 웅진도독부에 보내 화친을 요청했다.
[도독부는 그 요청에] 따르지 않고 곧 사마 예군(백제인의 이름)을 보
내 엿보게 했다. 왕은 [도독부가] 신라를 공격하려는 것을 알고 예군
을 붙잡아 보내지 않았으며 군사를 일으켜 백제를 토벌했다. 품일·문
충·중신·의관·천관 등은 63성을 점령하고 그곳 사람들을 신라 영토
로 이주시켰다. 천존과 죽지 등은 7성을 빼앗고 2000명을 죽였다. 군
관과 문영은 12성을 빼앗고 적병狄兵을 공격해 7000명을 죽였으며 전
마戰馬와 무기도 매우 많이 노획했다. 왕은 돌아온 뒤 중신·의관·달
관·흥원 등은 □□사寺 군영에서 퇴각해 죄가 사형에 해당됐지만 사
면하고 관직에서 물러나게 했다. 창길우倉吉于□□□□일─ 등에게 각
각 급찬의 위계를 주고 차등 있게 곡식을 하사했다.

• 문무왕 11년(함형 2년, 671) 봄 정월 군사를 동원해 백제를 침략했는데, 웅진 남쪽 전투에서 당주 부과가 전사했다. (…) 당군이 백제를 구원하러 온다는 소식을 듣고 대아찬 진공과 아찬□□□□을 보내 웅포(금강 입구 부근으로 생각된다)를 지키게 했다. 6월 장군 죽지 등을 보내 군사를 이끌고 백제 가림성(충청북도 임천[부여 남쪽 약 40리[15.7킬로미터])의 벼를 짓밟게 했다. 마침내 당군과 석성(부여 동남쪽 약 40리에 있는 석성리)에서 싸워 5300명을 죽이고 백제 장군 2명과 당 과의果毅 6명을 포로로 잡았다. [7~8월 사이] 소부리주(충청남도 부여)를 설치하고 아찬 진왕을 도독으로 임명했다.

이처럼 신라는 백제의 옛 영토를 침략했다. 첫 해 7월에는 63성 외에 7성과 12성, 모두 82성을 탈취했고 다음 해에는 웅진 남쪽 어느 곳, 그리고 가림성과 석성 등 모두 백제의 옛 수도 사비성과 멀지 않은 곳에서 백제 유민 및 당군과 싸워 마침내 사비성을 점령하고 그곳에 소부리주를 설치했다. 1차 원정은 상당히 큰 규모로 추진된 것 같은데, 문무왕이 직접 출정한 것은 "왕은 돌아온 뒤"라고 한 데서 알 수 있고 그 정복 지역이 광대했다는 것은 성의 숫자에서 추측할 수 있다. 다만 그 82성이 백제의 옛 영토의 어느 부분이었는지는 성 이름이 적혀 있지 않아 바로 알 수는 없다. 그러나 문무왕이 검모잠의 반란지에서 도망쳐 돌아온 안승을 금마저에 안치한 것은 바로 이 정복이 이뤄진 달(문무왕 10년[670] 7월) 말이었고[13] 금마저는 전라북도 북쪽인 지금의 익산이다. 그리고 다음 해의 정복 지역은 부여(사비성)을 중심으로 한 충청남도 남부 지방이었으므로 1차 출병에 따라 신라가 점령한 82성은 백제 옛 영토의 대부분을 차지한 전라남·북도였다고 추정해도 문제는 없다. 따라서 다음 해의 정복 결과로 소부리주를 설치한 것은 백제의 옛 영토를 모두 점령했다는 의미로 생각된다.

당이 신라와 협력해 백제의 수도 사비성을 함락시키고 의자왕이 도망친 웅진성도 항복시켜 그 나라를 멸망시킨 것은 고종 현경 5년(660) 7월이다(고구려 멸망 8년 전). 그것에 이어 일어난 중요한 사건은 말할 것도 없이 복신을 지도자로 한 백제 유민의 반란으로 당이 그것을 평정하는 데는 용삭 3년(663) 9월까지 4년이 걸렸다. 난을 평정한 뒤 당의 조처는 어땠는가?

『구당서』(권199) 「백제열전」: 백제의 성들이 모두 다시 귀순했다. 손인사·유인원 등은 군사를 이끌고 돌아갔다. 유인궤(유인원의 오기)에게 조서를 내려 유인원(유인궤의 오기)을 대신해 군사를 거느리고 지키게 하고 14 부여융에게 웅진도독을 제수해 본국(백제)으로 돌려보내 신라와 화친해 그 남은 무리를 다스리게 했다.

다음은 이것과 대응하는 기사로 생각된다.15

「신라본기」: 문무왕 4년(당 인덕 원년, 664) 2월 각간 김인문(문무왕의 동생)·이찬 천존이 당의 칙사 유인원, 백제의 부여융과 웅진에서 동맹을 맺었다.

곧 용삭 3년(663) 겨울 토벌을 지휘한 장수인 손인사·유인원 등이 개선하자(유인궤는 남아서 수비했다) 고종은 이듬해인 인덕 원년(문무왕

4년) 초 유인원을 칙사로 삼고 의자왕의 아들 융을 웅진도독에 임명해 함께 백제로 들어가게 해 융에게 그 유민을 안무케 하는 동시에 신라 와 분쟁을 일으키지 말게 했는데, 「신라본기」에서 말한 '동맹'은 이것을 위해 문무왕이 파견한 김인문 등이 웅진에서 칙사 유인원을 증인으로 삼아 융과 화친을 맹약한 것을 뜻한다. 그 이듬해(인덕 2년, 665) 8월에는 웅진의 취리산에서 문무왕 자신이 융과 매우 엄숙한 맹약을 거듭 맺었다.[16] 그것은 『책부원귀』(권981 외신부 26, 맹서)에 다음과 같이 기록된 맹약으로 『구당서』 「백제열전」의 기사도 거의 같다.

고종 인덕 2년(665) 8월 개부의 동삼사 신라왕 김법민(문무왕)과 웅진도위 부여융이 백제 웅진성에서 맹약을 맺었다.[17] 앞서 백제는 부여장(의자왕 앞의 무왕)이 고구려와 화친을 맺고 여러 번 신라 영토를 침범했다. 신라는 사신을 보내 구원을 요청했는데, 그 행렬이 여러 번 이어졌다. 소정방이 백제를 평정한 뒤 철수하자 남은 무리가 다시 반란을 일으켰다. 진수사 유인궤와 유인원 등은 몇 년 동안 경략해 점차 평정했다. 부여융에게 조서를 내려 돌아가 남은 무리를 위무하고 신라와 화친하도록 명령했다. 이때 이르러 백마를 잡아 맹세하고 먼저 하늘과 땅, 산과 계곡의 신에게 기도한 뒤 피를 마셨다.

그 맹약문은 다음과 같다. " (…) 전 백제 태자 사가정경 부여융을 웅진도독에 임명하니 그 제사를 지키고 그 고향을 보호하며 신라에 의존해 길이 이웃 나라가 돼 서로 묵은 감정을 없애고 화친을 맺어 공손히 칙명을 받아 영원히 복종하라. 이제 사신으로 우위위장군 노성현공 유인원을 보내 직접 만나 권유하고 뜻을 갖춰 전달하니 혼인으로 약속하고 맹세로 선포하며 희생을 잡아 피를 마셔 언제나 돈독하며 재해와 걱정을 나누고 도와 형제처럼 우애 있게 지내며 황제의 말을 공손히 받들어 소홀히 하지 말라. 맹세한 뒤 함께 어려움을 이겨내며, 맹약을 배반하고 덕을 훼손해 군사를 일으켜 변방을 침범하면 신명께서 감독해 모든 재앙이 내려 자손이 자라지 않고 사직을 지키지 못해 혈통이 끊어져 남은 사람이 없을 것이다. 그러므로 철로 만든 책에 금으로 글씨를 써 종묘에 보관해 자손만대에 이르도록 어기지 말라. 신께서 들으시고 흠향하고 복을 내려주실 것이다.” 이 글은 유인궤가 지었다.[18] 피를 마신 뒤 책과 희생·폐백을 단 아래 북쪽 땅에 묻고 그 책은 신라의 종묘에 소장했다. 이때 유인궤는 신라·백제·탐라·왜인 네 나라의 사신을 이끌고 바다를 건너 서쪽으로 돌아가 태산 아래 도착했다.[19]

이런 두 번의 맹약에 대해 그 뒤(문무왕 11년, 당 함형 2년, 671) 문무왕은 설인귀에게 보낸 서신에서 다음과 같이 말했다.[20]

주류성(복신의 본거지)의 반군은 낙담해 마침내 곧바로 항복했습니다. 남쪽(주류성을 가리킴)이 평정되자 군사를 돌려 북쪽을 정벌했는데(주류성이 함락된 뒤 다른 장수 지수신은 북쪽의 임존성에 웅거하고 항복하지 않았다), 임존성만이 헛되이 고집을 부리고 항복하지 않았습니다. 두 나라(신라와 당) 군대가 힘을 합쳐 한 성을 함께 쳤지만 굳게 지키고 대항하니 무너뜨릴 수 없었습니다. 신라는 곧 군사를 돌리려고 했지만 두 대부杜大夫(유인궤의 동료 장수 두상)는 “칙명에 따르면 백제를 평정한 뒤 함께 맹약하라고 했으니 임존성 하나가 아직 항복하지 않았다고 해도 함께 맹약을 맺어야 한다”고 했습니다. 신라는 “칙명에 따르면 평정한 뒤 함께 맹약해야 하니 임존성이 아직 항복하지 않았으므로 평정했다고 볼 수 없다. 또한 백제는 모든 행동이 간사해 약속을 뒤집기 일쑤니 지금 함께 맹약해도 나중에 후회할 일이 생길까 염려된다"고 판단해 회맹을 중단하자고 주청했습니다. 인덕 원년(664) 다시 엄한 칙명을 내려 회맹하지 않은 것을 꾸짖으니 곧 웅령에 사람을 보내 제단을 쌓아 함께 맹약하고 마침내 그곳을 두 나라의 경계로 삼았습니다. 회맹한 일은 바란 것이 아니었지만 감히 칙명을 어길 수 없었습니다(김인문 등이 맺은 맹약). 다시 취리산에 제단을 쌓아 칙사 유인원과 마주 보고 피를 마시면서 산하를 두고 서로 맹약했습니다. 경계를 획정하고 표지를 세워 영원히 강역으로 삼아 백성이 살면서 생업을 영위하기로 했습니다(문무왕 자신이 맺은 맹약).

문무왕의 이 말에 따르면 그는 당의 강요로 어쩔 수 없이 맹약을 맺었다. 그리고 그 맹약은 복신의 난이 평정되기 전부터 문제였다(두 번째 회맹 때 맹약문을 지은 인물은 『책부원귀』에 명시된 것처럼 유인궤다. 아울러 증인이 유인원이었다는 것은 이 문무왕의 서신을 보면 알 수 있다).

복신의 난을 평정한 뒤 고종이 시행한 이런 조처는 매우 절묘했다고 말할 수 있다. 부여융에게 백제의 제사를 지키게 하고 그 옛 백성을 안무케 하면 반란은 다시 일어나지 않을 것으로 생각됐다. 문무왕에게 굳게 맹약케 하면 신라는 백제 땅을 침략하지 않을 것으로 판단됐다. 그렇게 되면 당은 아무 일도 하지 않고 그 땅을 소유하게 될 것이었다. 고종은 그런 판단에서 그렇게 조처한 것으로 생각된다. 그러나 맹약의 배후에는 백제 땅에 대한 신라의 참을 수 없는 욕망이 잠재해 있다는 한 가지 큰 사실을 인식해야 했다. 당이 신라에게 맹약을 강요한 까닭과 신라가 그것을 하려고 하지 않은 까닭도 모두 거기 있었다.

이것은 결국 어떻게 해결됐는가?

**『구당서』「백제열전」**: 피를 마신 뒤 단 아래 길지에 폐백을 묻고 맹약서는 신라의 종묘에 간직했다. 유인원과 유인궤 등이 돌아가자 부여융은 신라를 두려워해 곧 당의 수도로 돌아왔다(앞서 인용한 『책부원귀』에 따르면 취리산의 맹약 뒤 당 본국으로 돌아온 것은 유인원과 유인궤 가운데 유인궤였다고 정확히 기록돼 있다).

이것은 신라가 어떤 수단을 사용해 부여융을 해치려 했음을 말하는 것으로 맹약한 뒤 곧바로 종묘에 모신 금으로 쓴 철권鐵券을 절반 정도 무효로 만든 것이다. 인덕 2년의 다음 해인 건봉 원년(666) 고종은 고구려 원정을 시작하고 백제 진장 유인원에게 신라군과 함께 평양으로 진격하라고 명령했다. 그런데 유인원은 명령대로 행동하지 않았기 때문에 총장 원년(668) 평양성이 함락되기 전 유배됐다.**21** 그리고 새로 진장이 파견되지 않은 채 그대로 2~3년을 지냈다. 그러자 신라는 마침내 맹약의 나머지 절반을 파기했다. 앞서 서술한 대로 함형 원년(670) 가을부터 이듬해 가을까지 백제 옛 영토를 점령한 것이다.

신라가 백제의 옛 영토에 출병한 발단은 앞서 인용한 「신라본기」에 서술돼 있다.

왕은 백제의 남은 무리가 배반할 것을 의심해 대아찬 유돈을 웅진도독부에 보내 화친을 요청했다. [도독부는 그 요청에] 따르지 않고 곧 사마예군을 보내 엿보게 했다. 왕은 [도독부가] 신라를 공격하려는 것을 알고 예군을 붙잡아 보내지 않았으며 군사를 일으켜 백제를 토벌했다.

백제의 남은 무리가 배반했다는 것이나 신라가 화친을 요청했다는 것이나 모두 막연한 표현이어서 그 진상을 알기 어렵다. 이듬해 문무왕의 서신(뒤에서 설명)에서는 그것을 검모잠의 반란과 연결시켰다.

함형 원년(670) 6월 고구려는 반역을 꾀해 중국 관원을 모두 죽였습니다. 신라는 곧 군사를 일으키고자 먼저 웅진에 알렸습니다. "고구려가 반란을 일으켰으니 정벌하지 않을 수 없다. 그쪽과 우리는 모두 황제의 신하니 이치로 볼 때 흉악한 적을 함께 토벌해야 한다. 군사를 일으키는 일은 모름지기 함께 의논해 처리해야 하니 관원을 이곳으로 보내 함께 계획을 세우기를 요청한다." 마침내 백제의 사마 예군이 와서 함께 의논했습니다. "군사를 일으킨 뒤 그쪽과 우리가 서로 의심할까 걱정되니 두 곳(웅진도독부와 신라)의 관원을 바꿔 인질로 삼읍시다." 곧 김유돈과 부성府城의 백제 주부主簿 수미·장귀 등을 웅진도독부로 보내 인질 교환 문제를 논의하게 했습니다. 백제는 인질 교환에 동의했지만 성 안에서는 병마를 모아 그 성 아래 도착해 밤이 되면 와서 공격했습니다.

그러나 신라는 함형 원년 3~4월 검모잠의 거병을 도왔기 때문에 6월 흉적을 토벌하기 위해 웅진도독부의 백제인 — 당의 관직을 지닌 — 과 함께 출병 논의를 시도했다는 것은 의심할 바 없이 자신의 반역적 행위를 감추려는 허구의 진술이다. 요컨대 신라의 출병 전 경위는 잘 알기 어렵지만 「신라본기」의 기사를 찬찬히 살펴보면 유인원이 떠난 뒤 당의 진장이 주재하지 않은 웅진도독부의 백제인이 신라에 대해 반항을 시도하면서 서로 갈등이 일어났고, 그것이 그동안의 욕망을 이룰 수 있는 기회를 신라에 준 것은 아닐까 생각된다.

이렇게 신라는 한반도 안에 있던 당의 영토를 차지했다. 침략을 마친 것은 문무왕 11년(함형 2년, 671) 7~8월로 검모잠의 반란을 평정하고 요동으로 돌아간 고간이 1년쯤 뒤 고구려의 반군을 안시성에서 격파한 것과 거의 같은 때다. 이것은 말할 것도 없이 당에게는 중대한 사건이었지만, 이상하게도 중국 사서에는 그것에 대한 당의 조처를 알려주는 기사가 없다.

그런데 「신라본기」 문무왕 11년(671) 본기를 보면 그해 6월 신라군은 당군·백제군과 석성에서 싸워 크게 승리한 것을 서술한 앞의 기사 ― 이 당군은 유인원이 백제 땅을 떠난 뒤 남아 있던 군사로 숫자도 매우 적었던 것으로 생각된다 ― 에 이어 "가을 7월 26일 대당총관 설인귀가 임윤 법사를 보내 서신을 전달했다秋七月二十六日, 大唐摠管薛仁貴使琳潤法師, 寄書曰"고 했고 임윤(당에 있던 신라 승려)이 가져온 설인귀의 서신과 그것에 대한 문무왕이 답서가 함께 실려 있다. 그 다음에는 앞서 인용한 소부리주 설치 기사가 있다. 내가 주 설치 시기를 7~8월로 보고 괄호 안에 그렇게 기입해 둔 것은 이런 관계에 바탕한 추정이다.

설인귀의 서신은 추상적 표현으로 신라의 반역적 행위를 책망했고 문무왕의 답서는 구체적 사실을 들어 그동안 당을 위해 힘을 다했음을 말했지만, 이 무렵 설인귀의 임무는 문서를 주고받는 데 있지 않았다. 그는 신라의 죄를 묻기 위해 직접 수군을 이끌고 와 전함을 금강 입구에 늘어놓고 웅진도 공격할 것 같은 모습을 보였다. 그것은 문무왕의 답서에서 알 수 있다.

사신 임윤이 귀한 편지를 가져온 뒤에야 총관(설인귀)이 풍파를 무릅쓰고 멀리 바다 밖에서 온 것을 알았습니다. 이치로 봐 사신을 보내 교외

에서 영접하고 고기와 술을 보내 대접해야 마땅하지만 멀리 떨어진 다
른 지역(신라의 수도)에 살기에 예를 다하지 못하고 때맞춰 영접하지 못
했으니 이상하게 여기지는 말아주십시오. 총관이 보내온 편지를 펴서
읽어보니 모두 신라가 이미 배반한 것으로 돼 있지만, 그것은 본래의 마
음이 아니어서 두렵고 놀라울 뿐입니다. 스스로 공로를 헤아린다면 욕
된 비방을 받을까 두렵지만 입을 다물고 꾸짖음을 받더라도 불행한 운
수에 빠지게 될 것이므로 지금 억울하고 잘못된 것을 간략히 쓰고 반역
한 사실이 없음을 함께 기록했습니다. 당은 사신 한 사람을 보내 일의
근본과 까닭을 물어보지도 않고 곧바로 몇만의 무리를 보내 우리나라
를 무너뜨리려고 누선樓船들이 푸른 바다에 가득하고 배들이 강 입구에
늘어서 저 웅진을 책망하고 신라를 공격했습니다. 使人琳潤至辱書, 仰承
摠管犯風波, 遠來海外. 理須發使郊迎, 致其牛酒, 遠居異城, 未獲致禮, 時闕迎
接, 請不爲怪. 披讀摠管來書, 專以新羅已爲叛逆, 旣非本心, 惕然驚懼. 數自功
夫, 恐被斯辱之譏, 緘口受責, 亦入不弔之數, 今略陳寃枉, 具錄無叛. 國家不降
一介之使, 垂問元由, 卽遣數萬之衆, 傾覆巢穴, 樓船滿於滄海, 艫舳連於江口,
數彼熊津, 伐此新羅.

그 뒤 「신라본기」를 보면 그해 10월 신라군이 당의 조운선을 격침
시킨 기사가 있다.

겨울 10월 6일 당의 조운선 70여 척을 공격해 낭장 겸이대후와 군사
100여 명을 사로잡았다. 물에 빠져 죽은 사람은 셀 수 없었다. 급찬 당
천의 공이 가장 컸기 때문에 사찬의 관등을 줬다. 冬十月六日, 擊唐漕船
七十餘艘, 捉郎將鉗耳大侯·士卒百餘人. 其淪沒死者, 不可勝數. 級飡當千功

第一, 授位沙飡.

신라가 당의 수군에게 이런 타격을 준 것은 설인귀의 원정 중에 있던 사건이 틀림없다. 그것은 「신라본기」 이듬해(문무왕 12년, 672) 9월 조를 참조하면 분명하다.

왕은 앞서 백제가 당에 가서 군사를 요청해 우리를 공격하자 일의 형세가 급박해 황제에게 사실을 아뢰지 못하고(이것은 사실인지 의심스럽다) 군사를 일으켜 그들을 쳤다(신라가 백제의 옛 영토를 점령한 것). 이 때문에 당 조정에 죄를 얻었다(설인귀의 원정). 마침내 급찬 원천과 나마 변산, 그리고 붙잡아 머물게 했던 병선 낭장 겸이대후·내주 사마 왕예·본열주 장사 왕익(이상은 당의 장수)·웅진도독부 사마 예군·증산 사마 법총(이 두 사람은 백제인)과 군사 170명을 보내 표를 올려 죄를 빌었다. 王以向者百濟往訴於唐, 請兵侵我, 事勢急迫, 不獲申奏, 出兵討之. 由是獲罪大朝. 遂遣級飡原川·奈麻邊山及所留兵船郎將鉗耳大侯·萊州司馬王藝·本烈州長史王益·熊州都督府司馬禰軍·曾山司馬法聰·軍士一百七十人, 上表乞罪.

또 「신라본기」에서는 소부리주 설치 기사 다음, 당 조운선 격침 기사 앞에 "9월 당의 장수 고간 등이 번방 군사 4만을 이끌고 평양에 도착해 해자를 깊이 파고 보루를 높이 쌓은 뒤 대방을 침략했다"고 했다. 그러나 이 기사는 이미 비판한 것처럼 이듬해(문무왕 12년) 백수성 전투 — 고간이 검모잠의 남은 무리와 그를 도우려고 온 신라군을 무찌른 전투 — 에 관련된 기사가 섞여 나온 것으로 설인귀의 신라 정벌과는 무관한 것이다.

다시 『구당서』(권83) 「설인귀열전」을 보면 설인귀는 함형 원년(670)~상원 원년(함형 5년, 674) 사이의 어떤 해에 계림도雞林道 총관이 돼 고구려의 반군을 토벌했다.

함형 원년 토번이 침략하자 다시 설인귀를 나사도 행군대총관에 임명해 장군 아사나도진·곽대봉을 이끌고 공격케 했다. (…) 얼마 뒤 고구려의 무리가 다시 반란을 일으키자 조서를 내려 설인귀를 계림도 총관으로 삼아 경략하게 했다. 상원 연간 일에 연루돼 상주로 유배됐지만 이때 사면돼 돌아왔다. 咸亨元年, 吐蕃入寇, 又以仁貴爲邏娑道行軍大總管, 率將軍阿史那道眞·郭待封以擊之. (…) 尋而高麗衆相率復叛, 詔起仁貴爲鷄林道總管以經略之. 上元中, 坐事徙象州, 會赦歸.

2장에서 서술한 대로 설인귀가 토번으로 출정한 것은 함형 원년(670) 4월로 검모잠의 거병과 거의 같은 때였다. 따라서 그 뒤 설인귀가 고구려의 반군을 토벌했으므로 그 반군은 함형 3년(문무왕 12년, 672) 다시 일어난 검모잠의 남은 무리가 될 수밖에 없다. 그런데 이 반군을 토벌한 당의 장수는 설인귀가 아니라 검모잠 자신이 거병했을 때와 마찬가지로 고간과 이근행이었다. 이것은 이미 설명한 것에 따라 조금도 의심이 없다. 그렇다면 설인귀가 계림도 총관으로 고구려의 반군을 토벌했다는 「설인귀열전」의 기록은 함형 2년(문무왕 11년, 671) 신라의 백제 침략을 응징하는 수군을 이끌고 온 사실을 그 이듬해 검모잠의 남은 세력의 반란에 부회한 것이 틀림없다. 이렇게 볼 때 '계림도 총관'이라는 이름은 또 의미가 있는 것이 된다. 계림은 말할 것도 없이 신라의 이름이기 때문이다. 「신라본기」의 기사에서 설인귀 앞에 붙은

'총관'이 계림도 총관이라는 것도 이것으로 알 수 있다. 이처럼 「설인귀열전」의 기록은 오류가 있지만, 다른 데는 전혀 없는 중국 쪽의 이 기사에 희미하게나마 설인귀의 신라 정벌 사실을 증명할 수 있는 증거가 있는 것은 그나마 다행이다.

검모잠의 남은 세력의 난을 평정하자 당은 유인궤를 계림도 대총관, 이근행을 그 부장으로 삼아 신라 정벌군을 보냈다. 다음 장에서 자세히 서술하는 상원 1~2년(674~675)의 전쟁이 그것이다. 그런데 「신라본기」 문무왕 15년(상원 2년) 조에서는 다음의 일을 상원 전투의 사이에 있던 것으로 서술했다.

가을 9월 숙위학생 풍훈의 아버지 김진주가 본국(신라)에서 처형되자 설인귀는 풍훈을 향도로 삼아 천성을 공격했다. 우리 장군 문훈 등이 맞서 싸워 이겨 1400명을 죽이고 병선 40척을 빼앗았다. 설인귀가 포위를 풀고 달아나니 전마 1000필을 얻었다. 秋九月, 薛仁貴以宿衛學生風訓之父金眞珠伏誅於本國, 引風訓爲鄕導, 來攻泉城. 我將軍文訓等逆戰勝之, 斬首一千四百級, 取兵船四十艘. 仁貴解圍退走, 得戰馬一千匹.

그러나 앞서 인용한 「설인귀열전」에 따르면 그는 상원 연간 상주에 유배돼 있었기 때문에 그가 신라군과 교전했다고 기록한 「신라본기」의 이 기사는 다른 전투에 관련된 기사가 잘못 나온 것으로 생각된다. 「신라본기」의 이듬해(문무왕 16년) 기사도 같은 성격으로 생각된다.

겨울 11월 사찬 시득은 수군을 이끌고 설인귀와 소부리주 기벌포에서 싸웠는데 거듭 졌다. 다시 나아가 크고 작은 전투 22회를 벌였는데 이

거서 4000여 명을 죽였다.

당은 상원 2년 신라 정벌을 중단하고 상원 3년을 의봉 원년(676)으로 고친 그해(문무왕 16년) 봄에는 한반도를 완전히 포기하기로 결정했다(6장에서 서술). 따라서 그 11월 설인귀가 백제 옛 영토를 공격해 올 까닭이 없기 때문이다. 그렇다면 천성 전투에 관련된 앞의 기사와 기벌포 전투에 관련된 이 기사는 모두 함형 2년 설인귀가 계림도 총관으로 신라를 공격한 당시의 교전 사실을 서술한 것이 틀림없고[22] 이것들과 함께 10월 6일 당 조운선 격침에 관련된 기사에 따르면 이 전투에 대한 중국 자료의 결함을 보충할 수 있다.

여기서 그 전쟁의 경과를 살펴보면 설인귀가 신라의 유학생 풍훈을 향도로 삼아 해로로 와서 천성이라는 성을 공격한 것은 함형 2년 9월이라고 했으므로 「신라본기」에서 "가을 7월 26일 대당총관 설인귀가 임윤 법사를 보내 서신을 전달했다"고 한 유학승 임윤의 파견은 그 전조였던 것이 틀림없다(임윤은 설인귀에 앞서 홀로 왔고 7월 26일은 그가 가져온 문책 서신의 날짜로 생각된다). 천성은 『삼국사기』 「지리지」에 보이지 않는 지명이다. 이것과 매우 비슷한 것은 『신당서』 「고려열전」의 천산泉山이지만, 천산은 3장에서 살펴본 것처럼 백수산(백수성)의 오기고 해변에 있던 성도 아니다. 그런데 다음 기사에는 당항진과 나란히 천강이라는 지명이 보인다.

**「신라본기」 문무왕 8년**: 유인궤가 황제의 명령을 받들고 숙위사찬 김삼광과 함께 당항진에 도착했다. 왕은 각간 김인문(왕의 동생)에게 성대한 예우로 맞이하게 했다. 우상(유인궤)은 약속을 마치고 천강으로 떠났다.

劉仁軌奉皇帝勅旨, 與宿衛沙湌金三光到黨項津. 王使角干金仁問, 廷迎
之以大禮. 於是右相約束訖向泉岡.

당항진은 신라가 당과 교통한 중요한 항구이므로 천성과 천강은 같은 곳으로 생각된다. 당항진이 경기도 수원군 남양 부근에 비정되는 것을 생각하면 천성의 위치는 인천 지방의 해안으로 여겨진다.[23] 천성을 공격했다가 실패한 설인귀는 앞서 인용한 문무왕의 답서에서 "누선들이 푸른 바다에 가득하고 배들이 강 입구에 늘어서 저 웅진을 책망하고 신라를 공격했다"고 한 것에 따르면 남쪽으로 내려가 금강을 거슬러 올라가 웅진에서 신라군과 교전한 것 같다. 겸이대후가 이끈 조운선 70여 척이 격침돼 그를 포함한 많은 장수와 군사가 포로가 된 것도 이 사이의 일이다(10월 6일). 그리고 11월에는 신라의 병선이 설인귀를 크게 무찌른 소부리주의 기벌포 전투가 있었다. 기벌포는 백강이라고도 하며 금강 하류의 이름이다.[24] 설인귀는 소부리주(사비성)를 압박하는 데 실패했다. 전쟁의 국면은 여기에 이르러 끝났고 설인귀는 거듭된 패배의 불명예를 지고 본국으로 소환된 것 같다. 상주에 유배된 것은 그 때문으로 생각된다.

이듬해 함형 3년(문무왕 12년, 672) 가을 신라는 군사를 보내 검모잠의 남은 세력의 반란을 도와 당의 장수 고간 등과 대동강 남쪽의 백수성에서 싸웠지만 패배했다. 이때 신라는 급찬 원천原川을 당에 보내 그때까지 억류돼 있던 겸이대후 등 장군과 군사 170명을 송환하고 표를 올려 백제를 침략한 것을 사죄했다. 그리고 은 3만3500푼, 동 3만3000푼, 침 400매, 우황牛黃 120푼, 금 120푼, 40승포升布 6필, 30승포 64필을 바쳤는데, 이것은 백제 옛 영토를 획득한 것에 지불한 값싼 대가로 봐야 할 것이다.


## 5. 당의 신라 정벌 — 상원 1~2년 전쟁

함형 원년(670)~4년에 걸친 고구려 유민의 반란이 평정되자 당은
다시 신라 정벌군을 일으켰다. 신라는 그 반란을 도왔을 뿐 아니라 그
동안 백제 옛 영토를 점령했기 때문이다. 아래서는 그 전투의 전말을
고찰해 그동안 명확하지 않았던 사실을 밝히려고 한다.

당의 출병에 관련된 기록은 『자치통감』(권202, 당기 18)에 나온다.


상원 원년 봄 2월 임오일 좌서자·동중서문하삼품 유인궤를 계림도 대
총관으로, 위위경 이필과 우령군대장군을 부장으로 삼아 군사를 보내
신라를 토벌했다. 이때 신라왕 법민(문무왕)은 이미 고구려의 반란 세력
을 맞아들이고 백제의 옛 영토를 점령해 지키게 했다. 황제(고종)는 크게
분노해 조서를 내려 법민의 관작을 삭탈하고 도성(당의 수도)에 있던 그
의 동생 우효위 원외대장군 임해군공 인문을 신라왕으로 삼아 귀국시
켰다. 上元元年春正月壬午, 以左庶子·同中書門下三品劉仁軌爲雞林道大總
管, 衛尉卿李弼·右領軍大將軍李謹行副之, 發兵討新羅. 時新羅王法敏旣納高
麗叛衆, 又據百濟故地, 使人守之. 上大怒, 詔削法敏官爵, 其弟右驍衛員外大
將軍·臨海郡公仁問在京師, 立以爲新羅王, 使歸國.


상원 원년(674)은 함형 5년에서 연호를 바꾼 해로 고구려의 반란을
평정한 이듬해(문무왕 14년)다. 출병 결과는 『구당서』 「고종본기」에 나

와 있다.

상원 2년 2월 계림도 행군대총관이 신라군을 칠중성에서 크게 격파해 매우 많이 죽이고 포로로 잡았다. 신라가 사신을 보내 입조해 특산물을 바치면서 사죄하니 용서하고 그 왕 김법민의 관작을 회복시켰다. 上元二年二月, 雞林道行軍大總管大破新羅之衆於七重城, 斬獲甚衆. 新羅遣使入朝獻方物, 伏罪, 赦之, 復其王金法敏官爵.

좀더 자세한 것은 『통감』(권202, 당기 18)의 기사인데 다음과 같다. 『책부원귀』(권986, 외신부 31 정토 5)의 기사도 거의 같다.

2월 유인궤가 신라군을 칠중성에서 크게 격파하고 말갈에게는 바다에서 신라의 남쪽 경계를 공격케 해 매우 많이 죽이고 사로잡았다. 유인궤는 군사를 이끌고 돌아갔다. 조서를 내려 이근행을 안동진무대사로 삼아 신라의 매소성에 주둔해 경략케 하니 세 번 싸워 모두 이겼다(『책부원귀』에서는 "모두 세 번 싸워 신라가 모두 졌다"고 했다). 신라가 사신을 보내 조공하고 사죄하자 황제는 용서하고 신라왕 법민의 관작을 회복시켰으며 김인문은 중도에 돌아오게 해 임해군공으로 고쳐 책봉했다. 二月, 劉仁軌大破新羅之衆於七重城, 又使靺鞨浮海略新羅之南境, 斬獲甚衆. 仁軌引兵還. 詔以李謹行爲安東鎭撫大使, 屯新羅之買肖城以經略之, 三戰皆捷. 新羅乃遣使入貢, 且謝罪, 上赦之, 復新羅王法敏官爵. 金仁問中道而還, 改封臨海郡公.

『신당서』「고려열전」과 『당회요』(권95, 신라)에도 이 전쟁에 관련된 기사가 있는데, 약간의 차이는 있지만 내용을 비교하면 모두 『통감』과 같은 자료에 의거한 것이 분명하므로 따로 인용할 필요는 없다.

위의 『통감』 기사를 보면 그 안에는 첫째, 주장 유인궤가 신라군을 칠중성에서 격파했고 둘째, 따로 바다에서 파견된 말갈군이 신라의 남쪽 경계를 공격했으며 셋째, 유인궤가 군사를 이끌고 돌아갈 때 부장 이근행이 고종의 명령에 따라 안동진무대사가 돼 매소성에서 신라군과 싸웠고 넷째, 신라가 사죄하는 사신을 입조시키자 고종은 용서하고 출병할 때 삭탈했던 문무왕의 관작을 회복시켰다는 등의 사실이 들어있는데, 모두 출병의 명령이 내려진 때부터 꼭 1년 뒤인 상원 2년 2월에 기록돼 있다. 그러나 이런 연속된 여러 사실이 겨우 한 달이라는 짧은 기간에 일어났다고는 생각되지 않는다.

『신당서』(권108) 「유인궤열전」: 함형 5년(상원 원년, 674) 계림도 총관이 돼 동쪽으로 신라를 정벌했다. 유인궤는 군사를 이끌고 호로하를 끊고 큰 진인 칠중성을 격파했다. 咸亨五年, 爲雞林道大總管, 東伐新羅. 仁軌率兵絕瓠蘆河, 攻大鎭七重城, 破之.

그리고 이 기사는 첫 번째의 칠중성 전투를 상원 원년으로 기록했다. 그렇다면 칠중성 전투 뒤에 이어진 여러 사건은 사실 2년에 걸쳐진 것으로 상원 2년에 기록된 사실은 원년 2월 "황제가 크게 분노해 조서를 내려 법민의 관작을 삭탈했다"는 것과 상대되는 "황제가 용서해 신라왕 법민의 관작을 회복시켰다"는 것으로 생각된다.

다음으로 생각해봐야 하는 것은 이 전쟁에 관련된 신라 쪽 기록이다. 고종이 죄를 묻는 군사를 보낸 것을 서술한 『통감』 기사는 「신라본기」문무왕 14년(상원 원년)에 그대로 실려 있다. 그러나 그것을 정월에 연결시킨 것은 소홀했다고 말할 수밖에 없다. 그리고 「신라본기」의 그 해 기사에는 당군의 침략을 언급한 기사가 전혀 없고, 이듬해 15년(상원 2년)의 전반부에 다음 기사가 있다. 그것을 두 부분으로 나눠 기호를 붙였다.

(A) 2월 유인궤가 신라군을 칠중성에서 크게 격파하고 말갈에게는 바다에서 신라의 남쪽 경계를 공격케 해 매우 많이 죽이고 사로잡았다. 유인궤는 군사를 이끌고 돌아갔다. 조서를 내려 이근행을 안동진무대사로 삼아 신라의 매소성에 주둔해 경략케 하니 세 번 싸워 모두 이겼다(『책부원귀』에는 "모두 세 번 싸워 신라가 모두 졌다"고 했다). 신라가 사신을 보내 조공하고 사죄하자 황제는 용서하고 신라왕 법민의 관작을 회복시켰으며 김인문은 중도에 돌아오게 해 임해군공으로 고쳐 책봉했다.
(B) 그러나 백제의 땅을 많이 차지해 마침내 고구려의 남쪽 경계까지 이르러 주·군을 설치했다. 然多取百濟地, 遂抵高句麗南境爲州郡.

A는 『통감』의 상원 2년 2월 조에서 가져온 것이다. 그러나 『통감』의 원문에는 여기서 밑줄 그은 부분의 중요한 기사가 덧붙여져 있어 그것이 생략된 것은 특히 주의할 필요가 있다. B는 『신당서』「신라열전」에서 "조서를 내려 법민의 관작을 회복해줬다. 그러나 백제 땅을 많이 차지해 마침내 고구려 남쪽 경계까지 이르렀다詔復法敏官爵. 然多取百濟地, 遂抵高麗南境矣"고 한 것을 『통감』의 기사에 연결시킨 것이다. 그 뒤 그해 후반에는 다음과 같은 일련의 기사가 있다. 설명의 편의를 위해 적절히 나눠 기호를 붙였다.

(C) 당군이 거란·말갈군과 쳐들어온다는 말을 듣고 9군을 내보내 막았다. 聞唐兵與契丹·靺鞨兵來侵, 出九軍待之.

(D) 가을 9월 숙위학생 풍훈의 아버지 김진주가 본국(신라)에서 처형되자 설인귀는 풍훈을 향도로 삼아 천성을 공격했다. 우리 장군 문훈 등이 맞서 싸워 이겨 1400명을 죽이고 병선 40척을 빼앗았다. 설인귀가 포위를 풀고 달아나자 전마 1000필을 얻었다.

(E) 29일 이근행이 군사 20만을 이끌고 매소성에 주둔했다. 우리 군이 공격해 쫓아버리고 전마 3만380필을 얻었으며 그 밖에 무기도 그 정도 됐다. 二十九日, 李謹行率兵二十萬, 屯買肖城. 我軍擊走之, 得戰馬三萬三百八十四, 其餘兵仗稱是(매소성 전투).

(F) 사신을 당에 보내 특산물을 바쳤다. 遣使入唐, 貢方物.

(G) 안북하를 따라 관성을 건설하고 철관성을 쌓았다. 緣安北河設關城, 又築鐵關城.

(H) 말갈이 아달성에 들어와 약탈하자 성주 소나가 싸우다가 전사했다. 靺鞨入阿達城劫掠, 城主素那逆戰死之.

(I) 당군이 거란·말갈군과 함께 칠중성을 포위했지만 이기지 못했다. 소수 유동이 전사했다. 唐兵與契丹·靺鞨兵來圍七重城, 不克. 小守儒冬死之(칠중성 전투).

(J) 다시 말갈이 적목성을 포위해 함락시켰다. 현령 탈기가 백성을 이끌고 막았지만 힘이 다해 모두 죽었다. 靺鞨又圍赤木城, 滅之. 縣令脫起率百姓拒之, 力竭俱死.

(K) 다시 당군이 석현성을 포위해 함락시켰다. 현령 선백·실모 등이 힘써 싸우다가 죽었다. 唐兵又圍石峴城, 拔之. 縣令仙伯·悉毛等力戰死之.

(L) 다시 우리 군은 당군과 크고 작은 전투 18회를 벌여 모두 이겨

6047명을 죽이고 전마 200필을 빼앗았다. 又我兵與唐兵大小十八戰, 皆勝之, 斬首六千四十七級, 得戰馬二百匹.

C부터 L까지 가운데 F는 『책부원귀』(권970, 조공 3)에서 "상원 2년 9월 신라왕 김법민이 사신을 보내 특산물을 바쳤다上元二年九月, 新羅王金法敏遣使獻方物"고 한 데 근거한 것으로 생각된다. 나머지는 모두 신라 쪽 기록인데 E에서는 매소성 전투, I에서는 칠중성 전투를 서술한 것이 먼저 주의를 끈다.

이제 위의 「신라본기」 기사의 비판으로 옮겨가자. 앞서 든 『통감』 기사에 따르면 이근행 군이 매소성을 압박한 것은 칠중성(지금의 적성) 전투 이전이 아니고 유인궤가 신라의 북쪽 경계의 중요한 진인 임진강 가의 이 성을 함락시키고 북쪽으로 돌아온 뒤다. 매소성은 『삼국사기』(권35) 「지리지」에 다음과 같이 기록돼 있다.

내소군은 본래 고구려 매성현인데 경덕왕이 이름을 고쳤다. 지금의 견주다. 來蘇郡, 本高句麗買省縣, 景德王改名. 今見州.

고려 때의 견주는 적성과 경성(서울)의 중간쯤에 위치한 지금의 양주이므로[25] 교전의 경과는 『통감』의 기록과 같았던 것이 틀림없다. 곧 「신라본기」의 E와 I는 서술의 순서를 뒤바꾼 것이 분명하다. 또 「신라본기」의 편자는 한편으로는 『통감』을 인용해 A를 서술해 놓고 그해(상원 2년) 2월 이전의 사건인 이런 전투를 서술한 기사 — E와 I — 를 9월의 D 뒤에 놓았지만 이것도 맞지 않는다. 그리고 『통감』 기사를 인용할 때 거기서 매소성 전투에 관련된 구절을 생략한 것은 그렇게 하려고 일부러 조작한 것으로 생각된다.

다음으로 D를 보면 위의 두 성을 공격한 육군 외에 설인귀가 이끈 수군도 와서 신라군과 천성에서 싸웠지만 대패했다고 했다. 상원 1~2년의 전쟁에서 당 수군의 행동은 『통감』에서 "말갈에게는 바다에서 신라의 남쪽 경계를 공격케 해 매우 많이 죽이고 사로잡았다"고 보이는데, 그 장수 이름은 알 수 없지만 바로 앞의 기사에 따르면 이 수군은 유인궤가 칠중성을 공격할 때 협력한 것 같으므로 "신라의 남쪽 경계"는 임진강과 한강 하류 지역 ― 신라의 서북쪽 경계 ― 을 가리키는 것으로 생각된다. 그런데 앞서 지적한 대로 『통감』 기사를 전재한 「신라본기」의 편자는 그 기사에서 특히 이 구절을 삭제했다(A 참조). 그것은 D가 그것에 대신하는 것으로 인정했기 때문이 틀림없다.

그러나 D는 앞 장에서 비판한 대로 지난 함형 2년(문무왕 11년, 671) 설인귀가 신라의 백제 침략을 문책하기 위해 수군을 이끌고 신라의 서해안을 침략했을 때의 교전 사실을 서술한 것으로 4년 전의 9월 조에 둬야 하는 기사다. 곧 이 항목은 그 전투와 관계없는 기사가 섞여 들어간 것이 틀림없다. 그렇다면 육상 전투에 관련된 E(매소성 전투)·I(칠중성 전투)와 함께 상원 1~2년 전쟁에서 당 수군의 행동을 서술한 신라의 어떤 기사가 또 「신라본기」의 다른 부분에 섞여 들어간 것은 없을까?

「신라본기」 문무왕 13년(함형 4년, 673) 조를 보면 당군의 침략을 서술한 다음 기사들이 있다. 역시 설명의 편의를 위해 네 부분으로 나눠 기호를 붙였다.

(P) 9월 (…) 왕이 대아찬 철천 등을 보내 병선 100척을 거느리고 서해를

지키게 했다. 九月, (…) 王遣大阿飡徹川等, 領兵船一百艘, 鎭西海.

(Q) 당군이 말갈·거란군과 함께 북쪽 변경을 침략했다. 모두 9번 싸웠
는데 우리 군이 이겨 2000여 명을 죽였다. 호로하와 왕봉하에 빠져 죽
은 당군을 셀 수 없었다.

(R) 겨울 당군이 고구려의 우잠성을 공격해 함락시켰다.

(S) 거란·말갈군이 대양성과 동자성을 공격해 멸망시켰다.


이근행이 '호로하 서쪽'에서 고구려의 반군을 격파하고 그 남은 무
리를 신라의 국경 안으로 축출한 것은 이런 기사가 있는 해(함형 4년,
문무왕 13년, 673) 윤5월이지만, 3장에서 서술한 대로 같은 하천의 이
름이 보이는 이 기사는 그 전투와 무관하다고 생각된다. 그 가운데 R
은 연도를 1년 앞(함형 3년)으로 올려 호로하 서쪽의 전투 앞에 중국
사서에 나오지 않는 전투가 있다고 가정하면 고구려 반군에 대한 당
군의 토벌 경과를 모두 잘 설명할 수 있다. 이것도 이미 설명한 것이다.
그런데 상원 1~2년 전쟁은 호로하 서쪽의 전투 뒤 당군이 신라를 침
략한 유일한 전쟁이므로 나머지 P·Q·S는 그 전쟁에 연결되는 기사가
아닐까? 나는 반드시 그렇다고 생각한다. 여기서 다시 고찰해야 하는
것은 신라군과 싸워 대패한 당군 ─ 말갈·거란군 ─ 이 익사했다고
한 호로하·왕봉하와 거란·말갈군의 공격으로 함락됐다고 한 대양성·
동자성의 위치다.

호로하瓠瀘河는 말할 것도 없이 '瓠蘆河'와 글자가 조금 다른 것일
뿐이다. 곧 칠중하로도 불린 지금의 임진강이다. 왕봉하는 신라의 한
양군(군 치소는 지금의 경성[서울])의 속현 가운데 하나인 왕봉현, 일명
우왕현遇王縣의 위치를 볼 때 임진강이 흘러들어오기 전의 한강 하류

를 가리킨다는 것을 알 수 있다.

『삼국사기』(권35) 「지리지」: 우왕현(왕봉현)은 본래 고구려 개백현인데 경덕왕이 이름을 고쳤다. 지금의 행주다. 遇王縣, 本高句麗皆伯縣, 景德王改名. 今幸州.

행주幸州는 경성(서울) 서남쪽 약 40리(15.7킬로미터)에 왼쪽으로 한강을 끼고 있는 지금의 행주杏州다.

『동국여지승람』(권11) 고양군 고적 조: 폐지된 왕봉현은 행주인데, 현 남쪽 15리(5.9킬로미터)에 있다. 王逢廢縣, 卽幸州, 在縣南十五里.

동자성은 다음과 같이 기록돼 있으며, 「대동여지도」를 참조하면 통진 동쪽 25리(9.8킬로미터) 한강 서안에 맞닿은 지금의 봉성리奉城里의 봉성산鳳城山산성이 그 옛터임은 거의 분명하다.

- 『삼국사기』(권35) 「지리지」: 신라 장제군長堤郡(군 치소는 지금의 부평)의 속현 가운데 하나. 동성현은 본래 고구려 동자홀현(동산현이라고도 한다)인데 경덕왕이 이름을 고쳤다. 지금까지 그대로 따른다. 童城縣, 本高句麗童子忽(一云幢山縣), 景德王改名. 今因之.
- 『동국여지승람』(권10) 통진현 고적 조: 폐지된 동성현은 현 동쪽 20리에 있다. 동성산 고성은 돌로 축조됐고 둘레는 808척(2063미터), 높이는 12척(3.6미터)이며 지금은 절반 정도 무너졌다. 童城廢縣, 在縣東二十里. 童城山古城, 石築, 周八百七尺, 高十二尺, 今半頹圮.

대양성은 그 위치를 살펴볼 수 있는 자료가 없지만 역시 임진강과 한강의 합류점에 가까운 곳으로 생각된다.

이처럼 앞의 기사에 보이는 호로하는 임진강, 왕봉하는 한강 하류의 이름이고 대양성과 동자성은 두 강의 합류점에 가까운 곳이므로 R을 사이에 둔 Q와 S 사이에는 직접 관계가 있다고 생각하지 않을 수 없다. 자세히 말하면 신라군이 당·거란·말갈군과 싸워 크게 이겨 그들을 호로하와 왕봉하에 빠뜨려 죽인 전투는 동일한 거란·말갈군이 대양성과 동자성을 침략한 때의 전투가 돼야 한다. 그리고 승리한 신라군은 앞의 P에서 "9월 (…) 왕이 대아찬 철천 등을 보내 병선 100척을 거느리고 서해를 지키게 했다"고 기록된 수군이 돼야 하기 때문에 당이 보낸 거란·말갈군은 육군이 아니었다는 것도 자연히 추지할 수 있다.

요컨대 「신라본기」의 P·Q·S는 말갈·거란군으로 이뤄진 당의 수군이 임진강과 한강의 합류점 부근을 공격했을 때 신라 장군 철천이 병선 100척을 이끌고 격파한 것을 서술한 기사고, 그 기사의 순서는 P·S·Q로 고쳐야 한다. 그렇다면 「신라본기」의 이 구절은 상원 1~2년 전쟁에서 신라 수군의 출동과 당 수군의 행동을 수록한 신라 쪽 기사가 돼야 한다. 그리고 그것은 또 『통감』에서 "말갈에게는 바다에서 신라의 남쪽 경계를 공격케 해 매우 많이 죽이고 사로잡았다"고 한 것과 대체로 합치되는 것이 아닐까? 다만 적군과 아군의 승패는 서로 다르지만 당이 "매우 많이 죽이고 사로잡았다"는 것은 패전을 왜곡한 기록으로 보인다.

거듭 말하건대 「신라본기」의 편자는 『통감』 기사를 채록하면서 바다로 온 말갈군이 신라의 남쪽 경계를 침범했다는 부분을 삭제하고 설인귀가 이끈 수군의 침입 — 천성 공격 — 을 기록한 D를 채워 넣었다. 그러나 그것은 전혀 관계없는 4년 전 사실이다. 그것에 앞선 C에서는 당군의 침입에 대비하기 위한 신라군의 출동을 서술해 "당군이 거란·말갈군과 쳐들어온다는 말을 듣고 9군을 내보내 막았다"고 했는데, 그것이 P·S·Q와 나란히 이런 첫머리에 와야 하는 기사라는 것은 양쪽을 읽고 비교하면 곧 알 수 있다. 따라서 P·S·Q는 당연히 C 다음에 와야 하므로 「신라본기」의 편자는 그것을 2년 전인 함형 4년(문무왕 13년, 673)에 연결시키고 S·Q의 배열 순서를 Q·S로 뒤집었을 뿐 아니라 함형 3년 겨울에 둬야 하는 R도 그 사이에 끼워 넣은 것이다. 또 앞서 지적한 대로 E(매소성 전투) 뒤에 I(칠중성 전투)를 둔 것도 맞지 않는데, I의 "당군이 거란·말갈군과 함께 칠중성을 포위했지만 이기지 못했다. 소수 유동이 전사했다"는 것을 보면 "거란·말갈군"은 수군이므로 그것은 유인궤의 칠중성 공격과 그것을 도운 수군의 침입을 하나로 뒤섞어 기록한 것이 분명하다.

상원 1~2년 전쟁에 관련된 「신라본기」 기사의 착오와 혼란은 정말 뒤얽힌 실타래라고 해도 좋을 만큼 심각하다. 지금까지 연구한 것을 도표로 보이면 다음과 같다.

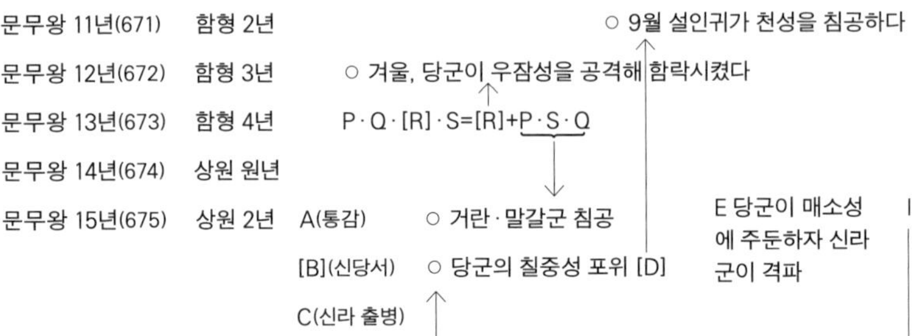

［　］ 안에 묶은 것은 이 전쟁에서 제외해야 하는 무관한 기사다. 따라서 이것을 정리하면 A=C+I+P·S·Q+E가 된다. 이제 한눈에 볼 수 있게 각 기사를 이 순서대로 배열해보자.

| 통감 | 신라 본기 |
| --- | --- |
| 유인궤가 신라군을 칠중성에서 대파했다. | (C) 당군이 거란·말갈군과 쳐들어온다는 말을 듣고 9군을 내보내 막았다. |
| | (I) 당군이 거란·말갈군과 함께 칠중성을 포위했지만 이기지 못했다. 소수 유동이 전사했다(거란·말갈군은 수군이었고 칠중성을 포위한 것은 육지로 온 당군이었다). |
| | (P) 왕이 대아찬 철천 등을 보내 병선 100척을 거느리고 서해를 지키게 했다. |
| 말갈에게는 바다에서 신라의 남쪽 경계를 공격케 해 매우 많이 죽이고 사로잡았다. | (S) 거란·말갈군이 대양성과 동자성을 공격해 멸망시켰다. |
| | (Q) 당군이 말갈·거란군과 함께 북쪽 변경을 침략했다(당군 이하의 이 구절은 C와 I 사이에 둬야 한다). 모두 9번 싸웠는데 우리 군이 이겨 2000여 명을 죽였다. 호로하와 왕봉하에 빠져 죽은 당군을 셀 수 없었다. |
| 유인궤는 군사를 이끌고 돌아갔다. 조서를 내려 이근행을 안동진무대사로 삼아 신라의 매소성에 주둔해 경략케 하니 세 번 싸워 모두 이겼다. | (E) 29일 이근행이 군사 20만을 이끌고 매소성에 주둔했다. 우리 군이 공격해 쫓아버리고 전마 3만 380필을 얻었으며 그밖에 무기도 그 정도 됐다. |

「신라본기」 기사의 착오와 혼란을 바로잡아 『통감』 기사와 맞춰보면 각 전투의 승패 관계가 서로 상반된다. 어느 쪽이 옳을까? 유인궤가 임진강 가의 칠중성(적성)을 격파한 것은 『통감』의 기록과 같고, 「신라본기」에서 “당군이 (…) 칠중성을 포위했지만 함락시키지 못했다”고 한 것은 사실을 왜곡한 서술로 생각된다. 칠중성이 수비를 유지했다면 유인궤 대신 군사를 지휘한 이근행은 지금의 양주(적성과 경성[서울]의 중간)에 비정되는 매소성에 침입할 수 없었을 것이기 때문이다. 그러나 의봉 원년(상원 3년, 676) 당이 한반도를 포기한 조처는 상원 1~2년 전

쟁의 결과가 틀림없으므로『통감』의 "세 번 싸워 모두 이겼다"는 것은 사실을 왜곡한 것이며, 임진강 입구 부근을 침입한 말갈의 수군과 매소성을 공격한 이근행 군은 각각「신라본기」의 Q와 E에서 말한 것처럼 불리했던 것으로 생각된다.『통감』기사를 인용한「신라본기」의 편자가 "세 번 싸워 모두 이겼다"는 표현을 생략한 것은 매소성 전투(E)와 칠중성 전투(I), 그리고 4년 전의 사실을 잘못 삽입한 천성 전투(D)를 모두 신라군의 승리로 판단한 조작일 뿐이다.

지금까지 상원 1~2년 전쟁에 관련된『통감』기사를 토대로 그것에 해당하는 신라 쪽 기록을 검토·비판해 이 전쟁에 관련된 고찰을 일단 마쳤다. 그러나「신라본기」에는 설명에서 누락한 G·H·J·K·L 등의 기사가 있기 때문에 다시 그것들을 검토하지 않으면 안 된다.

(G) 안북하를 따라 관성을 건설하고 철관성을 쌓았다.

조선 후기의 역사가 안정복은 안북하는 어디인지 모른다고 했고 철관성에는 "철령은 철관이라고도 한다鐵嶺亦稱鐵關"고 설명했다.[26] 이것은『동국여지승람』(권49) 안변부 조에서 "철령은 안변부 남쪽 83리(32.6킬로미터)에 있다. 고려 때 철관이라는 관문을 설치했다"고 한 것에 따르면 신라 때의 철관성을 고려 때의 철령관, 곧 지금의 철령에 비정한 것이다.

『신당서』(권220)「신라열전」: 그 나라는 산이 수십 리에 걸쳐 있는데, 골짜기를 쇠문으로 막고 관문이라고 부른다. 신라에서는 쇠뇌를 쏘는 군사 수천 명을 늘 주둔시켜 지킨다.

그러나 신라의 철관성은 늘 군사 수천 명을 주둔시켰다고 했으므로 평지가 전혀 아닌 철령 정상에 있었다고는 생각되지 않는다. 그런데 고려부터 조선까지 함경남도 덕원에는 요충지로 알려진 철관이라는 성이 있었다. 덕원읍 북쪽 15리(5.9킬로미터)쯤에 해안을 따라 문천文川으로 가는 도로 왼쪽에 솟은 망덕산의 옛 성이 그 터다. 그 때문에 나는 철령관의 약칭이 아닌 이 성을 신라 문무왕 때 축조된 철관성이라고 생각한다.

또 덕원읍은 북쪽에 북면천이라는 작은 하천이 있어 안변·회령 사이의 도로와 안변·평양 사이의 도로 ― 마식령과 아호비령을 넘어 양덕·성천·강동을 경유한다 ― 의 분기점이 되고 안변에 다음가는 요충지다. 철관성을 쌓은 것과 같은 때 안북하를 따라 관성을 설치했다고 한 것은 망덕산에 축조된 철관성의 본성本城을 이 요충지에 건설했다는 뜻으로 여겨진다. 따라서 안북하에 비정해야 하는 하천은 북면천이라고 생각된다.27

신라는 문무왕 8년(총장 원년, 668) 고구려가 멸망하기 직전 안변 부근을 차지하고 그곳에 비열홀주를 설치해 동북쪽 경계의 진성으로 삼았다.28 문무왕 15년(상원 2년, 675)은 그 7년 뒤로 거리가 멀지 않은 덕원에 또 그런 방어 시설을 설치했다. 그리고 이것은 말갈의 침입을 막으려는 것이었음은 다음에 설명하는 두 기사에 따라 분명하다.

(H) 말갈이 아달성에 들어와 약탈하자 성주 소나가 싸우다가 전사했다.

소나가 말갈을 막다가 전사한 아달성은 『삼국사기』(권47) 「소나열전」 에 따르면 말갈과 경계를 맞댄 신라의 동북 방면에 있던 성이다.

백제가 멸망한 뒤 한주도독 도유공은 대왕(태종 무열왕)에게 요청해 소 나를 아달성으로 옮겨 북쪽 변경을 막게 했다(이보다 앞서 소나는 백제 북 쪽 경계의 성을 지켰다). (…) 아달성은 적국과 인접했다. 百濟滅後, 漢州都 督都儒公請大王, 遷素那扵阿達城, 俾禦北鄙. (…) 阿達城隣敵國.

'북쪽 변경北鄙'은 동북쪽 경계를 뜻하고 '적국'은 말할 것도 없이 말 갈이기 때문이다. 또 말갈이 이 성을 침략한 시기와 상황은 같은 열전 에 다음과 같이 기록돼 있어 알 수 있다.

상원 2년(675) 을해년 봄 아달성 태수 급찬 한선이 백성들에게 어떤 날 에 모두 나가 삼을 심으라고 명령하면서 그 명령을 어기지 말라고 했다. 말갈의 첩자가 그것을 알고 돌아가 자기 추장에게 보고했다. 그날이 되 자 백성들은 모두 성을 나가 밭에 있었다. 말갈이 군사를 숨겼다가 갑자 기 쳐들어와 온 성을 노략질하니 노인과 어린아이가 허둥지둥하면서 어 쩔 줄 몰랐다. 소나는 칼을 휘두르며 적에게 달려들었다. (…) 마침내 분 노해 적에게 돌진하니, 적이 감히 가까이 오지 못하고 그에게 화살만 쐈 다. 소나도 쏘니 화살이 벌 떼처럼 날았다. 아침부터 저녁까지 싸웠는데, 소나는 몸에 고슴도치처럼 화살이 박혀 마침내 쓰러져 죽었다. 上元二 年乙亥春, 阿達城太守級湌漢宣敎民, 以某日齊出種麻, 不得違令. 靺鞨諜者認 之, 歸告其酋長. 至其日, 百姓皆出城在田. 靺鞨潛師, 猝入城, 剽掠一城, 老幼 狼狽, 不知所爲. 素那奮刀向賊. (…) 遂憤怒突賊, 賊不敢迫, 但向射之. 素那亦

射, 飛矢如蜂, 自辰至酉, 素那身矢如猬, 遂倒而死.

이것으로 보면 말갈이 아달성을 침략한 것은 당군이 임진강 방면을 공격한 것과 서로 앞뒤로 일어난 사건으로 생각된다. 아울러 서로 직접 연락 관계가 없던 것은 이 기사를 보면 거의 분명하다.

말갈이 아달성을 침략한 것은 상원 2년 봄이라고 했으므로 「신라본기」의 편자가 그 기사 H를 "상원 2년 9월 신라왕 김법민이 사신을 보내 특산물을 바쳤다"는 『책부원귀』의 기록에 바탕한 F 뒤에 배열한 것은 명백한 두찬이다. 칠중성 전투를 서술한 I도 F 뒤에 놓아서는 안 되며, 그것은 앞서 서술한 이유에 따라 전 해(상원 원년, 문무왕 14년, 674)로 옮겨야 한다. 또 E(매소성 전투)의 '29일'은 D(설인귀의 천성 공격)의 '가을 9월'과 아무 관계 없는 날짜로 상원 2년 정월 29일로 생각된다.[29]

(I) 다시 말갈이 적목성을 포위해 함락시켰다. 현령 탈기가 백성을 이끌고 막았지만 힘이 다해 모두 죽었다.

적목성은 『삼국사기』(권35) 「지리지」 연성군連城郡(치소는 지금의 회양) 조에 나오는 적목진으로 생각된다.

단송현은 본래 고구려 적목진인데 경덕왕이 이름을 고쳤다. 지금의 남곡현이다. 丹松縣, 本高句麗赤木鎭, 景德王改名. 今嵐谷縣.

그 위치는 『동국여지승람』(권47)에서 "남곡현은 부(회양부) 서쪽

30리(11.8킬로미터)에 있다"고 한 것을 「대동여지도」와 현재의 실측도에 비춰보면 회양 서남쪽 직선거리 35리(13.7킬로미터)쯤 되는 곳인 난곡면蘭谷面의 현리縣里에 비정할 수 있다. 현리는 북쪽에 산이 있고 그 산에는 석루石壘 터가 있다. 이것은 『동국여지승람』에서 "남곡현 북쪽에는 산성이 있는데 돌로 축조됐으며 둘레는 884척(268미터)이다. 지금은 무너졌다嵐谷縣北山城, 石築, 周八百八十四尺. 今廢"고 한 것에 해당하니, 곧 옛 적목성으로 생각된다.

덕원·안변 방면에서 안변의 남대천 계곡을 남쪽에서 거슬러 올라가 삼방 근처의 적목령을 거쳐 철령 서남쪽에 이어지는 산맥을 넘으면 그 길은 현리를 지나 회양에 이른다. 따라서 적목성을 침범한 말갈은 원산·덕원 지방에 있던 것으로 추측된다. 아달성을 약탈한 것도 같은 지방의 말갈로 여겨진다. 아달성의 위치를 생각해보면 그 성은 말갈과 인접했다고 했으므로 비열홀(안변)의 외성이라고도 말할 수 있는 그 방면의 성이 아니었을까 생각된다.

(K) 다시 당군이 석현성을 포위해 함락시켰다. 현령 선백·실모 등이 힘써 싸우다가 죽었다.

석현성의 이름은 4세기 말 고구려 광개토왕이 침략한 백제 북쪽 변경의 성들 가운데 하나로 『삼국사기』「백제본기」 진사왕 8년(392) 조에 보인다.

가을 7월 고구려왕 담덕(광개토왕)이 군사 4만 명을 이끌고 북쪽 변경을 공격해 석현성 등 10여 성을 함락시켰다. 왕은 담덕이 군사를 잘 지휘한

다는 말을 듣고 나가서 막지 못하니, 한수 북쪽의 부락들이 많이 함락
됐다. 겨울 10월 고구려가 관미성을 공격해 함락시켰다. 秋七月, 高句麗王
談德帥兵四萬, 來攻北鄙, 陷石峴等十餘城. 王聞談德能用兵, 不得出拒, 漢水
北諸部落多沒焉. 冬十月, 高句麗攻拔關彌城.

이듬해 아신왕阿莘王이 그것을 회복하려고 했지만 성공하지 못한 것
은 같은 「백제본기」 아신왕 2년(393) 조에 보인다.

가을 8월 왕이 [좌장左將] 진무에게 말했다. "관미성은 우리 북쪽 변경
의 요충지인데 지금 고구려가 차지했으니 분하고 안타깝다. 경은 생각
해 치욕을 갚아야 할 것이다." 마침내 군사 1만 명을 거느리고 고구려의
남쪽 변경을 공격하기로 계획했다. 진무는 직접 군사보다 앞장서서 화
살과 돌을 무릅썼으며 석현성 등 5성을 되찾으려는 생각에서 먼저 관
미성을 포위했다. 고구려가 성문을 닫고 굳게 지키니 진무는 군량이 보
급되지 않아 군사를 이끌고 돌아왔다. 秋八月, 王謂武曰, 關彌城者, 我北鄙
之襟要也, 今爲高句麗所有, 此寡人之所痛惜. 而卿之所宜用心, 而雪恥也. 遂
謀將兵一萬, 伐高句麗南鄙. 武身先士卒, 以冒矢石, 意復石峴等五城, 先圍關彌
城. 麗人嬰城固守, 武以糧道不繼, 引而歸.

당시 백제의 수도는 말할 것도 없이 한강 남안에 가까운 남한산성
(지금의 광주)이었다. 그리고 첫 번째 기사에서 "한수 북쪽의 부락들이
많이 함락됐다"고 한 한수는 한강이므로 나란히 보이는 석현성과 관
미성은 한강과 임진강 사이의 지방에 있는 성으로 생각된다. 문무왕
15년(상원 2년, 675) 당군이 함락시켰다고 한 석현성도 이 석현성과 같

은 성으로 그 당군은 매소성(지금의 양주)을 공격한 이근행의 군사로 생각된다. 그렇다면 「신라본기」의 K는 상원 1~2년 전쟁과 관련해 중국 사서에 보이지 않는 사실을 기록한 것으로 볼 수 있다.

(L) 다시 우리 군은 당군과 크고 작은 전투 18회를 벌여 모두 이겨 6047명을 죽이고 전마 200필을 빼앗았다.

이것은 상원 1~2년 전쟁에서 신라군의 교전 사실을 요약한 기사인 데, 그 본체가 된 어떤 기사에서 잘라낸 것으로 보인다. 그러나 노획한 말의 숫자가 너무 적은 것은 오류 같다(E 참조).

이처럼 G·H·J·K·L의 기사를 검토하면 K와 L은 상원 1~2년 전쟁 에 관련된 기사지만 G는 그것과 관계없는 동북 방면의 축성, H와 J 는 같은 방면에서 말갈의 침략 사실을 기록한 것이다. 그리고 K는 C+I+P·S·Q+E에서 E(매소성 전투) 앞에 배치돼야 하고 L은 그 끝에 덧붙여야 하는 기사로 보인다. 따라서 앞서 제시한 도식에 이것들을 보충하면 다음과 같다.

A=C+I+P·S·Q+K+E+L

비열홀의 외성으로 보이는 아달성이 말갈의 침략을 받고(H) 철령산 맥 안쪽의 적목성이 그들에게 함락된 것은(J) 당군의 침입에 대비해 서북면을 방어하느라 비열홀의 수비가 허술해졌음을 말하는 것으로 생각된다. 그리고 덕원 부근의 요충지에 안북하의 관성과 철관성을 축조한 것은(G) 이런 말갈의 침략이 있기 전이 아니라 그것과 관련된 방어 조처로 생각된다. 착간이 많은 「신라본기」의 순서는 쉽게 믿기 어렵기 때문에 이렇게 보는 것은 허용될 것이다.

또 「신라본기」의 다음 해(문무왕 16년, 당 의봉 원년, 676)를 보면 7월 조에 다음 기사가 있다.

(M) 당군이 도림성을 공격해 함락시켰고 현령 거시지가 전사했다. 唐兵 來攻道臨城, 拔之, 縣令居尸知死之.

그러나 이것은 먼저 날짜에서 그대로 믿을 수 없다. 그것은 다음 장에서 서술하는 것에 따라 알 수 있다. 그렇다면 상원 1~2년 전쟁에 관련된 기사가 착오로 나온 것일까? 그것도 아니다. 도림성은 신라 금양 군金壤郡의 속현 가운데 하나로 『삼국사기』(권35) 「지리지」에 보인다.

임도현은 본래 고구려 도림현인데 경덕왕이 이름을 고쳤다. 臨道縣, 本高 句麗道臨縣, 景德王改名.

『동국여지승람』(권45) 통천군 고적 조에서는 "폐지된 임도현은 군 남쪽 30리(11.8킬로미터)에 있다臨道廢縣, 在郡南三十里"고 했고 「대동여지 도」에 표시된 폐현의 위치에 따라 알 수 있는 것처럼 강원도 통천읍 동남쪽 25리(9.8킬로미터)쯤의 염성리濂城里가 그곳이다. 그런데 상원 1~2년 전쟁에서 당군이 공격한 곳은 임진강 방면에 국한됐다는 것은 거의 분명하기 때문에 「신라본기」의 이 기사는 H·J와 함께 1년 전에 둬야 할 기사가 잘못 나온 것이며, 여기의 '당군'은 '말갈'의 오기로 생각된다.

## 6. 당의 한반도 포기 — 안동도호부의 이전

상원 1~2년 신라 정벌은 한반도에 대한 당 고종의 마지막 출병이었
다. 출병 결과는 실패였고 『통감』의 기록처럼 "세 번 싸워 모두 이긴"
것은 아니었지만 신라가 깊은 사죄의 뜻을 표시했기 때문에 고종은
그것을 허락하는 모습으로 체면을 세우고 다시 군사를 동원하지는 않
았다. 그리고 이듬해인 의봉 원년(676) 초 마침내 한반도를 포기하기로
결정했다. 다음 기록은 그것을 의미하는 조처다.

『통감』(권202, 당기 18): 의봉 원년 2월 갑술일 안동도호부를 옛 요동성
(고구려 때의 요동성. 곧 지금의 요양)으로 옮겼다. 이보다 앞서 안동도호부
관원에 임명된 중국인은 모두 파직했다.

안동도호부의 이전은 『통감』, 그리고 그것과 똑같은 『책부원귀』(권
991 외신부 36, 비어備禦 4)의 기사 외에 다음 기사가 있다.

- 『구당서』「고종본기」: 상원 3년(의봉 원년, 676) 2월 갑술일 안동도호부
  를 요동으로 옮겼다.
- 같은 책(권39)「지리지」: 상원 3년 2월 안동부를 요동군 옛 성으로 옮
  겼다.

그리고 그 앞에서 "원년 9월 사공 이적이 고구려를 평정했다. (⋯)
안동도호부를 평양성에 설치해 다스리게 했다. (⋯) 장군 설인귀에게
군사 2만으로 안동부를 지키게 했다"고 했으므로 고구려가 몰락했

을 때 평양에 설치된 도호부는 이때 처음 요동으로 옮겨진 것으로 보인다. 그러나 함형 원년(670) 이근행·양방 등과 함께 검모잠의 반란을 토벌한 고간이 난을 평정한 뒤 도호부의 치소를 요동으로 옮긴 것은 『신당서』「고려열전」에 기록돼 있고(2장에서 서술) 사마광의 『통감고이』(권10)의 다음 기사를 참조하면 함형 원년에 이전한 사실은 무시할 수 없다.

실록에 따르면 함형 원년 양방과 고간이 안순(안승)을 토벌하고 안동도호부를 평양에서 요동주로 옮겼다. 의봉 원년(676) 2월 갑술일 고구려의 유민이 반란을 일으켰기 때문에 안동도호부를 요동군성으로 옮겼다. 儀鳳元年二月甲戌, 以高麗餘衆反叛, 移安東都護府於遼東郡城.

여기서 말한 '실록'은 사마광이 『통감』을 편찬할 때 있던 『당고종실록』이 분명하고 『신당서』의 찬자도 같은 실록에 근거해 함형 원년에 이전했다고 기록한 것이다. 그렇다면 의봉 원년의 이전은 어떻게 봐야 할까? 사마광은 실록에 두 차례의 이전이 기록된 것에 대해 다음과 같이 설명했다.

함형 원년(670) 안동도호부를 옮겼다고 한 것은 그것을 종결해 말한 것이고 의봉 원년(676) 고구려가 반란을 일으켰다고 한 것은 옮기게 된 까닭을 설명한 것이다. 『당회요』에서는 함형 원년에 이전한 사실을 기록하지 않고 "이해(의봉 원년)에 옛 요동성으로 옮겼다"고 했는데 지금 그 서술에 따른다. 蓋咸亨元年言移府者, 終言之也, 儀鳳元年言高麗反者, 本其所以移也. 會要無咸亨元年移府事, 此年云移於遼東故城, 今從之.

그러나 이것은 『당회요』에 앞의 이전 사실이 나오지 않는다는 것을 증거로 삼은 매우 구차한 해석이라고 하지 않을 수 없다. 의봉 원년의 이전에 대해 『실록』에서 "고구려의 유민이 반란을 일으켰기 때문"이라고 한 것은 잘못된 서술로 봐야 한다. 검모잠의 반란을 평정한 뒤 일단 요동으로 옮겨진 도호부는 함형 3년(672) 검모잠의 남은 세력이 반란을 일으키자 고간 등의 출정에 따라 다시 평양에 설치됐고, 그곳을 거점으로 전쟁을 수행했기 때문에 몇 년 동안 그대로 존속했지만 의봉 원년(676) 한반도 포기 정책을 결정하면서 다시 요동으로 옮겨진 것이다.

안동도호부의 이전과 함께 웅진도독부가 요동에 있던 고구려의 유명한 성인 건안성(개평 동북쪽 고려성자高麗城子)에 설치된 것은[30] 다음 자료에 보인다.

- [앞서 인용한 『통감』 기사에 이어] 웅진도독부를 옛 건안성으로 옮기고 앞서 서주(강소성江蘇省 서해도西海道 동산현銅山縣)·연주(산동성 제령도濟寧道 자양현滋陽縣) 등으로 옮겼던 백제 호구는 모두 건안성에서 살게 했다. 徙熊津都督府於建安故城, 其百濟戶口先徙於徐·兗等州者, 皆置於建安.

- 도호부의 이전을 서술한 『책부원귀』의 기사. 앞서 서하(서주하徐州河)와 서주·연주 등으로 이주시켰던 백제 백성은 옛 건안성의 웅진도독부에 임시로 옮겨 살게 했다. 其百濟百姓先從在涂河及徐·兗等州者, 權移熊津都督府於建安故城, 以處之.

이 건안성의 웅진도독부에 대해 일찍이 쓰다 소키치 씨는 다음과 같이 말했다.

중국 내륙에 있던 백제인을 건안으로 옮기고 그곳에 웅진도독부의 옛 이름을 붙인 것에 지나지 않는다. 웅진도독부는 함형 2~3년(671~672) 무렵 사실상 존재하지 않았고 그 땅은 모두 신라의 소유로 돌아갔으며, 이런 상황에서 예전부터 자주 그랬던 것처럼 이름만 보존하는 방법을 채택한 것이다.[31]

이 견해가 지적한 대로 백제 옛 땅에서 실제로 옮겨진 것은 아니었다. 그 때문에 『책부원귀』에서 "임시로 옮겼다權移"고 표현한 것으로 생각된다.

1927년 10월 탈고, 1929년 8월 수정(『만선지리역사연구보고』 11책),

1941년 7월 가필

# 6편

## 신라인의 무사적 정신

## 1.

6세기 초 고구려의 문자명왕 — 장수왕의 다음 왕 — 과 거의 같은 시기인 신라의 지증왕은 국호를 신라로 정한 뒤 그동안 이사금·마립 간 등으로 부르던 토착어의 왕호를 버리고 중국식의 왕으로 불렀으며, 울릉도의 우산국于山國을 정복해 영토로 삼았다. 지난 몇 세기 동안 천천히 국력을 키워온 신라는 이 무렵부터 점차 발흥의 시기로 접어들었다. 그리고 다음 법흥왕 때는 불교를 처음 공인했을 뿐 아니라 낙동강 유역에 할거한 가야 여러 나라를 정복하고 일본의 정치적 세력을 대표한 임나일본부에 큰 타격을 줬다.

법흥왕을 이은 진흥왕은 영토를 순수해 세 개의 기념비를 후세에 남긴 것으로 특히 유명하다. 그는 6세기 중반 일본의 긴메이 천황과 같은 시대에 재위해 신라사, 아니 삼국이 정립鼎立한 시대의 한국사에 한 시기를 구획하는 큰 업적을 이뤘다. 그 하나는 당시 신라의 북쪽 한계였던 죽령과 계립령을 넘어 군사를 보내 일찍이 고구려 장수왕이 경략한 남·북한강 유역, 곧 한반도의 중부에 해당하는 광대한 지방을 고구려에게서 빼앗은 것이고 다른 하나는 임나일본부가 있던 가라의 한 나라인 안라를 멸망시켜 한반도에서 일본의 세력을 소멸시킨 것이다.

진흥왕이 한반도 중부의 광대한 지방을 점령한 것은 재위 12년(551)이었다. 아울러 이 경략은 신라만의 힘으로 이룬 것은 아니었다. 신라는 백제와 협력해 출병했고, 백제군은 남한강 유역에 속한 임진강 이남의 성들을 항복시켰으며 신라군은 북한강 유역, 곧 철령 이남의 강원도 지방을 점령한 것이다. 그러나 그다음 1~2년 동안 신라는 이렇게 해서 백제가 소유하게 된 고구려의 옛 영토의 서쪽 절반도 병탄해 자국의 주·군을 설치했다.[1]

그 다음 해인 진흥왕 15년(554)은 백제 성왕 32년이다. 그해 성왕은 직접 대군을 이끌고 신라를 공격했다. 이것은 말할 것도 없이 신라의 악랄한 수법에 분노했기 때문이지만 안타깝게도 전군이 몰살되고 왕의 시신은 전쟁터에 버려졌다. 그 결과 신라와 사이가 한층 나빠진 백제는 더욱 신라를 증오하게 됐다. 죽령 이북의 광대한 지방을 잃은 고구려도 물론 어떻게 해서든 그것을 회복하려고 했다. 그 결과 고구려와 백제는 연합해 신라를 고립시켰다. 그리고 이 관계는 7세기 중엽 백제와 고구려가 당에 멸망되기까지 1세기 정도 지속됐다. 곧 신라는 진흥왕 뒤 진지왕·진평왕·선덕여왕·진덕여왕·태종 등 다섯 왕대에 걸쳐 북쪽은 고구려, 서쪽은 백제의 침략을 받았고 완전히 고립돼 도움이 없는 상태에 있었다. 그러나 그들은 그 곤경을 견디고 어려움을 참았다. 그리고 마침내 그 보답으로 문무왕 때 한반도 전체의 주인이 되는 데 성공했다.

이 같은 100년 동안의 난관을 신라는 어떻게 헤쳐 나간 것일까? 궁금한 측면은 그것이지만, 정치·외교적 방면이 아니라 신라인의 정신생활에서 그것을 살펴보는 것이 이 작은 논문의 목적이다.


## 2.


신라에는 원광법사圓光法師라는 유명한 승려가 있었다. 그는 진평왕 11년(589) 남조南朝의 진陳에 가서 11년 동안 유학하고 진평왕 21년(599)에 귀국해 당시 사람들의 존경을 받았다. 그는 불교는 물론 유학에도 박식하고 문장이 뛰어났기 때문에 진평왕이 재위 30년(608) 수에 고구려 정벌을 요청할 때 그 표문을 썼다. 원광은 다음과 같이 말하고 명령을 따랐다고 한다.[2]

> 자기가 살려고 남을 죽이는 것은 승려가 할 행동이 아니지만 저는 대왕의 영토에서 살고 대왕의 물과 풀을 먹고 있어 감히 명령을 따르지 않을 수 없습니다. 求自存而滅他, 非沙門之行也, 貧道在大王之土地, 食大王之水草, 敢不惟命是從.

그가 수에서 돌아와 운문산雲門山 가실사加悉寺에 있을 때의 일인데, 신라의 사량부沙梁部 사람으로 귀산貴山과 추항箒項이라는 친구이자 동지가 있어 마음을 바르게 하고 몸을 수련하기 위해 현명한 이의 가르침을 받기로 하고 당시 사람들이 존경하던 원광법사를 찾아가 평생의 교훈이 될 만한 말을 달라고 요청했다. 그러자 법사는 다음과 같은 가르침을 줬다.

불가의 계율에는 보살계가 있는데 열 가지다. 너희가 신하이자 자식으로 살면서는 감당하지 못할 것이다. 지금 세속오계가 있으니 첫째, 임금을 충성으로 섬기고 둘째, 어버이를 효성로 섬기며 셋째, 벗을 믿음으로 사귀고 넷째, 전쟁에서는 물러서지 말며 다섯째, 살아있는 것을 죽일 때는 가려서 하는 것이다. 너희는 이것들을 소홀히 하지 말고 실천하라. 佛戒有菩薩戒, 其別有十. 若等爲人臣子, 恐不能堪. 今有世俗五戒, 一曰事君以忠, 二曰事親以孝, 三曰交友以信, 四曰臨戰無退, 五曰殺生有擇. 若等行之無忽.

가르침을 받은 귀산은 다섯 번째 항목에 대해 물었다.

다른 것은 가르침을 받은 대로 하겠지만 "살아있는 것을 죽일 때는 가려서 해야 한다"는 것만은 잘 알지 못하겠습니다. 他則旣受命矣. 所謂殺生有擇, 獨未曉也.

법사는 다시 가르쳐줬다.

육재일六齋日과 봄·여름에는 살생하지 않는 것이니, 이것은 때를 가리는 것이다. 부리는 가축은 죽이지 말아야 하니 말·소·닭·개를 말한다. 고기가 한 점도 되지 않는 작은 동물은 죽이지 말아야 하니, 이것은 대상을 가리는 것이다. 이렇게 하면 필요한 것만 죽일 뿐 많이 죽이지 않게 될 것이다. 이것은 세속의 좋은 계율이라고 할 수 있다. 六齋日·春夏月不

殺, 是擇時也. 不殺使畜, 謂馬·牛·雞·犬. 不殺細物, 謂肉不足一臠, 是擇物也. 如此唯其所用, 不求多殺. 此可謂世俗之善戒也.[3]

일본에는 다다노미쓰나카多田滿仲가 에신소즈惠心僧都에게 불가의 계율을 받을 때 첫째로 든 것이 "살생하지 않는다不殺生戒"였는데, 그것에 대해서는 일부러 잠든 척하면서 대답하지 않고 나머지는 모두 대답했다는 유명한 이야기가 있어[4] 당시 무사의 마음 상태를 엿볼 수 있다. 원광법사가 말한 '살생유택'은 그것과 나란히 음미해 볼 만하지만 '임전무퇴'를 오계 가운데 하나로 든 것은 특히 흥미롭다. 법사가 말한 세속오계는 불교에 빠지지도 않고 유교에 치우치지도 않으면서 오직 국가의 현실에 입각한 견지에서 당시에 적절하고 필요한 도리를 말한 것으로 생각된다.

원광법사에게 그런 가르침을 받은 귀산과 추항은 그것을 잘 지켰다. 진평왕 24년(건복建福 19년, 602) 백제의 대군이 신라를 침략해 아막성阿莫城을 포위했을 때 귀산의 아버지 무은武殷은 장군의 한 사람으로 출정했고 귀산도 추항과 함께 종군했다. 신라군이 진격하다가 힘이 다해 돌아오다가 백제의 복병을 만났는데, 후군을 이끌던 무은은 적군의 갈고리에 걸려 말에서 떨어졌다. 귀산은 이때 '임전무퇴'의 계율을 지켜야 한다고 생각해 추격해 온 적군 수십 명을 죽이고 자신의 말을 아버지에게 드린 뒤 추항과 함께 용감히 싸우다가 온몸을 찔려 전사했다.[5]

신라 중기에는 귀산과 추항처럼 용감하게 전사한 사람이 적지 않았다. 『삼국사기』(권47) 「열전 7」에는 그 시대의 충신·의사라고 불릴 만한 이런 종류의 인물 10여 명의 열전이 실려 있는데, 마지막의 계백만 백제인이다. 그 목차는 다음과 같다.

해론奚論(찬덕讚德 부附)

소나(아버지 황천煌川 부)

취도(형 핍실逼實, 동생 부과夫果 부)

눌최訥催

설계두薛罽頭

김영윤金令胤(할아버지 흠춘, 아버지 반굴盤屈 부)

관창官昌

김흠운

열기裂起(구근仇近 부)

비령자조寧子(아들 거진擧眞, 노비 합절合節 부)

죽죽竹竹

필부

계백

아래서 두세 사람의 열전 내용을 소개해 본다. 모량부牟梁部 사람 찬덕은 용감하고 절개 있기로 유명했는데 진평왕 32년(건복 27, 611) 가잠성椵岑城 현령이 됐다. 가잠현은 신라와 백제의 경계에 있던 성이다. 이듬해 성이 백제의 대군에게 포위되자 여러 주에서 온 신라의 원군은 적이 우세한 것을 보고 그대로 돌아갔다. 찬덕은 분개하고 한탄하면서 군사들을 독려해 양식과 물이 떨어질 때까지 고립된 성을 사수했지만, 마침내 함락되려고 하자 "우리 임금이 내게 성 하나를 맡겼는데 온전히 지키지 못하고 적에게 졌으니 죽어 큰 귀신이 돼 백제인을 다 물어 죽이고 이 성을 되찾고자 한다"고 크게 외치고 팔을 걷어 부치고 눈을 부릅뜨고 달려 나가 느티나무에 부딪쳐 죽었다. 「찬덕열전」의 내용은 이런데, 과장된 서사로 생각되는 부분도 있지만 찬덕이 전쟁에 나아가 죽음을 두려워하지 않은 견결한 용사였다는 것은 분명한 사실로 생각된다.

찬덕의 아들은 해론인데 아버지의 공훈으로 대나마가 됐다. 진평왕 40년(건복 35, 618) 가잠성을 회복하라는 명령을 받고 출정했는데 장수들에게 말했다. "전에 내 아버지가 여기서 돌아가셨다. 나도 지금 백제인과 이곳에서 싸우니 오늘이 내가 죽을 날이다." 단검을 갖고 적에게 나아가 싸우다 죽었다.

진덕왕 때 사량부 사람 나마 취복聚福의 아들로 부과·취도·핍실이라는 세 형제가 있었다. 취도는 출가해 도옥道玉으로 불렸고 실제사實際寺(진흥왕이 창건)의 승려였다. 태종 무열왕 2년(당 고종 영휘 6년, 655) 조천성이 백제의 침략을 받자 그것을 구원하기 위해 김유신이 출정할 때[6] 도옥은 그 무리에게 말했다. "나는 모습만 승려와 비슷할 뿐 본받을 만한 좋은 점이 하나도 없다. 차라리 군대를 따라가 죽음으로 나라에 보답하는 것이 낫다." 그는 이렇게 말하고 곧장 승복을 벗고 군복을 입은 뒤 이름을 취도라고 고치고 병부에 요청해 출전했다. 그리고 전장에 나아가 힘껏 싸우다가 죽었다.

취도의 맏형 부과는 문무왕 11년(당 고종 함형 2년, 671) 백제의 옛 땅 — 당시 당이 점령 — 을 침략하는 군대에 참가해 백제인과 웅진 남쪽에서 싸우다 전사했다. 막내동생 핍실은 신문왕 4년(당 측천무후 문명文明 원년, 684) 금마저의 고구려 반군 잔당을 보덕성報德城에서 토벌했다.7 그는 출전하면서 아내에게 말했다. "두 형이 나라일로 돌아가 셔서 길이 이름을 남기셨소. 나는 비록 부족하지만 어찌 죽음을 두려 워해 구차히 살겠소? 오늘 살아서 당신과 헤어지지만 이것은 죽어서 헤어지는 것이오. 슬퍼 말고 잘 있으시오." 그리고는 적과 마주치자 용 감히 싸우다 전사했다.

이 세 형제는 특히 승려로 출가했지만 나라에 일이 생기자 즉시 나 아가 목숨을 바쳤다. 그리고 이처럼 용감하고 고결하고 패기 있는 행 동을 한 것은 당시 신라인 사이에 추앙받고 장려된 것으로 필요하면 의에 용감히 그 몸을 돌아보지 않는 무사적 정신이 나타난 것이었다.

내물왕의 8대손인 김흠운은 문노文努라는 화랑의 문도였다. 그때 동 료들이 "아무개는 전사해 지금까지 이름을 남겼다"고 얘기하는 것을 들은 김흠운은 감격해 그렇게 되려는 모습을 보였는데, 전밀轉密이라 는 같은 문하의 승려는 "이 사람은 전쟁에 나가면 반드시 살아 돌아오 지 않을 것"이라고 말했다. 태종 무열왕 2년(655) 김유신의 휘하 장수 로 조천성 전투에 나아가 힘껏 싸우다 전사했다. 그리고 다른 동료 장 수들도 그를 본받아 목숨을 바쳤다고 했다. 이것도 당시 신라인 사이 에 조국을 수호하기 위해 목숨을 바친 희생정신이 넘쳤음을 웅변하는 이야기다.

태종 무열왕 7년(당 고종 현경 5년, 660) 백제 토벌 전쟁에서 신라의 두 장수 품일과 흠춘은 각각 아들을 전사시켰다. 이 전쟁 초기 당의 장수 소정방은 수군을 이끌고 백제의 수도를 압박했고 신라는 김유신 을 대장군으로, 품일과 김유신의 동생 흠춘(흠순欽純이라고도 쓴다)을 장군으로 삼아 백제의 동쪽 경계로 진군했다. 백제의 장군은 명장으 로 널리 알려진 계백이었는데, 신라군은 황산벌에서 네 번 싸워 네 번

522

져 거의 전투력을 잃었다. 여기서 흠춘과 품일은 각각 어린 아들의 목숨을 전사시켜 자군의 사기를 북돋움으로써 패전을 승전으로 돌렸다. 『삼국사기』(권5) 태종 무열왕 본기에서는 그때의 상황을 다음과 같이 서술했다.

장군 흠순이 아들 반굴에게 말했다. "신하에게는 충성만한 것이 없고 자식에게는 효성만한 것이 없다. 위태로움을 보고 목숨을 바치면 충·효를 모두 온전하게 하는 것이다." 반굴은 "삼가 명을 따르겠습니다"라고 하고 곧 적진으로 뛰어들어 힘껏 싸우다가 죽었다.[8] 좌장군 품일은 아들 관장官狀(관창官昌이라고도 한다)을 불러 말 앞에 세우고 장수들을 가리키며 말했다. "내 아들은 열여섯 살 밖에 안됐지만 의지와 기백이 자못 용감하니, 오늘의 싸움에서 삼군의 모범이 될 것이다." 관장은 "네!"라고 말하고 갑옷 입힌 말을 타고 창 한 자루를 들고 적진으로 달려갔지만 적에게 사로잡혀 산 채로 계백에게 끌려갔다. 계백이 투구를 벗기게 하니 나이가 어리고 용감함을 아껴 차마 해치지 못하고 탄식했다. "신라에 맞설 수 없겠구나. 소년도 이런데 장사는 어떻겠는가?" 그리고는 살려 돌려보내게 했다.

관장은 아버지에게 말했다. "제가 적진으로 들어가 장수를 베지도 못하고 깃발을 뽑아오지도 못한 것은 죽음이 두려워서가 아닙니다." 말을 마친 뒤 손으로 우물물을 움켜쥐어 마시고 다시 적진으로 가서 날쌔게 싸웠다. 계백은 사로잡아 머리를 베고 말안장에 매달아서 보냈다. 품일은 그 머리를 붙잡고 흐르는 피로 소매를 적시며 말했다. "내 자식의 얼굴이 살아있는 것 같구나. 왕을 위해 죽을 수 있었으니 다행이다." 삼군이 그것을 보고 의기가 북받쳐 죽을 마음이 생겨 북을 치고 함성을 지

르며 진격하니 백제군은 크게 패배했고 계백은 전사했다. 將軍欽純謂子
盤屈曰, 爲臣莫若忠, 爲子莫若孝. 見危致命, 忠孝兩全. 盤屈曰, 謹聞命矣. 乃入
陣力戰死. 左將軍品日喚子官狀(一云官昌), 立於馬前, 指諸將曰, 吾兒年纔十六,
志氣頗勇, 今日之役, 能爲三軍標的乎. 官狀曰唯, 以甲馬單槍, 徑赴敵陣, 爲賊
所擒, 生致堦伯. 堦伯俾脫冑, 愛其少且勇, 不忍加害, 乃嘆曰, 新羅不可敵也. 少
年尙如此, 況壯士乎. 乃許生還. 官狀告父曰, 吾入敵中, 不能斬將搴旗者, 非畏
死也. 言訖, 以手掬井水飮之, 更向敵陣疾鬪, 堦伯擒斬首, 繫馬鞍以送之. 品日
執其首, 流血濕袂曰, 吾兒面目如生. 能死於王事, 幸矣. 三軍見之, 慷慨有死志,
鼓噪進擊, 百濟衆大敗, 堦伯死之.[9]


자식의 죽음을 보는 것이 자신이 죽는 것보다 힘들게 느끼는 것은
사람의 공통된 감정이다. 흠춘과 품일이 그런 고통을 참은 것은 일본
의 구마가이 나오자네熊谷直實가 전장에서 죽지 않은 아들 나오이에直家
를 감쌌다고 한 것과[10] 정반대지만, 그 정신은 미나모토노 다메토모源
爲朝가 말했다고 전해지는 "반도坂東*의 무사는 대장군 앞에서는 부모
와 자식이 죽어도 돌아보지 않고 더욱 목숨 바쳐 싸운다"는 것과 상통
한다.[11]

진덕왕 원년(647) 김유신은 신라에 쳐들어온 백제의 대군을 막았는
데 전황이 불리하자 김유신의 명령을 받은 비령자라는 장수가 앞장서
적진으로 뛰어들었다. 비령자가 전사하자 어린 아들 거진이 가노 합절
의 만류를 뿌리치고 아버지를 따랐고 합절도 그 뒤를 따라 주인과 노
비, 세 명이 함께 전장에서 죽었다. 이것도 일본의 전쟁 기록물 외에는

---

* 일본 간토關東 지방의 옛 이름.



만선사 연구 2권

그런 사례를 찾기 어려운 견줄 데 없이 장렬한 이야기다.

　전사하는 것을 명예로 여긴 무사적 정신을 숭상한 때 그 정신을 기르기 위해 비겁한 행동을 징계한 것은 당연하며, 김유신 부부가 패전하고 돌아온 둘째 아들 원술元述을 내친 사실에서 앞서 서술한 것과 함께 그 무렵 신라인이 지닌 기풍의 한 측면을 엿볼 수 있다. 문무왕 12년(당 고종 함형 3년, 672) 신라는 고구려 유민의 반란을 돕기 위해 대동강 남쪽 지역으로 출병했다가 평양에서 출동한 당군과 싸워 대패한 일이 있다.**12** 이 전투에서 원술은 장군 효천曉川·의문義文 등의 휘하 장수로 군중에 있었지만 두 장군이 전사하자 자신도 그곳에서 죽으려고 했다. 그런데 담릉淡凌이라는 부관이 굳이 말리는 바람에 어쩔 수 없이 전장에서 도망쳐 돌아왔다. 김유신은 그를 받아들이지 않고 왕명을 더럽힌 것은 물론 가훈도 저버렸다면서 원술을 처형해야 한다고 했다. 그러나 문무왕은 비장의 한 사람이던 원술에게만 극형을 내릴 수는 없다면서 그 죄를 용서했다. 원술은 부끄러워하며 시골에 은둔했고, 이듬해 아버지가 세상을 떠났을 때도 장례에 참석하도록 허락받지 못했다.

　그리고 그 뒤 어머니를 만나려고 했지만 어머니는 말했다. "부인에게는 세 가지 따라야 할 의가 있다. 지금 이미 과부가 됐으니 아들을 따르는 것이 당연하다. 그러나 너는 돌아가신 아버지가 이미 자식으로 취급하지 않으셨으니 나도 네 어머니가 아니다." 그리고는 슬피 우는 원술을 보지 않고 그대로 떠났다. 김유신의 부인은 태종 무열왕(김춘추)의 셋째 딸 지소부인智炤夫人이다. 김유신은 79세로 세상을 떠났으니 당시 원술은 50세 정도 됐을 것으로 생각되는데, 부모에게 이렇게 취급된 것이다. 그 뒤 원술은 태백산太伯山에 은거했고 문무왕 15년(당 고종 상원 2년, 675) 당군이 신라의 서북쪽 경계를 침략해 매소천성을 공격하자[13] 이때야말로 예전의 부끄러움을 씻을 수 있다면서 힘껏 싸워 공을 세웠다. 그러나 부모에게서 받아들여지지 않은 것을 생각해 끝내 벼슬하지 않고 삶을 마쳤다.[14]

김유신은 말할 것도 없이 김춘추를 도와 신라의 삼국통일의 위업을 이룬 한 시대의 명장이다. 그 명장의 가문에서는 나라를 위한 죽음을 터럭보다 가볍게 여기는 것을 엄격한 가훈으로 삼았고, 정에 약할 수 있는 부인도 그것을 어긴 행위 앞에서는 단호하게 친아들의 정을 끊었다. 이런 이야기를 듣고 감동하지 않을 수 없다. 그러나 이런 특별한 정신은 특정한 계급에만 국한되지 않았다. 종교와 세속, 지위의 높고 낮음을 가리지 않고 매우 일반적이었음은 지금까지 서술한 것에 따라 분명하다.

그러나 이런 기풍이 융성한 시대에는 동기는 절의를 중시한 것이었어도 거짓으로 겉모습만 꾸미려다가 헛되이 죽는 것도 자연스러워질 수 있다. 진평왕 때 검군劍君이라는 인물의 죽음은 가장 좋은 사례로 생각된다. 진평왕 50년(건복 45년, 628) 큰 기근 때 사량궁沙梁宮의 사인舍人들이 관청 창고의 곡식을 훔쳐 나눴는데, 검군은 이렇게 말하고 곡식을 받지 않았다. "나는 근랑近郎이라는 화랑의 무리가 돼 수행하고 있기 때문에 의로운 것이 아니면 천금의 이익이라도 마음을 움직이지 않습니다." 그러자 다른 사인들은 몰래 의논해 범죄가 누설되는 것을 막기 위해 검군을 불러 죽이려고 했다. 검군은 그것을 알고 죽음을 두려워해 여러 사람을 죄에 빠뜨리는 것은 차마 할 수 없다면서 관청에 고발하지 않았으며, 자신이 옳은데 도망치는 것은 장부가 할 일이 아니라고 생각해 자신의 뜻을 근랑에게 알린 뒤 술자리에 참석했는데

사인들이 몰래 독을 탄 것을 알았지만 그대로 마시고 죽었다.[15]

이것은 상당히 이해하기 어려운 죽음으로「검군열전」끝부분에서도 "'검군은 죽어야 할 일이 아닌데 죽었으니 태산을 새털보다 가볍게 여긴 것이라고 할 만하다'고 군자는 평가했다君子曰, 劍君死非其所, 可謂輕泰山於鴻毛者也"고 덧붙인 것은 매우 타당하다. 다만 당시 목숨을 가볍게 여기는 것은 미풍으로 널리 숭상됐기 때문에 그렇게 죽었음을 알 수 있으며, 여기서도 신라인이 영위한 정신생활의 특색이 나타났다고 할 수 있다. 그리고 그 특색은 그 뒤 한국인에게서 전혀 볼 수 없는 것이었다.


## 3.


삼국이 정립한 시대의 신라는 진흥왕 이전에도 오랫동안 주위 나라들의 압박을 받았다. 서쪽에서는 백제, 북쪽에서는 고구려, 그리고 남쪽에서는 가라 여러 나라 사이에 정치적 세력을 미친 일본 등은 모두 신라를 압박했는데, 그 정도는 각국의 이해관계에 따라 진흥왕의 영토 확장 이후에는 그리 심각해지지 않았다. 그리고 신라의 지리적 위치는 다른 나라들보다 매우 불리했다. 한반도 동쪽에 치우쳤고 해안선이 짧으며 산악이 많아 비옥한 넓은 평야가 없었다. 뿐만 아니라 직접 대륙과 교통할 수 없었기 때문에 문화의 발달도 뒤처졌다. 그래서 신라는 주위의 압박을 견디려면 옳든 그르든 스스로 믿을 수 있는 강력한 무엇인가를 가져야 했다. 그렇지 않으면 국가의 존립이 위태로웠다. 나아가 국력을 확장하려면 더욱 그럴 수밖에 없었다.

조국을 수호하는 데 목숨을 돌아보지 않는 무사적 정신, 곧 충·용을 바탕으로 한 애국적 정신은 이런 이유에서 자연히 함양됐다. 그리고 그것은 장려되기도 했다. 특히 진흥왕의 영토 확장 결과 백제와 고구려의 압박이 한층 강해지면서 그것과 정비례해 그런 정신은 더욱 강렬해진 것이 틀림없다. 그것은 앞서 든 충신·의사의 열전이 모두 이 시대에 들어있음을 봐도 분명하다. 이처럼 국가가 많은 어려움을 겪은 시대에 그것을 감당한 위대한 정치가는 김춘추였고 발군의 무장은 김유신이었다. 이 두 사람이 노력한 결과 마침내 신라는 한반도 전체의 주인이 되는 데 성공했다. 그러나 그들의 뒤에는 그들을 뒷받침한 유·무형의 민중의 강한 힘이 움직였음을 인식하지 않으면 안 된다.

「김유신열전」에 따르면 당의 소정방은 백제를 멸망시키고 본국으로 돌아갔을 때 고종이 어째서 신라를 정벌하지 않았느냐고 묻자 이렇게 대답했다.

신라는 임금이 어질고 백성을 사랑하며, 신하는 충성으로 나라를 섬기고 아랫사람은 윗사람을 아버지나 형처럼 섬기기 때문에 작지만 도모할 수 없었습니다. 新羅, 其君仁而愛民, 其臣忠以事國, 下之人事其上如父兄, 雖小不可謀也.

신라의 상황은 정확히 이대로였음이 틀림없다. 또 같은 열전에 따르면 김유신은 동생 흠춘과 조카 김인문이 고종의 명령을 받아 고구려 정벌에 출전할 때 두 사람에게 충고했다. "지금 우리나라는 충성과 믿음 때문에 존속하고 있고 백제는 오만함 때문에 망했으며 고구려는 교만 때문에 위태롭다." 이 간단한 말도 삼국시대 말 세 나라의 상황을 그대로 보여주는 것이라고 할 수 있다.

신라는 한반도를 통일한 뒤 자주 당과 교류했다. 그리고 그 무르익은 문화를 마음껏 받아 누려 태평한 시대를 이뤘다. 그 시기 사람들 마음에 깊이 파고든 것은 말할 것도 없이 불교였다. 끊임없는 전란을 거치면서 양성된 무사적 정신은 전혀 남지 않고 희미해진 것이 틀림없고 '하대下代'의 신라인에게는 그런 정신이 전혀 없던 것으로 보인다.

1929년 6월 탈고(『사학잡지』 40편 8호).

# 7편
## 신라의 화랑

## 1. 머리말

한국의 고대에는 반드시 연구해야 하는 문제가 매우 많다. 신라의 화랑도 그 주요한 것 가운데 하나다. 화랑에 관련된 옛 역사의 기록을 검토하면 화랑단花郞團이라고 부를 만한 특수한 단체의 지도자들이 삼국통일 앞뒤로 신라 사회에서 활약한 것은 거의 분명하다. 그러나 그 단체의 본질과 기원 등은 옛 역사 기록에서 쉽게 해석할 수 없는 여러 문제가 있다. 그리고 그런 의문을 그대로 남겨놓으면 신라사의 한 측면을 구성하는 풍속·습관·제도 등도 밝힐 수 없다.

지금부터 7년 전인 1929년 나는 「신라인의 무사적 정신」이라는 짧은 논문을 『사학잡지』에 실어 신라인에게는 스스로 발달시킨 일종의 무사도가 있었다고 서술했다.[1] 당시 이어서 집필하려고 생각한 것은 화랑에 대한 고찰이었는데, 사실 그 짧은 논문도 사학회에서 같은 제목으로 강연한 일부를 발표하려는 것이었다. 그런데 어쩌다 보니 연구의 관심이 다른 쪽으로 바뀌어 후속 원고의 작성은 어느 땐가 손을 놓고 말았다.

그러는 동안 미시나 쇼에이三品彰英 씨의 노작 「신라의 독특한 풍속인 화랑제도에 대해新羅の奇俗花郎制度に就いて」가 발표됐다. 그것은 주로 민족학적 관점에서 그 사항을 다룬 긴 논문으로 1930년 1월부터 이듬해 5월까지 10회에 걸쳐 『역사와 지리歷史と地理』에 연재됐다.[2] 그때 나는 논문이 나올 때마다 따라 읽으면서 학계에 같은 흥미를 지닌 학자가 있는 것을 마음속으로 기쁘게 생각했다.

다음으로 1932년 한국 연구의 원로 아유카이 후사노신鮎貝房之進 씨는 그의 뛰어난 저서 『잡고雜攷』의 제4집으로 『화랑고花郎攷』라는 책을 간행했다. 그것도 매우 정밀한 연구다. 최근 나는 다른 여러 편과 합쳐 특별히 기증받는 영광을 누렸다. 또 미시나 씨는 앞의 연구를 발전시켜 1934년 「신라 화랑의 원류와 그 발전新羅花郎の源流とその發展」(『사학잡지』)이라는 제목으로 다시 발표했다.[3]

이처럼 내가 본래의 뜻을 이루지 못한 동안 아유카이 씨와 미시나 씨의 대작이 나왔다. 이것은 나 한 사람의 기쁨이 아니라 정말 학계의 행운이다. 나는 두 분의 뛰어난 연구에 충분히 경의를 표시하면서도 앞의 논문을 발표했을 때 내가 생각했던 것과 여러 측면에서 다른 것을 느끼지 않을 수 없었다. 이제 이 논문을 작성하는 것은 그 때문인데, 대체로 7년 전과 마찬가지로 매우 자유로운 입장에서 독자적인 견해를 서술하려고 한다.

## 2. 『화랑세기』와 『신라국기』의 기사

　　화랑과 그 집단徒으로 불린 이들의 행적을 담은 주요 자료는 『삼국사기』(고려 17대 인종 때 김부식이 편찬)와 『삼국유사』(고려 25대 충렬왕 때 승려 일연이 편찬)지만 화랑의 성격과 기능 등을 연구할 때는 먼저 신라 김대문金大問의 『화랑세기花郎世記』와 당 고음顧愔의 『신라국기新羅國記』의 일문에 특히 주의를 기울여야 한다.

　　김대문과 그의 저서는 『삼국사기』(권46) 열전에 다음과 같이 적혀 있다.

　　김대문은 신라 명문의 자제다. 성덕왕 3년(704) 한산주 도독이 됐다. 전과 기를 몇 권 지었는데 『고승전』『화랑세기』『악본』『한산기』가 아직 남아 있다. 金大問, 本新羅貴門子弟. 聖德王三年, 爲漢山州都督. 作傳記若干卷. 其高僧傳·花郎世記·樂本·漢山記猶存.

　　이것을 보면 김대문은 신라 성덕왕(33대) 무렵의 사람으로 『화랑세기』는 그의 저서 가운데 하나며 화랑의 전기였음을 알 수 있다. 오늘날 전해지지는 않지만 김부식이 『삼국사기』를 편찬한 고려 중기에는 남아 있었다. "아직 남아 있다猶存"는 그것을 뜻하는 표현이다. 그리고 그 책을 이용한 김부식은 화랑의 기원을 설명한 『삼국사기』의 기사에서 그 문장을 인용했다.

　　그 때문에 김대문의 『화랑세기』에서는 "현명한 보좌와 충성스런 신하가 거기서 나왔고, 훌륭한 장수와 용감한 군졸이 거기서 생겼다"고 했다.

故金大問花郎世記曰, 賢佐忠臣, 從此而秀, 良將勇卒, 由是而生.

다음으로 고음의 『신라국기』는 『구당서』(권46) 「경적지」에 1권본으로 저록돼 있고 그 주석에서 "대력 연간(766~779) 귀숭경이 신라에 사신으로 갈 때 고음이 따라갔다 大曆中, 歸崇敬使新羅, 愔爲從事"고 했다. 『신당서』(권58) 「예문지」의 기사도 같다.

『구당서』(권199, 상) 「신라열전」: 대력 3년(768) 대종代宗이 창부낭중 겸 어사중승·사자금어대 귀숭경에게 부절과 책서를 갖고 가서 조문하게 했다. 大曆三年, 上遣倉部郎中·兼御史中丞·賜紫金魚袋歸崇敬, 持節齎冊書 往弔冊之.

이것을 참조하면 고음은 당 대종 대력 3년, 곧 신라 혜공왕(36대) 4년 당의 조책사弔冊使 귀숭경의 종사관으로 신라에 왔고 『신라국기』는 그때의 견문록으로 생각된다. 이 책도 지금은 전하지 않지만 당 영호정令狐澄의 『대중유사大中遺事』에 인용된 부분이 남아 있다. 그리고 그것은 화랑에 관련된 고음의 기록으로 특히 주목된다. 『대중유사』의 내용인데 앞부분은 골품(혈통에 따른 신분제), 뒷부분은 화랑에 관련됐다.

『신라국기』에서 말했다. "그 나라의 왕족은 제1골이라고 하고 나머지 귀족은 제2골이라고 한다. 귀인의 자제 가운데 아름다운 사람을 뽑아 분을 바르고 곱게 꾸며 화랑이라고 했는데, 나라 사람들이 모두 높이고 섬긴다." 新羅國記, 其國王族, 謂之第一骨, 餘貴族第二骨. 擇貴人子弟之美者, 傅粉粧飾之, 名曰花郎, 國人皆尊事之也.

이처럼 두 책의 일문은 간단하다. 그러나 하나는 신라인의 저작이고 다른 하나는 당인의 견문록이므로 모두 화랑을 설명하는 기록으로 상당한 가치가 있다고 생각된다.

- 『삼국사기』「신라본기」진흥왕 37년(576): 당 영호징의 『신라국기』에서 말했다. "귀인의 자제 가운데 아름다운 사람을 뽑아 분을 바르고 곱게 꾸며 화랑이라고 했는데, 나라 사람들이 모두 높이고 섬긴다."
- 같은 책, 진덕왕 8년(654): 당 영호징의 『신라국기』에서 말했다. "그 나라의 왕족은 제1골이라고 하고 나머지 귀족은 제2골이라고 한다."

또 같은 책 경덕왕 14년(755) 조에서도 "망덕사 탑이 흔들렸다望德寺塔動"는 기사의 주석에서 "당 영호징의 『신라국기』에서 말했다"고 해서 망덕사 탑에 관련된 기록을 인용했는데, 『신라국기』의 찬자를 영호징이라고 한 것은 김부식의 오류다. 『신당서』(권58)「예문지」잡사류에 저록된 영호징의 저작에는 "『정릉유사貞陵遺事』2권이 있다(영호도슈狐綯의 아들로 건부乾符 연간[874~879] 중서사인中書舍人을 지냈다)"고 했다.

당 선종의 연호는 대중이고 정릉은 선종의 능호이므로 『대중유사』는 이 『정릉유사』의 다른 이름이 틀림없다. 그러나 『설부說郛』에 실린 지금의 『대중유사』가 분권分卷되지 않은 것은 본래 두 권이던 것을 초록했기 때문이 분명하고, 『삼국사기』에 인용된 『신라국기』의 세 기사 가운데 망덕사 탑에 관련된 한 기사가 보이지 않는 것도 그 증거로 생각된다. 김부식이 이용한 것은 일찍 한반도에 전해진 2권본의 『대중유사(정릉유사)』로 생각되는데, 그는 그 찬자인 영호징의 이름을 『신라국기』 앞에 잘못 둔 것이다. 또 『설부』에서는 영호징을 송대 사람이라고 했다. 이것도 올바르지 않다.


## 3. 『삼국사기』의 화랑과 낭도

신라 태종 무열왕(29대) 때 문노라는 화랑이 있고 그 낭도에 김흠운이라는 용사가 있었다. 김부식은 「김흠운열전」을 『삼국사기』(권47)에 실으면서 그 뒤에 논찬論贊을 붙였다.

삼대의 화랑은 200여 명이나 됐으며 꽃다운 이름과 아름다운 일은 모두 전기와 같다. 김흠운 같은 사람도 낭도로서 나랏일에 목숨을 바쳤으니, 그 이름을 더럽히지 않은 인물이라고 할 만하다. 三代花郎, 無慮二百餘人, 而芳名美事, 具如傳記. 若歆運者, 亦郎徒也, 能致命於王事, 可謂不辱其名者也.

신라 전체의 시대구분은 『삼국사기』 「신라본기」 끝부분에 신라의 마지막 왕(56대)이 세상을 떠난 뒤 '경순敬順'이라는 시호를 붙인 것을 서술한 뒤 다음과 같이 설명했다.

나라 사람들은 시조부터 여기까지 3대로 나눴다. 시조부터 진덕왕까지 28명의 왕을 상대, 무열왕부터 혜공왕까지 여덟 왕을 중대, 선덕왕부터 경순왕까지 20명의 왕을 하대라고 했다. 國人自始祖至此, 分爲三代. 自初至眞德二十八王, 謂之上代, 自武烈至惠恭八王, 謂之中代, 自宣德至敬順二十王, 謂之下代云.

‘나라 사람들’이라고 한 것은 신라가 고려에 항복한 무렵의 신라인으로 여겨진다. 김부식이 「김흠운열전」의 논찬에서 “삼대의 화랑은 200여 명이나 됐다”고 한 ‘삼대’는 이런 시대구분의 상대·중대·하대로 곧 신라의 고대부터 그 멸망까지를 뜻하는 것으로 여겨진다. 또 『삼국사기』보다 70년쯤 뒤인 고려 고종(23대) 초 승려 각훈覺訓이 편찬한 『해동고승전』에서는 다음과 같이 말했다.

원랑부터 신라 말에 이르기까지 모두 200여 명인데, 그 가운데 사선四仙이 가장 현명했으며 모두 『세기』의 내용과 같다. 自原郎至羅末凡二百餘人, 其中四仙最賢, 且(具?)如世記中.[6]

원랑은 뒤에서 서술하듯 화랑의 시조인 공상의 인물이지만 “원랑부터 신라 말에 이르기까지”라고 각훈이 말한 것에 따라도 이른바 “삼대의 화랑”이 상·중·하 삼대의 화랑임은 분명하다. 또 김부식의 논찬에서 “꽃다운 이름과 아름다운 일은 모두 전기傳記와 같다”는 것은 『해동고승전』의 “모두 『세기』의 내용과 같다”는 것에 해당하므로 “꽃다운 이름과 아름다운 일”을 기록한 ‘전기’는 김대문의 『화랑세기』 밖에 될 수 없음을 알 수 있다. 그러나 김대문은 중대인 33대 성덕왕 때 사람이므로 『화랑세기』의 기록 범위는 하대까지 미치지 못한 것이 틀림없다. 그러나 『세기』가 편찬된 뒤 화랑으로 따로 그 이름이 알려진 인물을 더하면 200여 명이나 됐던 것으로 생각된다.

그렇다면 김대문이 “현명한 보좌와 충성스런 신하가 거기서 나왔고, 훌륭한 장수와 용감한 군졸이 거기서 생겼다”고 했고 고음이 “귀인의 자제 가운데 아름다운 사람을 뽑아 분을 바르고 곱게 꾸며 화랑이라고 했는데, 나라 사람들이 모두 높이고 섬긴다"고 했으며, 후대에 김부식이 김대문의 책에 근거해 "꽃다운 이름과 아름다운 일은 모두 전기와 같다"고 한 화랑은 어떤 존재였을까? 아래서 서술하는 사례가 보여주듯 화랑은 대체로 귀족의 자제로 15~16세 정도의 소년이었다. 그리고 다양한 계급의 사람들이 소속됐고 그 수는 수백 명에서 1000명을 넘었다. 곧 이른바 '낭도'다.

200여 명이나 됐다고 한 삼대의 화랑 가운데 그 행적이 분명하고 가장 오래된 인물은 상대인 진흥왕(24대) 23년(562) 가라를 정벌할 때 명장 이사부異斯夫를 따라 뛰어난 전공을 세운 사다함이다.

『삼국사기』(권44) 「사다함열전」: 사다함은 진골 출신으로 내밀(물)왕의 7대손이며 아버지는 급찬 구리지다. [사다함은] 본래 명문의 후예로 모습이 맑고 빼어났으며 뜻과 기개가 올발랐다. 당시 사람들이 화랑으로 받들기를 요청하니 어쩔 수 없이 그렇게 했다. 그 무리는 1000명이나 됐는데 그들의 마음을 다 얻었다. 진흥왕은 이찬 이사부에게 가라(가야 加耶라고도 쓴다)국을 습격하게 했다. 그때 사다함은 나이가 15~16세였는데, 종군하기를 요청했다. 왕은 나이가 어리다면서 허락하지 않았지만 그의 요청과 뜻이 확고하니 마침내 귀당貴幢(부대 이름)의 비장裨將으로 삼았다. 그의 낭도 가운데 따라간 사람도 많았다. 곧 그 나라 경계에 이르자 원수(이사부)에게 요청해 휘하의 군사를 이끌고 먼저 전단량(성문 이름이다. 가라어로 문門을 양梁이라고 한다)으로 들어갔다. 그 나라 사람들은 뜻하지 않은 군사가 쳐들어오자 놀라서 막지 못했다. 대군이 그 틈을 타서 마침내 그 나라를 멸망시켰다. 斯多含, 系出眞骨, 奈密王七世孫也, 父仇梨知級飡. 本高門華胄, 風標淸秀, 志氣方正. 時人請奉爲花郎, 不得已

     

爲之. 其徒無慮一千人, 盡得其歡心. 眞興王命伊飡異斯夫, 襲加羅(一作加耶)
國. 時斯多含年十五六, 請從軍. 王以幼少不許, 其請勤而志確, 遂命爲貴幢裨
將. 其徒從之者亦衆. 及抵其國界, 請於元帥, 領麾下兵, 先入旃檀梁(旃檀梁,
城門名. 加羅語, 謂門爲梁云). 其國人不意兵猝至, 驚動不能禦. 大兵乘之, 遂
滅其國.


사다함의 모습과 사람됨이 "맑고 빼어났으며 뜻과 기개가 올발랐다"
고 했으며 화랑이 된 사정에 대해 "당시 사람들이 화랑으로 받들기를
요청하니 어쩔 수 없이 그렇게 했다"고 한 것은 특히 주의할 필요가
있다.

진흥왕에서 진지왕을 거쳐 진평왕(26대) 때는 당시 어렸던 김유신
이 화랑이 돼 널리 알려졌다.

『삼국사기』(권41) 「김유신열전」: 공은 15세 때 화랑이 됐는데 당시 사람
들이 잘 따랐으며 용화향도라고 불렀다. 公年十五歲, 爲花郎, 時人洽然服
從, 號龍華香徒.


김유신은 진평왕부터 문무왕까지 다섯 국왕을 섬긴 명장으로 특히
문무왕의 아버지인 태종 무열왕(김춘추)를 도와 삼국통일의 위업을 이
룬 영웅임은 다시 말할 것도 없다. 용화향도라는 이름에서 미뤄보면
김유신의 낭도에는 불교 신자가 많았던 것 같다. 김유신과 관련해서는
동생 김흠순(김흠춘)도 진평왕 때 화랑이 돼 "매우 어질고 믿음이 도타
워 사람들의 마음을 얻었다"고 했다.[9] 그는 자라 문무왕 때 총재家宰가
돼 현명한 재상으로 이름 높아[10] 문무왕은 자신의 동생 김인문 및 김

유신과 함께 그를 가리켜 "공 등 세 신하는 나라의 보배公等三臣, 國之寶
也"라고 상찬했다.[11] 김대문이 화랑과 관련해 "현명한 보좌와 충성스런
신하가 거기서 나왔다"고 한 것은 정확한 평가였다.

　태종 무열왕 때는 장군 품일의 아들 관창(관장)이 16세 때 화랑
이 됐다. 태종 7년(660) 백제 정벌 전쟁이 시작됐을 때 흠순은 정벌군
의 장수였다. 백제군과 황산에서 싸워 신라군이 불리하자 흠순은 아
들 반굴에게 "신하에게는 충성만한 것이 없고 자식에게는 효성만한 것
이 없다. 위태로움을 보고 목숨을 바치면 충·효를 모두 온전하게 하는
것"이라면서 반굴을 적진으로 돌격시켜 전사시켰다.

　그러자 다른 장군 품일은 아들 관창(관장)을 말 앞으로 불러 자기
편 장수와 군사들에게 보이면서 말했다. "내 아들은 열여섯 살밖에 안
됐지만 의지와 기백이 자못 용감하니, 오늘의 싸움에서 삼군의 모범
이 될 것이다." 그리고는 관창을 적진으로 돌격하게 했다. 갑옷 입힌
말을 타고 창 한 자루를 들고 적진으로 달려간 관창은 백제군에게 사
로잡혀 명장 계백에게 끌려갔는데, 계백은 어린데도 용감한 관창을
차마 죽이지 못하고 살려 보냈다. 관창은 돌아와 아버지에게 말했다.
"제가 적진으로 들어가 장수를 베지도 못하고 깃발을 뽑아오지도 못
한 것은 죽음이 두려워서가 아닙니다." 말을 마친 뒤 손으로 우물물
을 움켜쥐어 마시고 다시 적진으로 가서 날쌔게 싸우다가 결국 장렬
하게 전사했다. 아버지 품일은 말안장에 매달려온 아들의 머리를 잡
고 흐르는 피에 소매를 적시며 말했다. "내 자식의 얼굴이 살아있는
것 같구나. 왕을 위해 죽을 수 있었으니 다행이다." 그 결과 신라군은
사기가 크게 타올라 황산 전투는 백제군이 대패하고 계백이 전사하
면서 끝났다.

『삼국사기』(권5) 「신라본기」에 기록된 16세의 관창은 거의 같은 사실을 담은 같은 책(권47) 그의 열전 첫머리에서 "행동과 모습이 모두 단아했다"고 평가한 모습을 지닌 화랑이었다.

관창(관장이라고도 한다)은 신라 장군 품일의 아들이다. 행동과 모습이 모두 단아했고 어린 나이에 화랑이 됐는데 사람들과 잘 사귀었다. 官昌(一云官狀), 新羅將軍品日之子. 儀表都雅, 少而爲花郎, 善與人交.

다음으로 화랑의 낭도로서 그 행적이 『삼국사기』 열전에 실린 인물은 검군·김흠운 등이다. 검군은 사량궁 사인이라는 낮은 관직을 지녔으며 이찬伊湌(신라의 17관등 가운데 두 번째) 대일大日의 아들 근랑의 낭도였다. 진평왕 50년(정해년, 건복 45년, 628) 신라에 큰 기근이 들어 먹을 것이 없자 사량궁의 사인들은 관청 창고의 쌀을 훔쳐 나눴는데 검군만은 거절했다. "저는 근랑의 낭도에 이름을 걸어두고 풍월의 뜰에서 수행하고 있습니다. 의로운 것이 아니면 천금의 이익이 있더라도 마음을 움직이지 않습니다." 다른 사인들은 일이 누설될까 두려워 검군을 죽이기로 모의했다. 검군은 그것을 알고 죽음을 두려워해 여러 사람을 죄에 빠뜨리는 것은 차마 할 수 없다면서 관청에 고발하지 않았으며, 자신이 옳은데 도망치는 것은 장부가 할 일이 아니라고 생각해 자신의 뜻을 근랑에게 알린 뒤 술자리에 참석했는데 사인들이 몰래 독을 탄 것을 알았지만 그대로 마시고 죽었다.

화랑의 문도였던 검군의 이런 행동은 화랑과 그 낭도로 조직된 화랑단이 "풍월의 뜰에서 수행한" 수양단체였음을 보여준다. 「검군열전」 끝부분에서도 "검군은 죽어야 할 일이 아닌데 죽었으니 태산을 새털보다 가볍게 여긴 것이라고 할 만하다'고 군자는 평가했다"고 덧붙인 것은 매우 타당하다. 검군의 죽음은 후대의 역사가가 "검군은 죽어야 할 일이 아닌데 죽었으니 태산을 새털보다 가볍게 여긴 것이라고 할 만하다"고 말한 것처럼 거짓으로 겉모습만 꾸몄다는 비판을 받았지만, 화랑단에게는 절의를 중시한 미풍이 장려됐음을 알 수 있다.[12]

김흠운은 내물왕의 8대손으로 어려서 문노라는 화랑의 문하에 들어갔다. 일찍이 같은 문도 사이에서 "아무개는 전사해 지금까지 이름을 남겼다"고 얘기하는 것을 들은 그는 감격해 그렇게 되고자 했는데, 전밀이라는 같은 문하의 승려는 "이 사람은 전쟁에 나가면 반드시 살아 돌아오지 않을 것"이라고 말했다. 그는 태종 무열왕 2년(655) 조천성 전투에서 김유신의 휘하 장수로 종군해 힘껏 싸우다 전사했다.[13] 이것도 화랑단이 나라를 위해 목숨을 가벼이 여기는 희생정신을 함양한 수련단이었고 유사시에는 전사단으로 활동했음을 말해 준다.

이것이 『삼국사기』에 독립된 열전이 있는 화랑과 그 낭도의 대략적인 행적인데, 그 시대가 진흥왕·진평왕·태종 무열왕·문무왕 때까지로 신라 상대 말부터 중대 초라는 것에서 미뤄보면 이런 화랑과 낭도들은 틀림없이 김대문의 『화랑세기』에 실린 인물이었을 것이다. 그 때문에 김부식은 「김흠운열전」의 논찬에서 "꽃다운 이름과 아름다운 일은 모두 전기와 같다. 김흠운 같은 사람도 낭도"라고 한 것으로 생각된다. 그리고 "꽃다운 이름과 아름다운 일"은 조국을 위해 목숨을 가볍게 여긴 것으로 그들의 행동에는 충성을 다해 나라에 보답하는 용감한 의열盡忠報國, 勇壯義烈의 정신이 넘쳤다.

그러나 다시 신라의 당시 역사를 보면 조국애를 중심으로 하는 희생정신을 화랑이나 낭도만 지닌 것은 아니었다. 진평왕 때 고승 원광법사는 진陳에 들어가 11년 동안 공부해 유교와 불교에 모두 능통했는데, 세속오계로 "사군이충·사친이효·교우이신·임전무퇴·살생유택"을 제시했다. 이런 오계에서도 신라의 당시 모습을 엿볼 수 있는데, 법사에게 이 가르침을 직접 받은 인물은 귀산과 추항이라는 두 동지였다. 두 사람은 그 뒤 귀산의 아버지 무은의 부하가 돼 백제군이 침입하자 종군했고 전쟁 도중 적의 복병을 만났는데, 후군을 이끌던 무은은 적군의 갈고리에 걸려 말에서 떨어졌다. 귀산은 이때 '임전무퇴'의 계율을 지켜야 한다고 생각해 추격해 온 적군 수십 명을 죽이고 자신의 말을 아버지에게 드린 뒤 추항과 함께 용감히 싸우다가 온몸을 찔려 전사했다고 기록돼 있다.

『삼국사기』(권47) 열전 7에는 충용과 의열의 인물들이 실려 있는데, 마지막에 수록된 계백만 황산 전투에서 전사한 백제의 명장이다. 시대는 상대 말에서 중대 초에 걸쳐 있어 앞서 서술한 화랑과 낭도의 사적도 사다함과 검군을 빼고는 거기 실려 있다. 화랑이 아닌 인물은 여기서 자세히 서술하지 않았지만, 한 사례를 들면 진덕여왕(28대) 원년 김유신이 백제의 침입군을 막다가 신라군이 어려움에 빠지자 비령자라는 장수가 앞장서 적진으로 뛰어들어 싸우다 죽었다. 그러자 그의 어린 아들 거진은 합절이라는 가노의 만류를 뿌리치고 아버지의 뒤를 따랐으며, 합절도 그 뒤를 따라 주인과 노비 세 사람이 같은 전장에서 전사했다.

또 취도·부과·핍실 세 형제는 각각 태종 2년(655), 문무왕 11년(671), 신문왕 4년(684) 전사했는데, 특히 취도는 실제사(진흥왕이 창건)의 승려였지만 국난이 나자 법의를 군복으로 갈아입고 법명 도옥을 속명 취도로 고친 뒤 출전하겠다고 병부에 스스로 요청했다. 『삼국사기』(권43) 「김유신열전」에는 패전해 살아 돌아온 둘째 아들 원술을 김유신 부부가 받아들이지 않은 사실이 자세히 기록돼 있는데, 당시 신라인의 가정교육과 기풍의 한 모습을 엿볼 수 있다. 같은 열전에 따르면 당의 장수 소정방은 백제를 멸망시키고 본국으로 돌아갔을 때 고종이 어째서 신라를 토벌하지 않았느냐고 묻자 다음과 같이 대답했다. "신라는 임금이 어질고 백성을 사랑하며, 신하는 충성으로 나라를 섬기고 아랫사람은 윗사람을 아버지나 형처럼 섬겨 작지만 도모할 수 없었습니다." 이것은 사실이었으므로 신라의 상황을 잘 표현한 것이었다.

진흥왕 이후 약 1세기 동안 신라는 매우 많은 사건과 어려움을 겪었다. 참으로 비상한 시기였다고 할 만했다. 진흥왕에게 죽령 이북, 임진강 이남의 광대한 지방을 빼앗긴 뒤 고구려는 백제와 협력해 신라를 자주 괴롭혔다. 그러나 신라는 그 곤경을 충분히 이겨내고 마침내 당을 도와 두 나라를 멸망시킨 뒤 다시 당의 세력을 축출함으로써 한반도의 유일한 주인이 되는데 성공했다. 그 과정에서 발군의 정치가는 김춘추(태종)고 위대한 무장은 김유신이었으며, 두 사람의 공적이 크다는 것은 말할 것도 없다. 그러나 통일의 공로를 그 두 사람에게만 돌릴 수는 없다. 그들의 뒤에는 그들을 강력히 지탱한 힘이 있었다. 당시 신라인은 종교와 세속, 상층과 하층 모두에서 충·용을 기조로 하는 무사적 정신, 조국을 수호하는 데 목숨을 새털보다 가볍게 여기는 숭고한 희생정신이 넘쳤다.

그렇다면 앞서 살펴본 성격과 기능을 지닌 화랑은 귀족 자제 가운데서도 특별히 선발된 부류로 혈족적 계급제 — 골품제 — 가 엄격한 신라 사회에서 나라 사람들의 그런 기풍을 대표하는 동시에 그 낭도를 이끌고 스스로 지도적 위치에 선 것이 틀림없다. 그리고 그들은 성장해 나라의 중추가 됐다. 그 때문에 『화랑세기』의 찬자 김대문은 화랑에 대해 "현명한 보좌와 충성스런 신하가 거기서 나왔고, 훌륭한 장수와 용감한 군졸이 거기서 생겼다"고 한 것이다.


## 4. 『삼국유사』의 국선과 그 무리

앞 장에서 살펴본 것처럼 화랑은 수많은 전장에서 용감히 싸운 전사였다. 그렇다면 그들은 무인으로만 볼 수 있을까? 그렇지는 않다, 15~16세의 어린 귀공자로서 그들에게는 명문가 자제의 우아한 면모가 있을 수밖에 없었다. 진흥왕 때의 화랑 사다함은 "모습이 맑고 빼어났다"고 했고 태종 무열왕 때의 화랑 관창(관장)은 "행동과 모습이 모두 단아했다"고 했을 뿐 아니라 중대의 마지막 국왕인 혜공왕(36대) 초 신라를 방문한 당의 고음은 견문을 기록한 『신라국기』에서 "귀인의 자제 가운데 아름다운 사람을 뽑아 분을 바르고 곱게 꾸며 화랑이라고 했는데, 나라 사람들이 모두 높이고 섬긴다"고 하지 않았는가?

혜공왕의 아버지 경덕왕(35대) 때 유명한 승려 충담忠談이 지은 「찬기파랑가讚耆婆郎歌」는 우아한 화랑의 모습을 잘 표현했다고 생각된다. 기파랑은 행적이 전하지 않는 화랑의 이름으로 그 노래는 『삼국유사』(권2)에 실려 오늘에 전하는 신라의 향가 14수 가운데 하나다.


咽鳴爾處米　흐느끼며 바라보며

露曉邪隱月羅理　이슬 밝힌 달이

白雲音逐于浮去隱安支下　흰 구름 따라 떠 간 언저리에

沙是八陵隱汀理也中　모래 가른 물가에

耆郎矣皃史是史藪邪　기랑의 모습과도 같은 수풀이여,

逸烏川理叱磧惡希　일오라는 냇가 자갈 벌에서

郎也持以支如賜烏隱　낭이 지니시던

心未際叱肹逐內良齊　마음의 끝을 따르고 있노라.

阿耶 栢史叱枝次高支好　아아, 잣나무 가지가 높아

雪是毛冬乃乎尸花判也　눈이라도 덮지 못할 화랑의 우두머리여

(오구라小倉 박사의 번역에 따름)[14]*

앞서 서술한 대로 상대인 진평왕 말 근랑이라는 화랑의 무리였던 검군은 "근랑의 낭도에 이름을 걸어두고 풍월의 뜰에서 수행하고 있다"고 했는데, 충담사가 읊은 기파랑의 모습은 검군의 그 말을 떠올리게 한다.

화랑에 관련된 기사는 『삼국유사』에도 여기저기 보인다. 그 책(권3) 「미륵선화彌勒仙花」 조에서는 "처음으로 설원랑을 국선으로 받들었는데 이것이 화랑·국선의 시작始奉薛原郎爲國仙, 此花郎國仙之始"라고 해서 국선이 바로 화랑이라고 했지만 다른 곳에서는 국선이라는 이름만 사용했다.

『삼국유사』의 이런 기사를 보면 먼저 주의를 끄는 것은 국선, 곧 화랑이 자주 그 무리를 이끌고 유명한 산과 경치 좋은 곳으로 멀리 유람 갔다는 것이다.

---

* 번역서에서는 김완진의 번역을 따랐다. 뒤의 「모죽지랑가」도 그렇다.

「**백률사**栢栗寺」(권3): 효소왕孝昭王 원년(측천무후 천수天授 3년, 임진년, 692) 9월 7일. 효소왕이 대현 살찬의 아들 부례랑을 국선으로 삼았다. 그는 구슬이 장식된 신을 신었으며 그 낭도가 1000명이었는데 안상과 더욱 친했다. 孝昭王奉大玄薩喰(飱)之子夫禮郞爲國仙. 珠履千徒, 親安常尤甚.

이듬해인 천수 4년(계사년) 부례랑은 늦은 봄 낭도들을 이끌고 금란金蘭이라는 곳에서 노닐다가 북명 경계에 이르러 적적狄賊에게 잡혀갔는데, 그때 부례랑의 문객은 모두 어쩔 줄 모르고 도망쳐 흩어졌지만 그와 가장 친했던 승려 안상만이 그를 추적했고 마침내 백률사(경주)의 대비상大悲像(관음보살)의 보호에 힘입어 두 사람 모두 무사히 돌아올 수 있었다고 서술했다.

효소왕(32대)은 중대 중반의 국왕이고 국선 부례랑은 "구슬이 장식된 신을 신었으며 그 낭도가 1000명이었다"는 표현에서 상상할 수 있듯 화려한 모습을 하고 수많은 낭도를 거느렸다. 금란은 화랑이 노닐던 곳으로 『삼국유사』(권2) 「경문왕景文王」 조에도 보인다. 하대 중반인 그 왕(48대) 때 요원랑邀元郞·예흔랑譽昕郞·계원桂元(랑?)·숙종랑叔宗郞이라는 네 명의 국선은 금란에서 노닐었다고 했다. 금란은 어디일까? 고려 희종(21대) 때 이인로李仁老가 지은 『파한집破閑集』(권 중)에는 다음과 같은 시가 실려 있다.

금란 경계에 한송정이 있는데 옛날 사선이 놀던 곳이다. 그 낭도 3000명이 나무를 한 그루씩 심어 지금은 푸르러져 구름에 닿고 있다.

金蘭境有寒松亭, 昔四仙所遊. 其徒三千各種一株, 至今蒼蒼然拂雲.

한송정은 충정왕忠定王(30대) 때 금강산에 유람한 이곡의 「동유기」 **15**에 다음과 같이 나온다.

강성江城(강릉)을 나와 문수당을 구경했다. (…) 동쪽에 사선비가 있는데 호종단이 물속에 빠뜨려 귀부만 남아 있었다. 한송정에서 이별주를 마셨는데, 이 정자도 사선이 노닌 곳이다. 그곳 사람들은 유람객이 많이 찾아오는 것을 싫어해 건물을 철거했고 소나무도 들불에 타버렸다. 지금은 돌아궁이와 돌그릇, 돌우물 두 개가 그 옆에 남아 있는데, 모두 사선이 차를 달일 때 썼던 것들이다. 出江城觀文殊堂. (…) 東有四仙碑, 爲胡宗旦所沈, 唯龜趺在耳. 飮餞于寒松亭, 亭亦四仙所遊之地. 郡人厭其遊賞者多, 撤去屋, 松亦爲野火所燒. 惟石竈石池二石井在其旁, 亦四仙茶具也.

『동국여지승람』(권44)에 따르면 강릉 동쪽 15리(5.9킬로미터)의 해변에 있다고 했으므로 문제의 금란은 강원도 동해안의 강릉으로 생각된다. 금란에서 유람하던 부례랑이 북명 경계에서 적적에게 포로가 됐다고 한 것도 강원도 동해안이 분명하다. 적적은 당시 이 방면을 차지한 말갈밖에 될 수 없기 때문이다. 『삼국유사』(권5) 「융천사의 혜성가融天師彗星歌」에서도 상대인 진평왕 때 화랑이 멀리 유람한 일을 실었다.

다섯 번째 거열랑, 여섯 번째 실처랑(돌처랑이라고도 한다), 일곱 번째 보동랑 등 세 화랑의 무리가 풍악을 유람하려고 했는데 혜성이 심대성을 침범하자 낭도들은 그것을 괴이하게 여겼다. 第五居烈郎·第六實處郎(一作突處郎)·第七寶同郎等三花之徒欲遊楓岳, 有彗星犯心大星. 郎徒疑之.

풍악은 강원도의 금강산인데, 『삼국유사』의 이 기사 앞에는 어떤 내용이 좀 더 있던 것 같다. 그런데 갑자기 이렇게 서술한 것은 『삼국유사』의 찬자가 어떤 옛 기록을 가져올 때 거기 실린 「혜성가」를 특히 중시했기 때문으로 생각된다. 금강산은 경치가 수려한 강원도 동해안에서도 특히 아름다운 곳임은 말할 것도 없는데, 화랑은 주로 그런 산·숲·강·바다를 유람했던 것이다. 충담사가 향가에서 읊은 것도 그런 때의 기파랑의 모습으로 생각된다.

또 화랑들은 유람하면서 풍류를 즐기고 시를 읊었다. 충담사는 기파랑의 우아한 모습을 아름답게 노래했고, '세 화랑의 무리'라고 불린 거열랑 등은 풍악에서 유람하려다가 혜성이 나타난 것을 이상하게 여겨 가지 않으려고 했는데 융천사가 「혜성가」 ─ 『삼국유사』에 수록된 향가의 하나 ─ 를 지어 혜성을 사라지게 하니 세 화랑은 목적을 이뤘다고 했다. 또 앞서 말한 금란에서 유람한 요원랑 등 국선 4명은 노래 세 수를 짓고 대거화상大炬和尙에게 그것을 보내 「현금포곡玄琴抱曲」「대도곡大道曲」「문군곡問群曲」이라는 노래 세 곡을 짓게 했다고 한다(주 18 참조). 대거화상은 뒤에서 서술하는 것처럼 진성여왕 때 왕명으로 『삼대목三代目』이라는 향가집을 편찬한 인물이다.

그러나 화랑이나 그 낭도들은 멀리 유람할 때만 시를 지은 것은 아니다. 김유신의 부장 죽지는 진덕왕·태종 무열왕·문무왕·신문왕 등 네 국왕을 섬기면서 신라의 삼국통일에 큰 공훈을 세운 명장이다.

『삼국유사』(권2) 「죽지랑竹旨郎(죽만竹曼·지관智官이라고도 쓴다)」: 죽만랑의 낭도 가운데 급간 득오(득곡이라고도 한다)가 있었는데 풍류황권에 이름을 올렸다. 竹曼郎之徒有得烏(一云谷)級干, 隷名於風流黃卷.

죽지는 어려서 화랑이 된 것 같은데, 낭도에 득오라는 사람이 있었
다. 그 뒤 죽지가 세상을 떠나자 득오는 슬퍼하며 향가 한 수를 지어
추모의 마음을 나타냈다.

去隱春皆理米  지나간 봄 돌아오지 못하니

毛冬居叱沙哭屋尸以憂音  살아계시지 못하여 우올 이 시름

阿冬音乃叱好支賜烏隱  전각殿閣을 밝히오신

皃史年數就音墮支行齊  모습이 해가 갈수록 헐어 가도다.

目煙迴於尸七史伊衣  눈의 돌음 없이 저를

逢烏支惡知乎下是  만나보기 어찌 이루리.

郎也慕理尸心未行乎尸道尸  낭랑郎 그리는 마음의 모습이 가는 길

蓬次叱巷中宿尸夜音有叱下是  다복 굴헝에서 잘 밤 있으리.

(오구라 박사의 번역에 따름)[16]


죽지랑의 낭도였던 득오가 "풍류황권에 이름을 올렸다"는 것은 『삼
국유사』(권4) 「혜숙과 혜공의 설화二惠同塵」 조에서 "승려 혜숙이 호세
랑의 무리에서 자취를 감추자 호세랑은 황권에서 이름을 지웠고 법사
(혜숙)도 적선촌에서 은거했다釋惠宿沈光於好世郎徒, 郎旣讓名黃卷, 師亦隱居赤
善村"고 한 것을 참조하면 화랑과 낭도 모두 문학을 가까이하며 살았
다는 뜻으로 생각된다. 또 중대의 경덕왕(35대) 때 사천왕사四天王寺의
승려 월명사月明師는 어떤 국선의 낭도였다. 그는 승려였지만 범패聲梵
에는 서툴렀는데 국선에 소속됐기 때문에 향가를 잘 지었다. 같은 왕
19년(760) 명령을 받들어 「도솔가」를 지어 미륵산화彌勒散花를 노래하
니 그 노래 덕분에 해가 두 개였던 변괴가 갑자기 사라졌다고 했다. 그

는 일찍이 죽은 누이를 위해 재를 드리고 향가를 지어 제사 지내기도 했다. 두 수 모두 『삼국유사』(권5) 「월명사의 도솔가」 조에 실려 있다. 그 기록에 따르면 월명사는 피리를 잘 불어 신령을 감동시켰다고 한다. 요컨대 득오·월명사 등의 향가는 화랑의 낭도가 지었지만 화랑의 유람과는 관계없다.

이렇게 생각하면 화랑과 낭도의 풍류와 문예 활동은 앞 장에서 서술한 충성을 다해 나라에 보답하는 용감한 의열 정신과 함께 이 특별한 수양단체의 본질의 일부였던 것으로 생각된다. 화랑이 낭도를 이끌고 산수를 유람한 것은 그 자체로 풍류의 행위였으며, 그들은 그런 때만이 아니라 평생 문학을 즐기고 글을 가까이 한 것이 틀림없다. 화랑의 문객인 것을 "풍류황권에 이름을 올렸다"고 하고 근랑의 낭도 검군은 스스로 "풍월의 뜰에서 수행하고 있다"고 했으며, 선인仙人이 아닌 화랑이 국선이라고 불린 이유도 거기 있지 않을까 여겨진다. 『삼국사기』(권32) 「악지」에서는 '사내기물악思內奇物樂'이라는 신라 음악을 "원랑의 낭도가 지었다原郞徒作也"고 했다. 사내思內는 시뇌詩腦·사뇌詞腦 등으로 쓰이는데 오구라 박사에 따르면 '향가'라는 뜻이다.[17] 그리고 원랑은 다음 장에서 서술하듯 『삼국유사』에서 화랑의 시조라고 한 설원랑薛原郞으로 후대 사람의 상상에서 나온 가공의 인물이다. 그러나 원랑의 낭도가 사내기물악을 지었다고 한 것은 화랑과 향가 사이에 밀접한 관계가 있었기 때문이 분명하다. 다음도 그런 관계를 긍정하게 하는 유력한 기록이다.

최자崔滋의 『보한집補閑集』(권 상): 동도(경주)는 본래 신라다. 옛날에 사선이 있었는데, 각각 무리 1000여 명을 거느렸고 노래법이 성행했다. 또

옥부선인이 있었는데, 처음으로 곡조 수백을 지었다. 東都本新羅. 古有四仙, 各領徒千餘人, 歌法盛行. 又有玉府仙人, 始制曲調數百.**18**

미리 말하면 최자가 『보한집』을 지은 것은 고려 고종(23대) 41년(1254)이고 승려 일연의 『삼국유사』는 조금 뒤인 충렬왕(25대) 때 편찬됐다.

『삼국유사』에는 향가를 대상으로 한 기사가 매우 많다. 『삼국사기』에는 실리지 않은 14수의 향가도 그 책에 힘입어 오늘날 전해진다. 그리고 그 책의 국선, 곧 화랑의 이야기는 대체로 향가와 관련돼 있다. 그런데 앞 장에서 서술한 『삼국사기』 열전의 화랑은 모두 "꽃다운 이름과 아름다운 일"을 남긴 무용담의 인물이어서 서로 뚜렷이 대조된다. 성덕왕 때 사람인 김인문이 편찬한 『화랑세기』는 화랑의 무용담이고 『삼국사기』의 열전에 기록된 화랑의 사적은 주로 『화랑세기』를 바탕으로 한 것으로 생각된다는 것은 앞 장에서 살펴봤다. 그렇다면 『삼국유사』가 근거로 삼은 것은 어떤 자료일까?

다음 기록을 보면 진성여왕(51대)이 위홍과 대구화상에게 『삼대목』이라는 향가집을 편찬케 했음을 알 수 있다.

**『삼국사기』 「신라본기」 진성여왕 2년(888):** 여왕은 평소 각간 위홍과 간통했는데 이때 이르러 늘 대궐로 들어와 일을 처리했다. 여왕은 그에게 대구화상과 함께 향가를 모아 편찬케 하고 『삼대목』이라고 불렀다. 王素與角干魏弘通, 至是常入內用事. 仍命與大矩和尚, 修集鄉歌, 謂之三代目云.

경문왕(48대) 때 요원랑 등 네 국선이 대거화상大矩和尚에게 향가 세

수를 짓도록 의뢰한 것은 앞서 서술했는데, 대구화상과 대거화상은 같은 사람이 틀림없다. 『삼국유사』의 향가에 관련된 국선 이야기와 향가를 대상으로 한 기사들은 향가집 『삼대목』에 바탕한 것으로 생각된다. 화랑에게 국선이라는 이름을 사용한 것도 『삼대목』이었고 『삼국유사』는 그것을 이어받은 것이 아니었을까 생각된다.

화랑이 멀리 유람한 하나의 사례지만 앞서 서술하지 않은 것으로 하대 헌안왕憲安王(47대)이 왕족 응렴膺廉(48대 경문왕)을 사위로 삼은 유래를 설명한 이야기가 있는데, 『삼국사기』 「신라본기」 헌안왕 4년(860) 조와 『삼국유사』(권2) 「경문왕」 조에 보인다. 두 기사는 서로 조금 다르지만 전체적인 내용은 같으므로 일단 『삼국사기』를 바탕으로 서술하겠다.

어느 날 헌안왕은 15세(『삼국유사』에는 18세)된 화랑 응렴을 불러 그 뜻을 알아보려고 갑자기 물었다. "너는 화랑으로서 배우러 다닌 지 한참 됐는데 배울 만한 사람을 본 적이 있는가?" 응렴이 대답했다. "신은 일찍이 배울 만하다고 생각된 사람 셋을 봤습니다. 첫 번째 사람은 명문의 자제로 다른 사람과 있을 때 자신을 앞세우지 않고 낮췄습니다. 두 번째 사람은 재산이 많은데도 의복에 사치하지 않고 늘 삼베와 모시옷을 입으며 만족했습니다. 세 번째 사람은 권세와 영화를 누리면서도 자신의 세력으로 남을 억누르지 않았습니다." 왕은 그 말을 듣고 응렴이 총명함을 알아 사위로 삼았다.

이 이야기의 취지는 응렴이 화랑으로 유람하면서 많은 사람을 만나 그 행동을 보고 그것의 옳고 그름을 바르게 비판했다는 것이다. 그러나 이것은 응렴 개인에 관련된 일이지 모든 화랑에게 공통된 것은 아니기 때문에 화랑의 유람에 대한 하나의 사례이기는 하지만 화랑의 성격과 기능을 설명하는 유력한 증거는 아니다. 이 문제는 다음 장에서 다룰 기회가 있으니 그리로 미뤄둔다.

## 5. 화랑의 기원에 관련된 『삼국사기』와 『삼국유사』 기사의 비판

3장에서 서술한 대로 신라에서 행적이 명확한 가장 오래된 화랑은 진흥왕 23년(562) 가라 정벌에서 뛰어난 전공을 세운 사다함이다. 그것은 『삼국사기』 열전에 보이는데, 「신라본기」에는 진흥왕의 마지막 해인 재위 37년(576) 화랑의 기원을 서술한 기사가 있다. 설명의 편의를 위해 세 부분으로 나눠 인용한다.

(1) 37년 봄 처음으로 원화를 받들었다. 앞서 임금과 신하들은 인재를 알 수 있는 방법이 없어 고민했는데, 무리 지어 놀게 하고 그 행실을 관찰한 뒤 발탁해 등용하려고 했다. 마침내 남모와 준정이라는 미녀 두 사람을 뽑았고 무리 300여 명을 모았다. 두 여자는 아름다움을 다퉈 서로 질투했다. 준정은 남모를 자기 집으로 유인한 뒤 억지로 술을 권해 취하자 끌고 가 강에 던져 죽였다. 준정은 처형됐고 무리들도 사이가 나빠져 흩어졌다. 三十七年春, 始奉源花. 初君臣病無以知人, 欲使類聚遊, 以觀其行義, 然後擧而用之. 遂簡美女二人, 一曰南毛, 一曰俊貞, 聚徒三百餘人. 二女爭娟相妬. 俊貞引南毛於私第, 强勸酒至醉, 曳而投河水以殺之. 俊貞伏誅, 徒人失和罷散.

(2) 그 뒤 다시 미모의 남자를 뽑아 곱게 꾸며 화랑이라고 부르면서 받들었는데, 무리가 구름같이 모였다. 도의로 서로 연마하기도 하고 노래

와 음악으로 서로 즐겨 산과 강을 찾아 노닐며 멀리까지 이르지 않은 곳이 없었다. 이것으로 그 사람의 사악함과 올바름을 알아 훌륭한 사람을 뽑아 조정에 천거했다. 其後更取美貌男子, 粧飾之, 名花郎以奉之, 徒衆雲集. 或相磨以道義, 或相悅以歌樂, 遊娛山水, 無遠不至. 因此知其人邪正, 擇其善者, 薦之於朝.

(3) 그 때문에 김대문은 『화랑세기』에서 "현명한 보좌와 충성스런 신하가 거기서 나왔고, 훌륭한 장수와 용감한 군졸이 거기서 생겼다"고 한 것이다. 최치원은 「난랑비 서」에서 다음과 같이 말했다. "나라에는 현묘한 도가 있는데, 풍류라고 한다. 교화를 실행하는 근원은 선사仙史에 자세히 적혀 있는데, 참으로 삼교를 아우르고 중생을 만나 교화하는 것이다. 이를테면 집에 들어오면 효도하고 집을 나가면 나라에 충성하는 것은 노魯 사구司寇(공자)의 가르침이다. 무위의 일을 실천하고 불언不言의 가르침을 실행하는 것은 주周 주사柱史(노자가 주에서 주하사柱下史라는 벼슬을 했다)의 핵심이다. 악행을 하지 말고 선행을 받들라는 것은 축건태자(석가)의 교화다." 당 영호징의 『신라국기』에서는 "귀인의 자제 가운데 아름다운 사람을 뽑아 분을 바르고 곱게 꾸며 화랑이라고 했는데, 나라 사람들이 모두 높이고 섬긴다"고 했다. 故金大問花郎世記曰, 賢佐忠臣, 從此而秀, 良將勇卒, 由是而生. 崔致遠鸞郎碑序曰, 國有玄妙之道, 曰風流. 設敎之源, 備詳仙史, 實乃包含三敎, 接化群生. 且如入則孝於家, 出則忠於國, 魯司寇之旨也. 處無爲之事, 行不言之敎, 周柱史之宗也. 諸惡莫作, 諸善奉行, 竺乾太子之化也. 唐令狐澄新羅國記曰, 擇貴人子弟之美者, 傅粉粧飾之, 名曰花郎, 國人皆尊事之也.


(1)은 300명을 모아 함께 유람한 두 여성, 곧 원화를 설명했다. 뒤에

서 말하듯 '源花'는 『삼국유사』에 '原花'로 적혀 있다. (2)는 여성 원화의 설치가 실패로 끝난 결과 그 뒤 다시 시작한 남성 화랑에 대한 기록으로 "무리가 구름같이 모였다" 이하는 주로 그 기능에 관련된 내용이다. (3)은 "그 때문에"라는 접속사로 (2)를 이어 화랑의 성격을 설명한 국내·외의 문헌으로 김대문의 『화랑세기』, 최치원의 「난랑비 서」, 당 영호징의 『신라국기』의 기록을 들었다. 최치원은 말할 것도 없이 신라 하대 말의 대표적 문장가다. 「난랑비 서」는 그의 문집(30권)에 수록됐던 것으로 생각되지만 오늘날은 전하지 않고 비석도 발견되지 않아 난랑이 언제 어떤 화랑이었는지는 알 수 없다. "당 영호징의 『신라국기』"라는 말은 오류로 "당 영호징의 『대중유사(정릉유사)』에 인용된 당 고음의 『신라국기』"라고 해야 한다.

다음으로 (2)와 (3)을 합쳐 읽으면 (3)은 물론 (2)도 진흥왕 때의 기록이나 그것에 바탕한 옛 기록을 가져온 것이 아니라 『삼국사기』의 찬자 김부식이 화랑의 기능에 대해 자신의 견해를 서술한 것으로 봐야 한다. 이것은 (3)에서 (2)의 내용에 대해 두세 가지 전거를 들고 "그 때문에"라는 접속사를 사용해 앞뒤의 연결을 부드럽게 한데서 분명하다. 이것은 문맥에서 그렇게 판단한 것이지만 다시 내용을 봐도 "미모의 남자를 뽑아 곱게 꾸며 화랑이라고 부르면서 받들었다"고 한 것은 고음의 『신라국기』에서 "귀인의 자제 가운데 아름다운 사람을 뽑아 분을 바르고 곱게 꾸며 화랑이라고 했는데, 나라 사람들이 모두 높이고 섬긴다"고 한 데 따른 것이고, "무리가 구름같이 모였다. 도의로 서로 연마하기도 하고 노래와 음악으로 서로 즐겨 산과 강을 찾아 노닐며 멀리까지 이르지 않은 곳이 없었다"는 것은 김대문의 『화랑세기』에 나오는 화랑의 무용담과 대구화상의 『삼대목』 — 이 책은 김부식도 본 것이 틀림없다 — 에 실린 화랑 유람의 이야기에서 화랑의 활동을 요약한 서술이다.

"이것으로 그 사람의 사악함과 올바름을 알아 훌륭한 사람을 뽑아 조정에 천거했다"는 것은 화랑의 기능을 설명한 내용은 아니지만 앞서 서술한 응렴(그뒤 즉위해 경문왕이 됐다)이 멀리 유람한 이야기의 취지를 덧붙인 것으로 생각된다. 『삼국사기』에 관련된 기사가 있음을 알지만 그것을 먼저 소개하지 않고, 『삼국사기』에 보이는 화랑의 열전과 『삼국유사』의 화랑 관계 기사만 증거로 삼아 화랑의 기능을 고찰해 온 것은 이 점을 미리 유의했기 때문이다.

화랑의 기원을 말한 기사는 『삼국사기』보다 뒤에 나온 『삼국유사』에도 있다. 먼저 『삼국사기』와 조금 다른 그 기사를 비판한 뒤 앞서 남겨둔 『삼국사기』의 기사 ⑴을 살펴보려고 한다.

### 『삼국유사』(권3)「미륵선화」

⑴ 24대 진흥왕의 성은 김이고 이름은 삼맥종三麥宗 또는 심맥종深麥宗이다. 양梁 대동大同 6년 경신년(540)에 즉위했다. 큰아버지 법흥왕의 뜻을 흠모해 한마음으로 불교를 받들어 사찰을 널리 짓고 사람들을 승려가 되게 했다. 또 천성과 취향이 신선을 매우 숭상해 민가의 아름다운 낭자를 뽑아 원화原花로 삼았다. 무리를 모아 인재를 뽑고 효도·우애·충성·신의를 가르치니 나라를 다스리는 큰 요체이기도 했다. 남모랑과 교정랑(『삼국사기』에는 준정)이라는 두 원화를 뽑았는데, 300~400명이 모였다. 교정랑은 남모를 질투해 술자리를 마련해 그에게 술을 많이 마시게 한 뒤 취하자 몰래 북천으로 메고 가 돌을 들어 묻어 죽였다. 그 무리들은 남모가 간 곳을 알지 못해 슬프게 울다가 헤어졌다. 어떤 사람

이 그 음모를 알고 노래를 지어 동네 아이들을 꾀어 거리에서 부르게 했다. 남모의 무리가 노래를 듣고 그 시체를 북천에서 찾아낸 뒤 교정랑을 죽였다. 그러자 대왕은 명령을 내려 원화를 폐지했다. 第二十四眞興王姓金氏, 名彡麥宗, 一作深麥宗. 以梁大同六年庚申卽位. 慕伯父法興之志, 一心奉佛, 廣興佛寺, 度人爲僧尼. 又天性風味, 多尙神仙, 擇人家娘子美艶者, 捧爲原花. 要聚徒選士, 敎之以孝悌忠信, 亦理國之大要也. 乃取南毛娘·峧貞娘兩花, 聚徒三四百人. 峧貞者(娘?)嫉妬毛娘, 多置酒飮毛娘, 至醉潛昇去北川中, 擧石埋殺之. 其徒罔知去處悲泣而散. 有人知其謀者作歌, 誘街巷小童, 唱於街. 其徒聞之, 尋得其尸於北川中, 乃殺峧貞娘. 於是大王下令廢原花.

(2) 여러 해 뒤 왕은 나라를 일으키려면 반드시 풍월도를 먼저 시행해야 한다고 생각해 다시 명령을 내려 좋은 가문 출신의 남자로서 덕행이 있는 사람을 뽑아 화랑花娘(郎?)이라고 이름을 고쳤다. 처음 설원랑을 받들어 국선으로 삼으니 화랑·국선의 시초다. 그 때문에 명주에 비를 세웠다. 이때부터 사람들이 악을 고쳐 선으로 돌아가고 윗사람을 공경하고 아랫사람에게 순종하니 5상·6예·3사·6정**이 당시에 널리 행해졌다. 累年王又念欲興邦國須先風月道, 更下令選良家男子有德行者改爲花娘. 始奉薛原郎爲國仙, 此花郎國仙之始. 故竪碑於溟州. 自此使人悛惡更善, 上敬下順, 五常·六藝·三師·六正廣行於代.


(2)의 '花娘'은 '花郎'의 오기가 분명하다. 왜냐하면 아래 기사에서 처음 국선으로 받들어진 설원랑은 윗 기사의 덕행이 있는 좋은 가문

---

** 5상은 인·의·예·지·신이다, 6예는 예禮·악樂·사射·어御·서書·수數다, 3사는 국왕을 보좌하는 가장 높은 신하인 태사·태부·태보다, 6정은 여섯 명의 올바른 신하, 곧 성신聖臣·양신良臣·충신忠臣·지신智臣·정신貞臣·직신直臣이다.

의 남자고, 국선은 바로 화랑이기 때문이다. 편의상 두 부분으로 나눠 인용한 『삼국유사』의 이 기사는 『삼국사기』의 (1)과 (2)의 일부에 해당한다. 그리고 『삼국사기』가 좀더 상세하지만 바탕이 된 것은 무엇일까?

무리를 모아 인재를 뽑기 위해 아름다운 두 여자, 곧 이른바 원화를 선발했다가 실패한 진흥왕은 원화를 폐지하고 몇 년 뒤 다시 좋은 집안의 덕행 있는 남자를 등용했다. 이것이 국선, 곧 화랑의 시작이다. 그리고 첫 화랑은 설원랑이고 그 비는 명주에 세워졌다. 명주는 강원도 동해안의 강릉이다. 설원랑은 설씨 성을 지닌 화랑의 시조라는 뜻으로 생각된다. 여성인 원화와 첫 화랑(설원랑)에 대해 이렇게 말한 이야기는 명주의 설원랑비에 실렸고, 그것이 『삼국유사』 기사의 근거였다고 생각된다. 비를 세운 시대는 알 수 없다. 그러나 어느 시대였다고 해도 설원랑은 화랑의 기원을 이미 알 수 없게 된 뒤 그것을 설명하기 위해 만든 가공의 인물이 틀림없다. 실제로 생존했던 화랑이라면 행적이 전해졌을 것이기 때문이다.

설원랑뿐 아니라 여성 원화의 이야기도 같은 목적 때문에 같은 때 만들어진 것으로 보인다. 문화의 여러 모습이 지금과 달랐던 고대 사회였지만 마찬가지로 인간 사회였으므로 아름다운 여성을 중심으로 한 단체를 만들어 인재 선발과 교화를 맡긴 것 같은 비상식적 일이 일어났을 리는 없다. 역사에 존재했던 화랑은 곱게 꾸민 미모의 귀공자였으므로 그보다 먼저 시행된 조직으로 화랑과 비슷한 여성이 상상된 것은 매우 자연스럽다. 그리고 화랑과 비슷한 여성을 만들면 여성에게 흔한 질투와 다툼도 생각할 수 있다. 화랑의 원류를 말하면서 공상의 설원랑 앞에 둔 원화 이야기는 이렇게 해서 생겨난 것으로 역사적 근거가 없는 설화가 분명하다.

그리고 그런 설화를 만들면서 진흥왕이 그런 조직을 결성했다고 한 것은 우연이 아니라 실재한 화랑 사다함의 경력에 보이는 것처럼 행적이 분명해진 화랑의 상한은 진흥왕 때였기 때문으로 생각된다. 설원랑 비가 세워졌다고 한 명주, 곧 지금의 강릉은 이미 서술한 대로 화랑들이 자주 놀러간 금란 지방이며, 보질도寶叱徒와 효명孝明이라는 두 왕자가 각각 1000명의 무리를 이끌고 부근을 유람하다가 오대산에 들어 갔다는 이야기도 있다.[19]

이렇게 생각하고 『삼국사기』의 기사 (1)을 보면 『삼국유사』보다 간단한 원화源花(『삼국유사』에는 原花) 이야기는 『삼국유사』와 마찬가지로 명주의 설원랑비에 바탕한 것이 틀림없다. 따라서 『삼국유사』에 대한 비판은 그대로 『삼국사기』에도 적용된다. 곧 여기에도 역사적 사실은 들어있지 않은 것이다. 또 『삼국유사』의 기사에서 미뤄보면 설원랑비에는 그것이 막연히 진흥왕 때의 일로 돼 있다. 그러나 『삼국사기』는 그렇지 않다. 진흥왕 37년(576)은 그의 치세 마지막 해인데, 원화 이야기를 아무 근거도 없이 그해에 연결하고 '봄'이라고 덧붙였다. 그리고 그 다음의 화랑을 설치한 시기는 '그 뒤' 곧 같은 해의 일로 처리했는데, 『삼국유사』에서 "원화를 폐지하고 여러 해 뒤"라고 한 것과 다르다. 이것은 김부식의 두찬이 분명하다. 또 진흥왕 23년(562) 가라 정벌에서 사다함이 화랑으로 종군했다는 것은 명백히 연대상의 착오를 드러낸 것으로 매우 부주의하다고 말하지 않을 수 없다.

지금까지 화랑의 기원을 설명한 『삼국사기』와 『삼국유사』의 기사를 비판했는데, 요약하면 『삼국사기』의 (2)와 (3)은 화랑의 기능에 대한 김부식 자신의 견해를 서술한 것이고 (1)과 『삼국유사』의 기사는 역사적 사실로서는 거의 가치가 없다. 그러므로 그런 기록을 증거로 삼아 화랑의 성질을 논의하는 것은 부당할 뿐 아니라 진흥왕 때부터 그것이 시작됐다고 보는 것도 잘못이다. 나는 이처럼 매우 중요한 점에서 그동안의 논자와 크게 견해를 달리 하고 진흥왕 때의 화랑 사다함이 확실한 행적을 후세에 남긴 가장 오래된 화랑이라고 하는 것을 빼면 그 기원 같은 것은 현존하는 문헌에서 전혀 알 수 없다고 본다.


## 6. 상대부터 하대까지의 화랑


화랑의 기원은 찾기 어렵다. 그러나 화랑이라는 특별한 인물과 연관된 특별한 습속은 이미 살펴본 것과 같다면, 그것이 진흥왕 이전의 신라 사회에 갑자기 나타나지 않았다는 것은 분명하다. 멀리 중국의 삼국시대로 거슬러 올라가 당시 한반도에 있던 한족韓族의 상태를 기록한 자료는 다음과 같다.

- 『위지』(권30) 「한전」: 그 나라에 어떤 일이 있거나 관청에서 성곽을 쌓으면 용감하고 건장한 젊은이는 모두 등의 피부를 큰 밧줄로 뚫고 한 발丈쯤 되는 나무막대를 달아 온종일 소리를 지르며 일하지만 아파하지 않는다. 그렇게 일하기를 권장하고 그것을 강건하게 여긴다. 其國中有所爲及官家使築城郭, 諸年少勇健者, 皆鑿脊皮, 以大繩貫之, 又以丈許木鍤之, 通日矔呼作力, 不以爲痛. 旣以勸作, 且以爲健.
- 『후한서』(권115) 「한전」: 젊은이들 가운데 집 짓는 데서 일하는 사람은 매번 밧줄로 등의 피부를 꿰어 큰 나무를 매달고 소리를 지르는데, 그

것을 건장하다고 한다. 少年有築室作力者, 輒以繩貫脊皮, 縋以大木, 囉呼
爲健.

앞서 화랑을 주제로 두 편의 연구논문을 발표한 미시나 쇼에이 씨
는 특히 이런 기사에 유의해 민족학적 관점에서 고대의 한족 소년과
관련된 이런 기이한 습속을 해석해 단순한 고역이 아니라 원시적 성년
식을 치를 무렵 소년에게 부과된 일종의 주술적·종교적 '시련'이며 성
년식과 청년 집회의 관계를 생각하면 신라 화랑의 원류를 거기서 찾
으려고 한 것은[20] 참으로 귀 기울여야 할 말이다. 그러나 이「한전」의
간단한 기사를 지금 민족학적 관점에서 연구하면 고대 한족에게는 일
반적인 원시적 성년식에 공통적으로 보이는 습속이 있었음을 어렴풋
이 상상할 수 있을 뿐 그 청년 집회의 옛 모습은 엿볼 수 없으며, 더욱
이 몇 세기 뒤 갑자기 역사에 나타난 화랑으로 변모해 온 과정 같은
것은 도저히 찾을 수 없다.

이처럼 화랑의 기원은 역사적으로는 명확하지 않다고 말할 수밖에
없다. 그러나 진흥왕 이후 활약한 몇몇 화랑의 행적을 희미하게 엿볼
수 있는 이른바 화랑단의 기능에서 거꾸로 추측하면 그 특별한 습속
은 그 이전 시대의 정치·사회·문화적 산물이 분명하다. 진흥왕 이전의
신라는 중국과 자유롭게 교통할 수 없어 경쟁 상대인 고구려·백제보
다 문화의 발달이 뚜렷이 뒤처졌기 때문에 자국이 존립하는 데 필요하
고 가장 믿을 수 있는 것은 무력밖에 없었다. 그 결과 신라의 무사도라
고 부를 수 있는 국민적 정신, 곧 삼국통일을 앞뒤로 한 시대의 신라인
의 무용담에 보이는 것처럼 충성을 다해 나라에 보답하는 용감한 의열
의 무사적 정신, 절의를 중시하고 비겁을 경계하는 무사적 도덕이 자

연스럽게 함양된 것으로 생각된다. 화랑은 이런 정신생활을 대표하는 집단으로 진흥왕 이전에 이미 세상에 나타난 것으로 여겨진다.

화랑은 대체로 명문의 자제였지만 그들이 많은 사람의 신망에 따라 추대됐다는 것은 가장 오래된 화랑인 사다함의 열전에서 "당시 사람들이 화랑으로 받들기를 요청하니 어쩔 수 없이 그렇게 했다"고 한 데서 분명하다. 그리고 그렇게 받들어진 사람은 당연히 사람들에게 존경받는 낭도였을 것이다. 그동안 연구자들이 국가나 국왕의 의지에 따라 임명됐다고 생각한 것은 진흥왕 말년과 연결해 화랑의 기원을 설명한 『삼국사기』의 기사에서 "처음 원화를 받들었다"거나 "화랑이라고 부르면서 받들었다"는 것을 의심 없이 믿은 잘못된 견해가 틀림없다. 특히 명문의 자제를 선발한 것은 골품이라는 혈족적 계급제가 엄격한 신라 사회에서는 물론이고 미모의 소년을 뽑아 화려하게 장식했다는 것은 고대의 원시적 청년 집회와 관련된 것인지도 모른다. 그러나 미시나 씨의 주장처럼 화랑이 여장을 했다는 증거는 없다.[21] 화랑은 그처럼 신라 무사의 가장 빛나고 아름다운 꽃과 같은 존재였던 것이다.

전사로서 전장에 나간 화랑과 그 낭도는 늘 아름다운 산수로 멀리 유람하기도 했다. 진평왕 때의 화랑의 낭도 검군이 "저는 근랑의 낭도에 이름을 걸어두고 풍월의 뜰에서 수행하고 있다"고 한 것은 그 하나의 증거로 생각된다. 그러나 유람만 한 것은 아니고 전사 집단으로 활약한 시대에는 정신과 육체의 단련에 주요한 목적을 뒀을 것이다. 그들은 유람하거나 평소 생활하면서 풍류와 문예도 즐겼다. 죽지랑의 낭도 득오가 "풍류황권에 이름을 올렸다"고 한 것처럼 그들은 문예도 가까이했던 것이다. 그러나 그런 경향은 삼국통일의 위업을 이루고 나라가 태평해져 화랑의 활동이 자연히 전장에서 멀어지면서 뚜렷해졌으며, 진흥왕 이전 화랑이 결성될 때부터 나타난 것은 아니다.

삼국통일 무렵의 화랑 가운데는 김유신·흠순(흠춘) 등처럼 원숙한 나이에 이르러 나가서는 장수로, 들어와서는 재상으로 활동한 인물들이 있었다. 그 때문에 김대문은 "현명한 보좌와 충성스런 신하가 거기서 나왔고, 훌륭한 장수와 용감한 군졸이 거기서 생겼다"고 한 것이다. 지금은 전해지지 않는 『화랑세기』에 실린 이 문장은 간단하기 때문에 화랑 스스로 인재를 천거한 것으로 해석할 수 없는 것도 아니지만 그런 사례는 『삼국사기』와 『삼국유사』 모두 보이지 않는다. 그런데 『삼국사기』에서 화랑의 기원이 여성인 원화였다고 설명하면서 "앞서 임금과 신하들은 인재를 알 수 있는 방법이 없어 고민했는데, 무리지어 놀게 하고 그 행실을 관찰한 뒤 발탁해 등용하려고 했다"고 하면서 화랑에 대해서도 훌륭한 인재를 가려 조정에서 뽑았다고 서술했다. 그러나 이 것은 『삼국유사』에서 진흥왕이 원화를 설치한 목적을 "무리를 모아 인재를 뽑고 효도·우애·충성·신의를 가르치니 나라를 다스리는 큰 요체이기도 했다"고 설명한 것과 마찬가지로 공통의 자료인 명주 설원랑비에 바탕하고 응렴의 사례에 따라 인재 선발의 취지를 지나치게 강조한 것으로 신용하기 어렵다. 조선 후기의 역사가 안정복이 옛 사서 기록의 표면만 보고 "신라에서 사람을 쓰는 방법은 화랑을 선발하는 것만 있었고 학교 제도는 없었다新羅用人之術, 只有花郎選用之法, 而無學校之制"고 한 것은[22] 받아들이기 어려운 견해다.

거듭 말하지만 화랑은 만들어진 때와 신라의 전성기에는 신라의 무사도를 대표한 신라 무사의 정수였다. 그들을 존경하고 그들을 따른 일군의 무리는 평소에는 수양단이고 전시에는 전사단이었다. 바람이 불어도 가지가 흔들리지 않는 것처럼 세상이 평안해진 뒤에는 수양단의 모습만 나타났다. 당의 고음이 눈여겨 본대로 명문의 자제인 화랑은 자주 많은 무리를 이끌고 아름다운 곳을 유람하면서 문예를 즐겼다. 그 때문에 그들은 국선으로 불렸고, 그들의 행위는 '풍류'나 '풍월도'라고 불린 것이다.

앞서 서술한 것처럼 하대 중반의 화랑으로 알려진 인물로는 헌안왕(47대) 때 널리 유람하면서 사람들의 선행을 살핀 응렴(뒤의 48대 경문왕)과 경문왕 때 금란에서 노닐면서 향가 3수를 지은 사선四仙 요원랑 등이 있지만[23] 다시 덧붙일 것은 조금 뒷 시대인 진성여왕(51대) 때의 화랑 효종랑孝宗郎이다.

『삼국사기』(권48) 「효녀 지은 열전」: 효녀 지은은 한기부 백성 연권의 딸이다. 지극히 효성스러웠는데, 어려서 아버지를 잃고 홀로 그 어머니를 봉양했다, 32세가 되도록 시집가지 않고 아침과 저녁으로 문안드리며 곁을 떠나지 않았다. 봉양할 것이 없으면 품을 팔기도 하고 돌아다니며 구걸해 먹을 것을 얻어 드렸다. 그런 날이 오래 되자 가난을 이기지 못해 부잣집에 가서 몸을 팔아 종이 되기로 하고 쌀 10여 섬을 얻었다. 온 종일 그 집에서 일을 하고 저녁이면 밥을 지어 돌아와서 봉양했다. 그렇게 사나흘이 지났을 때 어머니가 딸에게 말했다. "지난번에는 음식이 거칠었지만 달았는데, 지금은 음식이 좋지만 맛이 예전 같지 않고 간과 심장을 칼날로 찌르는 것 같으니 어째서냐?" 딸이 사실을 아뢰니 어머니는 "나 때문에 네가 종이 됐구나. 빨리 죽느니보다 못하다"고 말하고 소리를 내어 크게 우니 딸도 울었다. 길 가는 사람들도 슬퍼했다.

그때 효종랑이 나가서 돌아다니다가 이 모습을 보고 집으로 돌아가 부모에게 부탁해 자기 집 곡식 100섬과 옷가지를 실어다 그녀에게 줬다. 또 종으로 산 주인에게 몸값을 갚아주고 양인으로 만들어 줬다. 낭도 수천 명도 곡식 한 섬씩 냈다. 대왕(진성여왕)도 이 소식을 듣고 조租 500섬과 집 한 채를 내려주고 요역을 면제시켜 줬으며, 곡식이 많아 훔쳐 가는 자가 있을 것을 염려해 담당 관청에 명령해 군사를 보내 교대로 지키게 했다. 그 마을에 효양방이라는 팻말을 붙이고 표문을 올려 그 아름다움을 당 황실에 아뢨다. 효종은 당시 제3재상 서발한 인경의 아들로 어릴 때 이름은 화달이었다. 왕은 그가 어리지만 성숙했다고 판단해 자기의 형 헌강왕의 딸을 시집보냈다. 孝女知恩, 韓歧部百姓連權女子也. 性至孝, 少喪父, 獨養其母. 年三十二, 猶不從人, 定省不離左右. 而無以爲養, 或傭作或行乞, 得食以飼之. 日久不勝困憊, 就富家請賣身爲婢, 得米十餘石. 窮日行役於其家, 暮則作食歸養之. 如是三四日, 其母謂女子曰, 向食麤而甘, 今則食雖好, 味不如昔, 而肝心若以刀刃刺之者, 是何意耶. 女子以實告之, 母曰, 以我故, 使爾爲婢. 不如死之速也. 乃放聲大哭, 女子亦哭. 哀感行路. 時孝宗郎出遊見之, 歸請父母, 輸家粟百石及衣物予之. 又償買主以從良. 郎徒幾千人, 各出粟一石爲贈. 大王聞之, 亦賜租五百石·家一區, 復除征役. 以粟多, 恐有剽竊者, 命所司差兵番守. 標榜其里曰孝養坊, 仍奉表, 歸美於唐室. 孝宗時第三宰相舒發翰仁慶子, 少名化達. 王謂雖當幼齒, 便見老成, 卽以其兄憲康王之女妻之.

『삼국유사』(권5) 「빈녀양모貧女養母」에서도 같은 사실을 다른 자료에 의거해 실었다.

효종랑이 남산 포석정(삼화술이라고도 한다)에서 놀 때 문객들이 모두 빨리 모였는데 두 사람만 늦었다. 효종랑이 그 까닭을 묻자 대답했다. "분황사 동쪽 마을에 스무 살 정도 된 여자가 눈먼 어머니를 안고 서로를 부르며 울고 있었습니다. 같은 마을 사람에게 물으니 이렇게 말했습니다. '이 여자 집이 가난해 끼니를 구걸해 부모를 봉양한지 몇 년입니다. 마침 흉년이라 구걸하기 어려워져 남의 집에 품팔이를 해 곡식 30석을 얻어 부잣집에 맡겨 두고 일을 했습니다. 해 질 무렵 쌀을 가져와 밥을 지어드리고 함께 자고 새벽이 되면 부잣집에 일을 하러 돌아간 것이 며칠 됐습니다. 어머니는 전에는 식사가 거칠었어도 마음은 편안했지만 지금은 밥이 향기로운데도 가슴을 찌르는 것처럼 마음이 편안하지 않으니 어찌 된 일이냐고 물었습니다. 딸이 사실을 말하니 어머니는 통곡했습니다. 딸은 자신이 부모의 입과 배만 채워드렸을 뿐 모습을 잘 감추지 못한 것을 한탄하면서 서로 붙들고 울었습니다.' 이것을 보느라 늦었습니다."

효종랑은 그 말을 듣고 슬퍼하며 곡식 100곡을 보냈고 그의 부모도 의복 한 벌을 보냈으며, 효종랑의 낭도 1000명은 조 1000석을 걷어 보냈다. 이 일이 임금께도 알려지니 진성왕은 곡식 500석과 집 1채를 하사하고 군사를 보내 그 집을 지켜 도적을 막게 했으며, 그 마을을 효녀가 봉양한 마을로 표창했다. 그 뒤 그 집을 바쳐 양존사라는 절이 됐다. 孝宗郎遊南山鮑石亭(或云三花述), 門客星馳, 有二客獨後. 郎問其故曰, 芬皇寺之東里有女年二十左右, 手抱盲母相號而哭. 問同里曰, 此女家貧, 乞啜而反哺有年矣. 適歲荒, 倚門難以藉手, 贖賃他家得穀三十石, 寄置大家服役. 日暮囊米而來家炊餉伴宿, 晨則故役大家, 如是者數日矣. 母曰昔日之糠粃心和且平, 近日之香秔膈肝若刺而心未安何哉. 女言其實, 母痛哭, 女嘆己之但能口腹之養而失於色難也, 故相持而泣. 見此而遲留爾. 郎聞之潛然送穀一百斛, 郎之二親

亦送衣袴一襲, 郎之千徒歛租一千石遺之. 事達宸聰, 時眞聖王賜穀五百石幷宅一廛, 遺卒徒衛其家以儆劫椋, 旌其坊爲孝養之里. 後拾(捨?)其家爲寺, 名兩尊寺.

이처럼 효녀 지은의 행적과 관련된 효종랑과 그 낭도의 자선 행위가 역사에 전해진 것에서도 수양단체인 화랑단 기능의 한 면을 엿볼 수 있다. 효종랑은 진성여왕 다음에 즉위한 효공왕(52대) 6년(902) 시중侍中이 됐고 『삼국사기』 본기에 '대아찬 효종'으로 기록된 인물로 신라의 마지막 국왕인 경순왕(56대)의 아버지다.

신라 말 최치원은 「난랑비 서」에서 다음과 같이 썼다. "나라에는 현묘한 도가 있는데, 풍류라고 한다. 교화를 실행하는 근원은 선사仙史에 자세히 적혀 있는데, 참으로 삼교를 아우르고 중생을 만나 교화하는 것이다. 이를테면 집에 들어오면 효도하고 집을 나가면 나라에 충성하는 것은 노 사구(공자)의 가르침이다. 무위의 일을 실천하고 불언不言의 가르침을 실행하는 것은 주 주사(노자)의 핵심이다. 악행을 하지 말고 선행을 받들라는 것은 축건태자(석가)의 교화다."

난랑의 행적은 비의 전체 내용이 전하지 않기 때문에 전혀 알 수 없지만 최치원이 생존했을 때나 조금 앞선 때인 하대에 뛰어난 행적을 남긴 화랑으로 생각된다. 최치원의 이 말은 난랑의 행적을 서술하면서 화랑의 성격을 포괄적으로 설명한 것이어서 매우 추상적이다. 그러나 그것을 이미 알고 있는 사실에 비춰 생각해보면 화랑단은 전장에 나갈 기회가 없던 신라 하대에도 특수한 수양단체로서 존재하면서 그들의 선조가 펼쳤던 신라의 무사도 정신을 계승하는 동시에 외래사상인 유·불·도 삼교를 혼합한 가르침을 잘 지켜 국민의 교화에 지도적 위치를 차지했던 것으로 생각된다.


1936년 4월 탈고(『동양학보』 24권 1호)

## 8편
## 신라의 골품제와 왕통

## 1. 골품제

신라 왕조 전체의 시대구분은 『삼국사기』 「신라본기」 끝부분에 고려 태조에게 항복한 신라의 마지막 국왕 김부金傅(56대)가 그가 세상을 떠난 뒤 경순왕이라는 시호를 받은 것을 서술하면서 다음과 같이 서술했다.

나라 사람들은 시조부터 여기에 이르기까지 삼대로 나눴다. 시조부터 진덕왕까지 28명의 국왕을 상대, 무열왕부터 혜공왕까지 여덟 국왕을 중대, 선덕왕부터 경순왕까지 20명의 국왕을 하대라고 했다.

'나라 사람들'이라고 한 것은 신라가 고려에 항복한 뒤의 신라인으로 누구인지는 모르지만 멸망한 왕조의 역사를 서술한 역사가로 생각된다. 그런데 이런 왕조의 역사를 대체적인 추이에 따라 살펴보면 발흥·융성·쇠퇴에 따라 매우 명료하게 세 시기로 나눌 수 있다. 그리고 그것은 위의 상대·중대·하대의 시대구분과 잘 부합된다. 그러나 신라인이 설정한 삼대의 구분은 이런 대체적 추세의 변천을 의미하는 것이 아니라 왕통의 변화만을 기준으로 한 것으로 생각된다.

**『삼국사기』 「신라본기」 진덕여왕의 홍거 기사:** 나라 사람들은 시조 혁거세부터 진덕왕까지 28명의 국왕을 성골, 무열왕부터 마지막 왕(경순왕)까지를 진골이라고 했다. 國人謂始祖赫居世至眞德二十八王, 謂之聖骨, 自武烈至永(末?)王, 謂之眞骨.

이 기록에서 보듯 28대 진덕여왕 이전의 왕들은 성골, 29대 무열왕부터 마지막 경순왕까지는 모두 진골이라고 했기 때문이다. 그리고 무열왕부터 36대 혜공왕까지 8대는 무열왕의 직계 자손이 부자·형제로 계승해 중대를 이루며 37대 선덕왕 이하, 곧 하대의 국왕들은 전혀 다른 계통이기 때문이다.

신라에는 인도의 카스트Caste와 비슷한 골품이라는 특수한 혈족적 계급제가 있었다.[1] 『삼국사기』(권47) 「설계두열전」에서 그가 자신의 뜻을 말한 부분은 그 제도의 한 단면을 알려준다.

신라에서는 사람을 등용하는데 골품을 따지기 때문에 참으로 그 족속이 아니면 큰 재주와 뛰어난 공로가 있더라도 넘을 수 없다. 나는 서쪽에 있는 중국으로 가서 세상에 없는 지략을 떨쳐 특별한 공로를 세워 스스로 영광스러운 관직에 올라 고관의 옷을 갖춰 입고 칼을 차고 천자의 곁에 출입하면 만족하겠다. 新羅用人論骨品, 苟非其族, 雖有鴻才傑功,

不能踰越. 我願西遊中華國, 奮不世之略, 立非常之功, 自致榮路, 備簪紳劍佩,
出入天子之側足矣.

또 같은 책의 「김흠운열전」을 보면 태종 무열왕 2년(655) 백제 정벌
때 김흠운의 한 비장은 그가 적진으로 돌격하려고 하자 말렸다.

하물며 공은 신라의 귀한 골품으로 대왕(무열왕)의 사위입니다. 적의 손
에 죽으면 백제의 자랑거리가 될 것이고 우리들의 깊은 수치가 될 것입
니다. 況公新羅之貴骨, 大王之半子. 若死賊人手, 則百濟所誇詑, 而吾人之所深
羞者矣.

김흠운이 전사했다는 소식을 들은 다른 비장의 말에서도 골품의
계급성을 엿볼 수 있다.

그는 귀한 골품으로 세력과 영화를 지녀 사람들이 아꼈는데도 절개를
지켜 죽었다. 彼骨貴而勢榮, 人所愛惜, 而猶守節以死.

골품의 '골'은 물리적인 '뼈'를 뜻하지는 않는다. 신라시대의 문헌
을 살펴보면 '뼈'를 뜻하는 이 단어는 자주 성姓·족族·종족宗族 등의
말과 교환돼 사용됐음을 알 수 있다. 중국에서는 가까운 혈족관계를
'골육지친骨肉之親'이라고 한다. 이 골육은 본래 성어成語지만 신라인은
그 '골'자에 혈족·종족 등의 의미를 붙여 사용한 것 같다. 곧 골품이
라고 불린 일종의 혈족적 계급제는 신라에만 있던 제도였던 것과 동
시에 '골'이라는 표현도 그 혈족적 계급제와 관련해서는 일반적 의미

에서 벗어나 사용된 신라 특유의 용어다. 그리고 '품'은 관품·품계의 '품'과 마찬가지로 높고 낮은 계급을 뜻하는 말이 틀림없다. 그렇다면 앞서 서술한 대로 신라의 왕통에 성골과 진골이 있다는 것은 혈족의 품계, 곧 골품이고 이런 두 골은 국왕의 혈족으로서 가장 높은 혈족 이던 것이다.

성골과 진골 다음에는 육두품, 일명 득난得難이라는 골품이 있었고 육두품 다음에는 다시 오두품·사두품 등 숫자가 내려갈수록 낮아지는 몇 가지 골품이 있었다. 이런 골품과 관련해서는 신라 말인 진성여왕(51대) 때 당시의 석학 최치원이 지은 「성주사 낭혜화상 탑비聖住寺朗慧和尙塔碑」에 중요한 기사가 있다. 탑비는 고승의 사리탑 옆에 세워진 비로 낭혜화상의 탑비는 충청남도 보령군 미산면嵋山面 성주리의 성주사 터에 있고, 비의 전문은 『조선금석총람』(권 상)에 실려 있다. 주목되는 것은 그 본문의 한 주석인데, 화상의 골품을 서술했다.

우리 대사는 (…) 속성은 김씨로 무열대왕이 8대조다. 할아버지 주천은 골품이 진골이고 관위는 한찬이다. 고조와 증조가 나가서는 장수가 되고 들어와서는 재상이 됐음을 집집마다 알고 있다. 아버지 범청은 족(골품과 같은 뜻)이 진골에서 한 등급 강등됐으니 득난이라고 한다. 我大師(…) 俗姓金氏, 以武烈大王爲八代祖. 大父周川, 品眞骨, 位韓粲. 高曾出入皆將相, 戶知之. 父範淸, 族降眞骨一等曰得難.

이어지는 협주夾註는 다음과 같다.

나라(신라)에는 5품이 있으니 성이·진골·득난 등이다. [득난은] 귀한

성貴姓(성은 골과 같은 뜻)을 얻기 어렵다는 뜻이니 『문부』에서 "구하기는 쉽지만 얻기는 어렵다"고 한 말을 따서 육두품을 가리킨 것이다. [두품의] 숫자가 클수록 귀한 것은 '일명一命'부터 '구명九命'으로 갈수록 귀한 관등이던 것과 같다. 사·오두품은 말할 필요도 없다. 國有五品曰聖而, 曰眞骨, 曰得難. 言貴姓之難得, 文賦云或求易而得難, 從言六頭品. 數多爲貴, 猶一命至九. 其四五品不足言.

5등의 골품을 설명한 이 주석은 후대인의 가필이 아니라 비명을 지은 최치원의 원주다. 따라서 사료적 가치는 본문과 같다. 최치원은 득난이 진골 다음의 계급인 육두품의 다른 이름이라는 것을 설명하려고 "『문부』에서(…)"라고 했는데, 『문부』는 이마니시 박사가 가노狩野 박사의 가르침을 얻어 지적한 것처럼 『문선文選』(권4)에 수록된 진晉 육기陸機의 『문부』로 거기에는 "감춰진 것을 바탕으로 그것을 드러내고, 쉬운 것을 구했지만 어려운 것을 얻었다或本隱以之顯, 或求易而得難"고 돼 있다. 숫자가 많은 것이 귀하다는 것을 "일명에서 구명에 이르는 것과 같다"고 한 것도 이마니시 박사가 말한 것처럼 『주례』 춘관春官 대종백大宗伯 조의 내용을 요약한 것이다.

구의九儀의 명으로 나라의 지위를 바로잡았다. 1명은 직을, 2명은 복을, 3명은 위를, 4명은 기를 받는다. 5명은 칙을, 6명은 관을, 7명은 국을 하사한다. 8명은 목으로, 9명은 백으로 삼는다. 以九儀之命, 正邦國之位. 一命受職, 再命受服, 三命受位, 四命受器. 五命賜則, 六命賜官, 七命賜國. 八命作牧, 九命作伯.[2]

그러나 고전에 바탕한 이런 설명은 골품의 명칭에 그런 전거가 있다는 것은 아니고 최치원의 문장 곳곳에서 보이는 풍부한 지식을 해설한 것일 뿐이다. 5품의 첫 번째로 든 '성이聖而'는 '성골'이 틀림없다. 그러나 '이而'라는 글자는 아직 적절히 해석하지 못했다. 이마니시 박사의 유저『신라사 연구』에 수록된 미완성 원고에 「신라 골품성이고新羅骨品聖而考」라는 논문이 있지만, 그는 자기 학설에 확실치 않은 부분이 있다고 판단해 생전에는 발표하지 않았다.

성골 이하 5등의 골품 가운데 득난으로도 불린 육두품은 얻기 어려운 귀한 성, 곧 귀한 골이었지만 오두품과 사두품은 낮은 골품이었다. 그 때문에 최치원은 "사·오두품은 말할 것도 없다"고 한 것이다. 또『삼국사기』(권33)「잡지」2에는 진골·육두품·오두품·사두품과 평인平人(백성) 남녀의 의복·수레·기물·가옥에 대해 상세히 규정한 기사가 있다. 그 규정은 하대 초기인 흥덕왕興德王(42대) 9년(834) 하교에 따른 것인데, 사두품 다음에 '평인'과 '평인녀'를 들었으며 "사두품부터 백성까지四頭品至百姓"나 "사두품 여인부터 백성 여인까지四頭品女至百姓女"라고 한 것도 있다. 그리고 지방의 토관인 진촌주眞村主와 차次촌주의 가옥은 "지방의 진촌주는 5품과 같고 차촌주는 4품과 같다外眞村主與五品同, 次村主與四品同"고 규정했다.

이것으로 보면 사두품 다음 계급은 피통치자인 평인, 곧 백성이며 최치원이 "나라에 5품이 있다"고 한 사두품 이상의 5계급은 왕족과 귀족을 포함한 모든 통치자 계급이던 것이 틀림없다. 그러나 육두품이나 사두품이라는 이름은 그보다 낮은 세 계급이 있었음을 암시하는 것 같기 때문에 골품은 백성을 제외하고 그 위의 5계급에게만 국한된 것으로 봐서는 안 된다. 신라의 4대왕으로 석씨昔氏의 시조인 탈해왕脫

解王은 공상의 인물로 그 이야기는 뒷장에서 서술하듯 신라 말에 만들어진 것이지만 『삼국유사』(권1)에 실린 이야기 가운데 탈해가 "8품의 성골이 있다有八品姓骨"고 말한 것은 사두품 아래 다시 3계급의 골품이 있었음을 증명하는 것으로 생각된다. 그렇다면 통틀어 평인 백성으로 불린 피통치자에게도 3등급의 골품이 있던 것이다.

이처럼 혈족적 계급제가 있던 사회에서는 그것을 유지하기 위해 잡혼雜婚을 막은 것은 당연했다. 그리고 고귀한 계급에게는 그런 요구가 더욱 강했다. 신라사에서 근친혼의 풍습이 인정된 것은 의심할 바 없이 그런 관계에서 나타난 결과였다.

『신당서』(권220) 「신라열전」: 그 나라의 관제는 [국왕의] 친족이 가장 높은데, 그 족속의 이름은 제1골과 제2골로 구별된다. 형제의 딸이나 고모·이모, 사촌 사이인 자매를 다 아내로 삼을 수 있다. 왕족은 제1골이고 아내도 그 족속인데, 아들을 낳으면 모두 제1골이 된다. [제1골은] 제2골의 여자와 혼인하지 않으며, 혼인하더라도 늘 잉첩으로 삼는다. 其建官, 以親屬爲上, 其族名第一骨·第二骨以自別. 兄弟女·姑·姨·從姊妹, 皆聘爲妻. 王族爲第一骨, 妻亦其族, 生子皆爲第一骨, 不娶第二骨女, 雖娶, 常爲妾媵.

신라가 멸망하면서 골품제는 사라졌지만, 이 풍습은 바뀌지 않고 고려 말까지 그대로 이어졌다. 『신당서』에서 "왕족은 제1골이고 아내도 그 족속"이라고 한 것은 통혼이 주로 같은 골품 사이에서 이뤄져 한 골품과 다른 골품 사이에는 그것을 막은 견고한 장벽이 있었음을 또렷이 보여준다.

『당회요』(권95) 신라 조. 나라 사람은 김·박 두 성이 많고 다른 성과는
혼인하지 않는다. 國人多金·朴兩姓, 異姓不爲婚.

김·박 두 성씨라고 한 것은 일단 미뤄두고 '다른 성'의 '성'은 중국식
의 '성姓'이 아니라 '골'과 같은 의미로 해석된다. 흥덕왕 9년(834)에 정
해진 의복제도에서 진골 다음에 진골 여성, 육두품 다음에 육두품 여
성, 오두품 다음에 오두품 여성, 사두품 다음에 사두품 여성, 평인 다
음에 평인 여성을 들었고 의복뿐 아니라 수레·기물 등도 골품의 등급
에 따라 남녀를 나란히 들면서 규정을 제시한 것도 이런 관계에서 온
결과다. 앞서 인용한 낭혜화상 탑비에 따르면 화상의 아버지인 범청은
진골에서 한 등급 낮아진 득난(육두품)이었다. 골품이 낮아진 사례가
있음을 보여주는 좋은 증거지만 그 사정이 밝혀져 있지 않아 아쉽다.

그러나 『신당서』 「신라열전」에서 "[제1골은] 제2골의 여자와 혼인하
지 않으며, 혼인하더라도 늘 언제나 잉첩으로 삼는다"고 한 것은 상급
골족 남자와 하급 골족 여자 사이에 태어난 아이는 하급 골족에 소속
됨을 암시하는 것으로 생각된다. 미리 말해두지만 『당회요』에서 "나라
사람은 김·박 두 성이 많다"고 한 것은 골품에 관련된 서술이 아니다.
『신당서』 「신라열전」에서는 신라인의 성에 대해 "왕족의 성은 김이고
귀인의 성은 박이며 백성은 씨는 없고 이름만 있다王姓金, 貴人姓朴, 民無氏
有名"고 했는데, 김·박 모두 신라인의 성씨는 중국과 직접 교섭할 기회
가 많았던 왕실이나 귀족이 중국의 성씨를 모방해 편의상 사용한 것
이고 신라에 특유한 골품과는 무관했다. 그리고 많은 신라인은 중국
식 성씨가 없었다. 이것은 뒤에서 서술하겠다.

혈족적 계급으로서 골품의 성격은 신라 특유의 위계에서도 나타난

다. 신라의 위계는 상층에 소속된 부류를 사회적 위치를 17관등으로 나누고 1등을 이벌찬伊伐湌(이벌간伊罰干·우벌찬于伐湌·각찬角粲·서발한舒發翰·서불한舒弗邯), 2등을 이척찬伊尺湌(이찬), 3등을 잡찬(잡판迊判·소판蘇判), 4등을 파진찬(해간海干·파미간破彌干), 5등을 대아찬이라고 했다, 17관등의 이름을 든『삼국사기』(권38)「직관지」에서는 대아찬 이상의 이런 5등에 대해 "여기부터 이벌찬까지는 진골만 받을 수 있고, 다른 종宗('골'의 의미)은 받을 수 없다從此至伊伐湌, 唯眞骨受之, 他宗則否"고 해서 골품의 존비가 관등의 상하를 지배했음을 알 수 있다.

5번째인 대아찬 아래 12관등은 다음과 같다, 6등은 아찬(아척간阿尺干·아찬阿粲), 7등은 일길찬(을길간乙吉干), 8등은 사찬(살찬薩湌·사돌간沙咄干), 9등은 급벌찬(급찬·급복간及伏干), 10등은 대나마(대나말大奈末), 11등은 나마(나말奈末), 12등은 대사大舍(한사韓舍), 13등은 사지(소사小舍), 14등은 길사吉士(계지稽知·길차吉次), 15등은 대오大烏(대오지大烏知), 16등은 소오小烏(소오지小烏知), 17등은 조위造位(선저지先沮知)다. 이런 6등 이하의 위계와 골품의 관계는 명확히 설명한 기록이 없지만 육두품(일명 득난) 아래인 것은 분명하다. 그리고 그것은 평인이나 백성으로 불린 서민庶民을 제외하고 4두품 이상의 골족에 국한된 것이 틀림없다.

흥덕왕 9년(834) 의복·수레 등의 제도를 정한 교서의 첫머리에서는 다음과 같이 말했다.

사람은 위아래가 있고 지위에는 높고 낮음이 있으니 명칭과 법칙도 같지 않고 의복 또한 다르다. 人有上下, 位有尊卑, 名例不同, 衣服亦異.

"사람은 상하가 있다"는 것은 태어나면서 혈통에 따른 골품을 뜻하는 것으로 골품과 위계 사이에 이런 관계가 있으므로 나라의 정치와 군사를 맡은 관직에도 이런 관계는 당연히 작용했다. 그 때문에『삼국사기』(권38~40)「직관지」에서는 집사성執事省·병부兵部를 시작으로 그 밖의 관서들에도 아무 관원은 아무 위位에서 아무 위까지가 임명된다고 하나하나 규정했고 시위부侍衛府·제군관장군諸軍官將軍·대관대감大官大監 이하의 무관도 같은 방식으로 규정했다. 요컨대 신라에는 혈통을 중시하는 특수한 계급제가 있었으며, 그것은 왕위에 오를 수 있는 가문의 자격을 규정하고 왕실 이외 귀족의 관직·위계 등을 지배함으로써 전체적으로 매우 폐쇄적인 사회가 만들어졌던 것이다. 그래서 때로는 그런 사회제도에 불만을 품은 세력도 나타났다. 앞서 주목한『삼국사기』「설계두열전」에는 그런 한 가지 사례가 있다. 거기서 당 고조 무덕 4년(621)은 신라 진평왕(26대) 43년이다. 진평왕은 상대 말의 국왕이다.

설계두도 신라 귀족 가문의 자손이다. 일찍이 네 친구와 술을 마시면서 각자 자기 뜻을 말했다. 설계두는 이렇게 말했다. "신라에서는 사람을 등용하는데 골품을 따지기 때문에 참으로 그 족속이 아니면 큰 재주와 뛰어난 공로가 있더라도 넘을 수 없다. 나는 서쪽에 있는 중국으로 가서 세상에 없는 지략을 떨쳐 특별한 공로를 세워 스스로 영광스러운 관직에 올라 고관의 옷을 갖춰 입고 칼을 차고 천자의 곁에 출입하면 만족하겠다." 무덕 4년 신사년 몰래 배를 타고 바다를 건너 당으로 들어갔다. 마침 태종 문황제가 고구려를 직접 정벌했는데, 스스로 천거해 좌무위 과의가 됐다. 요동에 이르러 고구려인과 주필산 아래서 싸웠는데, 적진 깊이 들어가 힘껏 싸우다 죽으니 공이 일등이었다. 薛罽頭亦新羅衣冠子孫也. 嘗與親友四人, 同會燕飮, 各言其志. 罽頭曰, 新羅用人, 論骨品. 苟非其族, 雖有鴻才傑功, 不能踰越. 我願西遊中華國, 奮不世之略, 立非常之功, 自致榮路, 備簪紳劍佩, 出入天子之側足矣. 武德四年辛巳, 潛隨海舶入唐. 會太宗文皇帝親征高句麗, 自薦爲左武衛果毅. 至遼東, 與麗人戰駐蹕山下, 深入疾鬪而死, 功一等.

## 2. 골품제와 왕위 계승

### (1) 상대·중대의 왕위 계승과 왕통

『삼국사기』와 『삼국유사』의 기록에 따르면 신라인이 설정한 시대구분으로 상대에 속한 시대의 신라 국왕의 세계世系는 시조 혁거세부터 16대 흘해왕訖解王까지 박·석·김 세 성씨의 왕들이 교대로 즉위했고, 13대 미추왕味鄒王의 계통을 이은 17대 내물왕 이후의 왕들은 모두 김씨로 28대 진덕여왕에 이르렀다. 그러나 이런 28대의 국왕들 가운데 역사상의 인물로 분명히 인정할 수 있는 첫 국왕은 김씨 성의 내물왕이고 이전의 국왕들은 모두 공상의 인물이며, 그 시기에 박·석·김 세 성씨의 왕들이 교대로 즉위했다는 이야기는 후대의 조작에 지나지 않는다고 여겨진다.

그렇게 생각하는 까닭은 여러 가지인데, 먼저 『삼국사기』 열전 가운데 신라 상대에 활약한 인물로 그 세계가 분명히 기록된 인물을 모아보면 거칠부는 김씨로 내물왕의 5대손, 이사부는 김씨로 내물왕의 4대손, 사다함은 진골 출신으로 내밀왕(내물왕)의 7대손,[3] 김후직金后稷

은 22대 지증왕의 증손이라고 했지만[4] 이들의 세계가 내물왕 이전으로 거슬러 올라가지 않는 것도 그런 논거의 하나다. 이런 네 인물 외에 『삼국사기』 열전에 출자出自가 보이는 신라 상대의 인물로는 석우로昔于老와 박제상朴堤上이 있다.[5] 그러나 석우로가 10대 내해왕(석씨)의 아들이고, 박제상이 5대 파사왕(박씨)의 5대손이라고 한 것은 내물왕 이전 국왕들의 계보와 마찬가지로 후대에 만든 것으로 봐야 한다고 생각한다. 『삼국유사』(권1)에서 박제상의 성을 '김'이라고 한 것을 봐도 이 기록이 가치가 없음을 알 수 있다.

석우로와 박제상은 고대 한일관계사에서 특별한 공적을 세워 이름을 후대에 남긴 인물이다. 『일본서기』(권9) 「진구황후기」의 분주에 인용된 한 책의 내용에 보이는 "신라왕 우류조부리지간宇流助富利智干"은 석우로에 해당하는 인물로 '신라왕'은 잘못된 기록이고 '조부리지간'은 우로(우류)의 위계인 '서불한'의 변형된 표기다. 박제상은 '모영毛永'이라고도 했는데, 그것은 '모말毛末'의 오기로 진구황후기 5년(205) 신라의 세 사신 가운데 한 사람인 모마리질지毛麻利叱智에 해당한다.[6] 그러나 이런 인물에 관련된 이야기가 어떻게 일본에 전해지고 그것이 진구황후의 신라 정벌에 연결된 까닭은 여기서 자세히 설명할 겨를이 없다.[7] 요컨대 내물왕 이전 신라 왕실의 세계는 확실한 역사에는 전해지지 않은 것으로 봐야 한다.

「신라본기」에 따르면 앞서 서술한 대로 내물왕(17대)과 그 다음 실성왕(18대)는 모두 김씨의 시조인 알지閼智의 후손이다. 그러나 일지는 공상의 인물이 거의 분명하고 내물왕과 실성왕의 친족관계는 상세하지 않기 때문에 이 기록은 그대로 믿기 어렵다. 실성왕 다음은 내물왕의 아들 눌지왕(19대)이고 자비왕(20대)을 거쳐 소지왕(21대)까지 3대가 부자 상속이다. 소지왕 다음은 지증왕(22대)이 즉위했다. 그는 내물왕의 증손이라고 했지만, 그의 조부인 눌지왕의 동생에 해당하는 이름은 제시되지 않았다.

처음 불교를 공인한 국왕으로 유명한 법흥왕(23대)은 바로 앞 지증왕의 적장자고, 그를 이어 즉위해 신라의 영토를 크게 확장한 진흥왕(24대)는 법흥왕의 동생 입종立宗의 아들이다. 진흥왕에게는 동륜銅輪이라는 태자가 있었지만 일찍 세상을 떠났기 때문에 왕위는 둘째 아들인 진지왕(25대)에게 전해졌다. 진지왕의 다음은 형인 동륜의 아들이 이어 진평왕(26대)이 됐고, 그 다음은 맏딸 덕만德曼이 즉위해 선덕왕(27대)이 됐다. 그 다음의 진덕왕(28대)도 여왕으로 진평왕의 동복아우 국반國飯의 딸이다. 이렇게 해서 신라의 상대는 끝난다.

중국에서는 같은 조상을 가진 혈족집단을 성姓이라고도 하고 씨라고도 한다. 신라의 왕실이 스스로 성을 붙인 것은 남북조 때 처음 양梁과 교류한 법흥왕이 성을 '모募'라고 하고 이름을 '태泰'라고 한 것이 처음이다. 그러나 이름을 '태'라고 한 것은 『양서』(권54) 「신라열전」의 기록이고 『통전』(권326)과 『책부원귀』(권996, 외신부, 제역鞮譯)에는 '진秦'이라고 돼 있는데, 아무튼 법흥왕은 성을 '모'라고 해서 중국에 조공한 것이다. 그 다음 진흥왕은 김진흥이라는 이름으로 북제에 조공했고, 그 뒤 신라 왕실은 중국에 대해 '김'만 성으로 쓴 것으로 보인다. 왕실 이외의 신라 귀족이 성을 사용하기 시작한 것은 중대 이후로 생각된다. 법흥왕과 진흥왕 때 이사부와 진흥왕 때 거칠부라는 명장이 있었는데, 앞서 서술한 대로 『삼국사기』 열전에서는 그들의 성을 모두 김씨라고 했지만 태종苔宗이라고도 불린 이사부는 『삼국유사』(권1 지철로왕智哲老王)에 박이종朴伊宗으로 기록돼9 성이 박씨로 돼 있다. 따라서 이런 김씨나 박씨 성은 제상의 성과 마찬가지로 후대에 덧붙여진 것으로 생각된다. 일반적 신라인 사이에서 성이 사용된 것은 하대 말부터이므로, 이것은 비교적 소수인 귀족사회에만 국한된 것이다. 그리고 상대 초 박·석·김 세 성씨의 세계도 하대 말에 이르러 특별한 필요 때문에 만들어진 것으로 보인다.

신라인이 사용한 성씨는 명칭으로는 앞서 서술한 것과 같았지만 골품으로 불린 혈족적 계급제가 엄연히 존재한 이상 그것과 동시에 가호를 단위로 한 크고 작은 혈족 단체, 곧 실질적으로 '씨'라고 부를 수 있는 가족집단이 존재한 것은 틀림없다. 곧 같은 골족骨族 안에는 그런 집단이 몇 개 포함됐던 것으로 생각된다. 그렇다면 모두 성골이었다고 한 상대의 국왕들 가운데 내물왕 다음의 실성왕(18대)은 막연히 김알지의 후손으로 내물왕과 선조가 같다고 했지만, 정말 같은 씨족이었는지는 의심스럽고 그를 김씨에 연결시킨 것은 어쩌면 후대의 조작이 아닐까? 김알지의 전설은 「신라본기」 미추왕(13대) 조에 보이는데, 그는 세한勢漢을 낳고 세한의 5대손 미추에 이르러 비로소 왕위에 올랐다고 했다.

그런데 신라 문무왕릉비에서는 문무왕(30대)의 먼 선조와 관련해 다음과 같이 서술했을 뿐 세한 이전으로 거슬러 올라가 기록한 내용은 없다.[10]

15대조 성한왕은 그 바탕이 하늘에서 내려왔고 그 영혼은 선악仙岳에서 나왔다. 十五代祖星漢王, 降質圓穹, 誕靈仙岳.

비를 세운 것은 문무왕이 세상을 떠난 이듬해이므로 그것은 중대의 그 무렵 아직 김알지에 관련된 전설이 없었음을 증명하는 것으로 앞의 추측은 이것에 따라 뒷받침된다. 곧 내물왕을 이어 즉위한 실성 왕은 김씨가 아니었던 것으로 여겨진다. 정말 그렇다면 실성왕은 내물 왕과 골품은 같지만 성씨에서는 왕통이 같지 않았던 것이다. 또 지증 왕(22대)은 바로 앞의 소지왕과 함께 내물왕의 증손으로 왕위를 이었 다고 했지만, 지증왕은 조부의 이름이 나와 있지 않다는 점에서 내물 왕과 다른 씨족에서 즉위한 왕이 아니었을까 생각된다. 신라는 내물 왕 때 국호를 신라로 정한 뒤 그동안 이사금·마립간 등 토착어로 부르 던 왕호를 없애고 중국식 왕으로 불렀으며, 울릉도의 우산국을 정복 해 복속시켰다. 그리고 다음 국왕인 법흥왕 때는 임나일본부가 설치됐 던 김해의 가라와 그 부근의 소국들을 병탄해 더욱 뚜렷한 융성의 기 세를 보였기 때문에 대체적 추세의 변화에서 봐도 그렇게 생각할 수 있다. 이처럼 신라의 왕실에는 지증왕 때까지 적어도 한두 번의 교체 가 있던 것 같다.

진흥왕(24대)은 앞의 법흥왕의 동생인 입종의 아들이고, 다음 진지 왕은 진흥왕의 둘째 아들이며, 진평왕(26대)은 진흥왕의 형의 아들이 었지만 선덕왕(27대)은 진평왕의 맏딸로 아버지를 계승했다. 이 여왕 이 즉위한 사정은 「신라본기」와 『삼국유사』의 기록이 서로 다르다.

- 「신라본기」: 왕(진평왕)이 세상을 떠났지만 아들이 없자 나라 사람들 이 덕만을 추대했다. 王薨無子, 國人立德曼.
- 『삼국유사』 첫머리의 「왕력王曆」: 성골의 남자가 다 없어졌기 때문에 여왕이 즉위했다. 聖骨男盡, 故女王立.[11]

그러나 "성골이 다 없어졌다"는 『삼국유사』의 설명은 믿기 어렵다. 왜냐하면 진평왕에게는 국반이라는 동복형제가 있었고 그는 진덕여왕(28대)의 아버지기 때문에 진평왕 다음에는 국반이 즉위할 수도 있었기 때문이다. 그러나 국반은 진평왕이 세상을 떠나기 전 이미 죽었는지도 모른다. 그래도 진지왕(25대)에게는 용춘이라는 아들이 있었고 선덕여왕 덕만이 즉위했을 때 용춘이 살아있었다는 것은 「신라본기」 선덕여왕 4년(636) 그의 이름이 보이는 것에서 분명하다. 뿐만 아니라 용춘의 아들로는 춘추가 있고 춘추는 중대의 첫 국왕인 태종 무열왕(29대)이다. 따라서 진평왕에게는 아들이 없었지만 그 때문에 성골 남자의 혈통이 다했다고 말할 수 없다. 그렇다면 『삼국유사』의 기록은 후대 역사가의 상상에 지나지 않는 동시에 진덕여왕이 왕위를 계승한 이유도 설명하지 못한다.

신라는 진흥왕 때 한반도 중부에 해당하는 광대한 지역을 고구려에게 빼앗아 영토를 크게 넓혔다. 그러나 그 때문에 고구려는 백제와 협력해 신라를 자주 괴롭혔고, 50여 년 동안 재위한 진평왕 앞뒤로 1세기 정도는 신라의 비상시기라고 할 만한 시대였다. 그 다난했던 시대에 성골 남자의 혈통이 끊어지지 않았음에도 내물왕 이후 전혀 그런 사례가 없던 여왕의 계승이 나타난 것은 진평왕에게 아들이 없었다고 한 것 외에 다른 특수한 사정이 있던 것이 아닐까 생각된다. 그러나 『삼국사기』의 기록이 소략해 지금 그 사정을 추측할 수는 없다.

• 『삼국사기』 선덕왕 16년(647): 봄 정월 비담과 염종 등은 "여왕은 나라를 잘 다스리지 못한다"고 하고는 반역을 꾀해 군사를 일으켰지만 성공하지 못했다, 8일 왕이 돌아가셨다. 春正月, 毗曇·廉宗等謂女主不能

善理, 因謀叛擧兵, 不克. 八日, 王薨.

- [다음 국왕인 진덕여왕의 즉위 기사를 이어] 정월 17일 비담을 처형했는데 연루돼 죽은 사람이 30명이었다. 正月十七日, 誅毗曇, 坐死者三十人.


자세한 것은 알 수 없지만 이런 사실이 있었다면 여왕으로서 선덕의 즉위는 자연스런 것이 아니었음이 틀림없다. 그리고 다시 진덕왕이 여성으로 즉위한 것은 그런 상황을 억누르고 반복한 것이라고 생각된다. 그 결과 진덕여왕이 세상을 떠나자 두 여왕의 치세 동안 위대한 정치가이자 외교가로 뛰어난 공적을 쌓은 김춘추가 당 고종과 같은 시대에 왕위에 올랐다. 곧 당과 함께 백제를 멸망시켜 삼국통일의 기초를 마련한 태종 무열왕이다. 그렇게 보면 즉위하기 전 김춘추와 선덕·진덕 두 여왕의 관계는 일본의 쇼토쿠 태자聖德太子와 스이코推古 천황, 그리고 우연히 김춘추와 같은 시대인 즉위 이전의 덴지 천황과 사이메이 천황의 그것과 비슷했는지도 모른다.

무열왕(29대)은 신라 중대의 첫 국왕이다. 그 자손은 혜공왕(36대)까지 8대에 걸쳐 부자나 형제의 순서로 즉위했다. 곧 중고기中古期의 여덟 국왕 가운데 문무왕·신문왕·효소왕은 앞 국왕의 맏아들이었고, 아들 없이 세상을 떠난 효소왕은 동복동생인 성덕왕이 뒤를 이었으며, 성덕왕의 태자는 일찍 세상을 떠났기 때문에 둘째 아들이 효성왕으로 왕위를 이었고, 효성왕은 아들이 없어 동복동생 경덕왕이 계승했으며, 경덕왕의 적자는 혜공왕이다. 혜공왕 마지막 해(780)는 당 덕종 원년이어서 당의 시대구분에서도 그 중기가 끝난 것에 해당한다.

## (2) 성골과 진골

신라의 왕위 계승과 관련해 특히 생각해봐야 하는 것은 모두 국왕의 골족이라고 한 성골과 진골이다. 둘의 구별은 앞서 서술한 대로 『삼국사기』「신라본기」 진덕여왕이 세상을 떠났을 때 덧붙여져 있다.

나라 사람들은 시조 혁거세부터 진덕왕까지 28명의 국왕을 성골, 무열왕부터 마지막 왕(경순왕)까지를 진골이라고 했다. 당 영호징의 『신라국기』에서 말했다. "그 나라의 왕족은 제1골이라고 하고 나머지 귀족은 제2골이라고 한다."

이것으로 보면 『삼국사기』의 편자 김부식은 신라의 역사가가 진덕여왕 이전 28명의 국왕을 성골, 무열왕 이하 중·하대의 모든 국왕을 진골이라고 한 것에 대해 이런 두 골을 각각 당 영호징의 『신라기』에 나오는 제1골과 제2골에 해당하는 것으로 본 것이다. 그러나 그렇게 볼 수 있을지는 의문이다. 다음에 말하듯 『신라기』의 찬자를 당 영호징이라고 한 것은 잘못이고 올바른 찬자는 당 고음인데, 고음은 제1골을 왕족으로 하고 나머지 귀족을 제2골로 했기 때문에 신라인은 똑같이 왕족이라고 한 성골과 진골에서 성골만 제1골에 비정할 수는 없기 때문이다.

김부식이 『신라기』(『신라국기』)의 찬자를 영호징이라고 한 것은 고음의 『신라국기』와 영호징의 『대중유사』를 혼동한 것이다. 고음의 『신라국기』는 『구당서』(권46) 「경적지」에 1권본으로 저록돼 있고 그 주석에서 "대력 연간 귀숭경이 신라에 사신으로 갈 때 고음이 따라갔다"고 했으며 『신당서』(권58) 「예문지」의 기사도 같다. 귀숭경이 신라에 사신으로 간 것은 『구당서』(권199, 상) 「신라열전」에 나온다.

> 대력 3년(768) 대종代宗은 창부낭중 겸 어사중승·사자금어대 귀숭경에게 부절과 책서를 갖고 가서 조문하게 했다. 大曆三年, 上遣倉部郎中·兼御史中丞·賜紫金魚袋歸崇敬, 持節齎冊書往弔冊之.

이런 기사들을 참조하면 고음은 당 대종 대력 3년, 곧 신라 중대의 마지막 국왕 혜공왕(36대) 4년 당 조책사 귀숭경의 종사관으로 신라에 왔고 『신라국기』는 그때의 견문록으로 생각된다. 이 책은 지금 전하지 않지만 당 영호징의 『대중유사』에 인용된 부분이 남아 있다.[12]

『신라국기』에서 말했다. "그 나라에서는 왕족을 제1골, 나머지 귀족은 제2골이라고 한다. 귀인의 자제 가운데 아름다운 사람을 뽑아 분을 바르고 곱게 꾸며 화랑이라고 했는데, 나라 사람들이 모두 높이고 섬긴다."

앞부분은 문제의 골품에, 뒷부분은 화랑에 관련된 내용이다. 『삼국사기』에서는 뒷부분의 기사도 "당 영호징의 『신라국기』에서 말했다"면서 「신라본기」 진흥왕 37년(576) 화랑의 기원을 설명한 부분에 인용했다. 그러나 이것도 오류로 정확히는 "당 영호징의 『대중유사』에 인용된 당 고음의 『신라국기』"라고 해야 한다. 『삼국사기』의 이런 오류들과 『정릉유사』라고도 불린 영호징의 『대중유사』에 대해서는 앞서 발표한 화랑 관련 논문에서 자세히 설명했으므로 참고하기 바란다.[13]

당 고음이 신라를 방문한 것은 중대의 마지막 국왕인 혜공왕 때로

『신라국기』는 그때의 견문을 담은 것이므로 거기에 “그 나라에서는 왕족을 제1골이라고 한다”고 기록된 제1골은 그 당시 왕실의 골품인 진골을 가리키는 것으로 봐야 하고 그 다음 “나머지 귀족은 제2골이라고 한다”고 한 제2골은 당시의 왕족을 제외한 모든 귀족의 골품, 곧 육두품이나 사두품을 포괄해 가리키는 것이 될 수밖에 없다. 곧 고음이 말한 제1골과 제2골은 결코 성골과 진골을 뜻하는 것이 아니다.

또 『신당서』(권220) 「신라열전」에서는 골품과 관위官位를 다음과 같이 서술했다.

왕족은 제1골이고 아내도 그 족속인데, 아들을 낳으면 모두 제1골이 된다. [제1골은] 제2골의 여자와 혼인하지 않으며, 혼인하더라도 늘 잉첩으로 삼는다. 관직은 재상·시중·사농경·대부령 등 모두 17등급인데 제2골이 할 수 있다. 官有宰相·侍中·司農卿·太府令, 凡十有七等, 第二骨得爲之.

나는 이 『신당서』 기사의 전거가 고음의 『신라국기』라고 생각하지만 그것이 옳든 그르든 이 경우에도 “왕족은 제1골”이라고 한 ‘제1골’을 상대의 성골로 볼 수는 없다. 왜냐하면 이 기사에서 신라의 관직 가운데 하나로 든 시중은 집사부執事部라는 신라의 최고 관서의 장관으로 상대 말에 가까운 선덕여왕 5년(636) 그동안 품주稟主(일명 조주祖主)라고 불려온 것을 집사부로 고치고 그 장관을 중시中侍라고 불렀으며, 중대 말인 경덕왕(35대. 혜공왕 앞의 국왕) 6년(747) 다시 중시를 시중으로 고쳤다.[14] 따라서 『신당서』의 기록이 그보다 먼 앞 시대, 곧 이른바 성골 시대에 관련된 것이 아님은 지극히 명백하다. “모두 17등급”이라고 한 것은 앞서 서술한 이벌찬에서 조위까지 17관등이 틀림없지만 이런 위계를 받은 것은 제2골이라고 했다. 그렇다면 제2골은 육두품(득난) 이하 사두품 이상이며[15] 제1골은 당시 왕족의 골품이라고 한 진골이 될 수밖에 없다.

지금까지 서술한 대로 고음의 『신라국기』와 『신당서』 「신라열전」 기사의 제1골은 중대의 진골을 뜻하는 것이지 상대의 성골을 가리키는 것이 아니다. 그렇다면 우리가 당면한 문제인 성골과 진골은 어떻게 구별해야 할까? 아니면 둘의 관계는 어떻게 봐야 할까?

**「신라본기」 진덕여왕 4년(650):** 여름 4월 진골 가운데 관직에 있는 사람은 상아홀을 갖도록 하교했다. 夏四月, 下敎以眞骨在位者, 執牙笏.

이것은 진골이라는 이름이 역사에 보이는 가장 오래된 기록이다. "관직에 있는 사람"은 일정한 위계에 따라 계급이 붙여진 것으로 그런 계급을 지닌 사람에게 상아홀을 갖도록 했다는 것은 전 해 정월 "처음으로 중국의 의관을 입었다始服中朝衣冠"고 해서 당풍唐風의 의관을 제정한 것에 수반된 사실이 틀림없다. 그리고 우리가 살펴보고 있는 문제와 관련해 앞의 기사에서 분명히 알 수 있는 사실은 진골로 불린 골품과 그 이름이 무열왕 즉위 이전인 상대부터 이미 존재했다는 것이다. 그렇다면 동일한 상대 동안 진골 외에 따로 성골로 불린 골품도 있어 둘이 병존했던 것이 되는데, 정말 그랬다고 생각할 수 있을까?

『삼국사기』(권44) 「사다함열전」에서는 그의 출신을 "진골 출신으로 내밀(물)왕의 7대손이며 아버지는 급찬 구리지다. [사다함은] 본래 명문의 후예"라고 설명했는데, 이것에 따르면 사다함의 선조에서 골품이 낮아지지 않았다면 내물왕의 골품은 진골이 돼야 한다. 또 무열왕 이하 중대의 국왕들은 진골이었다고 했으므로 무열왕의 조부인 상대 진지왕의 골품은 진골이 돼야 한다. 그리고 선덕여왕의 아버지인 진평왕의 훙거에 따라 성골 남성의 혈통이 끊어졌다고 한 『삼국유사』 「왕력」의 기록은 믿을 수 없다는 것은 이미 1장에서 지적한 바 있다.

이렇게 생각하면 신라의 상대, 곧 위로는 상고上古부터 아래로는 진덕여왕까지 왕족의 골품인 성골과 진골은 결국 동일한 것으로 그 사이에 계급상의 차이가 있었다고는 생각되지 않는다. 그러므로 이른바 성골은 상대의 진골에 대해 후대에 덧붙인 이름밖에 될 수 없다. 다만 어느 때부터 그런 이름이 덧붙여졌는가 하는 의문에 대해서는 곧바로 해답을 줄 수 있는 특별한 문헌이 없다.

그러나 성골이라는 이름이 보이는 가장 확실한 자료는 그것을 성이聖而라고 지칭한 성주사 낭혜화상 탑비로 최치원이 그 글을 지은 것은 하대 말인 진성여왕(51대) 때다. 또 진덕여왕의 훙거 기사에 덧붙여진 성골과 진골의 구별에 관련된 기사에서 "나라 사람들은 시조 혁거세부터 진덕왕까지 28명의 국왕을 성골, 무열왕부터 마지막 왕(경순왕)까지를 진골이라고 했다"는 것은 「신라본기」 끝에 있는 상대·중대·하대의 시대구분 기사와 함께 신라가 멸망한 직후 신라인 역사가의 기록에 바탕한 것으로 생각되지만, 그렇지 않다고 해도 그런 기사들이 작성된 시대는 하대 말보다 올라가지는 않는다.

왜냐하면 시조 혁거세부터 진덕여왕까지 28대는 박·석·김 세 성의 왕들이 번갈아 즉위한 전설을 포함하고 있으며, 그 전설이 만들어진 것은 뒷장에서 서술하듯 하대 말보다 앞서지는 않는다고 생각되기 때문이다. 그렇다면 신라인이 상대 국왕들의 골품에 성골이라는 명칭을 붙인 것은 진성여왕에서 멀지 않은 앞 시대이며, 그 명칭은 중국 사상의 영향에 따라 고대의 국왕을 성왕聖王으로 존숭한 관념에서 나온 것으로 생각된다. 요컨대 성골과 진골은 모두 신라 왕족의 골품 이름으로 시대의 앞뒤를 빼고 실질적으로는 전혀 구별되지 않는 것이다.

### (3) 화백회의

신라에는 화백이라고 불린 특수한 회의가 있었다. 이것도 골품제와 함께 신라를 방문한 당인의 주의를 끌어 『신당서』「신라열전」의 골품제와 관등 기사에 이어 서술돼 있다.

[중대한] 일은 반드시 여러 사람과 의논하는데 화백이라고 부르며 한 사람만 의견이 달라도 중단했다. 事必與衆議, 號和白, 一人異則罷.

이 기사가 씌어진 시대는 앞서 서술한 대로 신라 중대 말기지만 그런 회의가 중국 수대에 해당하는 상대부터 시행된 것은 다음 기록에 따라 명확하다.

『수서』(권81) 「신라열전」: 큰일이 있으면 여러 관원을 모아 자세히 의논한 뒤 결정했다. 其有大事, 則聚群官詳議而定之.

『삼국유사』(권1) 「진덕왕」(28대) 조의 기사도 『수서』의 기록과 잘 부합된다.

진덕왕 때 알천공·임종공·술종공·호림공(자장慈藏의 아버지)[16]·염장

공·유신공이 남산 우지암에 모여 나라 일을 의논했다. 이때 큰 호랑이 한 마리가 좌석에 뛰어드니 공들이 놀라 일어섰는데, 알천공만은 조금도 움직이지 않고 태연히 담소하면서 호랑이 꼬리를 잡아 땅에 메쳐 죽였다. 알천공의 완력이 이와 같아 맨 윗자리에 앉았지만 여러 공은 모두 유신공의 위엄에 복종했다. 신라에는 네 영지가 있어 나라의 큰일을 의논할 때 대신들이 그곳에 모여 의논하면 일이 반드시 이뤄졌다. 첫째는 동쪽의 청송산, 둘째는 남쪽의 우지산, 셋째는 서쪽의 피전, 넷째는 북쪽의 금강산이다. 王之代有閼川公·林宗公·述宗公·虎林公(慈藏之父)·廉長公·庾信公, 會于南山亏知巖議國事. 時有大虎走入座間諸公驚起, 而閼川公略不移動談笑自若, 捉虎尾撲於地而殺之. 閼川公膂力如此, 處於席首, 然諸公皆服庾信之威. 新羅有四靈地, 將議大事則大臣必會其地謀之則其事必成. 一東曰青松山, 二曰南亏知山, 三曰西皮田, 四曰北金剛山.


상대의 진덕왕 때 김유신 등 여러 대신이 남산 우지암에 모여 나라의 큰일을 의논했다는 것으로 그런 중요한 회의는 동쪽은 청송산, 남쪽은 우지산, 서쪽은 피전, 북쪽은 금강산의 네 영지에서 열렸다고 했는데 화백으로 불린 특수한 회의가 틀림없다. 회의 내용을 좀더 알고 싶지만 그런 기사가 전해지지 않는 것은 아쉽다.

한반도 이외에서 나라의 큰일을 의논해 결정한 회의로 역사에 가장 잘 알려진 것은 몽골의 국가 회의 쿠릴타이다. 고 야나이 와타리 박사와 아오키 도미타로青木富太郎 씨 등의 논문에 자세히 설명된 것처럼[17] '큰 회의'라는 뜻으로 '예케쿠릴타이也客忽哩勒塔'으로도 불린 이 국가 회의는 1. 몽골의 대군장 칸의 선정 2. 외국에 대한 대규모 정벌 3. 법령 반포처럼 중대한 일을 의논할 때마다 개최됐다. 그 가운데 칸의 선정은 특히 중대한 사건이기 때문에 그것과 관련해 열린 경우가 가장 많았고, 몽골어로 회의를 뜻하는 쿠릴타이라는 이름도 역사에서는 선제選帝회의로 불렸다.

말할 것도 없이 신라와 몽골은 인종·국가 상황·시대가 모두 다르다. 그러나 신라의 화백이 국가의 큰 사건을 논의하기 위한 회의였으므로 이 제도는 화백의 성격을 연구하는 데 참고할 수 있다고 생각된다. 막북漠北시대*의 몽골과 중국 내륙을 본국으로 삼은 뒤 원 왕조의 제위 계승은 그 후보자의 혈통·인물, 현재 황제의 의사 등을 참고해 쿠릴타이의 의향에 따라 결정됐다. 그러나 선제회의로서의 쿠릴타이의 기능은 일정한 제도로 조직화된 것이 아니었기 때문에 제위 계승에는 엇갈린 의견과 분쟁과 혼란이 늘 뒤따랐다. 그렇게 된 데는 막북에서 몽골이 건국하기 전부터 시행된 몽골의 관습법이 원대에도 그대로 존속해 상속법의 확고한 규정이 없던 것도 한 원인으로 작용했다.

신라에서 국왕의 혈족인 진골은 일종의 벌족閥族이었다. 상대의 진골은 후대부터 성골로 불렸지만 내물왕 뒤의 국왕들은 반드시 부자상속도 형제상속도 아니었다. 곧 그 관계는 원의 세계에 나타난 제위 계승과 비슷한 것으로 둘 다 확고한 상속법이 존재하지 않았다. 이른바 성골의 국왕들이 군림한 신라의 상대에는 국왕의 생부·장인·동생, 여왕의 남편 등이 국왕으로 추봉追封된 인물이 여럿 있는 것은 그 나라의 역사에 뚜렷한 사실이며, 그들을 갈문왕葛文王이라고 했다.[18] 곧 지증왕의 아버지를 습보習寶갈문왕, 진흥왕의 아버지를 입종立宗갈문왕, 진평왕의 장인을 복승福勝갈문왕, 같은 왕의 동복동생 백반伯飯을 진정

---

* 1271년 원 세조 쿠빌라이가 국호를 대원으로 하고 대도(베이징)를 수도로 삼기 전의 시대.

眞正갈문왕, 다른 동복동생 국반國飯을 진안眞安갈문왕, 선덕여왕의 남편을 음飮갈문왕, 무열왕의 아버지 용춘을 문흥文興대왕이라고 한 것이 그것이다.[19]

신라의 상대에 특히 뚜렷한 이런 추봉왕 제도는 왕위 계승이 부자나 가장 가까운 친척 사이에만 국한된 것이 아니었기 때문에 자연히 생겨난 것으로 여겨진다. 또 앞서 서술한 대로 내물왕 다음의 실성왕과 소지왕 다음의 지증왕은 성씨가 바뀐 국왕으로 보인다는 것과 선덕·진덕 두 국왕이 여성으로서 즉위한 것은 가장 높은 골족이라는 조건 아래서는 국왕이 될 수 있다는 관습법이 나타난 것으로 볼 수 있다. 그리고 그 조건의 중요한 것 가운데 하나는 유력한 귀족들로 구성된 화백회의의 합의가 아니었을까?

- 「신라본기」 실성왕 즉위(402) 조: 내물왕이 세상을 떠났는데 그 아들이 어렸으므로 나라 사람들은 실성을 추대해 왕위를 잇게 했다. 柰勿薨, 其子幼少, 國人立實聖繼位.
- 선덕여왕 즉위(632) 조: 왕(진평왕)이 세상을 떠났는데 아들이 없었으므로 나라 사람들이 덕만을 추대했다.

이 기사들에서 '나라 사람들國人'이라는 표현을 사용한 것은 그런 의미를 암시하는 것으로 생각된다. 무열왕 즉위(654) 조에서는 즉위하게 된 사정을 다음과 같이 서술했다.

진덕왕이 세상을 떠나자 신하들은 이찬 알천에게 섭정을 요청했지만 알천이 굳게 사양했다. "저는 늙었고 이렇다 할 덕행이 없습니다. 지금 덕망이 높기는 춘추공 만한 이가 없으니 참으로 세상을 다스릴 뛰어난 인물이라고 할 만합니다." 마침내 그를 국왕으로 추대하니 춘추는 세 번 사양하다가 마지못해 왕위에 올랐다. 及眞德薨, 群臣請閼川伊飡攝政, 閼川固讓曰, 臣老矣, 無德行可稱. 今之德望崇重, 莫若春秋公, 實可謂濟世英傑矣. 遂奉爲王. 春秋三讓, 不得已而就位.

이것도 화백에 연결해 설명할 수 있는 사실로 여겨진다. 알천은 선덕왕 때부터 역사에 이름이 여러 번 나오는 명장이며 진덕왕 때 화백에 관련된 기록으로 생각되는 앞서 인용한 『삼국유사』의 기사에서 6명의 합의자 가운데 맨 처음 거명된 인물이다.

한 시대의 영걸이던 무열왕은 당과 협력해 백제를 멸망시켰으며, 총명하고 지혜로운 문무왕은 당의 세력을 한반도에서 축출해 무열왕이 기초를 놓은 삼국통일의 대업을 완수했다. 두 국왕과 그 자손은 부자나 형제 순서로 왕위를 계승해 혜공왕 때까지 8대 100여 년 동안 왕위 계승의 분쟁은 나타나지 않았다. 무엇보다 이것은 위대한 두 국왕의 영향력이 남아 있었기 때문이었다고 생각된다. 그리고 왕위 계승의 관계에서 앞뒤 시대와 구별해 중대라고 불린 이 시대는 신라가 가장 융성한 시기였다.

왕위 계승이 하나의 계통으로 돌아가고 그것이 확고해지면서 화백은 점차 형식화돼 본래의 기능을 발휘할 수 없게 된 것으로 보인다. 그리고 화백의 논의는 현재 왕실의 유력자에 따라 좌우된 것 같다. 『수서』 「신라열전」에서는 "큰 일이 있으면 여러 관원을 모아 자세히 의논한 뒤 결정했다"고 하고 『신당서』 「신라열전」에서는 "[중대한] 일은 반드시 여러 사람과 의논하는데 화백이라고 부르며 한 사람만 의견이 달라도 중단했다"고 했는데, 뒷 기사의 마지막 부분은 화백의 기능이 그렇게 변화했다고 생각하면 비로소 수긍된다. 『신당서』의 이 기록이 중대 말기에 해당한다는 것은 앞서 서술했다. 그러나 혜공왕이 즉위한 뒤 신라사는 오랜 왕위 분쟁으로 가득해지는데, 이것으로도 분명히 한 시대가 구획된다.

## 3. 하대의 분란

중대의 마지막 국왕인 혜공왕은 8세로 즉위해 태후가 섭정했다. 그런데 장성하면서 황음과 유람에 빠져 기강은 어지러워지고 정치는 황폐해졌다. 16년의 재위 기간에 가장 뚜렷한 사실은 몇 차례에 걸쳐 일어난 귀족의 반란이었다. 마지막 해에는 이찬 김지정金志貞이 반란을 일으켜 궁궐을 침범했는데, 상대등 김양상金良相과 이찬 경신敬信은 그에 맞서 군사를 일으켜 김지정을 죽였지만 왕과 후비 등도 시해했다. 그런 뒤 김양상은 전왕을 혜공왕으로 추존하고 스스로 즉위하니 하대의 첫 국왕인 선덕왕(37대)이다.

선덕왕은 내물왕의 10대손이라고 했지만 아버지 외에 그 사이의 세계는 전혀 알 수 없으므로 이 기록은 매우 의심스럽다. 그는 스스로 즉위한 것을 혈연에서 정당화하기 위해 그렇게 말한 것이며, 특히 내물왕을 선조라고 한 것은 그 왕이 상대에서 실재한 가장 오래된 국왕이었기 때문으로 생각된다. 곧 선덕왕은 혈통에서 무열왕과 무관하지만 골품은 왕실의 혈족인 진골이던 것으로 여겨진다. 앞의 국왕에게 혜공이라는 시호를 붙인 것으로 봐도 그의 즉위가 역성혁명이었음은 거의 의심할 바 없다.

선덕왕은 아들 없이 세상을 떠났고 김지정의 반란을 토벌할 때 협력했던 경신이 왕위를 이으니 원성왕(38대)이다. 선덕왕이 세상을 떠났을 때 신하들은 무열왕의 5대손으로 선덕왕의 친족의 아들族子인 김주원金周元을 세우려고 논의했지만, 김경신은 그 의견을 뒤집고 스스로 왕위에 올랐다. 신하들의 논의라고 한 것은 국왕을 세우기 위해 열린 화백회의로 생각된다. 그러나 이미 형식화된 화백회의는 실력과 실권을 지닌 인물 앞에서는 거의 무력했던 것으로 보인다. 원성왕의 선조는 고조까지 그 이름이 역사에 기록돼 있다. 그리고 국왕 자신은 내물왕의 11대손이라고 했지만, 이것도 선덕왕과 마찬가지로 의심스럽다고 할 수밖에 없다. 따라서 이 두 국왕의 즉위는 신라의 왕통이 바뀌었다는 점에서 특히 주목할 만하다.


원성왕을 조상으로 한 새 왕통은 효공왕(52대)까지 15대 동안 이어졌다. 그러나 왕위 계승은 순조롭지 않아 친족 사이의 쟁탈이 이어졌기 때문에 이 기간의 신라사는 왕위 쟁탈의 역사였다고 해도 좋을 정도다.

원성왕 다음은 그의 적손嫡孫 소성왕昭聖王(39대)이 즉위했고, 소성왕은 태자 애장왕哀莊王(40대)에게 왕위를 물려줬다. 소성왕은 동복동생으로 언승彦昇이 있었는데, 애장왕에게는 숙부였던 그는 조카인 애장왕을 죽이고 왕위에 올랐다. 그가 헌덕왕憲德王(41대)이다. 이 왕대에는 웅천주 도독 김헌창金憲昌의 큰 반란이 일어났다. 김헌창은 여러 주의 도독을 역임해 지방에 세력을 갖고 있었는데, 아버지 김주원이 왕위에 오르지 못하자 그것을 자신이 이루려고 반란을 일으켜 국호를 장안長

安, 연호를 경운慶雲이라고 했다. 여기에 호응해 거의 전국적인 반란이 일어나 한때 엄청난 세력이었다. 그러나 끝내 진압돼 일족과 당여로 239명이라는 많은 사람이 처형됐다. 난이 평정된 뒤 김헌창의 아들 범문梵文도 군사를 일으켰지만 역시 실패로 끝났다.

헌덕왕이 세상을 떠나자 왕위는 태자나 왕자에게 전해지지 않고 동복동생인 흥덕왕이 즉위했다. 흥덕왕은 왕위를 아들이나 동생에게 물려줄 수 없었다. 왕족 가운데 숙부와 조카 사이인 김균정金均貞과 김제륭金悌隆이 왕위를 다퉜기 때문이다. 그 결과 김제륭은 김균정을 죽이고 스스로 즉위해 희강왕僖康王(43대)이 됐다. 희강왕은 흥덕왕의 동생으로 왕위에 오르지 못했던 김충공金忠恭의 아들 김명에게 살해됐다. 그렇게 즉위한 김명이 민애왕閔哀王(44대)이다. 이처럼 골육상잔의 분쟁은 다시 분쟁을 낳았다. 김균정의 아들 김우징金祐徵은 희강왕의 사촌동생인데, 아버지가 희강왕에게 살해돼 왕위에 오르지 못한 것에 원한을 품고 당시 한반도 서남쪽의 완도에 웅거해 세력을 떨치던 청해대사清海大使 궁복弓福에게 투항했다. 민애왕이 즉위하자 김우징은 궁복의 군사를 빌려 수도를 공격해 민애왕을 죽이고 왕위를 찬탈했다. 그가 신무왕神武王(45대)이다.

신무왕이 즉위한 뒤 왕위 쟁탈은 나타나지 않았다. 다음 문성왕文聖王(46대)은 신무왕의 태자로 왕위를 이었고 그 다음 헌안왕(47대)은 신무왕의 이복동생, 그 다음 경문왕(48대)은 희강왕의 손자였다. 헌안왕과 경문왕의 왕위 계승은 계통에서 보면 조금 자연스럽지 않지만 모두 전왕의 유명遺命에 따른 것이었다. 경문왕 다음에는 그의 두 아들인 헌강왕(49대)·정강왕定康王(50대)과 그들의 여동생 진성여왕(51대)이 차례로 왕위를 이었고, 그 다음은 헌강왕의 서자 효공왕(52대)이 즉위했다. 모두 전왕의 뜻에 따른 평화적인 계승이었다.

효공왕은 15대에 걸쳐 분쟁을 거듭한 원성왕 계통의 마지막 국왕이었다. 그가 아들 없이 죽자 "나라 사람들의 추대"에 따라 즉위한 신덕왕神德王(53대)은 박씨로 먼 선조는 8대 아달라왕阿達羅王이었다. 곧 상대의 내물왕 이하 37대의 국왕은 모두 김씨였지만 새로 즉위한 신덕왕은 멀리 상대 박씨에서 왕통을 이은 것이다. 그렇다면 신덕왕이 즉위한 것은 아들 없이 효공왕에 이른 원성왕의 왕통이 끊어졌기 때문일까?

효공왕의 휘는 요嶢이며 진성여왕의 큰오빠인 헌강왕의 서자다. 여왕은 요를 태자로 삼고 왕위를 물려줬지만 요의 신분과 태자 책봉은 『삼국사기』「신라본기」 진성여왕 9년(895) 조에 다음과 같이 서술돼 있다.

앞서 헌강왕이 사냥을 구경하다가 지나가던 길가에서 한 여자를 봤는데 자태가 아름다웠다. 국왕은 사랑하는 마음이 들어 뒤따르던 수레에 태워 자신이 있는 장막으로 오게 해 야합했는데, 곧 임신해 아들을 낳았다. 장성하자 신체와 용모가 크고 빼어났으며 이름을 요라고 했다. 진성여왕은 그 일을 듣고 궁궐로 불러 손으로 그의 등을 어루만지며 말했다. "내 형제자매는 골격이 사람들과 다른데, 이 아이의 등에 뼈가 두 개 솟아 있으니 참으로 헌강왕의 아들이다." 곧 담당 관원에게 예를 갖춰 책봉하고 받들게 했다. 初憲康王觀獵, 行道傍見一女子, 姿質佳麗. 王心愛之, 命後車載, 到帷宮野合, 卽有娠而生子. 及長, 體貌魁傑, 名曰嶢. 眞聖聞之, 喚入內以手撫其背曰, 孤之兄弟姊妹, 骨法異於人, 此兒背上兩骨隆起, 眞憲康王之子也. 仍命有司, 備禮封崇.

이처럼 요는 헌강왕의 아들이었지만 이름도 모르는 천한 여자에게서 태어난 서자였기 때문에 『신당서』 「신라열전」에서 "왕족은 제1골(진골)이고 아내도 그 족속인데, 아들을 낳으면 모두 제1골이 된다. [제1골은] 제2골의 여자와 혼인하지 않는다"고 서술한 골품제의 불문율이 존재한 이상 요는 도저히 태자가 될 수 있는 자격이 없던 것이 틀림없다. 그런데 진성여왕은 그를 태자로 세웠을 뿐 아니라 2년 뒤에는 다음과 같이 말하고 왕위를 물려줬다.

요즘 백성이 곤궁하고 도적이 벌떼처럼 일어나니, 이것은 내가 부덕한 탓이다. 어진 이에게 양위할 것이니 내 뜻은 결정됐다. 近年以來, 百姓困窮, 盜賊蜂起, 此孤之不德也. 避賢讓位, 吾意決矣.

그리고 사신을 당 조정에 보내 그 사실을 알렸다.

신 아무개가 말씀드립니다. 희중의 관직에 있는 것은 신의 본분이 아니고 연릉의 절개를 지키는 것이 신의 좋은 방책입니다.** 신의 조카 요는 신의 죽은 형 정晸(헌강왕)의 아들인데, 곧 15세가 되고 능력도 종실을 일으킬 만하기에 밖에서 찾을 겨를이 없어 안에서 천거한 것을 따랐습니다. 요즘 이미 번국을 다스리는 권한을 줘 나라의 재난을 진정시키고 있습니다. 臣某言, 居羲仲之官, 非臣素分, 守延陵之節, 是臣良圖. 以臣姪男嶢,

---

** 희중은 『상서尚書』 「요전堯典」에 희중을 해가 뜨는 동쪽을 관장하는 일관日官으로 삼았다는 내용이 있다. 진성여왕이 해동을 다스리고 있다는 뜻으로 해석할 수 있다. 연릉은 중국 춘추시대 오의 읍으로 오왕 수몽壽夢의 넷째 아들인 계찰季札이 책봉된 곳이다. 계찰이 어질다고 생각한 수몽이 그에게 왕위를 넘겨주려고 했지만, 계찰이 받지 않았다고 한다. 진성여왕이 양위하려고 한다는 의미로 여겨진다.

是臣亡兄晸息, 年將志學, 器可興宗, 不假外求, 爰從內擧. 近已俾權藩寄, 用靖國災.

이 양위가 골품제에 반대되는 무리한 조처였다는 것은 "밖에서 찾을 겨를이 없어 안에서 천거한 것을 따랐다"고 한 말에서도 엿볼 수 있다. 효공왕의 승계에는 이처럼 무리한 측면이 있었다. 그러므로 효공왕이 세상을 떠나 박씨인 신덕왕이 즉위한 것은 효공왕에게 계승할 아들이 없어 김씨의 왕통이 완전히 끊어졌기 때문이 아니라 "나라 사람들의 추대" 곧 신라의 왕위를 골품제에 바탕한 올바른 궤도로 되돌려야 한다는 많은 귀족의 의견이 나온 것으로 보인다. 그리고 왕은 박씨였지만 그의 골품은 그동안의 여러 왕과 마찬가지로 진골이었기 때문으로 생각된다.

신덕왕은 성씨가 바뀐 국왕이 분명했다. 그러나 신라 왕실의 성씨 교체는 신덕왕에서 시작된 것이 아니다. 이미 하대 초 선덕왕과 원성왕의 두 사례가 있고, 하대라고 불린 시대구분의 상한도 그것에 따라 정해졌다. 다시 상대로 거슬러 올라가면 진지왕과 실성왕도 성씨가 바뀐 국왕이던 것 같다. 따라서 신라 왕실이 김씨라고 하는 것은 중국 성씨의 관념에서 말하면 일관된 세계로 볼 수 없다. 그런데 신덕왕의 경우는 상대에 아달라왕이라는 박씨 성의 국왕이 있고 신덕왕이 그의 먼 후손이라고 한 것에 따라 분명히 성씨가 바뀐 국왕이 된다. 『삼국사기』와 『삼국유사』의 기록에 따르면 상대의 내물왕 이전에는 박·석·김 세 성의 왕실이 있었고 세 성의 왕이 교대로 즉위했으며, 박씨 성의 마지막 국왕은 아달라왕이었다고 했다. 그러나 그것은 역사상의 사실을 전한 것이 아니라 후대의 허구가 분명하다.

　신덕왕 뒤로는 경명왕(54대)과 경애왕景哀王(55대)이 그의 아들로 형제 상속했지만 신라 상대에 세 성이 교대로 즉위했다는 이야기는 박씨 성의 이런 세 왕이 재위한 동안 가문의 존엄을 분식하기 위해 그 세계를 멀리 고대까지 연장하는 동시에 신라의 확실한 역사 시대에서 성씨가 바뀐 사례를 참고해 만든 것으로 생각된다. 달리 말하면 신라 왕조 전체를 통틀어 몇 번 있던 성씨 교체의 사실은 세 성씨가 교대로 왕위를 이었다는 이야기에 반영됐고 또 거기에 신라라는 나라가 지닌 특징의 한 면이 나타난 것이다. 그리고 그런 조작이 하대 말에 이르러 이뤄진 것은 당시 당과의 교류가 빈번해지면서 당에 들어간 귀족이 매우 많아짐에 따라 성씨의 사용이 그들 사이에 상당히 일반화된 사실과도 관계된 것으로 생각된다.

　박씨의 세 번째 국왕인 경애왕 때 신라는 거의 멸망해 가고 있었는데, 고려 태조 왕권과 패권을 다투던 후백제왕 견훤은 신라의 수도를 침입해 경애왕을 죽이고 문성왕(46대)의 6대손인 김부를 옹립했다(56대). 그러면서 왕위는 다시 김씨로 돌아갔다. 그러나 끝내 고려 태조에게 항복해 그 뒤 경순왕이라는 시호를 받은 이 왕을 마지막으로 신라는 멸망했다.

1941년 2월 3일 탈고(『동양학보』, 28권 3호)

# 주

**1편 진흥왕의 무자 순수비와 신라의 동북 경계**

1. 이 비를 후대에 조작했다는 주장은 쓰다 소키치 박사가 제기했지만(『朝鮮歷史地理』 1권, 124~133쪽) 찬성하는 사람은 없는 것 같다.

2. 비석 옆에는 윤정현이 세운 작은 비가 있고 다음과 같이 새겨져 있다(도판 3-2).

   이 신라 진흥왕비는 동북쪽의 경계를 정한 것이다. 예전에는 황초령에 있었는데 비의 위와 아래가 깨져 185자만 남았다. 지금 고개 중간으로 옮겨 비각을 세워 비바람을 피하게 했는데, 황초령과 멀지 않아 강역이 잘못 전달될 염려는 없다. 옛 탁본을 갖고 살펴보면 1행의 ‘王’자 아래 ‘巡狩管境刊石銘記也’ 9자가 있다. 지는 빠져 있다. 진흥왕 무자년 1285년 뒤인 임자년(1852) 가을 8월 관찰사 윤정현이 쓰다. 此新羅眞興王碑東北定界者也. 舊在黃草嶺, 石上下剝落, 文殘存一百八十五字. 今移置中嶺, 以庇風雨, 仍嵌之壁, 與黃草不遠, 無疆界沿訛之慮矣. 以舊拓考之, 第一行王字下, 有巡狩管境刊石銘記也九字, 幷志闕. 眞興戊子後一千二百八十五年壬子秋八月, 觀察使尹定鉉書.

3. 차천로의 수필 「오산설림 초고五山說林草藁」(『대동야승大東野乘』 권5)에는 다음과 같은 기록이 있다.

   선춘령은 갑산에서 5일 거리다. 백두산 아래 가까운 곳에 작은 비석이 풀 안에 숨겨져 있었다. 신립 공이 남병사가 됐을 때 가져와 내가 볼 수 있었다. 높이는 5척

(1.5미터)밖에 안되고 넓이는 2척(0.6미터)쯤 됐다. 글자는 「필진도」와 같은데 작고 대부분 결락돼 있었다. 거기서 '황제'라고 말한 것은 고구려왕이다. "啄部某者六七 人"이라는 부분이 있는데 탁부가 어떤 관직인지 알 수 없었다. 그 뒤 하곡 허봉許篈 에게 물어보니 "전에 옛 사서를 보니 탁부는 지금의 대부와 같다"고 했다. 宣春嶺, 去甲山五日程. 近白頭山下, 有短碑隱草中. 申公硈爲南兵使, 打而來, 余得見之. 高僅 五尺, 廣二尺許. 字如筆陣圖而小, 太半缺落. 其曰皇帝者, 高句麗王也. 有曰啄部某 者六七人, 余不解啄部爲何官. 其後許荷谷, 對曰, 曾見古史, 啄部猶今之大夫也云.

탁부는 말할 것도 없이 신라의 6부 가운데 하나다. 이 비가 황초령비라는 것은 "有曰 啄部某者六七人"라고 한 것에서 분명히 증명되지만 차천로가 그 비가 있는 곳을 백 두산 아래 선춘령이라고 한 것은 매우 이상하다. 오류가 분명하다고 생각한다. 선춘령 은 다음 기록의 선춘령으로 생각된다.

- 『동국여지승람』(권50, 회령도호부, 고적 조): 선춘령은 두만강 북쪽 700리(275킬 로미터)에 있다. 윤관은 이곳까지 영토를 개척하고 공험진에 성을 쌓은 뒤 마침 내 선춘령 위에 비석을 세우고 '高麗之境'이라고 새겼다. 비 4면에 글씨가 있는데 모두 오랑캐에게 훼손됐다. 先春嶺, 在豆滿江北七百里. 尹瓘拓地至此, 城公險鎭, 遂立碑於嶺上, 刻曰高麗之境. 碑之四面有書, 皆爲胡人剝去.
- 『용비어천가』(75장) 주석: 경원부 동북쪽 700여 리에 선춘령이 있는데 윤관이 비 를 세운 곳이다. 그 비의 4면에는 글씨가 있었는데 오랑캐에게 훼손됐다. 그 뒤 어떤 사람이 그 뿌리를 캐보니 '高麗之境'이라는 네 글자가 있었다. 慶源府東北 七百餘里, 有先春嶺, 卽瓘立碑處. 其碑四面有書, 爲胡人剝去其字. 後有人堀其根, 有高麗之境四字.

아울러 이런 기사(그 본래 전거는 조선 『세종실록』 「지리지」)는 고려의 윤관이 비석 을 공험진에 세워 점령지의 경계를 정했다고 고려 때부터 민간에서 전해진 이야기를 조선에 와서 다시 만주 지방의 선춘령이라는 산에 부회한 것이다.

『고려사』 「지리지」: 예종 2년(1107) 평장사 윤관을 원수로, 지추밀원사 오연총을 부원수로 삼아 군사를 이끌고 여진을 공격해 쫓아버리고 9성을 쌓은 뒤 공험진의

선춘령에 비를 세워 경계로 삼았다. 睿宗二年以平章事尹瓘爲元帥, 知樞密院事吳
延寵副之, 率兵擊逐女眞, 置九城, 立碑于公嶮鎭之先春嶺, 以爲界.

이것도 고려시대의 기록이 아니라 조선에 들어와 세종 이전에 이뤄진 이 부회설이 분
명하다. 차천로가 황초령비의 소재를 선춘령이라고 한 것은 이것과 관련된 것 같다.
차천로는 새로 나온 비의 탁본을 신립에게서 얻고 어떤 비인지 정확히 알지 못한 채
공험진비의 전설을 떠올리고 거기서 생겨난 착오를 그대로 쓴 것으로 여겨진다. 또
그런 오류를 차천로에게 돌릴 수는 없다고 해도 잘못된 주장이 유래한 까닭은 공험
진비를 연상한 데 있다.

4. 『완당집阮堂集』 권1 「신라관경비新羅管境碑」.

5. 「眞興王征服地域考」, 『朝鮮歷史地理』 권1.

6. 「新羅眞興王巡狩管境碑考」 上, 『考古學雜誌』 12권 1호, 1921년 9월, 21~22쪽.

7. 이 비의 해독은 나이토 도라지로 씨의 「新羅眞興王巡境碑考」(『藝文』 제2년 제4호),
   조선총독부 편찬, 『조선금석총람』, 이마니시 류 씨의 「新羅眞興王巡狩管境碑考」 上,
   중국의 유승간劉承幹, 『해동금석원 보유海東金石苑補遺』(권1) 등에 실려 있다. 여기
   서는 그것들을 참조해 타당한 것을 따랐다.

8. 이 비에 관련된 자세한 사항을 알려면 다음 논저를 참조하라. 김정희, 『금석과안록
   金石過眼錄』; 유희해, 『해동금석원』(권1) ; 內藤虎次郎, 「新羅眞興王巡境碑考」; 『조
   선금석총람』 ; 今西龍, 「新羅眞興王巡境碑」, 『朝鮮總督府大正五年度古蹟調査報告』,
   54쪽 이하 ; 今西龍, 「新羅眞興王巡狩管境碑考」 中, 『考古學雜誌』 12권 3호 등.

9. 창녕비는 今西龍, 「眞興王拓境碑」, 『朝鮮總督府大正六年度古蹟調査報告』, 375쪽 이
   하 ; 今西龍, 「新羅眞興王巡狩管境碑考」 下, 『考古學雜誌』 12권 11호 참조. 『조선금
   석총람』과 유승간의 『해동금석원 보유』에서도 이 비를 실었다.

10. 「신라본기」에서 "12월 봄 정월 개국으로 연호를 바꿨다"고 한 것은 영토가 확장됨에
    따라 연호를 바꾼 것으로 생각한다.

11. 今西龍, 「新羅眞興王巡狩管境碑考」 中, 146쪽.

12. 조선 5만분의 1 지도 참조.

13. 칠중성 터와 이른바 육계토성 터 모두 아직 전문가의 실제 조사를 거치지 않은 것으
    로 보이는데, 누군가 그것을 수행하기를 간절히 바란다.

14. 쓰다 박사는 "고현이 어딘지는 옛 사서에 정확히 나와 있지 않지만, 지금 임진강 상류

지역인 마전麻田·영평永平 중간에 고현리가 있는데 그것인 것 같다"고 했다(『朝鮮歷史地理』 1권, 105쪽). 이마니시 박사는 "고현은 지금 경기도 이천읍 북쪽 20리[7.9킬로미터]쯤의 이천과 광주의 경계에 있는 광현廣峴 같은데, 그 서남쪽 기슭에 고척리高尺里라는 곳이 있다"(『考古學雜誌』 12권 3호, 143쪽)고 했지만 두 학설 모두 연혁을 알지 못하고 현재의 지명에 갇힌 느낌이 있다.

15. 조선 영조 때의 지리학자 이중환李重煥은 이곳을 다음과 같이 서술했다.

> ·『팔역지八域誌』 강원도 조: 춘천은 인제 서쪽에 있는데 물길과 뭍길로 한양에서 200여 리 떨어져 있다. (…) 산속에 평야가 넓게 펼쳐져 있고 두 강이 그 가운데로 흘러든다. 형세가 촘촘하고 강과 산이 맑고 넓으며 땅이 비옥해 대대로 거주하는 사대부가 많다. 春川在麟蹄西, 水陸西南距漢陽. (…) 山中濶展平野, 二江灌注于中. 風氣周密而江山淸曠, 土地饒沃, 故多世居士大夫.
>
> ·같은 책, 강거江居 조: 다음은 춘천 우두촌인데 소양강가 두 강이 합류하는 곳 안에 있다. 물가에 돌이 있고 돌 아래 강이 있으며 강 바깥에 산이 있다. 골짜기 안에 있지만 멀리까지 개척해 시원하게 트였다. 또 배로 강 아래 지역과 물고기·소금을 교역해 이익을 내니 상업으로 부유해진 사람이 많다. 맥국 때부터 지금까지 인구가 줄지 않았다. 次則春川牛頭村, 在昭陽江上, 二水合襟之內. 臨水有石. 石下有江, 江外有山. 雖峽中, 開拓旣遠, 敞豁明爽. 又通下江舟楫, 漁鹽之利, 居人多以商販致富. 自貊國時, 人烟至今不衰.

16. 「지리지」의 다른 장(『삼국사기』 권37)에서는 "수약주에서 '수'는 '두'로도 씌어 있다. 수차약·오근내라고도 한다牛首州, 首一作頭. 一云首次若. 一云烏根乃"고 했다.

17. 「신라본기」 아달라이사금 3년(156) "계립령 길을 열었다開鷄立嶺路"고 했는데, 이것은 같은 이사금 5년(158) "죽령을 열었다開竹嶺"고 한 것과 함께 믿기 어렵다.

18. 松島惇, 「阿旦城址考」, 『雜誌朝鮮』 136, 1926년 9월.

19. 「眞興王征服地域考」, 『朝鮮歷史地理』 1권, 111~114쪽.

20. 같은 사실을 기록한 『삼국사기』(권35) 「지리지」(명주溟州 조)에는 "경을 폐지해 주로 만들고 군주를 둬 지키게 했다罷京爲州, 置軍主以鎭之"고 했다. 주의 장관을 도독이라고 하는 것은 멀리 내려가 원성왕元聖王 원년(당 덕종 정원貞元 원년, 785) 이후이므로(『삼국사기』 권40, 「직관지」 하, 외관) 이 부분은 「지리지」 쪽을 채택하는 것이 타당하다.

21. 「신라본기」 문무왕 8년(668) 조에 당의 장수 유인궤가 온 곳으로 당항진黨項津의 이름이 보인다. 경기도 수원군 남양 부근에 비정된다(池內宏, 「唐の高宗の高句麗討滅の役と卑列道·多谷道·海谷道の稱」, 『東洋學報』 17권 1호. 이 책 수록).

22. 「신라본기」 문무왕 8년(당 총장 원년) 봄 "원기를 보내 연정토와 함께 당에 들어가게 했는데 연정토는 돌아오지 않고 머물렀으며 원기만 돌아왔다遺元器, 與淨土入唐, 淨土留不歸, 元器還"고 한 것에 따르면 연정토는 2년 뒤 고구려가 멸망하기 전 다시 당에 투항한 것이다.

23. '천개소문'의 '천泉'은 『당서』(권220) 「고려열전」과 최근 중국에서 발견된 「천남생 묘지泉男生墓誌」에 명기된 것처럼 개소문 가문의 성이었지만 연정토의 '연'도 성이다. 조선 후기의 역사가 안정복이 '천'과 '연' 두 글자의 관계를 다음과 같이 설명한 것은 따를 만하다고 생각된다.

「신라기」(『삼국사기』 「신라본기」)에서는 "고구려의 높은 신하 연정토가 와서 항복했다"고 했고 『통고』(『문헌통고』)에서는 "정토는 소문의 동생이니 성은 '연'이 분명하다. 당에서는 고조의 이름을 피해 '연淵'을 '천泉'으로 고쳤는데 '도연명陶淵明'을 '천명泉明'이라고 한 것 등에서 알 수 있다. 新羅記云, 高句麗貴臣淵淨土來降. 通考云, 淨土蘇文之弟, 然則其姓淵明矣. 唐避高祖諱, 以淵爲泉. 如以陶淵明爲泉明, 可知矣(『동사강목東史綱目』 부록, 권 상, 고이考異).

『일본서기』 고교쿠皇極 천황 원년 조에서 고구려 사신의 말을 실은 기사 가운데 "대신 이리가수미가 대왕을 죽였다大臣伊梨柯須彌殺大王"고 했다. 이것은 개소문이 영류왕을 시해하고 보장왕을 추대한 것을 말한 기사인데, 개소문의 본래 성이 '연'이었으므로 '가수미'는 개소문의 다른 표기며 '이리'의 발음은 '연'과 가깝다고 인정할 수 있다(끝의 'ㄹ'과 'ㄴ'은 쉽게 바뀔 수 있다).

「천남생 묘지」는 낙양 망산의 남생 묘에서 출토된 것으로 중화민국 동남東南대학 교수 유익모柳翼謀 씨가 『사지학보史地學報』(3권3기期)에서, 일본의 이나바 이와키치 씨가 『조선사 강좌』(15호)에서 그것을 소개했다. 모두 원래의 탁본과 사진을 실었다.

24. 『동사강목』 권4, 하.

25. 철령의 이름은 원에 반란을 일으킨 왕반王 내안乃顔의 남은 무리인 합단哈丹의 침략과 관련해 『고려사』 충렬왕 세가 14년(1289) 5월, 17년(1292) 정월과 5월 등에 보

이는 것이 가장 오래된 것이다. 또 관關의 이름으로는 충정왕 원년(원 순제 지정至正 9년, 1349) 이곡李穀이 금강산을 유람할 때 기행문(『가정집稼亭集』 권5, 「동유기東遊記」)에서 다음과 같이 서술했다.

24일 회양부에 이르러 하루를 머물렀다. 26일 철령관을 넘어 복령현에서 묵었다. 철령은 나라의 요해처로 이른바 "한 사람이 관을 지키면 만 사람이라도 열 수 없는" 곳이다. 그 때문에 철령 동쪽의 강릉 여러 주를 관동이라고 부른다. 지원 경인년(고려 충렬왕 16년, 1291) 반란을 일으킨 왕 내안의 무리 합단 등의 도적이 북쪽으로 달아났다가 동쪽으로 와 원의 개원로開元路의 군군들을 거쳐 관동으로 난입했다. 고려에서는 만호 나유羅裕 등에게 군사를 이끌고 철관을 방어하게 했다. 적은 화주·등주 서쪽 주들과 백성을 약탈하고 등주로 가 그곳 사람들에게 고려의 동태를 엿보게 했다. 나유는 적이 왔다는 소식을 듣고 철관을 버리고 도망쳤기 때문에 적은 아무도 없는 곳을 달리는 것 같았다. (…) 지금 내가 철관의 험준함을 보니 정말 한 사람에게 지키게 하면 1000명이나 1만 명이 쳐다보고 공격해도 쉽게 들어올 수 없다. 나유는 정말 담력이 작은 사람이다. 二十四日, 至淮陽府留一日. 二十六日, 踰鐵嶺關, 宿福靈縣. 鐵嶺, 國東之要害, 所謂一夫當關, 萬夫莫開者也. 故嶺以東江陵諸州, 謂之關東. 至元庚寅, 叛王乃顔之黨哈丹等賊奔北而東, 自開元諸郡, 闌入關東. 國家遣萬戶羅裕等, 領其軍防護鐵關. 賊劫掠和·登以西諸州人民, 至登州, 使登人覘之. 羅公聞賊來, 棄關而走, 故賊如蹈無人之境. (…) 今余所見鐵關之險, 誠使一夫當之, 雖千萬人仰而攻之, 不可以歲月得入也. 羅公眞小膽哉.

신라 진흥왕 때 이 산의 이름이 고현이던 것은 3장에서 고증했지만 그 뒤 어느 때부터 철령으로 불렸는지 명확히 밝힐 수 있는 문헌은 없다. 관성을 축조한 시대도 알 수 없다.

**26.** 남만주철도주식회사 경성관리국 편, 제4판, 162~163쪽.

**27.** 池內宏, 「高句麗滅亡後の遺民の叛亂及び唐と新羅との關係」 5장, 『滿鮮地理歷史研究報告』 수록(이 책 수록).

**28.** 『동사강목』 권4, 하, 문무왕 21년(681) 조.

**29.** 『동사강목』 부록 하, 「지리고」, 신라 강역고.

**30.** 다음 자료 참조.

· 『고려사』 「지리지」: 의주는 본래 고구려 천정군이다(어을매라고도 한다). 신라 문무왕 21년(681) 차지해 정천군으로 이름을 바꿨다. 고려 초에는 용주라고 불렀다. 성종 14년(995) 방어사를 뒀으며 그 뒤 지금 이름으로 고쳤다. 宜州, 本高句麗泉井郡(一云於乙買). 新羅文武王二十一年取之, 改爲井泉郡. 高麗初稱湧州. 成宗十四年, 置防禦使, 後更今名.

· 『세종실록』 「지리지」: 의주군은 (…) 본래 고구려 천정군인데(어을매라고도 한다) 신라가 정천군으로 고쳤다. 고려 때는 용주라고 불렀다. 성종 을미년에 방어사를 두고 그 뒤 의주로 고쳤다. 우리 조정 태종 계사년(13년, 1413) 규정에 따라 지금 이름으로 고쳤다. 宜州郡 (…) 本高句麗泉井郡一云於乙買. 新羅改井泉郡. 高麗時稱湧州. 成宗乙未, 置防禦使, 後改爲宜州. 本朝太宗癸巳, 例改今名.

· 『여지승람』: 우리 조정 태종 13년 규정에 따라 의천으로 고쳤다. 세종 19년(1437) 지금 이름으로 고치고 군으로 삼았다, 27년(1445) 목조·익조·도조·환조 4대의 어향이기 때문에 도호부로 승격시켰다. 本朝太宗十三, 例改宜川. 世宗十九年, 改今名爲郡. 二十七年, 以穆·翼·度·桓四代御鄕, 陞爲都護府.

**31.** 가탐은 당 덕종 때의 유명한 지리학자로 『고금군국현도사이술古今郡國縣道四夷述』(40권)을 지었다. 「신라본기」에서 "가탐의 『고금군국지』"라고 한 것은 이 책을 가리키는 것이 틀림없다. 『신당서』 「지리지」에 실린 가탐의 『도리기』는 그 초록으로 생각되지만 「신라본기」에 인용된 부분은 보이지 않는다.

**32.** 『동사강목』 부록, 하, 「지리고」, 신라 강역고.

**33.** 池內宏, 「完顏氏の曷懶甸經略と尹瓘の九城の役」 부록 「蒲盧毛朵部に就て」, 『滿鮮地理歷史研究報告』 9 참조(이 책 수록).

**34** 니하의 이름은 「신라본기」 상대上代 기사에 자주 보인다.


· 지마이사금祇摩尼師今 14년(125): 봄 정월 말갈이 북쪽 변경을 크게 침략해 관리와 백성을 죽이고 약탈했다. 가을 7월 다시 대령책(강릉 대관령?)을 습격해 니하를 넘어왔다. 왕이 백제에 서신을 보내 도움을 요청하니 백제는 장수 5명을 보내 도와줬다. 적은 그 소식을 듣고 물러갔다. 春正月, 靺鞨大入北境, 殺掠吏民. 秋七月, 又襲大嶺柵, 過於泥河. 王移書百濟請救, 百濟遣五將軍助之. 賊聞而退.

· 자비마립간 11년(468): 봄 고구려가 말갈과 함께 북쪽 변경 실직성(강원도 삼척)을 습격했다. 가을 9월 하슬라 사람 가운데 15세 이상을 징발해 니하에 성을 쌓았다.

春, 高句麗與靺鞨襲北邊悉直城. 徵何瑟羅人年十五以上, 築城於泥河.

· 소지마립간 3년(481): 봄 2월 비열성(안변)에 행차해 군사를 위로하고 군복을 내려 줬다. 3월 고구려가 말갈과 북쪽 변경을 침입해 고명성 등 일곱 성을 빼앗고 미질부(경상북도 흥해興海)로 진군했다. 우리 군은 백제·가야의 원군과 함께 길을 나눠 막았다. 적이 패퇴하자 추격해 니하 서쪽에서 무찌르고 1000여 명을 죽였다. 春二月, 幸比列城, 存撫軍士, 賜征袍. 三月, 高句麗與靺鞨入北邊, 取孤鳴城等七城, 進軍於彌秩夫. 我軍與百濟加耶援兵, 分道禦之. 賊敗退 追擊破之泥河西, 斬首千餘級.

· 소지마립간 18년(496): 고구려가 우산성을 공격하니 장군 실죽이 출격해 니하 가에서 격파했다. 高句麗來攻牛山城, 將軍實竹出擊泥河上破之.


이런 기사들에 따르면 니하라고 불린 하천은『신당서』「발해열전」에 보이는 것 외에 강릉 부근에도 있고 신라 상대에는 그것이 신라와 말갈(당시 말갈로 불린 민족 이름은 아니지만)의 경계를 이룬 것으로 생각된다. 그러나 신라의 역사가 점차 확실해지는 지증왕智證王 이후 니하의 이름은 사라져「신라본기」에 보이지 않을 뿐 아니라 소지마립간이 비열성(비열홀)에 행차했다고 한 것 같은 것은 의심할 바 없이 후대에 날조한 사실이다. 그렇다면 니하를 신라의 북쪽 경계라고 한「신라본기」의 몇 가지 기사는「발해열전」의 니하를 근거로 후대에 조작한 것이 아닐까? 특히 자비마립간이 하슬라 사람들을 동원해 니하에 성을 쌓았다고 한 것은 성덕왕 20년(721)의 북쪽 경계 축성 사실을「발해열전」의 니하에 연결시켜 상대에 반영한 것으로 보인다. 정약용은『아방강역고』「발해고」(권5)에서 다음과 같이 말했다.


니하(「발해열전」의)를 살펴보면 우리나라 강릉 북쪽에 있는 니천수다. 신라 자비왕 때 하슬라 사람들을 동원해 니하성을 쌓았고 소지왕 때 고구려와 말갈군을 니하 서쪽까지 추격했다고 한 것이 바로 이곳이다. 발해와 신라는 일찍이 니하를 경계로 삼았으므로 양양 이북은 모두 발해가 차지한 것이다. 우리나라의 양양 이북은 측천무후 말년부터 발해의 영토가 됐다가 현종 천보(742~756) 이후 철관 이남은 다시 신라의 소유가 됐다. 按泥河者, 我江陵之北泥川水也. 新羅慈悲王時徵何瑟羅人築泥河城, 又炤知王時追擊句麗·靺鞨兵于泥河之西, 卽此地也. 渤海·新羅旣以泥河爲界, 則襄陽以北皆渤海之所得也. 我邦之襄陽以北, 蓋自武后末年入于渤海, 至玄宗天寶以後, 鐵關以南, 復爲新羅所有.

이것은 「발해열전」의 니하를 「신라본기」의 니하로 본 동시에 신라와 발해의 경계에 대한 자의적인 상상을 펼친 것이다.

**35.** 다음은 이것과 호응하는 기사다.

> 『고려사』(권95) 「왕총지열전」: [왕총지가] 정종 때 (…) 도병마부사 박성걸 등과 함께 아뢨다. "동로의 정변진은 변방의 오랑캐가 노리는 곳이어서 백성이 편안히 살 수 없습니다. 농한기를 기다려 성과 해자를 건설하소서." 그 건의에 따랐다. 靖宗朝 (…) 與都兵馬副使朴成傑等奏, 東路靜邊鎭蕃賊窺覦之處, 百姓不得安居. 請俟農隙, 築設城池. 從之.

**36.** 『고려사』(권94) 「유소열전」에도 같은 기사가 있다.

**37.** 池內宏, 「朝鮮平安北道義州郡の西部に於ける高麗時代の古城址」, 『東京帝國大學文學部紀要』 3, 4장 4절 참조(『만선사 연구』 3권 수록).

**38.** 池內宏, 「高麗太祖の經略」, 補考 「鶻巖城の所在」, 『滿鮮地理歷史研究報告』 7(『만선사 연구』 3권 수록).

**39.** 『삼국사기』(권10) 「신라본기」 원성왕 6년(790) "3월 일길찬 백어를 북국에 사신으로 보냈다三月, 以一吉湌伯魚使北國"고 한 북국은 안정복이 지적한 대로 발해를 가리키는 것이 틀림없다(『동사강목』 권5, 상). 또 헌강왕 4년(812) "가을 9월 급찬 숭정을 북국에 사신으로 보냈다秋九月, 以級湌崇正使北國"고 했다. 그러나 이것만으로는 두 나라 사이에 사신이 오갔음을 알 수 있을 뿐이다.

**40.** 신라가 멸망한 뒤 신라인은 전체 시대를 셋으로 구분해 건국부터 진덕왕까지를 상대, 무열왕부터 혜공왕까지를 중대, 선덕왕 이후를 하대라고 했다(『삼국사기』 「신라본기」 끝부분).

**41.** 池內宏, 「咸鏡南道咸興郡に於ける高麗時代の古城址」와 「完顔氏の曷懶甸經略と尹瓘の九城の役」, 『滿鮮地理歷史研究報告』 9 참조(『만선사 연구』 3권 수록).

**42.** 1914년 지방행정구역 개정 이전 함흥군의 일부.

**43.** 『고려사』(권96), 「윤관열전」.

**44.** 池內宏, 「咸鏡南道咸興郡に於ける高麗時代の古城址」, 16~20쪽(『만선사 연구』 3권 수록).

**45.** 「윤관열전」은 윤관의 「헌공표」에서 앞부분을 생략하고 "또 윤관이 영주·복주·웅주·길주·함주와 공험진에 성을 쌓고 마침내 공험진에 비를 세워 경계로 삼았다. 자

신의 아들 윤언순을 보내 표문을 올려 하례했다瓘又城英·福·雄·吉·咸州及公嶮鎭,
遂立碑于公嶮, 以爲界. 遣其子彦純奉表稱賀"는 간단한 기록으로 고쳤다.「예종 세가」
는 그것에 대응하는 것이다. 아울러 비를 공험진에 세워 경계로 삼았다고 한 사실은
「헌공표」의 어디에도 보이지 않는다(池內宏,「咸鏡南道咸興郡に於ける高麗時代の古
城址」, 26~28쪽.『만선사 연구』3권 수록).

46. 池內宏,「咸鏡南道咸興郡に於ける高麗時代の古城址」, 47~48쪽(『만선사 연구』3권
수록).

47. 池內宏,「完顏氏の曷懶甸經略と尹瓘の九城の役」부록「蒲盧毛朶部に就て」참조(『만
선사 연구』3권 수록).

48. 池內宏,「高麗成宗朝に於ける女眞及び契丹との關係」,『滿鮮地理歷史硏究報告』5,
29~34쪽(『만선사 연구』3권 수록).


## 2편 백제 멸망 뒤의 동란과 당·신라·일본의 관계

1. 『滿鮮地理歷史硏究報告』12책(이 책 수록).

2. 고마성은 웅진성의 원래 이름이지만 여기서는 사비성의 오기다.

3. 京都帝國大學文學部 印行, 景印舊鈔本, 1집.

4. 池內宏,「高句麗の五族及び五部」, 15~23쪽(『만선사 연구』1권 수록).

5. 『삼국사기』(권44)「흑치상지열전」은『신·구당서』의「흑치상지열전」을 합친 것이다.

6. 陸地測量部 印行 特殊地形圖, 扶餘號 참조.

7. 위와 같음.

8. 『삼국사기』(권7)「신라본기」문무왕 하. 池內宏,「高句麗滅亡後の遺民の叛亂及び唐と
新羅との關係」, 97쪽(이 책 수록).

9. 『일본서기』임사기산의 주석에서는 "어떤 책에서는 북임검리산이라고 했다"고 했는
데,『석일본기』에는 '검劍'자가 '서敍'자로 돼 있다.『석일본기』의 '임서리'는 '임사기'의
다른 표기로 생각된다. 그리고 그 앞에 '북'자는 '어떤 책'의 원문에서 산의 방위를 나
타낸 것인데, 지명을 잘 알지 못한『일본서기』의 편자가 이름의 일부인 것처럼 오해한
것으로 보인다(池內宏,「高句麗の五族及び五部」, 27쪽.『만선사 연구』1권 수록).

10. 『일본서기』에서는 달솔 여자신이 "중부 구마노리성에 웅거했다"고 하고 주석에서 "어
떤 책에서는 도도기류산이라고 했다"고 했는데, 주석 쪽이 옳은 것 같다. 구마노리는

웅진의 토착이름인 '곰나루'의 음역이다. 따라서 그곳이 백제 장수의 거병 지역일 리는 없다. 그러나 도도기류산이 어디인지는 알 수 없다.

**11.** 『朝鮮歷史地理』 권1 254~257쪽.

**12.** 『朝鮮史大系』, 上世史, 194~195쪽.

**13.** 나는 그 뒤 다시 이 문제를 고찰해 우안에서 찾아야 한다는 견해를 버리고 좌안에 옛 성이 있을 것으로 생각하게 됐다.

**14.** 『삼국사기』 「지리지」에서는 백제의 지명 열이현悅已縣을 들고 "두릉윤성, 또는 두갑성, 또는 윤성이라고도 한다一云豆陵尹城, 一云豆串城, 一云尹城"고 주석을 달았는데 두릉윤성은 문제의 두량윤성과 통한다. 그러나 열이현은 「지리지」(권36) 부여군 조에서 "열성현은 본래 백제의 열이현인데 경덕왕이 이름을 고쳤다. 지금의 정산현悅城縣, 本百濟悅已縣, 景德王改稱. 今定山縣"이라고 했다. 정산현은 부여 북쪽에 있는 지금도 같은 지명이므로 두릉윤성이 열이현이라고 하면 문제의 두릉윤성과는 방향이 완전히 다르다. 그런데 진례군進禮郡 조에서 "이성현은 본래 백제의 두시이현伊城縣, 本百濟豆尸伊縣"이라고 해서(현의 위치는 전라북도 금산錦山 동남쪽 60리[23.6킬로미터]다) 열이현의 주석과 상당히 비슷한 것을 보면 이 주석을 그대로 믿기는 어렵다고 생각된다.

**15.** 당의 조위사가 전왕을 제사한 것은 그해 안의 일이었지만 책봉 의식은 해가 바뀌기를 기다려 거행됐다. 책봉과 관련해서는 「신라본기」 2년 정월 "당 사신은 객관에 머무르다가 이때 이르러 왕을 개부의동삼사·상주국·낙랑군왕·신라왕에 책봉했다唐使臣在館, 至是册命王爲開府儀同三司·上柱國·樂浪郡王·新羅王"고 했다.

**16.** 그 이전 소정방의 행동은 『자치통감』 용삭 원년(661) 8월 조에서 "소정방은 패강에서 고구려를 격파하고 여러 번 싸워 모두 이겨 마침내 평양성을 포위했다蘇定方破高麗於浿江, 頻戰皆捷, 遂圍平壤城"고 했고 그 귀환은 같은 해 2월 "좌효위장군 백주자사 옥저도총관 방효태는 사수 가에서 고구려와 싸웠지만 패배해 그 아들 13명과 함께 전사했다. 소정방은 평양을 포위했는데 오랫동안 함락되지 않았다. 마침 큰 눈이 내리니 포위를 풀고 돌아갔다左驍衛將軍·白州刺史·沃沮道摠管龐孝泰, 與高麗戰於蛇水之上, 軍敗, 與其子十三人皆戰死. 蘇定方圍平壤, 久不下, 會大雪, 解圍而退"고 했다. '蛇水'는 '虵水'로도 씌어 있고 평양성 동북쪽에서 대동강과 합류하는 합장강合掌江의 당시 이름이다(池內宏, 「唐の高宗の高句麗討滅の役と卑列道·多谷道·海谷道の稱」, 3장. 이 책 수록).

17. 이 도독부는 웅진도독부지만 현경 5년(660) 설치된 5도독부 가운데 하나는 아니다. 자세한 사항은 다음 장 2절에서 서술.

18. 陸地測量部 印行 特殊地形圖, 扶餘號 참조.

19. 앞서 서술한 것처럼 『통감』에 웅진으로 돼 있고 '강'자는 없는 것을 따르려고 한다 (1장 3절 참조). 다음에 인용한 「김유신열전」의 기사를 참조하는 것이 좋다.

20. 5만분의 1 실측도, 부여호 참조.


## [부기 2]

1. 竹內榮喜, 「太宰府を中心とする築城施設の考察」, 『雜誌歷史地理』 51권 5호.

2. 『천지상서지』의 맹약문은 內藤虎次郎, 「近獲の二三史料」(『藝文』, 제1년 제3호) 참조.

3. 『책부원귀』 권36, 제왕부帝王部 36, 봉선 제2.

4. 「유인원열전」에서는 다음과 같이 설명했다. "부여용은 부여융의 동생이다. 이때 왜국에 피신해 있었는데 부여풍과 협력할 것으로 판단됐기 때문에 유인궤는 표문에서 언급한 것이다扶餘勇者, 扶餘隆之弟也, 是時走在倭國, 以爲扶餘豊之應, 故仁軌表言之." 『일본서기』 덴지 천황 3년(인덕 원년, 664) 3월 "백제왕 선광왕을 나니와에 거주하게 했다以百濟王善光王, 居于難波"고 한 선광왕은 이 부여용이 아닐까 생각된다.

5. 『구당서』 「유인궤열전」.

6. 池內宏, 「唐の高宗の高句麗討滅の役と卑列道·多谷道·海谷道の稱」, 98~102쪽(이 책 수록 논문 3장). [보주] 이 부분의 서술은 그 뒤 연구에 따라 조금 견해를 고쳤다. 池內宏, 같은 논문, 『滿鮮地理歷史硏究報告』 16책, 5장 1절 참조.

7. 池內宏, 같은 논문, 102~103쪽(이 책 수록).

8. 같은 논문, 103~105쪽.

9. 같은 논문, 106쪽 이하.

10. 같은 논문, 105~106쪽.

11. 池內宏, 「高句麗滅亡後の遺民の叛亂及び唐と新羅との關係」, 55~72쪽. 이 책 수록 논문 2장.

12. 이 원주는 본문 기사의 출처를 보여주는 것으로 "이것 또한此亦"은 『일본서기』 스이코推古 천황 15년(607) 슈호우周鳳의 안문按文을 가리킨다. 그는 "해 뜨는 곳의 천자日出處天子"라고 한 국서의 문제와 관련해 다음과 같이 말했다.

그뒤 40대 고토바 천황後鳥羽天皇 때 송에서 상객 손준명·정청 등을 보내 서신을 전달했다. "너희 동이의 우두머리는 참으로 일본밖에 없으니 사람들은 겸손한 기풍을 숭상하고 땅은 진기한 물산이 풍족하다. 전에는 조공을 바치고 밝은 시대에 귀순했지만 그뒤 관계가 소원해져 찾아오는 의리를 오랫동안 실천하지 않았다. 환한 해를 만났으니 사대의 정성을 다하라." 여러 가문에게 옛 사례를 고찰해 기록된 것을 아뢰게 했다. 겐에이 원년(1118) 4월 25일 나카하라 조신 사안, 같은 씨의 광충, 기요하라 진인 신준, 나카하라 조신 사원, 같은 씨의 광종 등 5명이 『일본서기』의 스이코기와 『경적후전기』를 인용했다. 按却後四十代鳥羽院朝, 宋國附商客孫俊明·鄭清等寄來之書曰, 矧爾東夷之長, 實惟日本之邦, 人崇謙遜之風, 地富珍奇之産. 曩修方貢, 歸順明時, 隔闊彌年, 久缺來王之義, 遭逢熙日, 宜敢事大之誠, 云云. 命相諸家考舊例, 各奏所記, 就中元永元年四月二十五日, 中原朝臣師安·同氏廣忠·清原眞人信俊·中原朝臣師遠·同氏廣宗五人, 同引日本書紀內推古記, 又引經籍後傳記曰, (…).

또 고토바 천황 겐에이 원년 조에도 다음과 같은 기사가 있다.

송에서 상객 손준명·정청 등을 보내 서신을 전달했다. "너희 동이의 우두머리는 (…) 사대의 정성을 다하라." 그 서신에서는 옛 사례가 있는지 여러 가문에게 검토하게 했다, 4월 27일 종4위 상행 식부대보 스가와라노 아리요시가 수·당 이후 보내온 서신을 검토했다. 宋國附商客孫俊明·鄭清等寄來之書曰, 矧爾東夷之長, (…) 宜敢事大之誠云云. 此書叶舊例否, 命諸家勘之. 四月二十七日, 從四位上行式部大輔菅原在良, 勘隋唐以來獻本朝書例曰, (…)

슈호우가 이용한 옛 기록은 나카하라中原·기요하라清原 등의 여러 가문에 전해져 온 것이었다.

13. 池內宏, 「高句麗の五族及び五部」, 27~28쪽(『만선사 연구』 1권 수록 논문 3장).

14. 1장 6절 참조.

15. 池內宏, 「高句麗滅亡後の遺民の叛亂及び唐と新羅との關係」, 96쪽 이하. 이 책 수록 논문 4장 이하.

**[부설附說] 백강과 탄현에 대해**

1. 이 짧은 논문은 앞 논문의 초고를 수정하면서 다른 잡지에 실으려고 따로 작성한 것 인데, 여기에 첨부하는 것이 편리하다고 생각돼 중복되는 부분은 있지만 그렇게 했다.

2. 池內宏, 「高句麗の五族及び五部」, 20~21쪽(『만선사 연구』 1권 수록).

3. 津田左右吉, 「百濟戰役地理考」, 250쪽.

4. 小田省吾, 『朝鮮史大系』, 上世史, 194쪽의 1 2.

5. 『일본서기』 유랴쿠雄略 천황 21년(477) 백제 문주왕이 수도를 웅진으로 옮긴 사실을 서술했다. " 천황은 백제가 고구려에게 패배했다는 소식을 듣고 구마나리를 문주왕 에게 줘 그 나라를 구원해 일으키게 했다天皇聞百濟爲高麗所破, 以久麻那利賜汶洲 王. 救興其國."

6. 池內宏, 高句麗滅亡後の遺民の叛亂及び唐と新羅との關係」, 100~102쪽. 이 책 수록, 4장.

7. 『동사강목』 권4, 상.

8. 津田左右吉, 「百濟戰役地理考」, 248쪽.

9. 大原利武, 「百濟の要害地炭峴に就て」, 『朝鮮』 89.

10. 大原利武, 「朝鮮史講座」, 『朝鮮歷史地理』, 99~90쪽.

11. 小田省吾, 『朝鮮史大系』, 上世史, 225쪽.

12. 이 논문 2장 2절 참조.


**3편 당 고종의 고구려 원정과 비열도·다곡도·해곡도의 이름**

1. 아래 기사는 앞서 인용한 『신·구당서』 기사에 해당하는 『자치통감』의 기사를 가져온 것이다.

> 「신라본기」 4월: 천존의 아들 한림과 유신의 아들 삼광은 모두 나마로서 당에 들 어가 숙위했다. 왕은 백제를 평정한 뒤 고구려를 멸망시키려고 당에 군사를 요청했 다. 겨울 12월, 당은 이적을 요동도 행군대총관으로 삼고 사열소상 백안륙과 학처 준을 부관으로 삼아 고구려를 공격했다. 天存之子漢林·庾信之子三光, 皆以奈麻入 唐宿衛. 王以旣平百濟, 欲滅高句麗, 請兵於唐. 冬十二月, 唐以李勣爲遼東道行軍大 摠管, 以司列少常伯安陸·郝處俊副之, 以擊高句麗.

**2.** 「신라본기」 태종 무열왕 7년(660) 9월.

**3.** 「신라본기」 문무왕 11년(671).

**4.** 『자치통감』 총장 원년(668) 정월.

**5.** 9월 21일은 평양성이 함락된 날짜를 보여주는 것으로 생각되므로 이것은 『신·구당서』의 본기와 『자치통감』의 기록에 따라 12일(계사일)로 고쳐야 한다.

천남산에게는 남생처럼 『당서』에 독립된 열전이 없지만 최근 남생의 묘지墓誌와 함께 남산의 묘지가 낙양 부근 그의 무덤에서 발견돼 그의 경력 — 주로 관력이지만 — 이 좀더 명확해진 것은 기쁜 일이다. 묘지에서 "당이 먼 변방에 책봉해 도성을 지키지 못했으며 맥궁과 싸리나무 화살을 바쳤다. 그는 총장 원년(668) 당의 관직을 받았다唐封遠曁, 漢城不守, 貊弓入獻, 楛矢來王. 君以摠章元年, 襲我冠帶"고 한 것은 남산이 이적의 군대에 항복한 것을 서술한 것으로 측천무후 대족大足 원년(장안 원년, 701)까지 살아 있었다는 것도 이 묘지에 따라 알 수 있다. 묘지는 베이징대학 연구소에 소장돼 있다.

**6.** 대성산大聖山(大城山)은 구룡산九龍山이라고도 한다. 『동국여지승람』(권51) 평양부, 산천 조에서 "구룡산은 부 북쪽 20리에 있는데 대성산·노양산이라고도 한다九龍山在府北二十里, 或云大城山, 或云魯陽山"고 했다. 『세종실록』 「지리지」에서도 "대성산은 부 북쪽에 있는 구룡산·노양산이라고도 한다"고 했다(『고려사』 「지리지」의 내용도 같다). 대성산은 글자 그대로 옛 성이 있어 붙여진 이름으로 오늘날 '大聖山'이라고 하는 것은 달리 표기된 것으로 여겨진다. 또 이 산의 다른 이름인 노양산은 『통전』(권186, 변방 2) 고구려 장에서 "평양성 동북쪽에 노양산이 있고 노성이 그 위에 있다平壤城東北有魯陽山, 魯城在其上"고 했으므로 영류산과 함께 고구려 때의 옛 이름으로 여겨진다. '영류嬰留'는 고구려 마지막 왕 보장왕 앞에 재위한 왕의 이름이므로 산 이름과 관계가 있을지도 모르지만 다른 기회에 살펴보겠다.

**7.** 비열홀(비열성)의 연혁은 신라의 동북 경계를 연구한 다른 논문에서 서술했다(「眞興王の戊子巡境碑と新羅の東北境」, 4장. 이 책 수록).

**8.** 비열홀주를 다시 설치한 사정과 연정토의 투항에 따라 신라의 소유가 된 12성에 대해서는 「眞興王の戊子巡境碑と新羅の東北境」, 4장에서 서술했다(이 책 수록).

**1.** 『東洋學報』17권 1호, 1928년 4월. 이 책 수록.

**2.** '전錢'은 '천泉'과 발음이 상통하지만 『삼국사기』 「신라본기」 문무왕 6년(666) "고구려의 높은 신하 연정토高句麗貴臣淵淨土"라고 한 연정토는 『신당서』(권220) 「고려열전」에 "개소문의 동생 정토蓋蘇文弟淨土"라고 보이므로 '연淵'도 성이다.

조선 후기의 역사가 안정복은 천·연 두 글자의 관계를 다음과 같이 설명했다(『동사강목』 부록, 권 상, 고이考異).

> 「신라기」(『삼국사기』 「신라본기」)에서 "고구려의 높은 신하 연정토가 투항했다"고 했고 『통고』(『문헌통고』)에서 "정토는 소문의 동생"이라고 했다. 그렇다면 그 성은 '연'이 분명하다. 당에서는 고조의 휘를 피해 '연'을 '천'으로 썼으니 '도연명陶淵明'을 '천명泉明'으로 쓴 것 같은 데서 알 수 있다. 新羅記云, 高句麗貴臣淵淨土來降. 通考云, 淨土蘇文之弟. 然則其姓淵明矣. 唐避高祖諱, 以淵爲泉. 如以陶淵明爲泉明, 可知矣.

이것은 따를 만한 견해로 '전錢'에도 해당된다. 『일본서기』(권24) 고교쿠皇極 천황 원년(당 정관 16년, 624) 고구려 사신의 말을 다음과 같이 실었다.

> 대신 이리가수미가 대왕을 살해하고 이리거세사 등 180여 명을 죽인 뒤 왕의 동생의 아들을 왕으로 삼고 자신과 같은 성씨인 도수류금류를 대신으로 삼았다. 大臣伊梨柯須彌殺大王, 幷殺伊梨渠世斯等百八十餘人, 仍以弟王子兒爲王, 以己同姓都須流金流爲大臣.

이것은 개소문이 영류왕을 시해하고 보장왕을 옹립한 것을 서술한 것인데, 개소문의 본래 성이 '연'이므로 '가수미柯須彌'는 '개소문'의 다른 표기이며 '이리伊梨'의 발음이 '연淵'과 가깝다는 것을 인정해야 한다.

**3.** 『자치통감』(권200~201) 용삭 원년(661) 4월·8월·9월 및 2년 2월의 여러 기사.

**4.** 『책부원귀』 권36, 제왕부 36, 봉선 2.

**5.** 『구당서』 「고종본기」.

**6.** 「천남생 묘지」는 낙양 망산의 남생 묘에서 나왔는데 중화민국 동남대학 교수 유익모 씨는 『사지학보』(3권3기)에서, 일본의 고 나이토 도라지로 박사는 『독사총록讀史叢錄』에 실린 논문 「최근 입수한 두세 가지 사료近獲の二三史料」에서, 고 이나바 이와 키치 박사는 『조선사강좌』(15호)에서 그것을 소개했다. 모두 원래 탁본의 사진을 실었다. 『조선사』 제2편, 도판 2도 함께 참고할 만하다.

**7.** 'ㄱ'음이 'ㅅ'음과 서로 통하는 좋은 사례는 신라의 17관등 가운데 1위인 이벌찬의 다른 표기가 이벌간伊罰干=우벌찬于伐湌=각간角干=각찬角粲=서발한舒發翰=서불한舒弗邯인 것에서 볼 수 있다(『삼국사기』 권38, 「직관지」).

**8.** 『책부원귀』 권986, 외신부 31 정토征討 2.

**9.** 『신당서』 권110, 「천남생열전」.

**10.** 『滿洲歷史地理』 권1 383~385쪽.

**11.** 4장 1절 참조.

**12.** 池內宏, 「曹魏の東方經略」(『만선사 연구』 1권 수록).

**13.** 개소문의 동생 정토는 땅을 바쳐 항복하겠다고 당에 알렸지만 실행하지는 않고 그해 신라에 투항했다.

『삼국사기』 「신라본기」 문무왕 6년(건봉 원년, 666): 고구려의 높은 신하 연정토가 12성 763호 3543명을 이끌고 와서 항복했다. 연정토와 그를 따라온 신하 24명에게 옷과 식량과 집을 주고 수도(경주)와 주·부에 안치시켰다. 그 성들 가운데 8곳은 온전했는데, 모두 군사를 보내 지켰다.

'연'은 정토의 성으로 '천泉'과 발음이 통한다. 정토가 갖고 항복한 12성의 위치는 신라와 경계를 맞댄 철령(함경남도) 남쪽 지방이다(池內宏, 「眞興王の戊子巡境碑と新羅の東北境」, 41~42쪽. 이 책 수록). 이처럼 정토는 일단 신라에 투항했지만 다시 2년 뒤 본국 고구려가 멸망하기 전 당에 투항했다. 그것은 『삼국사기』 「신라본기」 문무왕 8년(당 총장 원년, 668) 봄 "원기를 보내 연정토와 함께 당에 들어가게 했는데 연정토는 돌아오지 않고 머물렀으며 원기만 돌아왔다"고 한 것에 따라 알 수 있다.

**14.** 4장 1절 참조.

**15.** 『책부원귀』 권986, 외신부 31 정토 5.

**16.** 『東洋學報』 1권 1호, 1928년 4월. 이 책 수록.

**17.** 3장의 '을乙' 참조.

**18.** 『滿洲歷史地理』 권1 389~392쪽.

**19.** 같은 논문, 235쪽.

**20.** 「安東都護府考」 부록 「高句麗時代の新城·木底城及び南蘇城について」, 『滿鮮地理歷史研究報告』 1책, 96쪽.

**21.** 『滿洲歷史地理』 권1 96~98, 232쪽.

**22.** 渡邊三三, 『撫順史話』.

**23.** 앞서 인용한 고종 영휘 6년(655) 전쟁에 관련된 『구당서』 「정명진열전」에서는 "다시 군사를 이끌고 귀단수에서 고구려군을 격파하고 신성을 불태웠으며 매우 많은 사람을 죽이거나 사로잡았다"고 했다. 『자치통감』에서는 그것을 5월 임오일에 연결시켰다. "정명진 등은 요수를 건넜다. 고구려는 그들의 군사가 적은 것을 보고 성문을 열고 귀단수를 건너 맞아 싸웠다. 정명진 등은 열심히 싸워 크게 격파하고 1000여 명을 죽이거나 사로잡았으며 바깥 성벽과 마을을 불태우고 돌아왔다." 호삼성은 "귀단수는 신성 서남쪽에 있어야 할 것으로 판단된다"고 주석했다. 이런 자료들을 참조하면 『통감』에서 "성문을 열었다"고 한 것은 신성(북관산성)에 웅거한 고구려군의 행동에 관련된 표현이며, 귀단수라고 부른 하천은 북관산성에서 남쪽으로 20정(2.2킬로미터)쯤 떨어진 혼하에 비정해도 문제가 없을 것으로 생각된다.

영휘 6년(655) 다음에 이뤄진 현경 3년(658) 전쟁에 대해서는 『신당서』(권111) 「설인귀열전」에서 "현경 3년 부장 정명진에게 조서를 내려 요동을 경략케 하니 귀단성에서 고구려를 격파하고 3000명을 죽였다詔副程名振, 經略遼東, 破高麗於貴端城, 斬首三千級"고 했고 ―『구당서』(권83) 「설인귀열전」에는 현경 2년에 거의 같은 기록이 있지만 이 날짜가 정확하지 않다는 것은 『통감』을 참조해 알 수 있다. 여기서 귀단성의 이름이 보이는데, 이것은 본래 귀단수와 관계된 성의 이름으로 신성밖에 될 수 없다고 생각된다. 그러나 「정명진열전」과 『통감』의 기사에 따라 귀단수와 혼하는 일단 비정할 수 있지만, 『통감』에서 "정명진 등은 요수를 건넜다"고 한 것은 정명진이 고구려군과 귀단수에서 싸우기 직전의 행동으로 보인다는 것을 간과해서는 안 된다.

『전한서』 「지리지」(권28 하, 원도군 고구려현 주석)의 요수와 『수경주』(권14)의 소요수小遼水 ― 혼하의 이름인 대요수와 상대되는 것 ― 는 모두 혼하와 그 상류의 한 지류인 소자하를 가리키는 것으로 당대唐代에도 마찬가지였다는 것은 건봉 원년(666) 전쟁과 관련해 『신당서』(권109) 「계필하력열전」에서 "고구려군 15만 명이 요수

 만선사 연구 2권

에 주둔하고 말갈 수만 명을 이끌고 남소성에 웅거했다. 계필하력은 분발해 공격해 모두 크게 무찔렀다高麗有衆十五萬, 屯於遼水, 又引靺鞨數萬據南蘇城. 何力奮擊, 皆大破之"고 했고『신당서』(권110) 같은 열전에서도 동일한 사실을 수록한 데서 분명히 알 수 있다. 그렇다면『통감』의 요수를 혼하에 비정할 수 있고, 귀단수는 신성에 가까운 다른 하천이 아닐까 생각되기도 한다. 그리고 북관산성 동쪽 면에는 북방회원보 방면에서 흘러와 혼하와 합류하는 이름 없는 작은 하천이 있으므로『통감』기사에 얽매여 그것을 귀단수로 비정하는 주장이 나올 수도 있다. 그러나 이 하천은 아군과 적군의 군사 행동을 좌우할 수 없을 정도로 작기 때문에 그것에 따라 부근의 한 성이 귀단성으로 불렸다고 볼 수도 없다.

한편 요수는 정관 19년(645) 태종의 친정에 관련된『통감』의 기사에서 "이세적은 통정(신민新民 부근?)에서 요수를 건넜다"고 했는데, 이 요수는 말할 것도 없이 지금의 요하 — 한·위대의 대요수 — 다. 그렇다면 정명진이 건넌 요수도 그가 요동으로 진군했음을 의미하는 것으로 그것은 요하에 비정해야 하므로 그 뒤 고구려군과 싸운 귀단수도 신성 앞에서 건넌 혼하가 돼야 한다. 요수라는 이름은 요하와 혼하에 모두 적용돼 매우 혼동되기 때문에 적어도 신성 부근에서는 혼하를 귀단수로 부르기도 했다고 생각된다.

24. 池內宏,「玄菟郡の屬縣高顯の遺址」,『考古學雜誌』31권 2호, 66~68쪽, 1941년 2월 참조(『만선사 연구』1권 수록).

25. 『滿洲歷史地理』권1 96~98쪽.

26. 八木奘三郎,『續滿洲舊蹟志』, 1929, 111~114쪽.

27. 渡邊三三,『撫順史話』;渡邊三三·齋藤武一,「滿洲國撫順の古瓦に就て」,『考古學雜誌』29권11호, 1939년 11월.

28. 池內宏,「撫順の史蹟」,『考古學雜誌』30권 7호, 492~494쪽, 1940년 7월(『만선사 연구』1권 수록).

29. 나는『만선지리역사연구보고』16책에 이 논문을 발표한 뒤 다시 동진 초 요동군과 현도군을 연구해 조금 막연하게 느꼈던 고구려의 현도군 점령 사정을 충분히 밝힐 수 있게 됐다. 동진 원제 대흥 2년(동진 건국 2년 뒤, 319)에는 진의 평주자사 최비崔毖가 고구려·단씨段氏·우문씨를 설득해 모용외를 무너뜨리려고 한 사건이 있었지만 실패로 끝나면서 요동군과 현도군은 모두 모용외의 소유로 돌아갔다. 그리고 성제 함화 8년(333) 모용외가 죽자 이 두 군은 요서 본토와 함께 다음 국왕인 모용황에게

계승됐지만, 그해 모용황의 동생 모용인이 요동을 거점으로 반란을 일으키면서 그 뒤 2~3년 동안 요동은 전란에 휩싸였다. 고구려가 현도군을 무너뜨려 점령한 것은 이 사이인 함화 9년(334)인 것 같고 이듬해(함강 원년, 335) 새로 신성을 건설했다. 이 일은 요즘 따로 쓴 「진대의 요동晉代の遼東」 ─ 내년 봄 창간되는 『제국 학사원 기사 帝國學士院紀事』 1권 1호에 실릴 예정이다 ─ 에서 자세히 서술했다. 참조해주시기 바란다(『만선사 연구』 1권 수록).

**30.** 『滿洲歷史地理』 권1 383~385쪽.

**31.** 「安東都護府考」 부록 「高句麗時代の新城・木底城及び南蘇城について」, 91~100쪽.

**32.** 『翰苑』(京都帝國大學景印本) 권30, 21쪽.

**33.** 內藤虎次郎, 『한원』 발문.

**34.** 今西春秋, 「高句麗の南北道と南蘇・木底」, 『靑丘學叢』 22, 1935.

**35.** 이 논문의 인쇄・교정을 진행하던 중 일만문화협회에 관련된 일로 만주를 방문해 신경으로 가다가 9월 9일 봉천에서 묵을 수 없어 무순에서 숙박했는데, 이튿날 와타나베 산조 씨는 1년 반 전 자신이 조사한 목기 근처에 고구려식의 큰 산성이 있다는 것을 알려주고 10만분의 1 지도에서 그 대체적인 윤곽을 표시해 줬다. 그것에 따르면 산성은 목기 서남쪽 10리(3.9킬로미터) 쯤, 곧 목기에서 소자하를 건너 수수보자水手堡子 부락을 지나 서북쪽으로 향해 사르후 방면으로 가는 대로의 오른편에 있었으며, 입구는 서남쪽에 있었다. 이것은 수수보자 고구려산성(봉천성奉天省 흥경현 관내)이라고 부를 만하고 목저성 터가 분명하다고 생각된다.

**36.** 제2현도군의 관할구역은 대체로 소자하 유역을 벗어나지 않았다는 것은 池內宏, 「樂浪郡考」, 『滿鮮地理歷史研究報告』 16책, 附說 「遼東の玄菟郡と其の屬縣」, 65쪽 이하 참조(『만선사연구』 1권 수록).

**37.** 이적은 부여성 공격에는 관여하지 않았다. 그 일은 뒤에서 서술하겠다.

**38.** 「隋唐二朝高句麗遠征の地理」, 『滿洲歷史地理』 2권6편, 401~402쪽.

**39.** 「高句麗時代の新城・木底城及び南蘇城について」, 1~100쪽 ; 「勿吉考」 附錄, 「扶餘城について」, 31쪽.

**40.** 나는 와타나베 산조 씨의 호의로 그를 따라 1938년 5월 사르후고성을, 1940년 10월 (무순을 조사하는 동안) 철배산을 다녀왔다.

**41.** 이 도독부가 당이 백제를 멸망시킨 뒤 설치한 웅진도독부라는 것은 「百濟滅亡後の動亂及び唐・羅・日三國の關係」, 『滿鮮地理歷史研究報告』 14책 2장 2절에서 자세히

설명했다(이 책 수록).

**42.** 島田好, 「高句麗の安市城の位置に就て」, 『歷史地理』 49권 1호, 1927, 1 ; 八木 三郞, 『續滿洲舊蹟志』, 1929, 67~75쪽.

**43.** 「安東都護府考」 부록 2 「橫山·銀城·後黃及び三國史記地理志の記載について」, 『滿鮮地理歷史硏究報告』 1책, 101쪽.

**44.** 권985, 외신부, 정토 4.

**45.** 『滿洲歷史地理』 권2, 297~305쪽.

**46.** 개모성은 그동안 지금의 개평으로 봐 왔지만 고 마쓰이 히토시 씨는 가탐의 『도리기』를 근거로 그것을 거부하고 신성을 지금의 봉천 부근으로 보면서 "개모는 지금의 봉천과 요양의 중간쯤에 있는 십리하十里河 근처가 아닐까 생각된다"고 했다(『滿洲歷史地理』 권1 394쪽). 그런데 몇 년 전 소노다 카즈키園田一龜 씨가 새로운 견해를 제시했다(「高句麗の蓋牟城に就て」, 『稻葉博士還曆紀念滿鮮史論叢』, 492쪽 이하). 그는 가탐의 『도리기』에서 개모성과 신성을 안동도호부(지금의 요양) 동북쪽에 있다고 한 것, 『구당서』(권77) 「위정韋挺열전」에서 정관 19년(645) 전쟁에서 개모성이 함락된 뒤 그 진장으로 임명된 위정의 활동과 관련해 "위정이 성을 지켰다. 대군과는 아주 멀리 떨어져 있었지만 고구려의 신성과는 인접해 밤낮으로 전투해 북과 함성 소리가 끊이지 않았다挺城守. 去大軍懸遠, 與高麗新城隣接, 日夜戰鬪, 鼓譟之聲不絶" — 『신당서』(권98)의 같은 열전도 거의 같다 — 고 서술한 것, 와타나베 산조 씨의 발견으로 북관산성이 신성에 비정된 것, 무순의 고성자 노천굴에는 최근까지 토성이 남아 있었다는 것 등을 주요한 논거로 삼아 『심양현지瀋陽縣志』(권10, 고적 8)에 "고구려 옛 성이 현성 동쪽 75리에 있다. 둘레가 4리고 동·서쪽에 문이 두 개 있는데 고구려 때 축조한 것이라고 한다. 지금은 무너졌다高麗古城在縣城東七十五里, 有古城, 周圍四里, 東西二門, 相傳爲高麗所築. 今圮"고 기록된 이 토성을 옛 개모성에 비정했다. 나는 이 견해에 찬성한다.

**47.** 『滿洲歷史地理』 권1 383~385쪽.

**48.** 같은 책, 392~394쪽.

**49.** 島田好, 「高句麗の安市城の位置に就て」, 『歷史地理』 49권 1호, 1927, 1 ; 八木奘三郞, 『續滿洲舊蹟志』, 1929, 67~75쪽.

**50.** 위와 같음.

**51.** 봉천 동남쪽 70리(27.5킬로미터) 쯤에 있는 봉집보奉集堡 서북쪽의 탑산塔山 — 안

봉선安奉線의 진상둔역陳上屯驛 근처 — 에 고구려 때의 옛 산성이 있다. 이것은 봉천의 구로다 겐지黑田源次 박사 등의 조사에 따라 알려진 사실로 그때 수집된 유물은 봉천 국립박물관에 소장돼 있다. 아직 보고서가 발표되지 않았지만 나는 작년(1940년) 가을 무순의 고적을 조사했을 때 박물관을 방문해 그 일을 알았고 유물도 봤다. 봉집보는 남부 태자하 중류의 연주성(암주성巖州城 터)에 해당하는 요지이므로 여기에 고구려의 산성이 있다면 앞의 추측에 대해 횡산성에 비정할 수 있는 옛 성의 후보가 될 수 있지 않을까? 일단 서술해 뒤의 연구에 제공한다.

52. 「高句麗滅亡後の遺民の叛亂及び唐と新羅との關係」 6장 참조(이 책 수록).

53. 『東洋學報』 17권 1호, 1928년 4월. 이 책 수록.

54. 『책부원귀』 권986.

55. 『삼국사기』 「신라본기」 문무왕 7년(667).

56. 池內宏, 「唐の高宗の高句麗討滅の役と卑列道·多谷道·海谷道の稱」(이 책 수록).

57. 위와 같음.

58. 위와 같음.

59. 「勿吉考」 附錄, 「扶餘城について」.

60. 池內宏, 「樂浪郡考」(『만선사 연구』 1권 수록).

61. 池內宏, 「曹魏の東方經略」(『만선사 연구』 1권 수록).

62. 池內宏, 「扶餘考」 3장(『만선사 연구』 1권 수록).

63. 위와 같음.

64. 위와 같음.

65. 池內宏, 「勿吉考」 1장.

66. 이 고구려의 장성은 함흥의 동해안에서 시작돼 한반도 북부의 산지를 가로질러 압록강 입구 부근에서 끝나는 고려시대의 유명한 관방關防(장성)과 거의 같은 것으로 그 선구가 된 것으로 생각된다. 다만 그렇게 생각할 때 방위에 의문이 생기지만 "동북쪽으로 부여성부터"라는 구절의 '동북쪽'은 고구려에서 본 방위고 "서남쪽으로 바다에 이른다"고 한 '서남쪽'은 요동 중심의 방위로 볼 수도 있다.

67. 池內宏, 「眞興王の戊子巡境碑と新羅の東北境」, 30~31쪽 참조(이 책 수록).

68. 4장 1절 참조.

69. 4장 1절 참조.

70. 池內宏, 「唐の高宗の高句麗討滅の役と卑列道·多谷道·海谷道の稱」, 3장(이 책 수록).

**71.** 위와 같음.

**72.** 위와 같음.

**73.** 위와 같음.

**74.** 『자치통감』 권201 총장 원년(668) 2월;『신당서』 권220, 「고려열전」, 같은 해 같은 달.

**75.** 『구당서』 권199, 상, 「고려열전」.

**76.** 『신·구당서』「고종본기」;『자치통감』.

**77.** 4장 2절 참조.

**78.** 池內宏,「高句麗滅亡後の遺民の叛亂及び唐と新羅との關係」, 2장과 3장(이 책 수록).

**79.** 같은 논문, 4장.

**80.** 같은 논문, 5장.

**81.** 「천남생 묘지」.

**82.** 池內宏,「鐵利考」,『滿鮮史硏究』中世 1책, 82~84쪽.


## 5편 고구려 멸망 뒤 유민의 반란과 당·신라의 관계

**1.** 다음에 인용하는 『구당서』「고종본기」에는 2만8200명으로 돼 있다.『통전』(권186)에는 2만8300명, 『당회요』(권95)에는 2만8000명으로 돼 있으므로 『구당서』의 숫자를 채택할 수 있다. 『신당서』「고려열전」에 3만 명이라고 돼 있는 것은 대략적인 숫자를 든 것이 틀림없다.

**2.** 앞뒤의 기사는 모두 『자치통감』에 실려 있지만 이 부분만은 그렇지 않다. 「신라본기」에서는 이 일을 서술하지 않았는데, 그 원래 전거는 신라의 옛 기록으로 생각된다.

**3.** 주 7 참조.

**4.** 『동사강목』 제4, 하.

**5.** 「대동여지도」.

**6.** 池內宏,「唐の高宗の高句麗討滅の役と卑列道·多谷道·海谷道の稱」, 104~105쪽. 이 책 수록 논문 3장.

**7.** 앞서 인용한 「신라본기」에는 "고구려 태□□□연무"라고 해서 '연무' 앞에 세 글자가 빠져 있는데, 처음 두 글자는 연무의 작호인 태대형의 '대형'으로 생각되고 나머지 한 글자는 보장왕 때 사람에 '고연수高延壽'가 있는 것에서 미뤄보면(『신·구당서』「고려열전」 정관 19년) '고'가 아닐까 생각된다. '고'는 고구려의 국성國姓으로 이 글자를

앞에 둔 이름이 많은 것은 말할 것도 없다.

**8.** 『신당서』(권110) 「이근행열전」.

**9.** 권10, 의봉 원년(676) 2월.

**10.** 6장 참조.

**11.** 島田好, 「高句麗の安市城の位置に就て」; 八木奘三郎, 『續滿洲舊蹟志』, 67~75쪽.

**12.** 호로하의 이름은 문무왕이 재위 11년(함형 2년, 671) 설인귀에게 보낸 서신에도 보인다.

> 용삭 2년(문무왕 2년, 662) 정월 유 총관(유인궤)은 신라의 양하도兩河道 총관 김유신 등과 함께 평양으로 군량을 운송했습니다. 당시 궂은비가 한 달 동안 이어지고 눈보라가 쳐 날씨가 몹시 추워 사람과 말이 얼어 죽었기 때문에 가져간 군량을 전달할 수 없었습니다. 평양의 대군(소정방 군)도 돌아가려고 했고 신라군의 양식도 다 떨어졌기 때문에 돌아올 수밖에 없었습니다. 군사들은 굶주리고 추위 손발이 얼고 다쳐 길에서 죽은 사람을 이루 헤아릴 수 없었습니다. 행렬이 호로하에 이르렀을 때 고구려군이 곧 뒤쫓아왔기 때문에 언덕 위에 진을 쳤습니다. 至龍朔二年正月, 劉摠管共新羅兩河道摠管金庾信等, 同送平壤軍粮. 當時陰雨連月, 風雪極寒, 人馬凍死, 所將兵粮, 不能勝致. 平壤大軍又欲歸還, 新羅兵馬, 粮盡亦迴. 兵士饑寒, 手足凍瘃, 路上死者, 不可勝數. 行至瓠瀘河, 高麗兵馬尋後來趂, 岸上列陣.

이것은 문무왕 2년(662) 소정방이 이끈 당군이 평양을 공격할 때 그들에게 양식을 수송한 김유신 등의 행동을 서술한 것으로 다음 기사와 상응한다. 호로하가 과천이나 표하라고도 불렸음을 알 수 있다.

> ·「신라본기」 문무왕 2년. 봄 정월 (…) 왕은 김유신에게 인문·양도 등 아홉 장수와 함께 수레 2000여 대에 쌀 4000석, 벼 2만2000여 석을 딛고 평양으로 가라고 명령했다. (…) 2월 1일 김유신 등은 장새(수안)에 이르렀는데 평양과의 거리가 3만6000보였다. 먼저 보기감 열기 등 15명을 당 군영으로 보냈다. 이날 눈보라가 치고 추워 사람과 말이 많이 얼어 죽었다. 6일 양오(어디인지 알 수 없음)에 이르렀다. 김유신은 아찬 양도·대감 인선 등을 보내 군량을 전달했다. (…) 소정방은 군량을 얻자 곧 전투를 그만두고 돌아갔다. 김유신 등은 당군이 돌아갔다는 소식을 듣고 자신들도 돌아갔다. 과천을 건넜을 때 고구려군이 추격하자 군사를 돌려 싸

워 1만여 명을 죽였다. 春正月 (…) 王命庚信與仁問良圖等九將軍, 以車二千餘兩, 載米四千石·租二萬二千餘石, 赴平壤. (…) 二月一日, 庚信等 (…) 至獐塞, 距平壤三萬六千步. 先遣步騎監裂起等十五人, 赴唐營. 是日風雪寒沍, 人馬多凍死. 六日, 至楊隩. 庚信遣阿飡良圖·大監仁仙等致軍粮. (…) 定方得軍粮, 便罷還. 庚信等聞唐兵歸, 亦還. 渡 川, 高句麗兵追之, 迴軍對戰. 斬首一萬餘級.

·「김유신열전」(중). 김유신은 양오에 진영을 설치하고 중국어를 할 수 있는 인문·양도와 [자신의] 아들 군승 등을 당군 진영에 보내 왕의 뜻으로 군량을 전달했다. 소정방은 군량이 떨어지고 군사들이 지쳐 힘써 싸우지 못했는데 군량을 얻자 곧 당으로 돌아갔다. 양도는 군사 800명을 이끌고 바닷길로 귀국했다. 이때 고구려인들은 군사를 매복시켜 우리 군을 돌아오는 길에서 기다렸다가 공격하려고 했다. 김유신은 (…) 밤에 몰래 이동해 표하에 이르러 신속히 [강을] 건너 언덕에서 군사들을 쉬게 했다. 고구려인들은 그것을 알고 추격해 왔다. 김유신이 만노萬弩를 한꺼번에 발사하게 하자 고구려군이 일단 퇴각했다. 庚信營楊隩, 遣解漢語者仁問·良圖及子軍勝等, 達唐營以王旨餽軍糧. 定方以食盡兵疲, 不能力戰, 及得粮, 便迴唐. 良圖以兵八百人, 泛海還國. 時麗人伏兵, 欲要擊我軍於歸路. 庚信 (…) 夜半潛行至瓠河, 急渡岸休兵. 麗人知之來追. 庚信便萬弩俱發, 麗軍且退.

**13.** 2장 검모잠의 반란 참조.

**14.** 유인궤와 유인원을 혼동한 것에 대해서는 주 15 참조.

**15.** 복신의 난을 평정한 뒤 유인궤와 유인원의 동정은 『구당서』(권84) 「유인궤열전」에 기록돼 있다.

백제 유민의 반란이 모두 평정되자 손인사와 유인원은 군사를 이끌고 돌아갔다. 황제는 조서를 내려 유인궤에게 군사를 거느리고 지키게 했다. (…) 다시 유인원을 보내 군사를 이끌고 바다를 건너 그동안 수비하던 군대와 교대하게 했다. 부여융을 웅진도독으로 임명해 그 남은 백성을 다스리게 했다. (…) 이때 유인궤가 바다를 건너 서쪽으로 돌아왔다.

그러므로 「백제열전」에서 "손인사·유인원 등은 군사를 이끌고 돌아갔다"고 한 다음 "유인궤에게 조서를 내려 유인원을 대신해 군사를 거느리고 지키게 했다"고 한 것은 "유인원에게 조서를 내려 유인궤를 대신해 군사를 거느리고 지키게 했다"는

것의 오류가 분명하다. 그리고 이 오류를 고치면 「신라본기」에서 "당의 칙사 유인
원"이라고 한 것과 부합된다. 『일본서기』를 보면 덴지 천황 3년(664) 5월 갑자일
(17일) "백제 진장 유인원이 조산대부 곽무종 등을 보내 표문을 담은 함과 선물을
바쳤다"고 했다. 덴지 천황 3년은 당 인덕 원년이자 문무왕 4년에 해당하므로 이것
도 『구당서』「백제열전」이 오류임을 증명하는 것이다.

**16.** 주 17 참조.

**17.** 「신라본기」(문무왕 5년, 665) "가을 8월 왕이 칙사 유인원, 웅진도독 부여융과 함께
웅진 취리산에서 맹약했다"고 했으며 그 뒤의 문장은 『책부원귀』와 똑같다. 취리산
의 이름은 『책부원귀』에는 보이지 않지만, 문무왕의 서신(뒤에서 인용)에서 "다시 취
리산에 제단을 쌓아 칙사 유인원과 마주 보고 피를 마시면서 산하를 두고 서로 맹약
했습니다. 경계를 획정하고 표지를 세워 영원히 강역으로 삼아 백성이 살면서 생업을
영위하기로 했습니다"라고 한 것에 의거한 것으로 생각된다. 『천지상서지』(마에다前
田 후작 가문 소장본, 권2)에 실린 맹약문의 이 산의 주석에서 "그 산은 백제 땅에 있
는데 회맹한 뒤 난산을 취리산으로 고쳤다. 지마현에 있다"고 했는데, 회맹하기 전 산
이름은 난산亂山이었음을 알 수 있다.
취리산은 회맹하는 곳의 이름으로는 어울리지 않는 난산을 고친 것으로 생각된다.
또 이 산은 『동국여지승람』(권17) 공주, 고적 조에 "부 북쪽 6리에 있다"고 기록돼 있
으므로 공주와 금강을 사이에 두고 웅진도熊津渡의 북안에 솟은 연미산에 비정된다.
『천지상서지』의 맹약문은 內藤虎次郎, 「近獲の二三史料」(『藝文』, 제1년 제3호) 참조.

**18.** 『구당서』「유인궤열전」에 따르면 유인궤는 인덕 원년(664) 유인원과 교대해 당으로
돌아갔다(주 3 참조). 이듬해 다시 백제로 파견된 것은 『구당서』의 같은 열전과 「백제
열전」 모두 보이지 않지만 그것은 탈루로 생각되는데, 여기서 "유인궤가 지은 글劉仁
軌之辭也"이라고 하고 아래에서 "이때 유인궤가 바다를 건너 서쪽으로 돌아왔다"고
한 것에 따라 분명하다 — 유인궤가 문장에 뛰어났다는 것은 『구당서』 그의 열전에
서 알 수 있다.

유인원이 도성에 도착하자 황제가 말했다. "경이 해동에서 주청한 것들은 모두 적절
했고 문장도 전아했다. 경은 본래 무장인데 어떻게 그럴 수 있었는가?" "유인궤의 문
장은 제가 따라갈 수 없습니다"라고 대답하니 황제는 깊이 감탄하며 유인궤의 관작
을 6단계 높여줬다.

**19.** 『구당서』 「유인궤열전」: 인덕 2년(665) 태산에서 봉제를 올렸다. 유인궤는 신라·백제·탐라·왜 네 나라의 추장을 이끌고 가서 참석했다. 고종은 매우 기뻐하며 대사헌에 임명했다.

**20.** 「신라본기」 문무왕 11년(671) 문무왕이 설인귀에게 보낸 서신.

**21.** 池內宏, 「唐の高宗の高句麗討滅の役と卑列道·多谷道·海谷道の稱」(이 책 수록).

**22.** 천성을 습격한 설인귀가 당에서 출발할 때 함께 온 신라의 유학생 풍훈은 신라에서 처형된 김진주의 아들이다. 지금 이 기사를 문무왕 15년(675) 9월에서 11월 9월로 옮기면 「신라본기」 10년 12월 "한성주 총관 수세가 백제□□□□□□을 차지했다. 마침 그 일이 발각돼 대아찬 진주를 보내 그를 죽였다漢城州摠官藪世, 取百濟□□□□□□國. 適彼事覺, 遣大阿湌眞珠, 誅之"고 한 것과 가까워진다. 아울러 김진주 자신이 처형된 것은 「신라본기」에 보이지 않는다. 기록에 누락된 것으로 생각된다.

**23.** 池內宏, 「唐の高宗の高句麗討滅の役と卑列道·多谷道·海谷道の稱」(이 책 수록).

**24.** 『삼국사기』 「백제본기」 의자왕 20년(660) 조 백강 주석에 "기벌포라고도 한다或云伎伐浦"고 돼 있다.

**25.** 『동국여지승람』(권11) 양주목, 건치연혁.

**26.** 『동사강목』 권4, 하.

**27.** 철관성과 안북하의 관성은 신라 동북쪽 경계의 연혁을 고찰한 졸고 「眞興王の戊子巡境碑と新羅の東北境」 5장에서 자세히 설명했으니 참조하기 바란다(이 책 수록).

**28.** 「眞興王の戊子巡境碑と新羅の東北境」, 4장(이 책 수록).

**29.** 상원 2년(문무왕 15년, 675) 2월 이전이어야 하는 이근행의 매소성 공격은 상원 2년 이후의 일이 분명하다. 『삼국사기』(권43) 「김유신열전」에서 "을해년 당군이 매소천성을 공격했다至乙亥年, 唐軍來攻買蘇川城"고 한 것이 그 증거다. 을해년은 상원 2년이고 매소천성은 매소성이다.

**30.** 시마다 요시 씨가 실제 조사를 바탕으로 한 연구에 따르면 건안성은 개평 동북쪽 15리에 있는 석성산石城山, 일명 고려성자에 비정된다(島田好, 「高句麗の安市城の位置に就て」). 八木奘三郎, 『續滿洲舊蹟志』, 상편, 167쪽도 참조.

**31.** 「安東都護府考」, 64~65쪽.

## 6편 신라인의 무사적 정신

1. 池内宏,「眞興王の戊子巡境碑と新羅の東北境」, 3장(이 책 수록).
2. 『삼국사기』(권4),「진평왕본기」.
3. 『삼국사기』(권45),「귀산열전」.
4. 『고사담古事談』제 4, 용사勇士.
5. 『삼국사기』(권45),「귀산열전」.
6. 『삼국사기』(권42),「김흠운열전」과「김유신열전」.
7. 『삼국사기』(권8)「신문왕본기」.
8. 「김영윤열전」의 내용도 거의 같다.
9. 「관창열전」의 내용도 거의 같다.
10. 『원평성쇠기源平盛衰記』, 권37.
11. 『보원물어保元物語』, 권2,「白河殿攻落事」.
12. 池内宏,「高句麗滅亡後の遺民の叛亂及び唐と新羅との關係」, 3장(이 책 수록).
13. 같은 논문, 5장.
14. 『삼국사기』(권43),「김유신열전」하.


## 7편 신라의 화랑

1. 『史學雜誌』40편 8호(이 책 수록).
2. 『歷史と地理』25권1·3·4·5·6호, 26권1·2·3·4·5호, 27권4·5호.
3. 『史學雜誌』45편 10·11·12호.
4. 『삼국사기』(권4),「신라본기」진흥왕 37년(576).
5. 『설부說郛』, 궁궁 제49.
6. 『대정신수대장경大正新修大藏經』, 권50, 사전부史傳部 2,『해동고승전』, 권1 석법운釋法雲.
7. 진골은 신라의 골품, 곧 혈족에 따른 계급의 하나로 국왕을 배출했다.
8. 급찬은 신라의 17관등 가운데 9번째다.
9. 『삼국사기』(권47),「김영윤열전」.
10. 위와 같음.

**11.** 『삼국사기』(권53), 「김유신열전」 하.

**12.** 『삼국사기』(권48), 「검군열전」.

**13.** 『삼국사기』(권47), 「김흠운열전」.

**14.** 小倉進平, 『郷歌及び吏讀の研究』, 京城帝國大學法文學部紀要 1 172쪽.

**15.** 『가정집』(권5) ; 『동문선』(권72).

**16.** 小倉進平, 『郷歌及び吏讀の研究』, 149쪽.

**17.** 같은 책, 20~24쪽.

**18.** 옥부선인이라는 이름은 다른 자료에서는 보이지 않지만 사선은 각훈의 『해동고승전』
(권1 석 법운)에서 "원랑부터 신라 말에 이르기까지 모두 200여 명인데, 그 가운데
사선四仙이 가장 현명했다"고 한 사선으로 생각된다. 이인로의 『파한집』을 보면 "금
란 경계에 한송정이 있는데 옛날 사선이 놀던 곳金蘭境有寒松亭, 昔四仙所遊"이라고
하고 권 하에서도 사선은 금란에서 유람했고 사선의 비가 있다고 했다.

> 신라의 옛 풍속에는 모습이 아름다운 남자를 선택해 보석으로 장식하고 화랑이라
> 고 부르면서 온 나라 사람들이 받들었다. 그 무리가 3000여 명에 이르러 평원군 ·
> 맹상군 · 춘신군 · 신릉군이 선비를 양성한 것과 같았다. 그 가운데 남달리 뛰어난
> 사람을 뽑아 벼슬을 줬는데 사선의 문도가 가장 많아 비석을 세울 수 있었다. 雞
> 林舊俗, 擇男子美風姿者, 以珠翠飾之, 名曰花郎, 國人皆奉之. 其徒至三千餘人, 若
> 原嘗春陵之養士. 取其穎脫不群者, 爵之朝, 唯四仙門徒最盛, 得立碑.

그리고 사선의 비는 앞서 인용한 이곡의 「동유기」를 보면 지금의 강릉인 금란에 세워졌다.

> 강성江城(강릉)을 나와 문수당을 구경했다. (…) 동쪽에 사선비가 있는데 호종단이
> 물속에 빠뜨려 귀부만 남아 있었다. 한송정에서 이별주를 마셨는데, 이 정자도 사선
> 이 노닌 곳이다.

그렇다면 경문왕 때 금란에서 노닐면서 향가 세 수를 지었다고 한 네 사람의 국선,
곧 『삼국유사』(권2)에 다음과 같이 기록된 요원랑 · 예흔랑 · 계원랑 · 숙종랑은 후대에
사선으로 특히 유명해진 화랑이던 것이다.

> 국선 요원랑 · 예흔랑 · 계원(랑?) · 숙종랑 등은 금란을 유람할 때 임금을 도와 나라

를 다스릴 뜻을 품었다. 그래서 노래 세 수를 짓고 사지 심필을 시켜 침권針卷을 주어 대구화상의 거처에 보내 노래 세 곡을 짓게 했는데, 첫째가 「현금포곡」, 둘째 가 「대도곡」, 셋째가 「문군곡」이었다. 들어가 왕에게 아뢰니, 왕은 크게 기뻐하며 칭찬했다. 노래의 내용은 알 수 없다. 國仙邀元郎·譽昕郎·桂元·叔宗郎等遊覽金 蘭, 暗有爲君主理邦國之意. 乃作歌三首, 使心弼舍知授針卷, 送火炬和尙處令作三 歌, 初名玄琴抱曲, 第二大道曲, 第三問群曲. 入奏於王, 王大喜稱賞. 歌未詳.

**19.** 『삼국유사』(권2), 「명주 오대산 보질도태자 전기溟州 五臺山寶叱徒太子傳記」.

**20.** 三品彰英, 「新羅花郎の源流とその發展」, 1장 花郎源流考, 『史學雜誌』 45편 10호, 1934, 10.

**21.** 三品彰英, 「新羅花郎の源流とその發展」, 2장 3절 花郎女裝考, 『史學雜誌』 45편 11호, 1934, 11.

**22.** 『동사강목』, 4 하, 신문왕 2년 6월.

**23.** 주 18 참조.


## 8편 신라의 골품제와 왕통

**1.** 『사림史林』 7권 1호(1922년 1월)에 실린 이마니시 류 박사의 역작 「신라 골품고」는 기존에 신라의 골품제를 자세히 설명한 거의 유일한 논문이다, 1933년 박사의 유저 遺著 가운데 하나로『신라사 연구』가 발간되면서 그 논문은 미완성인 「신라골품성이 고新羅骨品聖而考」와 함께 실렸다. 나의 이 작은 논문은 앞의 논문에 많은 도움을 받았다.

**2.** 今西龍, 「新羅骨品考」, 『新羅史硏究』, 200~201쪽.

**3.** 『삼국사기』 권44.

**4.** 『삼국사기』 권45.

**5.** 『삼국사기』 권45.

**6.** '말末'을 '영永'으로 잘못 쓴 사례는 1장 첫 부분에서 인용한 「신라본기」의 기록 — 진 덕여왕이 세상을 떠난 부분에 부기된 성골과 진골의 구별 — 에도 있어 '말왕末王'이 라고 해야 할 표현이 '영왕永王'으로 돼 있다. 그리고 한국어에서는 지池·연淵·담潭· 택澤·소沼 등을 '못'이라고 하고 '두頭'를 '머리'라고 하므로 '제상堤上'은 '모말毛末 (모마리毛麻利)'의 의역으로 생각된다.

7.  이 문제는『일본서기』진구황후기의 황후 친정親征의 이야기 전체에 걸친 근본적 비
    판에 관련되기 때문에 발표할 수 있는 자유와 기회를 갖지 못할 것으로 생각된다.

8.  『북제서』(권7), 「무성제武成帝본기」, 하청 4년 2월.

9.  한국어로 '선태蘚苔'는 '이끼'라고 한다. '태종'의 '태'는 '이'를 나타낸 것으로 '태종'은
    '이사부'와 '이종'에 해당한다.

10. 『해동금석원海東金石苑』, 권1.

11. 京都帝國大學文學部 叢書 6, 景印本『삼국유사』.

12. 『설부』, 궁 제49. 『설부』에서 영호징을 송인이라고 한 것은 오류다.

13. 池內宏, 「新羅のに花郎ついて」, 『東洋學報』24권 1호, 1936(이 책 수록).

14. 『삼국사기』(권38), 「직관지」.

15. 1장 참조.

16. 고승 자장의 아버지라고 한 이 호림공은『삼국유사』(권4), 「자장 정률慈藏定律」에서
    는 "대덕 자장은 김씨로 본래 진한의 진골 소판(3급의 관작 이름) 무림의 아들大德
    慈藏金氏, 本辰韓眞骨蘇判(三級爵名)茂林之子"이라고 한 '무림'에 해당한다. '호'나
    '무' 둘 가운데 하나는 오류로 생각된다.

17. 箭內亘, 「蒙古の國會卽ちクリルタイに就いて」, 『蒙古史研究』; 靑木富太郎, 「蒙古のク
    リルタイに就いて」, 『歷史學研究』3권 4호.

18. 『삼국사기』「신라본기」일성이사금 15년(148) 갈문왕 주석에서는 "신라에서는 추봉한
    왕을 모두 갈문왕이라고 했는데 그 뜻은 정확히 알 수 없다新羅追封王, 皆稱葛文王,
    其義未詳"고 했다. 『삼국유사』(권3) 「원종 흥법」 습보갈문왕 주석에서는 "신라인은 추
    봉한 왕을 모두 갈문왕이라고 하는데 그 의미는 사관도 정확히 알 수 없다고 했다羅
    人凡追封王者皆稱葛文王, 其實史臣亦云未詳"고 했다.

19. 문흥대왕의 추봉에 대해서는『삼국사기』태종 무열왕 원년(654) "국왕의 아버지를
    문흥대왕으로 추봉했다追封王考爲文興大王"고 했는데 그 이름은 중국식의 시호 같
    지만『삼국유사』연표에서는 '문흥갈문왕'이라고 한 것을 볼 때 역시 갈문왕이다. 그
    러나 그 뒤 갈문왕의 이름이 역사에 나타나지 않는 것은 그것이 중국식의 시호에 동
    화됐기 때문이다. 박·석·김 세 성이 번갈아 즉위한 시대의 국왕들의 장인·생부·외
    조 등에도 갈문왕이라는 이름이 많이 보이지만 그것은 후대의 조작으로 역사적 사실
    은 아니다. 갈문왕에 대한 자세한 연구는 다음을 참조하라. 今西龍, 「新羅葛文王考」,
    『新羅史研究』; 葛城末治, 「新羅葛文王に就て」, 『東洋學報』13권 4호, 1936.

오래전부터 그 내용이 궁금했던 책을 번역해 기쁘다. 역사학을 공부하면서 놀랐던 일 가운데 하나는 이른바 '식민사학자'들의 면모를 알았을 때였다. 그 용어가 주는 음습한 느낌에서 그들은 악의적인 왜곡을 일삼는 수준 낮은 학자들일 것이라고 생각했다. 그런데 아니었다. 그들은 대부분 적어도 일본을 대표하는 주요 학자들이었다. 그때 얼핏 들었던 이름 가운데 하나가 저자였다.

저자와 관련해 내게 깊은 인상을 준 이야기가 둘 있다. 하나는 대학 때 읽었던 책의 한 부분이다. 그 글을 쓴 분이 한국과 가까운 일본인 역사학자였기 때문에 방금 말한 의외라는 느낌을 크게 받았고 기억에 오래 남았다.

"이케우치 선생은 한국·'만주'의 고대 역사를 강의하셨다. 부여·숙신·물길·한사군·원구元寇(13세기 원 제국의 일본 침략을 가리키는 일본사의 표현) 등의 강의를 들었다고 생각한다. 선생은 개설은 일체 하시지 않고 오로지 개별 연구만 하셨다. 또 연구의 초보적인 것은 강의하시지 않고, 학생들이 이해하건 말건 간에 그런 데에 개의치 않고 강의하셨다. 강의 초고는 깔끔한 문장체의 원고로 되어 있어서, 그대로 논문으로서 발표할 수 있는 것이었다. (…) 선생의 연구에는 독특한 명석함이 있었다. 그것은 사료 비판에 기초를 둔 역사의 재구성이다. 선생은 사료를 그냥 받아들이지 않고 사료의 착오를 항상 적출摘出하여 사료 배후에 있는 사실을 추구했다. 또한 사료에 남아 있지 않은 사실의 존재에도 배려를 했다. 예를 들면 A·B·C·D 네 사료의 기재가 서로 모순되어 사료에 없는 X를 가정한다면 전체가 모순 없이 설명될 수 있는 경우에는 그 X는 사료에 없는 가정이더라도 사실이라고 하는 의미의 말씀을 하셨다. 이것은 합리주의·논리주의라고도 할 수 있는 것으로, 사료주의의 한계를 초월한 것이다. 본디 사료 수집에는 노력을 아끼지 않았거니와, 어느 쪽인가 하면 풍부한 사료가 있는 것보다도 사료가 적은 것에 대해서 논리적 유추를 하는 바에 선생의 장기가 발휘되었다고 생각한다."

_ 하타다 다카시旗田巍, 이기동 옮김, 「한국사 연구를 돌이켜보며」,
『일본인의 한국관』, 일조각, 1983, 278~279쪽.


다른 하나는 최근 읽은 책의 한 부분이다. 일본에서 광개토왕비 연구에 큰 공헌을 한 것으로 평가되는 인물 가운데 미즈타니 데이지로水谷悌二郎(1893~1984)라는 분이 있다. 그는 역사학을 전공하지 않은 재야의 학자였다. 도쿄대학 법학부를 졸업하고 조선은행 경성 본점에서 근무한 은행원이던 그는 본래 동양 고전·금석문 등에 관심이 많아 도쿄대학 문학부 청강생으로 다시 입학해 동양사를 공부했다. 그러면서 우연히 광개토왕비에 관심을 갖게 됐고 그 탁본들을 널리 수집한 끝에 마침내 비에서 직접 뜬 '원석 탁본'을 입수함으로써 그때까지 '석회 탁본'을 중심으로 이뤄지던 비 연구의 흐름을 크게 전환시켰다. 그의 오랜 연구는 1959년 논문 「호태왕비고考」(『서품書品』 100)와 1977년 저서

『호태왕비고』(가이메이쇼인開明書院)로 발표됐다. 지금 우리가 알고 있는 판독문의 정확성이 높아지는 데는 그의 노력이 크게 기여했다고 한다.

"그 뒤까지 미즈타니 씨의 마음에 남아 있던 사람은 한국사의 이케우치 교수였던 것 같다. 이케우치 교수의 독특한 사료 비판과 무단적武斷的으로도 보인 날카로운 추론은 그때는 순순히 따라갈 수 없을 것 같았지만 강의를 들을 때마다 열심히 필기했고, 그 노트를 평생 소중히 간직해 지금도 남아 있다. 특히 광개토왕비를 깊이 연구하게 되면서 자주 이케우치 노트를 다시 읽거나 선생의 관련 논문을 다시 읽었으며 강연회 등에 참석하기도 했다. 일기장에 신문의 부고 기사를 붙인 것은 1952년에 별세한 이케우치 선생의 경우뿐이며, 같은 사례는 달리 없다."
_ 다케다 유키오武田幸男, 『廣開土王碑との對話』, 白帝社, 2007, 225쪽.

대부분의 일처럼 학문도 교류와 소통, 비판과 조정을 거치면서 조금씩 앞으로 나아간다. 비판하려면(또는 인정하려면) 전체를 더 충실하고 더 정확히 알아야 한다. 그런 생각에서 이 번역을 시도해봤다.

처음 하는 일본어 번역이고, 한 세기 전의 글이라 문체나 내용이 모두 어려웠다. 나름대로 최선을 다했지만 내용을 잘못 전달한 것은 없을지 걱정된다. 발견되는 오류는 계속 고쳐가겠다. 쉽지 않은 여건에도 큰 책을 내준 출판사에 감사드린다. 우리 식구들이 각자의 자리에서 열심히 노력하며 행복하게 살아가기를 바란다.

2026년 2월

김범

고현高峴 25~27, 31~32, 35, 43, 93, 100,
　　109, 608, 610
곡나진수谷那晉首 186, 190
골품骨品 534, 563, 572~580, 590~593
공험진公嶮鎭 89, 90, 92~94, 98, 108,
　　606~607, 614
과천 川 470, 628~629
곽대봉郭待封 271~272, 322~323, 338,
　　379, 394~395, 397~398, 416, 418,
　　422~423
곽무종郭務悰 220—244, 227~228,
　　230~233, 235~238, 258~260, 630
관미성關彌城 507
관산성管山城 26
관창官昌 520, 523, 540~541, 545
국내성國內城 53, 67, 290, 295~296, 299,
　　303~304, 308~309, 311~313, 315,
　　317~320, 335, 345, 352, 355~361,
　　371, 373, 376, 378, 380, 383, 385,
　　393, 395, 415, 432, 437, 440
궁모성窮牟城 453, 455, 457, 459
귀산貴山 517~519, 543
귀숭경歸崇敬 534, 588~589
귀실복신鬼室福信 111, 118~121, 124,
　　164, 229, 252~253, 263
규해糾解 169~170, 179~180
금돌성今突城 239~241
금란金蘭 547~549, 560, 565, 633, 634
금마저金馬渚 217, 255, 260, 454, 457,
　　460, 476, 521
금산金山 251~253, 345~351, 356, 358,
　　360, 375~377, 383, 418, 423~424,
　　430, 443~445, 615
기문현己汶縣 206~207
기벌포伎伐浦 128, 130~131, 240~244,

246~249, 487, 489, 631
김대문金大問 272~273, 322, 323, 394,
　　418, 533, 537~538, 540, 542, 545,
　　555~556, 564
김알지金閼智 584~585
김유신金庾信 41, 46, 140, 142, 144~146,
　　149~150, 151, 154~155, 159, 178,
　　181, 184, 213, 234, 239~240, 257,
　　274, 279~280, 284, 396, 521~522,
　　524~526, 528, 539, 542~544, 549,
　　564, 594
김인문金仁問 29, 113, 140, 144~145,
　　150~151, 185, 198, 200, 231~232,
　　239~241, 244, 246, 258, 279~282,
　　398, 477~478, 480, 488, 491, 493,
　　528, 539, 552
김인태金仁泰 133, 213, 272~273, 278,
　　281, 287~288, 379, 381~382, 396
김정희金正喜 21, 23, 607
김춘추金春秋 36, 45, 51, 125, 134, 168,
　　526, 528, 539, 544, 587
김흠운金欽運 45~46, 520, 522, 536,
　　541~542, 573

ㄴ

난랑비鸞郎碑 555~556, 568
남건男建 53, 271, 285, 290, 295~296,
　　302~308, 310~312, 341~346, 361,
　　375, 377~378,
400~401, 403, 413~421, 424~425, 428,
　　430~432, 436, 438, 440~443, 445
남생男生 53, 271, 290, 294~296, 299,
　　301~321, 341~345, 348, 352, 356,
　　360~361, 402~403,
413, 415~422, 424, 428~429, 432~434,

198~200, 204, 211~214, 216~218,
220, 223~224, 226~228, 231~232,
234, 236~237, 244, 246~248,
257~258, 272~280, 282~283,
285~287, 379, 381, 393~394,
396~397~399, 450~451, 453~455,
457~459, 464, 466, 470~471,
475~480, 483, 485~490, 492,
493, 496~497, 500, 503, 505, 507,
509, 516, 521, 525, 539, 542~543,
549, 584, 587, 597, 609~610 , 614,
619~621, 626, 628, 630~631

# 만선사 연구 2

ⓒ 김범

초판인쇄 2026년 2월 27일
초판발행 2026년 3월 27일

지은이 이케우치 히로시
옮긴이 김범
펴낸이 강성민 이은혜
책임편집 강성민
편집 양나래 심예진 최유진
관리 편집보조 김유나 김지우
마케팅 정민호 한민아 이민경 한경화 박진희 황승현 김경언 양지
브랜딩 함유지 이송이 박민재 김하연 신은서 이준희 조다현

펴낸곳 (주)글항아리 | 출판등록 2009년 1월 19일 제406-2009-000002호

주소 경기도 파주시 문발로 214-12 4층
전자우편 bookpot@hanmail.net
전화번호 031-955-2690(마케팅) 031-941-5161(편집부)

ISBN 979-11-6909-515-0 93910

잘못된 책은 구입하신 서점에서 교환해드립니다.
기타 교환 문의 031-955-2661, 3580
www.geulhangari.com